Siedler

Buch
Unter der Herrschaft der Nationalsozialisten wurden von verfolgten Juden Vermögenswerte im damaligen Wert von mehreren hundert Millionen US-Dollar in der neutralen Schweiz deponiert. Als die Erben der Holocaust-Opfer ihre Ansprüche auf dieses Geld anmeldeten, wurden sie mit der zynischen Bemerkung abgewiesen, ohne offiziellen Totenschein könnte keine Aushändigung erfolgen.
Doch nicht nur bei der Behandlung der jüdischen Privatvermögen handelten Schweizer Banken, Versicherungsgesellschaften und Behörden »korrekt«. Während des Zweiten Weltkriegs waren die Eidgenossen honorige Geschäftspartner der Deutschen. Die Kollaboration war für beide Seiten lukrativ: Die Schweizer lagerten Beutegold ein und lieferten dafür kriegswichtiges Material an Hitlerdeutschland.
Tom Bower, der sich seit Jahren mit diesem düsteren Kapitel des Zweiten Weltkrieges befaßt, hat in Archiven in aller Welt recherchiert und umfangreiche Akten aus der Kriegs- und Nachkriegszeit untersucht. Er wurde in den Ausschuß des US-Senats berufen, der seit 1996 nach dem Verbleib der Vermögen von Holocaust-Opfern fahndet.

Autor
Tom Bower, ehemaliger Rechtsanwalt, ist einer der renommiertesten englischen Journalisten. Für seine BBC-Produktionen über Themen der Zeitgeschichte wurde er mehrfach ausgezeichnet. Seit Jahren publiziert Bower Bücher über den Umgang mit der Nazi-Vergangenheit: »Blind Eye to Murder« befaßt sich mit dem Unvermögen der Alliierten, die Verbrechen des Nationalsozialismus zu ahnden; »The Paperclip Conspiracy« schildert, wie sich die Siegermächte des Zweiten Weltkrieges die technischen Forschungen des Dritten Reiches zunutze machten.

Tom Bower

Das Gold der Juden

Die Schweiz
und die verschwundenen
Nazi-Milliarden

Siedler

Die Originalausgabe erschien 1997 unter dem Titel
»Blood Money – The Swiss, the Nazis, and the Looted Billions«
bei Macmillan, London.

Aus dem Englischen von Helmut Dierlamm, Klaus Fritz,
Norbert Juraschitz, Thomas Pfeiffer, Markus Schurr und
Helmut Ettinger (Postskriptum)

Umwelthinweis:
Alle bedruckten Materialien dieses Taschenbuchs
sind chlorfrei und umweltschonend.

Siedler Taschenbücher erscheinen im Goldmann Verlag,
einem Unternehmen der Verlagsgruppe Bertelsmann.

1. Auflage
Erweiterte Taschenbuchausgabe November 1998
Copyright © 1997 Bookmoat, London
Copyright der deutschsprachigen Ausgabe © 1997
Karl Blessing Verlag GmbH, München
Satz: Dr. Ulrich Mihr GmbH, Tübingen
Umschlaggestaltung: Design Team München
Umschlagfoto: Archiv für Kunst und Geschichte, Berlin
Made in Germany 1998
ISBN 3-442-75537-9

FÜR VERONICA

Inhalt

Vorwort 9

KAPITEL 1
Gewalt und Tränen. 13

KAPITEL 2
Die Saat des Verbrechens 33

KAPITEL 3
Der Kreuzzug 45

KAPITEL 4
Beutegold. 70

KAPITEL 5
Eine abgefeimte Verschwörung. 80

KAPITEL 6
Risse zwischen den Alliierten 115

KAPITEL 8
Freunde der Nazis. 139

KAPITEL 8
Die Marionetten 157

KAPITEL 9
Showdown in Washington 165

KAPITEL 10
Die versteckten Millionen 194

KAPITEL 11
Schweizer Perfidie 221

KAPITEL 12
Die polnische Verschwörung...................... 251

KAPITEL 13
Neue Hoffnung................................... 280

KAPITEL 14
Hüter des Feuers................................ 308

KAPITEL 15
Meister des Verwirrspiels....................... 336

KAPITEL 16
Der Deal.. 353

Schluß.. 389

Postskriptum.................................... 393

Dank.. 420

Anmerkungen..................................... 422

Bibliographie................................... 438

Personenregister................................ 439

Vorwort

Der Gegensatz konnte nüchterner und treffender nicht sein. Es war ein Tag im November 1940. Tausende junger Soldaten und Piloten der Alliierten waren soeben im deutsch besetzten Frankreich bestattet worden. Englands Städte brannten nach den Luftangriffen der deutschen Luftwaffe. Seeleute der Royal Navy ertranken in dem eiskalten Wasser, weil ihre Schiffe in der Schlacht um den Atlantik versenkt worden waren. Aus dem besetzten Europa und aus Deutschland sandten Korrespondenten der *New York Times* Berichte über Demütigung, Mißhandlung, Verhaftung und Hinrichtung von Menschen. Sie schrieben über »Unsere dunkelste Stunde«.

Im selben Monat bedrängten 200 Führer der schweizerischen Finanzwelt und Politik – die Elite dieser Nation – ihre Regierung mit Bittgesuchen, den Nazis gegenüber mehr Entgegenkommen zu zeigen. Die Plutokraten wünschten sich eine Politik der offenen Tür. Während ganz Europa angesichts der Apokalypse erschauerte, trat die Schweiz in die Reihen des Bösen ein.

Weder während des Krieges noch in der Folgezeit, als die Greueltaten nach und nach enthüllt wurden, hat sich die Schweiz je Gedanken über die moralische Seite dieser Entscheidung gemacht. Als Rechtfertigung dienten die isolierte Lage des Landes und die traditionelle Neutralität.

Die Ethik der Schweiz blieb in London, Washington oder Paris weder unbemerkt, noch wurde sie kritiklos hingenommen, aber verglichen mit den anderen Enthüllungen nach der Niederlage der Nazis wurde das Fehlverhalten des kleinen Landes als weniger bedeutsam eingestuft.

Doch im Jahr 1997, 55 Jahre nachdem eine Gruppe von Nazi-

Funktionären in der hübschen Villa am Ufer des Wannsees den Plan zur Vernichtung des gesamten jüdischen Volkes verabschiedet hatte, ist die Schweiz endlich vor den Gerichtshof der Geschichte gestellt worden und muß für den Pakt mit dem Teufel Rechenschaft ablegen. Die Schweizer werden nicht nur aufgefordert, ihr Verhalten gegenüber den Juden und ihr Verhältnis zu den Verfolgern aufzuklären, sondern sich auch für etwas weit Schlimmeres zu rechtfertigen.

Weshalb, werden sie gefragt, profitierte eine Gruppe selbstgerechter angesehener Schweizer Bürger vorsätzlich von dem Verbrechen, das die Grundlagen der westlichen Zivilisation bedrohte?

Verbrechen bringen den Tätern häufig hohe Gewinne ein, doch bislang sind Habgier, Intrigen und Täuschung nicht mit den wohlhabenden, gesichtslosen Männern in Verbindung gebracht worden, die jene diskreten Finanzinstitute der Schweiz leiten und besitzen. »Die Schweiz«, schrieb Scott Fitzgerald einmal, »ist ein Land, in dem nur wenige Dinge ihren Anfang nehmen, viele aber ihren Abschluß finden.« Die Hoffnungen vieler Flüchtlinge endeten in der Schweiz; kurze Zeit später wurden die Flüchtlinge ermordet. Doch ihr Geld blieb sicher, allzu sicher, in den Schweizer Banken.

Das Los jener Juden – von denen einige möglicherweise als nackte Gefangene auf den vergilbten Fotos und in Wochenschauen zu sehen waren, die ihre fanatischen Mörder aufgenommen hatten – ist dank eines erstaunlichen Vermächtnisses aufgezeichnet worden. Sorgfältig, ja geradezu liebevoll, hielten die Nazis jede Einzelheit ihrer Verbrechen in Briefen, Denkschriften und Sitzungsprotokollen fest. Die erhalten gebliebenen Archivbestände weisen unwiderlegbar die Schuld vieler Einzelpersonen nach.

In ähnlicher Weise hielten auch die Schweizer Kollaborateure und Profiteure ihre Überlegungen und Entscheidungen auf Papier fest. Auch wenn die aufschlußreichsten Akten in den Banken immer noch einer öffentlichen Einsichtnahme vorenthalten werden – und durchaus dem Reißwolf zum Opfer gefallen sein könnten –, lagen genügend Dokumente der Schweizer Regierung im Berner Nationalarchiv, um ein Verfahren gegen die vorhergehende Generation eröffnen zu müssen.

Bis vor kurzem wären die Ereignisse und die Gespräche, die in diesem Buch geschildert werden, als unbedeutend oder unvorstellbar abgetan worden. In dem Buch *The Paperclip Conspiracy* von 1987 wurde ein Kapitel dem Verhalten der Schweiz während des Zweiten Weltkrieges und danach gewidmet. Verglichen mit der Enthüllung, daß die Alliierten belastete deutsche Wissenschaftler gedeckt und beschäftigt hatten, hatte der Schutz von NS-Beutegut und die Enteignung jüdischer Einlagen durch die Schweiz kein Aufsehen erregt. Ein Jahrzehnt später wird zum Leidwesen der Schweiz das Bild eines Landes der peniblen Pünktlichkeit und makellosen Sauberkeit von eben diesen schmutzigen, aber unwiderlegbaren Enthüllungen befleckt.

Im Lauf der Darstellung wird eindeutig, daß die Fakten, die seit zehn Jahren bekannt waren, lediglich schwache Andeutungen auf weit schwerwiegendere Vergehen waren, als man sich bis heute vorstellen konnte. Nach Forschungen in Archiven in Paris, London, New York, Washington und vor allem in Bern, sowie nach Gesprächen mit Zeitzeugen, die an den Ereignissen nach 1945 beteiligt waren, wird allmählich eine neue Wahrheit aufgedeckt. Dieses Buch ist nicht nur die Geschichte einer Handvoll skrupelloser Bankiers, die das Vermögen eines ausgeraubten Kontinents horteten und gleichzeitig die Bitten schutzloser Überlebender des Holocaust verächtlich abwiesen; das Buch ist auch eine Anklage, daß ein Land, dessen Bürger sich in dem vergangenen halben Jahrhundert vor ihren Nachbarn ihres beneidenswerten Reichtums gerühmt haben, sich ganz bewußt am *Gold der Juden* bereichert hat.

KAPITEL 1
Gewalt und Tränen

Bern, 17. November 1952

Haß spiegelte sich in ihren Gesichtern wider. Mißtrauen klang aus ihren Stimmen. Die Kälte in dem Sitzungssaal war schneidender als die eisige Winterluft auf dem Platz vor dem Gebäude.

Ein tragisches Schicksal hatte die neun Männer um den langen Holztisch zusammengeführt, doch ihre gemeinsame Empfindung war Wut. Niemand hatte persönlich unter den Nazis gelitten, aber alle waren voller Argwohn. Der Menschlichkeit stand hier die Habgier gegenüber, und nach sieben Jahren des Kampfes hatten die Unschuldigen endlich einen ersten Sieg errungen: die Übereinkunft, sich am Nachmittag des 17. November 1952 im Parlamentsgebäude in Bern, der Bundeshauptstadt der Schweiz, zu versammeln.

Alle neun waren Schweizer, doch die Mehrheit betrachtete zwei von ihnen als Menschen, die strenggenommen nicht als alteingesessene Helvetier gelten konnten, denn sie waren Juden, Stellvertreter einer verschüchterten Minderheit, die nicht gerade als besonders mutig oder tapfer galt. Die Mehrheit der Anwesenden waren Anwälte und Bankiers, die Gralshüter des Wohlstands ihrer Nation. Sie waren stolz darauf, ihr Land erfolgreich aus den moralischen Konflikten herausgehalten zu haben, von denen ihre Nachbarn seit Jahrhunderten gepeinigt wurden. Am Kopfende des Tisches saß Bundesrat Markus Feldmann, Vertreter des eidgenössischen Justiz- und Polizeidepartements, der berühmt war für seinen Ehrgeiz und seine Arbeitswut, in dem Streit jedoch, den er hier schlichten sollte, fahrlässig und kurzsichtig handelte.[1]

Feldmann stellte einführend fest, daß über den Verbleib der Gelder gesprochen werden sollte, die von jenen Ausländern in der Schweiz angelegt worden waren, die durch Naziverbrechen und Kriegsereignisse ums Leben gekommen waren. Die euphemistische Umschreibung des Holocausts war in der Schweiz zu einer regelrechten Kunst perfektioniert worden, seit Adolf Hitler im benachbarten Deutschland Reichskanzler geworden war. Zwölf Jahre lang hatte niemand von den im Raum Anwesenden gegen die Verbrechen protestiert, die jenseits ihrer Grenze begangen wurden, und in der Zeit danach hatte sich niemand die Mühe gemacht, der Wahrheit ins Gesicht zu sehen. Ein bequemes Überleben und Selbstbereicherung blieben ihr verwurzeltes Glaubensbekenntnis, jede Kampfansage an ihr Credo beantworteten sie mit skrupelloser Vertuschung der Tatsachen.

Solch eine Kampfansage war nunmehr erfolgt. Feldmann führte aus, das Parlament habe beschlossen, daß eine Verordnung oder Richtlinien erforderlich seien, wie mit den fraglichen Summen zu verfahren sei.

Die »fraglichen Summen« waren zahllose Millionen Schweizer Franken – mancher Insider gestand später gar »Hunderte Millionen« ein –, die europäische Juden vor bis zu 30 Jahren in den »Safehaven« Schweiz gebracht hatten. Diese Juden waren ermordet worden, ihre Dokumente waren verschwunden, ihre Geheimnisse kannten lediglich ihre Treuhänder, die von den anwesenden Schweizern an Feldmanns Konferenztisch repräsentiert wurden. Und diese Geheimnisse wurden von den Treuhändern nur sehr widerwillig preisgegeben.

Der Minister wandte sich Emil Alexander zu, dem schweigsamen, aber erfahrenen Chef der Justizabteilung, der eine glasklare Zusammenfassung der Gründe für ihr Zusammentreffen geben sollte: »Als das Problem der sogenannten erblosen Vermögen aktuell wurde«, begann Alexander, »versuchte man zuerst, es mit praktischen Massnahmen zu lösen. Meldeten sich Personen, die behaupteten, dass verschwundene Verwandte bei Schweizerischen Banken Vermögen deponiert hätten, so machte das Sekretariat der Schweizerischen Bankiervereinigung bei den angeschlossenen Instituten eine Umfrage.«[2] Zur Rechten Alexanders saß Max Oetterli, der 46jährige streitbare Sekretär der Bankiervereinigung. Oetterli hatte mit allen Mitteln darum gekämpft, dieses Treffen zu verhindern, und er hatte jetzt nicht die Absicht zu gehen, ohne seine feindselige Haltung deutlich kundzutun. »Das Resultat war meistens sehr mager«, faßte Alexander die Ergebnisse von Oetterlis Arbeit zusammen, »was wohl zum Teil darauf zurückzuführen ist, dass die Behauptungen der Interessenten häufig nur auf Vermutungen beruhten.« Oetterli stimmte dieser Feststellung und den folgenden Ausführungen voll und ganz zu.

»Die Gesuchsteller«, fuhr Alexander fort, »waren meistens nicht in der Lage, den Tod oder die Verschollenheit des angeblichen Deponenten oder ihren Erbanspruch nachzuweisen. Zudem sind Gesuche um Nachforschungen aus gewissen Staaten verdächtig, da sie unter Umständen nicht freiwillig gestellt werden. Grosse Schwierigkeiten können aus dem Umstand erwachsen, dass Depots unter Decknamen errichtet wurden, welche den Erbansprechern nicht bekannt sind. Ferner muss angenommen werden, dass die gesuchten Vermögen nicht nur bei Finanzinstituten liegen, sondern zum Teil Privaten – Anwälten, Notaren, Geschäftsfreunden usw. – anvertraut wurden, die den Interessenten unbekannt sind und die sich die betreffenden Werte, unter Berufung auf Ersitzung und Verjährung, schliesslich aneignen könnten.«

Die verfeindeten Lager am Tisch stimmten der Zusammenfassung des Anwalts zu. Dann kam Alexander zum eigentlichen Zweck des Treffens. Die Proteste in den vergangenen Monaten hatten die Regierung dazu bewogen, über ein Gesetz nachzudenken, das Schweizer Banken, Versicherungsgesellschaften und andere Einrichtungen zwingen sollte, sämtliche Vermögen in ihrem Gewahrsam anzugeben, die ermordeten Juden gehört hatten. »Seitens der Banken wurde bis jetzt versichert«, betonte Alexander, »dass sie sich an den in Rede stehenden Vermögen nicht zu bereichern gedächten, dass sie sich also gegebenenfalls nicht auf Verjährung oder Ersitzung berufen würden und dass man sich folglich über die Verwendung bei ihnen stehengebliebener Depots später einigen könnte.« Oetterli nickte erneut, doch sein Gesicht verhärtete sich, als Feldmann Georg Brunschvig, dem Präsidenten des Schweizerischen Israelitischen Gemeindebundes (SIG), ein Zeichen gab. Brunschvigs Drängen auf ein Gesetz brachte die Bankiers in Rage.

Brunschvig hatte vor kurzem einige Auseinandersetzungen mit

Oetterli gehabt und war ein wenig angeschlagen. »Die Praxis hat gezeigt«, begann er nun, »dass die einzelnen Interessenten von den Banken selten befriedigende Auskünfte erhielten. Unseres Erachtens sind daher gesetzgeberische Massnahmen, durch welche die verlassenen Vermögen ans Tageslicht gezogen werden, unerlässlich.« Brunschvig blickte hilfesuchend seinen Mitstreiter Paul Guggenheim an, einen angesehenen Professor und Anwalt.

»Wir stehen namentlich vor zwei Problemen«, sagte Guggenheim. »In erster Linie ist zu untersuchen, auf welchem Wege die erblosen Vermögen ermittelt werden können. Sodann ist zu prüfen, wem die festgestellten Vermögen zufallen sollen.« Mit einem Blick auf Oetterli fuhr der Professor fort, ihm erscheine »die von der Bankiervereinigung befürwortete Lösung (zur Ermittlung der Vermögen; A.d.Ü.) ungenügend, da sie nicht Gewähr bietet, dass wirklich alle Institute bei den Nachforschungen ernstlich mitwirken. Eine gesetzliche Regelung wird daher unumgänglich sein.« Aufgebracht über die Falschheit von Oetterli und seinesgleichen seit 1945, gebrauchte der jüdische Anwalt sehr deutliche Worte. »Der von den Banken ins Feld geführte Einwand, die Meldepflicht verletze das Bankgeheimnis, macht mir keinen grossen Eindruck. Meines Erachtens würde es dem Ruf der Banken mehr schaden, wenn es hiesse, dass sie die Bekanntgabe der fraglichen Vermögen verweigerten.« Im letzten Moment fiel es Guggenheim ein, seinen schroffen Worten ein Friedensangebot nachzusenden: »Mit gutem Willen wird man sicher eine allseitig befriedigende Lösung unseres Problems finden können.«

Dieser gute Wille fehlte Oetterli jedoch völlig, wie Alfred Wegelin, der geschäftsführende Direktor der Schweizerischen Volksbank im Gegenangriff deutlich machte: »Die Ansichten über unser Problem gehen noch sehr weit auseinander.« Mitgefühl und Verständnis für die jüngste Vergangenheit gehörten nicht zu den Gefühlen, die den beiden Juden entgegengebracht wurden. Wegelin führte aus, daß auch die Bankiers Nachforschungen nach den Depots der Verstorbenen anstellen wollten. Aber sie müßten sich dabei an die Gesetze halten. Es sei nicht auszuschließen, daß eine Einlage als erbloses Vermögen eingestuft werde, sich später jedoch der Eigentümer noch melden könne – vor allem, wenn er in Osteuropa lebe. Für die Bankiers sei es deshalb die einzig vertretbare Lösung, überhaupt nichts zu unternehmen. »Die Vermögen sind bei den Banken in guter Hut«, schloß Wegelin, »und stehen den Berechtigten nach wie vor zur Verfügung.«

Albert Matter, der Direktor der Basler Kantonalbank, saß neben Wegelin. Er sollte sich in den folgenden Jahren als ebenso starrsinnig wie Oetterli erweisen, doch bei diesem Treffen ließ er sich zu einem Versprechen hinreißen: »Die Banken wollen sich an sogenannten erblosen Vermögen sicher nicht bereichern. Wie die Praxis in vielen Fällen gezeigt hat, berufen sie sich – im Gegensatz zu gewissen anderen Instituten – nicht auf die Verjährung. [...] Kommen Leute zu uns, die aus sichtbar lauteren Motiven nach Vermögen verschwundener Verwandter forschen, so sind wir immer bereit, ihnen im Rahmen des Erlaubten behilflich zu sein. Im übrigen hat das Problem auch eine Kehrseite: Es sind nicht nur Leute verschwunden, die die Guthaben bei den Banken hatten, sondern auch Schuldner der Banken.« Matters Bank hatte zweifellos einige unangenehme Erfahrungen gemacht: »Dieser Tatsache wird man auch Aufmerksamkeit schenken müssen«, schloß er betont nachdenklich.

Zahllose Menschen in Europa waren durch die Hölle des Holocaust gegangen, Matter und seine Kollegen jedoch meinten jammern zu dürfen, weil ihnen ein paar Kredite geplatzt waren. Matters Kollegen wurmte es offensichtlich, daß einige Juden die Dreistigkeit besessen hatten, sich ermorden zu lassen und sich auf diese Weise um die Begleichung ihrer Schulden zu drücken.

Die Kluft schien unüberwindlich. Für den Herrn Bundesrat Feldmann, der eine kleine Armee von Geheimpolizisten anführte, die ihre Landsleute bespitzelten, war der Gedanke schier unerträglich, das Bankgeheimnis anzutasten. Nach der Tradition des politischen Systems in der Schweiz war Feldmanns Aufgabe nicht, das Land zu regieren, sondern den verschiedenen Interessen der Gemeinschaft zu dienen. Schweizer Bankiers benötigten, das setzte er als gegeben voraus, keinen Schutz der Regierung. Gemeinsam waren sie stärker als der Staat und übten Druck aus, sobald ihre Interessen dies erforderten. Feldmann faßte resignierend zusammen, die jüdische Seite fordere ein Gesetz und die Bankiers bestünden auf der Achtung des Bankgeheimnisses. Letztere wären jedoch der Ansicht, »daß sich das Problem durch praktische Zusammenarbeit der Interessenten und der Banken lösen lasse«. Dann forderte er die Vertreter der Bankiervereinigung auf, »uns noch näher darzulegen, wie sie sich diese Zusammenarbeit vorstellen«.

Das war Oetterlis Stichwort. Er kniff die Augen zusammen und zog die Schultern hoch, seine Stimme klang gereizt. Zuerst schilderte er mit dürren Worten, welche Mühen die Banken bereits bei Nachforschungen auf sich genommen hätten und berichtete von einigen erfolgreichen Recherchen. Dann resümierte er knapp: »Die gemachten Erfahrungen brachten uns jedoch zu der Auffassung, dass die Bedeutung des ganzen Problems übertrieben wird.« Die Art, wie er im nächsten Satz jedes Wort betonte, verstärkte seinen beißenden Spott. »Viele Interessenten meinen eben, wenn ein verschwundener Verwandter sich einmal in der Schweiz aufgehalten hat, so müsse er hier unbedingt Vermögen hinterlassen haben.« Oetterli hielt es für durchaus angemessen, die Interessen der Schweizerischen Bankiervereinigung auch dadurch zu verteidigen, daß er die Juden verhöhnte. Dann äußerte er sachlich begründete Bedenken. Daß über Vermögen »während einer gewissen Zeit nicht verfügt wurde, lässt den Schluss, es seien keine Berechtigten mehr da, noch nicht zu«. […] Zuletzt äußerte er seine größte Sorge: »Die geplante Ausnahmegesetzgebung würde einen schweren Einbruch in das Bankgeheimnis darstellen und das Schweizerische Bankwesen in Misskredit bringen. Sicherungsmassnahmen halte ich für überflüssig. Sind wirklich erblose Vermögen vorhanden, so sind sie bei den Banken am sichersten aufgehoben. Später einmal könnte dann geprüft werden, was damit geschehen soll.« Im Zusammenhang mit den erblosen Vermögen vertrat Oetterli im Verlaufe der Sitzung die Ansicht, »die Zeit für die beantragte allgemeine Ermittlungsaktion« sei »noch nicht gekommen. In 20 oder 30 Jahren könnte man darüber reden.« Die Notlagen der Überlebenden ignorierte er also kurzerhand.

Feldmann spielte ihm geschickt einen Ball zu: »Es würde mich interessieren zu vernehmen, ob das von der Bankiervereinigung bisher gehandhabte Ermittlungsverfahren glatt funktioniert hat.«

»Was zur Abklärung dieser Fälle getan werden konnte, wurde sicher unternommen«, versicherte Oetterli. »Leider waren aber die unterbreiteten Angaben und Ausweise häufig derart ungenügend, dass sich damit nichts anfangen liess.«

Die unverfrorene Behauptung, Oetterli und die Mitglieder der Bankiervereinigung ließen nichts unversucht, um den Antragstellern zu helfen, machte Guggenheim rasend.

Anfragen bei der Bankiervereinigung zu Konten hatten nach Auskunft der Zentrale in Basel eine Reihe juristischer und praktischer Probleme zur Folge. Guggenheim stellte fest, daß mit formalen Begründungen völlig unerfüllbare Anforderungen zum Nachweis des Todes der Anleger als Begründung für den Erbanspruch gestellt würden. Außerdem sei es den meisten Antragstellern nicht möglich, die genaue Bezeichnung des Bankkontos zu nennen.[3]

»Was die Bankiervereinigung vorschlägt, ist nichts Ausserordentliches«, sagte Guggenheim scharf. »Ich habe den Eindruck, dass wir damit nicht weit kommen würden, da kaum alle Banken die erforderlichen Auskünfte freiwillig erteilen würden. Eine gesetzliche Regelung drängt sich daher auf. Wir müssen uns doch bewusst sein, dass das Verschwinden von 6 Millionen Menschen einen noch nie dagewesenen Sonderfall darstellt, durch den ganz ausserordentliche Situationen entstanden sind, an die der Gesetzgeber bisher gar nicht gedacht haben kann. Wenn man bedenkt, dass bei den bekannten schrecklichen Ereignissen nicht nur ganze Familien, sondern ganze Verwandtschaften verschwanden, so wird man verstehen, dass in vielen Fällen ein Anstoss zu Vermögensnachforschungen gar nicht erwartet werden kann und dass deshalb die Meldepflicht das einzige Mittel ist, um die verlassenen Vermögen zu erfassen. Bekanntlich haben andere Staaten der besonderen Situation durch neue Bestimmungen über Erblosigkeit und Verschollenheit bereits Rechnung getragen. Dies sollte auch bei uns geschehen. Es wird sicher nicht leicht sein zu bestimmen, welche Vermögen als erblos zu betrachten sind. Trotzdem dürfte eine befriedigende Lösung möglich sein.«

Oetterli beeindruckten diese Fakten offensichtlich nicht. Anklage und Gegenanklage waren zur Routine geworden, obgleich die Stellvertreter der Juden sanfte Männer waren, die befürchteten, Feindseligkeiten zu provozieren. Oetterli war nicht zu überzeugen, aber vielleicht konnte er Feldmann auf seine Seite ziehen. Deshalb wandte sich Guggenheim mit seinen Ausführungen jetzt an den Politiker.

»Den Einwand, dass jetzt noch nicht von erblosen Vermögen

gesprochen werden könne, dass also gesetzgeberische Massnahmen noch verfrüht seien, kann ich nicht gelten lassen. Sicher liegen bei den Banken Vermögen, deren Eigentümer schon seit 1942 nichts mehr von sich hören liessen.« Guggenheim fixierte seinen Gegner Oetterli und stellte entschieden fest: »Bei einer Bekanntgabe solcher Fälle an eine Meldestelle könnte wohl kaum mehr von einer Verletzung des Bankgeheimnisses gesprochen werden.«

Feldmann äußerte Verständnis für beide Standpunkte und räumte ein, »dass das Problem gewichtige moralische Aspekte ausweist, denen Rechnung zu tragen ist«. Er unterließ es geflissentlich, selbst einen eindeutigen Standpunkt zu beziehen. Wegelin, Oetterli und Guggenheim verdeutlichten nochmals ihre Positionen, wobei stets unausgesprochen im Raume stand, wer die Wahrung des Bankgeheimnisses und des nationalen Interesses der Schweiz für oberstes Gebot der Stunde hielt.

Dann faßte Feldmann erste Ergebnisse zusammen. »Die Aussprache hat ergeben, dass eine gesetzliche Regelung gewisser Fragen unumgänglich ist. Es wird auch nicht bestritten, dass das Problem eine ausgesprochen politisch-psychologische und moralische Seite hat. Die ›causa‹ des Problems ist eine ungeheure. Allerdings ist die Bankiervereinigung heute noch der Auffassung, die anzuordnenden Massnahmen müssten sich im Rahmen der ordentlichen Gesetzgebung bewegen. [...] Ich schlage nun folgendes vor: Die Justizabteilung arbeitet einen Gesetzesentwurf aus, den wir Ihnen vorlegen würden. Nachher kommen wir nochmals zusammen und diskutieren weiter.«

Jetzt preschte Wegelin, Generaldirektor der Schweizer Volksbank in Bern vor, denn sein höchstes Gut schien in Gefahr: »Wir sehen ein, dass etwas geschehen muß. Wir schrecken aber zurück vor allen Massnahmen, welche das Bankgeheimnis verletzen. Wir sähen lieber eine Lösung, welche eine Einmischung des Staates überflüssig macht.«

Feldmann versuchte die Gemüter zu besänftigen und bemerkte: »Wenn man (ein Gesetz; A.d.Ü.) einmal zu formulieren anfängt, so verflüchtigen sich oft die Gespenster. Klar scheint mir schon jetzt, dass die zu treffende gesetzliche Regelung nur vorübergehenden Charakter haben müsste.« Dem Bankgeheimnis in der Schweiz drohte also keine ernstliche Gefahr.

Die meisten Sterblichen hätten sich vermutlich zurückgehalten und erst einmal die Vorschläge des Herrn Bundesrats abgewartet – nicht jedoch Oetterli. Aufgebracht, daß ein Politiker es wagen konnte, eine Einmischung in die Souveränität der Schweizer Banken auch nur in Erwägung zu ziehen, drohte er, künftig jede Zusammenarbeit zu verweigern: »Sollte die Meldepflicht in den Entwurf aufgenommen werden, so wird dies grosses Aufsehen erregen; denn dieses Institut (die Meldestelle; A.d.Ü.) wäre eine juristische Ungeheuerlichkeit.« Oetterli wählte bewußt und provozierend das Wort »Ungeheuerlichkeit«, weil Feldmann zuvor den Holocaust als »ungeheure causa« umschrieben hatte. Dann drohte er ganz unverhohlen damit, die Kooperation aufzukündigen: »Sollte man darauf beharren, so würde meine Hilfsbereitschaft darunter leiden.«

Die Schweizer Bankiers waren es gewohnt, daß ihre Drohungen ernstgenommen wurden, und sie verstanden es, die Schwächen des trägen und diskreten politischen Systems der Kantone auszunutzen. Für Oetterli waren die Bankiers die Wächter des Feuers und die Beschützer des göttlichen Rechts, mit dessen Hilfe sie die Zukunft der Nation sicherten. Sie waren es gewiß nicht gewohnt, daß ausgerechnet Juden ihnen widersprachen.

Doch Brunschvig wollte nicht kampflos das Feld räumen: »Wir haben in grossen Zügen dargetan, wie wir uns die Lösung des Problems denken. Etwas erstaunt hat mich die Äusserung des Herrn Dr. Oetterli, dass seine Hilfsbereitschaft nachlassen könnte, wenn auf der Meldepflicht beharrt werden sollte. Um diese Einrichtung wird man kaum herumkommen, wissen wir doch, dass bei den bisherigen Nachforschungen meistens nichts herausschaute.«

Alle begriffen sofort Brunschvigs unausgesprochenen Vorwurf: Die Bankiers hatten sich unter dem Vorwand des Bankgeheimnisses verschworen, die Angelegenheit zu verschleppen oder einfach zu leugnen, daß solche Vermögen vorhanden waren oder ihren Eigentümern zurückgegeben werden mußten. Wenn die Bankiers alle Anfragenden mit formalen Argumenten zurückwiesen, kam selbst der entschlossenste Antragsteller irgendwann zu dem Schluß, daß seine Nachforschungen sinnlos waren. Das lief auf einen Betrug an den Opfern und an den Überlebenden hinaus. »Wenn tatsächlich der gute Wille vorhanden ist, die Frage der erblosen Vermögen befriedigend zu lösen«, stellte Brunschvig fest, »so wird man ein gesetzlich geregeltes Ermittlungsverfahren nicht ablehnen können.« Seine Worte wirken aus heutiger Sicht geradezu prophetisch.

»Ich bin mit den vom Vorsitzenden (Feldmann; A.d.Ü.) gemachten Vorschlägen einverstanden«, fügte Guggenheim hinzu. »Der formulierten Stellungnahme der Bankiervereinigung sehe ich allerdings mit grosser Skepsis entgegen, da man dort offenbar wenig Verständnis für die Fragen der Erbenlosigkeit hat.«

Die gespannte Atmosphäre entlud sich in einem offenen Schlagabtausch. »Ich bin einfach erstaunt«, rief Oetterli, »dass man gewisse uns anvertraute Vermögenswerte einfach zu expropriieren gedenkt.«

»Von einer Expropriation darf man doch nur sprechen, wenn ein Eigentümer da ist«, konterte Guggenheim. »Hier handelt es sich aber darum, Vermögen sozialen Zwecken zuzuführen, das herrenlos geworden ist und deshalb brachliegt.«

Damit war alles gesagt. Die Kluft zwischen den streitenden Parteien war unüberbrückbar. Zwei unvereinbare Interessengegensätze waren offenkundig geworden. Feldmann kündigte an, er werde Mitte Februar eine neue Zusammenkunft anberaumen, und verabschiedete seine Besucher.

Es war Nachmittag, 16.30 Uhr. Bern lag in tiefer Dunkelheit. Als die acht Männer aus dem Parlamentsgebäude auf den schwach erleuchteten Platz hinaustraten, demonstrierten die Scheinwerfer, die die solide gebauten Nachbargebäude anstrahlten, die wirkliche Machtverteilung in der Schweiz: Auf der linken Seite lag die Berner Kantonalbank, die Hauptfiliale des regionalen Finanzzentrums. Auf der rechten Seite war die Zentrale der Schweizer Nationalbank. Zwölf Jahre lang waren Repräsentanten der Reichsbank des nationalsozialistischen Deutschland durch den steinernen Eingang ein- und ausgegangen und von ihren Schweizer Freunden willkommen geheißen worden. Selbst nach Hitlers Niederlage hatten sich die Bankdirektoren weiter um die Interessen Deutschlands gekümmert und sich über die empörten Proteste der Alliierten hinweggesetzt. Eigennutz war die oberste Maxime aller Schweizer Banken, und genau aus diesem Grund beugte sich Markus Feldmann schon kurz nach der Verabschiedung Oetterlis Forderungen und gab sein Vorhaben auf, der Moral zu dienen. Vorerst wurde jeder Gedanke an ein neues Gesetz fallengelassen.

New York, 16. Oktober 1996

Die gezeichneten und verhärmten Gesichter spiegelten ein Leben voller Leid wider. Unter grellen Neonlampen in einem öden Sitzungssaal im achten Stock mit Blick auf die Freiheitsstatue machten die Zeugen kein Hehl aus ihrer einzigartigen Odyssee. Umgeben von murmelnden Journalisten, Anwälten und Regierungsbeamten, einten die fünf Frauen und den Mann in ihrer Rolle als Opfer und Überlebende immer wiederkehrende Alpträume und schmerzliche Verluste. Alle sechs waren in jüdischen Gemeinden über ganz Europa verstreut aufgewachsen inmitten von Wohlstand und Liebe; die Geborgenheit ihrer Kindheit war zerstört worden, und ihre Eltern waren Opfer einer beispiellosen Verfolgung geworden. Durch den Willen des Schicksals hatten sie, im Gegensatz zu sechs Millionen anderen, Auschwitz und andere berüchtigte Massenvernichtungslager überlebt und genossen nun den Reichtum und Wohlstand von New York. Doch dieses glückliche Geschick hatte nach all den Jahren nicht den Kummer oder die Wut über ihr bittere Vergangenheit gelindert. Es war bereits zu spät, um Vergeltung an den Mördern ihrer Eltern zu fordern, doch sie waren bereitwillig der Einladung gefolgt und an diesem hellen Oktobermorgen im Jahr 1996 zu dem tristen Gebäude des Bundesgerichtshofs gereist, um in einem außergewöhnlichen Verfahren auszusagen.

Seit Jahrzehnten hatten angesehene Richter in diesem Gebäude zahllose Berichte über grausige Verbrechen in New York angehört, doch kein Zeuge war jemals geladen worden, der ähnliches über Geschäfte mit dem Massenmord zu Protokoll gegeben hätte. Die Aussagen schilderten einen noch nie dagewesenen Beutezug, der von scheinbar achtbaren Bürgern des friedlichsten Volkes der Welt begangen worden war. Diese Bürger waren bekannt für ihre peinlich genaue Buchhaltung. Doch sie hatten die sechs Zeugen und noch viele mehr, die sie um Verständnis und Hilfe gebeten hatten, beleidigt, ignoriert und schließlich vergessen. Nun freuten sich die Zeugen über die unerwartete Gelegenheit, ein nicht abgeschlossenes Geschäft noch einmal durchzurechnen und die Buchhalter zu zwingen, einen Schlußbericht vorzulegen.

Verglichen mit den zahllosen Greueltaten, die während des Holocausts begangen worden waren, konnten die Klagen der Zeugen verständlicherweise als nicht sehr gewichtig beurteilt werden. In den ersten Monaten nach dem Krieg wurden zwar einige Mörder gefaßt und hingerichtet, doch dann schlossen die Alliierten bewußt die Augen, und die Mehrzahl der Mörder war de facto wegen einer Amnestie straflos geblieben. Lediglich die überraschenden Verhaftungen von Adolf Eichmann und Klaus Barbie hatten in den folgenden Jahrzehnten die Welt an die Verbrechen und die Versäumnisse der Justiz erinnert. Dennoch waren viele Mörder, die in den letzten Jahren gefaßt worden waren, wegen des Mythos verschont worden, die alten und besessenen Überlebenden seien inzwischen unzuverlässige Augenzeugen der schlimmsten Verbrechen der europäischen Geschichte. Mit dem Ende der Jagd nach NS-Verbrechern wurde jedoch eine letzte offene Rechnung wieder auf den Tisch gelegt: Die Profiteure des Holocausts sollten zur Rechenschaft gezogen werden.

Die Betroffenen waren für immer gezeichnet von der Verfolgung durch die Nazis. Jetzt richtete sich der Groll dieser Zeugen gegen einen Menschenschlag, der sie ohne Scham und Skrupel behandelt hatte. Großtuerisch und rechthaberisch rühmten sich diese Leute ihres Dienstes für die Menschheit und hatten doch das Geld der Familien der Zeugen gestohlen. Einige Namen waren dafür bekannt geworden, am Leid der Juden ein Vermögen verdient zu haben. Beschuldigungen waren gegen die versammelte Prominenz von Deutschlands größten Konzernen und Banken erhoben worden, die allesamt Zwangsarbeiter beschäftigt hatten und in den Konzentrationslagern hohe Profite gemacht hatten. Aber nur wenige hatten es für möglich gehalten, daß auch die stillen Bankiers in ihren Hemden mit den weißen Kragen und die Anwälte aus der schönen, sauberen und neutralen Schweiz gewissenlose Profiteure gewesen sein könnten.

Der Vorwurf der Scheinheiligkeit erschien jenen Zeugen noch zu mild, die darauf warteten, der Welt von ihrem zerstörten Leben zu erzählen. Der berechnende Diebstahl war lediglich die letzte aller Erniedrigungen, die ihnen angetan worden war. Fünfzig Jahre lang war dieses Unrecht als eine Fußnote der Geschichte vernachlässigt und verziehen worden. Nun, am Ende ihres Lebens, standen sie im Rampenlicht.

All ihre Empfindungen, die Last eines Lebens, konzentrierten sich auf den schmächtigen, flinken Mann im dunklen Anzug, der kurz nach 10.30 Uhr umgeben von seinen Mitarbeitern den Raum betrat. Auf seine Einladung hin waren die Zeugen im Gerichtsgebäude erschienen, und ihre offenkundige Dankbarkeit wurde nicht getrübt durch die Konflikte, in die ihr Held verwickelt worden war. In seiner Heimatstadt New York wird Senator Alfonse D'Amato verehrt und geschmäht zugleich. Zahlreicher Laster angeklagt, nennt er sich selbst einen seine Heimat liebenden, italo-amerikanischen Einzelgänger, der von blasierten Absolventen der amerikanischen Eliteuniversitäten übel verleumdet wurde. Der republikanische Senator war seit 1980 ein ungewöhnlicher Anwalt jüdischer Angelegenheiten, und angesichts der Erfolge seiner letzten Kampagne waren selbst seine hartnäckigsten Kritiker verstummt. Hinter einem schmalen Tisch sitzend, eröffnete D'Amato mit seinem abgehackten Brooklyner Akzent die Anhörung im Bankenausschuß des Senats: »Wir sind sehr besorgt darüber, daß Schweizer Bürger und Unternehmen offenkundig von dem Holocaust profitierten, während die Interessen der Überlebenden völlig ignoriert wurden.« Mit leicht erhobener Stimme formulierte der Senator seine Anklage: »Wir wollen wissen, wohin all die Hunderte Millionen Dollar an Vermögen, die die Nazis bei den Banken angelegt haben, geflossen sind?« Und dann die Drohung: »Es ist Zeit für Gerechtigkeit. Zeit, die Wahrheit zu erfahren. Wir wollen wissen, wo sie sind und wer sie hat?«

Die Zeugen strahlten. Der Politiker sprach von ihren ureigenen Sorgen. An einer Seite des Raumes kritzelten Schweizer Journalisten eifrig mit. Ihre Leser, vor allem die Bankiers und die Politiker in Zürich, Bern und Basel, sollten ihre Berichte am folgenden Tag mit Besorgnis und sogar Furcht studieren.

Um jene Schweizer Unverdrossenen zu beschämen, rief D'Amato seinen ersten Zeugen auf: Elie Wiesel, den prominenten Überlebenden von Auschwitz und Wortführer der Opfer des Holocausts. Die Anwesenheit Wiesels, des Friedensnobelpreisträgers, verlieh dem politischen Spektakel, das ganz in der Nähe der Wall Street inszeniert wurde, eine gewisse Würde. Die Hölle überlebt zu haben hat seine Schattenseiten, und Wiesels gebrochene Stimme erinnerte an die grauenerregenden und untilgbaren Narben der unvorstellbaren Erfahrung, die er mit den Zeugen teilte. Wie sie wird auch Wiesel gepeinigt von der Ermordung seines engeren Familienkreises in Ungarn durch die Deutschen und vom Verlust seines Vaters, der in Buchenwald starb. Nachdem Wiesel dem Kreis der Todgeweihten entronnen war, hat er sich ganz der Analyse der ungeheuren Barbarei gewidmet – der »Bilanz« des Lebens –, die er und seine Leidensgenossen ziehen mußten. »Sie wollten nicht einfach die Juden töten, so schrecklich das klingen mag«, sagte er D'Amato. »Sie wollten auch das Geld der Juden.« Erstickt von der anhaltenden Qual, Unmenschliches mitangesehen zu haben, formulierte Wiesel mit unanfechtbarer Aufrichtigkeit eine denkwürdige Anklage: »Nimmt die Qual kein Ende? Kennt die Wut keine Grenzen?« Seine Worte ermahnten die Kritiker und die Lobbyisten, die hinter ihm saßen – und die angeworben worden waren, diese Anhörung als billigen politischen Trick verächtlich zu machen.

Der Senator lächelte. Wiesel hatte die Kampagne gerechtfertigt und die Erklärung für die entstandene Verlegenheit geliefert. Nach einem wohlüberlegten Räuspern trug der Politiker ein Angebot vor. Die Bankiervereinigung hatte 1995 dem Jüdischen Weltkongreß vorgeschlagen, »alle Forderungen fallenzulassen«. Als Gegenleistung sollten die Juden 36 Millionen Dollar erhalten. Dies war abgelehnt worden. »Wir wollen einen Rechenschaftsbericht«, forderte D'Amato kampflustig und begründete die Ablehnung dieses Angebotes durch den Jüdischen Weltkongreß. Nach der schroffen Abfuhr hatte die Schweiz die Bildung einer Untersuchungskommission vorgeschlagen, die in fünf Jahren ihren Bericht vorlegen sollte. »Es ist immer das gleiche Spiel«, höhnte der Politiker, »Aufschub, Aufschub, Zeit, Zeit. Damit geben wir uns nicht länger zufrieden.«

Die Zeugen sahen dankbar zu ihrem Helden auf. Er war zum Kern seiner Anklage gekommen, »zu einer ganz und gar unglaublichen Angelegenheit«, wie er es nannte. Die Zeugen hatten allesamt den Vater verloren, der, angelockt von der garantierten Anonymität und dem Schutz vor Regierungsspitzeln, Geld bei Schweizer Banken angelegt hatte. Doch dasselbe System hatte den Kindern in einem der schmerzlichsten Momente ihr Erbe verweigert. Die Banken, zischte D'Amato, forderten »einen Totenschein«.

Als er sich zum Mikrophon vorbeugte, klang sein Zorn echt. »Können Sie sich das vorstellen?« Sein Blick schweifte die Reihe der Zeugen entlang: »Jemand wurde in einem Konzentrationslager ermordet, ein Erbe taucht auf, und die Banken sagen: ›Nun, zeigen Sie uns den Totenschein zum Nachweis, daß Ihr geliebter Verwandter, Ihre Mutter oder Ihr Vater umgebracht wurden.‹« Mit blitzenden Augen lehnte sich D'Amato noch weiter vor: »Das ist geradezu grotesk! Ihr Anspruch wird mit der Begründung zurückgewiesen, daß Sie keinen Totenschein vorlegen können!«

Das war eine schwerwiegende Anklage. Grausame Bürokraten hatten ihre Eltern ermordet, und boshafte Bürokraten hatten ihnen ihr Erbe vorenthalten. Voller Empörung schilderte Estelle Sapir, die als erste Zeugin aufgerufen wurde, ihre verzweifelte Lage.

Estelle Sapir war klein, verhutzelt und sprach in gebrochenem Englisch. Sie hatte ihren Vater zum letztenmal in einem französischen Gefangenenlager durch Stacheldraht gesehen. »Versuch, dich durchzuschlagen«, mahnte er sie. Ihren Lebensstil vor dem Krieg mit Gouvernanten und Dienstmädchen, das Testament großen Reichtums, hatte sie längst vergessen in ihrem täglichen Kampf ums Überleben. Ihr einziges Vermächtnis war ein Bankkonto in der Schweiz. Im Jahr 1947 war sie in der Schweizerischen Kreditanstalt in Basel erschienen. Sie umklammerte ein Dokument, das auf wundersame Weise während des Krieges in ihrem Vaterhaus in Polen erhalten geblieben war. Der dünne Kontostreifen der Schweizerischen Kreditanstalt aus dem Jahr 1938, der in den Unterlagen ihres Vaters gefunden worden war, deutete darauf hin, daß er in dieser Filiale Geld hinterlegt hatte. »Ich sah, wie ein junger Mann aus dem Hintergrund vortrat«, sprudelte Estelle Sapir hervor, »und als erstes bat er mich: ›Zeigen Sie mir den Totenschein Ihres Vaters.‹ Und ich antwortete ihm: ›Woher soll ich einen Totenschein haben. Ich müßte ja Himmler, Hitler, Eichmann oder Mengele finden.‹ Und ich fing an zu weinen. Ich rannte aus der Bank, auf die Straße. Noch am selben Tag ging ich wieder zur Bank, konnte mich aber nicht sammeln. Nie wieder fuhr ich in die Schweiz. Nie wieder fuhr ich in die Schweiz. Niemals.«

Weil sie keinen Totenschein vorlegen konnte, berichtete Sapir, habe sich der Bankier geweigert, auch nur einen Blick auf den vorgelegten Kontoauszug zu werfen. Seither hatte dieses »privilegierte

Kind«, gezeichnet von der Unmenschlichkeit, in New Yorks heruntergekommenen Stadtvierteln ums nackte Überleben gekämpft.

»Das ist einfach gewissenlos«, nickte D'Amato. »Wie viele andere gehören in diese beschämende Kategorie?« Sapir war noch nicht fertig. Ohne auf D'Amatos Worte zu achten, hatte sie noch einmal die lange zurückliegende Demütigung durchlitten: »Die Schweizer waren mir gegenüber so arrogant. Sie sind so arrogant gewesen. Sie wußten, ich komme direkt aus dem Krieg, aus dem Holocaust. Sie waren absolut unmenschlich zu mir.«

Estelle Sapir war noch nicht fertig. Es gab eine weitere Episode, mit der sie die Glaubwürdigkeit ihrer Aussage bekräftigte. Das Geld, das ihr Vater in britischen und französischen Banken angelegt hatte, war ihr nur Tage nach der Antragstellung in den Jahren nach dem Krieg ausbezahlt worden. Ohne einen Totenschein und ohne genauere Einzelheiten zu kennen, hatten britische und französische Banken die Konten ihres Vaters ausfindig gemacht und Estelle Sapir und ihrer Mutter Tausende Dollar ausgehändigt. Das Bankgeheimnis hatte sie in diesen Staaten nicht um ihr Erbe gebracht. »Es ist merkwürdig«, sinnierte sie später. »Mein Vater konnte sein Geld vor den Nazis retten, aber nicht vor den Schweizern.«

Elf Fernsehkameras hatten Sapirs Aussage aufgezeichnet, Grund genug für D'Amato, zufrieden zu sein. Lewis Salton, sein letzter Zeuge, untermauerte die Stichhaltigkeit der Anklage. Er wurde vor 85 Jahren in Krakau geboren, sein Vater, ein Anwalt, sammelte und handelte mit wertvollen Briefmarken. Zu den wichtigsten Verbindungsleuten zählte Luder Edelmann, ein Händler in der Schweiz. Einkäufe und Verkäufe von Marken mit Edelmann ließ der alte Salton über ein Schweizer Bankkonto laufen. Im September 1942 wurde er von einem Erschießungskommando der Nazis ermordet, seine Frau starb in der Gaskammer. Wie durch ein Wunder entging Lewis Salton dem Tod. Seine Odyssee spiegelt den Erfindungsreichtum der Überlebenden wider: Er reiste innerhalb von einundhalb Jahren quer durch Sibirien nach Korea, setzte per Schiff nach Panama über und landete schließlich in New York.

Als die Einreise nach Europa gestattet wurde, reiste Salton in die Schweiz, um das Konto seines Vaters aufzuspüren. Wie bei so vielen Antragstellern, die keine Dokumente oder genauen Angaben vorweisen konnten, blieben Saltons Nachforschungen ohne Resultat. Im Gegensatz zu den Banken in Großbritannien, Frankreich und New York äußerten die Schweizer Banken keinerlei Bedauern. Salton hatte es mit der Erfindung von Warmhalteplatten für das Gaststättengewerbe zu Reichtum gebracht. Fünfzig Jahre später erklärte er D'Amato ganz offen: »Ehrlich gesagt, ich brauche das Geld aus der Schweiz nicht, aber ich würde es aus sentimentalen Gründen gerne bekommen.«

D'Amato nickte. Mit Worten, die normalerweise nicht mit dem Bankgeschäft in Verbindung gebracht werden, machte der Senator seinem Ärger Luft: »Das Vertrauen dieser Menschen wurde schamlos enttäuscht und in schändlichster Weise mißbraucht, wo keine genauen Angaben vorlagen. An all diesen Menschen wurde ein Betrug begangen, und er dauert noch an.« Die Nachforschungen, erklärte der Senator, werden von »meiner verbissenen Entschlossenheit« profitieren, nicht nur die Schweiz zu entlarven, sondern auch eine »Verschwörung des Schweigens« aufzudecken, »die unglücklicherweise unser Land und seine Regierungsbeamten im Jahr 1946 duldeten, als wir das Washingtoner Schuldenabkommen unterzeichneten«.

Washington, 16. Oktober 1996

Gut 240 Meilen weiter südlich gaben am selben Tag die Mitarbeiter der Schweizer Botschaft in Washington eine Party anläßlich des Abschiedes eines Kollegen. Umgeben von gepflegten Rasenflächen erweckt die Botschaft den Eindruck von Reichtum, Sicherheit und Verläßlichkeit – eben jenen Qualitäten, die auch der Schweiz zugeschrieben werden. Die Gäste waren dezent gekleidet, sprachen mit gedämpften Stimmen und vollendeter Höflichkeit. Sie alle waren betrübt über die Ereignisse am Morgen in New York. Vor einem warmen Buffet murmelten sie Verdächtigungen über D'Amato und stellten Mutmaßungen zu seinen Motiven an. Ihr ganzes Leben lang war ihre Nation lediglich mit bezaubernden Alpenlandschaften, mit internationalen Wohlfahrtsinstituten, beneidenswertem Reichtum, eigenwilligen Traditionen und einer geachteten Banken- und Geschäftswelt in Verbindung gebracht worden. Gelegentlich war die Schweiz kurz in die Schlagzeilen geraten, doch die anhaltende

Aufmerksamkeit, die D'Amato und der Jüdische Weltkongreß erregt hatten, beunruhigte diese bescheidenen, in Grau gekleideten Beamten zutiefst. D'Amato wurde als Ungeheuer mit falscher Zunge angeprangert und als hysterisch, überheblich, unehrlich und ohne jedes Verständnis für die Schweiz kritisiert. Die Verachtung beruhte auf Gegenseitigkeit. Trotz wiederholter Gesuche hatte der Senator sich geweigert, mit dem Schweizer Botschafter zu sprechen, ein außergewöhnlicher Affront, der die Verärgerung des Diplomaten noch gesteigert hatte.

Zu den Karrierediplomaten zählte auch Christoph Bubb, der junge Rechtsberater der Botschaft. Die strikte Einhaltung von Gesetzen und die Unantastbarkeit förmlicher Abkommen sind stets als die Grundlagen für den Wohlstand und das Überleben der Schweiz angesehen worden. »Legalität ist die einzige Verteidigung für ein kleines Land«, lautet ihre ständige Rede. Bubb nippte an seiner Limonade und räumte ein, die Haltung der Schweiz während des Krieges könne kritisiert werden. Die Behandlung jüdischer Flüchtlinge durch die Nation sei bedauerlich gewesen, doch die vielgepriesene Neutralität zwischen den Alliierten und den Nazis sei tragisch mißverstanden worden. Das Gerede über Leichen im Keller und über Geldwäsche habe vermutlich einen realen Hintergrund, aber es sei unvorstellbar, daß Schweizer Bankiers vom Krieg profitiert, mit den Nazis kollaboriert, sich geraubtes Gold angeeignet oder tatsächlich Geld gestohlen hätten, das Juden gehöre. Unvorstellbar. Aufgewachsen mit Fakten, die sich seine kompromittierten Vorgänger zurechtgelegt hatten, sprach der Diplomat von der »genetisch vererbten Aufrichtigkeit« und wies die Unterstellung zurück, seine Nation habe mit den Nazis zusammengearbeitet. »Unvorstellbar.«

In all den Jahren hatten Bubbs Vorgänger alle Anträge zu den jüdischen Vermögen mit dem Hinweis auf Gesetze, Verträge, formale Verpflichtungen und internationale Abkommen abgewiesen, die nach den Verhandlungen durch eine feierliche Unterschrift geradezu heiliggesprochen wurden. In Bubbs Welt trübten Emotionen und moralisierende Betrachtungsweisen den Blick auf die Fakten. Wenn behauptet wird, die Schweiz habe wissentlich geraubtes Gold von den Nazis angenommen, vertritt Bubb unerschütterlich die Überzeugung, seine Landsleute hätten nie gegen das Gesetz verstoßen. »Möglicherweise war das Gold Kriegsbeute«, deutete er an. »Dann wären die Schweizer Bankiers berechtigt gewesen, das Gold anzunehmen.« In ähnlicher Weise lächelte Bubb über die Unterstellung, Schweizer Bankiers hätten bewußt die Einlagen ermordeter Juden zurückbehalten. »Unsere Bankiers«, bemerkte er mit einem höflichen Lächeln, »halten sich an das Gesetz.«

London, 1996

Charles Sonabend hielt den Beweis für den Betrug der Schweizer Bankiers in Händen. Geboren in Brüssel im Jahr 1931, hatten Sonabend und seine Familie sowohl unter den Nazis als auch unter den Schweizern gelitten. Im Juli 1996 suchte der Geschäftsmann, der in London ein sorgenfreies Leben führte, noch einmal die Schweiz auf, um die Schweizer Polizeiakten aus den Jahren 1942 und 1963 einzusehen, in denen ausführlich über die Verhaftung seiner Familie berichtet wird, über ihre Deportation und über eine spätere Nachforschung nach dem Verbleib von zwei Koffern der Familie, die im August 1942 in Polizeigewahrsam genommen worden waren. In einem der Koffer waren nach den Angaben des Polizeiberichts von 1963 wenigstens 1400 Dollar in Geldscheinen. Charles Sonabend spricht von einer viel höheren Summe. Doch ein Satz in dem Polizeibericht brachte Sonabend in Aufregung: »Die verbleibenden 200 Dollar wurden auf Herrn Sonabends Konto bei der Berner Kantonalbank eingezahlt.«

In den vergangenen 50 Jahren hatte Charles Sonabend nach dem Schweizer Bankkonto seines Vaters gesucht. Der Schweizer Geschäftspartner seines Vaters teilte ihm später mit, auf dem Konto seien 1942 »wenigstens 200000 Schweizer Franken« im heutigen Wert von über 2,7 Millionen Mark gelegen. Doch jede Bank, an die sich Sonabend und seine Schwester nach 1946 wandten, bestritt, Kenntnis von einem Konto seiner Familie zu haben. Ohne genauere Einzelheiten konnte Sonabend nichts ausrichten. Doch nach der Entdeckung des Polizeiberichtes aus dem Jahr 1963 hatte er Fakten. Es bestand kein Zweifel mehr, daß im Jahr 1942 ein Konto auf den Namen Sonabend existiert hatte.

Schweren Herzens sucht Sonabend an einem trüben Julimorgen

im Jahr 1996 die Zentrale der Berner Kantonalbank auf, ohne das Parlamentsgebäude zu beachten, in dem Max Oetterli 44 Jahre zuvor kampflustig geleugnet hatte, daß Schweizer Bankiers Gelder zurückhielten, die von Juden angelegt worden waren. Im kleinen Empfangsbereich wird Sonabend von Peter Lienhard, einem stämmigen, bärtigen Bankangestellten, begrüßt; Sonabend wird in einen fensterlosen Raum im ersten Stock geführt. Die Antwort, die er erhält, lautet kurz und ohne jede Entschuldigung: »Es gibt keine Spur mehr von irgendeinem Bankkonto.« Wenn ein Konto zehn Jahre lang geruht habe, leite die Bank automatisch ein Verfahren ein, um die Unterlagen zu vernichten. Jede Spur des Kontos werde restlos vernichtet.

»Mehr können wir nicht tun«, teilt Lienhard dem Besucher mit.

»Es könnte gestohlen worden sein«, sagt Sonabend.

»Das ist möglich«, erwidert der Bankangestellte. »Wir haben furchtbare Schwierigkeiten, alte Unterlagen aufzutreiben.« Ein kollektiver Gedächtnisschwund infizierte alle Bankiers.

Nach einer raschen Verabschiedung stand er verlassen auf der Straße vor der Bank. »Das ist unmoralisch und falsch«, seufzt Sonabend.

Wie bei Tausenden anderen Antragstellern verließ ihn alle Tatkraft angesichts der Aussichtslosigkeit seiner Lage. Peter Lienhard war so »korrekt« gewesen, der Schweizer Polizei und den SS-Offizieren so ähnlich, die vor 54 Jahren das Schicksal seiner Familie besiegelt hatten.

KAPITEL 2
Die Saat des Verbrechens

Angsterfüllt folgte der elfjährige Charles Sonabend in der Nacht zum 12. August 1942 seinem Vater Simon, seiner achtunddreißigjährigen Mutter Lili und seiner fünfzehnjährigen Schwester Sabine. Sie waren mit einem französischen Führer auf einem Bergpfad im Jura auf dem Weg zur Schweizer Grenze. In der Dunkelheit war jeder Stein eine Stolperfalle, und in panischer Furcht, entdeckt zu werden, schraken sie bei jedem ungewohnten Geräusch zusammen. Doch im Morgengrauen schwand ihre Furcht. Sie blickten in ein sattgrünes Tal hinunter, und ihr Führer verkündete triumphierend: »Sie sind in der Schweiz.«

»Wir sind frei«, Charles stieß einen Stoßseufzer der Erleichterung aus. »Gerettet.« Die neutrale Schweiz, die Heimat des Roten Kreuzes, würde ihnen Zuflucht vor ihren Verfolgern bieten. In der frischen Gebirgsluft und dem Sonnenlicht, das durch die Kronen der hohen Bergbäume glitzerte, fielen Haß und Angst von ihnen ab, die wie für alle Flüchtlinge auch für sie zu Instinkten geworden waren. Die Angst vor der Gestapo, vor der Unmenschlichkeit des NS-Regimes und vor der akuten Gefahr, in ein Lager deportiert zu werden, wurde ausgelöscht durch die Aussicht auf ein ganz normales Leben. Das ständige Zittern, unter dem sie so lange gelitten hatten, hörte auf.

Die Flucht der Sonabends hatte zwei Wochen zuvor in Brüssel begonnen. Simon, ein dreiundvierzigjähriger Importeur Schweizer Uhren, hatte ein Schreiben von der SS erhalten, in dem der Familie befohlen wurde, sich zur »Umsiedlung in den Osten« zu melden. Sonabend ließ sich nicht täuschen; er wußte, welches Schicksal seiner Familie bereitet werden sollte. Nach dem deutschen Einmarsch in Polen hatte er regelmäßig Briefe von seinen Brüdern in

Warschau erhalten, in denen stand, wie die Nazis mit den Juden umsprangen. Seine Brüder berichteten sogar von Massenerschießungen.

Simon Sonabend hatte schon im Mai 1940 versucht, vor den Nazis zu fliehen. Er und seine Familie waren nach der deutschen Invasion Richtung Dünkirchen gereist, doch sie waren 20 Kilometer von der Küste entfernt in einem verlassenen britischen Militärstützpunkt zurückgelassen worden und hatten das letzte Schiff über den Kanal verpaßt. Voller Angst waren sie in das besetzte Brüssel zurückgekehrt. In den folgenden zwei Jahren hatte Simon weiterhin Schweizer Uhren importiert und heimlich veranlaßt, daß die Hersteller der Uhren mindestens 200 000 Schweizer Franken (heute ungefähr 2,7 Millionen Mark) auf einem geheimen Schweizer Bankkonto deponierten.

Im Juli 1942 hatte Simon Sonabend, um der »Umsiedlung in den Osten« zu entgehen, einen Franzosen ausfindig gemacht, der sich bereit erklärte, die Familie in die Schweiz zu schmuggeln. Die Kosten für die falschen Pässe und für den Transport der Familie von Brüssel durch Frankreich und über die Berge in die Schweiz beliefen sich auf 125 000 Schweizer Franken (heute über 1,35 Millionen DM) – ein Vermögen, das Simon Sonabend jedoch aufbringen konnte. In den Tagen vor der Flucht deponierte er Diamanten und Goldbarren bei vier Freunden. Er machte eine detaillierte Aufstellung und versteckte sie in einer Wäschekommode. Andere Goldbarren verbarg er in einem Kamin. Weitere Goldbarren, in Lippenstifthülsen versteckte Diamanten und Bargeld im Wert von etwa 20 000 Dollar waren in den drei Koffern versteckt, mit denen die Sonabends in Besançon nahe der Schweizer Grenze ankamen.

Im Juli 1942 hatte das britische Außenministerium ein scharf formuliertes Telegramm aus Bern erhalten, in dem ein britischer Diplomat unter Berufung auf eine »verlässliche Quelle« – Gerhard Riegner, Sekretär des Jüdischen Weltkongresses – berichtete, Himmler habe befohlen, vier Millionen Juden »auf einen Schlag« zu vernichten. Das Zitat in dem Telegramm bestätigte lediglich all die Augenzeugenberichte über die Deportation der französischen, niederländischen und belgischen Juden in den Osten und den an ihnen verübten Massenmord, die bereits im britischen und amerikanischen Außenministerium und im Politischen Departement (Außenministerium; A.d.Ü.) der Schweiz eingegangen waren. BBC-London hatte Radioberichte über die Morde ausgestrahlt, die auch in der Schweiz gehört wurden. Schweizer Lokalblätter hatten über eine Rede Churchills berichtet, in der er die Nazis wegen der Ermordung von einer Million Juden anklagte. Und sogar Schweizer Bürger waren Augenzeugen der Massenvernichtung geworden. Schweizer Diplomaten, Ärzte und Touristen reisten unter dem Schutz der Schweizer Neutralität quer durch das besetzte Europa. Sie wurden Zeugen des Terrors gegen die Unschuldigen und berichteten darüber in ihrer Heimat. Einige Augenzeugen wie der Züricher Arzt Dr. Alfred Bucher hielten in jenem Sommer Dutzende von Reden über ihre Erlebnisse – über die Deportationen und Massenerschießungen, die sie gesehen, und die Gaskammern, von denen sie gehört hatten.[1]

Angesichts dieser Informationen hatten die Sonabends gute Gründe, sich in Sicherheit zu wähnen. Doch sie kannten den Direktor der Polizeiabteilung des Justiz- und Polizeiministeriums Dr. Heinrich Rothmund noch nicht.

Der Judenhaß dieses breitschultrigen, athletisch gebauten, hochangesehenen Christen war in der Schweiz nur deshalb von herausragender Bedeutung, weil Rothmund über soviel Macht verfügte. Dank jahrhundertelanger Indoktrination durch dogmatische Priester war das gottesfürchtige Kirchenvolk der Schweiz von einem primitiven Haß auf die Juden als Christusmörder erfüllt. Noch lange nachdem die Juden in benachbarten Ländern die Bürgerrechte erhalten hatten, war die Diskriminierung und Verfolgung der Juden in der Schweiz fortgesetzt worden. Erst 1866 verlieh ihnen auch die Schweiz als letztes europäisches Land politische Rechte. Seither hatten sich die 10 000 Juden in der Schweiz demütig mit dem Antisemitismus ihrer Landsleute abgefunden. Als David Frankfurter, ein fünfundzwanzigjähriger Medizinstudent und Sohn des Rabbis einer kleinen jugoslawischen Gemeinde, den persönlichen Vertreter Hitlers in der Schweiz Wilhelm Gustloff ermordete, reagierten die meisten Schweizer Juden nicht mit Stolz, sondern mit Bangen. Frankfurter hatte sich unmittelbar nach der Tat der Polizei gestellt und erklärt, er habe mit dem Mord die Aufmerksamkeit auf die Leiden der Juden in Deutschland lenken wollen. Seine Verurteilung zu 18 Jahren Gefängnis war eine Warnung an alle Schweizer Juden, sich weiterhin unauffällig zu verhalten und auf jeden Protest zu verzichten. In der Folge hatte niemand gewagt zu protestieren, als jüdische Bankiers aus alteingesessenen Schweizer Familien in stillschweigender Befolgung von NS-Gesetzen aufgefordert wurden, ihre Ämter als Bankdirektoren und Mitglieder des Züricher Börsenrats niederzulegen.

Dr. Heinrich Rothmund war ein launischer Mensch, der in seinen Stimmungen zwischen Sanftmut und Hysterie schwankte, ein getriebener, autoritärer, unberechenbarer und arroganter Beamter, der despotisch oder charmant, angenehm geistreich oder bösartig zynisch sein konnte. 1942 widmete sich der autoritär strukturierte Schweizer Polizeiapparat im Namen des Schweizer Establishments und der Bevölkerungsmehrheit der Aufgabe, die Schweiz reinzuhalten und zu verhindern, daß das Land »von Juden überschwemmt« wurde.[2] Rothmund war dieser Ideologie verhaftet, und die Berichte aus Deutschland und Osteuropa hatten keinen Einfluß auf seine Haltung gegenüber Menschen, die ihm unheimlich waren.

Der Umgang der Schweiz mit asylsuchenden Juden wurde am 7. April 1933 durch ein neues Gesetz festgeschrieben. Die Juden, die vor den Nazis flohen, wurden als religiöse, und nicht als »politische Flüchtlinge« definiert, und mit dieser Begründung wurde ihnen das durch die Schweizer Verfassung garantierte Asylrecht verweigert. Im Jahr 1942 waren nur 9150 ausländische Juden legal in der Schweiz ansässig,[3] nur 980 mehr als 1931. Die wenigen Glücklichen waren reiche Juden, die der Schweiz erlaubt hatten, aus ihrem Unglück Profit zu schlagen. Skrupellose Schweizer Geschäftsleute wie Richard Holtklott hatten von Schweizer Diplomaten Tips erhalten, daß man in Deutschland und im besetzten Europa jüdische Fabriken und anderen jüdischen Besitz billig erwerben konnte.[4] Zu den Opfern solcher Geschäfte gehörte auch Friedrich Weissmann, der Besitzer der Berliner Schuhfabrik Emil Jakoby. Nachdem er sein Unternehmen dreißig Jahre lang geführt hatte, wurde er durch die Arisierungsgesetze gezwungen, die Fabrik zu verkaufen. Gekauft wurde sie zum Preis von einer Mark von dem Schweizer Schuhgiganten Bally. Für ähnliche Summen hatte der Konzern sich bereits zuvor in den Besitz einer Reihe weiterer jüdischer Besitztümer gebracht. Weissmanns einziger Trost bestand darin, daß Bally ihm ein Visum in die Schweiz verschaffte und ihm damit das Leben rettete.[5] Weniger vermögende Juden fielen Rothmunds Einfluß zum Opfer, der sich erstmals am 26. März 1938 manifestierte, nur zwei Wochen nach Hitlers triumphalem Einzug in Wien und der Annexion seines Heimatlandes durch das Deutsche Reich.

Verzweifelte österreichische Juden flohen in die Schweiz, doch Rothmund schlug dem Bundesrat vor, ihnen keine Visa zu erteilen und sie auszuweisen. »Wir müssen«, erklärte er vor dem Hohen Haus, »uns mit aller Kraft und wenn nötig gnadenlos gegen die Immigration fremder Juden schützen, insbesondere gegen Juden aus dem Osten.«[6]

Während sich die Lage der Juden immer mehr verschlimmerte und verzweifelte Flüchtlinge gewaltsam am Überschreiten der Schweizer Grenze gehindert wurden, nahm Rothmund am 6. Juli 1938 als Vertreter der Schweiz an einer Konferenz über die Lage der jüdischen Flüchtlinge teil. Die Delegierten aus 32 Ländern hatten auf Roosevelts Initiative ursprünglich in der Schweiz tagen wollen, doch die Schweiz weigerte sich, als Gastgeberland zu fungieren, und so wurde Evian auf dem französischen Ufer des Genfer Sees als Konferenzort gewählt. Wenige waren damals besser informiert über die Verfolgung der Juden in Deutschland und Österreich als Rothmund und die Schweizer Regierung. Nach einer angenehmen Besichtigungstour durch das Konzentrationslager Oranienburg in der Nähe von Berlin hatte Rothmund seine Gastgeber beim Mittagessen im Lager darüber informiert, wie erfolgreich die Schweiz die jüdische Bedrohung abwehre, und sich später selbst zum Erstaunen seiner Gastgeber gratuliert. Der nach seiner Rückkehr verfaßte Bericht pries die Methode der deutschen Regierung, ihre Untertanen zu guten Staatsbürgern zu erziehen.[7] Inzwischen prahlten die Führer Deutschlands in öffentlichen Reden unter tosendem Beifall mit dem Schicksal der von ihren eigenen Landsleuten schikanierten, beraubten, eingesperrten und ermordeten Juden. Über 250 000 Juden waren aus Deutschland geflohen – 52 000 nach Großbritannien, 30 000 nach Frankreich, 33 000 nach Palästina, 100 000 in die USA und 3000 nach Schweden. Die Schweiz hatte 14 000 ins Land gelassen, aber über die Hälfte wieder ausgewiesen. Als sich die Verfolgung verschlimmerte, verschärfte die

Schweiz ihre Restriktionen. Für Rothmund und seine Gönner waren die Juden unwillkommene Fresser, Mühlsteine um den Hals der Schweiz, ja Gewürm, das zusammen mit einer Horde anderer Ausländer beim Schweizer Roten Kreuz Schutz suchte. Durch die Konferenz von Evian wurden die Leiden der Juden noch verschlimmert. Anstatt den Juden zu helfen, brachten die Delegierten ihre Furcht vor einem Massenansturm und dem Import »eines Judenproblems« zum Ausdruck, wobei sich erstaunlicherweise die Delegierten Australiens besonders hervortaten.

Durch die internationale Solidarität bestärkt kehrte Rothmund in die Schweiz zurück, um die Krise zu meistern. Juden aus der Schweiz fernzuhalten, war zu einer unangenehmen Aufgabe geworden. Es war nicht immer leicht, die Juden unter den an der Schweizer Grenze eintreffenden Deutschen zu identifizieren. Arische Deutsche waren empört über die aufdringlichen Befragungen, vor allem aber wollten die Schweizer unbedingt verhindern, daß versehentlich doch Juden ins Land gelassen wurden. Das leidige Problem, die Juden zu identifizieren, hätte vielleicht gelöst werden können, wenn man Visa für alle in die Schweiz reisenden Deutschen einführte. Um diese peinliche Maßnahme zu vermeiden, traten Schweizer Diplomaten am 13. August 1938 mit einer ungewöhnlichen Bitte an die Regierung in Berlin heran. Inzwischen überschritten verzweifelte Juden illegal die Schweizer Grenze. Die erschöpften, hungrigen und oft völlig mittellosen Flüchtlinge wurden in aller Regel festgenommen und ihren Folterknechten wieder ausgeliefert. Von Bern aus machte Rothmund großen Druck für eine differenzierte Form der Diskriminierung. Dr. Hans Frölicher, der nazi-freundliche Schweizer Botschafter in Berlin, fragte beim NS-Regime an, ob man die Pässe der deutschen Juden nicht durch ein spezielles Symbol kennzeichnen könnte. Frühere Anfragen waren fruchtlos geblieben, da die Deutschen die Auswanderung von Juden nach Kräften förderten. Schließlich jedoch, am 7. September, gaben sie dem beharrlichen Druck der Schweiz nach, und in alle jüdischen Pässe wurde deutlich sichtbar der Buchstabe »J« hineingestempelt.

Rothmund war noch immer nicht zufrieden. Obwohl die Schweiz höchstens 12 000 politische und religiöse Flüchtlinge beherbergte, reiste der Polizeichef persönlich nach Berlin und verlangte weitere

Zugeständnisse. Nach einer Reihe von Verhandlungen erklärten sich die Nazis endlich bereit, Grenzübertritte von Juden durch ihren Grenzschutz zu verhindern. Die Schweizer Forderung nach verschärfter Grausamkeit war akzeptiert worden.

In den folgenden Wochen wuchs der Druck auf die Juden, in die Schweiz zu fliehen. Mit der »Kristallnacht« brach am 9. und 10. November 1938 eine zweitägige Orgie des Zerstörens und Mordens über die deutschen Juden herein, für die Hitler mit einer Rede den Startschuß gab, in der er »die Vernichtung der jüdischen Rasse in Europa« ankündigte. Weitere deutsche Juden versuchten erfolglos, die Schweizer Grenze zu überqueren. Im folgenden Jahr, nach dem Ausbruch des Krieges, suchten auch französische Juden Zuflucht in der Schweiz, wobei sie unter Lebensgefahr dichte Wälder durchquerten und Schluchten und Gebirgszüge überwanden. Nach den französischen kamen die belgischen und die niederländischen Juden. Fast alle, denen es gelang, die Grenze zu passieren, wurden unter Anwendung von Gewalt wieder ausgewiesen. Rothmund blieb unempfindlich für alle Appelle im Namen der Menschlichkeit, obwohl er genau wußte, welches Schicksal die Abgeschobenen im deutsch besetzten Europa erwartete. Nicht einmal der Umstand, daß sich in der ganzen Schweiz die nicht abgeholten Gepäckstücke von Juden stapelten, die diese voller Hoffnung vorausgeschickt hatten, bevor sie eine Reise antraten, deren Ziel sie nie erreichten, konnte die Entschlossenheit des Polizeichefs erschüttern. Auf Fragen erwiderte Rothmund mit der Stimme seiner Herren, der Flüchtlingsstrom stelle für die kleine Schweiz eine nicht zu unterschätzende Bedrohung von Recht und Ordnung dar. Außerdem würden die begrenzten Nahrungsmittelreserven übermäßig beansprucht, und das Land sei nicht in der Lage, die Kosten für die Flüchtlinge zu tragen. Der Zynismus dieser Worte wurde damals nur von wenigen begriffen. Bis 1942 bürdete die Schweizer Regierung sämtliche Kosten für die Versorgung der 7000 jüdischen Flüchtlinge allein den 5000 im Land beschäftigten Juden auf. Wohlhabendere Flüchtlinge wurden gezwungen, zusätzliche Steuern zur Unterstützung der ärmeren Flüchtlinge zu entrichten, und sämtliche Flüchtlinge erhielten Arbeitsverbot.

Verstöße wurden mit Internierung betraft. Da die Schweizer Juden nicht genug Geld aufbringen konnten, wurden sie von amerikanischen Juden unterstützt, bis ein Direktor der National Bank drohte, die Auszahlung »Jüdischer Dollars«[8] einzustellen. Danach waren die jüdischen Hilfsorganisationen wie gelähmt. Lange bevor die Sonabends die Grenze überquerten, hatte die Schweiz die deutsche Rassenpolitik tendenziell adaptiert. Unsicherheit prägte das Leben der Schweizer Juden, bei denen die Sonabends als unschuldig Verfolgte Hilfe suchten.

Nach einer kurzen Zugreise hinter der Grenze hatte Simon Sonabend seine Familie zu Freunden nach Biel gebracht, dem Zentrum der Schweizer Uhrenindustrie. Die Kinder wurden im Haus befreundeter Schweizer Juden untergebracht, die sie mit offensichtlicher Beklommenheit begrüßten. Unterdessen erklärten die Gastgeber den Eltern ihre mißliche Lage. Die Schweizer Gesetze schrieben vor, daß sich Ausländer, wenn sie über Nacht blieben, beim lokalen Polizeirevier registrieren lassen mußten. Einige wenige Schweizer verletzten in Anbetracht der verhängnisvollen Konsequenzen dieser Vorschrift das Gesetz und beherbergten ihre ungeladenen Gäste heimlich. Die Gastgeber der Sonabends hatten jedoch zuviel Angst und bestanden darauf, die Flüchtlinge bei der Polizei zu melden. Als die Sonabends unter Tränen auf die schrecklichen Folgen hinwiesen, stießen sie auf taube Ohren. Rothmunds Erlaß hatte die Bande zwischen Juden und zwischen Freunden zerbrochen.[9]

Am Morgen des 15. August 1942 erschienen morgens zwei Polizisten in dem Haus, wo die Kinder untergebracht waren, und befahlen ihnen barsch zu packen. »Wir dürfen nicht reisen«, antwortete der Junge verwirrt. »Heute ist Sabbat.« Spottend schoben die Polizisten Charles, seine Schwester und seine völlig verstörte Mutter in ein Auto. Ihr unmittelbares Ziel war das Kloster der Ursulinen in Porrentruy, ein malerisches, von schmalen, gepflasterten Gäßchen umgrenztes Gebäude aus dem 16. Jahrhundert am Fuße des Jura. In der Nähe war die französische Grenze. Die Nonnen hatten sich bereit erklärt, Belgier bis zu deren Deportation aufzunehmen. Das mit Juden und anderen Flüchtlingen überfüllte Haus war zu einer Zwischenstation auf dem Weg nach Auschwitz geworden, ein Symbol für den Pakt der Schweiz mit den Nazis.

Simon Sonabend war im Stadtgefängnis eingesperrt worden. Im schweren, schwarzen Hauptbuch des Gefängnisses wurde das

Schicksal des Gefangenen Nr. 1151 in Kursivschrift notiert. Im Gegensatz zu anderen illegalen Immigranten aus Frankreich, die eine Geldstrafe von zehn Franken bezahlen mußten, wurde Sonabend als »zu deportierender Jude« eingetragen. Kurz bevor er abgeholt wurde, enthüllte er, daß er einem Schweizer Geschäftspartner zwei Koffer mit Bargeld, Gold und Juwelen anvertraut hatte. Die Aussage wurde von der Polizei akribisch protokolliert, und Sonabend mußte sie unterzeichnen. Im Gegensatz zu den Unterlagen der Schweizer Banken sollten die Akten der Polizei und der Gefängnisse die folgenden fünfzig Jahre unbeschadet überstehen.

Just an diesem Tag hatte Rothmund in Bern eine neue Vorschrift zur Behandlung jüdischer Flüchtlinge erlassen. Vier Wochen zuvor hatte er sich mit dem neuen nazifreundlichen Justiz- und Polizeiminister Edmund von Steiger über das Problem der jüdischen Flüchtlinge unterhalten. Beide waren entsetzt über den Imageverlust und die Gefahr, die eine Überschwemmung durch Juden für die Schweiz bedeuten würde. Die Grenze sei schwer zu schützen, hatte Rothmund wieder einmal geklagt, insbesondere vor Flüchtlingen, die jedes Risiko auf sich nahmen, um das nackte Leben zu retten. Als Lösung empfahl er, daß jeder Jude, der illegal die Schweizer Grenze überschritt, ohne Ausnahme und unter Anwendung von Zwang wieder ins besetzte Europa abgeschoben werden sollte. Von Steiger stimmte dem Gesetz am 13. August 1942 zu, während er in den Bergen seinen Urlaub genoß. Die Sonabends gehörten zu den ersten Opfern von Rothmunds neuem Erlaß.

Am späten Nachmittag des folgenden Tages wurden Lili Sonabend und ihre beiden Kinder von zwei französisch sprechenden Polizisten abgeholt. Als sie auf der gepflasterten Gasse zu einem wartenden Auto geführt wurden, geriet Frau Sonabend plötzlich in Panik und schrie um Gnade. »Madame Sonabend behauptete, sie würden erschossen, wenn man sie deportierte«, hieß es später im Polizeibericht. Lili warf sich schreiend auf das Pflaster und verursachte einen Menschenauflauf von ungefähr 50 Bürgern des Städtchens, die gegen die Abschiebung protestierten. Die Nonnen dagegen rührten keinen Finger. Weil die Polizisten um ihre eigene Sicherheit fürchteten, erlaubten sie den Sonabends, in das Gebäude zurückzukehren.

In der Nacht zum 15. August wurden die Sonabends starr vor

Entsetzen, aber schicksalsergeben zur französischen Grenze gefahren. Das inzwischen Routine gewordene Verfahren sollte später mit Tausenden anderer Juden wiederholt werden. Kinder schrien auf dunklen, unbekannten Straßen nach ihren Müttern; alte Frauen wurden zum Gehen gezwungen, bis sie die Polizisten baten, sie zu erschießen statt sie noch einen Schritt weiterzutreiben. Väter baten und schrien, um ihre Familien zu retten, und Frauen mußten schluchzend mit ansehen, wie ihre Männer durch den Dreck geschleift wurden. Alle sagten dasselbe: Daß die Polizisten sie in den sicheren Tod schickten, weil die Gestapo, der sie Gott sei Dank erst vor wenigen Tagen entronnen seien, auf ihre Rückkehr warte. Und fast alle stießen nur auf eine eisige Gleichgültigkeit. Bestenfalls schwiegen die Polizisten und dachten, wenn wir unseren Befehlen nicht gehorchen, dann geht es uns wie Paul Grüninger. Der Kommandant der St. Gallener Kantonspolizei war 1940 seines Amtes enthoben worden, weil er 3000 Juden illegal ins Land gelassen hatte. Schlimmstenfalls aber fauchten die Beamten: »Ihr seid Juden und bekommt nur, was ihr verdient.«

Simon Sonabend brachte seine Gefühle unter Kontrolle und verlegte sich aufs Bitten. Man solle ihn und seine Familie doch wenigstens ins freie Frankreich unter der Vichy-Regierung bringen, wo sie eine Überlebenschance hätten. Die Schweizer Polizisten lehnten sein Ansinnen ungerührt ab. »Juden sind den Deutschen zu übergeben«, entschieden sie. »Die Schweizer waren zynisch und behandelten uns wie Kriminelle«, stellte Charles Sonabend später fest. Der von Rothmunds Amt und seinem politischen Vorgesetzten angeordnete Zynismus äußerte sich auch darin, daß die Polizei Simon Sonabend 6 Franken und 80 Rappen für das Taxi abnahm, das die Familie und ihre Polizeieskorte zur Grenze brachte.

Ihr Gepäck fest umklammert und völlig orientierungslos, da ihnen die Polizei eine Karte verweigert hatte, stolperten die Sonabends zögernd in die Dunkelheit. »Meine Eltern waren zu traumatisiert, um noch zu kämpfen«, erkannte Charles Sonabend in späteren Jahren. »Mein Vater kam gar nicht auf den Gedanken, eine Weile zu warten, und dann wieder in die Schweiz zurückzukehren. Er lief der SS blind in die Arme.« Sich in Frankreich in den Wäldern zu verstecken, war unmöglich, weil alsbald eine Patrouille mit Spürhunden auftauchte. Sie übergaben ihr Gepäck und wurden zum nächsten Grenzposten geführt. »Die SS«, grübelte Charles Sonabend später, »hat uns höflicher verhört als die Schweizer Polizei.« Inzwischen waren die Schweizer Polizisten auf ihre Wache zurückgekehrt. In ihrem Bericht stand, die routinemäßige Deportation sei ohne Zwischenfall verlaufen. Am Bericht war ganz korrekt die Quittung des Taxifahrers angeheftet. Die Akte kam in ein Archiv, und die Familie wurde vergessen.

Am folgenden Tag begegnete Charles seinem Vater im Gefängnis von Belfort zum letzten Mal. Sie beteten zusammen. Kurz bevor sich der Elfjährige verabschiedete, erzählte ihm sein Vater von den in Belgien versteckten Wertsachen und den Bankkonten, die er in der Schweiz und in New York eröffnet hatte. Die Zellentür schloß sich. Während die beiden Kinder in ein lokales Waisenhaus gebracht wurden, wurden ihre Eltern nach Paris und dann im Viehwaggon Richtung Polen transportiert. Die örtliche Polizei war von der letzten Massendeportation noch so erschöpft, daß sie die beiden Kinder kurzfristig bei jüdischen Familien unterbrachte.

In der Schweiz wurde der Koffer eines anderen Sonabend von der Polizei einem Freund übergeben. Er brach ihn auf und fand einige Wertsachen. Nachdem er sich genommen hatte, was ihm seiner Ansicht nach zustand, zahlte er die verbliebenen 200 Dollar bei einer lokalen Filiale der Kantonalbank auf ein Konto Sonabends ein. Zwei Wochen nach ihrer Deportation, trafen Lili und Simon Sonabend in Auschwitz ein. Wenige Tage danach waren sie tot.

Die Ermordung der Sonabends traf zeitlich genau mit einer Welle der Trauer, des Zornes und der Scham in der Schweiz zusammen. Geistliche, die das Leid der Flüchtlinge miterlebt hatten, protestierten bei von Steiger, die Schweiz habe ihren guten Ruf als Asylland beschmutzt, weil sie nur 9600 jüdische und nichtjüdische Flüchtlinge aufgenommen habe. Das Einreiseverbot, klagten die Kritiker, sei nicht geeignet, die Nation zu schützen, sondern schade ihr nur. In seiner Antwort warnte der Bundesrat vor Gesundheitsrisiken und sprach von seiner leidenschaftlichen Gesetzestreue. Die Schweiz, rief er aus, sei »ein überfülltes kleines Rettungsboot«. In einer Rede vor dem Nationalrat am 22. September pries Steiger seine eigene Politik und sagte voraus, das Urteil der Geschichte werde einst lauten: »Wir haben unsere Pflicht gegenüber der Menschheit wie früher mit Unabhängigkeit und Anstand erfüllt, und mit Vernunft als Richtschnur unserer Gefühle.«[10]

Als Geste des guten Willens verkündete der Minister eine leichte Abmilderung seiner Politik. In Ausnahmefällen werde von der Abschiebung abgesehen, doch komme es überhaupt nicht in Frage, daß die Schweiz für die Verfolgten Opfer bringe.

Aus Washington und London kamen keine Reaktionen auf von Steigers Stellungnahmen. Keine der beiden alliierten Regierungen bot den Flüchtlingen Hilfe an. Beamte des Londoner Außenministeriums taten das Telegramm als eine »wilde Geschichte« über die deutsche Politik zur »Ausmerzung nutzloser Esser«[11] ab. Leitende Beamte des amerikanischen Außenministeriums, die die Existenz des Holocausts noch immer leugneten, gaben das Telegramm nicht an den Jüdischen Weltkongreß in Washington weiter, weil die Informationen »nicht bestätigt« seien, und blockierten auch weiterhin erfolgreich Versuche, jenen jüdischen Flüchtlingen, die noch aus Europa entkommen konnten, die Einreise in die USA zu ermöglichen. Unter den neuen Mitarbeitern des US-Finanzministeriums, einem imposanten Gebäude gegenüber dem Weißen Haus, bahnte sich jedoch eine Revolte gegen diese Vorgehensweise an. In dem Ministerium machte sich ein Häuflein aufrechter Amerikaner Gedanken über die Haltung der Schweiz und der anderen neutralen Staaten gegenüber den Nazis. Daraus sollte sich eine Kampagne entwickeln, um den betrogenen Juden zu ihrem Recht zu verhelfen.

KAPITEL 3

Der Kreuzzug

Der glühendste Kreuzritter war Sam Klaus, ein leidenschaftlicher Spürhund, glänzender Anwalt und unermüdlicher Nazijäger: intelligent, energisch und mit vielen guten Kontakten ausgestattet. Er kochte vor Zorn über die Behandlung der Juden durch Deutschland, kämpfte leidenschaftlich dafür, ein deutsches Wiedererstarken als Gefährdung des Weltfriedens zu verhindern und war wild entschlossen, das Raubgut der Nazis aufzuspüren. Für Klaus verkörperte die Schweiz geradezu den Feind selbst. Die Schweizer wiederum sahen in dem prinzipienfesten, mächtigen Juden Klaus ihren Erzfeind.

Klaus wurde 1904 in Brooklyn geboren. Der Vater, ein erfolgreicher, kultivierter Schneider mit einem Atelier im südlichen Teil der Madison Avenue, starb kurz nach der Geburt des Sohnes an Krebs. Klaus' Mutter heiratete wieder, diesmal einen Lebensmittelhändler, und die Familie zog in eine arme Gegend, die, wie Klaus' Schwester schrieb, »stark an die Welt Dickens' erinnerte«.[1] Klaus mußte Tag für Tag Lebensmittel ausliefern und litt unter den armseligen Verhältnissen der Familie; zudem war er an Diabetes erkrankt. Aus seiner Kindheit nahm er nur die traditionelle jüdische Erziehung und die Verpflichtung auf die Sache der Juden mit ins Erwachsenenleben. Besonders am Herzen lag ihm die Rückkehr der Juden nach Palästina, die auch sein Stiefvater gefordert hatte. Durch harte Arbeit schaffte er es, aus dem Ghetto herauszukommen. Er ging an die Columbia Law School, wo er als Klassenbester abschnitt, und zählte rasch zu den erfolgreichsten Anwälten New Yorks. Aus gesundheitlichen Gründen wurde er vom Militärdienst befreit, und so ging er 1942 ins Finanzministerium, wo er Kollegen mit ähnlichem biographischem Hintergrund begegnete. Diese erinnerten sich später liebevoll an »Sammy« Klaus als eines kleinen, dunkelhaarigen, energischen Mannes, der wegen seines Hanges zum Perfektionismus stets ein wenig angespannt wirkte und der an der Spitze eines ungewöhnlichen Kreuzzugs marschierte.

Der geistige Kopf dieses Bewegung war Finanzminister Henry Morgenthau, ein leutseliger, eifriger Anhänger des New Deal und Freund und Nachbar des Präsidenten. Er war von dem Glauben getrieben, daß der Frieden in Europa nur gesichert werden könne, wenn man das industrielle Potential Deutschlands für immer zerstöre und die kriegstreiberische Nation in ein Volk von Kukkucksuhrenherstellern verwandle. Seine Gefolgsleute hatten Ideen, waren listig und zäh und wurden von einer Gruppe hervorragender, in Harvard und Columbia ausgebildeter Ökonomen und Anwälte verstärkt. Viele waren dank ihres Ehrgeizes, ihrer Intelligenz und ihrer Tatkraft aus armen jüdischen Familien bis ins Washingtoner Firmament aufgestiegen. Geeint waren sie in dem Bestreben, Nazideutschland zu zerschlagen, und in der Sorge um die verzweifelte Lage der im Stich gelassenen europäischen Juden. Sie standen unter dem Einfluß einer ganzen Reihe von Persönlichkeiten, darunter des britischen Zionisten Israel Sief, der wöchentliche Dinner in Washington gab, um dort das Schicksal der europäischen Juden zu erörtern.

Der ranghöchste Gefolgsmann Morgenthaus war Harry Dexter White, ebenfalls Anhänger des New Deal, der als Ministerialdirektor im Finanzministerium die Grundzüge der amerikanischen Politik in Europa festlegen sollte. Morgenthaus Bannerträger im Weißen Haus war Isador Lubin, ein Mitglied des »Brains Trust« des Präsidenten. Lubin, offiziell Regierungsstatistiker, gehörte zu den Vertrauten Roosevelts, die sich wie Colonel Bernard Bernstein dem wachsenden Chor beunruhigter Stimmen wegen der Kollaboration der neutralen europäischen Staaten mit Nazideutschland anschlossen. Bernstein war ein Vertreter des Finanzministeriums im Hauptquartier General Eisenhowers, wo die Besetzung Deutschlands geplant wurde.

Im Finanzministerium wurde Klaus der Abteilung Foreign Economic Administration (FEA) zugeteilt, die dem deutschen Außenhandel nachspürte und ihn überwachte. Wie einst, als die imperialen Flotten und Armeen kriegführender Nationen Festungen belagert und Häfen blockiert hatten, begann das Washingtoner Finanzministerium mit tatkräftiger Unterstützung des Ministeriums für Ökonomische Kriegsführung in London eine wirtschaftliche Offensive gegen Deutschland und das besetzte Europa, um die Nazis von wichtigen Nachschublieferungen abzuschneiden. 1942, während seines ersten Jahres im Finanzministerium, diskutierte Klaus unablässig mit anderen findigen Anwälten und Ökonomen und setzte sich mit der Frage auseinander, wie man eines Tages Zugriff auf das Naziraubgut gewinnen könnte, das in wachsenden Strömen in die neutralen Länder floß.

Seit 1940 gingen immer wieder Geheimdienstberichte aus London ein über deutsche Bankiers, Industrielle, Politiker und Nazifunktionäre, die vor allem in der Schweiz Konstruktionspläne und Geld im Wert von schätzungsweise einer Milliarde Dollar (heute 10 Mrd. Dollar) horteten. Morgenthaus Leute vermuteten aufgrund dieser Berichte, daß die Reste der Naziführung nach der Niederlage Deutschlands die Geheimfonds in den neutralen Ländern dazu verwenden würden, die Saat für ein Viertes Reich auszubringen. Um ein Wiedererstarken des Nationalsozialismus zu verhindern, schlug Sam Klaus in seinem am 11. Mai 1944 vorgelegten Plan mit dem Codenamen »The Safehaven Program« eine weltweite Jagd vor, die nach Ende des Krieges das Raubgut in deutscher Hand finden und dingfest machen sollte.[2] Er empfahl den alliierten Regierungen, die neutralen Staaten aufzufordern, den gesamten bei ihnen deponierten deutschen Besitz zu beschlagnahmen.

Im Juli 1944 war Klaus davon überzeugt, eine wichtige Schlacht gewonnen zu haben. Er sprühte vor Begeisterung. Vierundvierzig Länder hatten sich in Bretton Woods, einem Badeort in New Hampshire, zur United Nations Monetary and Financial Conference zusammengefunden, um die Weltwirtschaft der Nachkriegszeit zu planen. Auf Klaus' Initiative hin veranlaßte der FEA-Vertreter die Konferenzteilnehmer, den Safehaven-Plan als offizielle Politik der Alliierten zu billigen.[3] Die Kreuzzügler sahen vor allem in Resolution VI – in der die Neutralen aufgefordert wurden, die Nazis daran zu hindern, geraubte Vermögenswerte in ihren Ländern zu verstecken – eine Waffe, die den Feind und seine Kollaborateure empfindlich treffen würde.

In der Präambel der Resolution hieß es: »In Erwartung der Niederlage transferieren die führenden Vertreter des Feindes und die Angehörigen ihres Staates Vermögenswerte in oder durch die neutralen Staaten, um sie zu verstecken und um Macht und Einfluß zu bewahren...« In der Resolution wurden die Neutralen aufgefordert, »Sofortmaßnahmen zu treffen, um jede Anlage oder den Transfer von... geraubtem Gold, Geldmitteln, Kunstgegenständen, Wertpapieren sowie von Finanz- oder Geschäftsunternehmen zu verhindern«. Ebenfalls verhindert werden sollte »das betrügerische [...] Verbergen« gestohlener Vermögenswerte oder solcher, die feindlichen Führern und ihren Mitarbeitern gehören.[4] Die Neutralen wurden aufgefordert, das Raubgut an die Alliierten weiterzuleiten.

Am 5. August trafen sich in Washington die Vertreter der FEA mit Beamten des Außen- und des Finanzministeriums, um sich bezüglich der Frage strategisch abzustimmen, wie man die Neutralen an der Mißachtung ihrer Forderungen hindern könnte. Klaus vertrat die Auffassung, unabdingbare Voraussetzung dafür sei die Androhung von Wirtschaftssanktionen. Doch gegen Ende des Treffens erkannte der Anwalt, daß die von ihm so energisch verfochtene aggressive Politik vom Außenministerium nicht gutgeheißen wurde. Bezeichnenderweise waren dessen Vertreter nicht einmal dazu bereit, die Kontrolle über den diplomatischen Verkehr mit den neutralen Regierungen der FEA zu übertragen.[5] Klaus wußte, daß der Erfolg des Safehaven-Plans von der Haltung der neutralen Staaten abhängen und daß er kaum umzusetzen sein würde, wenn dem amerikanischen Finanzministerium der direkte Kontakt zu Schweizerischen Regierungsbeamten verwehrt wurde. »Falls sich die freiwillige Zusammenarbeit als unzulänglich erweist«, drängte Klaus, »müssen wir bereit sein, direkten Druck auf die neutralen Regierungen auszuüben.«[6] Die Diplomaten lehnten dies ab. Die Weiterführung einer Blockade nach dem Krieg, so stellten die Beamten des Außenministeriums fest, »wäre nicht gerechtfertigt«.[7] Das Außenministerium werde sich darauf beschränken, eine Bitte an die amerikanischen Diplomaten in den neutralen Ländern zu unterstützen, »allen Hinweisen nachzugehen, daß Kapital des Feindes in diesen Ländern investiert wurde oder wird, und darüber Bericht zu erstatten«.[8]

Klaus war über diese Differenzen verärgert und flog am 23. August 1944 nach Europa, begleitet von Herbert Cummings, einem gleichermaßen eifrigen Nazigegner aus dem US-Außenministerium. Kurz nach ihrer Ankunft in London drang der geheime Charakter ihrer Mission an die Öffentlichkeit. Klaus sprach in aggressivem Ton mit einigen Journalisten über die Gefahr, die Safehaven für die konspirativen Machenschaften der Deutschen darstelle.[9] Klaus wollte keine Zeit verlieren. Der Vorstoß amerikanischer Truppen bis zur Schweizer Grenze stand unmittelbar bevor, und Klaus drohte ernste Konsequenzen an, falls die Schweiz und andere Neutrale ihre enge Zusammenarbeit mit Deutschland nicht einstellten. Anschließend flogen die beiden Beamten von London aus in die Hauptstädte der neutralen Staaten – Stockholm, Madrid, Lissabon, Ankara –, wo sie in den amerikanischen Vertretungen vorsprachen, um den Botschaftsangehörigen Bericht zu erstatten und sie aufzufordern, die Aktivitäten der Deutschen zu überwachen. Sie sollten die Depots mit geraubten Vermögen ausfindig machen und feststellen, auf welche Weise die Deutschen ihre Vermögenswerte in Zusammenarbeit mit inländischen Unternehmen getarnt hatten.[10] Sie wurden ihrem Eindruck nach freundlich empfangen, und man versicherte ihnen ohne weiteres die Bereitschaft zur Zusammenarbeit, doch als die beiden Beamten mit dem Flugzeug in der Schweiz ankamen, war ihre Zuversicht schon etwas gedämpft.[11]

Wie alle, die zum erstenmal die Schweiz besuchten, war natürlich auch Klaus überwältigt, ja verzaubert von der Höflichkeit der Schweizer und der überwältigenden Schönheit des Landes – den schneebedeckten Bergen, den üppigen grünen Wiesen und den über 300 Jahre alten Berner Steinbauten entlang der Pflastersteinstraßen, auf denen schon Napoleon Bonaparte zu seinem Bankier und vielleicht auch zu einer Mätresse geritten war. Hinter diese Fassade zu blicken verlangte außerordentliche Kenntnisse und Erfahrungen, die selbst die in Bern ansässigen alliierten Diplomaten kaum besaßen. Nur wenige Außenstehende waren in die Gedankenwelt der Herrscher über die vier Millionen Bürger-Bauern zählende Gemeinschaft eingedrungen, die seit 1848 in einem Bundesstaat mit drei Kulturen und Sprachen zusammenlebten – deutsch, französisch und italienisch.

Klaus machte sich rasch vertraut mit dem Mythos Schweiz und

den stolzen Bekundungen, das Land sei die älteste Demokratie Europas und für immer in den Händen gewählter Vertreter und nicht eines Monarchen. Die Schweiz, so erklärten ihm seine Gastgeber, könne ihre Wurzeln bis ins Jahr 1291 zurückverfolgen und habe seit 1848 als Nation deshalb überlebt, weil die immer wieder aus den Nachbarstaaten übergreifenden Spannungen durch die unverbrüchliche Neutralität des Landes entschärft würden, die im Zweiten Pariser Frieden von 1815 anerkannt und im Versailler Vertrag von 1919 erneut bekräftigt worden sei. Die Neutralität, so wurde unablässig betont, sei für das Überleben der Schweiz entscheidend, denn die Verwicklung in einen europäischen Krieg würde das prekäre Gleichgewicht des Landes zerstören und zum Zerfall führen. Während die politische Führung der Schweiz in späteren Jahren die Isolation ihres Landes in jener Zeit zugleich beklagte und stolz bekundete, verglich der britische Botschafter Sir Clifford Norton die Schweizer schon damals hellsichtig mit Passagieren, die im wohlklimatisierten Salon eines Ozeandampfers durch einen tropischen Hurrikan fahren. Die Schweizer, schrieb er ans britische Außenministerium, könnten durch die Bullaugen gewaltige Ereignisse sehen, weigerten sich jedoch, an Deck zu gehen, um die Wirklichkeit zu erleben oder zu begreifen. Sich blind zu stellen sei eine natürliche Reaktion von Menschen, denen in jüngerer Zeit jegliche Teilhabe an den dramatischen politischen und sozialen Veränderungen jenseits ihrer Grenzen verwehrt worden sei. Tatsächlich hätte sich dieser Zustand in den letzten Jahren noch verschärft. Während die Schweiz in wachsendem Maße vom Außenhandel abhängig geworden sei, betonten die Schweizer immer schriller ihre Unabhängigkeit. Die Schweizer seien keine Helden, wie John Ruskin schon sechzig Jahre zuvor festgestellt hatte, sondern ein starrköpfiges, stolzes und habgieriges Volk, dem Raffinesse, Begeisterungsfähigkeit und Witz völlig abgingen, das sich jedoch einer besonderen Art des gesunden Menschenverstands und verbohrter Rechtschaffenheit brüste.[12]

Während seines kurzen Besuches in der Schweiz gelang es Klaus natürlich nicht, sich ein umfassendes Bild der Schweiz zu verschaffen. So entging ihm, daß die politische Führung weniger bei einer Zentralregierung als bei einer Reihe lokaler Gemeinschaften lag, die durch kulturelle Unterschiede getrennt und nur durch eine

Bundesverfassung, durch ihren Konservatismus und ihre zwiespältige Geschichte zusammengehalten wurden. Die Regierung oder der Bundesrat bestand aus sieben Ministern, die sich so lange im Amt befanden, wie sie es für angemessen hielten, und die Präsidentschaft jedes Jahr untereinander weitergaben. Klaus und seine Wirtschaftskrieger verhandelten mit den Dienern selbstherrlicher Interessengruppen, die sich in Finanzangelegenheiten bestens auskannten und darauf getrimmt waren, in puncto Schweizer Interessen dem Rest der Welt gegenüber eine sture Gleichgültigkeit an den Tag zu legen. Die Auswirkungen dieser Haltung fielen sehr unangenehm auf. Bereits im Dreißigjährigen Krieg und auch in den folgenden Jahrhunderten hatte die Schweiz immer wieder fetten Profit aus den Leiden und Nöten ihrer Nachbarn schlagen können.

Im Jahre 1944 machten sich Klaus und viele andere Vertreter der Alliierten Gedanken über die Profite, die der Schweiz durch das beispiellose Massaker jenseits ihrer Grenzen zugeflossen waren. Im Vergleich zum restlichen Europa waren hier immer noch genügend Lebensmittel, Alkohol, Schokolade und Medikamente für die Bevölkerung vorhanden. Die Schweizer mußten kaum Abstriche an ihrem beneidenswerten Lebensstil machen. Die Wirtschaft des Landes, beschränkt einzig durch die strenge Rationierung von Brennstoff und Kohle, hatte keinerlei Schaden davongetragen. Man verzeichnete einen riesigen Außenhandelsüberschuß, und während die Schweizer von den Schrecken des Krieges, den zerbombten Häusern und dem Verlust ihrer Ersparnisse verschont blieben, sahen die Mächtigen des Landes geruhsam der nahenden historischen Wende entgegen, nach der sie mit Exporten in das kriegszerrüttete Europa weitere Vermögen machen würden.

Die jüngsten Proteste aus London und Washington wegen der engen Beziehungen der Schweiz zu Deutschland und der heimlichen Unterstützung der Nazis durch die Schweizer Banken waren in Bern, wenn auch in höflicher Form, zurückgewiesen worden. Berichte über Unterredungen zwischen Leland Harrison, dem langjährigen amerikanischen Botschafter, und Schweizer Beamten zeigten Klaus, daß er es mit Leuten zu tun hatte, die den alliierten Bestrebungen zwar gewogen schienen, die höflich die Meriten der alliierten Politik anerkannten und ihre Hilfe anboten, die offenbar jedoch blind waren gegenüber der Tatsache, daß ihre profitable und beflissene Kungelei mit den Nazis bald zu Ende gehen würde.

Die alliierten Armeen hatten gerade Paris befreit und sollten in wenigen Wochen den Rhein überqueren, während dreihundert Divisionen der Roten Armee die Deutschen an der Ostfront gnadenlos vor sich her trieben. Als neutrales Land hatte die Schweiz theoretisch kein Interesse am Schicksal des Dritten Reiches, doch über das Schicksal der Schweizer Investitionen in Deutschland im Wert von etwa 2 Milliarden Dollar und der Schweizer Vermögenswerte in den Vereinigten Staaten im Umfang von 1,9 Milliarden, die auf Anweisung des Präsidenten seit dem 14. Juni 1941 eingefroren waren, würde in Bälde von den Alliierten entschieden werden. Alle Importe des Landes über den Hafen von Genua – Brennstoff, Tierfutter und Rohstoffe, die das soeben befreite Frankreich passierten – würden vom guten Willen der Alliierten abhängig werden, der in letzter Zeit arg strapaziert worden war. Die neuen Berichte über den Holocaust hatten Klaus wie so viele andere Juden heftig getroffen. Aber ebenso aufgebracht war er angesichts der Flut von Berichten über die eifrige Zusammenarbeit der Schweizer mit den Nazis, während sie ansonsten die Augen vor den Greueltaten verschlossen. Nur gut hundert Kilometer von Bern entfernt saß der Feind, und Klaus war nicht geneigt, sich jenen Leuten gegenüber freundlich zu erweisen, die geflissentlich über den Massenmord an den Juden hinwegsahen. Die Stunde nahte, in der sich die Schweiz für ihr Verhalten seit 1939 würde rechtfertigen müssen, und die Alliierten hatten die Macht, der Schweiz die Durchführung des Safehaven-Plans zu diktieren.

Klaus und seine Gefolgsleute wollten die deutsche Kriegsbeute und die jüdischen Guthaben ausfindig machen. Außerdem wollten sie die Pläne der einflußreichen Schweizer Bankiers und Industriellen durchkreuzen, von denen die Politik der Schweiz gegenüber den Alliierten dominiert wurde. Dazu brauchten sie jedoch Informanten aus den inneren Zirkeln der Schweizer Banken, und es gelang ihnen 1944 nach vielen Mühen, die trappistische Verschwiegenheit dieser Kreise zu durchbrechen.

Die alliierten Diplomaten und Geheimdienste hatten die Aufgabe, die Beziehungen der Schweiz zu Deutschland zu überwachen. Nach Ausbruch des Krieges hatte Frederick »Fanny« von den Heuvel, Chef des Schweizer Außenpostens von MI6 (eines britischen Geheimdienstes), ein Netz von Informanten und Sympathisanten in Regierungsbehörden, Banken, Telegrafen- und Telefonämtern aufgebaut. Besonders hilfreich waren jene Angehörigen der Schweizer Armee, der Polizei, der Einwanderungs- und Zollbehörden und der Geheimdienste, die den Deutschen scharf ablehnend gegenüberstanden. Die Offiziere des MI6 berichteten übereinstimmend, wie stolz die Schweizer auf den glänzenden Balanceakt waren, der ihnen trotz der Kollaboration mit den Deutschen die nationale Unabhängigkeit zu gewährleisten schien. Um Kritik an ihrer Parteilichkeit abzuwehren, schufen die herrschenden Kreise der Schweiz den Mythos von der tapfer ihre Neutralität schützenden Nation. Der Held dieses Mythos war General Henri Guisan, ein bekannter Gutsbesitzer, der gegen einen prodeutschen Kandidaten zum Oberkommandeur der Streitkräfte gewählt worden war. Im Falle einer deutschen Invasion sollte nach Guisans nationalem Verteidigungsplan entlang der Schweizer Grenzen nur geringer Widerstand geleistet werden. Die Hauptmacht der Streitkräfte sollte sich in die Alpen zurückziehen und den Großteil der Bevölkerung und der Industrieanlagen dem Feind überlassen. Aus der natürlichen Festung der Alpen heraus sollten die Schweizer den Feind dann zurückschlagen. Weil die deutsche Invasion ausblieb, sprach die Schweizer Führung immer wieder von einem »Wunder«: dem Wunder des Generals Guisan, des wackeren Kommandeurs, der mit seiner kühnen Strategie den mächtigen Nazis getrotzt und die Nation gerettet hatte.

Im Zuge der Operation »Ultra« entschlüsselten die Briten jedoch geheime Funkmeldungen der Deutschen, die dem Mythos bald jede reale Grundlage entzogen. Es gab keinerlei Hinweise dafür, daß Hitler eine Invasion der Schweiz plante. Das Material zeigte im Gegenteil, wie sehr die Deutschen die Tatsache berücksichtigten, daß die meisten Sympathisanten der Nazis in der Schweiz gegen die Besetzung waren. Berlin war sich aufgrund abgefangener Meldungen darüber im klaren, daß es vorteilhafter war, die deutschsprachige Bevölkerung der Schweiz zu hegen und zu benutzen, um einen sicheren Hort für die deutschen Interessen zu erhalten.

Unter Federführung der Amtsgruppe D/13 h, einer für Schweizer Angelegenheiten verantwortlichen SS-Abteilung in Berlin, plante man die Infiltration und Rekrutierung deutschfreundlicher Schweizer über die Botschaft in Bern und die Konsulate in den großen Städten. Tausende von Schweizer Bürgern wurden rekrutiert, die Nazipropaganda in Theatern, Kinos und Zeitungen verbreiten sollten, um die Sympathie der Schweizer zu gewinnen. Der deutschsprachige Teil des Landes hatte eine Kolonie von etwa 72 000 deutschen Staatsangehörigen aufgenommen, von denen die Alliierten 24 000 für verdächtig hielten.[13] Alliierte Geheimdienste berichteten von Sympathiekundgebungen für die Nazis im alpinen Kurort Davos, wo gewisse Banken und drei katholische Sanatorien als deutsche Spionagezentren und als Depots für enorme, von deutschen Diplomaten und Naziführern angelegte Geldsummen ausgemacht wurden. Man hatte auch entdeckt, daß sogar das Rote Kreuz, eine private Organisation mit Sitz in Genf, mit Wissen der Schweizer Regierung als Deckorganisation für Geheimdienstoffiziere benutzt wurde, um die Alliierten in ganz Europa und Nordafrika auszuspionieren. Ein fünfseitiger Bericht des OSS (Office of Strategic Services, Vorläufer der CIA; A.d.Ü.) mit dem Titel »Enemy Agents and the Red Cross« (Feindagenten und das Rote Kreuz) zählte achtundzwanzig Rotkreuz-Vertreter auf, die mutmaßlich »entweder deutsche Agenten oder Mitarbeiter deutscher Agenten« waren, »die das Rote Kreuz als Deckorganisation für die Gewinnung und Übermittlung militärischer Informationen benutzen«.[14]

Ungehindert von der Schweizer Sicherheitspolizei hatten die deutschen Geheimdienste Schweizer Freiwillige für eine spezielle Einheit der Waffen-SS und ein SS-Bataillon rekrutiert und ein Informantennetz aufgebaut. Von einem Geheimdienststützpunkt in Dijon aus geführte Agenten hatten Bürger der Schweiz und der Alliierten aufs Korn genommen. Nach dem Krieg gab die Schweizer Gegenaufklärung zu, daß die Deutschen ein »gut geknüpftes Netz über das gesamte Land« spannen konnten. Schließlich wurden 1389 Schweizer verhaftet und des Verrats angeklagt.[15]

Diese vertraute Beziehung zu den Deutschen wurzelte in den über die Jahrhunderte entwickelten Beziehungen zwischen benachbarten Ländern, doch die Offiziere des MI6, die 1942 durch den Chef des OSS-Außenpostens Allen Dulles verstärkt wurden, entdeckten die dunklen Seiten dieser freundschaftlichen Bande. Sie weckten das

Interesse von Londoner und Washingtoner Beamten und veranlaßten Sam Klaus, das Safehaven-Programm vorzuschlagen, um Deutschland daran zu hindern, vom Krieg zu profitieren.

Die Indizien tauchten in den abgefangenen Funksprüchen auf. Um die Geheimdienstoperationen zu finanzieren, deponierten das deutsche Außenministerium und der Sicherheitsdienst die von der Gestapo den Juden abgepreßten Vermögenswerte oder die Gelder aus dem Verkauf von Gold oder gestohlenen Diamanten in Schweizer Banken. Die Bankiers freuten sich über die großzügigen Honorare, stellten keine Fragen und boten ihren Rat an, wenn die Kunden Hilfe brauchten.[16] Im Geklapper der von den Briten abgehörten telegrafischen Mitteilungen Berlins an die Schweiz fand sich auch ein Telegramm der Reichsbank an das deutsche Konsulat in Zürich vom 21. Februar 1941. Die Diplomaten wurden gebeten, sich beim Schweizerischen Bankverein kundig zu machen, ob die Reichsbank sich auf die Lombardbank »als vollkommen zuverlässiger und geeigneter Partner für sehr vertrauliche Sondertransaktionen« verlassen könne. Die Vertreter der Reichsbank wollten die fest etablierten Beziehungen der Lombardbank nach Übersee als Tarnung für Importe nach Europa benutzen und verließen sich offensichtlich auf den guten Rat des Schweizerischen Bankvereins. In der Antwort vom 5. März wurde abgeraten: »Wegen jüdischer Beteiligung und Verbindungen zu England kann die Lombardbank nicht empfohlen werden.«[17] Klaus und alle anderen Wirtschaftskrieger in London und Washington betrachteten diesen Briefwechsel als Indiz für eine heimtückische Verschwörung.

Die deutschen Bankiers und Spitzen der Großindustrie – von Siemens, AEG, Bosch, Mercedes, I. G. Farben bis Telefunken – befürchteten, die Alliierten könnten sich in ihre Belange im Ausland einmischen oder dortige Vermögenswerte beschlagnahmen. Deshalb hatten sie Schweizer Anwälte und Finanzinstitutionen dazu verleitet, illegale Transaktionen zu organisieren, mit denen deutsche Unternehmen als untadelige, neutrale Firmen getarnt wurden. Die Deutschen hofften, ihre juristische List werde die Unternehmen, die auch weiterhin für die deutsche Kriegswirtschaft arbeiteten, davor bewahren, auf eine schwarze Liste der Alliierten gesetzt oder nach einer Niederlage der Nazis beschlagnahmt zu werden.

Zentrum dieser eigentümlichen Bemühungen war die am 8. September 1939 eingerichtete Devisenstelle im Berliner Wirtschaftsministerium. Auf höchste Geheimhaltung eingeschworene Spezialisten hatten die Tarnung deutscher Firmenniederlassungen im Ausland als unabhängige, nichtdeutsche Unternehmen aufgebaut und überwacht. Das ausländische Zentrum der Operationen war die Schweiz. Die führenden deutschen Unternehmen beauftragten Schweizer Treuhänder, den rechtlichen Rahmen zu schaffen, um den wahren Eigentümer einer Firma zu verbergen, und Gewinne während des Krieges anzusammeln und zu verstecken. Um diese Transaktionen zu schützen, fingierten die Schweizer und deutschen Geschäftspartner entweder Verkäufe der Unternehmen oder verständigten sich einfach mündlich auf der Basis gegenseitigen Vertrauens.[18] Die einzige Spur dieser Transaktionen, die Offiziere des MI6 fanden, waren häufige Reisen von Schweizer Anwälten zu ihren Klienten nach Deutschland.[19]

Dr. Walter Keller-Staub aus der Bahnhofstraße 5 in Zürich war ein typischer Vertreter jener vom MI6 aufgespürten Anwälte, die sich die Nazis für ihre Zwecke ausgesucht hatten. Unter Keller-Staubs deutschen Klienten, die rund um den Globus im Ölgeschäft, in Reedereien und in der Industrie ihre Geschäfte machten, waren die Reichsbank und Alfried Krupp, der Chef des großen deutschen Rüstungskonzerns. Der Schweizer Anwalt lieferte mit Billigung der Schweizer Regierung die Tarnung der deutschen Aktivitäten und kassierte Gewinnanteile in der ganzen Welt.[20]

Die I.G. Farben, der weltgrößte Chemiekonzern, beanspruchte die Dienste Felix Iselins, eines offen nazifreundlichen Anwalts mit Sitz in Basel. Iselins Aktivitäten wurden von Hermann Schmitz, dem brillanten Vorstandsvorsitzenden des Unternehmens in Berlin, persönlich überwacht. Schmitz sollte später die Produktion von Giftgasen für den Mord an den Juden nach Aussage von Unternehmensdirektoren als »patriotische Pflicht« rechtfertigen.[21] Schmitz sah früh die Notwendigkeit der Tarnung und hatte schon 1929 die I.G. Chemie gegründet, den Schweizer Ableger der I.G. Farben, der für die ausländischen Belange des Industrieimperiums zuständig sein sollte, obwohl Schmitz in Berlin die direkte Kontrolle beibehielt. Im Juni 1940 hegte Schmitz zu Recht die Befürchtung, das gewaltige industrielle Potential des Unternehmens könne die Alliierten zur Beschlagnahmung veranlassen. Er bestallte Iselin zum Direktor der I. G. Chemie, um den Anschein zu erwecken, alle ausländischen Ableger der I. G. Farben seien im ausschließlichen Besitz eines Schweizer Unternehmens. In der Folgezeit wurde Iselin vom MI6 beobachtet. Er reiste nach Berlin, konsultierte Schmitz und transferierte nach seiner Rückkehr nach Basel deutsche Gelder in neutrale Länder. Außerdem leitete er Anweisungen nach New York weiter, als führe er ein Schweizer Unternehmen.[22] Die Wirtschaftskrieger in London und Washington und auch Sam Klaus legten zu diesen Vorgängen Akten an in der Hoffnung, die Schweiz werde nach der Niederlage Deutschlands bei der Beschlagnahmung dieser Werte kooperieren.[23]

Die Erfahrung hatte jedoch gezeigt, daß die Schweiz den Alliierten nur widerstrebend half und nur auf massiven Druck hin einlenkte. Im Jahre 1939 hatte die Londoner Erklärung des weltweiten Wirtschaftskriegs gegen Deutschland in Bern nur mildes Lächeln ausgelöst. Die Ankündigung, daß Schweizer Bürger, die die Deutschen unterstützten, auf eine schwarze Liste gesetzt, jene dagegen, die durch ihre Unterstützung der Alliierten Nachteile hätten, nach dem Sieg der Alliierten entschädigt werden würden, hatte wenig Beachtung gefunden.[24] Da die Briten hofften, die Schweiz werde alliierte Kriegsgefangene in Deutschland schützen und den Geheimdiensten eine Operationsbasis bieten, verzichtete London trotz der sich häufenden Beweise für den unerschütterlichen Gleichmut der Schweizer gegenüber den Verbrechen der Nazis sogar auf einen offiziellen Protest.

Washington hingegen zeigte eine ganz andere Haltung. Bis Anfang 1941 hatten Schweizer Banken und einige ihrer reichsten Kunden vorsichtigerweise Millionen Dollar, versteckt in Sammelkonten, in ihre New Yorker Zweigstellen transferiert und die Order der Anleger in versiegelten Umschlägen mitgeschickt. Auf Ersuchen der über die Zusammenarbeit der Schweiz mit Deutschland empörten amerikanischen Stabschefs jedoch fror Präsident Roosevelt zur Überraschung der Schweizer Banken am 14. Juni 1941 diese Depots (und die Guthaben Deutschlands und der neutralen Staaten) ein, brachte die Machenschaften ans Licht der Öffentlichkeit und warnte die Schweiz davor, die Interessen der Alliierten gänzlich zu mißachten, obwohl die USA erst sechs Monate später in den Krieg eintreten sollten. Die Wirkung dieser Warnung hielt jedoch nicht lange vor.

Am 1. Juli 1941, nachdem Deutschland als Demonstration seiner Macht den Transit aller Schweizer Importe durch sein Hoheitsgebiet verboten und die Kohle-, Eisen- und Stahllieferungen eingestellt hatte, sicherte sich die Schweiz den guten Willen Berlins mit einem ungewöhnlichen Pakt: dem Schweizerisch-Deutschen Ausgleichsvertrag. Da Deutschland seine gesamten Devisen- und Goldvorräte verbraucht hatte, gewährte die Schweizer Regierung den Nazis riesige Kredite. Das Konto war nach außen hin für Kredite an Schweizer Exporteure für ausstehende Zahlungen der Deutschen bestimmt und sollte am Jahresende stets ausgeglichen werden. Statt dessen ließen die Schweizer mit monatlich 7 Millionen Franken ein riesiges Defizit auflaufen. – Am 31. Dezember 1942 hatte Deutschland einen Kredit in Höhe von 850 Millionen Franken für den Kauf von Schweizer Waffen aufgenommen.[25]

Schweizer Präzisionstechnik leistete zuverlässig ihren Beitrag zur deutschen Kriegswirtschaft. Geschützt vor den Bomben der Alliierten produzierte und exportierte die Schweiz Munition, Flakgranaten, Gewehre, Zünder, Flugzeugteile, Funkausrüstung, Werkzeugmaschinen, Turbinen, Motoren, Lokomotiven, Maschinen und Chemikalien. In den letzten Kriegsjahren nahmen Schweizer Firmen Entwicklungsaufträge für neue Funkgeräte, Instrumente zur Flugabwehr, Maschinen und verbesserte Metallverbindungen an und lieferten Teile für die Raketen V-1 und V-2, Einspritzpumpen für Dieselmotoren, Kupplungen für Panzermotoren und Sicherungskappen für Artilleriegranaten.[26] Dr. Waldo Gerber, ein bekannter Schweizer Nazisympathisant und Direktor der Mercedes-Niederlassung, leistete einen etwas schlichteren Beitrag. Er sorgte dafür, daß deutsche Autos in der Schweiz repariert werden konnten. Symbolisch für die Einbindung der Schweiz in die nationalsozialistische Wirtschaft war die Tatsache, daß deutsche Züge mit Nachschub für Italien regelmäßig das Land passierten und die deutschen Städte entlang der Grenze ihren Strom aus Schweizer Kraftwerken bezogen. Ende 1941 waren die Schweizer Chemie-Exporte nach Deutschland um 250 Prozent gestiegen, die Fahrzeugexporte um 450 Prozent und die Metallexporte um 500 Prozent.[27] Im Gegenzug importierte die Schweiz

Gold, Öl, Eisen und Kohle, die Zwangsarbeiter aus der Erde geholt hatten.

Diese Beziehungen und Profite schützte man bequem durch Heuchelei. Denn während die Schweizer Industriellen Waffen an die Nazis lieferten, klagte die Regierung des Landes einen einfachen Soldaten des Verrats an, weil er sein Gewehr an einen deutschen Agenten verkauft hatte, und bestätigte unverzüglich das Todesurteil und die Exekution.

Proteste der alliierten Botschafter wegen der Kredite und Handelsbeziehungen beantworteten die Schweizer mit Lektionen über ihre Prinzipien, Überzeugungen und die Risiken, die sie eingingen, um ihre Souveränität zu wahren. Neutralität, so beschieden Schweizer Beamte Sir Clifford Norton, bedeute lediglich militärische Neutralität. Wirtschaftliche Neutralität sei ein im Recht unbekannter Begriff. Da nur Deutschland Kohle und Eisen liefern könne, werde den Deutschen auch freigestellt, was sie als Gegenleistung haben wollten. Die Schweiz, erklärte man Norton, »bedauere« nicht nur die »unvernünftigen« alliierten Forderungen nach einer Begrenzung des Handels mit Deutschland, sondern verlange und beanspruche als neutraler Staat ähnliche Rechte auch für den Handel mit Japan. In London wurde diese Forderung als Wunsch bewertet, zusätzliche Profite aus dem Krieg zu schlagen. [28] In Bern klagten die Bankiers, der Handel mit beiden Seiten sei »unangenehm« und zu einer »schwierigen Aufgabe« geworden. [29]

Sam Klaus' Wut konzentrierte sich vor allem auf die freundliche, schmale, baumbestandene Zürcher Bahnhofstraße, die vom Hauptbahnhof ins Stadtzentrum führt. Über und zwischen den teuren Schmuck- und Uhrenläden lagen die Räumlichkeiten von gut hundert Banken, Anwälten und Notaren, die den argwöhnischen oder nicht eingeweihten Fremden in die Geheimnisse der Nummernkonten und in die Möglichkeiten einweihen konnten, wie er seine Ersparnisse auf diskrete Weise verbergen konnte. Die Kunden ließen sich von ihrem Gegenüber, das gelegentlich ein Messingschildchen am Revers trug und sich betont taktvoll gab, gerne ins Vertrauen ziehen – eine Praxis, die nicht zuletzt das vergleichsweise junge Alter der Schweizer Banken widerspiegelte.

Bei Kriegsausbruch waren die meisten führenden Banken der Schweiz kaum hundert Jahre alt. Die Schweizerische Kreditanstalt wurde erst 1856 gegründet, als die Schweiz noch mit ihren Disparitäten zu kämpfen und im Gegensatz zum übrigen Europa gerade erst damit begonnen hatte, eine Industrie und ein Eisenbahnnetz aufzubauen. Die Bankiers des Landes nutzten den fehlenden Einfluß der Regierung, ja sogar deren mangelndes Interesse an ihren Angelegenheiten. Gleichsam per höherem Dekret schufen sie sich ihre eigenen Regeln und einen Moralkodex und nahmen sich die Freiheit, ohne jede äußere Einmischung in eigener Sache zu handeln. Was Klaus und selbst die Regierung noch nicht wußten, war, daß die Banken im Jahre 1937 ohne rechtliche Grundlage einseitig und ohne Vorankündigung die Zinszahlung auf ausländische Guthaben eingestellt hatten. Ihre nachgeschobene Erklärung – daß zuviel »heißes Geld« in ihre Tresore flösse – verdeckte geschickt die Strategie, den mit ihren Einlagen festsitzenden ausländischen Kunden Extraprofite abzupressen.[30] Die kleine verschworene Gruppe der Schweizer Bankiers, die aus ihrer Diskretion beispiellosen Nutzen geschlagen hatten, war immer habgieriger und skrupelloser geworden. Zugleich genossen diese Geschäftsleute den besonderen Status von Bürgern, die zugleich Reserveoffiziere der Streitkräfte waren und regelmäßig im Auftrag der Regierung in diplomatischen Missionen ins Ausland gesandt wurden. Dieses hohe persönliche Ansehen, gewiß attraktiv für ausländische Kunden, die besondere Dienstleistungen und strenge Diskretion verlangten, wurde durch die Gesetze noch vergrößert, die den ausländischen Anlegern Anonymität und Schutz vor neugierigen Regierungen garantierten.

Das Schweizer Bankgeheimnis war 1922 eingeführt worden, nachdem die Ankündigung einer Steuer auf Schweizer Kapital einen massiven Geldtransfer nach London ausgelöst hatte. Um ihre Geschäfte vor der Regierung zu schützen und das Kapital zur Rückkehr zu bewegen, gaben die Schweizer Banken ihren Anlegern geheime Nummernkonten und garantierten absolute Diskretion. Die Schweizer Bankiers traten nun als Verbündete der Anleger auf und konnten auf rechtlicher Grundlage die Konten ausländischer Juden gegen die von Gestapoagenten illegal in deren Namen erhobenen Forderungen schützen. Später konnten diese Bankiers sich wieder auf das Recht berufen, wenn sie eine Verurteilung ihrer Kollaboration mit den Nazis und Kritik an ihrem Verhalten gegenüber den von der Gestapo verfolgten jüdischen Flüchtlingen zurückweisen wollten.[31] In Wirklichkeit hatten die Banken stillschweigend in Zusammenarbeit mit den Nazis Profite aus dem Gesetz geschlagen. Die Deutschen hatten festgestellt, daß die Schweizerische Kreditanstalt in diesen Angelegenheiten ein besonders verläßlicher Partner war. Zu den Opfern dieses Einvernehmens gehörte Laura Mayer aus dem belgischen Malmédy. Kurz nach der Besetzung des Landes durch die Deutschen wurde sie gezwungen, Überweisungsaufträge für ihre Guthaben auf Schweizer Banken zu unterzeichnen. Ihre eindeutig unter Druck geschriebenen Briefe, die ein deutscher Beamter überbrachte, wurden von der Schweizerischen Kreditanstalt ohne weitere Fragen akzeptiert. Die Bankiers kamen nicht auf den Gedanken, daß ihre Perfidie nach der deutschen Niederlage auffliegen würde.[32] Nach dem Krieg mußte Frau Mayer feststellen, daß ihre Nachforschungen auf eine Wand der Verschwiegenheit stießen. Mit welcher Beharrlichkeit die Bankiers schwiegen, hatten Klaus und andere alliierte Beamte während des Krieges nicht vorausahnen können.

Im Gegensatz zu den Konten Laura Mayers waren die Schweizer Bankeinlagen hochrangiger Deutscher gut geschützt. Der ehemalige Reichskanzler Franz von Papen hatte Berichten zufolge 500 000 Franken in der Raiffeisenkasse St. Gallen deponiert; Außenminister Joachim von Ribbentrop und der ehemalige Reichsbankdirektor Hjalmar Schacht hatten eine Angestellte der deutschen Botschaft vorgeschoben, um Geld bei Banken im Umkreis von Zürich anzulegen; und selbst Hitler benutzte vermutlich mindestens drei verschiedene Konten für die Tantiemen aus *Mein Kampf,* auch dasjenige seines ergebenen Verlegers Max Amman. Keiner jedoch war so umtriebig wie Hermann Göring, dessen Schweizer Agenten, allen voran Andreas Hofer, die Einlagerung geraubter Wertgegenstände – vor allem Gemälde aus Galerien und Privatsammlungen in ganz Europa – in Schweizer Banktresoren organisierten.[33]

Die raffinierteren Deutschen wuschen gestohlenes Geld bei Schweizer Banken, indem sie ihre Beute zu Schleuderpreisen im Tausch für sichere Einlagen anboten. Sie hatten Devisenkonten, die auf die Namen von Schweizern eröffnet worden waren, oder übernahmen bestehende Schweizer Bankkonten in Amerika.[34] Schweizer Bankiers hatten sich zudem auf den Handel mit gestohlenen Aktien und Wertpapieren spezialisiert. Deutsche Kuriere kamen regelmäßig unter diplomatischem Schutz über die französische Grenze, um säckeweise gestohlene Zertifikate an ein Netz unbekümmerter Vermögensverwalter abzuliefern. Ein Stapel Wertpapiere war, wie britische Agenten herausfanden, im Pariser Büro der Westminster Bank gestohlen und an den »berüchtigten« Ted Hoch vom Schweizerischen Bankverein (SBC) übergeben worden. Hoch führte einen lukrativen Handel. Er beschaffte von beflissenen Anwälten für 100 Dollar falsche eidesstattliche Erklärungen, mit denen sie die gestohlenen ausländischen Aktien und Staatsanleihen in Eigentum von Schweizer Staatsbürgern verwandelten. Die gestohlenen Wertpapiere wurden an den Börsen von Zürich und Genf so billig weiterverkauft, daß britische Diplomaten bei der Schweizer Regierung wegen der offensichtlichen Unredlichkeiten protestierten. Eine Schweizer Untersuchungskommission hatte 1942 die Fälschungen durch den Schweizerischen Bankverein (SBC) bestätigt, doch unter politischem Druck waren die Nachforschungen »im öffentlichen Interesse« eingestellt worden.[35] Die Schweizer Beamten spielten die peinliche Angelegenheit gegenüber den Briten mit der Versicherung herunter, »ein besseres Kontrollsystem hätte man gar nicht erfinden können«.[36]

Klaus stellte Nachforschungen zu diesen Transaktionen an. Er vermutete, daß die Gesetze der Schweiz diese Art von Handel und Verbrechen begünstigten. Nach Schweizer Recht ging das Diebesgut, wenn fünf Jahre lang niemand darauf Ansprüche erhob, in das Eigentum des Diebes über. Die Schweizer mit ihrer Nase für fette Profite verfielen nicht auf den Gedanken, ihre Gesetze zu ändern, obwohl ihr Land, seit die Deutschen ihre Besatzungsmacht über Europa gefestigt hatten, ein Anlageplatz für Diebesgut geworden war.

Informanten der alliierten Geheimdienste bestätigten immer wieder, daß die Schweizerische Kreditanstalt, die Schweizerische Bankgesellschaft und die Basler Handelsbank Devisen und Gold im Wert von mehreren Millionen Dollar aus Deutschland erhielten, um sie entweder auf Geheimkonten oder in andere neutrale Staaten zu transferieren, beispielsweise nach Schanghai oder nach Südamerika.[37] Bührle und andere renommierte Bankhäuser dienten deutschen Industriellen als »Endstationen« für die Hortung ausländischer Devisen.[38] In den Hauptbüchern der Reichsbank war vermerkt, daß mindestens fünfzehn Milliarden Reichsmark in die Schweiz transferiert worden seien, wogegen die Schweizer später behaupteten, es sei nur eine Milliarde gewesen.[39] Für den amerikanischen Konsul in Basel Walter Sholes hatten sich die Schweizer Bankiers in »profaschistische Finanzschieber« verwandelt, »die nicht zögerten, Hand in Hand mit nationalsozialistischen und faschistischen Geschäftspartnern zusammenzuarbeiten«.[40] Walter Ostrow, der Vertreter des amerikanischen Finanzministeriums in Bern, berichtete, die Schweiz füge als internationaler Bankier Deutschlands den Alliierten Schaden zu durch die Finanzierung des Kaufs von wichtigen Rüstungsgütern aus neutralen Staaten. Klaus, der sich auf Sholes und Ostrow berief, hatte eine beeindruckende Anklageschrift zusammengestellt, die auf abgefangenen Meldungen und Agentenberichten beruhte. Er konnte die enge Zusammenarbeit zwischen den Schweizer Banken und den Deutschen darstellen, obwohl die Bankiers den ganzen Umfang ihrer Aktivitäten selbst vor Leuten wie Klaus durch taktvoll zurückhaltendes und allseits diskretes Verhalten verbargen.[41]

Als selbsternannter Streiter für Gerechtigkeit hielt es Klaus für seine ureigenste Aufgabe, Mythen zu zerstören und alte Gepflogenheiten öffentlich zu machen. Mit seinen Bemühungen, den Wirtschaftskrieg in den Frieden hinein fortzusetzen, bedrohte er die behagliche Idylle der Schweiz, auch wenn die meisten ihrer Bürger von diesem Plan nichts wußten. Die von keiner politischen Opposition behinderte Schweizer Führung hatte eine totale Zensur verhängt und ihr Volk sorgsam vor ausländischer Kritik und juristischen Händeln geschützt. Zu den vielen nicht gemeldeten Ereignissen gehörte eine im November 1940 von zweihundert Angehörigen der Schweizer Führungselite unterzeichnete Petition, in der die Regierung aufgefordert wurde, sich strikter an die Neutralität zu halten, was angesichts der Liste der Beschwerden auf die Forderung hinauslief, die Schweiz solle den Nazis gegenüber noch mehr Entgegenkommen zeigen. Die Unterzeichner der Petition waren Repräsentanten der größten Schweizer Banken, darunter Peter Vieli, der Generaldirektor der Schweizerischen Kreditanstalt und Vorsitzende des Deutschlandkomitees der Schweizerischen Bankiervereinigung, sowie Paul Jaberg, Direktor der Schweizerischen Bankgesellschaft, der auch eine Reihe anderer Direktorenposten bei den Versicherungsgesellschaften und Industriekonzernen des Landes bekleidete. Beide Banken kontrollierten riesige Schweizer Investitionen in Deutschland und boten im Gegenzug einen sicheren Hafen in der Schweiz für deutsche Ersparnisse und einen Deckmantel für die dunklen Machenschaften ihrer Kunden.[42]

Zu diesen Kunden gehörte Paul Schmidt-Branden, ein ehemaliger Direktor der Dresdner Bank in Berlin, der während des Krieges im Park-Hotel im schönen Tessiner Kurort Locarno residierte. Wie andere Deutsche genoß Schmidt-Branden das Flair dieser Stadt, während er zugleich Geschäfte für seine Nazikunden vermittelte. Er half dem Reichsbankpräsidenten Walter Funk beim Transfer seiner privaten Guthaben aus Amerika in die sichere Schweiz – doch mit den Schweizer Bankiers betrieb er noch dunklere Geschäfte. Vor allem hatte er Schweizer Bankangestellte dazu gebracht, die Konten von Juden in den von Deutschland besetzten Ländern offenzulegen.

Heinrich Löwinger, ein österreichischer Jude, war ein Opfer dieses Handels. Nach seiner Verhaftung in Wien bekam er Besuch von Gestapobeamten, die ihm ein Angebot machten. Sie hatten genaue Angaben über sein Konto bei der SBC in Zürich. Die Gestapo forderte ihn auf, sein Vermögen abzutreten. Dafür werde ihm die Ausreise in die Schweiz gestattet. Nachdem Löwinger dem Handel zugestimmt hatte, fuhren er und seine Frau in Begleitung von Gestapobeamten an die Schweizer Grenze bei Konstanz. Dort wartete sein Schweizer Anwalt, der das Konto bei der SBC eingerichtet hatte. Löwinger unterzeichnete die Überweisung seines Vermögens an die Gestapo, und anschließend gingen beide zu Fuß über die Schweizer Grenze, mittellos, aber am Leben. »Das war nur möglich, weil die Nazis Informationen von den Schweizer Banken bekommen hatten«, klagte Löwinger und äußerte den Verdacht, daß ein Angestellter der Bank von der Gestapo rekrutiert oder sogar dort eingeschleust worden sein könnte. Löwinger konnte nicht wissen, daß die Beziehungen der SBC zu den Nazis von deren ranghöchsten Managern und Direktoren aufgebaut wurden. Fünfzehn der vierundzwanzig Direktoren der Bank wurden vom amerikanischen Finanzministerium als Nazisympathisanten identifiziert, die sich tätig für die Finanzierung und die Erleichterung von Auslandstransaktionen der deutschen Großindustrie einsetzten. Die Beamten des Untersuchungsausschusses kamen zu dem Schluß, die Bank sei »ein Hauptkomplize der Nazis«. So ergab sich ganz selbstverständlich, daß der Gestapo Informationen über das Geheimkonto eines Juden geliefert wurden.[43]

Diskrete Gespräche zwischen britischen und amerikanischen Diplomaten und Schweizer Beamten mit dem Ziel, den illegalen Handel der Schweiz mit Nazideutschland einzuschränken, hatten keinen Erfolg gehabt, nicht einmal nach der sich abzeichnenden deutschen Niederlage (Kapitulation der deutschen Armee in Stalingrad am 31.1.1943). Am 5. Januar 1943 publizierten beide Regierungen die Warnung, daß der Besitz von geraubten Vermögenswerten, die von Deutschen in die Schweiz gebracht worden waren, nicht anerkannt werden würde. Die Schweizer Regierung ignorierte diese Mitteilung.

Am 15. Januar 1943 lief das Schweizer Handelsabkommen (Trade Agreement von 1941) mit Deutschland aus. Die Regierungen in London und Washington waren über Meldungen verärgert, daß Vertreter der Schweiz nach Berlin reisten, um ein erneuertes Abkommen auszuhandeln, und weitere Kredite offerierten, die Deutschland den Kauf von Munition und Kriegsmaterial ermöglichen würden. Die Unbekümmertheit der Schweizer, so berichtete Sir Clifford Norton an das britische Außenministerium, gründe sich nicht allein auf den Bedarf an deutscher Kohle, an Eisenerz und Treibstoff. Vielmehr seien Schweizer Minister »von seiten interessierter Kreise aus der Industrie davon überzeugt worden, daß die Schweiz aus Gründen der Ehre und des Eigeninteresses verpflichtet sei, das Abkommen von 1941, das diese Interessenten bestens bedient, wortwörtlich einzuhalten«.[44] Die Schweizer, so schien es, waren mit ihrem Beitrag zur deutschen Politik zufrieden.

In London erhielt Dingle Foot, ein Staatssekretär im Ministerium für Wirtschaftskriegführung, den Auftrag, die Loyalität der Schweizer gegenüber den Nazis aufzubrechen, zumindest durch die Verminderung der Zahl Schweizer Fachleute im Dienste der deutschen Kriegsmaschinerie. Foot konnte, als er am 15. April 1943 mit dem Schweizer Botschafter Walther Thurnherr zusammentraf, kaum mit beeindruckenden Drohungen aufwarten: Zertifikate, die eine sichere Seepassage für Schweizer Handelsware gewährleisteten, wurden nicht mehr ausgestellt, und Importe von Tierfutter und militärischem Material für Verteidigungszwecke wurden beschränkt. Foots »ernste Warnung«, die Schweiz sei »den deutschen Forderungen weiter als nötig entgegengekommen«, hinterließ so wenig Eindruck, daß Außenminister Anthony Eden persönlich intervenierte.[45]

Die alliierten Armeen in Nordafrika standen kurz vor einer großen Offensive gegen die Truppen Rommels. Eden mußte sich auf einen wichtigen Besuch in Washington vorbereiten, und dennoch hielt er es für nötig, Thurnherr am darauffolgenden Tag, dem 16. April, aufzusuchen. Zunächst gab Eden sich höflich. »Das Ausmaß der gegenwärtigen Schwierigkeiten Deutschlands«, eröffnete er dem Botschafter, »ist zugleich das Ausmaß der Schweizer Stärke. Je heftiger die Deutschen poltern, desto stärker ist die Schweiz.« Der Botschafter nickte. Ermutigt durch die offenbare Zustimmung fügte Eden hinzu: »Die Schweiz sollte alles in ihrer Macht Stehende tun, den Krieg nicht zu verlängern.« Allmählich erkannte Eden, daß die Schweizer Mentalität seine »ernste Besorgnis« auf unberechenbare Weise zur Kenntnis nahm. Zwar antwortete Thurnherr, auch er sei »besorgt über die ihm zugehenden Meldungen«, doch zugleich erging er sich in Selbstlob darüber, wie schwierig es für die Schweiz sei, die Forderungen der Deutschen zurückzuweisen und zugleich neutral zu bleiben. Der Diplomat verstand offensichtlich gar nicht, um was es eigentlich ging: Nazideutschland war ein Übel, das vernichtet werden mußte. Dafür starben die alliierten Soldaten, doch die Schweiz belieferte nicht nur die Kriegsmaschine der Nazis, sondern bunkerte und schützte auch noch deren Kriegsbeute, was mit Neutralität wenig zu tun hatte. Eden erkannte, daß es sinnlos war, das moralische Problem zu erklären. Thurnherr war zwar Zeuge der Kriegserschütterungen, der Rationierungsmaßnahmen und der Bombenschäden, die London so schwer zu schaffen machten, doch war ihm keine Spur von Scham über die Schweizer Beziehungen zu Deutschland anzumerken. Obwohl der Diplomat im Gegensatz zu seinen Landsleuten den Gefahren des Krieges ausgesetzt war, wußte er, daß die Schweizer sich weder vorstellen konnten, wie ihre Nachbarn litten, noch sich groß darum scherten. In Wahrheit glaubten nur wenige Schweizer an eine Niederlage Deutschlands. Eden verabschiedete sich daher mit einer Drohung von dem Diplomaten: Sollte das neue Abkommen zwischen der Schweiz und Deutschland den britischen Interessen schaden, »wird unsere Reaktion Ihnen vermutlich unwillkommen sein«.[46] Dem britischen Außenministerium blieb nun nichts anderes übrig, als Washington um Unterstützung zu bitten.

Fünf Tage später, am 21. April, veröffentlichte die amerikanische Regierung ihre bisher eindringlichste Protestnote. In »tiefer Besorgnis« wurden die »schärfsten Einwände« dagegen vorgebracht, daß die Schweizer Verhandlungen mit Berlin einen »beträchtlichen Anstieg« der Schweizer Exporte nach Deutschland nach sich ziehen und mithin dessen militärisches Potential stärken und den Krieg verlängern könnten.[47]

Sir Clifford Norton prüfte sofort danach die Reaktion der Schweizer. Norton traf regelmäßig mit dem arroganten Außenminister Marcel Pilet-Golaz zusammen, der kaum einen Hehl aus seiner Sympathie für die Deutschen machte und sich darin mit der Mehrheit des Bundesrates einig war. Selbst der ängstliche Norton war 1943 so weit, daß er Pilet-Golaz' Gerede von »Loyalität« und »Neutralität« gründlich satt hatte. Loyalität hieß für Pilet-Golaz, daß die Schweiz das Recht habe, »Abkommen mit beiden Seiten zu schließen und sie loyal einzuhalten«.[48] In der Frage der Neutralität verglich Pilet-Golaz sein Land mit Amerika vor Pearl Harbor, eine mutwillige Geschichtsverzerrung angesichts der entschiedenen Unterstützung Washingtons für Großbritannien schon vor dem japanischen Angriff. Zu Nortons Verärgerung prahlte der Minister weiter, die Bewahrung der Schweizer Neutralität sei an sich schon ein Sieg und rechtfertige die Schweizer Gewinne durch den Krieg. Doch Norton ließ sich von dem Politiker auch einlullen. Pilet-Golaz vertrat die Ansicht, im Grunde sei er für die Alliierten, doch der Bundesrat erlege ihm Grenzen auf, und er versicherte, die Schweiz werde einen »deutlichen Rückgang« der Exporte nach Deutschland im Jahre 1943 garantieren. »Auch ich bin nicht glücklich mit der gegenwärtigen Position der Schweiz«, meinte Pilet-Golaz, dem Anschein nach mit Verständnis für die Klage des Briten, »doch das ist nicht unsere Schuld.« Ein Embargo, erklärte der Minister, könne die Nahrungsmittelimporte der Schweiz reduzieren und zu Arbeitslosigkeit und sozialer Unruhe führen. Da Pilet-Golaz schon

1942 eine Beschränkung des Handels versprochen und später nicht eingehalten hatte, kamen das britische und das amerikanische Außenministerium übereinstimmend zu dem Schluß, die Schweizer würden immer die Deutschen den Alliierten vorziehen, falls man nicht eine Möglichkeit finde, einen Keil zwischen Deutschland und die Schweiz zu treiben – wie am 8. Mai 1943.[49]

Walther Thurnherr teilte Eden mit, daß die Verhandlungen zwischen Deutschland und der Schweiz gescheitert seien und fragte, ob die Sanktionen nun aufgehoben werden könnten. Da die Schweiz immer noch Munition lieferte und inzwischen über ein neues Abkommen diskutiert wurde, klang die Antwort der Alliierten hart. Nahrungsmittel- und Tierfutterlieferungen wurden für drei Monate verboten. Das wirkte, und die Schweiz erklärte ihre Bereitschaft, die Rüstungsexporte nach Deutschland, insbesondere die von Kugellagern, bis Jahresende um 60 Prozent zu reduzieren. Die Alliierten lockerten daraufhin ihre Sanktionen, doch diese Demonstration des guten Willens erwies sich als fruchtlos.[50] Im Oktober unterzeichneten die Schweizer unter Mißachtung der alliierten Proteste ein neues Handelsabkommen mit Berlin und gewährten den Nazis einen neuen Kredit über 270 Millionen Franken für den Kauf von Waffen in der Schweiz. Das britische Kabinett war erbost. Die wiederholten Versicherungen der Schweiz, die Exporte nach Deutschland zu beschränken, wurden offensichtlich nie eingehalten. »Je mehr wir Deutschland schaden«, erklärte Foot gegenüber Thurnherr, »desto mehr brauchen die Deutschen die Schweizer.« Thurnherr war offensichtlich nicht beeindruckt. »Die Regierung ihrer Majestät«, verkündete Foot weiter, »betrachtet dieses Abkommen als äußerst schwerwiegende Angelegenheit.« Nach dem Krieg, drohte er, würden »die Alliierten nicht zulassen, daß die immensen Kredite von den Deutschen zurückbezahlt würden«. Der Botschafter telegrafierte natürlich einen Bericht über dieses Gespräch nach Bern. Er wurde gelesen, zu den Akten gelegt, ignoriert und bald vergessen. In London und Washington ausgesprochene Warnungen waren Gespensterstimmen. Sie beeindruckten die Bürger von Zürich und Bern wenig, die Leute wie Sam Klaus als Feinde ihres Landes verteufelten.

Klaus ließ in der Sommersonne der Schweiz die Geschichte der alliierten Beziehungen zu dem neutralen Land während der letzten vier Jahre Revue passieren. Allmählich begriff er, daß eine Ware, die zwischen Bern und Berlin gehandelt wurde – die Goldbarren, die problemlos über die Grenze kamen – die Grundlage dieses geheimen Einvernehmens bildete. Auf dem Berner Bundesplatz stehend betrachtete er das alles andere als überwältigende Säulenportal des Schweizer Parlaments und sah dann nach links, wo er das freundliche Gebäude der Schweizerischen Nationalbank erblickte.

Die Architektur macht gelegentlich die Moral einer Nation sichtbar, überlegte Klaus, doch die Bauten der Schweizer Demokratie verrieten wenig über den Nationalcharakter. Wäre dort freilich, in den Steinboden des Säulenportals der Nationalbank gemeißelt, ein Hakenkreuz zu sehen gewesen, es hätte die Haltung der Schweiz gegenüber den Nazis ganz treffend zum Ausdruck gebracht.

KAPITEL 4
Beutegold

Dr. Alfred Hirs, der 55jährige, kleine und wortkarge stellvertretende Direktor der Schweizer Nationalbank zählte zu jenen Schweizern, die nicht geneigt waren, mit Amerikanern oder Briten und insbesondere mit Leuten wie Klaus zu diskutieren. Hirs war seinem Land und seiner Bank in äußerster Loyalität verbunden und hieß auch die Repräsentanten der Reichsbank stets willkommen. Die deutsche Zentralbank mit Sitz in Berlin finanzierte den Krieg gegen den Bolschewismus. Wie so viele deutschstämmige Schweizer hatte Hirs in diesem Fall die jüdischen Flüchtlinge, die illegal in die Schweiz gekommen waren, um ihr Leben zu retten, als die Schuldigen betrachtet und gleichzeitig die Nazis als Ehrenmänner empfangen. Dieses Vorurteil war für Walther Funk, Deutschlands Reichswirtschaftsminister, und seinen Stellvertreter Emil Puhl von größtem Nutzen.

Die beiden Deutschen standen mit einer einzigartigen beruflichen Herausforderung der Zentralbank gegenüber. Deutschlands ungeheurer finanzieller Bedarf hatte bald nach dem Ausbruch des Zweiten Weltkrieges die offiziellen, auf 120 Millionen Dollar geschätzten Goldreserven des Landes aufgezehrt. Die Reichsmark als deutsche Währung war für die neutralen Staaten als Zahlungsmittel für den Treibstoff deutscher Schiffe, die wichtigen Erze für Deutschlands Rüstungsindustrie und die spezialisierten Militärgüter kaum akzeptabel. Portugal, Spanien, Schweden, die Türkei und besonders die Schweiz verlangten entweder Schweizer Franken, die jeweilige Landeswährung oder Gold. Das Gold der Reichsbank war vollständig verkauft worden, und Funk hatte, um an ausländische Währungen heranzukommen, weitere Quellen ausgemacht: Die Goldreserven jener europäischen Nationen, die Deutschland erobert hatte und besetzt hielt.

Deutschland hatte sich Österreichs Goldreserven 1938 einverleibt. Ein Jahr später bemächtigte sich die Reichsbank des tschechoslowakischen Goldes. Als Warschau 1939 besetzt wurde, war die Reichsbank enttäuscht, daß die umsichtigen polnischen Beamten die Reserven nach Rumänien in Sicherheit gebracht hatten, doch durch Verhandlungen mit der Regierung in Bukarest gelangte auch dieses Gold in deutsche Hände. Anfang des Jahres 1940 wurden Dänemarks geringe Goldreserven nach Berlin transportiert. Funks erhoffter und reicher Gewinn wurde erst nach dem Juni 1940 mit der Kapitulation Frankreichs, Belgiens und Hollands realisiert. Zunächst waren Funks Abgesandte enttäuscht. Vorsichtige Beamte der französischen Nationalbank hatten den Schatz in die Vereinigten Staaten verschifft. Die Belgier hatten gleichfalls Vorsorge getroffen. Die belgische Nationalbank hatte Ende 1939 Frankreichs Nationalbank 1751 Goldbarren im Wert von 223 Millionen Dollar anvertraut. Nicht lange nach der deutschen Invasion im Mai 1940 forderte der Direktor der belgischen Nationalbank seinen französischen Kollegen auf, die Barren auf einem britischen Kreuzer nach London zu schicken. Statt dessen transportierten die Franzosen das Gold nach Dakar in Westafrika. Da jedoch die Verhandlungen mit der kollaborierenden französischen Regierung in Vichy über die Rückführung des Goldes nach Europa in der Schwebe blieben, waren die holländischen Goldreserven vorerst Funks einzige Ressource.

Am Vorabend der deutschen Invasion waren 192 360 Kilogramm Gold – 35 Prozent der holländischen Reserven – in Tresorräumen in Amsterdam und Rotterdam gelagert. In den ersten Stunden nach dem Einmarsch der Wehrmacht am 9. Mai 1940 wurde das Gold von Amsterdam sicher nach Großbritannien befördert. Ein Schiff mit 937 Barren (11 012 Kilogramm) an Bord, das von Rotterdam aus segelte, lief auf eine Mine und lag gestrandet nahe der Küstenlinie. 816 Barren hatte man bis 1942 gerettet und mit den 102 743 Kilogramm des in den Tresorräumen von Rotterdam entdeckten Goldes nach Berlin transportiert. Insgesamt waren 146 016 Kilogramm holländischen Goldes im Wert von 161 Millionen Dollar (588 Millionen Franken) sorgfältig in den Hauptbüchern der Reichsbank als Lagerbestände in Tresoren verzeichnet worden.[1] Emil Puhl wurde nach Bern entsandt, um der Schweizer Nationalbank das Gold anzubieten.

Ernst Weber, der Präsident der Nationalbank, und Alfred Hirs wollten der Schweiz gefällig sein. Nach dem anfänglichen Schock angesichts des Zusammenbruchs Frankreichs war die Schweiz ringsum von besetzten Gebieten umgeben, und Italien im Süden war der Verbündete des Reiches. Die Nationalbank der Schweiz war zur wichtigsten Quelle von Devisen für den internationalen Handel des Deutschen Reichs geworden. Eine gewinnbringende und politisch willkommene Aufgabe für ein Bankhaus, das stets darauf bedacht war, seinen Anteilseignern gute Dividenden zu bezahlen. Denn wie die meisten schweizerischen Politiker, Bankiers und Industriellen waren auch Weber und Hirs vom Endsieg Deutschlands überzeugt und störten sich nicht an der Ansicht der Alliierten, die Bank fungiere als Partner der Nazis.

Keiner der beiden Schweizer Bankiers zweifelte an Puhls Glaubwürdigkeit, da er, im Gegensatz zu den meisten anderen höheren Direktoren der Bank, unmißverständlich seine Loyalität gegenüber den Nazis bekundet hatte: Er hatte sich 1939 geweigert zurückzutreten. Auch stellten die beiden Bankiers keine Fragen, ob etwa die Reichsbank der Eigentümer des von Puhl angebotenen Goldes war oder ob sie eine ordnungsgemäße und legale Vollmacht für die Verfügung über das Gold vorweisen konnte. Selbst im Jahr 1942, als die ersten holländischen Barren, die insgesamt einen Wert von 161 Millionen Dollar erreichen sollten, in Bern ankamen, wurden keine Fragen gestellt. Einige Barren waren noch verpackt und gekennzeichnet. Über die Herkunft des Goldes konnte es also keine Zweifel geben. Erst nachdem in der Schweiz Offiziere des MI6 London warnend auf die Goldlieferungen hingewiesen hatten, erkannten Weber und Hirs, daß ihnen eine Erklärung abverlangt werden könnte. Auf Anfragen des britischen Außenministeriums erklärte die Schweizer Regierung, die Deutschen kauften Escudos, die portugiesische Währung. Auf die Frage, warum die Deutschen das Gold nicht direkt nach Portugal verschifften, antworteten die Schweizer, die Nationalbank organisiere lediglich den Transfer, da die Deutschen ihre finanziellen Transaktionen verbergen wollten.[2] Die Alliierten waren trotz der Ungereimtheit der Antwort im ersten Moment hilflos. Die Verwendung geraubten Goldes durch Deutschland wurde in Washington als »systematische Plünderung« und als »rechtswidrig« bezeichnet. Dennoch schenkte man der

Schweizer Verschwörung mit den Kriminellen nur wenig Aufmerksamkeit. Die Aufzeichnungen der Alliierten spiegeln eine ähnliche Schwäche wider. Die Menge an Gold, die die Deutschen in Holland vorgefunden hatten, so hatten alliierte Beamte verzeichnet, »sei sehr gering«. Dies sollte sich als ein Fehler mit gravierenden finanziellen Konsequenzen herausstellen.[3]

In Anbetracht der herrschenden Umstände war die Annahme des geraubten Goldes durch Weber und Hirs nichts Außergewöhnliches. Offiziere des MI6 und OSS hatten in der Schweiz ein sich entwickelndes Verhaltensmuster beobachtet, welches an das Mittelalter erinnerte. Ein unaufhörlicher Strom von Deutschen traf in der Schweiz ein, um geraubte Kunst, Schmuck, ausländische Währungen, Firmenanteile, Wertpapiere und Gold aus Privatbesitz, kurz, jede Art von Vermögenswerten, die bei den Unschuldigen Europas konfisziert worden waren, zu verkaufen. Die Deutschen hatten bei der Einreise in die Schweiz im Gegensatz zu den Juden keine Schwierigkeiten. Tatsächlich waren sie trotz der Dreistigkeit, mit der sie diese »Geschäfte« abwickelten, willkommen.

Ausgewiesene Schweizer Kaufleute akzeptierten Diamanten, die die SS bei jüdischen Händlern in Antwerpen und Amsterdam beschlagnahmt hatte; Diamanten, die regelmäßig in deutschen Diplomatentaschen in die Schweiz gelangten.[4] Andere Schweizer Kaufleute handelten ausschließlich mit gestohlenen Banknoten.[5] Die dunkelsten Geschäfte wurden mit dem Schmuck von Juden gemacht, der zur »sicheren Aufbewahrung« hinterlegt wurde, nachdem die Juden in Lagern inhaftiert worden waren. Ebenso finstere Geschäfte wurden mit dem Gold gemacht, das aus den Zähnen der Leichen aus den Gaskammern herausgebrochen wurde. Ein Teil dieses Goldes wurde zuerst an die Reichsbank in Berlin geliefert, wo es in anonyme Barren umgeschmolzen werden konnte. Aber Taschen voller Gold und Schmuck, anfangs in Tresorräumen in Berlin deponiert, gelangten in einem steten Strom in die Schweiz und wurden bei Schweizer Geschäftsleuten hinterlegt, die gewillt waren, nicht nach der Herkunft dieser Wertgegenstände zu fragen.

Mitfühlende Schweizer Zollbeamte hatten britischen Geheimdienstoffizieren anvertraut, daß seit Kriegsausbruch Kisten mit Meisterwerken die Grenzen auf Lastwagen überquert hatten. Diese wurden sogar auf dem Basler Bahnhof, der schweizerischen Grenze zu Deutschland, gegen Bargeld eingetauscht.[6] Regelmäßig trafen deutsche, als Diplomaten reisende Beamte und SS-Offiziere bei Kunsthändlern in Zürich und Basel ein und boten Gemälde sowie Kunstgegenstände an, die aus privaten Sammlungen im besetzten Europa geraubt worden waren. Die Deutschen erhielten eine stattliche Bezahlung dafür, obgleich fast alles weit unter dem tatsächlichen Wert gehandelt wurde. Die herausragenden Agenten waren jene, die im Namen von Göring, Goebbels, von Ribbentrop und anderen handelten. Sie hatten berühmte Impressionisten und Alte Meister aus Galerien und Privatsammlungen in Frankreich, Holland und Belgien gestohlen, entweder für die Häuser der Nazis in Deutschland oder zur Einlagerung in der Schweiz als Sicherheit für die Zukunft. Die britische Regierung schätzte um 1944, daß die Beute der Deutschen 144 Millionen Dollar wert sei, wogegen sich die Schätzung des New Yorker Metropolitan Museum of Art auf 2,5 Milliarden Dollar belief.

Da die Schweizer Regierung dem Land erlaubt hatte, Komplize und Nutznießer bei der Ausplünderung Europas zu werden, war die Einstellung Webers und Hirs' hinsichtlich der Goldangebote der Reichsbank kaum verwunderlich. Die beiden Bankiers waren jedoch auf der Hut und hatten Vorsorge getroffen. Das von der Reichsbank gelieferte Gold war, wie sie sich selbst unter Mißachtung der Warnungen der Alliierten versicherten, nicht geraubt.

Nach dem Sommer 1943 erhielten die Schweizer Banken neue Goldlieferungen aus Deutschland. Alle Barren waren jetzt eindeutig als deutsche Barren gekennzeichnet und mit Vorkriegsprägedatum versehen. In Wirklichkeit handelte es sich bei diesen Barren um die umgegossenen Barren des belgischen Goldes, das mit deutschen Prägestempeln versehen und Schweden als Bezahlung für Erzlieferungen angeboten wurde. Die schwedische Regierung, die die Warnung der Alliierten akzeptierte, es könne nur eine Erklärung für den unerklärlichen Anstieg in den deutschen Goldreserven seit 1939 geben, lehnte das Angebot aus Berlin widerstrebend ab.[7] Auf ähnliche Weise lehnte die portugiesische Regierung eine Zahlung in Gold für Wolfram ab, ein äußerst wichtiges Erz für die Herstellung von Metallen. Schließlich boten Funk und Puhl dieses Gold Weber und Hirs an. Im Gegensatz zu allen anderen neutralen Staaten akzeptierten die Schweizer Bankiers ohne zu zögern. Zur Freude der Reichsbankbeamten sollte die Schweiz künftig das Gold in Devisen umwandeln und mindestens siebzig Lastwagen mit dem aus Belgien geraubten Gold zu der Zentralbank in Lissabon schicken, also einen »Schutzschirm« für andere neutrale Staaten darstellen.[8]

Weber hatte gute Gründe, mißtrauisch zu sein. In einer Nachricht von Paul Rossy, einem Vizepräsidenten der Schweizer Nationalbank, hieß es, die Regierung in Lissabon habe es abgelehnt, Gold anzunehmen, das direkt aus Deutschland verschifft werde. Rossy hatte hinzugefügt, daß die Portugiesen nichts dagegen hätten, »wenn das Gold durch unsere Hände geht. Darüber sollten wir nachdenken[9]«. Weber und Hirs handelten aufgrund dieser Option, trotz einer persönlichen Warnung bezüglich der Herkunft des Goldes.

Yves de Boisanger, Präsident der Bank von Frankreich, hatte bei der Reichsbank gegen den beabsichtigten Mißbrauch des belgischen Goldes protestiert, wofür de Boisangers belgische Kollegen ihm dankten. De Boisanger, von den Deutschen ignoriert, hatte im Sommer Bern besucht und die Schweizer Bankiers auf den Diebstahl hingewiesen. Weber verstand die Implikationen ganz genau und verschaffte sich ein Alibi für die Zukunft. In seinem Tagebuch schrieb der Bankpräsident: »Man kann die Herkunft des importierten Goldes nicht feststellen ... Wir haben keine Ahnung.«[10]

De Boisanger merkte, daß seine mündliche Warnung nicht beachtet worden war. Er richtete im November 1943 ein offizielles Schreiben an Weber, in dem er genaue Angaben darüber machte, daß die Schweizer Bank geraubtes Gold annahm. Diese Information wurde in einem Schreiben des Washingtoner Repräsentanten der Schweizer Bank übermittelt. Dennoch entschied Weber sich nochmals, die Information zu ignorieren.[11] Aufgrund seiner jahrelangen Erfahrung war er davon überzeugt, es gebe gute Gründe, die Drohungen der Alliierten, die Schweiz für die Annahme geraubten Goldes zu bestrafen, nicht allzu ernst zu nehmen.

Das amerikanische Außenministerium hatte 1943 gezögert, eine Kampagne des britischen Außenministeriums zu unterstützen. Mit dieser sollten neutrale Staaten gewarnt werden, von den Achsenmächten geraubtes Gold anzunehmen. Das amerikanische Außenministerium stimmte dem vereinten Protest schließlich zu, und das britische Außenministerium bemerkte, daß die Amerikaner »erkennbar ohne Enthusiasmus« handelten. »Sie wollten uns nicht wirklich unterstützen.«[12] Washingtons Einstellung änderte sich in den folgenden Monaten, weil die Goldreserven der neutralen Nationen enorm aufgestockt wurden. Die Goldreserven Spaniens waren 1939 von 42 Millionen auf 104 Millionen Dollar angestiegen, die der Schweden von 160 Millionen auf 456 Millionen Dollar, jene der Türkei von 88 Millionen auf 221 Millionen Dollar und die Reserven der Schweiz von 503 Millionen auf 1,04 Milliarden Dollar.[13] Ein Großteil des Goldhandels war über Bern abgewickelt worden. Die Beweise für Deutschlands Verbrechen waren überwältigend, und Washingtons Einstellung änderte sich.

Morgenthau warnte die Schweiz und andere neutrale Staaten am 22. Februar 1944 öffentlich davor, Gold aus Berlin einzuführen, zu lagern oder zu erwerben. Amerika, so die Erklärung, »anerkennt nicht und wird die Übertragung des Rechtsanspruches von geraubtem Gold auch künftig nicht anerkennen«. Morgenthau drohte, daß Gold, dessen rechtmäßige Eigentumsverhältnisse nicht klar nachgewiesen seien, als Zahlungsmittel von Washington nicht akzeptiert werden würde. Die britische Regierung vermutete, daß amerikanische Interessen in Argentinien hinter dieser Haltung stehen könnten, und veröffentlichte widerwillig eine eigene Deklaration, in der es hieß, sie lehne es ab, die »unrechtmäßige Disposition des geraubten Goldes« hinzunehmen.[14]

Die Regierung in Bern zeigte in der Öffentlichkeit keine Reaktion. Das Schweigen spiegelte allerdings auch keine Untätigkeit wider. In der Bank verfaßten Weber und Hirs unzählige Papiere voller legaler Ratschläge, in denen sie die Annahme des Goldes rechtfertigten und ihre bereits getroffenen Vorsichtsmaßnahmen auflisteten. Ihre Strategie war in der Schweiz nicht ungewöhnlich. Die meisten Beamten in der Regierung, im Bankwesen und in der Industrie verfälschten die Protokolle ihrer Konferenzen, um künftigen Anschuldigungen vorzubeugen. Unehrlichkeit war ein kultureller Kodex, den einzelne Schweizer beherrschten, um das Image und den Wohlstand der Nation zu schützen. Weber und Hirs ließen jedoch trotz der Warnungen der Alliierten bewußt eine Vorsichtsmaßnahme aus. Diese Maßnahme bezog sich darauf, die Bankiers aus Berlin ordnungsgemäß zu fragen, ob die in Bern eintreffenden

Goldbarren neu gegossen waren.[15] Aufgrund der Souveränität und Neutralität der Schweiz, so glaubten Hirs und Weber, hatte es die Nationalbank nicht nötig, sich den alliierten Protesten zu beugen. Washington wiederholte am 11. Mai 1944 seine Forderung, die Schweizer sollten kein deutsches Gold mehr annehmen.[16] Die Bankiers, in Bern von der fiebrigen Atmosphäre isoliert, die die Welt draußen bannte, waren daraufhin ernsthaft empört. Der Trotz war die natürliche Reaktion jener, die gegen den amerikanischen Kreuzzug für die Ehrlichkeit immun waren, insbesondere, da ihr Bravourstück von ihrer eigenen Regierung gebilligt wurde.

In einer angekündigten, öffentlichen Rede Mitte Mai hielt der Schweizer Präsident Walter Stampfli den Alliierten eine trotzige Standpauke. »Die Schweiz hat nie versucht, die Rechte anderer zu verletzen«, schmollte Stampfli, »und wir wissen, wie wir unsere Daseinsberechtigung zu verteidigen haben.« Um diese Position noch zu unterstreichen, bestand der Präsident darauf, die Schweiz habe »peinlich genau« all ihre Verpflichtungen als neutraler Staat eingehalten. Wirtschaftliche Neutralität, so trumpfte Stampfli auf, sei »ein unbekanntes rechtliches Konzept«. Die Glaubwürdigkeit von Stampflis Behauptungen war dennoch zweifelhaft. Der schweizerischen Industrie, erklärte er, sei es verboten, »Waffen und Maschinen zu liefern, die derzeit zur Kriegführung eingesetzt werden können«. Er versprach, daß die Schweiz niemandem Asyl gewähren werde, dessen Handlungen »unvereinbar mit den fundamentalen Traditionen von Recht und Menschlichkeit« seien, oder denjenigen, die Kriegsverbrechen begangen hätten. Gleichzeitig beachte die Schweiz die universalen Prinzipien der Menschenrechte. Wenn man die Tatsache bedenkt, daß mehr als 30 000 Juden über die Grenze zurück in die Hände der Gestapo geschickt wurden und zugleich Gestapo-Offiziere ungestraft in die Schweiz eingereist waren, um geraubtes Gold zu deponieren, konnte Stampflis Rede die Bürger jener Staaten, die das gefährlichste Unternehmen der Militärgeschichte vorbereiteten, wohl kaum überzeugen.[17]

Die Alliierten landeten drei Wochen später in der Normandie. Am Vorabend der Invasion erteilte die britische Regierung der Schweiz die deutliche Warnung, keine »sichere Zufluchtsstätte« für Kriegsverbrecher oder für Gewinne aus Kriegsverbrechen zur Verfügung zu stellen.[18] Geheimdienstberichte aus der Schweiz offenbarten in den folgenden Wochen, als der Erfolg der Alliierten allmählich gewiß war, wie diese Warnung ignoriert wurde; und sie bewiesen auch die Unhaltbarkeit von Stampflis Behauptungen.

OSS-Offiziere berichteten, daß die erschreckende Aussicht auf einen Sieg der Alliierten den Strom an Beutegütern aus Deutschland nach Zürich auf »gigantische Summen« anschwellen ließ, da die Nazis die »Angst« gepackt habe.[19] Lastwagenladungen mit Gold aus Berlin wurden bei der Ankunft in der deutschen Botschaft in Bern entdeckt. In einer Momentaufnahme dieser Hyperaktivität registrierten alliierte Geheimdienstoffiziere in allen Hauptstädten der neutralen Staaten das gleiche Muster. Aus Berlin trafen Flugzeuge ein, die ungemünztes Gold und andere verdächtige Beutegüter an Bord hatten. Begleitet wurden die Flüge von Kurieren, die mit den deutschen Diplomaten zusammentrafen.[20] Schweizer Bankiers verhielten sich dem gewandelten Kriegsglück der Alliierten gegenüber gleichgültig. Sie waren zufrieden, daß ihre Regierung trotz der ausreichenden Kohlevorräte, welche eine Unterbrechung der Verbindungen zu den Deutschen ohne ernste Konsequenzen erlaubt hätten, weiterhin normale Beziehungen mit Deutschland aufrechterhielt, und sie nahmen weiterhin die Beute ins Land.[21] Morgenthau forderte die Schweizer nochmals auf, kein Raubgold aus Deutschland anzunehmen. Diesen Appell ignorierte Bern jedoch ebenfalls.[22] Die Reaktionen auf all diese Berichte fielen in London und Washington sehr unterschiedlich aus.

Im britischen Außenministerium ließ sich Dennis Allen weder von den Naziführern, die einen »Notgroschen« für die Zeit nach dem Sieg der Alliierten zurücklegten, noch von den neutralen Regierungen, die die Warnungen der Alliierten ignorierten, stören. »Ich sehe nichts«, kommentierte er matt, »was wir sonst noch tun könnten, um das zu verhindern. Neutrale Staaten«, fügte er hinzu und zeigte dabei wenig Vorstellungskraft, »hätten nicht die Handhabe, solche Transfers zu unterbinden«. Jegliche weitere Initiative und alle weiteren Maßnahmen, das war auch die Ansicht seiner Kollegen, sollten den Amerikanern überlassen werden, »falls ihnen irgend etwas einfällt«.[23]

Klaus konnte viele Repressalien in Erwägung ziehen und verließ Bern mit einem einzigen Gedanken: Er wollte die Schweiz für ihre profitable Kollaboration zur Rechenschaft ziehen. »Engstirnig und sehr befähigt bei der Vertretung ihrer eigenen Interessen«, bemerkte Klaus über die Schweizer gegenüber Herbert Cummings. »Und sie scheinen gegenüber der Vernichtung der Juden noch immer die Augen zu verschließen.«[24] In Washington verursachte Klaus' Bericht einen Massenansturm der Beamten in verschiedenen Ministerien, Behörden und Abteilungen. Alle waren erpicht darauf, an dem Kreuzzug teilzunehmen. »Safehaven« war so beliebt geworden, daß es in dem bürokratischen Kampf um Kontrolle unterzugehen drohte.

KAPITEL 5
Eine abgefeimte Verschwörung

Jack Troutbeck hatte nur ein Wort für die Kreuzritter des Safehaven: Störenfriede.[1] Die Amerikaner trieben Troutbeck und seine Kollegen im britischen Außenministerium zur Verzweiflung: »Gegenüber der Schweiz haben die Amerikaner jeglichen Bezug zur Realität verloren.«[2] Nachdem fünfzig britische und andere alliierte Luftwaffenangehörige nach ihrer Flucht aus einem Gefangenenlager in Schlesien im April 1944 von der Gestapo ermordet worden waren, fürchtete die britische Regierung, das Leben von mehr als 100 000 alliierten Kriegsgefangenen auf das Spiel zu setzen. Das US-Außenministerium ließ sich von dieser Ansicht rasch überzeugen. »Die Gestapo könnte Amok laufen und ein Massaker unter den britischen und amerikanischen Gefangenen anrichten«, stimmte ein Mitarbeiter zu.[3] Für Troutbeck wog diese Gefahr schwerer als das latente Interesse der Regierung in London, die Schweizer zur Herausgabe der Nazibeute zu zwingen. Die Kreuzritter jedoch waren auf das Safehaven-Projekt fixiert. Ihr Desinteresse an den britischen Befürchtungen bestärkte Troutbeck in seiner ablehnenden Haltung.

Das US-Außenministerium hatte in den Anweisungen an die US-Botschaften, »Maßnahmen« zur Umsetzung des Abkommens von Bretton Woods zu ergreifen, eine Zusammenarbeit mit den Briten mit keinem Wort erwähnt. Die britische Regierung war pikiert, und ihre Irritation über die Aktivitäten der Kreuzritter hatte in dem Maße zugenommen, in dem Beweise für deren Aggressivität bekannt wurden. Drohungen, klagte Troutbeck, seien nicht effektiv, sondern kontraproduktiv.

In einem Gespräch zwischen E. Bliss vom Ministerium für Wirtschaftskriegführung und L. Aaron, dem Repräsentanten des amerikanischen Finanzministeriums in London, traten die unterschiedlichen Auffassungen deutlich hervor. »Mein Ministerium«, erklärte Bliss, sichtlich ungerührt von den schweizerischen Aktivitäten, »fängt gerade erst an, sich mit dem Problem deutscher Vermögenswerte in neutralen Ländern zu befassen. Für die Schweiz sind die deutschen Tarnoperationen weder illegal noch unrecht«, fuhr er fort und legte damit eine bemerkenswerte Sympathie für die Schweiz an den Tag. Die Neutralen, führte Bliss im scharfen Kontrast zur amerikanischen Haltung aus, seien juristisch nicht verpflichtet, deutsche Vermögenswerte an die Alliierten abzutreten, so lange sie nicht nachgewiesenermaßen gestohlen waren. »Wir glauben«, fügte er hinzu, »daß die Neutralen das deutsche Geld dazu verwenden dürfen, ihre eigenen Ansprüche gegenüber Deutschland zu befriedigen.«

Aaron war schockiert. Die Menge der in die Schweiz gebrachten deutschen Vermögenswerte, entgegnete der Amerikaner, sei »ungeheuerlich«. Die Alliierten, kündigte er an, würden der Schweiz nach dem Krieg die Neutralität aberkennen und das Land dazu »bewegen«, sämtliche deutschen Vermögen als Reparationszahlungen auszuhändigen.[4] Bliss ließ sich nicht beeindrucken. Die Sache drängte nicht, viel gefährlicher waren die Aktivitäten der Kreuzritter. Großbritannien hatte nur widerstrebend den Vereinbarungen von Bretton Woods zugestimmt, und die Anweisungen des britischen Außenministeriums an die britischen Botschaften waren unmißverständlich. Mit dem Hinweis, die britischen Diplomaten seien »sehr beschäftigt«, hatte London seine Auslandsvertretungen angewiesen, Informationen nur dann zu sammeln, wenn das »ohne allzuviel Aufwand« möglich sei. Und das war alles.[5] Im Gegensatz zu den Kreuzrittern in Washington zeigten sich Troutbeck, Bliss und ihre Kollegen von den menschlichen Tragödien unbeeindruckt, die sich weiterhin in Europa abspielten und als deren Folge noch einmal Millionensummen in die Schweiz verschoben wurden – die Erträge aus einem skrupellosen Menschenhandel.

Unablässig waren 1944 aus Deutschland und Osteuropa Berichte eingetroffen, die einen gnadenlosen Vernichtungsfeldzug der Deutschen gegen die Juden belegten. Nachrichtenagenturen meldeten, daß Ghettos geräumt und die Bewohner abgeschlachtet wurden. Das Schicksal der Juden wurde von Schweizer Hilfsorganisationen in eindeutigen Worten bestätigt: »Deportation heißt nichts anderes als die brutalste Auslöschung unschuldiger Menschen«, hieß es im Jahresbericht der Swiss Labour Relief Agency 1942–1943.[6] In der Schweizer Presse wurden Augenzeugenberichte abgedruckt über die furchtbaren Szenen, die sich bei der Zusammentreibung und dem Abtransport der Juden in die Todeslager abspielten. Im September 1943 zitierte eine Schweizer Zeitung die Einschätzung aus New York, daß bislang fünf Millionen Juden ermordet worden wären.[7] In New York und London war das Schicksal der europäischen Juden Tagesgespräch. Selbst die *Neue Zürcher Zeitung* hatte im Dezember 1943 die Untaten der Deutschen angeprangert. Im Einklang mit der distanzierten Haltung der Regierung in Bern, die solche Berichte als »ausländische Greuelpropaganda der übelsten Machart« abtat, entgegnete der Schweizer Justiz- und Polizeiminister Eduard von Steiger auf Kritik an der eidgenössischen Politik, daß die Schweiz es sich nicht leisten könne, mehr als 600 Flüchtlinge pro Monat aufzunehmen.

Fünf Monate danach war diese Position der Schweizer Regierung unhaltbar geworden. Geheimdienstberichte der Exilregierungen und Augenzeugenberichte von KZ-Häftlingen, denen die Flucht aus Auschwitz und anderen Lagern gelungen war, wurden inzwischen auch von den ehemaligen Skeptikern als gesicherte Beweise des systematischen Massenmords an den Juden akzeptiert. Im Mai 1944 wurden in New York, London und Genf Berichte aus Ungarn bekannt, nach denen Adolf Eichmann die Deportation von über 700 000 Juden nach Auschwitz vorbereitete. Entsetzt von der sich abzeichnenden Tragödie, stellte Carl Lutz, der Schweizer Vizekonsul in Budapest, trotz scharfer Proteste seiner mißtrauischen Vorgesetzten in Bern, 21 000 Ersatzdokumente für Juden aus, fünfmal mehr als der Schwede Raoul Wallenberg.[8]

Dennoch wurden ab dem 14. Mai 1944 täglich über 10 000 Juden nach Auschwitz geschafft. In weniger als vier Wochen wurden 350 000 Juden ermordet. Auch in der Schweiz wurden Meldungen über das Verbrechen veröffentlicht, trotz des Urteils eines Zensors, daß sie ein »propagandistisches Potential«[9] enthielten und einen Keil zwischen Bevölkerung und Regierung treiben könnten. Obwohl jetzt mehr Flüchtlinge aufgenommen wurden, weigerten sich einige Kantone nach wie vor, Notunterkünfte bereitzustellen.

Schließlich gab von Steiger dem Druck der amerikanischen Juden nach und gab bekannt, die Schweiz werde mehreren Tausend Juden Asyl gewähren. Damit wurde die Schweiz über Nacht zum Gegenstand der Verhandlungen zwischen Juden und hohen SS-Offizieren in Ungarn, die eine Chance auf eine lukrative Nebeneinkunft witterten. Im Austausch gegen ihr Leben mußten reiche Juden ihr Vermögen an die SS abtreten; und welches Land bot als Tresor Europas bessere Voraussetzungen für die Lösegelder als die Schweiz?

Der SS-Offizier Kurt Becher, der unter der Aufsicht von Heinrich Himmler und Adolf Eichmann die Verhandlungen führte, war ein Opportunist. Bechers Karriere führte über Dachau nach Polen und Rußland, wo er an der Ermordung von Juden beteiligt war, und kulminierte in der Massendeportation vom Mai 1944 in Ungarn. In Budapest verhandelte Eichmann mit Vertretern der jüdischen Gemeinde über das Leben von einer Million Juden im Austausch gegen 10 000 Lastwagen.[10] Das einzig greifbare Ergebnis der Verhandlungen mit Eichmann war ein Zug mit 1686 ungarischen Juden, der via Belsen am 29. Juni 1944 in der Schweiz eintraf. Mit Heinrich Rothmunds Zustimmung gewährte die Schweiz den Juden Asyl; später folgten weitere. Becher hatte mit Saly Mayer, dem Vorsitzenden des Schweizerischen Israelitischen Gemeindebunds (SIG) auf der Brücke von St. Margarethen an der deutsch-schweizerischen Grenze den Vollzug der Transaktion ausgehandelt. Später handelte er mit Roswell McClelland, der als amerikanischer Diplomat das War Refugee Board vertrat, im Hotel Baur-au-Lac in Zürich weitere Tauschgeschäfte aus. Nach außen hin befaßten sich der SS-Offizier und der Amerikaner mit humanitären Angelegenheiten, doch in Wahrheit wollte Becher als Geschäftsmann nur Profit aus dem Holocaust schlagen.

Nebenbei preßte Becher jüdischen Familien Geld ab, um sich für die Zeit nach der jetzt absehbaren Niederlage abzusichern. Der SS-Oberst war, wie später amerikanische Untersuchungsbeamte notierten, »damit beauftragt, Nazi-Gelder in Sicherheit zu bringen«. Er schaffte Wertgegenstände zur Seite, die Juden unmittelbar vor ihrem Abtransport nach Auschwitz abgenommen wurden. Reichen Juden bot er ihr Leben im Austausch gegen ihr Vermögen an. Davon profitierte unter anderem auch die Familie Weiß, damals Eigentümer des größten Industriekomplexes Ungarns. Die Familie wurde von Bechers Untergebenen in die Schweiz und nach Portugal gebracht, nachdem sie ihren gesamten Besitz der SS überschrieben hatte. Becher kassierte für die sichere Passage in die Schweiz bis zu 300 000 Schweizer Franken, die in Anwesenheit eines deutschen Offiziers auf ein Konto in der Schweiz einbezahlt werden mußten. Über seine guten Beziehungen zum Schweizer Konsulat in Budapest besorgte sich Becher die begehrten Einreisevisa für Juden, und es steht außer Frage, daß die Schweizer Banken die Transfers arrangierten und die Einlagen akzeptierten.[11]

Baron Eduard von der Heydt war ebenfalls ein »Bankier«, der Lösegeldzahlungen in der Schweiz abwickelte. Der in Ascona lebende ehemalige Bankier des deutschen Kaisers stand im Verdacht, 1937 die schweizerische Staatsbürgerschaft angenommen zu haben, um als Strohmann die Vermögen von hochrangigen Industriellen, Politikern, Diplomaten und Geheimdienstlern des Reichs in der Schweiz zu verwalten. Mitarbeiter des Barons verrieten 1944, daß »große Mengen Goldes«, die in Diplomatengepäck in die Schweiz geschmuggelt worden waren, im Keller seiner Villa vergraben worden waren. Die Schweizer Polizei teilte Agenten des OSS mit, sie habe Hinweise erhalten, daß von der Heydt deutsche Agenten in Nord- und Südamerika finanziere. Bei der anschließenden Durchsuchung seines Hotelzimmers in Zürich hatte man Listen mit Namen von Deutschen gefunden, die im Verdacht standen, Wertgegenstände ins Land geschmuggelt zu haben.[12]

Heydt und Becher profitierten, wie Marcel Vaidie, der französische Finanzattaché in Bern, anmerkte, von der Diskretion, mit der die Schweizer Bankiers ihre Operationen abwickelten. »Die Schweizer Banken«, berichtete Vaidie nach Paris, »sind schon des öfteren in undurchsichtige Transaktionen verwickelt gewesen.« Die Forderungen der Amerikaner nach strengeren Kontrollen, schrieb Vaidie weiter, würden regelmäßig zurückgewiesen, und inzwischen schiebe Bern »mangelnde personelle Kapazitäten« zur Durchführung der Kontrollen vor. Diese Behauptung der Schweizer werde, so Vaidie weiter, »von wenig überzeugenden Argumenten gestützt. Insgesamt erscheint ihre Position schwach.«[13]

Die Nazis deponierten die Profite aus dem Holocaust auf denselben Schweizer Banken, die seit dem Ausbruch des Krieges die ins Land strömende Kriegsbeute der Deutschen – nach der Niederlage in Stalingrad mehr als jemals zuvor – bereitwillig entgegennahmen. Diese Tatsache verstärkte die Entschlossenheit der Kreuzritter, die Schweizer Bankiers zur Umsetzung des Verhaltenskodex zu zwingen,[14] der von den Briten und Amerikanern im Juli 1944 in Lissabon den Vertretern der Schweizerischen Bankiervereinigung vorgelegt wurde.

»Die alliierten Regierungen«, schrieb das britische Außenministerium nach dem Treffen, »möchten gegenüber der Schweizerischen Bankiervereinigung und den Schweizer Banken im allgemeinen nochmals in aller Deutlichkeit darauf hinweisen, daß sie sich absolute Freiheit im Hinblick auf die Verhängung aller angemessenen Sanktionen gegen jede Bank oder finanzielle Institution vorbehalten, die den alliierten Interessen schädliche Transaktionen vornimmt.«[15] Die Führer der Bankiervereinigung, die sich auf eine harmonische Jahrestagung in Zermatt freuten, schlugen die Warnung in den Wind. Da ihrer Ansicht nach die Schweiz unter internationalem Recht keiner der beiden Seiten zu Gehorsam verpflichtet war, teilten sie den alliierten Verhandlungsführern mit, daß man nicht gewillt sei, Kreditangebote an die Deutschen zurückzuziehen und daß man sich auf langwierige Diskussionen über die Direktiven der Alliierten für Schweizer Banken einstellen müsse. Darüber hinaus forderten sie von den Alliierten, die Eigentumsverhältnisse aller Vermögenswerte – sprich deutscher Kriegsbeute – anzuerkennen, die vor dem 1. Juni 1944 in die Schweiz transferiert worden waren, und zwar unabhängig davon, wie das Eigentum erworben worden war. Ihre Neutralität, beharrten die Banker mit einem Anflug von Selbstzufriedenheit, die eher wuchs, als schwand, bedeutete schließlich, die Alliierten und die Deutschen gleich zu behandeln. Gleichzeitig forderten die Banker eine Einschränkung der in Bretton Woods getroffenen Vereinbarungen. Im Gegenzug boten sie ein Zugeständnis an: die freiwillige Selbstkontrolle ihres Geschäftsgebarens. Damit verlangten die Schweizer nichts Geringeres als einen Freibrief für die bislang transferierte Kriegsbeute, eine Haltung, die einer Zurückweisung aller alliierten Einmischungsversuche gleichkam.

Im Gegensatz zu den Briten reagierte das US-Finanzministerium auf den Vorschlag der Schweizer mit Empörung. Orvis Schmidt, der Leiter der Abteilung für Feindvermögen und ein energischer Kreuzritter, tobte vor seinen Kollegen, die Forderung der Schweizer Banken nach »Gleichbehandlung« sei lediglich ein Vorwand zum Schutz ihrer Interessen und der deutschen Raubgelder.[16] Mit der Weigerung, trotz der explodierenden deutschen Einlagen den Zustrom von geraubten Vermögenswerten zu stoppen oder den Banken Zügel anzulegen, handelte Bern bewußt gegen die alliierten Interessen. Nachdem sich das Kriegsglück so dramatisch zugunsten der Alliierten gewendet hatte, rannten Schmidt und die Kreuzritter mit ihrer Forderung, entschiedener gegen die Schweiz vorzugehen, bei Morgenthau offene Türen ein. Das Schweizer Angebot zur freiwilligen Selbstkontrolle wurde als »in praktisch jeder relevanten Hinsicht für so unzulänglich« angesehen, »daß es noch nicht einmal als Grundlage für ein Abkommen in Frage kommt«. Im Abkommen von Bretton Woods wurde die Schweiz aufgefordert, »Sofortmaßnahmen« zu ergreifen. Die Reaktion der Schweizer Bankiers wollten die Kreuzritter als endgültigen Test für die Bereitschaft der Schweiz betrachten, an dem Safehaven-Projekt mitzuarbeiten.

Anfang September rückten die amerikanischen Truppen durch Südfrankreich rasch auf die schweizerische Grenze vor. Jetzt verständigte sich die Bankiervereinigung plötzlich auf einen scheinbar strengen Verhaltenskodex. Über die rückeroberten Gebiete hatte die Schweiz Zugang zum Meer. Jetzt schien es angebracht, der Tatsache Rechnung zu tragen, daß zusätzliche Restriktionen »unvermeidbar« geworden seien. Trotz der Einschränkungen, die das für ihre Aktivitäten nach sich ziehen würde, beschlossen die Bankiers, ein Einlenken vorzutäuschen und damit die Gefahr alliierter Sanktionen gegen die Schweiz zu reduzieren. In ihrer Absichtserklärung ging die Schweizerische Bankiervereinigung sehr weit:

»Kollaboration mit den Deutschen in jeder Form«, verkündete die Bankiervereinigung, »muß unter allen Umständen vermieden werden.« In Zukunft, kündigten die Bankiers an, würden sie »große Sorgfalt« walten lassen, keine »fiktiven Salden« und »anonyme Konten« mehr anerkennen und mit dem »Vertuschen der wahren Umstände von Transaktionen« aufhören. Um diesen Verpflichtungen nachzukommen, erklärten die Schweizer, würden sie den

Handel mit ausländischen Wertpapieren ohne eidesstattliche Erklärungen der angeblichen Eigentümer einstellen, keine Einlagen aus Deutschland oder dem besetzten Europa mehr akzeptieren und an Deutsche keine Schließfächer mehr vermieten, keine neuen Darlehen und Kredite vergeben oder mit ihnen Devisengeschäfte abwickeln. Schließlich versprach die Bankiervereinigung, alle »zweifelhaften« eidesstattlichen Erklärungen, die nichtdeutsches Eigentum an Wertpapieren belegten, zu überprüfen und alle Mitglieder der Bankiervereinigung zur Rechenschaft zu ziehen, die diese Regelungen nicht beachten würden. Die Regierung in Bern stellte sich hinter die Vorschläge und drängte Washington, dem Beispiel der Briten zu folgen und die Zertifikation durch die Bankiervereinigung als ausreichend zu akzeptieren.[17]

Die Briten erachteten das Angebot als ausreichend. Sie sahen in der Reaktion der Bankiervereinigung einen diplomatischen Erfolg. Um so überraschter war die britische Regierung, daß das amerikanische Finanzministerium protestierte. Schmidt mißtraute der Ankündigung der Bankiervereinigung, die deutschen Tarnoperationen zu unterbinden, und forderte, daß die Bankiervereinigung und die von ihr ausgestellten Zertifikate von der Schweizer Regierung oder der Nationalbank garantiert wurden – oder daß Bern die Bankiervereinigung zur offiziell bevollmächtigten Institution der Regierung ernannte. Die Amerikaner hatten das Problem der Selbstverpflichtung der Banken klar erkannt und erwarteten nun von der Regierung in Bern eine Lösung. Doch mit dem Hinweis auf die »politische Situation« und die Unabhängigkeit der Kantone wurde dem US-Finanzministerium beschieden, daß es der Bankiervereinigung nicht möglich sei, ihre Verantwortung und Autorität auf die Staatsregierung zu übertragen.[18]

Die wahre Macht in der Schweiz lag eindeutig in den Händen der Banken.

Das Safehaven-Projekt stand am Scheideweg. Dennoch bestärkte der absehbare militärische Sieg die Kreuzritter in der Überzeugung, sie könnten den Widerstand der Schweiz noch brechen. Am 13. September trafen Roosevelt und Churchill in Québec zusammen. Auf dieser Konferenz zeigten die Kreuzritter Flagge. Ganz oben auf der Tagesordnung standen die Pläne für die Zukunft eines besiegten und besetzten Deutschlands. Zu Churchills Überraschung präsentierte Roosevelt einen Plan, den US-Finanzminister Morgenthau knapp zwei Wochen zuvor in Washington vorgestellt hatte. Der Morgenthauplan sah eine radikale Lösung vor. Um eine Wiederholung der Geschichte auszuschließen, schlug er vor, die Grundlagen des deutschen Militarismus ein für allemal zu zerstören. Er wollte das Land deindustrialisieren, die Fabriken demontieren, die Bergwerke fluten und Millionen Deutsche als Arbeitskräfte nach Rußland schicken. Das Deutsche Reich sollte ein Land von Bauern und Herstellern von Kuckucksuhren werden, das niemals wieder zur Bedrohung für den Weltfrieden werden könnte.

Morgenthau machte überdies spitze Bemerkungen über die totale finanzielle Abhängigkeit der Briten von den USA. Churchill war schockiert von Morgenthaus Ideen, aber zugleich war er darum bemüht, keinen Streit mit den USA vom Zaun zu brechen, und paraphierte beim Essen den Plan. Ein paar Tage später, als die Konsequenzen des Morgenthauplans für Europa klar wurden, distanzierten sich Roosevelt und Churchill wieder von diesem Konzept. Obwohl Morgenthau vorerst Einfluß behielt, führte Roosevelts Kehrtwende zu einem unheilbaren Bruch zwischen dem US-Außenministerium und den Beamten des US-Finanzministeriums, und in London wuchs das Mißtrauen gegenüber den Kreuzrittern.

Diese Spannungen wurden noch verstärkt durch immer neue Hinweise auf die aktive Kollaboration der Schweizer mit den Nationalsozialisten, die auf den Tischen der Kreuzritter landeten. Ein besonders umfangreicher Bericht machte im November 1944 in Washington die Runde. Er stammte aus einer »zuverlässigen« Quelle des französischen Geheimdienstes über ein geheimes Treffen, das am Tag der Befreiung von Paris stattgefunden hatte. Am 10. August 1944 waren Vertreter mehrerer deutscher Industriekonzerne, darunter Krupp, Messerschmitt und Rheinmetall, mit hohen SS-Offizieren im Hotel Rotes Haus in Straßburg zusammengetroffen. Gegenstand des Treffens war exakt der Plan, den Sam Klaus vorhergesehen hatte. Die SS-Offiziere erklärten den Industriellen ganz unverblümt, daß der Krieg verloren sei und es nun darum gehe, zu überleben und den Frieden zu gewinnen. Dafür sei es erforderlich, heimlich große Geldsummen ins sichere Ausland zu schaffen und in der Obhut zuverlässiger Bankiers und Industrieller zu deponieren. Zu den Schweizer Banken, die in diesem

Zusammenhang erwähnt wurden, gehörten die Basler Handelsbank und die Schweizerische Kreditanstalt. Später wollten die Nazis das Geld für den Aufbau eines vierten Reichs verwenden. Unter Hinweis auf die unbedingte Notwendigkeit, die Herkunft der Gelder zu verschleiern und die Einlagen »vollkommen unabhängig« erscheinen zu lassen, unterstrichen die SS-Leute, daß der Erfolg der Aktion davon abhänge, den Kreis der Mitwisser möglichst klein zu halten. Die Belohnung, versicherte ein SS-Offizier seinen Zuhörern, würde ausbezahlt, sobald die Partei (die NSDAP; A.d.Ü.) ihre alte Stärke wiedererlangt habe.

Die Experten im US-Außenministerium sahen keinen Grund, an der Glaubwürdigkeit des Berichts zu zweifeln. Immerhin deuteten den Alliierten in die Hände gefallene deutsche Unterlagen darauf hin, daß die Nazis sich bereits auf die Zeit nach dem Krieg vorbereiteten und mehrere Nachkriegsprojekte bereits so weit vorangeschritten waren, daß sie »unmittelbar nach der Einstellung der Kampfhandlungen in Europa auf breiter Basis in die Tat umgesetzt« werden konnten. »Es ist klar«, schrieben die Experten des US-Außenministeriums weiter, »daß die Deutschen alles in ihrer Macht Stehende unternommen haben, um in den neutralen Ländern... erhebliche finanzielle Mittel zu deponieren, die nach dem Krieg dazu benutzt werden könnten, Deutschlands industrielle und militärische Macht wieder aufzubauen«. Mit Hilfe gefälschter Abrechnungen, der Transaktion von Geldern vermittels unverdächtiger Strohmänner und Tarnfirmen und Zahlungsaufschüben im Rahmen von Scheingeschäften hatten die Deutschen ihre Beute in die Schweiz verschoben.[19]

Um die Pläne der Deutschen zu durchkreuzen und den hartnäckigen Widerstand der Schweizer zu brechen, legte das US-Außenministerium am 6. Dezember 1944, kurz bevor die Rote Armee auf das Gebiet des deutschen Reiches vorzustoßen begann, die erste Beschreibung des Safehaven-Projekts vor. Ziel des Projektes war es, alle bekannten feindlichen Vermögenswerte außerhalb Deutschlands zu registrieren und weltweit die Aktivitäten aller Feindpersonen zu überwachen, die den Deutschen dabei behilflich sein könnten, ihr wirtschaftliches, politisches und militärisches Potential zu erhalten.

Anfang Januar 1945, als neue abgefangene Botschaften enthüllten, daß Schweizer Banken, allen voran die Schweizerische Kreditanstalt, regelmäßig deutsche Fluchtgelder und Raubgold nach Argentinien schafften, wurde das Safehaven-Projekt umformuliert. Die Kreuzritter zielten jetzt darauf ab, die Neutralen – insbesondere die Schweiz – zu umkreisen, einzuschüchtern und de facto zu besetzen, um an die deutschen Vermögen heranzukommen.[20]

Am 15. Januar 1945 veröffentlichte das US-Außenministerium jedoch eine Liste mit moderateren Forderungen an die Schweiz. Danach sollte Bern die Ausfuhr von deutschen Vermögenswerten und die Tarnung deutscher Kriegsbeute verhindern, die Beute an ihre rechtmäßigen Eigentümer zurückgeben, sämtliche deutschen Vermögen an die Alliierten melden und deren Verfügungsanspruch auf alle deutschen Vermögenswerte uneingeschränkt anerkennen.[21]

In einem ausführlichen Schreiben an die amerikanischen Vertretungen in den neutralen Staaten wurden alle Botschaften angewiesen, einen Safehaven-Beauftragten zu ernennen, der die Zusammenarbeit mit den lokalen Geheimdiensten koordinieren und Kontakte zu Banken, Unternehmen und der jeweiligen Regierung vor Ort aufbauen und pflegen sollte. Die Safehaven-Beauftragten bekamen eine Liste mit allen notwendigen Informationen. Alle Eigentumsrechte und Patente, sämtliche Vermögenswerte und Anlageformen sowie alle Sachwerte, die unter falschen Namen in Banken oder Bankschließfächern deponiert waren, sollten aufgespürt und registriert werden. Bei dieser Jagd nach Informationen galt jeder Fetzen Papier, jedes Kassenbuch und jeder Brief als wichtig, jeder Kontrollabschnitt von Scheckbüchern, jeder Einzahlungsschein und jede Quittung. Alle verdächtigen Ingenieure, Finanzexperten und Manager – von denen jeder als normaler Arbeiter getarnt sein konnte – mußten verhört werden. Um die Durchsetzung des Projektes sicherzustellen und seine Einhaltung zu erzwingen, befahl das US-Außenministerium, die Schweiz mit allen möglichen Mitteln bis zur Möglichkeit einer See- und Landblockade unter Druck zu setzen, und mit dem Einfrieren aller Schweizer Auslandsguthaben und dem Ausschluß des Landes von allen internationalen Organisationen zu drohen.[22] Die amerikanische Botschaft in London war als Schaltzentrale vorgesehen, und die

Safehaven-Beauftragten wurden angewiesen, eng mit den Briten zusammenzuarbeiten.

Troutbeck verurteilte die Anweisung als eine Kriegserklärung gegen die Neutralen, als schieren Wahnsinn, der alle seine Vorurteile gegenüber den Kreuzrittern bestätigte. Seine Kollegen teilten diese Einschätzung, und sie wurden noch bestärkt durch die britische Botschaft in Washington, die die Kreuzritter des Übereifers bezichtigte. »Jegliches Wiederaufflammen von Feindaktivitäten in den neutralen Ländern«, meldete ein britischer Diplomat aus Washington, »soll bereits im Keim erstickt werden.«[23] Falls die Schweizer Regierung nicht bereit sein sollte, deutsche Vermögen zu konfiszieren oder an die legitimen Eigentümer zurückzugeben, wollten die Kreuzritter angeblich »größtmöglichen Druck« auf Bern ausüben. Sie wollten darüber hinaus »unmittelbaren Druck auf die Regierungen der neutralen Staaten ausüben..., deren Bereitschaft zur freiwilligen Kooperation sich als ungenügend erweist«. Von Großbritannien werde erwartet, hob Troutbeck hervor, sich an der Operation zu beteiligen. Troutbeck machte sich nicht die Mühe, seine persönliche Meinung zu diesem Vorschlag zu notieren. Wichtiger, als einen Streit vom Zaun zu brechen, war es, eine einheitliche alliierte Front aufrechtzuerhalten. »Wir können uns von dem Problem nicht distanzieren«, stimmte ein Ausschuß des Londoner Kriegskabinetts am 27. Februar mit Hinweis auf das »große Interesse« Washingtons in dieser Angelegenheit zu.[24] Doch allein die Lektüre der Direktive des US-Außenministeriums ließ die Briten aufstöhnen. Der Aufwand allein zur Beschaffung der Informationen war immens. Zum einen würden die Deutschen ihr Wissen kaum auf dem Tablett präsentieren, zum anderen lagerte, was an relevanten Geheimdienstunterlagen vorhanden war, verstreut in Washington und London. Im Gegensatz zu den Amerikanern hatten die Briten schlicht nicht genug Personal, um auch nur in London die erforderlichen Recherchen durchführen zu können.

Diese pessimistische Einschätzung wurde von William Sullivan, dem britischen Handelsattaché in Bern, bestätigt. Er berichtete, er habe trotz monatelanger Anstrengungen, die geheimen Operationen der Schweizer und Liechtensteiner Banken aufzudecken, nichts herausgefunden. Nichts sei veröffentlicht worden, noch nicht einmal eine Liste der Unternehmen. Es sei ein Ding der Unmöglichkeit, die Wahrheit ans Licht zu bringen, erklärte Sullivan.[25]

Die Schweizerische Bankiervereinigung war nicht gewillt, den Alliierten ihre Aufgabe zu erleichtern. »Keine Schweizer Bank«, erklärte ein Mitglied der Bankiervereinigung am Tag der Veröffentlichung des Safehaven-Projektes, »hat jemals den Transfer ins Ausland von Geldern, die Führern der Nationalsozialistischen Partei gehören, ausgeführt oder daran mitgewirkt.«[26] Auf diese Behauptung folgte ein Protest der Bankiervereinigung bei den Alliierten; gleichzeitig wurden in der Schweiz alle Presseberichte aus Washington zensiert, in denen dargelegt wurde, warum die Vereinigten Staaten Schweizer Guthaben in Höhe von 1,9 Milliarden Dollar eingefroren hatten. Walter Sholes, der amerikanische Konsul in Basel, folgerte daraus, daß die »Schweizer Bankiers ganz offensichtlich nicht die Absicht hegen, die Bevölkerung über die Praktiken der Schweizer Banken zu unterrichten... Die Schweizer Öffentlichkeit wird über die Angelegenheit im unklaren gelassen.«[27]

Die Frustration im US-Außenministerium und im US-Finanzministerium verwandelte sich zusehends in Wut. Im Oktober 1944 hatte die Schweiz zwar ein Waffenausfuhrembargo gegen Deutschland verhängt und einige Bankkonten in von den Deutschen besetzten Staaten gesperrt, um sie vor dem Zugriff der Nazis zu schützen. Allerdings waren diese Maßnahmen, wie Mitarbeiter des US-Finanzministeriums klagten, belanglos, wenn nicht sogar der blanke Hohn, weil sich die Wehrmacht aus diesen Staaten bereits zurückgezogen hatte. Daß die Regierung in Bern im Januar sogar das Angebot der Alliierten ausgeschlagen hatte, das Land mit knappen Rohstoffen zu beliefern, falls die Schweiz den Handel mit Deutschland reduzieren würde, hatte die gleichgültige Haltung der Schweizer nur noch unterstrichen.[28] Nach wie vor ließen die Schweizer die Deutschen Kriegsmaterial über ihr Schienennetz nach Italien transportieren, weil sie angeblich durch die Gotthard-Konvention dazu verpflichtet waren. Obwohl an der baldigen Zahlungsunfähigkeit des Dritten Reichs kein Zweifel mehr bestehen konnte, gewährte die Schweiz Deutschland immer noch Kredite. Gleichzeitig durften deutsche Unternehmen, die das Land mit Kohle und Stahl belieferten, bei Schweizer Banken Guthaben in Franken anlegen, um sie nach dem Krieg zu nutzen.[29] Da die meisten deutschen Einlagen unter Schweizer Namen registriert wurden, waren die Schweizer Banken restlos überzeugt, daß die Alliierten ihnen niemals auf die Schliche kommen würden.[30] Morgenthau und seinen Gefolgsleuten blieb das doppelte Spiel, das die Schweizer trieben, nicht verborgen. Einerseits mußten sie mitansehen, wie die Regierung in Bern unermüdlich den Anschein zu erwecken versuchte, Washingtons Forderungen zu erfüllen, andererseits erhielten sie immer wieder Geheimdienstberichte aus Europa, in denen die Schweizer als Lügner entlarvt wurden.

Die aus der Schweiz eintreffenden Berichte sprachen von Lastwagenkonvois aus München und Nürnberg, mit denen »große Summen« in Devisen und Wertpapieren zu Schweizer Banken und in die deutschen Sanatorien nach Davos geschafft wurden.[31] In anderen Meldungen wurden umfangreiche Plünderungen der SS erwähnt. Auch diese Kriegsbeute wurde in die Schweiz transferiert. Gleichzeitig wurde gemeldet, daß Göring und Himmler dem nazifreundlichen Schweizer Politiker Jean-Murie Musy Ausreisegenehmigungen für prominente französische Politiker, darunter Marschall Pétain, Pierre Laval, Edouard Daladier und Léon Blum und für den belgischen König angeboten hatten. Im Gegenzug wollten die Nazigrößen, daß ihnen in dem Land Asyl gewährt wurde, in dem sie ihre Kriegsbeute versteckt hatten. Weiter kam aus der Schweiz und Schweden eine Flut von deutschen Patentanmeldungen,[32] während aus Madrid die Nachricht eintraf, daß vierzehn Kisten mit gestohlenen Pelzen aus Paris via Schweiz in der Stadt eingetroffen seien.[33] Die Safehaven-Spezialisten in Washington gelangten zu der Überzeugung, daß Europa sich in der Hand von Kriminellen befand. Obwohl sie unter einem Mangel an gesicherten Informationen litten und sich wie Blinde langsam vorantasten mußten, wußten sie, daß immerhin ein Staat in Europa den verbrecherischen Nazis einen Strich durch die Rechnung hätte machen können. Um so aufgebrachter waren sie von der Scheinheiligkeit, die dieser Staat an den Tag legte.

Die Weigerung der Schweiz, mit den Alliierten zu kooperieren, versetzte Morgenthau in Rage. Auf Verlangen des US-Finanzministers entsandte Roosevelt Lauchlin Currie, den persönlichen Berater des Präsidenten in Wirtschafts- und Währungsfragen und Anhänger des New Deal, zusammen mit Orvis Schmidt nach Bern um dem Bundesrat eine Liste mit Forderungen der Alliierten vorzulegen. Die von Harry Dexter White vorgeschlagenen Sanktionen gegen die Schweiz waren drakonisch, doch sowohl Currie als auch Schmidt vertraten den kompromißlosen Kurs des amerikanischen Finanzministeriums.

Auf seinem Kreuzzug zur endgültigen Zerstörung der Macht Deutschlands war White bereit, die Schweiz zu opfern, falls der Bundesrat in Bern sich weigern sollte, auf die amerikanischen Forderungen einzugehen. Ohne Drohungen, so glaubte White, sei es »aussichtslos«, darauf zu hoffen, daß die Schweizer deutsche Vermögenswerte offenlegen und kontrollieren würden. Seiner Ansicht nach waren Sanktionen die einzige Sprache, die die Eidgenossenschaft verstand. Um das Land in die Knie zu zwingen, schlug White vor, die Kohlelieferungen einzustellen und die in den USA liegenden Schweizer Guthaben in Höhe von 1,9 Milliarden Dollar auf unbegrenzte Dauer einzufrieren. Am liebsten aber wäre es ihm, teilte er Morgenthau mit, freundlich gesinnte amerikanische Investoren mit ausreichend Kapital auszustatten und sie zu beauftragen, Anteilsmehrheiten der führenden Schweizer Banken zu erwerben.[34] Morgenthau widersprach nicht einmal diesem absurden Vorschlag. Whites aggressive Stimmung spiegelte die allgemeine Stimmung im amerikanischen Finanzministerium wider.

Blieb noch ein Schwachpunkt: die von dem Safehaven-Projekt alles andere als begeisterten Führungsbeamten im US-Außenministerium. Obwohl die meisten Ministerien dem Plan bereits zugestimmt hatten und auch General Clayton, der Leiter des militärischen Geheimdienstes im Pentagon, dem Projekt in einem Brief »höchste Bedeutung« bescheinigt hatte, blieb das US-Außenministerium zurückhaltend.[35] Morgenthau vermutete, man dürfe Londons Einfluß nicht unterschätzen.

Als Currie am 1. Februar 1945 in London eintraf, erwartete ihn eine unangenehme Überraschung. Die Briten zeigten kein sonderliches Interesse, sich seiner Mission anzuschließen. Ausgezehrt von den Entbehrungen des Krieges, ohne das moralische Sendungsbewußtsein der Kreuzritter und ohne befähigte Mitarbeiter, wie sie Morgenthau um sich versammelt hatte, hielt die Regierung in London an ihrer Skepsis gegenüber dem Safehaven-Projekt fest. »Wir werden nicht in die Schweiz gehen«, beschied Bliss dem verblüfften Currie. Angesichts der Starrköpfigkeit der Schweizer, verkündete der Brite, könne die Mission nur mit einem Fehlschlag enden.

Unausgesprochen blieben die britischen Bedenken gegenüber der Haltung der Kreuzritter in der Frage der Schweizer Banken. Berichte aus der Schweiz über die Auseinandersetzungen britischer und amerikanischer Geheimdienstmitarbeiter darüber, wie mit der Johann Wehrli Bank in Zürich zu verfahren sei, zeigten, wie gravierend die Meinungsverschiedenheiten zwischen den beiden Alliierten in diesem Punkt waren. Dabei war man sich zur Wehrli-Bank über die reinen Fakten durchaus einig. Wehrli, Abkömmling einer Zürcher Patrizierfamilie, hatte Geschäftsbeziehungen zum deutschen Kaiser unterhalten. Seine Bank prosperierte nach Hitlers Aufstieg zur Macht wieder in hohem Maße. Unter der Leitung des Schweizer Nazisympathisanten Karl Kessler, der Beziehungen zu Ribbentrop und anderen Nazigrößen pflegte, hatte Wehrli die Deutsche Reichsbank und mehrere große deutsche Industriebetriebe als Kunden gewonnen. Über die Wehrli-Bank waren deutsche Gelder nach Madrid und Südamerika geleitet worden; zudem hatte die Bank dabei geholfen, deutschen Offizieren Einreisevisa für die Schweiz zu beschaffen.[36]

Im Gegensatz zu den großen Schweizer Banken hatten der britische und amerikanische Geheimdienst keine Probleme gehabt, die Aktivitäten Wehrlis zu überwachen. Aus abgefangenen Meldungen war man den regelmäßig weltweit getätigten telegraphischen Geld- und Wertpapiertransfers der Bank auf die Spur gekommen, außerdem hatte man einen Bankmitarbeiter als Informant angeworben. Daß man in diesem ungewöhnlichen Fall die Sicherheitsvorkehrungen einer Schweizer Bank hatte umgehen können, hatte nicht nur den Aktivitäten der Wehrli-Bank allzu hohe Bedeutung verliehen, sondern auch ein Schlaglicht auf die Differenzen zwischen Briten und Amerikanern geworfen. Auf Verlangen Walter Ostrows, einem in Bern stationierten Beamten des US-Finanzministeriums, hatte Wehrli einem Verhör in der US-Botschaft zugestimmt. Ihm war auch keine andere Wahl geblieben. Eine Weigerung hätte die Aufnahme in die Schwarze Liste und das Einfrieren der weltweiten Guthaben der Bank zur Folge haben können. Bei dem Treffen forderte Ostrow von Wehrli weitere Informationen und die Entlassung Kesslers. Wehrli hielt den Amerikaner hin und verschwieg ihm, daß die Bank dem deutschen Geheimdienst 42 Millionen Schweizer Franken zur Verfügung gestellt hatte. Ostrow mißtraute Wehrli und empfahl, die Bank und Kessler auf die Schwarze Liste zu setzen. Die Vertreter des britischen Geheimdienstes in Bern waren brüskiert. Sie hielten Wehrli für eine »wertvolle Informationsquelle«. Ostrow war anderer Ansicht. Seiner Auffassung nach waren Wehrlis Informationen nicht nur wertlos, sondern er hielt den Bankier auch für einen notorischen Lügner. Schlimmer noch, er vermutete, Wehrli werde von seinem Schwiegersohn Max Binney gedeckt, dem britischen Vizekonsul in Lugano. Ostrow vermutete in Binney einen gefährlichen Fürsprecher der Bank in London und beschuldigte die Briten, Wehrlis Kollaboration mit den Nazis zu decken. Es war unvermeidlich, daß Ostrow mit seinen Angriffen die Aufmerksamkeit der Kreuzritter in Washington erregte und die britischen Befürchtungen bestätigte.[37]

Die Einstellung der Briten zur Schweiz hatte sich grundlegend geändert, nachdem Churchill den Schweizern im Dezember 1944 öffentlich für ihre Hilfe gedankt hatte. Ohne ein Wort über die Profite zu verlieren, die die Eidgenossen einsteckten, hatte der britische Premier die Schweiz die »einzige internationale Kraft« genannt, »die unsere so schrecklich voneinander getrennten Nationen verbindet«. Er lobte das Land als »demokratischen Staat mit dem größten Anrecht auf diese Bezeichnung, der inmitten von Bergen in Selbstverteidigung für die Freiheit« stehe, und »trotz der Rasse im Geiste großenteils auf unserer Seite« sei.[38]

Daß Churchill die Schweiz gelobt und die Kreuzritter kritisiert hatte, verwirrte und verärgerte Currie. Da er jedoch wußte, daß sein Erscheinen in Bern ohne britische Begleitung als Zeichen der Schwäche ausgelegt werden würde, suchte er in London nach Ansprechpartnern, die ihm helfen konnten, die Briten, auch wenn sie unwillig waren, für seine Mission zu verpflichten. Currie bat jeden einzelnen amerikanischen Diplomaten in London um Hilfe, betonte immer wieder die zentrale Bedeutung der Vereinbarungen von Bretton Woods und drohte den Briten schließlich unter Hinweis auf ihre finanzielle Abhängigkeit vom amerikanischen Finanzministerium mit unangenehmen Folgen. Eine Woche später beugte sich London dem Druck, weil diplomatische und schlimmere Konsequenzen befürchtet wurden. Dingle Foot, parlamentarischer Staatssekretär im Ministerium für Wirtschaftskriegführung, wurde beauftragt, Currie zu begleiten.

Am 8. Februar trafen Currie und Foot in Paris ein, um einen französischen Vertreter für die Mission zu rekrutieren. Zu Curries großer Enttäuschung erwiesen sich die französischen Minister ebenso unwillig wie ihre britischen Kollegen. Eine Konfrontation mit der Schweiz, wurde Currie beschieden, gefährde die Versorgung Frankreichs mit Nahrungsmitteln, Holz, Papier und Chemikalien. Aus anderen, für Currie unverständlichen Gründen wollten die Franzosen auch von einem Transit von Versorgungsgütern für die Schweiz durch Frankreich nichts wissen. Schließlich erreichte Currie jedoch mit den drängenden Bitten und Drohgebärden, mit denen er schon die Briten gefügig gemacht hatte, daß Paris den eigenwilligen Diplomaten Paul Charguéraud mit nach Bern schickte.

Das bunte Trio kam am 11. Februar mit dem Zug dort an. Dreitausend Schaulustige wollten die erste offizielle alliierte Mission seit Ausbruch des Krieges in der Schweiz sehen und standen jubelnd vor dem Bahnhof.

Als Höflichkeitsgeste überreichte Currie dem turnusmäßigen Schweizer Bundespräsidenten Eduard von Steiger einen Brief des amerikanischen Präsidenten. Roosevelt äußerte darin Verständnis für die Lage der isolierten Schweiz und seiner Beziehungen zu Deutschland, fügte aber auch hinzu:»Ich weiß, daß Sie unter den gegebenen Umständen bestrebt sein werden, den Nazis jede weitere Hilfe zu versagen« und »uns in unserem Bemühen, in der Nachkriegszeit die Vermögenswerte unseres Feindes aufzuspüren und zu beschlagnahmen, nach Kräften beistehen werden.«[39]

Die Schweiz hatte allen Grund, eine heftige Gegenreaktion Washingtons zu befürchten. Der Krieg war in das Endstadium eingetreten. Mit dem Sieg vor Augen starben immer noch alliierte Soldaten auf den Schlachtfeldern für die Sache der Freiheit, während die Schweizer gemütlich zu Hause saßen und mit den Mördern aus Deutschland Geschäfte machten. Vor allem die Militärstrategen in Eisenhowers Hauptquartier in Versailles waren aufgebracht darüber, daß die Schweiz, deren Motiven man seit 1943 mißtraute, Aufforderungen der Alliierten nicht nachkam, die Versorgungslieferungen nach Deutschland zu reduzieren, wodurch sie den Krieg verlängerte. Von Versailles aus war Washington dringend geraten worden, die Schweiz durch eine totale Blockade zur Kooperation zu zwingen.[40] Die Eidgenossen konnten nur hoffen, daß Frankreich und Großbritannien, deren distanzierte Haltung gegenüber der amerikanischen Politik kein Geheimnis mehr war, den Amerikanern die Zwänge eines vom Feind umgebenen, neutralen Kleinstaats auseinandersetzen und die Empörung in Washington über die Tatsache abschwächen würden, daß deutsche Kriegsbeute in der Schweiz geschützt wurde. Um der Anklage weiteren Wind aus den Segeln zu nehmen, gab die Regierung in Bern die Meldung an die Presse weiter, das gesamte aus Deutschland in die Schweiz geschaffte Gold sei ausgegeben worden.

Die Vorarbeit für die Verhandlungen hatte für die Schweiz Walter Stucki geleistet, ein ehrgeiziger Diplomat, der nach dem Krieg die Beziehungen der Schweiz mit den Alliierten dominierte. Der hochgewachsene, energisch und dominant auftretende Stucki war 1888 als Sohn eines Lehrers geboren worden. Auch sein Großvater war Lehrer gewesen, doch daß er ursprünglich aus einer Familie von Kleinbauern stammte, war ihm immer noch anzumerken. Er blieb in seinem Denken stets dem Ideal der Schweizer Neutralität treu. Daran änderte auch nichts, daß er in Bern, Paris und München Jura studiert hatte und Englisch und Französisch beherrschte. Als Bewunderer der absolutistischen Despotien des 18. Jahrhunderts war er 1940 als Botschafter nach Vichy-Frankreich geschickt worden. Sein Idol war Marschall Pétain, Oberbefehlshaber des französischen Heeres im 1. Weltkrieg und Ministerpräsident der französischen Kollaborationsregierung in Vichy. Daß die französische Armee 1940 das geheime Verteidigungsabkommen mit der Schweiz brach,[41] hatte zwar Stuckis Begeisterung für Frankreich gedämpft, seiner Bewunderung für Pétain jedoch keinen Abbruch getan. Noch am Vorabend der Befreiung Frankreichs am 29. August 1944 hatte Stucki in einer Ansprache in der Stadthalle von Vichy gerufen, Pétain »ist ein vornehmer Mensch... und ich möchte hier zu Protokoll geben, daß ich immer ein großer Bewunderer dieses großen Franzosen bleiben werde, der sein Leben in den Dienst Frankreichs gestellt hat«.[42] Obwohl diese Passage vor der Ausstrahlung der Rede im Radio gelöscht wurde, hörte Stucki sich später in der Schweiz oft und gerne die vollständige Aufzeichnung der Rede an, die er als eine Sternstunde seines Lebens betrachtete. Zurück in der Schweiz, wurde er regelmäßig eingeladen, seinen Landsleuten von seiner Zeit in Vichy-Frankreich zu berichten, wobei er es niemals versäumte, Pétain zu loben und die Résistance und Mitglieder des »Maquis« als »Banditen« zu brandmarken.[43]

Stuckis Rückkehr in die Schweiz fiel mit einem politischen Umbruch im Land zusammen. Marcel Pilet-Golaz, der prodeutsche Außenminister, war durch den 46 Jahre alten Max Petitpierre ersetzt worden. Petitpierre, ein Anwalt für Internationales Recht mit ausgesucht guten Umgangsformen, der erst drei Monate zuvor in den Bundesrat berufen worden war, besaß zwar kaum politische Erfahrung, verfügte jedoch über beste Beziehungen zur Industrie und zu den Banken. Stucki hatte sich selbst große Hoffnungen auf den Posten gemacht und war verärgert. Als Entschädigung wurde er zum Direktor des Politischen Departements ernannt. Er hoffte, daß der junge und politisch unerfahrene Minister sich dankbar der Dienste seines ungleich erfahreneren, aber untergeordneten Direktors bedienen würde. Auf jeden Fall war Stucki der Meinung, daß ihm als dem einflußreichsten Zivilbeamten der Schweiz der Posten zugestanden hätte. Dem Urteil eines britischen Diplomaten zufolge war Stucki zwar »bekannt als ein fähiger und ehrgeiziger Mann, doch er hat wenige, falls überhaupt irgendwelche einnehmenden Charakterzüge. Er wird gefürchtet und respektiert, aber kaum gemocht.«[44]

Petitpierre unterschied von Stucki auch die Einstellung zu den Schweizer Bankiers. Stucki mit seinem patriotischen, der Tradition verbundenen Nationalgefühl hegte ein instinktives Mißtrauen gegenüber den weltläufigen Finanzexperten in Zürich und Basel. Petitpierre dagegen war ein regelmäßiger Gast der Jahreskonferenzen der Bankiervereinigung. Er bezeigte gegenüber einer Organisation, zu der auch einer seiner Brüder gehörte, ganz offen seinen Respekt. Der neue Minister war daher geneigt, die alliierten Anklagen gegen die Schweizer Banken und die Vorwürfe, sie würden die Kriegsbeute der Nazis verstecken, zu ignorieren.

Nur zwei Tage vor Curries Ankunft in Bern, erhielt Petitpierre einen langen Brief von Boris Lifschitz, einem angesehenen Anwalt mit einer großen Kanzlei in Bern. Angewidert von der Doppelmoral der Schweizer Banken stellte Lifschitz fest, »daß bei uns und im

Fürstentum Liechtenstein grosse Vermögenskomplexe plaziert worden sind und dass [...] Schweizerische und Liechtensteinische Personen, Banken, Firmen sich dazu hergegeben haben, beim Verstecken dieser Vermögensbestandteile Helfersdienste zu leisten [...].«

Lifschitz führt aus: »Dabei handelt es sich nicht nur um bares Geld, Aktien, Obligationen etc., sondern auch um Lizenzen auf Verfahren und Erfindungen, die von deutschen Grossfirmen hiesigen Unternehmen ›verkauft‹ oder abgetreten worden sind, meistens mit der Abrede, dass die Lizenzgebühren erst nach dem Krieg in guten Schweizerfranken bezahlt werden sollen.«

»Nicht wenig Werte liegen auch unter schweizerischen und liechtensteinischen Namen im Auslande, hauptsächlich in den USA, Argentinien, Brasilien, ev. auch in Schweden, Portugal etc., wobei wie gesagt auch gewisse Banken dieser beiden Länder sich für solche Operationen hergegeben haben. Wie man hört, soll es gerade den Banken recht sein, wenn man ihnen die Möglichkeit verschaffen sollte, ihr Verhalten, das s. Zt. vielleicht verständlich war, auf eine acceptable Art zu korrigieren.«

»Mit dieser Feststellung«, unterstrich Lifschitz, »soll niemandem weh getan werden. Es handelt sich bei der ganzen Sache nicht um zu machende Vorwürfe, sondern um eine Konstatierung von Tatsachen.« Lifschitz äussert die Vermutung, »dass Hitler neben anderen strategischen und sonstigen Momenten gerade deswegen, weil er in der Schweiz und Liechtenstein seine zwei ›Kassenschränke‹ erblickte, uns mit seinem Überfall verschont hat«. Lifschitz drängte Petitpierre, die Fakten zur Kenntnis zu nehmen. »Die Schweiz muss unbedingt danach trachten, aus der geschaffenen peinlichen Situation herauszukommen. Die Schweiz und Liechtenstein werden nicht umhin können, die [...] durch unsere Vermittlung versteckten Vermögenswerte den Alliierten zurückzuerstatten.«[45]

Der Minister zeigte sich wenig beeindruckt. Die Banken beteuerten seit langem, die Nazigelder wären nicht mehr in der Schweiz. Vielleicht waren die Gelder ja gut versteckt. Auf jeden Fall reagierte Petitpierre nicht auf Lifschitz' dringlichen Brief.

Lauchlin Currie tauschte in dem ersten Gespräch mit Stucki am 13. Februar abwechselnd Freundschaftsangebote und versteckte Drohgebärden. »Jede Stunde, die der Krieg länger dauert«, verkündete Currie, »kostet mehr Menschenleben, und die Leben unserer jungen Männer liegen uns sehr am Herzen.« Die Schweiz, fuhr er fort, »hat unserem Feind sehr geholfen [und] unterhält als einziges Land weiterhin reguläre Handelsbeziehungen mit Deutschland.« Was er damit implizierte, lag auf der Hand. Er wollte die völkerrechtliche Legitimität der Schweizer Neutralität nicht in Frage stellen. Was die Alliierten jedoch nicht verstehen würden, deutete er an, das wäre eine Schweiz, die sich auch im Endkampf abseits halten würde. »Eine neutrale Gesinnung muß außer Frage stehen. Unserer Auffassung nach ist es unmöglich ... im Hinblick auf den Ausgang [des Krieges] weiterhin eine Haltung der olympischen Distanziertheit oder der Indifferenz einzunehmen.« Die entscheidende Frage sei, fuhr Currie fort, ob die Schweiz die Kriegsbeute der Nazis vor alliiertem Zugriff schützen und damit »die Macht der Nationalsozialistischen Partei erhalten und ihre Pläne für einen neuen Feldzug zur Beherrschung der Welt« unterstützen wolle.

Stucki war mit Curries Schlußfolgerungen nicht einverstanden. Für ihn standen weder die Souveränität seines Landes noch das Recht der Schweiz, Gewinne zu erwirtschaften, zur Diskussion. Anderseits war ihm auch klar, daß die Schweiz in einer Zeit, in der sie sich von Deutschland ablöste und auf eine neue Verständigung mit den Alliierten zusteuerte, auf eine Lösung angewiesen war, die die Versorgung des Landes mit lebenswichtigen Gütern und Rohstoffen sicherstellte. So hielt sich Stucki auch mit bemerkenswerter Selbstbeherrschung zurück und schwieg, als Currie die Minimalforderung der Alliierten formulierte: die vollständige Erfüllung des Abkommens von Bretton Woods.

Stuckis Verhandlungsführer war Professor William Rappard, ein Ökonom, der in verschiedenen Staaten studiert hatte und gute Verbindungen in die USA unterhielt. Nach kurzer Zeit wurde er als Stuckis »Geist« bezeichnet.[46] Geblendet von Rappards exzellentem Englisch und seiner amerikanischen Art, wurde Currie zusehends optimistischer und setzte den Schweizern die alliierten Forderungen im Detail auseinander:

1. Die Revision des Schweizer Bankgeheimnisses.
2. Die Einstellung des Transitverkehrs zwischen Deutschland und Italien.

3. Den Exportstopp so gut wie aller Güter nach Deutschland.
4. Das Einfrieren aller deutschen Vermögenswerte in der Schweiz.
5. Die vollständige Erfassung des gesamten deutschen Eigentums in der Schweiz.
6. Die Zulassung der Tätigkeit alliierter Inspektoren in der Schweiz.
7. Die Aushändigung des gesamten Raubgolds an die Alliierten.

Kern des alliierten Forderungskatalogs aber waren, betonte Currie, die Reparationen: die Rückerstattung der deutschen Kriegsbeute an die rechtmäßigen Besitzer und die Übereignung aller deutschen Vermögenswerte zum Zwecke des Wiederaufbaus Europas an die Alliierten.

Rappard besaß weder die politische Macht noch den Willen, auch nur eine dieser Forderungen zu erfüllen. In seinen Augen bestand für die Schweizer keinerlei Anlaß, sich für ihre Aktivitäten in der Kriegszeit zu rechtfertigen. Immerhin besaß Bern genug politischen Realitätssinn, um einzusehen, daß es opportun war, zumindest den Eindruck zu erwecken, als bewege man sich auf die Alliierten zu. Am 15. Februar lief das Handelsabkommen zwischen der Schweiz und Deutschland aus. Um sich Curries Wohlwollen zu sichern, verkündete der Bundesrat am darauffolgenden Tag das Einfrieren aller in der Schweiz liegenden oder in der Schweiz verwalteten Vermögenswerte, die einer in Deutschland oder in von Deutschland besetzten Gebieten ansässigen Person oder Gesellschaft gehörten.[47]

Currie und seine beiden Delegationsmitglieder glaubten, Bern habe sich endlich ihrem Druck gebeugt und die Banken angewiesen, das Bankgeheimnis aufzuheben, um deutsche Vermögenswerte ausfindig zu machen. Das war ihr erster Irrtum. Die Banken hatten die Maßnahme vorausgesehen. Da sie wußten, daß nur deutsche Guthaben davon betroffen sein würden, hatten sie ihren wichtigsten Kunden bereits dabei geholfen, die alliierte Politik zu unterlaufen und auf Deutsche lautende Konten auf falsche, üblicherweise englische Namen mit Adressen in China oder Südamerika umgeschrieben. Natürlich hatten die Banken eine Gebühr für diese Dienstleistung kassiert, die von ihrer dankbaren Kundschaft gerne bezahlt wurde.[48]

Curries zweiter Irrtum bezog sich auf den Zeitpunkt der Sperre. Er durchschaute nicht, daß Stucki sich zu den Zugeständnissen erst bereitgefunden hatte, als er sicher war, daß »uns die Deutschen nicht mehr Schaden zufügen können, als wir ihnen durch die Sperre verursachen oder als uns die Sperre nützte«. Stucki wollte vermutlich sicherstellen, daß die Kredite der Schweiz an die Deutschen durch die Einlagen der Deutschen gedeckt waren. Damit bestätigt er zwischen den Zeilen, daß Schweizer Banken Kriegsbeute des Deutschen Reiches als Sicherheiten für Kredite akzeptiert und vermutlich auch beansprucht haben. Er führt dazu weiter aus:

»Schon vor dem Currie-Abkommen wurde der Sperrbeschluss gefasst. Der Zeitpunkt des Inkrafttretens musste sorgfältig ausgewählt werden. Wenn die Sperre vor dem Abkommen eingeführt worden wäre, so hätten uns die Alliierten wohl nichts mehr gegeben (Anspielung auf das angedrohte Embargo; A.d.Ü). Eine nachträgliche Sperre hätte nach einer aufgezwungenen Massnahme ausgesehen. Daher wurde der Sperrbeschluss mitten in den Verhandlungen erlassen.«[49] Stuckis Trick verblüffte die drei Verhandler kurz, konnte sie aber nicht wirklich täuschen.

Der Anwalt Dingle Foot brauchte nur wenige Stunden, um die Schlupflöcher in der Ankündigung aufzuspüren. Die vom Bundesrat verhängte Sperre, die zum einen nur schrittweise umgesetzt werden sollte und zum anderen zahlreiche Ausnahmen zuließ, war kaum das Papier wert, auf dem sie stand. »Es ist mehr eine Art Warnung an die Deutschen«, erkannte Foot, »ihre Guthaben zu verstecken und sich vor künftigen Kontrollen in acht zu nehmen.« Stucki ließen die Vorwürfe kalt. Die Schweiz, verkündete er, sei durch gesetzliche Verpflichtungen gebunden und von den »lebenswichtigen Einfuhren« aus Deutschland abhängig. Den Handel mit Deutschland vollständig einzustellen, sei ein Ding der Unmöglichkeit. Als Currie und Foot protestierten, entgegnete Stucki knapp: »Die Schweiz ist neutral.«

Im Laufe der nächsten drei Wochen erhielten die drei Unterhändler eine Lektion über die Sturheit der Schweizer und die Leidenschaft, mit der sie ihre Gesetze stets buchstabengetreu befolgten. Die Neutralität der Schweiz, wiederholte Stucki, verbiete es ihr, die Forderungen von Bretton Woods zu erfüllen. Die alliierte Forderung nach einer vollständigen Zertifizierung der Vermögen der Achsenmächte in der Schweiz verstoße, setzte er Currie auseinander, gegen ein Gesetz aus dem Jahre 1907, das die Handelsbeziehungen mit Deutschland regle. Darüber hinaus könne die Schweiz, so Stucki weiter, der Entsendung alliierter Untersuchungsbeamter in die Schweiz nicht zustimmen, da dies gegen die schweizerische Neutralität und Souveränität verstoße.[50] Die Unterhändler waren vollkommen perplex; die Briten hatten mit ihren Prophezeiungen recht behalten. Hartnäckig, wie die Schweizer waren, ließen sie sich auch von der Tatsache, daß alliierte Soldaten ihr Leben für die Rettung der Demokratie opferten, nicht beeindrucken. Gefühle hatten in dem vom Glauben an die Tugend der eigenen Souveränität und den Schweizer Franken bestimmten Denken der Schweizer keinen Platz.

Als nächstes formulierte Stucki die materiellen Vorraussetzungen für die Verhandlungen. Die deutschen Vermögenswerte in der Schweiz wurden von den Amerikanern auf 600 Millionen Dollar geschätzt. Stucki sprach nur von 250 Millionen Dollar. Auch bezüglich des von der Schweiz erworbenen Goldes, erklärte Rappard, würden die Alliierten einem Irrtum unterliegen. Bereits im Jahre 1939 hätten die Deutschen mehr Gold besessen, als die Goldbarren im Werte von knapp 1,2 Milliarden Schweizer Franken, die seit dem 4. März 1940 in die Schweiz geschickt worden waren. »Die Stempel auf den Barren«, sagte Rappard, »datieren auf die Vorkriegszeit.« Charguéraud, dessen Regierung ein starkes Interesse am Verbleib des belgischen Goldschatzes hatte, zweifelte die Echtheit dieser Stempel an. Erst als Currie mit einem Nahrungsmittel- und Treibstoffembargo drohte und Rappard erkennen mußte, daß die alliierten Unterhändler mit ihrer Geduld am Ende waren, gestand er ein, daß die Stempel auf den Barren kein hundertprozentiger Beweis für die wahre Herkunft des Goldes waren. Die Gefahr alliierter Sanktionen – mit verheerenden Auswirkungen für die Schweiz – konnte nicht länger ignoriert werden. Erst jetzt zeigten sich die Schweizer kompromißbereit.

Zu Curries Erleichterung erklärte Stucki am 5. März sein Einverständnis, ein Abkommen zu unterzeichnen. Von Schweizer Warte aus gesehen bot Stucki den Alliierten lediglich kosmetische

Zugeständnisse an, während Currie glaubte, die Schweizer zur Kapitulation gezwungen zu haben.[51]

In dem am 8. März unterzeichneten Abkommen verpflichtete sich die Schweiz, die Stromlieferungen an Deutschland einzustellen und den Handel mit dem Reich sowie den deutschen Transitverkehr durch die Schweiz auf ein Minimum zu reduzieren. Außerdem sicherte die Schweiz zu, kein Gold von Deutschland mehr zu akzeptieren, die Einfuhr von Beutegütern ins Land zu unterbinden und alle deutschen Lieferungen in die Schweiz nach Beutegütern zu durchsuchen.[52] Weiterhin verpflichtete sich Bern, die Deutschen daran zu hindern, Beutegüter oder andere Vermögenswerte zu verkaufen, Kriegsbeute an die rechtmäßigen Eigentümer zurückzuerstatten und Anspruchsberechtigten dabei zu helfen, ihren Besitz wieder zu bekommen. Bei Aufrechterhaltung der Blockade aller deutschen Vermögenswerte sollten alle deutschen Eigentümer in der Schweiz und deutschen Werte im Besitz von Schweizer Staatsangehörigen erfaßt werden.[53] Im Gegenzug erhielt die Schweiz die Erlaubnis, Nahrungsmittel, Tierfutter und Industriegüter über Frankreich zu importieren. Curries Erfolg schien ein auf Stuckis Betreiben hin in die Erklärung aufgenommener, abschließender Zusatz zu unterstreichen, in dem es hieß: »Die Schweizer Regierung möchte darauf hinweisen, daß diese Restriktionen der Schweiz erhebliche Opfer aufbürden.«[54]

Ebenso wichtig wie das eigentliche Abkommen war ein Zusatz in Form eines achtseitigen Briefes von Rappard an die Alliierten, sowohl wegen der Vorgänge, die eingestanden wurden, als auch wegen derer, die darin bestritten wurden. Bezüglich des Goldes versicherte Rappard den alliierten Unterhändlern, daß die Schweizer Nationalbank über alle Goldzugänge Buch geführt habe. Das war ganz offensichtlich nicht der Fall gewesen. In Zukunft, versprach er weiter, würde die Einreise von Ausländern in die Schweiz strikt kontrolliert werden. Auch das blieb, wie sich zeigen sollte, ein leeres Versprechen. Zuletzt betonte er, daß dank der von der Nationalbank überwachten Regulationen der Schweizerischen Bankiervereinigung keine nationalsozialistischen Beutegüter in der Schweiz deponiert worden seien. Obwohl auch das unglaubwürdig war, wurden Rappards Aussagen über die geraubten Vermögenswerte und erblosen Vermögen von Juden in der Schweiz als wahr akzeptiert. Die Schweizer Regierung, versicherte Rappard, würde nicht nur verhindern, daß das Land für die »Weiterleitung, Tarnung oder Einlage« von geraubten Vermögen mißbraucht würde, sondern sei auch bereit, nach Maßgabe der bestehenden Gesetze »alles in ihrer Kraft Stehende zu unternehmen, um den enteigneten Besitzern dabei zu helfen, ihre Ansprüche auf in der Schweiz aufgefundene Vermögen geltend zu machen«.[55]

Voller Euphorie telegrafierte Currie nach Washington, daß »nach dreiwöchigem hartem Widerstand und dem gestrigen Verhandlungspatt die Schweizer Delegation heute kapituliert hat«.[56] In Washington wurde die Nachricht mit Jubel aufgenommen. Orvis Schmidts Bericht an Morgenthau spiegelt diesen Optimismus wider: »Die Schweizer erklären sich erstmals in ihrer Geschichte bereit, alle Banken, Anwälte, Holdinggesellschaften usw. anzuweisen, die Namen der wahren Eigentümer von in der Schweiz deponierten Vermögen offenzulegen. Dieses Zugeständnis wurde gegen heftigen Widerstand und nur dank der unnachgiebigen Haltung der amerikanischen Delegation erreicht.« Bern, so Schmidt weiter, habe sich einverstanden erklärt, »keine blockierten deutschen Vermögen« ohne vorherige Konsultation mit den Alliierten freizugeben. Hochzufrieden dankte Morgenthau Currie dafür, »einen Strich durch die Pläne der Nazis gemacht zu haben, die Schweiz als finanzielles Versteck zu benutzen«.[57] Daß man von den Schweizern – und vor allem von Stucki – hinters Licht geführt worden war, ging den Briten erst zwei Jahre später auf, als von den Alliierten konfiszierte deutsche Unterlagen ausgewertet wurden.[58]

In London, wo man Rappards Zusicherungen gleichfalls blind Glauben schenkte, fürchtete man vor allem die Konsequenzen der Berner Konzessionen. Hatte bereits die erklärte Absicht der Kreuzritter, den Schweizer Banken in die Bücher zu blicken, Bliss größte Kopfschmerzen bereitet, so erhöhte die Nachricht vom Erfolg der Amerikaner in Bern seine Bedenken noch mehr. »Diese Entwicklung wird dazu führen«, hieß es in der Downing Street, »daß in gewissen Fällen Banken die Eigentümer von Nummernkonten bekanntgeben müssen.«[59] Die britischen Befürchtungen wurden von einem Bericht der *Financial Times* aus Bern bestätigt. Nach Angaben der Zeitung hatte ein Sprecher der Schweizer Banken bei der Diskussion über die Revision des Schweizer Bankgeheimnisses zur Identifikation von nachrichtenlosen Vermögen die peinliche Frage gestellt, ob denn die britischen Banken aus diesen Gründen ebenfalls willens seien, ihrer Regierung Einblick in bei ihnen geführte Konten zu gewähren? »Wenn wir nicht gezwungen werden wollen, britische Bankgeheimnisse offenzulegen«, bemerkte Eddie Playfair vom britischen Finanzministerium, »müssen wir in dieser Sache Vorsicht walten lassen.«[60] Das Vorgehen der Kreuzritter drohte, wie befürchtet, den britischen Interessen zu schaden. »Es wäre in unserem ureigensten Interesse«, schloß Bliss, »mit dieser Gruppe nicht zusammenzuarbeiten.« Foot war in einem fast schon panisch klingenden Telegramm angewiesen worden, »nichts (Ich wiederhole: nichts) zu unternehmen, was zu Forderungen an die britischen Banken führen könnte, ihrerseits Informationen offenzulegen.«[61]

Unterdessen erhöhten die Schweizer den Einsatz in diesem Poker. Die Gesetzesänderung, so wurde einem britischen Diplomaten mitgeteilt, könne zur automatischen Autorisierung einer Untersuchung britischer Konten bei Schweizer Banken führen. Dieser Hinweis wurde vom britischen Finanzministerium, das aufgeschreckt »äußerste Wachsamkeit« empfahl, als »hochexplosiv« bewertet.[62] Jegliche Offenlegung britischer Guthaben bei Schweizer Banken sei »ein heißes Eisen« und verlange eine »überaus vorsichtige Handhabung«, warnten offizielle Stellen. Die versteckte Drohung der Schweizer empfanden die Briten als im doppelten Sinne anmaßend. Zum einen war ihnen der Gedanke unerträglich, daß Ausländer Einblick in britische Konten erhalten würden, zum anderen empörten sie sich über die Absicht Berns, deutsche und alliierte Guthaben in der Schweiz gleich zu behandeln. Insgesamt sah man in London die Angelegenheit als eine vorhersagbare Folge der Aktivitäten jener eifernden Störenfriede aus Washington. Das Safehaven-Projekt, darüber herrschte in London nun Einigkeit, mußte sorgfältig überwacht werden.

Nur eine Woche, nachdem das Currie-Abkommen unterzeichnet und alle deutschen Guthaben in der Schweiz, auch die der Reichsbank, gesperrt worden waren, traf Reichsbank-Vizepräsident Emil Puhl in Zürich ein. Puhls Auftrag lautete, die Aufhebung der von Currie ausgehandelten Maßnahmen zu erreichen und dem, wie die Deutschen es nannten, »Stiefellecken« der Schweizer bei Briten und Amerikanern ein Ende zu bereiten. Puhl gab sich keinen Illusionen darüber hin, daß die Schweizer Bankiers wußten, sie würden über kurz oder lang mit anderen deutschen Bankvertretern verhandeln müssen, was seine Aufgabe sehr erschwerte. Die Amerikaner hatten bei Remagen bereits den Rhein überschritten, im Osten stand die Rote Armee kurz vor Berlin. Aus dem Reich heimkehrende Schweizer berichteten ihren Landsleuten von verheerenden Bombenangriffen und furchtbaren Zerstörungen in Deutschland. Selbst Nationalbankpräsident Ernst Weber und Generaldirektionsmitglied Alfred Hirs, die einen Emissionär zum neuen Präsidenten der Banque de France ins befreite Paris entsandt hatten, sahen keinen Anlaß mehr, sich von Verhandlungen mit Vertretern des untergehenden Dritten Reichs noch irgendeinen Nutzen zu versprechen. Doch der Verlauf des Krieges hatte an der Einstellung der Schweizer Nationalbank nicht viel geändert, und Hirs kanzelte den provisorischen neuen Finanzminister in Paris, Pierre Mendès-France, als »reichen Juden« ab.[63]

Wie üblich logierte Puhl in Bern im Schweizerhof, direkt gegenüber dem Hauptbahnhof, und in Zürich im Hotel Baur-au-Lac, den besten Häusern der Schweiz. Sein Assistent war Friedrich Kadgien, ein in der Schweiz lebender Deutscher, der bekanntermaßen als Finanzberater für Göring und die SS arbeitete. Kadgien tauschte geraubte französische Francs in Schweizer Franken um und versetzte im Auftrag der deutschen Regierung Roh- und Industriediamanten, die nach 1940 bei den rund 1200 jüdischen Diamantenschleifern und -händlern in Antwerpen beschlagnahmt worden waren.

Zu diesem Zeitpunkt war Puhl über die Verbrechen der SS bereits bestens informiert. Zu seinen Aufgaben bei der Reichsbank gehörte – in Abstimmung mit der SS – die Verwertung des den Holocaust-Opfern abgenommenen Zahn- und Ringgolds. Die in Beuteln angelieferten Zahnfüllungen und Ringe waren in Barren umgeschmolzen, mit falschen Stempeln versehen und in die Schweiz verkauft worden.

Scheinbar unterschieden sich Puhls »endlose Diskussionen« mit Weber und Hirs kaum von den Unterhaltungen der drei Männer bei ihren zahlreichen vorherigen Treffen, bei denen die Höhe der monatlichen Goldlieferungen von der Reichsbank als Bezahlung für kriegswichtige Versorgungsgüter für die deutsche Industrie vereinbart worden waren. Wie immer behandelten die beiden Vertreter der Nationalbank Puhl mit ausgesuchter Höflichkeit, womit sie seinen Glauben an die unbeschadeten deutsch-schweizerischen Beziehungen bekräftigten. Doch diesmal reagierten die beiden Bankiers abweisend auf seine Forderung nach der Freigabe der eingefrorenen Reichsbankguthaben, was – nur sieben Tage nach der Unterzeichnung des Currie-Abkommens – einem glatten Bruch des Abkommens gleichgekommen wäre. Daß sich die Umstände geändert hatten, konnte Puhl auch daran erkennen, daß entgegen der bisherigen Gepflogenheiten bei den Verhandlungen zwei weitere Regierungsvertreter zugegen waren – Robert Kohli vom Politischen Departement und Jean Hotz vom Handelsdepartement. Zusammen mit Heinrich Homberger, dem Präsidenten des mächtigen Schweizer Industrieverbands, bestimmten Kohli und Hotz über die Schweizer Außenwirtschaftspolitik.

Doch Puhl gab nicht auf. Als Bezahlung für dringend benötigte Munitionslieferungen und zur Tilgung ausstehender deutscher Schulden bot er Weber und Hirs sechs Tonnen Gold an, die direkt hinter der Grenze in einer Reichbankaußenstelle in Konstanz lagerten. Hirs und Weber waren an dem Angebot interessiert, doch die beiden Regierungsbeamten bestanden angesichts der alliierten Drohungen auf einer Bezahlung in Kohle und Eisen. Diese Forderung bewies, wie wenig die Schweizer über das im Reich herrschende Chaos wußten. Obwohl die Verhandlungen in einer Sackgasse zu stecken schienen, ermutige Weber den Deutschen insgeheim, sie fortzuführen.

Puhl verstand die Denkweise der Schweizer Banker. Die auf die Rückzahlung ihrer Kredite erpichten und den Deutschen wohlgesinnten Bankiers würden, rechnete er sich aus, ihre Regierung dazu drängen, die Reichsbankguthaben freizugeben. Gezielt suchte er solche Bankiers auf, die von ihren engen Beziehungen zum Dritten Reich profitiert hatten – die Präsidenten der Schweizerischen Kreditanstalt, des Schweizerischen Bankvereins, der Schweizerischen Bankgesellschaft und der Basler Handelsbank. Alle diese Banken hatten während des Krieges riesige Gewinne erzielt, und ihre Präsidenten waren nicht nur lebhaft daran interessiert, die Investitionen ihrer Kunden in Deutschland zu schützen, sondern auch deren zukünftigen Interessen zu dienen. Die Zahl der Bankpräsidenten, die Puhl – »obwohl der Feind alles observierte« – in seinem Hotel aufsuchten, erstaunte ihn selbst.[64]

Angesichts der Gefahr, keine Zinszahlungen auf Schweizer Investitionen in Deutschland in Höhe von rund einer Milliarden Schweizer Franken mehr zu erhalten, erschien den Bankiers Puhls Angebot sehr attraktiv, mit dem Transfer von Raubgold und bei der Nationalbank deponierten Schweizer Franken (die aus Raubgoldverkäufen stammten) Schulden und Auslagen in Höhe von 20 Millionen Schweizer Franken zu begleichen. Nach zwei Wochen und unter steigendem Druck von besorgten Schweizer Investoren, betonte Kohli gegenüber Puhl plötzlich die Notwendigkeit, die »guten Beziehungen« der Eidgenossenschaft zu Deutschland trotz der unausweichlichen Niederlage zu erhalten.

Die Durchführung der Transaktion wurde Hirs übertragen. Hirs, besorgt über die alliierten Warnungen an die Schweiz, kein Raubgold anzunehmen, befragte Puhl nach der Herkunft der in Konstanz liegenden sechs Tonnen Reichsbankgold. Die Antwort des Deutschen, das Gold habe ursprünglich einer von Deutschland besetzten europäischen Nation gehört, genügte dem Schweizer. Hirs und mit ihm die durch die Bank prodeutschen Schweizer Politiker empfanden Mitgefühl für Puhl. Was auch immer die Alliierten gegen die Nazis vorbrachten, Schweizer Nationalbank und Regierung hatten ausschließlich mit »guten Deutschen« zu tun gehabt, Deutschen, denen, so hofften die Eidgenossen, auch die Alliierten ihr Vertrauen schenken würden. Puhl für seinen Teil bemerkte nach der Unterzeichnung des Geheimabkommens am 30. März erleichtert, Hirs habe »keinerlei Nachweise zur Herkunft der Goldlieferung verlangt«.[65]

Im Alleingang hatte Puhl die alliierte Blockade der deutschen Vermögen und Reichsbankguthaben in der Schweiz unterlaufen. Ohne jegliche Gewissensbisse hatten die Schweizer von den Deutschen drei Tonnen Raubgold und 10,1 Millionen Franken aus dem Verkauf von Raubgold angenommen – ein eklatanter Bruch des Currie-Abkommens. Puhl, der sich zu einem »ansehnlichen Erfolg« beglückwünschen konnte, lobte die deutsch-schweizerischen Beziehungen und prophezeite, daß dies nicht das Ende sein werde.[66]

Im Verschleiern von zwielichtigen Manövern waren die Schweizer Diplomaten Experten. Nachdem sie das Ausmaß von Curries Leichtgläubigkeit erkannt hatten, trugen die Schweizer Diplomaten nach dem Golddeal mit Puhl in Washington nochmals dick auf und bestätigten gegenüber Beamten des Finanzministeriums den Erfolg der Currie-Mission. »Currie gab den Schweizern nichts«, schmeichelte Stucki den stolzgeschwellten Amerikanern. Der »in der Schweiz als sehr einflußreich« beschriebene Stucki habe sogar eine »Sonderbotschaft« nach Washington geschickt. »Er übermittelt Ihnen«, gab ein Schweizer Diplomat gegenüber einem amerikanischen Beamten zu Protokoll, »seine besten Glückwünsche und den Ausdruck seiner höchsten Wertschätzung.«[67]

Im Taumel der Ereignisse – die Russen beschossen bereits Berlin, und im Westen rückten die Amerikaner und Briten mit Eilmärschen voran – zweifelten wenige alliierte Beamte an der Vertragstreue der Schweizer.[68] Auf einem vom Krieg verwüsteten, von der Tyrannei traumatisierten und von Hunger und Krankheit bedrohten Kontinent hatte die Suche nach Kriegsbeute keine sonderlich hohe Priorität.[69]

Sam Klaus und einige andere Kreuzritter hatten von einer groß angelegten Polizeioperation geträumt, davon, eine Art riesenhaftes Schleppnetz über Europa auszuwerfen, mit dem sie die Plünderer und ihre Beute fangen wollten. Was den alliierten Geheimdiensten tatsächlich in die Hände fiel, belegte jedoch vor allem den Fehlschlag des Safehaven-Projekts. Die Berichte über eine »plötzliche Zunahme der diplomatischen Post« zwischen Spanien und Südamerika – von dreizehn Pakten pro Monat auf siebenundachtzig in zwei Wochen – und über einen Konvoi von 1800 spanischen Fischtrawlern mit südlichem Kurs, in deren Laderäumen unter Eis Kriegsbeute verborgen lag, unterstrichen die Undurchführbarkeit wirksamer Kontrollen.[70] In einer Note an das britische Kabinett warnte MI6-Chef Sir Stewart Menzies, daß nationalsozialistische Tarnorganisationen »beträchtliche Guthaben in der Schweiz« in Form von Banknoten und Diamanten unter den Namen von Zivilpersonen deponiert hätten. Weiter wies er darauf hin, daß Gestapo-Offiziere »große Mengen niederländischer Diamanten« in die Schweiz geschmuggelt hätten und nun dabei seien, sie nach Südamerika zu schaffen.[71]

Menzies Warnungen wurden von William Cavendish-Bentinck,

dem Vorsitzenden des Joint Intelligence Committee, bekräftigt. Das Safehaven-Projekt weise erhebliche Schwächen auf, betonte Cavendish-Bentinck ebenso wie Menzies. Zwar seien detaillierte Listen von deutschen Unternehmen, die Wertgegenstände und Bargeld in der Schweiz versteckten, aufgestellt worden. Aber, klagte er gegenüber dem britischen Außenministerium, es gebe keine zentrale Stelle, bei der diese Informationen gesammelt würden und die Maßnahmen ergreife, um zu verhindern, daß deutsche Kriegsbeute in neutrale Länder verschoben und dort versteckt werde. Eine vom Minister für Wirtschaftskriegführung Lord Selborne angeregte Geheimdienstgruppe Safehaven sei noch nicht gebildet worden. Diese Untätigkeit der Alliierten werde, so Cavendish-Bentinck, unvermeidliche Konsequenzen haben: »Die Deutschen werden kaum Probleme haben, Inhaberschuldverschreibungen, Wertpapiere, Gold und Edelsteine zu verbergen und zu veräußern und die Einnahmen daraus so zu verschleiern, daß wir sie niemals finden werden.«[72]

In Hitlers Alpenfestung in Bayern versteckten SS-Offiziere und Reichsbankmitarbeiter in Häusern, Scheunen, Minen und Erdgruben Kisten voller eiligst aus Berlin herangekarrter Devisen, Edelsteine und Gold. Die Gerisseneren unter ihnen ließen Teile der Beute insgeheim von Nazigetreuen über die Grenze in die Schweiz schmuggeln.[73] Zu diesen Männern gehörte auch Kurt Becher.

Der aus Budapest nach Wien gekommene SS-Offizier erpreßte reiche Ungarn, Geld auf seine Konten in der Schweiz einzuzahlen, und versprach dafür, ihr Leben zu retten. Ein Opfer Bechers war Thomas de Pechy, ein 38 Jahre alter ungarischer Industrieller. Während Becher de Pechys Freundin als Geisel festhielt, wurde der Industrielle in die Schweiz geschickt, um Kupfer und Metallwaren zu verkaufen und über eine Millionen Schweizer Franken auf Bechers Konto einzuzahlen. Pechy traf am 6. März mit seinem Auto, in dem er Koffer voller Wertpapiere, Juwelen und anderer Wertgegenstände aus dem Besitz des SS-Offiziers transportierte, in der Schweiz ein. Vom Hotel Baur-au-Lac aus telegraphierte er an Becher, daß seine Beute sicher verwahrt sei. Nach der Zahlung einer vereinbarten Summe an einen Schweizer Kontaktmann von der Gestapo wurde Pechys Freundin freigelassen. Die Schweizer Polizei beschlagnahmte zwar das Lösegeld, tat aber nichts, um Bechers

Aktivitäten zu unterbinden. Der in zahllose Geschäfte verwickelte Deutsche, der in der Zwischenzeit weiteres in Deutschland gelagertes Kupfer an Schweizer Fabrikanten verkauft hatte, brachte in der Schweiz ein ansehnliches Vermögen zusammen. Mit diesem Geld baute er in der Nachkriegszeit ein millionenschweres Weizenhandelskontor in Bremen auf und stieg zu einem der reichsten Geschäftsleute Deutschlands auf. Wie viele andere war auch Becher bald nach der bedingungslosen Kapitulation des Dritten Reiches für kurze Zeit verhaftet worden. Über ganz Europa hinweg wurde der Jubel über das Ende des Alptraums von gegenseitigen Beschuldigungen und Vergeltungsmaßnahmen begleitet. Die Schweizer Politiker, Industriellen und Bankiers, die ängstlich auf ein Zeichen darauf warteten, welches Schicksal ihnen bevorstand, bemühten sich, zu Hause alle Emotionen zu unterdrücken. Aus Angst vor inneren Unruhen und Vergeltungsmaßnahmen erwog die Führung des Landes sogar, die Armee zur Unterdrückung von Demonstrationen zu mobilisieren sowie die Pressezensur und die Beschränkung der parlamentarischen Versammlungen aufrechtzuerhalten. Eine Beschränkung der demokratischen Rechte erschien vor allem jenen Schweizern wünschenswert, die zuvor mit den Deutschen kollaboriert hatten.

Unter Eduard von Steigers Führung beging die Schweiz das Ende des Krieges mit ernsten Gottesdiensten und gedämpftem Läuten der Kirchenglocken. Auf seine ausdrückliche Anweisung hin wurden öffentliche Freudenkundgebungen über die Niederlage Hitler-Deutschlands und öffentliche Versammlungen untersagt. In einer Radioansprache an das Volk gab Steiger seiner Dankbarkeit darüber Ausdruck, daß die Schweiz von den Schrecken des Krieges verschont geblieben war und lobte die ruhmreiche Schweizer Armee. Die gewaltigen Opfer, die die Alliierten gebracht hatten, erwähnte er mit keinem Wort. Die Handvoll Schweizer, die die Alliierten unterstützt oder versucht hatten, Flüchtlingen zu helfen, wurden wie Aussätzige behandelt. Der Polizeihauptmann von St. Gallen, Paul Grüninger, lebte bis zu seinem Tod in Armut und wurde erst 1995 rehabilitiert.

Carl Lutz, der Schweizer Konsul in Budapest, wurden wegen seiner Hilfeleistungen für ungarische Juden und dem Verstoß gegen die Neutralität seines Amtes enthoben. Und der Rote-Kreuz-Mitarbeiter, der mit seiner Intervention im KZ Mauthausen im Frühjahr 1945 ein SS-Massaker an den Häftlingen verhindert hatte, wurde wegen Befehlsverweigerung gemaßregelt und in die Emigration getrieben. Während die Führer der Schweiz nach Ende des Kriegs auf das Verdikt der Alliierten warteten, suchten sie nach innen hin ihr Heil vor allem darin, ihre potentiellen Kritiker mundtot zu machen.

KAPITEL 6

Risse zwischen den Alliierten

Der Rechtsanwalt James Mann aus Kentucky war hochmotiviert und hatte einen ausgeprägten Gerechtigkeitssinn. Er traf im Auftrag des US-Finanzministeriums am 15. Mai als neuester Abgesandter Harry Whites in Bern ein. Mann hatte ein Jahr lang für das War Refugee Board in Washington Informationen über die Konzentrationslager der Nazis gesammelt. Er war zutiefst empört und wollte die Schweizer um jeden Preis »in die Knie zwingen«. Wie alle amerikanischen Besucher war Mann begeistert von der Alpenlandschaft und dem »ruhigen friedlichen Eindruck«, den die Schweiz machte. Weniger voraussehbar war jedoch seine Reaktion auf die gemütliche Atmosphäre bei den amerikanischen Diplomaten in der Botschaft.[1] Nach zwei Wochen in Bern kochte Mann vor Wut.[2] Die Beziehungen zwischen den schweizerischen und den amerikanischen Diplomaten waren, wie Mann erkannte, »ein Hindernis für entschlossenes Handeln«. Safehaven war im Begriff zu scheitern.

Die Person, auf die sich Manns Unmut konzentrierte, war Daniel Reagan, der als Botschaftsrat des US-Außenministeriums zum »Koordinator« von Safehaven ernannt worden war. Der gewissenhafte und vorsichtige Reagan teilte das Mißtrauen, das im US-Außenministerium gegen Persönlichkeiten wie Sam Klaus vom US-Finanzministerium herrschte, die mit ihrem Ehrgeiz die reibungslosen diplomatischen Beziehungen zu den Beamten des Politischen Departements der Regierung in Bern zu stören drohten. Fest entschlossen, Safehaven so im Griff zu behalten, daß jede Gefährdung der diplomatischen Beziehungen der USA ausgeschlossen war, verbot Reagan den Leuten vom Finanzministerium jedes offene Gespräch mit Schweizer Regierungsbeamten, dem amerikanischen

Militärattaché oder Allen Dulles und seinen OSS-Leuten. Der ranghöchste, durch Reagans Erlaß disziplinierte Vertreter des US-Finanzministeriums in Bern war Walter Ostrow, ebenfalls ein Kreuzritter. Ostrow arbeitete lieber in einem Privathaus als im Hauptgebäude der Botschaft und hatte den Verdacht, daß ihm bewußt Informationen vorenthalten würden. Wie die vier Beamten des US-Außenministeriums, die in der Botschaft für Safehaven arbeiteten, war auch er darüber frustriert, daß Reagans Abneigung gegen Recherchen dem Safehaven-Team nur britische Geheimdienstoffiziere als beste Quelle für glaubwürdige Informationen ließ. »Herman Kasper ging mit dem Gefühl hier weg«, schrieb Mann über seinen Vorgänger, »daß seine Mission gescheitert und die Lage hoffnungslos war.«[3]

Manns Beschwerden glichen aufs Haar der harschen Kritik, die Sam Klaus drei Wochen zuvor in Washington geübt hatte. In einem an Orvis Schmidt versandten, überaus scharfen Memorandum über die Schweiz und das Currie-Abkommen hatte Klaus der Schweiz »Versäumnisse«, »Mißachtung« und »absolute Mißachtung« vorgeworfen und festgestellt, daß sie auf Protest »mit Nichtstun« reagierte.[4] Die Schweizer, protestierte Klaus, würden deutsche und jüdische Vermögenswerte weder beschlagnahmen noch aushändigen, und selbst in Washington sei Safehaven in Auflösung begriffen. Nur wenige Tage nach der deutschen Kapitulation hatte es die Zensurbehörde der USA (US Office of Censorship) unter Berufung auf juristische und ethische Gründe abgelehnt, den Post- und Fernmeldeverkehr der Neutralen weiterhin zu überwachen. Die von amerikanischer Seite abgefangenen Nachrichten waren die besten Informationsquellen für Safehaven gewesen. Was blieb, war nur noch eine schwindende Menge britischer Überwachungsergebnisse und die Berichte der militärischen Nachrichtendienste und der OSS-Beamten in Europa.[5] Selbst diese allmählich versiegenden Quellen wurden nach Klaus durch die Eifersüchteleien, Mißverständnisse und Verwirrung verursachende Rivalität zwischen den entweder für oder gegen Safehaven kämpfenden Dienststellen und Personen in Washington beeinträchtigt. Wenn in Washington nicht mit einer Stimme gesprochen wurde, mußte Safehaven dahinsiechen.[6] Schmidt sonnte sich noch immer in seinem Ruhm für die Aushandlung des Currie-

Abkommens und ließ sich nicht überzeugen. Er verspottete Sam Klaus als »Perfektionisten«.

OSS-Beamte, die die Verbindungen zwischen der Schweiz und den Nazis in Europa recherchierten, hegten ebenfalls den Verdacht, daß Safehaven sabotiert wurde. Der Bösewicht, vertrauten sie dem bekannten Kolumnisten Drew Pearson an, sei Allen Dulles. Sie hielten Dulles, der den OSS bis zum Kriegsende geleitet hatte, für befangen, weil er bei sensiblen Transaktionen selbst mit Schweizer Banken zusammengearbeitet hatte, weil die Schweizer peinliche Details aus seinem Privatleben in der Schweiz veröffentlichen konnten und vor allem, weil die Brüder Dulles in New York für nationalsozialistische Konzerne und Banken als Juristen gearbeitet hatten. Zahlreiche führende Beamte des OSS waren, wie Pearsons Informanten erklärten, mit Ablegern der größten Konzerne und wichtigsten Banken der USA – den Mellons und Morgans – entweder verbunden oder wurden sogar von ihnen beschäftigt, so daß sie sich instinktiv eher mit den beschuldigten Deutsch-Schweizern verbünden, als ihnen auf die Finger klopfen würden.[7] Pearson veröffentlichte seinen Bericht über diesen Mißstand Ende Mai, just zur selben Zeit, als Walter Ostrow und James Mann einen »streng vertraulichen« Brief an Harry White in Washington schickten. Die Abgesandten des Treasury Departments in Bern, schrieb Ostrow, würden von Leland Harrison, dem Botschafter, und von Daniel Reagan »ganz bewußt als Außenseiter und Eindringlinge behandelt«. Beide Beamte des US-Außenministeriums, mutmaßte Ostrow, »sabotieren systematisch unsere Anstrengungen, die Interessen des Finanzministeriums zu vertreten«. Insbesondere Reagan wurde beschuldigt, daß er das Currie-Abkommen und die Ziele von Safehaven mißachte und Mann zu einem »permanenten, gefährlichen Drahtseilakt« zwinge. Und der immer noch von Informationen abgeschnittene Mann fügte hinzu, wegen Safehaven werde »überhaupt nichts unternommen«, obwohl die Summe der noch nicht untersuchten geraubten Vermögenswerte gewaltig sei.[8]

Offiziell bestritten die Schweizer, daß ein Hort mit deutschen Schätzen in ihrem Land verborgen lag, doch zwei offizielle Statistiken ließen diese Versicherung wenig glaubwürdig erscheinen. Die ausgewiesenen Einlagen bei Schweizer Banken waren zwischen 1941 und 1945 von 332 auf 845 Millionen Schweizer Franken gestiegen,[9] und die Goldreserven der Schweiz hatten sich von 503 Millionen auf 1,04 Milliarden Dollar rund verdoppelt. Manns Mißtrauen wurde durch bemerkenswerte Diskrepanzen geweckt. Während die Schweizer den Wert des deutschen Vermögens in ihrem Land auf 250 Millionen Dollar bezifferten, besaßen Deutsche nach der jüngsten Schätzung der amerikanischen Botschaft private Einlagen bei Banken und in Schließfächern deponierte geraubte Kunstwerke mit einem Gesamtwert von über einer Milliarde Dollar. Britische Nachrichtendienste hatten in der Schweiz 53 gestohlene Kunstwerke identifiziert, aber Schweizer Quellen ließen vermuten, daß sich in Schweizer Lagerhäusern »Hunderte von Gemälden« sowie gestohlene Aktien und Produkte im Wert von mindestens 500 Millionen Dollar befanden.[10] Die Entdeckung von Goldmünzen im Wert von 1,5 Millionen Dollar im Safe der deutschen Botschaft, dem Restbestand in der Kriegskasse der deutschen Nachrichtendienste, untermauerte Manns Verdacht, daß die Schweiz Beute versteckte und sich betrügerisch verhielt. Als Schweizer Regierungsbeamte von Safehaven-Mitarbeitern aufgefordert wurden, das geraubte Gold herauszugeben, machten sie Ausflüchte und beriefen sich darauf, die rechtmäßigen Eigentümer – in Deutschland – ausfindig machen zu wollen.[11]

Berichte über die Entdeckung von geraubtem Gold in Deutschland erhärteten die Vermutungen über das Ausmaß der nationalsozialistischen Plünderung. Amerikanische Truppen hatten einen Zug mit 24 Waggons voller Goldbarren in der Nähe des Salzbergwerks Merkers gefunden, in dem ebenfalls geraubte Schätze eingelagert waren. Französische Truppen beschlagnahmten einen Goldzug aus Ungarn, der auf offener Strecke abgestellt worden war. Bis Anfang Juni hatte die amerikanische Militärregierung an 15 verschiedenen Orten über 4000 Kisten und Behälter eingesammelt, die mehr als 15 000 Gold- und Silberbarren sowie Schmuck und Münzen aus Konzentrationslagern oder aus Beständen der Reichsbank und der SS enthielten. Wenig später waren bereits 22 000 Gold- und Silberbarren, 3326 Säcke mit Goldmünzen und acht Säcke mit goldenen Eheringen sichergestellt worden.[12]

Berichte über Säcke mit Eheringen und Goldklümpchen, die einmal Zahnkronen gewesen waren, erfüllten die Kreuzzügler in Washington mit Grausen. Das Filmmaterial der Kameramänner, die

die alliierten Truppen bei der Befreiung der Konzentrationslager begleitet hatten, und Augenzeugenberichte über das Schicksal der Überlebenden weckten Wut und Verzweiflung und die Bereitschaft, den über 100 000 kranken und heimatlosen Juden zu helfen, die in ganz Westeuropa Obdach suchten. Die Berichte erwähnten auch die Leiden überlebender Juden, die in Deutschland, Österreich und Osteuropa vergeblich versuchten, ihr Eigentum zurückzubekommen. Es gab Berichte von Juden, die in die Schweiz reisten, um ihre Ersparnisse abzuheben, von den Banken jedoch mit seltsamen bürokratischen Ausflüchten abgewiesen wurden. In anderen Berichten wurde Klage geführt, daß die Schweizer Regierung trotz des Currie-Abkommens die notwendigen Gesetze nicht erlassen hatte, um die Rückgabe der geraubten Güter an ihre Eigentümer zu ermöglichen. Gelegentlich wurde in den Berichten auch eine völlig neue Komplikation erwähnt. In der Schweiz waren Geld und Besitz von Familien deponiert worden, die durch den Holocaust ausgerottet worden waren. Nach den Gesetzen aller drei Alliierten gab es für dieses Eigentum keine Erben, und es war folglich unklar, was damit geschehen sollte.

Das Problem dieser erblosen Vermögen war 1944 von den Juristen in der Kriegsabteilung des amerikanischen Justizministeriums erstmals diskutiert worden. Einige meinten später, der weitblickende Jurist Herbert Wechsler habe den Anstoß dazu gegeben, während andere vermuteten, jüdische Anwälte hätten sich bei einer Tasse Kaffee darüber Gedanken gemacht, wie man die Beschlagnahme von amerikanischem Besitz deutscher Juden durch das amerikanische Gesetz »Custodian of Alien Property« verhindern könnte. Bis Anfang 1945 war man sich grundsätzlich darüber einig gewesen, daß mit dem Geld den Opfern des Nationalsozialismus geholfen werden sollte, obwohl jeder konkrete Plan noch der britischen Zustimmung bedurfte. Während die Kreuzritter massiv dafür eintraten, die herrenlosen Vermögenswerte für die Juden zu verwenden, war die Haltung der Briten nicht so eindeutig. Seit die deutschen Juden durch die diskriminierenden Gesetze der Nazis enteignet und durch einen Erlaß am 21. November 1941 offiziell ihrer Staatsbürgerschaft beraubt worden waren, hatte es die Regierung in London immer vermieden, sich in irgendeiner Form zur Hilfe für die Überlebenden zu verpflichten.

Am 21. April 1944 hatte William Frankel, ein Vertreter einer Jüdischen Organisation (Board of Deputies of British Jews) im britischen Außenministerium vorgesprochen, um über Entschädigung und Rückgabe des Besitzes deutscher Juden in Deutschland zu verhandeln. E. Henriques, der für Handelsbeziehungen zum Feind zuständige Beamte (Trading With the Enemy Department), war von der Idee alles andere als begeistert. »Diese Frage wird uns zuletzt möglicherweise mehr Schwierigkeiten machen, als der ganze Rest des Problems, was wir mit Deutschland tun sollen«, notierte er nach Frankels Besuch.[13]

Henriques' Meinung wurde von seinem Kollegen geteilt. Seit Monaten hatten sie Direktiven für das Verhalten der alliierten Armeen im besetzten Deutschland entworfen, darunter auch eine Vorschrift, wie mit Juden zu verfahren sei, die ihre Häuser wieder in Besitz nehmen wollten. Bis zum Mai 1944 stand fest, daß die Briten den Juden nicht helfen wollten. Henriques gab den Ton an. Es wäre nicht »weise«, schrieb er, die Deutschen zu einer Entschädigung der Juden zu zwingen. Und es sei wichtig, fuhr er fort, bei den geschlagenen Deutschen nicht den Eindruck zu erwecken, »daß die Vereinten Nationen die von den Juden gegen sie erhobenen Ansprüche offiziell unterstützen oder versuchten, die alte Stellung der Juden in Deutschland wiederherzustellen, was von den Deutschen vermutlich keiner wollen wird, gleichgültig wie sehr sie Hitler nach dem Krieg ablehnen werden«.[14]

Die Deutschen, entschieden die britischen Regierungsbeamten, würden – wie erstrebenswert dies aus moralischen Gründen auch wäre – nicht gezwungen werden, Entschädigung an die Juden zu bezahlen oder den Besitz der Enteigneten zurückzuerstatten, denn es wäre »gefährlich dies zu tun«. Statt dessen sollten sich die Alliierten auf die Abschaffung der NS-Gesetze beschränken. Um diese Politik durchzusetzen, sollten die alliierten Truppen den Befehl erhalten, dem Druck der Juden zu widerstehen. Allerdings könnten sie sich, das Einverständnis der Deutschen vorausgesetzt, für eine prozentuale Entschädigung einsetzen und dabei den Juden vermitteln, »daß sie mehr nicht zu erwarten hätten«. Nur wenn der tatsächliche Expropriateur sich noch im Besitz des gestohlenen Vermögens befand, konnte die Militärregierung, wenn sie so wollte, auf einer Rückgabe bestehen.[15] Henriques' Vorurteile wurden durch –

absolut unbelegte – Hinweise in Safehaven-Berichten aus Spanien und der Türkei scheinbar bestätigt, denen zufolge jüdische Geschäftsleute in neutralen Ländern für deutsche Auftraggeber Geld und Wertsachen horteten.[16]

Exilregierungen in London hatten den Briten erklärt, daß die deutsche Plünderung ihres nationalen Erbes in ihren Ländern »tiefe patriotische Empörung« ausgelöst habe, und es waren Pläne zur Wiederbeschaffung der geraubten Schätze gemacht worden. Aus Furcht, sie könnten sich unbeliebt machen, gestanden sich die britischen Beamten ein, daß sie nicht länger »indifferent erscheinen« durften.[17] Das britische Außenministerium änderte seine Politik und trat nun für die Rückgabe aller geraubten Werte ein, die nicht Eigentum von Juden gewesen waren. Die »Rückerstattung identifizierbaren Eigentums«, kommentierte Jack Coulson widerwillig, »wird zugelassen werden müssen«. Das Problem, überlegte Coulson weiter, würde darin bestehen, die neutralen Länder zur Rückgabe der Vermögenswerte zu bewegen. Um den Ansprucherhebenden zu helfen, würden die neutralen Länder eine komplette Aufstellung der in deutschem Besitz befindlichen Werte benötigen, und das, klagte Coulson, würde ein weiteres Problem darstellen. Die Schweiz konnte sich weigern, die Instruktionen der alliierten Stellen in Deutschland zu befolgen, oder sie konnte Ausreden erfinden, etwa daß der Besitz verpfändet sei.[18] Coulson stellte jedoch eine Bedingung: »Eines muß akzeptiert werden. Nur dort, wo die Erlasse der Vereinten Nationen Geltung besitzen oder anerkannt werden, kann der Besitz beschlagnahmt werden.«[19] Ohne Kooperation der Neutralen, darin war sich Coulson mit seinen wenig tatkräftigen Kollegen einig, bestand wenig Hoffnung, auch nur Teile der deutschen Kriegsbeute den rechtmäßigen Eigentümern zurückzuerstatten.

Je mehr die Briten über das Problem nachgrübelten, desto pessimistischer wurden sie. Die Forderung nach Rückerstattung geraubter Vermögenswerte und die allgemein anerkannte Politik, deutsches Vermögen und deutsches Raubgut in der Schweiz und den anderen neutralen Staaten für Reparationszwecke zu beschlagnahmen, schlossen einander aus, und die politischen und rechtlichen Probleme waren enorm. Vermögenswerte durften nicht einfach nur deshalb beschlagnahmt werden, weil sie sich im Besitz von Deutschen befanden, denn diese hatten vielleicht jahrelang außerhalb Deutschlands gelebt. Obendrein konnten die komplizierten Besitzverhältnisse etwa in einer Aktiengesellschaft eine Definition der Werte als rein deutscher Besitz unmöglich machen. »Die Informationen sind überaus diffus«, stellte Troutbeck fest. Ihm erschien der Eifer, mit dem Washington die Übergabe aller deutschen Vermögenswerte in der Schweiz an die Alliierten forderte, angesichts der alliierten Unkenntnis über die deutschen Investitionen in den neutralen Ländern befremdlich.[20]

Bis März 1945 war der britische Pessimismus in Defätismus umgeschlagen. Wenn man deutsches oder geraubtes Vermögen in der Schweiz einfach zum Eigentum der Alliierten erklärte, verkündete Eddie Playfair, müsse das von der Schweiz keineswegs anerkannt werden: »Wir werden mit den Neutralen zweifellos irgendeinen Handel abschließen müssen, damit sie wenigstens einige ihrer zahlreichen Forderungen aus dem deutschen Vermögen decken können, damit sie willens sind, uns den Restbetrag zu übergeben.« Playfair erwartete jedoch das Schlimmste: Die Schweiz würde die Erlasse der Alliierten zur Beschlagnahme deutschen Vermögens nicht anerkennen, und die Deutschen würden den Forderungen der Alliierten ebenfalls nicht Folge leisten.[21] In Übereinstimmung mit seinen Kollegen legte Playfair ein prinzipielles Veto ein. Die in der Schweiz beschlagnahmten Vermögenswerte, erklärte er, dürften nicht für allgemeine Hilfsprogramme in Europa verwendet werden, sondern stünden den Alliierten als Reparationen für deren Verluste zu.[22] Diese Forderung stand, wie Playfair genau wußte, in diametralem Gegensatz zu der amerikanischen Politik, den Juden zu helfen.[23]

Am 23. Mai 1945 fand im Ministerium für Wirtschaftskriegführung am Berkeley Square eine Konferenz von 26 amerikanischen und britischen Regierungsbeamten statt, auf der das Safehaven-Projekt diskutiert wurde. Ihre Höflichkeit konnte das gegenseitige Mißtrauen nicht verbergen. Während sowohl die britischen als auch die amerikanischen Beamten das gemeinsame Interesse hatten, »die deutschen Vermögenswerte aus Sicherheitsgründen zu vernichten«, und der Schweiz zutrauten, daß sie die deutschen Vermögenswerte zu ihren eigenen Zwecken behalten wollte, war den Briten die amerikanische Weigerung verdächtig, die schwarzen Listen wesentlich zu reduzieren. Die Amerikaner wollten, wie W. A. Brandt, ein britischer Wirtschaftskrieger, vermutete, Safehaven nutzen, »um durch die Ausschaltung des deutschen Einflusses Geld zu machen«. Brandts Mißtrauen war von Avery Peterson, einem Diplomaten an der amerikanischen Botschaft, geweckt worden. Peterson hatte die Briten gebeten, bei der »Jagd auf verdächtige Deutsche« zu helfen.[24] Diese Jagd, vermutete Brandt, sollte dazu dienen, wirtschaftliche Konkurrenten auszuschalten, was nicht im britischen Interesse sein konnte. »Meiner Ansicht nach«, pflichtete ihm Michael Vyvyan, ein Regierungsbeamter aus dem Außenministerium, bei, »wird die Gefahr, die von den Deutschen in Übersee ausgeht, maßlos übertrieben, und es könnte sogar in unserem Interesse liegen, einige von ihnen als Störfaktoren in der westlichen Hemisphäre zu haben, um die amerikanischen Beziehungen zu Europa zu beeinträchtigen.«[25] Das Mißtrauen war gegenseitig. Die Amerikaner wußten, daß die Briten ebenfalls daran interessiert waren, von den deutschen Vermögenswerten »finanziell zu profitieren«.[26] Das Mißtrauen sei schädlich, erklärte Albert Robbins: »Wenn wir in diesem Bereich nicht zusammenarbeiten, befürchte ich, daß uns die neutralen Regierungen gegeneinander ausspielen werden.«[27] Verlierer konnten nur die Juden sein, vor allem die Flüchtlinge, deren Sache von keiner Regierung und keiner Besatzungsarmee vertreten wurde. Gewinner würden vermutlich die Schweizer und die Deutschen werden. Zweifellos wären die Schweizer überglücklich, die Konsequenzen des Currie-Abkommens nicht tragen zu müssen. Die Konferenz endete mit Lippenbekenntnissen zu Safehaven, brachte jedoch keine Einigkeit über die Konsequenzen.

Eine Reise durch die Schweiz im Juni 1945 hatte Orvis Schmidt in Rage gebracht. Klaus' Warnungen, über die er noch vier Wochen zuvor gespottet hatte, waren berechtigt. Die Schweiz ignorierte ihre im Currie-Abkommen eingegangenen Verpflichtungen. Morton Bach, ein Berner Mitarbeiter von Safehaven hatte sich bei Schmidt beklagt, daß sich die Schweizer Bankiers höflich, aber unkooperativ verhielten. Eberhardt Reinhardt von der Schweizerischen Kreditanstalt antwortete, wenn er nach dem Verbleib von irgendwelchem Beutegut gefragt wurde, immer mit untadeliger Höflichkeit und immer mit demselben Satz: »Ich kann mich nicht genau erinnern.« Und Edgar de Tahm von der Banque de Paris in Genf beantwortete die Frage nach seinen Nachforschungen stets mit den Worten: »Ich fürchte, wir machen keine Fortschritte.« Die beste Antwort, die Bach von einem Bankier erwarten konnte, war: »Wir nehmen uns der Sache an.«

Schmidt erkannte, daß es um Safehaven schlechter stand, als man sich in Washington bewußt war. Die Maßnahmen der Schweiz, berichtete er an Morgenthau, seien »so ungenügend, daß deutsche Kriegsverbrecher außerhalb Deutschlands oder in der Schweiz über ihre Finanzmittel in der Schweiz frei verfügen können«. Deutscher Besitz blieb, insbesondere, wenn er ein wenig getarnt war, von den schweizerischen Kontrollen unberührt. »Die Schweizer machen es nationalsozialistischen Industriellen und anderen Kriegsverbrechern leicht, die Vermögenswerte, die sie nicht nur in der Schweiz, sondern unter den Namen von Schweizern auf der ganzen Welt besitzen, zu verstecken.« Wenn das US-Finanzministerium diesen »Schleier der Geheimhaltung« nicht durchdringen könne, würden die politischen Ziele der USA sabotiert. Schmidt schlug vor, der Schweiz mit Sanktionen zu drohen, etwa die Lieferung von Kohle und anderen wichtigen Gütern in die Schweiz zu unterbinden, und sämtliche Schweizer Bankkonten in den USA einzufrieren.[28] Voller Empörung zogen die Kreuzritter auf dem ersten europäischen Nachkriegsgipfel der politischen Führer der Alliierten in die Schlacht.

Trotz seines prosaischen offiziellen Titels als United States Commissioner of Labour Statistics hatte Isador Lubin beträchtlichen Einfluß in Washington. Er saß als Mitglied von Roosevelts »Brain Trust« im Ostflügel des Weißen Hauses und genoß allgemeine Anerkennung als »ein hochkultivierter Jude aus Harvard, der sogar wußte, wie man mit Messer und Gabel aß«. Nachdem er sich im Krieg als Verbindungsmann des Präsidenten leidenschaftlich für die Rettung der ungarischen Juden eingesetzt hatte, tat er sich 1945 mit anderen Kreuzrittern zusammen, um die jüdischen Überlebenden zu retten. Mindestens 100 000 staatenlose, kranke und verarmte Personen, schrieb Lubin in einem Memorandum an den Präsidenten, gehörten zu den »besonders unglücklichen Opfern«. Ihre Habseligkeiten seien entweder gestohlen worden, oder sie hätten diese ihren Unterdrückern aushändigen müssen. Sie seien nicht nur völlig mittellos, sondern auch staatenlos. Da sie von keiner Regierung Schutz oder Hilfe erhielten, seien sie nicht in der Lage oder nicht gewillt, in ihre Wohnungen zurückzukehren. Es werde schwierig sein, Geld zu ihrer Unterstützung aufzubringen, aber, so spekulierte Lubin, eine sichere Quelle wären die deutschen Vermögenswerte in der Schweiz. Das Schicksal dieser Personen sollte sich im Juli auf der alliierten Gipfelkonferenz in Potsdam entscheiden. Mit Roosevelts Zustimmung wurde Lubin zum amerikanischen Vertreter bei den Reparationsverhandlungen ernannt. Mit dem Tod des Präsidenten änderte sich jedoch seine Position. Präsident Truman ernannte zum Dank für treue Dienste Ed Pauley, einen hochrangigen demokratischen Regierungsbeamten, zu Lubins Vorgesetztem. Da es Pauley vor allem darum ging, sich zur Förderung seiner politischen Karriere in den USA möglichst oft fotografieren zu lassen, behielt Lubin seine Befugnisse, nicht jedoch das entsprechende Prestige.

Lubins Finanzierungsvorschlag schien ausgesprochen konsensfähig. Zwei Prozent des als Reparationen in Deutschland beschlagnahmten ungemünzten Goldes und der von den in den neutralen Staaten beschlagnahmten Vermögenswerte sollten einer internationalen Behörde als Hilfsgelder für die 100 000 Juden zugeteilt werden. Einzige Ausnahme waren die Juden in Deutschland, denen die deutsche Regierung helfen sollte. Doch der Kreuzzug war nicht darauf beschränkt, Geld zu beschaffen. Er betraf auch das Schicksal der Juden. »Sie haben«, erklärte Lubin seinem neuen Präsidenten, »einen dringenden Bedarf an Soforthilfe, müssen in eine bessere Umgebung umgesiedelt werden und Hilfe bei der Wiedereingliederung erhalten.«[29] Es war eindeutig, worauf er hinauswollte: Den Überlebenden sollte ermöglicht werden, sich in Palästina, damals britisches Mandatsgebiet, neue Existenzen aufzubauen. Lubin wußte, daß sein Plan Streit auslösen würde. Schon während seines Einsatzes für die ungarischen Juden in der Kriegszeit hatten die Briten verfolgte Juden daran gehindert, in Palästina einzuwandern, obwohl der alternative Bestimmungort Auschwitz war. Die Empörung der amerikanischen Juden über diese britische Unmenschlichkeit wäre noch größer gewesen, wenn sie all die verdeckten Manipulationen gekannt hätten, mit denen britische Diplomaten versucht hatten, ein Entrinnen der Juden vor den Nazis zu verhindern.

Dieser Konflikt hatte lange zurückliegende historische Ursachen: Im Jahr 1919 war als Teil der Regelung am Ende des Ersten Weltkrieges Großbritannien offiziell die Kontrolle über Palästina zugesprochen worden, seither hatten mehrere Minister mit einer Reihe von unlösbaren Problemen zu kämpfen. Palästina wurde von den Briten ganz richtig als wichtiger militärischer Stützpunkt betrachtet, um den Suezkanal zu verteidigen, den Schiffsweg nach Indien als Teil des britischen Empires und zu den beträchtlichen Investitionen Großbritanniens in die im Mittleren Osten entdeckten Ölfelder. Palästina im Jahr 1919 aufzugeben, inmitten außerordentlicher Umwälzungen, wäre militärisch und politisch gesehen eine Torheit gewesen. Großbritanniens Dilemma lag in dem natürlichen Konflikt zwischen der Aufrechterhaltung guter Beziehungen zu allen arabischen Herrschern und einem Versprechen des Außenministers Arthur Balfour und der britischen Regierung an Chaim Weizmann vom Jahr 1917: »Die Regierung Seiner Majestät steht der Errichtung einer Nationalen Jüdischen Heimstätte für das jüdische Volk in Palästina mit Wohlwollen gegenüber und will die Ausführung dieses Vorhabens nach Kräften erleichtern helfen.« Die Balfour-Deklaration enthielt jedoch eine kritische Klausel. Die britische Regierung machte zur Bedingung, daß die Juden nichts unternehmen durften, »was die bürgerlichen oder religiösen Rechte der bereits in Palästina bestehenden nichtjüdischen Gemeinden beeinträchtigt«.

Seit 1917 hatten sich europäische Juden, überzeugte Zionisten, in kleinen Grüppchen in Palästina angesiedelt und damit die Besorgnis der Araber erregt. Hitlers Ernennung zum deutschen Reichskanzler im Jahr 1933 hatte eine verstärkte Einwanderung der Juden in Palästina zur Folge, weil sie in anderen europäischen Ländern keine Zuflucht fanden. Das Eintreffen der Juden provozierte Proteste der Araber. Die strategischen Interessen Großbritanniens bestanden nach wie vor. Nach Ausbruch des Krieges war die Erhaltung der Loyalität der Araber gegenüber den Alliierten unerläßlich, und die Ankunft von jüdischen Siedlern galt als eine Gefährdung der Strategie der Alliierten im Nahen Osten und in Nordafrika. Diese Erwägung hatte, wie Isador Lubin wußte, Tausende verfolgter Juden das Leben gekostet. Allerdings hatten auch Beamte des US-Außenministeriums den Juden Asyl verweigert.

Lubin hielt es jedoch für das Gebot der Stunde, die Vergangenheit zu begraben, um einen neuen Plan für seine Verbündeten zu ersinnen.

Lubin reiste über Moskau und traf in Begleitung von Abraham Bergson und Moses Abramowitz in Berlin ein. Der dreiunddreißigjährige Wirtschaftswissenschaftler Abramowitz war als Experte für die Strukturen der deutschen Industrie beim OSS angestellt. Weil er die Ansicht vertrat, Deutschland könne die gewaltigen Reparationen nicht aufbringen, hatte er einen Zusammenstoß mit Morgenthau gehabt, doch auch er wollte, wie die Mitglieder der amerikanischen Delegation, den Juden »Gerechtigkeit« widerfahren lassen.[30] Morgenthau sollte im Juli vom Vorsitz der amerikanischen Delegation zurücktreten, und zum Glück für die Amerikaner wurde Sir David Waley zum Leiter der britischen Delegation ernannt. Waley war 58 Jahre alt, hatte in Oxford studiert, war Beamter des Finanzministeriums und hatte im Ersten Weltkrieg das Military Cross bekommen. Als Jude und Zionist trat er für die Schaffung einer Heimat für die Juden in Palästina ein, vermied es jedoch taktvoll, sich offen zu seinen Sympathien zu bekennen.

Die meisten Kollegen Waleys reagierten entsetzt auf Lubins Memorandum »Entschädigung und Rückerstattung für staatenlose Personen«. Nur ein Aspekt war für sie annehmbar: Lubin schlug vor, die Kosten der Alliierten zu begrenzen und die Hilfe für die Überlebenden aus deutschem Besitz zu finanzieren. »Wenn wir das Problem der Menschen, die von Hitler ausgeraubt und staatenlos gemacht worden sind, als ein Problem von Entschädigung und Rückerstattung behandeln«, erläuterte Lubin, »verlagern wir die Last auf Deutschland.«[31] Jede Einsparung war den Briten willkommen, doch das konnte sie über Lubins Grundhaltung nicht hinwegtrösten. Er schlug nämlich weiterhin vor, daß sich eine Internationale Kommission (International Board of Trustees) um die Ansprüche der ermordeten Juden kümmern und die herrenlosen Vermögen dazu verwenden sollte, um »die staatenlosen Juden für die Ansiedlung in Palästina auszurüsten«. Dieser Vorschlag war für die Briten unannehmbar. Die Entscheidung wurde als unwichtiger Punkt in der gewaltigen Tagesordnung der Konferenz von Potsdam vertagt. Trotzdem hatte Lubin, mit Waleys Hilfe, einen Erfolg errungen: Auf der Konferenz wurde schließlich festgeschrieben, daß zwei Prozent der Reparationen für Flüchtlingshilfe zu verwenden waren. Am 31. Juli 1945 forderten die Vier Mächte die neutralen Staaten formell auf, sämtliche Vermögenswerte der Achsenmächte an die Alliierten zu transferieren. Die Sieger waren in ihrer Begeisterung kurze Zeit blind für die legalen Probleme und meinten, sie brauchten sich die deutschen Vermögenswerte in der Schweiz nur zu holen. Für den Fall eines Schweizer Einspruchs drohte Lubin mit einer alliierten Blockade. Sanktionen würden den Trotz der Schweizer schon brechen. Auch die Beamten des Außenministeriums in London wurden von der allgemeinen Begeisterung erfaßt und sprachen ungewöhnlich deutliche Worte: »Die Schweiz muß die absolute Autorität der drei Westmächte anerkennen und alles ausliefern, was den Alliierten nützlich sein kann.«[32] Die Schweiz sollte »mit ihren Forderungen den kleinsten Schnitt machen, den wir aushandeln können«. Der Beamte, der warnte: »Wenn wir zu viel verlangen, werden uns die Neutralen vielleicht vors Schienbein treten«,[33] wurde vorerst ignoriert.

Eine Woche später kam das böse Erwachen. In hastig hingekritzelten Memoranden dämpften kühle britische Juristen die Erwartungen. Nur mit Resolutionen würde man die Schweiz kaum zum Einlenken bringen. Wenn die Schweiz, so warnten die Juristen, die Gültigkeit von Erlassen ausländischer Mächte unter Verweis auf ihre Souveränität bestreite, seien die Potsdamer Deklarationen wertlos. Sie schlugen statt dessen vor, Überzeugungsarbeit zu leisten: »Es wird sich auszahlen, auf die Zusammenarbeit mit den Neutralen zu setzen. Wenn wir einen Bluff versuchen, der nicht funktioniert...dann ist nicht mehr viel zu machen.«[34] Die Erfahrungen der jüngsten Geschichte waren kaum geeignet, die Briten zu ermutigen. Auch waren sie keineswegs erfreut, daß Lubin und die Kreuzritter ihren Pessimismus geißelten. In Bern wurde Leland Harrison Zeuge der schweizerischen Realität. Angehörige der britischen Botschaft, die in Ausübung ihrer Rechte als Beamte der neuen Regierung Deutschlands die freien Wohnungen der ausgewiesenen deutschen Diplomaten bezogen hatten, wurden von den Schweizern aggressiv zur Abreise aufgefordert. Schweizer Regierungsbeamte sprachen davon, den deutschen Besitz »für eine künftige legale Regierung Deutschlands« treuhänderisch zu verwalten, und verweigerten den Alliierten den Zugang zu den Akten aus der verlassenen deutschen Botschaft. Sie sprachen außerdem von ihrer Pflicht, die Interessen aller Deutschen einschließlich der Nazis zu schützen, und hatten die DIV, die Deutsche Interessenvertretung, eingerichtet, um den deutschen Besitz vor den Ansprüchen der Alliierten zu schützen. Gleichzeitig erklärte Robert Kohli vom Politischen Departement gegenüber Harrison, daß schweizerische Untersuchungsbeamte Polizeiakten, Steuererklärungen und andere Quellen durchforsteten, um deutsche Vermögenswerte ausfindig zu machen, wobei er sich ärgerlicherweise weigerte, Details zu nennen. Außerdem erwähnte er, daß die Schweiz die Rückzahlung eines Darlehens von einer Milliarde Schweizer Franken fordere, das sie Deutschland während des Krieges gewährt habe.[35] Irritiert berichtete Harrison nach Washington, er könne zwar »die tatsächlichen Gründe für die Langsamkeit« der Schweizer nicht verstehen und wisse nicht, warum sie nicht »so schnell handelten, wie die Amerikaner es erwarteten«. Er glaube jedoch immer noch, daß die Schweiz »größtes Interesse hat, die Ursachen des Verdachts« zu beseitigen. Obwohl er schon seit acht Jahren in Bern weilte, fiel der amerikanische Diplomat immer noch auf die schweizerischen Täuschungsmanöver herein. Die Alliierten auszutricksen war eine Option, von der die Schweizer Minister in den ersten Friedenstagen unverzüglich Gebrauch gemacht hatten. Auch wenn Entschuldigungen und Rücktritte in der Schweiz ohnehin nicht gerade Tradition hatten, zeigten jetzt einige durch ihren freundschaftlichen Umgang mit den Nazis belastete Persönlichkeiten des öffentlichen Lebens doch erstaunlich wenig Reue. Wie Walter Stucki brachten auch andere führende Politiker der Schweiz ungehemmt ihren Stolz auf das schweizerische Verhalten während des Krieges zum Ausdruck. Als neutrales Land zu überleben, war laut Stucki ein ähnlicher Sieg wie die Niederwerfung der Nazis durch die Alliierten. Wie die Alliierten sei auch die Schweiz ein Opfer des Dritten Reiches gewesen, habe jedoch durch List und Tapferkeit eine Besetzung vermeiden können. Auch die Schweiz habe gelitten, erklärte Stucki stolz den Botschaftern der Alliierten. Nicht weniger als 376 schweizerische Staatsangehörige seien im Ausland getötet worden und 55 seien immer noch vermißt. Zwei Schweizer waren in Deutschland und zehn erst kürzlich in Frankreich als Kollaborateure hingerichtet worden. Um die Unverletzlichkeit der Schweizer Neutralität zu betonen, verkündete Max Petitpierre in deutlich hetzerischem Ton, daß Frankreich, die verwundbarste Macht der Alliierten, für diesen Hohn auf die Gerechtigkeit eine Entschädigung von »zwei Millionen Franc« bezahlen müsse. Später zauberten die Schweizer eine Aufstellung aus dem Ärmel, derzufolge 63 schweizerische Staatsangehörige in Frankreich umgekommen waren, und präsentierten der neuen Pariser Regierung eine Rechnung über 82 Millionen französische Francs. Die umgekommenen Schweizer waren Schwarzmarkthändler, gewöhnliche Kriminelle oder Kollaborateure gewesen und hatten der deutschen Sache gedient. Unter dem Mantel der Neutralität hatten sie versucht, von den Leiden der Franzosen zu profitieren. Dennoch sah Phillipe Pérrier, der ranghöchste mit der Bearbeitung der Schweizer Forderung befaßte französische Beamte keinen anderen Ausweg, als mit einem Gegenangebot über 55 Millionen französische Francs zu reagieren. »Es ist ein Ärgernis«, schrieb er, »die Erben gewisser Ausländer finanziell entschädigen zu müssen, die sich in unserem Land nicht völlig neutral verhielten, sondern aus eigenem Antrieb und ganz offen für unsere Feinde Partei ergriffen.« Trotzdem beugte sich das durch das Erbe der Vichy-Regierung belastete Frankreich lieber den Schweizer Forderungen, als eine peinliche Konfrontation zu riskieren.[36]

Alberto Caflisch, der Sekretär der Schweizerischen Bankgesellschaft, erwartete ähnliche Taktiken im Einklang mit »den Gepflogenheiten der Geschäftswelt«, um die Politik der Alliierten zu sabotieren. Zur Rechtfertigung ihres Verhaltens setzte die Bankgesellschaft so lange Minister unter Druck, bis die Regierung ihre Haltung unterstützte. Noch vor Kriegsende hatte Caflisch Petitpierre dazu angestachelt, den Affidavit-Skandal (die Forderung nach einer eidesstattlichen Erklärung zur Feststellung der tatsächlichen Eigentümer von in die Schweiz gebrachten Werten; A.d.Ü.) zu ignorieren. Es liege im »überragenden Interesse« der Schweiz, hatte Caflisch dem Politiker gepredigt, das Schweizer Ansehen in der Welt nicht dadurch zu untergraben, daß das Vertrauen in die Glaubwürdigkeit ihrer Banken zerstört würde. Das neue Affidavit-System der Banken, hatte er dem Minister versichert, sei »narrensicher«. Trotzdem war seine Kampagne, das Besitzrecht an den von den Mitgliedern seines Verbands akzeptierten gestohlenen Aktien und anderen Wertpapieren zu schützen, auf Widerstand gestoßen, weil die Politiker eine offene Brüskierung der Alliierten scheuten. Für Caflisch war es eine ungewohnte Erfahrung, daß auf Forderungen der Bankiers negativ reagiert wurde, und er gab Petitpierre wiederholt zu verstehen, daß ein Bruch des Schweizer Bankgeheimnisses und jede Preisgabe der Namen von Kunden den Ruf der Banken »unwiderruflich schädigen« würde. Petitpierre hörte auf ihn: Es sei unannehmbar, sagte er, den Alliierten eine Verletzung der Schweizer Neutralität zu gestatten. Man könne ihnen nicht gestatten, unwillkommene Enthüllungen zu erzwingen. Dennoch sei das Abkommen mit Currie ein formelles, legales Dokument, und obwohl es, wie Petitpierre ohne Bedauern sagte, heimlich sabotiert werde, könne es doch nicht völlig ignoriert werden. Caflisch fühlte sich durch Petitpierres unentschlossene Reaktion zu einer offenen Kriegserklärung ermutigt. Eine Meinungsverschiedenheit zu einer Krise zu eskalieren, paßte den Banken gut ins Konzept. Insbesondere kam es ihnen gelegen, mit dem 63jährigen Direktor der Verrechnungsstelle im Politischen Departement Max Schwab, der als Kommandeur eines Schweizer Artillerieregiments gedient hatte, einen »Streit um die Namen« vom Zaun zu brechen.

Schwab war 1934 als Rechtsanwalt von der Nationalbank in die Politik gewechselt, um den Strom ausländischer Währungen in der Schweiz zu kontrollieren. Er und Stucki waren alte Schulfreunde, die beide ein Mißtrauen gegen Bankiers und eine Abneigung gegen eine allzu sklavische Gesetzestreue hatten. Wenn jedoch etwas mit seinen Prinzipien nicht vereinbar war, neigte Schwab in der Regel dazu, das Gesetz eng im Sinne der Bankiers auszulegen. Menschlichkeit und Flexibilität gehörten nicht zu den Eigenschaften, die seine Amtsführung prägten, was ihm den Ruf eines »integren Mannes« einbrachte. Daß Currie Schwabs Verrechnungsstelle die Durchführung des Abkommens überlassen hatte, war naiv gewesen. Während des Krieges hatten die Mitarbeiter des Büros eng mit finanzpolitischen Institutionen der Nazis, einschließlich der Reichsbank, zusammengearbeitet, und nun war es fraglich, ob sie mit den Alliierten zusammenarbeiten würden, um die Deutschen zu bestrafen. Und doch hing das Gelingen des Plans der Kreuzritter, die deutschen Vermögenswerte ausfindig zu machen und für die Juden zu verwenden, nun von Schwab ab. Nach dem Currie-Abkommen war er bevollmächtigt, eine Gesamterhebung aller Vermögenswerte durchzuführen und das Einfrieren aller deutschen Guthaben in der Schweiz zu überwachen. Vor allem jedoch war Schwab berechtigt, eine Liste aller deutschen Inhaber schweizerischer Bankkonten zu erstellen. Diese Vollmacht, das Bankgeheimnis zu brechen, war es, die Caflisch so entsetzte. Das Risiko, daß Namen der Öffentlichkeit zugespielt würden, war erschreckend hoch, und in diesem Fall würden die Unternehmen seiner Verbandsmitglieder irreparablen Schaden erleiden. Caflischs einziger Trost bestand darin, daß Petitpierre mit den Bankiers sympathisierte, die gegen Schwabs Bestrebungen zur Durchsetzung des Currie-Abkommens Widerstand leisteten.

Schwab begann seine neue Aufgabe mit den besten Absichten, geriet jedoch schon nach wenigen Tagen in Schwierigkeiten. Das Hindernis war, wie er Stucki anvertraute, die Bestimmung über das Einfrieren der deutschen Guthaben. »Die ganze Regelung ist nicht befriedigend«, beschwerte er sich. »Erfasst werden nur diejenigen Deutschen, die Zahlungen durch die Verrechnungsstelle erhalten.«[37] Wie hätte Schwabs Behörde die Besitzverhältnisse klären sollen, wenn die Banken bestritten, sie zu kennen und unter Berufung auf das gesetzlich geschützte Bankgeheimnis jede Zusammenarbeit verweigerten? »Bei den Banken herrscht sowieso die Auffassung«, beklagte sich Schwab weiter, »dass die Einschränkung ihrer Tätigkeit und ihrer Rechte zum Teil auf die Verrechnungsstelle zurückzuführen sei.«[38] Das Schicksal Safehavens hing davon ab, ob Max Schwab sich gegen Caflisch durchsetzen würde. Als Schwab und Caflisch Mitte April in Robert Kohlis Büro eintrafen, war sich Schwab der Unterstützung des Politischen Departements gewiß; es hatte das Treffen anberaumt, um den Streit zu schlichten. Doch Kohli reagierte schwankend auf Caflischs aggressive Verteidigung des Bankgeheimnisses. Er war entsetzt über den vehementen Widerstand der Banken und über Caflischs absurden Vorwurf, die Verrechnungsstelle verursache alle Probleme. Seine Verunsicherung war so groß, daß er nicht einmal mehr wußte, ob die Schweiz das Currie-Abkommen wenigstens zum Schein würde einhalten können. Am Ende des Gesprächs mochte sich der eingeschüchterte Regierungsbeamte nicht festlegen. Vermutlich wollte er andeuten, alle Beteiligten müßten weiter über das Problem nachdenken. Am 28. April 1945 sprach Schwab mit Kohli unter vier Augen. »Die ganze Regelung ist nicht befriedigend«, wiederholte er. »Die Banken sind nicht gehalten, die Nationalität zu prüfen. Die Verrechnungsstelle darf aber die Prüfung nicht unterlassen.« Obwohl man den meisten Banken trauen könne, seien einige ihrer Angestellten vermutlich nicht vertrauenswürdig, was die gefälschten Affidavits bewiesen. »Letzten Endes geben nur die Namen (der Kontoinhaber; A.d.Ü.) der Verrechnungsstelle die nötigen Anhaltspunkte«, meinte Schwab, »es sei denn, diese Prüfung werde auf die Fälle beschränkt, wo Denunziationen oder Mitteilungen dritter Stellen eingehen.«[39] Kohli wollte von der Ermittlung der Namen nichts wissen. Sich mit den Banken anzulegen oder sie auszuspionieren, war ihm ein ausgesprochen verdrießlicher Gedanke.

Im Juli, am Vorabend der Konferenz von Potsdam, schien sich Emil Puhls Vertrauen, daß die Schweizer Banker die Deutschen schützen würden, als berechtigt zu erweisen. Alberto Caflisch hatte erkannt, daß die Bestrebungen der Amerikaner, das geraubte Gut wiederzuerlangen, ernst gemeint waren, und verlagerte jetzt den Schwerpunkt seiner Kampagne. Er gab sich als Unschuldslamm und erklärte Petitpierre, daß die Schweizer Banken im Gegensatz zu den Anwälten und Treuhändern völlig unschuldig wären. »Die schweizerischen Banken wollen unter keinen Umständen die Rolle eines Hehlers unrechtmässig erworbenen Besitzes übernehmen«, lullte er den Politiker ein. Außerdem solle Petitpierre die Interessen der Schweiz im Auge behalten. Selbst wenn Schweizer Anwälte und Treuhänder Raubgut verwalteten, fügte der Sekretär hinzu, »hat unser Land wohl kaum die Verpflichtung, die Art der Rechtsverletzung festzustellen und damit einen Ausländer um seine Vermögenswerte zu bringen. Das sollen die ausländischen Regierungen tun. Der Schweiz obliegt es nur zu definieren, was genau Raubgut ist und wie diejenigen geschützt werden können, die es gutgläubig erworben haben.«[40] Schließlich liege es nicht im Interesse der Schweiz, das Bankgeheimnis zu brechen, denn ein solches Verhalten könne den Wohlstand des ganzen Landes gefährden. Caflisch registrierte hochbefriedigt, daß der Minister nickte. Drei Monate nach Curries Besuch in Bern, knickte der Minister ein. Die Interessen der Schweiz, murmelte er, seien denen der Banken sehr ähnlich. Der Plan, die deutschen Vermögenswerte zu beschlagnahmen, schien sich als Totgeburt zu erweisen.

Unterdessen hatte Leland Harrison, der den Streit um die Nennung der Kontoinhaber und den vermeintlichen Sieg Stuckis nicht registriert hatte, einen pessimistischen Bericht nach Washington gesandt. Um wieder Bewegung in die Angelegenheit zu bringen, wurde Seymour Rubin, ein Kreuzritter aus dem US-Außenministerium, nach London geschickt.

Der 1914 geborene Rubin hatte in Harvard Jura studiert. Er war als Leiter des Office of Economic Security beim US-Außenministerium für Safehaven verantwortlich. Wie Sam Klaus und die anderen Juristen des Kreuzzugs hielt er es für vorteilhaft, die jüdischen Ansprüche gegen die Schweiz mit der Forderung der Alliierten nach Reparationen aus deutschem Besitz zu verknüpfen. Diese Verknüpfung sollte die Forderung untermauern, die herrenlosen Vermögenswerte und einen Teil der Reparationen für die Flüchtlingshilfe zu verwenden.

In den Tagen nach der deutschen Kapitulation hatte Rubin sich in einer Auseinandersetzung mit britischen Diplomaten für Sanktionen gegen die Schweiz ausgesprochen. »Wir brauchen sie, um an das geraubte Gut heranzukommen«, betonte er. »Das ist ein Gebot der Moral.« Mit der Drohung, die Lieferung von Kohle, Öl und Nahrungsmitteln einzustellen, könne die kleine Schweiz jederzeit gefügig gemacht werden. Einwände der Briten, der Handel mit den Neutralen sei für die wirtschaftliche Erholung ihres Landes unverzichtbar, wurden von Rubin »als flagranter Vertrauensbruch« abgeschmettert. Er unterstellte Großbritannien, es wolle aus »wirtschaftlichem Eigennutz« die Einheit der Alliierten untergraben und Safehaven »sabotieren«. Rubin setzte sich durch. Die Briten hatten zugestanden, daß eine Schwarze Liste mit dem »harten Kern« Schweizer Staatsangehöriger und Konzerne noch ein Jahr weiter geführt wurde.[41]

In Wahrheit hatte Rubin keine Vorstellung von dem Ausmaß der Krise, mit der sich Großbritannien konfrontiert sah. In der Euphorie des Krieges erkannten wenige, daß die britische Wirtschaft seit 1940 theoretisch bankrott war. Nicht nur sämtliche Reserven des Landes waren während des Krieges ausgegeben worden, auch seine Schulden waren riesig. Verschlimmert wurde die Krise noch durch die langsame Umstellung der verbliebenen unbeschädigten Fabriken auf eine zivile Produktion, um mit Hilfe der Gewinne aus Exporten die dringend nötigen Importe zu finanzieren und die Anleihen zurückzuzahlen. Als Krönung des Ganzen unterhielt Großbritannien auf der ganzen Welt eine riesige militärische Präsenz zu Land und zur See und erkannte seine Verantwortung bei der Friedenserhaltung an wie auch bei der Befriedung ständiger Unruhen im Zuge der Niederlage Deutschlands und Japans. Ängstliche und erschöpfte Staatsdiener in London suchten nach Lösungen, um die Gefahren der britischen Finanzlage zu vermeiden, sie verstanden die moralischen und politischen Argumente für die Operation Safehaven, fürchteten aber die finanziellen Konsequenzen. Die Neutralen auf Kosten der britischen Wirtschaft zu attackieren, erschien denjenigen als töricht, die rasch den wahren Grund vergaßen, der das Opfer so vieler junger Männer rechtfertigte. Diese Geisteshaltung verstanden die Kreuzritter nicht einmal ansatzweise.

Rubin reiste direkt von Potsdam nach London, und sein erstes Frühstück im Cumberland Hotel warf ein Schlaglicht auf die tieferen Ursachen der Auseinandersetzung. Er hatte sich sehr auf ein klassisches englisches Frühstück gefreut, doch ihm wurden Ersatzstoffe für Eier und Würstchen vorgesetzt. Er schob den Teller beiseite und machte sich auf den Weg durch die zerbombte Hauptstadt zur amerikanischen Offiziersmesse im prunkvollen Dorchester Hotel. Nach diesem Spaziergang konnte er die Befürchtung der Briten besser verstehen, daß eine Brüskierung der Neutralen den Wiederaufbau ihrer Volkswirtschaft gefährden könnte.

Rubin traf am 15. August im britischen Außenministerium ein. Der kleine Jude verfügte nicht über eine Ausstrahlung, die Neugier oder zumindest Aufmerksamkeit erregt. Seine Stärken waren, wie bei vielen Kreuzrittern, sein scharfer Verstand, seine Energie und sein Engagement. Um den Tisch herum saßen 14 britische, französische und amerikanische Regierungsbeamte. Sie alle waren ebenso engagiert wie Rubin, aber nicht für dieselbe Sache. Rubin fühlte sich wie ein nervöser Verkäufer, der mit völlig undurchschaubaren Kunden konfrontiert ist.»Vielen Dank, daß Sie so kurzfristig nach London gekommen sind«, sagte Gerald Villiers, der britische Vorsitzende.»Ihr Beitrag wird sicherlich sehr wertvoll sein.« Rubin wußte, daß die Beamten des britischen Außenministeriums teilweise antisemitisch und stets ausgesprochen konservativ waren. Außerdem suchten sie immer nach Gründen, der Schweiz nicht zu nahe zu treten. Sie griffen Safehaven an, weil es zu kompliziert sei und die politische Strategie der Alliierten verwirre, und brachten damit ähnliche Argumente vor, wie sie Rubin auch in Washington schon gehört hatte. Bei Gesprächen in Berlin war Rubin noch auf ein weiteres Hindernis aufmerksam geworden. Die britischen Juristen waren überzeugt, daß die Schweiz nicht gesetzlich verpflichtet sei, den Forderungen der Alliierten zu entsprechen. Seine Strategie war nun, ein neues Safehaven-Projekt zu präsentieren: nicht mehr nur ein Projekt zur Vernichtung der deutschen Finanzmacht, sondern einen Kreuzzug zur Beschlagnahmung von Geldern für die Opfer des NS-Regimes. Rubin hoffte, seine Zuhörer würden seine Originalität erfrischend finden. Da die Schweiz wirklich über gute Argumente verfüge, erklärte Rubin seinen Zuhörern, sei es sinnvoll, moralisch zu argumentieren: »Die Alliierten haben enorme Opfer gebracht. Ihre Armeen und ihre Zivilbevölkerungen hatten im Kampf gegen den Faschismus schwere Verluste zu beklagen, ihre Städte wurden durch feindliche Bombenangriffe zerstört und ihre Territorien geplündert. Unterdessen profitierten die Neutralen in großem Umfang vom Handel sowohl mit den Alliierten als auch mit den Achsenmächten. Jedenfalls konnten sie ähnliche Opfer wie die Alliierten vermeiden... Um die internationale Völkergemeinschaft wiederherzustellen, sollen die Neutralen ihren Beitrag zur Wiedereingliederung der Flüchtlinge leisten, und die deutschen Vermögenswerte – die nicht der Schweiz gehören – können zum Wiederaufbau Europas verwendet werden. Außerdem kann das durch den Verkauf deutscher Vermögenswerte aufgebrachte Geld in den neutralen Ländern ausgegeben werden, damit ihre Volkswirtschaften keinen Kapitalverlust erleiden.«

Es sei vorhersehbar gewesen, fuhr Rubin fort, daß die Schweiz mit dem legalistischen Argument reagieren werde, die Schweizer Ansprüche gegenüber Deutschland hätten Vorrang gegenüber den Ansprüchen der Alliierten. Nachdem Rubin konstatiert hatte, daß unter den Anwesenden Einigkeit über die Nichtanerkennung der Schweizer Ansprüche bestand, die daraus entstanden waren, daß aus der Schweiz während des Krieges Kredite in Höhe von über einer Milliarde Schweizer Franken an Deutschland geflossen waren, schlug er vor, mit folgendem Gegenargument zu reagieren: »Die Schweiz vergab die Kredite zu ihrem eigenen Nutzen und trotz der Warnungen der Alliierten. Sie bewilligte während des Krieges aus freien Stücken deutsche Kreditanträge, obwohl für eine volle Rückzahlung nur geringe Aussichten bestanden. Diese Kredite erlaubten es den Deutschen, den Krieg gegen die Alliierten zu verlängern, was deren Verluste an Menschenleben und Vermögenswerten erhöhte. Aus moralischer Sicht spricht alles dafür, daß die Ansprüche der Neutralen weit hinter den Reparationsansprüchen der Alliierten rangieren sollten.«[42] Rubin lehnte sich zurück. Die Atmosphäre war jetzt deutlich entspannter.

Eddie Playfair vom US-Finanzministerium wollte vermeiden, daß sich die Stimmung wieder gegen die Kreuzritter wandte, und trat geschickt für Rubins Plan ein. Er gab zu, daß »zahlreiche und harte« Differenzen zwischen Briten und Amerikanern existierten,[43] begrüßte jedoch, daß nicht mit drakonischen Maßnahmen gedroht werde: »Wir können nicht einfach alle Ansprüche und Forderungen der Neutralen ablehnen und sie auffordern, sämtlichen deutschen Besitz herauszugeben. Wir müssen differenzieren. Wir erreichen überhaupt nichts, wenn sie die Zusammenarbeit verweigern.« Pierre Francfort, der französische Vertreter, stimmte ihm zu: »Wir dürfen nicht zu hart sein.« »Moralische Appelle«, warf Villiers ein, »sind besser, als mit erhobener Faust zu drohen.«[44] Playfair schloß die Sitzung. Es gefiel dem Beamten des US-Finanzministeriums, daß die moralische Karte gegen die starrköpfigen Schweizer gespielt wurde: »Gelassenes Vertrauen, ein mannhaft unterdrückter Seufzer beim Gedanken an unsere Leiden im Vergleich zu den ihren und ein ehrenhaftes Angebot zur Zusammenarbeit bei einem Programm, das kein moralisches Wesen ablehnen kann.« Die Vorteile von Rubins Plan waren unübersehbar: »Wir müssen zeigen, daß wir gerecht sind und nicht rachsüchtig.«[45]

Als die vierzehn am folgenden Tag wieder zusammentraten, war ihre Begeisterung merklich durch böse Vorahnungen über die juristischen Hindernisse gedämpft, die ihnen die Schweizer in den Weg legen konnten. Schließlich war keine Regierung berechtigt, eine andere zur Herausgabe von Vermögen zu zwingen. Rubin hatte die rettende Idee: Die Alliierten waren mit der deutschen Kapitulation zum Rechtsnachfolger der deutschen Regierung geworden und konnten in dieser juristischen Position die Rückgabe deutscher Vermögenswerte fordern. Wieder stimmten seine Zuhörer der angebotenen Lösung zu. Als Rubin abreiste, war er beruhigt durch britische Andeutungen, daß die Schweiz für die Vorschläge der Alliierten empfänglich scheine, fürchtete jedoch trotzdem, daß die Briten wegen ihrer verzweifelten Finanzlage beabsichtigen könnten, die Schweiz ungeschoren zu lassen.

Stucki wußte über die amerikanischen Pläne Bescheid und erkannte natürlich die günstige Gelegenheit, die Briten aus der Phalanx der Kreuzritter herauszubrechen. Bei einem Gespräch mit Sir Clifford Norton, dem britischen Botschafter in Bern, am 24. August träufelte er dem sensiblen Diplomaten reichlich Balsam in die Wunden. »Dies ist der Moment«, sagte Stucki beruhigend, »in dem Großbritannien positive Antworten auf seine Forderungen erwarten darf. Niemals hat das schweizerische Volk größere Bewunderung für das britische Volk gehegt. Es hat der Welt nicht nur durch seine militärischen Siege, sondern auch durch die Wahlen gezeigt, was eine lebendige Demokratie ist. (Attlees Labour Party hatte im Juli die Wahlen gegen Churchill gewonnen; A.d.Ü.) Wir alle haben daraus gelernt. Ich glaube, ich spreche für ganz Europa, wenn ich sage, daß der Wind der Freiheit wieder weht und ganz Europa erkennt, daß es sich auf die Führung Londons und nur auf diese verlassen sollte.«[46] Wie doppeldeutig diese Versicherung war, bewies ein im Mai 1945 verfaßtes Gutachten, das ein Nachrichtenoffizier der Alliierten in jenem August in seinen Besitz brachte. Es stammte von dem Schweizer Regierungsbeamten Gerhard Kaehlitz und beschrieb die wirtschaftlichen Beziehungen zwischen der Schweiz und Deutschland während des Krieges. Kaehlitz hatte das Schweizer Eigeninteresse an der Steigerung des schweizerischen Handels mit dem Dritten Reich betont.[47] Diese Wahrheit war irrelevant für die britische Regierung. Ohne Rücksicht auf die Irritation der Amerikaner hob die Regierung in London die während des Krieges verhängte Einfrierung der schweizerischen Guthaben in Großbritannien teilweise auf und schlug unter dem Einfluß der schweizerischen Avancen eine Abschwächung der alliierten Sanktionen vor.[48] Stillschweigende Nutznießer waren die Schweizer Bankiers.

KAPITEL 7

Freunde der Nazis

Der geschäftsführende Direktor der Schweizerischen Bankgesellschaft, einer der größten Banken der Schweiz, Dr. Alfred Schäfer erkannte sehr wohl die Bedeutung der Täuschungsmanöver in den Monaten nach dem Krieg, um die vortrefflichen Beziehungen seiner Bank zu Nazideutschland zu vertuschen. Der Sohn eines Bauunternehmers war mit gerade 30 Jahren zu einem der einflußreichsten Bankiers der Schweiz aufgestiegen. Schäfer hatte immer schon erkannt, daß durch Stuckis Vereinbarung mit Currie, das Bankgeheimnis zu lockern, die Gefahr bestand, daß peinliche Wahrheiten ans Tageslicht kamen. Die Bankgesellschaft, meinte er, sei sicher, solange die Regierung sich den Forderungen von Leland Harrison und den Beamten des Finanzministeriums in Bern widersetzte, Stuckis Entschluß in die Tat umzusetzen und das Bankgeheimnis auszuhöhlen. Doch der Druck der Amerikaner, fürchtete er, könnte sich als zu stark erweisen, da er durch die anhaltende Einfrierung schweizerischer Vermögen in Amerika und durch die Befugnis der Alliierten verstärkt wurde, die Importe der Schweiz zu kontrollieren.

Um aggressive Amerikaner wie James Mann zu bekämpfen, beschafften sich Schäfers Mitarbeiter, wie viele andere Bankiers, Geschäftsleute und Anwälte, mit Hilfe von Schmiergeldern Visa und reisten heimlich nach Deutschland. Dort schmiedeten sie mit ihren Klienten ein »Komplott«, wie sie deren Vermögen in der Schweiz wirksam verbergen könnten.[1] Trotz aller Versprechen, die Stucki und Kohli gegenüber Currie geäußert hatten und trotz der neuen schweizerischen Gesetze, die den nichtdeklarierten Handel mit Deutschland untersagten, beobachteten britische Diplomaten in Bern, daß die Schweiz ständig versuchte, »sich aus den Händen der

Alliierten herauszuwinden«. Die Ermittler des Safehaven-Projekts mußten unter anderem entdecken, daß bekannte deutsche Unternehmen plötzlich als schweizerische geführt wurden.[2]

Die Beweise gegen Schäfer kamen jedoch ans Tageslicht, weil sensible Akten in Deutschland, zu denen die Alliierten uneingeschränkten Zugang hatten, ausgewertet wurden. Amerikanische Ermittler in Bayern hatten Geständnisse von Angestellten der Münchner Rückversicherungs-Gesellschaft AG, einer der größten Versicherungen Europas; in ihnen wurde dargelegt, wie ihre Gesellschaft über Deutsche mit Wohnsitz in der Schweiz und über Schweizer Staatsangehörige, die mit den Nazis sympathisierten, heimlich mit Hilfe der Bankgesellschaft Gelder in die Schweiz verschoben hatte. Unter dem Deckmantel von Versicherungsprämien und Aktientransfers war die SBG »Eigner« der Gesellschaft geworden, um die Beschlagnahmung durch die Alliierten zu verhindern.[3]

Ohne zu ahnen, daß die Tarnung bereits gelüftet wurde, griff Schäfer die Alliierten am 30. August 1945 öffentlich an. Er schmähte die Kritiker der Schweiz als Demagogen und erklärte das hochheilige Bankgeheimnis für lebensnotwendig, um »die öffentliche Ordnung zu wahren«. Das Bankgeheimnis verglich er mit den heiligen Berufsgeheimnissen, die Priester, Ärzte und Anwälte schützen. Schäfer hämmerte seinen Zuhörern ein: »Schweizerische Banken sind nie ein Zufluchtshafen für Nazigelder gewesen.« Solche Gelder, beharrte der Bankier, »sollten in der demokratischen Schweiz nicht entdeckt werden«. Skeptikern fiel später an Schäfers Satz die Verwendung von »sollten nicht« anstelle von »konnten nicht« auf. Den Abschluß bildete eine unerwartete Einladung. Amerikanische Banken, sagte Schäfer, sollten der Erfahrung der Bankgesellschaft und ihren »unschätzbaren Dienstleistungen« vertrauen, wenn sie in Europa investieren wollten.[4]

Schäfers Tirade beeindruckte William Sullivan, den britischen Handelsattaché, der zuständig war für die Operation Safehaven, in keiner Weise. Im Sommer erkannte Sullivan endlich, daß das schweizerische Gesetz einen Diebstahl deckte und daß Stuckis Versprechen, Juden bei der Aufspürung ihrer Vermögen zu helfen, sich lediglich als »leere Geste« entpuppt hatte. Trotz ihrer Versprechen nutzten die Schweizer die vorgeschriebene Frist von fünf

Jahren, um sämtliche Forderungen von Juden vor 1940 abzublokken.[5] »Man munkelt«, berichtete Sullivan nach London, »daß die Schweiz keinerlei Absicht habe, von seiten der Regierung etwas zu unternehmen. Sie steht auf dem Standpunkt, ihr bestehendes Zivilrecht biete das nötige Rüstzeug zu diesem Zweck; deshalb sei es die Aufgabe jedes enteigneten Besitzers, die entsprechenden Schritte vor Gericht einzuleiten.« Die »Verzögerungstaktik« der Schweiz zielte seiner Überzeugung nach bewußt darauf ab, die Entschlossenheit der Alliierten auf die Probe zu stellen und die Currie gemachten Versprechungen nicht zu halten.[6]

Wiederholte Berichte über aussichtslose Anträge brachten Sullivan zu der Überzeugung, daß die Schweizer Banken deutschen Besitz schützten, während sie gleichzeitig auch die Vermögen der überlebenden Juden zurückhielten. Ein Fall, dem Erwin Haymann, ein Anwalt aus Genf, nachging, war charakteristisch: Er arbeitete für die Witwe eines italienischen Juden, der von den Deutschen ermordet worden war. Haymann lagen stichhaltige Beweise vor, daß eine Million Schweizer Franken bei der Schweizerischen Kreditanstalt in Genf angelegt worden waren. Doch jeder Versuch Haymanns, das Geld sicherzustellen, wurde von der Bank vereitelt.[7]

Auch schweizerische Versicherungsgesellschaften ignorierten Anträge von Juden. Deutsche und britische Juden im Besitz von Lebensversicherungspolicen, die sie mit der Basler Lebensversicherungsgesellschaft abgeschlossen hatten, mußten entdecken, daß die Gesellschaft ihr angespartes Kapital an die Nazis ausgezahlt hatte. Ohne die Zustimmung der Juden und ohne jede gesetzliche Grundlage hatte sich die Gesellschaft an ein Gesetz der Nazis von 1938 gehalten und der deutschen Regierung Millionen Franken überwiesen. Die Schweizer hatten sich nicht einmal die Mühe gemacht, die Versicherungsnehmer zu informieren. Die Beschwerden, die nach dem Krieg eingingen, wies die Gesellschaft mit dem Hinweis zurück, nach schweizerischem Recht seien sie »belanglos«. Beamte des britischen Außenministeriums verurteilten die Schweiz als »skrupellos«, weigerten sich aber, den Antragstellern zu helfen.[8]

Sullivan hegte den Verdacht, die Schweizer würden gezielte Maßnahmen treffen, um die Rückgabe geraubter Vermögen zu verhindern. Größere Schweizer Unternehmen wie die Schuhfabrik

Bally, die Unternehmen von Juden in Deutschland zu Schleuderpreisen gekauft hatten, liefen Gefahr, ihre Beute zu verlieren. Juden wie Friedrich Weissmann, vor dem Krieg der Eigentümer einer Schuhfabrik in Berlin, könnte dann darauf hoffen, seine Fabrik wiederzubekommen, die für eine lächerliche Summe von einem Schweizer Unternehmen gekauft worden war.[9] Nach schweizerischem Recht wurde Weissmanns Antrag jedoch abgewiesen.

In Washington kamen Sam Klaus, Seymour Rubin und die anderen Anwälte zu dem Schluß, daß sich die Schweiz nur durch die Verabschiedung eines Gesetzes in die Knie zwingen ließ, in dem zwei Anliegen vereint wurden: der Umgang der Schweiz mit den jüdischen Forderungen und die Forderungen der Alliierten zum deutschen Vermögen für Reparationszwecke. Sie waren bei der Formulierung ihrer Rechtsmittel sehr einfallsreich. Der Alliierte Kontrollrat in Berlin, argumentierten die Anwälte, sei die gegenwärtige Regierung Deutschlands. In dieser Funktion sollte der Kontrollrat eine Verordnung erlassen, nach der sämtliche deutsche Vermögen in der Schweiz den Besatzungstruppen gehörten, und ihre Herausgabe fordern. Die Anweisung, ein Gesetz zu verabschieden, wurde im August nach Berlin telegrafiert. »Ich persönlich betrachte dieses Gesetz«, sagte General Eisenhower zu Feldmarschall Montgomery, »als einen der wichtigsten Schritte der Politik, um mit allen deutschen Problemen fertig zu werden. Rasches Handeln ist unerläßlich.«[10] Jede Verzögerung, erklärte Eisenhower, würde es den Deutschen ermöglichen, weitere Vermögenswerte zu verbergen.

Montgomerys Berater in London waren verdutzt. »Es wird zu langwierigen Diskussionen über das Gesetz kommen«, seufzte Gerry Villiers vom britischen Außenministerium. »Die Schweizer wären gezwungen, sich zu verteidigen, und würden nicht ohne weiteres nachgeben. Das wird zu nichts führen.« Britische Bedenken, die Alliierten hätten kein Recht, sich größere Befugnisse anzumaßen als die NS-Regierung, verwarf Eisenhower. »Ich bedauere Ihre Haltung«, sagte er zu Montgomery und ignorierte den britischen Widerstand.

Washington wollte die Schweiz mit Unterstützung Frankreichs unter Druck setzen. »Wir werden es auf eigene Faust machen, wenn Sie nicht zustimmen«, spottete ein Anwalt des US-Finanzministeriums in London. »Uns sind die Hände gebunden«, gestand Villiers. Er fürchtete, jedes Gesetz würde die Deutschen und die Schweizer lediglich animieren, die Vertuschung des Raubes zu beschleunigen.[11] Sullivans Berichte aus Bern bestätigten diese Befürchtung. »Auf welches schweizerische Gesetz stützen sie ihre Forderung?« hatte Stucki den Briten gefragt.[12]

»Sie haben vollkommen recht... Wir haben nichts in der Hand«, stöhnte Henriques, nachdem er Sullivans Bericht gelesen hatte. Der Zorn der britischen Beamten richtete sich nicht gegen die Schweizer. »Die Amerikaner«, klagte Villiers, »haben eine Art, sich Besitz und den gesetzlichen Rahmen für ihre Taten zu verschaffen, die sie bei anderen als vollkommen illegal und unmoralisch betrachten würden... Die Schwierigkeit besteht darin, daß die Amerikaner es in dieser Frage auf einen Konflikt mit den neutralen Staaten ankommen lassen.«[13] Die Amerikaner, seufzte Villiers, seien sich über die Konsequenzen nicht im klaren: »Damit wird beinahe jede Erfolgschance zunichte gemacht, die Rubins Plan vielleicht hatte.«[14]

Rubin hatte sich bereits den Wutausbruch eines Schweizers anhören müssen. Bei einem Dinner am 13. September mit Ernst Schneeberger, einem freundlich gesinnten schweizerischen Diplomaten in Washington, erhielt Rubin eine Lektion über die Neutralität der Schweiz. »Sie unterscheidet sich nicht«, sagte Schneeberger, »von der Neutralität Amerikas im Ersten und zu Beginn des Zweiten Weltkrieges.«

»Und was ist mit den Waffenlieferungen der Schweiz an die Nazis?« fragte Rubin.

»Die Schweiz hatte vorgeschlagen, sämtliche Waffenlieferungen am 1. September 1939 zu stoppen«, entgegnete Schneeberger, »doch die britische und die französische Regierung protestierten, sie würden die schweizerischen Lieferungen benötigen. Also änderte die Schweiz ihre Haltung. Später hatte die Schweiz als neutraler Staat die Gegenseite beliefert.«[15] Rubin beeindruckte dies kaum. Die Schweizer wanden sich stets aus einer peinlichen Lage heraus, indem sie ihr Gegenüber in Verlegenheit brachten. Mit der Rechtfertigung, die Nazis und die Alliierten gleich behandelt zu haben, wird die fragwürdige schweizerische Moral entlarvt. Sanktionen der Alliierten bezeichneten die Schweizer groteskerweise als

»schwere moralische Last«[16], während Stuckis moralischer Sieg über die Bankiers im Juli sich als Pyrrhussieg entpuppt hatte.

James Mann in Bern war bestürzt. Bei einer Krisensitzung in der Botschaft zählten die Experten des Safehaven-Projekts alle Zusagen auf, die von der Schweiz nicht eingehalten worden waren. Die versprochene Erhebung und Einfrierung von deutschem Vermögen, sagte Mann, sei »ein Witz«[17]. Während Schwabs Beamte alle vorgelegten Beweise ignorierten, nach denen schweizerische Staatsbürger kollaboriert und von dem Betrug profitiert hatten, verbargen oder machten die Deutschen unübersehbar ihre Vermögenswerte zu Geld.[18] Die Schweizer waren hier Gegner und billigten offenbar Unredlichkeit. Noch schlimmer war jedoch, daß Schweizer Beamte und Minister fortwährend amerikanischen Diplomaten versicherten, die Schweiz sei niemals ein Zufluchtshafen für Kriegsbeute oder Kriegsverbrecher gewesen. Außerdem warfen sie den Alliierten vor, einen regelrechten Krieg gegen die Schweiz zu führen.[19] Die Tatsachen, klagte Mann, würden das Gegenteil beweisen: »Die Politik der Schweiz ist es, die Sache so lange wie möglich hinauszuzögern.«[20] Am Ende des Treffens kam man überein, ein Telegramm nach Washington zu senden, in dem ein offizieller Protest und die Androhung von Sanktionen gefordert wurden, falls die Schweiz nicht einlenken sollte.

Auch der US-Militärattaché in Bern, General B. R. Legge, war wütend. Die Schweiz, berichtete Legge, »macht sich der Verzögerungstaktik schuldig und greift zu Ausflüchten, die einer bösen Absicht bezüglich der Ausführung der Bestimmungen der Blockade deutscher Vermögen im Currie-Abkommen gleichkommen«. Der angeblich »eingefrorene« deutsche Besitz werde von schweizerischen Zwischenhändlern zu lächerlich geringen Summen verkauft, während die Erhebung deutscher Vermögen »unzureichend« sei. Selbst Besitz, der eindeutig geraubt worden sei, werde seinen Eigentümern nicht zurückgegeben, klagte Legge. Die Banken weigerten sich, Schließfächer im Safe zu öffnen, die bekanntermaßen Beutegut der Nazis enthielten. Einerseits würden schweizerische Regierungsbeamte den Antragstellern raten, ihr Recht in langwierigen und kostspieligen Prozessen vor Gericht einzuklagen, andererseits würden die derzeitigen »Eigentümer« aufgefordert, die Beute zu verkaufen. Die Schweiz, mutmaßte Legge, »spielt auf

Zeit«. Sie behauptete, es sei unmöglich, die Fünfjahresfrist für Anträge abzuändern, um die Schuldigen zu schützen. Letztlich hofften die Schweizer, daß die Alliierten über kurz oder lang resignieren würden. Washingtons Entschlossenheit lasse bereits nach, protestierte Legge. Statt mit einem Embargo gegen die Schweiz zu drohen, habe Washington steigende schweizerische Importe von Kohle und Lebensmitteln genehmigt.[21] Legges Protest kursierte im US-Außenministerium unter dem Titel: »Mehrfach und häufig kam es zu schweizerischen Verstößen sowohl gegen den Text wie auch gegen den Geist des Currie-Abkommens.«[22] Doch die Richtigkeit von Legges Unterstellung einer »bösen Absicht« der Schweiz wurde in Frage gestellt. »Wir brauchen Beweise«, kommentierte John Birch, entschlossen, die Kreuzritter im US-Finanzministerium im Zaum zu halten.

Birch hielt eine Botschaft zurück, die Orvis Schmidt für die Berner Gesandtschaft verfaßt hatte. Mit dem Vorwurf der Unredlichkeit gegenüber der Schweiz regte Schmidt an, in einem »umfassenden, letzten Versuch« die Schweiz mit einer Liste von Forderungen und der Androhung von Sanktionen zu konfrontieren. Birch kritisierte Schmidts genaue Aufstellung als übertrieben. Es habe »wenig Sinn, dies nach Bern zu schicken«, teilte er Rubin mit. Dieser hatte den Stimmungswechsel in dem US-Ministerium nach den ersten ernsten Auseinandersetzungen mit der Sowjetunion über die künftige Regierung Deutschlands sehr wohl bemerkt und stimmte zu: »Ich bin absolut der Meinung, daß man dies nicht abschicken sollte.«[23]

Mann wartete immer noch auf eine Antwort auf seinen Protest und verfolgte die Veränderung der Haltung und der Politik innerhalb der Botschaft. Der wirtschaftliche Berater Daniel Reagan war durch Harry Conover abgelöst worden, einen erklärten Gegner des Safehaven-Projekts und Kritiker von Curries Mission. Manns heftige Auseinandersetzungen mit Conover gehörten in der Botschaft zum Alltag. Die »Entspannung von unserer Seite«, schrieb Mann an White, habe den »Untergang« von Safehaven zur Folge.[24] Mann schob die Schuld jetzt den Briten, den »schwachen Schwestern«, in die Schuhe. Sir Clifford Norton und Gerald Selous, der neue Handelsattaché, schrieb er, würden sich bei Safehaven absichtlich »Zeit lassen« und Gerüchte ausstreuen, durch die alle Schweizer in ihrem

Glauben bestärkt würden, »die Alliierten würden es nicht ernst meinen«. Voller Abscheu verfolgte Mann, wie der »sehr clevere« Norton jeden Gegensatz mit Petitpierre herunterspielte, weil »der gute Wille und der Handel« inzwischen für die Briten mehr zählten als die Kriegsziele. Mann glaubte inzwischen, die »Aushöhlungstaktik« der Briten hänge mit den Verhandlungen um die Gewährung eines Kredits der Schweiz für Großbritannien zusammen.

Manns resignierte Haltung war begründet. Um jeden Gegensatz zu vermeiden, hatte Norton es abgelehnt, in irgendeiner Form mit Sanktionen zu drohen. Am 12. Oktober 1945 war er an Petitpierre herangetreten. Er stellte sich als »alten Freund der Schweiz« dar und fügte vorsichtig hinzu, er sei »irritiert« von der mangelnden Kooperationsbereitschaft der Schweizer und von der fehlenden »Offenheit« bezüglich der deutschen Vermögen. Petitpierre erkannte den Hintergrund für Nortons Zurückhaltung und wußte die Gunst der Stunde zu nutzen, um die Kluft zwischen den Alliierten zu vertiefen. Es habe »eine ganze Menge Verzögerungen« gegeben, räumte der Minister ein und machte »Unstimmigkeiten« zwischen der Verrechnungsstelle, den Bankiers und den Anwälten über die Freigabe der Namen von Anlegern und Kunden dafür verantwortlich.[25] Norton blieb gelassen. Petitpierre verbarg seine Sympathie für die Bankiers keineswegs, und das war, wie Norton glaubte, im Interesse Großbritanniens.

Wie seine beiden Brüder, der eine Bankier und der andere Spekulant, unterhielt Petitpierre enge Beziehungen zur Finanzwelt. Die Beziehungen zwischen dem Politischen Departement in Bern und den Schweizer Banken waren ausgezeichnet. Petitpierre betrachtete Peter Vieli von der Schweizerischen Kreditanstalt, einen ehemaligen Regierungsbeamten, und die anderen ehemaligen Staatsdiener, die Angestellte der Bankiervereinigung geworden waren, eher als Vertraute und Partner denn als Gegner. Wenn Petitpierre Informationen, auch über die Haltung ausländischer Regierungen, wollte, verließ er sich bevorzugt auf die Bankiers, die über die wirkliche Welt genauer Bescheid wußten als Regierungsbeamte. Bankiers waren bewährte Abgesandte der Schweiz. Besonders scharfsinnig war die Analyse Albert Nussbaumers zur Situation Großbritanniens. Dieser Schweizer Bankier hatte 1944 für die Bankiervereinigung die Verhandlungen in Washington geführt. Er lieferte die Erklärung für

Nortons Süßholzraspelei: Im August 1945 hatte Nussbaumer bei einem Besuch in London im Finanzministerium angerufen. In einem Gespräch mit Hugh Ellis-Rees wurde dem Bankier die freundliche Haltung Großbritanniens gegenüber der Schweiz versichert. Nussbaumers Bericht, in dem auch das Verlangen der Briten nach Krediten erwähnt wurde, landete schließlich auf dem Schreibtisch von Ernst Weber in der Nationalbank. Weber bewilligte finanzielle Unterstützung für Großbritannien, eine erfreuliche Entscheidung, die man in London nicht vergessen sollte.[26] Diese Sympathie zu bewahren war Nortons Ziel, als er sich James Mann widersetzte und mit Petitpierre kokettierte. Jedoch wußte nicht einmal Petitpierre, daß die Beweise, die Manns Ärger über schweizerische Verbrechen glaubhaft gemacht hätten, bereits von seiner eigenen Verrechnungsstelle erbracht worden waren.

Mit dem Verdacht, schweizerische Bankiers, Anwälte und Unternehmen würden sich nicht an die Gesetze halten, wollte Max Schwab als pflichtgetreuer Beamter die Ursachen der »Unstimmigkeiten« aufdecken, die Petitpierre gegenüber Norton erwähnt hatte. Insbesondere wollte Schwab klären, ob es stimmte, was Mann den Bankiers unterstellte. Ohne Petitpierre zu informieren, ließ Schwab einen Kreis verdächtiger Bankiers und Anwälte abhören. Bereits nach Wochen bestätigten die Mitschriften der Telephongespräche, daß schweizerische Bankiers und Anwälte Deutschen dabei halfen, ihren Besitz zu verbergen. Schwab und sein Stellvertreter Ott gingen davon aus, daß diese wenigen Beweise auf eine viel größere Verschwörung hindeuteten. Sie wußten, daß diese Beweise in den falschen Händen Petitpierre vollkommen unglaubwürdig machen konnten. Dessen Behauptung, die Verrechnungsstelle werde, »sehr schwierige und umfangreiche Untersuchungen« durchführen, konnte dann nicht mehr aufrechterhalten werden. Deshalb, so beschlossen sie, dürfe die Entdeckung Außenstehenden nicht zugänglich gemacht werden, im Augenblick nicht einmal Petitpierre.[27]

Orvis Schmidt fühlte sich verraten und war anscheinend frustriert. Bei einem neuerlichen Besuch in der Schweiz äußerte er seine Empörung über seine jüngsten Entdeckungen. Nach seiner Zählung gab es 214 von Deutschen kontrollierte Unternehmen in der Schweiz. Vermutlich waren es noch viel mehr, und kein einziges war der Kontrolle der Alliierten unterstellt worden. Die Geheimhaltungsgesetze der Schweiz, schäumte er, würden die Wahrheit über die deutschen Konzerne verbergen, die den Kontinent mit ihren geheimen Investitionen überzogen hätten. Vor versammelter Presse warnte Schmidt, wenn die Schweiz Schwierigkeiten mache, sei es »denkbar«, daß die Alliierten die schweizerischen Vermögen in Deutschland im Wert von vier Milliarden Dollar beschlagnahmten. Die Kreuzritter hatten der Schweiz den Krieg erklärt.[28]

»Amerika terrorisiert die Neutralen«, kommentierte Villiers, bestürzt über die Aussicht auf einen Konflikt.[29] Am 30. Oktober 1945 wurde in Berlin das Gesetz Nr. 5 des Alliierten Kontrollrats verabschiedet, nach dem der ganze deutsche Besitz in der Schweiz beschlagnahmt wurde. Lediglich der Besitz der Flüchtlinge, vor allem der Juden, wurde von der Beschlagnahmung und dem Verkauf ausgenommen.[30] In jener Nacht schlüpften Dutzende schweizerische Anwälte, Bankiers und Geschäftsleute über die Grenze nach Deutschland, um ihre Klienten zu beraten, wie sie ihren Besitz schützen könnten.[31] Während Villiers sich in London Sorgen machte, reiste James Mann, erfreut über die neue Stoßkraft des Safehaven-Projekts, Anfang November zu einem amerikanischen Gefangenenlager für ranghöhere Nazis in Deutschland. Dort entdeckte er peinliches Beweismaterial.[32]

In einer zugigen Holzhütte sprach Mann mit Emil Puhl, dem stellvertretenden Direktor der Reichsbank. Im Gegensatz zu anderen mutmaßlichen Kriegsverbrechern, die mit gutem Grund ihre Aktivitäten im Krieg zu verbergen suchten, war Puhl geradezu schamlos offen. Zu Manns großer Freude prahlte der Bankier damit, daß die Schweiz bei seinen Verhandlungen in Bern Anfang des Jahres erpicht darauf gewesen sei, »in der Zukunft« – das heißt nach dem Krieg – »eine freundschaftliche Beziehung zur Reichsbank aufrechtzuerhalten«, und daß sie wissentlich geraubtes Gold angenommen habe. Dieses Geständnis war eine kostbare Beute, wie Mann wußte, mit der man sorgsam umgehen mußte, weil die Schweizer die Wahrheit immer schändlicher verschleierten.

Am 30. November trafen Mann, Selous und Marcel Vaidie, der französische Stellvertreter, mit Schwab in Zürich zusammen, um sich über die Erhebung der deutschen Vermögen zu informieren. Die Meinungsverschiedenheiten zwischen den Alliierten waren spürbarer als je zuvor. Während die Franzosen ganz einfach danach trachteten, so viel Geld wie möglich aus der Schweiz herauszuholen, hatte Selous sich vor kurzem in London beklagt, daß die zwiespältige Haltung der Briten zu Safehaven »ein heilloses Durcheinander« zur Folge habe. Max Schwab befand sich ebenfalls in einer Zwickmühle: Auf der einen Seite stand die Politik seiner Regierung, auf der anderen die Wahrheit. Einer Gruppe Journalisten hatte Schwab erst kürzlich »mit reinem Gewissen« versichert, die Zweifel der Alliierten am guten Willen der Schweiz seien »ungerechtfertigt«. Die Verrechnungsstelle, betonte er, besitze »weitreichende Befugnisse«, um verborgene Gelder aufzuspüren und irgendwelche Schlupflöcher zu stopfen. Aufgrund neuer Gesetze würden Häuser durchsucht und Schließfächer, die zur Zeit gesperrt seien, würden wenn nötig gewaltsam geöffnet.

In dem Gespräch mit den drei Vertretern der Alliierten machte Schwab jedoch völlig andere Aussagen. Die Jagd sei erfolglos, gestand er, weil wenige die Wahrheit sagten und die Banken hartnäckig schwiegen. Ohne Verständnis für Schwabs Dilemma bezichtigte Mann die Schweiz der Lüge. Die Verrechnungsstelle, stieß Mann hervor, lasse es zu, daß die Juden litten, während sie die Plünderer decke. Schwab bat um Geduld. Ein neues Gesetz, erklärte er, werde am 10. Dezember Gültigkeit erlangen. Es werde den rechtmäßigen Eigentümern von geraubtem Gut das Recht einräumen, ihre Vermögen zurückzufordern, auch wenn der gegenwärtige Besitzer es in gutem Glauben erworben habe. Einige Probleme, die sich den Juden stellen würden und die untrennbar mit der Forderung der Alliierten bezüglich der deutschen Vermögen in der Schweiz verknüpft seien, könnten dadurch gelöst werden. Die Wahrheit sah, wie Schwab wußte, anders aus. Mittellose deutsche Juden auf der Suche nach Asyl wurden dazu mißbraucht, die Erfüllung der Forderungen der Alliierten hinauszuzögern, und die Schweizer Regierung hatte die Absicht, das Elend dieser Menschen noch zu vergrößern. Ein Opfer dieser Politik war Walter Garten.[33]

Der deutsche Jude aus Berlin war 1945 aus einem Konzentrationslager befreit worden. Er war in die Schweiz gereist und wollte in seinem Haus in Zürich von den Ersparnissen leben, die er bei einer schweizerischen Bank angelegt hatte. Zu seiner Überraschung teilten Beamte der Verrechnungsstelle Garten mit, daß in Übereinstimmung mit den Gesuchen der Alliierten und dem Gesetz Nr. 5 des Alliierten Kontrolrates sämtliche deutschen Konten und Vermögen in der Schweiz eingefroren seien. Zwölf Jahre lang waren Gartens Haus und seine Ersparnisse vor den Nazis sicher gewesen, und nun waren sie zur Beschlagnahmung und Enteignung durch Schwabs Behörde vorgesehen.[34] Schwabs Erlaß, der, wie der Schweizer Beamte versicherte, auf einer korrekten Auslegung des Gesetzes beruhte, hatte die verwundbarsten Deutschen getroffen – jene 100 000 deutschen Juden, welche die Lager überlebt hatten. Da sie ihre Häuser zerstört vorfanden oder ihnen der Zugang zu ihrem Besitz durch die neuen Bewohner verwehrt wurde, waren sie gezwungen, in Flüchtlingslagern zu leben. Sie hofften inständig, sich in anderen Ländern wieder Existenzen aufbauen zu können. Kranke Überlebende von Auschwitz, von denen einige in der Schweiz gar auf ihre Ausreise nach Palästina warteten, waren völlig mittellos und konnten die Kosten ihrer Ausreise aus der Schweiz nicht bezahlen. Schwabs Erlaß betraf auch die 150 000 deutschen Juden, die nach Großbritannien, in die USA oder nach Südamerika ausgewandert waren und Vermögen, Versicherungspolicen, Aktien und Ersparnisse in der Schweiz zurückgelassen hatten. Alles wurde beschlagnahmt, die gesetzliche Ausrede lautete, daß ein Gesetz der Alliierten vorsehe, deutsche Vermögen und Kriegsbeute zu konfiszieren, um finanzielle Mittel für den Wiederaufbau Europas und für kranke Flüchtlinge bereitzustellen.

Das Gesetz Nr. 5 des Alliierten Kontrollrats hatte die Konfiszierung der Guthaben von »Deutschen in Deutschland« zum Ziel gehabt, also aller Deutschen, die am 16. Februar 1945 in Deutschland lebten. An diesem Tag wurden per Gesetz auch alle deutschen Guthaben in der Schweiz eingefroren. Die amerikanischen Anwälte, die das Gesetz verfaßt hatten, hatten nicht vorhergesehen, geschweige denn beabsichtigt, daß deutsche Juden davon betroffen sein könnten. Alle Verfolgten waren hier nicht nur aus moralischen Gründen in besonderer Weise ausgenommen, ein Gesetz der Nazis hatte außerdem 1941 allen deutschen Juden die Staatsbürgerschaft aberkannt, und deshalb waren sie auch 1945 staatenlos. Vom Politischen Departement und den Banken angespornt, lehnte Schwab diese Auslegung ab. Die Alliierten, sagte er, hätten dieses Gesetz der Nazis wieder aufgehoben, und die staatenlosen Juden seien nun wieder

Deutsche. Natürlich protestierten die amerikanischen Anwälte. Das Gesetz der Alliierten, widersprachen sie, habe zwar das NS-Gesetz außer Kraft gesetzt, doch es gelte nicht rückwirkend. Staatenlose Juden würden nicht wieder als Deutsche eingebürgert. Schwab blieb ungerührt. Er erklärte, daß die massenweise Ausbürgerung gegen Schweizer Gesetze verstoße und daher ungültig sei; er hatte beschlossen, die Verordnung von 1941 als Beweis der Staatenlosigkeit zu ignorieren und den Juden gesetzliche Hindernisse in den Weg zu legen. Jeder Flüchtling sei verpflichtet, das Originaldokument der NS-Behörden vorzulegen, mit dem ihm die deutsche Staatsbürgerschaft entzogen worden sei. Ohne dieses Dokument bleibe der Besitz der Juden eingefroren. Und damit nicht genug: Alle individuellen Nachforschungen wurden ausgerechnet der Schweizer Polizei übertragen, obwohl sie über 30 000 asylsuchende Juden nach Deutschland deportiert und der Gestapo übergeben hatte.[35]

»Als Jude habe ich gelitten, aber ich habe den Krieg überlebt«, schrieb Richard Mathius aus Berlin an Präsident Truman, »doch nun bin ich abgesehen von meinen Ersparnissen von 10 000 Schweizer Franken in der Schweiz mittellos. An diese komme ich nicht heran. Dies verursacht mir großes Leid, das ich als Opfer Hitlers nicht verdiene. Können Sie mir helfen?« Als die Hilferufe von hilfesuchenden Juden in Washington eingingen, waren Rubin und die anderen Kreuzritter sprachlos. Nachdem die Juden ihre Angehörigen verloren hatten, wurde ihnen nun ihr Eigentum vorenthalten. Deutsche Juden hatten jetzt unter derselben Diskriminierung zu leiden wie die schlimmsten deutschen Nazis, allerdings mit der Einschränkung, daß Schweizer Sympathisanten den Nazis halfen, die Gesetze ihres Landes zu umgehen. Unzählige von den Nazis geraubte Immobilien, Firmen, Wertgegenstände und Kapitaleinlagen wurden nun den Verbrechern überlassen, während ihre Opfer mittellos dastanden und oft nicht einmal in der Lage waren, Deutschland zu verlassen. Die Zusagen gegenüber Currie waren ignoriert worden. Rubin hegte den Verdacht, die Schweizer wollten das Eigentum deutscher Juden als deutsche Vermögen darstellen, die für Reparationen zur Verfügung stehen sollten oder – noch schlimmer – zur Rückzahlung der Schulden des Dritten Reichs an die Schweiz. »Das ist unmoralisch«, rief er aus und brachte damit die Verzweiflung vieler zum Ausdruck. »Deutsche

Juden, die staatenlos wurden, wollen nicht zwangsweise wieder deutsche Staatsbürger werden.« Die Schweiz, protestierte er, müsse gezwungen werden, die Juden nicht länger zu benachteiligen. Das hatte geradezu katastrophale Folgen für die erblosen Vermögen.[36] Nach den neuen Gesetzen der Schweiz sollte das Geld der Juden, das in Schweizer Banken lag, dazu verwendet werden, Deutschlands Kredite bei der Schweiz zu decken. Die Mörder der Juden sollten von ihren Verbrechen auch noch profitieren. Falls die Schweiz die erblosen Vermögen nicht deutschen Gläubigern aushändigen würde, sollten die Banken das Geld übernehmen. Rubin wandte sich mit einer dringlichen Bitte an Schwabs Stellvertreter Max Ott, der auf Devisen spezialisiert war: »Es war nie beabsichtigt, daß die Verfolgten von dem Gesetz der Alliierten betroffen sein sollten.«[37] Einzelne Juden könnten ihre Staatenlosigkeit nicht nachweisen, weil die Nazis den meisten Juden kollektiv die Staatsbürgerschaft entzogen hätten und nicht in individuellen und dokumentierten Vorgängen.

Dieser Sachverhalt, das konnten Petitpierres Beamte nicht bestreiten, ließ sich mit Sicherheit ebenso beweisen, wie es auch möglich gewesen war, herauszufinden, ob ein Deutscher früher Mitglied der NSDAP oder der SS gewesen war.[38]

Ott zeigte sich unerbittlich. »Es ist unmöglich«, entgegnete er, »zwischen Deutschen, die verfolgt worden sind, und den anderen zu unterscheiden.«

Ott verschwieg, daß die Verrechnungsstelle einige Wochen zuvor angeregt hatte, das Vermögen deutscher Juden von der Sperre auszunehmen. Gegen diese Anregung waren jene Schweizer, die Deutsche schützen wollten, zu Felde gezogen. Ihre Spekulation war simpel: Durch die Weigerung, Juden und Nazis zu unterscheiden, sollte die Konfiskation deutscher Vermögen durch die Alliierten verhindert und das Bankgeheimnis geschützt werden.[39]

Ein Verfechter dieser Diskriminierung deutscher Juden war eine Abteilung im Politischen Departement, die sogenannte Deutsche Interessenvertretung oder DIV.[40] Mit Sitz in Bern im Willadingweg 78 war die DIV am 9. Mai 1945 gegründet worden, um die Interessen der Deutschen gegenüber den Alliierten zu wahren. Bezeichnend für ihre Ziele: Ihr zweiter Direktor war Hans Frölicher, der ehemalige Botschafter der Schweiz in Berlin, dessen Ernennung erst bestätigt worden war, nachdem die ursprünglichen Kandidaten, allesamt Gegner der Nazis, als nicht vertrauenswürdig abgelehnt worden waren. Während seiner Amtszeit in Berlin hatte Frölicher sich regelmäßig in Bern über jeden Zeitungsartikel beklagt, in dem seiner Ansicht nach die Nazis kritisiert wurden. Nach seiner Rückkehr nach Bern trauerte er dem vergangenen Ruhm nach und machte kein Hehl aus seinen Gefühlen angesichts der Tragödie von Hitlers Sturz. Die Verteidigung der Interessen von Deutschen gegenüber den Alliierten war sein letzter Tribut an das alte Reich.

Angeblich sollte Frölicher das Vermögen der Reichsbahn, die Botschaftsgebäude und andere staatliche Vermögenswerte Deutschlands in der Schweiz verwalten. Doch Frölicher dehnte seinen Zuständigkeitsbereich aus und widmete sich den Interessen der 20 000 Deutschen in der »Deutschen Kolonie«, den Deutschen im NS-Sanatorium in Davos, ferner den deutschen Vermögen, die von den Alliierten gefordert wurden, sowie allen Wertgegenständen und dem Beutegut, das Deutsche im ganzen Land versteckt hatten. Nach dem Gesetz war das gesamte Vermögen durch den Erlaß vom 16. Februar 1945 eingefroren und hätte der Kontrolle der Verrechnungsstelle übergeben werden müssen. Doch zu seiner Befriedigung erhielt Frölicher regelmäßig von Stuckis Behörde die Protokolle und Berichte der gemeinsamen Kommission, die zur Umsetzung des Abkommens eingesetzt worden war. Beim Durchsehen dieser Berichte konnte Frölicher jene deutschen Interessen ausfindig machen, die geschützt werden mußten, und einwenden, der Besitz, den die Verrechnungsstelle ausfindig gemacht hatte, gehöre Schweizer Staatsangehörigen und nicht Deutschen. Er billigte auch jede Weigerung einer Bank, irgendwelche Vermögen herauszugeben. Im Gegensatz zu den deutschen Juden, denen jede Hilfe bei der Suche nach ihrem Besitz verweigert wurde, fanden jetzt arische Deutsche heraus, daß Frölicher ihre Sache unterstützte, nicht zuletzt, indem er Stucki und Schwab drängte, nicht zwischen Deutschen und deutschen Juden zu unterscheiden. »Dadurch wird jede strenge Behandlung der Deutschen verhindert«, erklärte der Staatsbeamte zur Befriedigung seiner Kollegen im Politischen Departement. Diese reagierten stets gleichmütig auf die Feststellung, bekannte Nazis mit Wohnsitz in der Schweiz würden besser behandelt als die Juden.[41] Mit dem Segen des Departements forderte Frölicher für den Wiederaufbau Europas und für jüdische Flüchtlinge vorgesehene Gelder, um damit verstockten Nazis zu helfen, die die Sicherheit und den Luxus des Lebens in der Schweiz genossen.

Die Fortsetzung der Diskriminierung nach dem Krieg durch die Schweiz traf vor allem den Verband schweizerischer jüdischer Flüchtlingshilfe. In einem Schreiben an Petitpierre bat der Präsident der Vereinigung den Minister, ihm eine Ungereimtheit zu erklären: »Die Schweizer Behörden«, schrieb er, »haben in den vergangenen Jahren auch tatsächlich in jedem Einzelfall sehr gut festzustellen gewusst, ob diese Eigenschaft (ob jemand Jude war; A.d.Ü.) gegeben war oder nicht.« Zusätzlich stellte er fest: »Auch die anderen Schweizer Behörden haben diese Verordnung und ihre Gültigkeit in den Jahren 1941 bis 1945 restlos anerkannt. Sie haben fremdenpolizeiliche Massnahmen getroffen, die nur erklärlich sind, wenn man von der Tatsache der Gültigkeit der Reichsgesetzgebung (das Reichsbürgergesetz der Nazis von 1941; A.d.Ü.) ausgeht.« Die Schweiz hatte sich also vor und während des Krieges anhand der Rassengesetze der Nazis entschieden, ob ein Individuum Jude war oder nicht. »Es ist Sache der Behörden, in Zweifelsfällen zu prüfen«, ob jemand Jude sei oder nicht, schrieb der Präsident. »Dagegen kann es nicht dem Einzelnen zugemutet werden, diesen Nachweis zu erbringen.« Zuvor hatte der Präsident gefordert: »Die Tatsache, dass sich jemand als Jude erklärt hat, muss schon als solche genügen.« Sichtlich unbeeindruckt enthüllte der anonyme Beamte im Politischen Departement seine Gefühle beim Lesen des Briefes. Neben dieser Forderung schrieb er an den Rand des Briefes: »Das wäre den Juden sicher sehr angenehm!«[42]

Max Schwab war angesichts dieser Verwirrung besorgt. Um eine Lösung zu finden, traf er sich am 10. September mit Beamten des Politischen Departements. Während Schwab die Auffassung ablehnte, deutsche Juden hätten ihre Nationalität verloren, erklärte er hier, er persönlich sei bereit, begrenzte Ausnahmen bei der Sperre der Vermögen zuzulassen. Und zwar für die Juden, aber nicht für deutsche Gegner der Nazis. Jeder Antrag erfordere jedoch eine Untersuchung, und das Ergebnis dürfe nicht veröffentlicht werden.[43] Anfangs widersetzte sich Robert Jezler aus dem Polizeidepartement diesem Vorschlag. Jezler teilte Heinrich Rothmunds antisemitische Haltung. Schwabs Initiative wurde wirksam abgeblockt. Doch einen Monat später änderte Jezler überraschend seine Meinung. Die Banken, die aus den Juden Profit schlagen wollten, waren eine Ursache für Jezlers verwirrende Kehrtwende.

Die Volksbank ließ sich von dem Mythos verleiten, die Juden wären reich und die Bank könne satte Gewinne erzielen. Im Jahr 1942 hatte die Bank freiwillig angeboten, Einlagen von allen jüdischen Flüchtlingen anzunehmen, die im Land bleiben durften. Zu ihrer Überraschung und Enttäuschung legten die Juden nur geringe Summen an. Im Sommer 1945 hatten die Banken, um die erhofften Gewinne gutzumachen, für die Kontoführung horrende Gebühren erhoben, obwohl die Konten damals bereits gesperrt waren. Die Polizei war wütend und enttäuscht. Jezler wollte die Juden so rasch wie möglich aus der Schweiz vertreiben, doch seine Politik wurde vereitelt. Die Juden stellten fest, sie könnten unmöglich ausreisen, weil sie ihr Geld nicht abheben konnten. Am 12. Oktober nahm Jezler seinen Einwand zurück und schrieb Schwab, die Verrechnungsstelle »solle eine offenere Gesinnung und großzügigere Haltung einnehmen«.

Mit »Artikel 3 des Bundesratsbeschlusses vom 16. Februar 1945« (Einfrieren der Vermögen; A.d.Ü.), fuhr er fort, sei nicht beabsichtigt gewesen, »die Vermögen derjenigen deutschen oder ehemals deutschen Staatsangehörigen zu sperren und allenfalls zu konfiszieren, die vom nationalsozialistischen Regime verfolgt wurden und Zuflucht in der Schweiz gesucht haben. Wenn nun aber die Vermögen von aus politischen oder Rassengründen verfolgten Personen von der Sperre ausgenommen werden sollen (was u. E. politisch und moralisch gerechtfertigt wäre), würden wohl besser bestimmte Kategorien von Ausländern von der Sperre ausgenommen, als dass auf den Rechtsbegriff ›deutscher Staatsangehöriger‹ abgestellt wird.« Jezler forderte also, die Vermögen der Juden freizugeben, genau wie es die jüdischen Organisationen forderten. »Wenn diese Lösung angenommen werden könnte«, schreibt Jezler weiter, »würde vermieden, dass die ›Tyrannen und ihre Opfer‹ gleich behandelt werden. [...] Psychologisch würde die Befreiung aller Flüchtlinge und Emigranten von den Sperr- und Meldebestimmungen sicher entlastend wirken.« Allerdings erklärte er auch: »Für die schweizerischen Behörden ist es äusserst schwierig, wenn nicht gar unmöglich, darüber zu entscheiden, ob jemand Jude im Sinne der Nürnberger Gesetze ist.«

Jezlers letzter Einwand deutet die wahre Ursache seiner Kehrtwende an: »Im übrigen dürfte der ganzen Frage finanziell keine grosse Bedeutung zukommen, da nur wenige Flüchtlinge und Emigranten Vermögen über Fr. 20 000.– besitzen.« [44]

Um den Streit beizulegen, bat Schwab zwei bedeutende Professoren um ihre Auslegung des Gesetzes. Zu seinem Mißfallen neigten beide dazu, den Juden recht zu geben. Prof. Egger führte aus, die Schweiz habe stets die Gültigkeit der NS-Gesetze und während des Krieges auch die Staatenlosigkeit der Juden anerkannt. Die Schweiz habe von den Nazis vertriebene Juden sogar von den Gesetzen ausgenommen, nach denen ihre Guthaben eingefroren worden wären. Dementsprechend seien die Juden immer noch staatenlos und kein jüdischer Besitz sollte eingefroren werden. In der Auswertung der Gutachten heißt es weiter:

»Beide Experten kommen zu dem Ergebnis, dass die darunter (11. Verordnung zum Reichsbürgergesetz, durch die den Juden die deutsche Staatsangehörigkeit entzogen wurde; A.d.Ü.) fallenden Flüchtlinge die deutsche Staatsangehörigkeit verloren haben und daher staatenlos sind. Beide Gutachten weisen aber auch drauf hin, dass es der Billigkeit entsprechen würde, auch die nichtjüdischen Flüchtlinge, soweit sie Opfer nationalsozialistischer Verfolgung waren, von der Sperre auszunehmen.«[45]

Der zweite zu Rate gezogene Anwalt Dr. Adolf Schnitzer unterstützte seinen Kollegen und empfahl, die Schweiz solle sich allein auf die Erklärung des Flüchtlings, er sei Jude, verlassen.

Beunruhigt über die fehlende legale Unterstützung berief Schwab am 17. Dezember eine Konferenz im Hotel Bernerhof ein, um die Haltung der Regierung zu präzisieren. Anfangs schwankte er noch zwischen den beiden Varianten, am Ende des Tages entschloß er sich aber mit Unterstützung der deutschen Sympathisanten im Politischen Departement, den Rat der Anwälte zu ignorieren. Das Einfrieren sollte für alle Juden und Nazigegner gelten, auch wenn bei entsprechendem vorgelegten Beweismaterial Ausnahmen zugelassen wurden. Tatsächlich sollte somit der Holocaust ignoriert werden, und die Kriegspolitik der Schweiz gegenüber »staatenlosen« Personen wurde aufgehoben. Juden und Nazis wurden gleichbehandelt.[46]

KAPITEL 8
Die Marionetten

Das Schicksal der Juden hing von Moses Abramowitz ab, dem 33jährigen Ökonomen und Kreuzritter im US-Finanzministerium, der stark von Roosevelts politischen Ideen inspiriert war. Abramowitz hatte im Juli in Potsdam den Standpunkt vertreten, daß zwei Prozent der Reparationen, einschließlich der deutschen Vermögenswerte in der Schweiz, eingesetzt werden sollten, um das Elend der Flüchtlinge in Europa zu lindern. Abramowitz traf vier Monate später, am 9. November, in Paris zu einer Konferenz von vierzehn Nationen ein, um ein Reparationsgremium ins Leben zu rufen, wie dies gemäß Artikel 8 des Potsdamer Abkommens vereinbart worden war. Sein Ziel war es, die Zuteilung der Gelder »für die Rehabilitation und Neuansiedlung derjenigen, die nicht in ihre Heimat zurückkehren können«, zu regeln. Damit waren die Juden gemeint.

Der Leiter der US-Delegation, James Angell, ein Wirtschaftsprofessor der Columbia-Universität, fühlte sich kaum dem Leitgedanken verpflichtet, den Juden zu helfen. Zu Abramowitz' Glück war Angell auf die Ratschläge seines Stellvertreters, der ihm seine Reden schrieb und die Vereinbarung mit den anderen Nationen verhandelte, angewiesen. Da sich alle weiteren Nationen durch den Krieg in einer finanziellen Notlage befanden und nur widerwillig bereit waren, eine Verringerung ihres Anteils an den Reparationen Deutschlands hinzunehmen, konnte Sympathie für Flüchtlinge nicht erwartet werden, und Abramowitz wußte das. »Wir tun unser Bestes«, beruhigte Abramowitz die Lobbyisten der Jewish Agency, die ständig in den Korridoren herumstrichen und den amerikanischen Delegierten die Lage der hilflosen, in den Lagern leidenden Juden schilderten. »Wir haben hier jedoch dreizehn andere Länder, die nichts von ihrem Anteil am Kuchen hergeben wollen.«[1]

Im Gegensatz zu Abramowitz zeichneten sich die anderen Delegierten durch schwankende Feindseligkeiten und vorgefaßte Meinungen aus. Abramowitz' Taktik war es, unter den Delegierten der Konferenz Emotionen zu wecken und Angell erschütternde Reden über die Todeslager, die Gaskammern und die Entdeckung von einer Menge Eheringe und von aus den Kiefern der Leichen herausgebrochenen Zahngoldfüllungen aufzudrängen. »Gefühle werden die Meinung der Delegierten ändern«, versprach Abramowitz. Die Ermittler schätzten den Wert des ungemünzten Goldes auf nicht mehr als fünf Millionen Dollar. Dennoch neutralisierte dieses Symbol der Unmenschlichkeit, von der SS in geheimen Verstecken und den Tresoren der Reichsbank zurückgelassen, extrem eigensüchtige Ansprüche. Jenes Gold und kein anderes, so kam man überein, gehöre den staatenlosen Juden. Diesem Geld fügten die Amerikaner die erbenlosen Vermögenswerte hinzu.[2]

Die Erwähnung der Vernichtungslager machte David Waley, den Beamten des Kolonialministeriums, stets betroffen. Whitehalls Anweisungen an den britischen Repräsentanten lauteten jedoch, sich Reparationsforderungen für die Juden zu widersetzen und eine besondere Fürsprache für die Opfer des Nazismus zu verurteilen. Es gebe, diesen Standpunkt sollte Waley vertreten, sehr viel weniger staatenlose Flüchtlinge als angenommen. Ihre Zahl sollte verringert werden, nicht zuletzt – »wenn möglich« – durch das Zurückschicken von deutschen und österreichischen Juden in ihre Heimat; staatenlosen Menschen sollte gleichzeitig besondere Hilfe zukommen.[3] Die Voreingenommenheit seiner Kollegen in London brachte Waley in Bedrängnis. Er mußte sich auf persönliches und behutsames Vorgehen beschränken. Die Amerikaner, warnte er, messen den von Seymour Rubin und Chaim Weizmann frühzeitig unterbreiteten Vorschlägen eine »offenbar beträchtliche Bedeutung« zu, und die Briten sollten sich einer Opposition enthalten, wenn es nicht »wirklich gewichtige Gründe« gebe.[4]

Rubin war im September nach London zurückgekehrt, um das Schicksal der erbenlosen Vermögenswerte zu erörtern. Er war sich immer noch nicht darüber im klaren, daß die meisten erbenlosen Guthaben nicht von deutschen Juden stammten und daher nicht unter Safehaven fielen.[5] Er schlug Jack Troutbeck vor, die Alliierten sollten von der Annahme ausgehen, daß die erbenlosen Vermögen »beinahe vollständig« das Eigentum deutscher Juden wären. Die Alliierten sollten darüber verhandeln, dieses Geld komplett für das Wohl der auf eine Zahl von 250 000 angestiegenen, verarmten und staatenlosen Juden zu erhalten, die in den Lagern für displaced persons dahinsiechten. Rubins anfangs willkommenem Vorschlag folgte ein langer, emotionaler Brief Chaim Weizmanns, des Präsidenten der Jewish Agency, an das britische Außenministerium. Weizmann beschrieb das noch nie dagewesene jüdische Leid, den Mord an sechs Millionen Juden und den Verlust an Vermögen im Wert von »über zwei Milliarden Pfund«. Dann wendete er sich den erbenlosen Vermögen in der Schweiz zu. »Es steht wohl außer Diskussion«, schrieb Weizmann, »daß Eigentum, welches durch Verbrechen herrenlos wurde, nicht... an die Regierungen fallen sollte, die die Verbrechen begingen, oder an eine andere Regierung oder an Fremde, die keinen rechtmäßigen Anspruch haben.« Weizmann bestand darauf, daß jenes Eigentum »dem Opfer gehört, und das Opfer ist das jüdische Volk als ganzes«. Bis zu diesem Punkt konnte Troutbeck zustimmen. Es gab zwar keinerlei rechtliche Grundlage, die überlebenden Juden als die »Erben« jener zu betrachten, die umgekommen waren. Dennoch konnte Troutbeck keinen Grund erkennen, warum die erbenlosen Vermögen nicht den Juden übergeben werden sollten. Weizmanns nächste Schlußfolgerung wirkte jedoch wie ein Bannstrahl wider sein Anliegen. »Die erbenlosen Vermögen«, insistierte der Zionist, »sollten den Juden bei der Ansiedlung in Palästina zugute kommen.« In ähnlicher Weise sollten alle Reparationsleistungen Deutschlands, wie etwa demontierte Maschinen, nach Palästina geschickt werden.[6]

Die Leiden der Juden hatten im britischen Außenministerium bei Kriegsende keine großen Emotionen geweckt, und erst im nachhinein war eine gewisse Anteilnahme, wenn man davon überhaupt reden konnte, entstanden. Die Briten wollten sich die Araber nicht zu Feinden machen, und das Außenministerium wollte die jüdische Einwanderung in Palästina verhindern und bedauerte gleichzeitig die Chance für die Briten, einen Teil der deutschen Vermögen aus der Schweiz herauszuholen, um Teile der horrenden Kriegsschulden Großbritanniens zu bezahlen. »Ich bin nicht sehr zuversichtlich, daß es aus der Schweiz Reparationen oder dergleichen für das Vereinigte Königreich geben wird«, klagte Playfair im Finanzministerium. »Sollten die Schweizer Erfolg haben und die deutschen Vermögenswerte einbehalten, werden wir auf mehr als unseren gerechten Anteil an den Werten verzichten müssen, über die andere Anspruchsberechtigte verfügen werden können.«[7] Doch Playfair bekundete eine »natürliche und persönliche Sympathie« für Weizmann. Weizmann sprach von den Juden als »einer Nation«, was Playfair als »Fiktion« ablehnte, doch er war der Ansicht, daß der Vorschlag der amerikanischen Organisation für Flüchtlingshilfe »realistisch« sei und »große Anziehungskraft« habe. Er könne durchaus die Unterstützung der Öffentlichkeit finden. »Der Plan ist geprägt«, schrieb Playfair, »von einem starken Sinn für natürliche Gerechtigkeit.« Den Juden in Palästina Geld zu geben, teilte Playfair den Beamten des britischen Außenministeriums mit, solle im Interesse der Gerechtigkeit in einem positiven Sinn betrachtet werden.[8] Playfairs dringende Bitten trafen auf taube Ohren. Rubins und Weizmanns »ungeheuerliche Vorschläge« wurden als »Sonderwunsch« mit »gefährlichen Implikationen« für andere Anspruchsberechtigte verurteilt, deren »Aussichten, mit den Juden zu konkurrieren, eher besorgniserregend« seien.[9] Weizmanns Kombination von erbenlosem Vermögen, Reparationen und Palästina, vergrößerte den Widerstand der Briten gegen jegliche Reparationen für Juden, einschließlich der erbenlosen Vermögenswerte. Die Haltung der britischen Regierung wurde zusehends feindlicher.

Neue Eingaben jüdischer Flüchtlingsorganisationen und des Board of Deputies of British Jews (Komitee der Beauftragten der britischen Juden) an das britische Außenministerium über die Rechte und Interessen der deutschen Juden und die Forderung nach umfassender Unterstützung fanden wenig Beachtung.[10] Ein Ausgleich aus den deutschen Reparationsleistungen für die jüdischen Verluste, schrieb H. S. Gregory, habe »keine logische Rechtfertigung, ganz gleich, ob es emotionale Gründe dafür geben mag. Tatsächlich bedeutet es, daß wir für die Taten der Nazis bezahlen sollten.«[11] Coulson trat dafür ein, daß Großbritannien sämtlichen deutschen Besitz, einschließlich den deutscher Juden, in Großbritannien beschlagnahmen solle, um die Zahlungen der Deutschen zu decken.[12] Gregory lehnte jede Hilfe für die Juden ab und ermutigte seine Kollegen, sich »da herauszuhalten, solange Sie können«. Seiner Meinung nach sollten deutsche Juden gedrängt werden, nach Deutschland zurückzukehren. Troutbeck antwortete den jüdischen Organisationen auf ihre Forderungen mit viel Verspätung und machte »verwaltungstechnische Bedingungen« für die Unmöglichkeit, die »schwierigen« Wünsche der Organisationen umzusetzen, verantwortlich.[13]

Das britische Außenministerium bezweifelte die Existenz »staatenloser Juden«, um die Juden zur Rückkehr in ihre Heimat zu bewegen und so ihren Anspruch auf Reparationen zu begrenzen. Im Außenministerium hatten sich Beamte im Juni 1945 auf die Annahme verständigt, daß die Juden die deutsche Staatsbürgerschaft nicht verloren hätten, weil das Reichsbürgergesetz von 1941 aufgehoben worden war. Diese Ansicht teilten auch Max Schwab und die Schweizer Regierung. In der Öffentlichkeit wurde nichts über diese Annahme bekannt, und die Eingaben Rubins und Weizmanns wurden als »von falschen Voraussetzungen ausgehend« bewertet. Von nun an verfolgte das Außenministerium eine zunehmend unnachgiebigere Politik: Es vertrat die Ansicht, es gebe »extrem wenige, wirklich staatenlose Personen« in Europa.[14] Folglich wurde der Wunsch der Jewish Agency, mit britischen Beamten zusammenzutreffen, abgelehnt, und Weizmanns Brief blieb unbeantwortet.[15]

Abramowitz war empört wegen des britischen Vorschlags, deutsche Juden zu zwingen, wieder im Land ihrer Peiniger zu leben. Er suchte Verbündete, um die britische Regierung unter Druck zu setzen. Als Abramowitz' bester Verbündeter stellte sich ausgerechnet Waley heraus. Der Brite begriff, daß seine Vorgesetzten in Whitehall letztlich gezwungen sein würden, sich dem Druck der Amerikaner zu beugen. Waley konsultierte Playfair und vertraute Abramowitz an, daß die endgültige Stellungnahme der britischen Regierung von Angell abhänge, der alle Regierungen von der Entscheidung der USA, die Juden mit Geld zu unterstützen, überzeugen müsse.

Abramowitz' Problem war Angells Unfähigkeit, eine stilistisch akzeptable Rede zu halten. Er beschloß, bei Waley Hilfe zu suchen. Beide hatten sich zu einer geheimen Besprechung in ein einsames Büro zurückgezogen, wo der Brite eben die Rede schrieb, die der amerikanische Delegierte halten sollte, um das Außenministerium in London zu beeinflussen. Das Ergebnis war eine vehemente Verteidigung der Überlebenden des Holocaust durch Angell: »Es wäre weder gerecht noch human, darauf zu bestehen, daß jetzt Deutsche und Österreicher, die aus ihrer Heimat aufgrund von politischer und religiöser Verfolgung fliehen mußten, dort wieder unter jenen Menschen leben sollen, die sie so erbittert verfolgt haben und die verantwortlich sind für die Ermordung unzähliger Verwandter und politischer Gefährten.«[16] Gleichermaßen sei es verkehrt, meinte Angell, Juden aus Osteuropa zwangsweise rückzuführen, denn diese seien bei ihrer Rückkehr in die vom Kommunismus beherrschten Länder bedroht.

Angell schlug vor, den staatenlosen Flüchtlingen 25 Millionen Dollar zur Verfügung zu stellen. Das solle durch die Verwendung des gesamten ungemünzten, in Deutschland aufgefundenen Goldes und durch 0,5 Prozent der deutschen Vermögenswerte in den neutralen Nationen finanziert werden. Die neutralen Staaten, insbesondere die Schweiz, wurden aufgefordert, deutsche Vermögen sowie die »Mittel, die von Opfern der Nationalsozialisten deponiert wurden und jenen inzwischen verstorbenen Opfern, die keine Erben hinterlassen haben« herauszugeben. In der Direktive an das einzurichtende internationale Gremium zur Verwaltung der Mittel sollte eine Übersiedlung der Juden nach Palästina mit keinem Wort erwähnt werden, um die Briten zu beschwichtigen, denn den Juden sollten 90 Prozent des Geldes zustehen.[17] Angell überzeugte zwölf Nationen. Nur die Briten leisteten weiterhin Widerstand.

In Anbetracht der Isolation wies London Waley widerstrebend an, Angells Plan zu unterstützen und auf jeden Vorschlag einer zwangsweisen Rückführung der Juden in ihre Herkunftsländer zu verzichten.[18] Die Vereinbarung wurde am 21. Dezember unterzeichnet: Den jüdischen Flüchtlingen wurde ein garantierter Betrag von 25 Millionen Dollar sowie die erbenlosen Vermögenswerte zugesichert. Einige britische Beamte protestierten hinter verschlossenen Türen. Die Juden, kommentierte Gregory die Vereinbarung und die kosmetischen Korrekturen, würden sich mit gerade mal 50 Pfund für jeden Flüchtling nicht zufriedengeben. Weiterhin meinte er: »Die Erpressung durch die jüdische Gemeinde in den Vereinigten Staaten wird wieder von neuem beginnen.«[19] Die Vereinbarung und die Verhandlungen mit der Schweiz, fügte er hinzu, riefen »Besorgnis« über jene amerikanischen Beamten hervor, die

»vom Geist der Kreuzritter durchdrungen« seien und dazu »neigen, überall geheime Machenschaften zu wittern und an jeder Ecke finstere Gestalten zu entdecken«.[20] Mit der Billigung von gleichgesinnten Kollegen verurteilte Gregory die Kreuzritter, weil sie über die Schweizer zu Gericht säßen. Zu den Angegriffenen gehörte auch Bernard Feig, der Vertreter des US-Finanzministeriums in London, der zuständig war für Safehaven.

Feig saß nicht nur über die Schweiz zu Gericht, sondern auch über Großbritannien. Safehaven stecke in einer »Krise«, glaubte Feig. Er sah die Chancen auf einen Erfolg »rapide schwinden«. Der Fehler, dachte er, sei die Sabotage und die Unehrlichkeit der Schweiz. Die Schweizer, so mutmaßte Feig, seien ohne Zweifel zu »blasiert«, um britische Presseberichte zu lesen, nach denen die Gefahr von Sanktionen überhaupt nicht gegeben war. Die weicher werdende Haltung gegenüber der Schweiz wurde in einem Finanzbericht der Vereinigten Staaten bei einem ausgiebigen Mittagessen nachgewiesen, das Peter Vieli, der Direktor der Schweizerischen Kreditanstalt, zu Ehren von Loughlin Currie gab. Vieli sprach mit Verve über den loyalen Beitrag der Schweiz für den Frieden und den Wiederaufbau in Europa. Dennoch hatte Vieli 1940 eine Petition unterschrieben, mit der die Schweizer Regierung gedrängt worden war, den Nazis gegenüber mehr Entgegenkommen zu zeigen.[21] Die Schweizerische Kreditanstalt weigerte sich immer noch, wie andere Schweizer Banken auch, deutsche Guthaben und Beutegüter zu beschlagnahmen. Selbst die Briten hatten, wie Feig wußte, Beweise für diese Weigerung.

Gerald Selous, der Handelsbeauftragte der britischen Botschaft in Bern, hatte beim Politischen Departement über die Ergebnisse der »Öffnung von Tresorräumen« angefragt. Dies hatte Stucki versprochen, und es war durch ein am 30. November 1945 erlassenes Dekret verordnet worden. Selous fragte auch nach den Resultaten der Zählung deutscher Vermögenswerte: Bankkonten, Wertpapiere, Gold, Schmuck, Kunstwerke, Patente, Firmenaktien und Eigentum.[22] Schwabs Antwort war sattsam bekannt, doch sein Ton war sehr viel unnachgiebiger geworden. Die Zählung, erklärte er, sei durch Firmen verzögert worden, die sich im Besitz von Deutschen befänden und die den Wert ihres Eigentums mit einem einzigen Schweizer Franken angegeben hätten. Weiterhin hätten sich

Rechtsanwälte und Bankiers geweigert, das Bankgeheimnis zu brechen. Obwohl Schwab wiederholte, Banken würden »keine bösen Absichten hegen«, wußte er sehr wohl, daß die Banken ohne weiteres in der Lage gewesen wären, das Bankgeheimnis zu lüften, wenn es politisch angebracht erschienen wäre. Bernhard Sarasin, der neue Präsident der Bankiersvereinigung, hat Petitpierre höchstwahrscheinlich Einblick in die Bankkonten der Parti du Travail gewährt, einer linksgerichteten radikalen Partei, weil dieser Bruch des Bankgeheimnisses auch den politischen Interessen der Banken gedient haben dürfte.[23]

Diese Doppelmoral wurde, wie Feig bemerkte, auch bei der Behandlung der staatenlosen Juden durch die Schweiz angewendet. Anspruchsberechtigte, die unter den neuen Regeln danach strebten, ihr Eigentum wiederzuerlangen, stellten fest, daß die Schweizer Beamten nicht nur offiziellen Nazidokumenten, die die Staatenlosigkeit bewiesen, mit Gleichgültigkeit gegenüberstanden, sondern sogar existierende schweizerische Polizeiakten ignorierten. Die versprochene Freistellung von den neuen Regeln für verfolgte Juden war eine Farce; zur gleichen Zeit blieben jedoch die Deutschen geschützt.[24] Feig hatte für seinen Kampf gegen die Schweiz in der britischen Regierung nach Verbündeten gesucht. Er sondierte die Lage bei W. A. Brandt im Ministerium für Wirtschaftskriegführung, um damit in der Öffentlichkeit die Möglichkeit für Sanktionen zur Sprache zu bringen. Brandt hatte schroff abgelehnt, und Diplomaten in der amerikanischen Botschaft hatten sich gegen Feigs Bitten gesträubt, auf die Briten Druck auszuüben. In seiner Verzweiflung schrieb Feig nach Washington und bat darum, Präsident Truman solle einen Appell an Clement Attlee, den britischen Premierminister, richten, der Schweiz gemeinsam Sanktionen anzudrohen. Feigs Bitte wurde nicht beachtet. Die Vorzeichen für das bevorstehende Finale zwischen den Alliierten und der Schweiz waren für die Kreuzritter nicht sehr ermutigend.

KAPITEL 9

Showdown in Washington

Anfang März 1946 zeigte sich Walter Stucki noch wortgewaltiger und streitlustiger als sonst. Während er sich auf seinen großen Auftritt vorbereitete, kanzelte er seine Untergebenen ab und muckte gegen seine Vorgesetzten auf. Die amerikanische Regierung hatte die Schweiz unerwartet kühl und formell aufgefordert, eine Delegation nach Washington zu entsenden, um die noch strittigen Fragen zu klären: alliierter Anspruch auf die erbenlosen Guthaben, die Kriegsbeute der Nazis, Gold und deutsches Eigentum. Für alle Seiten kam nun der Augenblick der Wahrheit und der Abrechnung. Stucki, der große und eitle Patriot, wappnete sich, um sein Land vor den Forderungen der Angloamerikaner zu schützen, einem Menschenschlag, dem er wenig Sympathie oder gar Respekt entgegenbrachte.

Die Schweiz hatte mit ernsten Problemen zu kämpfen. Die Kohle-, Getreide- und Rohstoffvorräte gingen zur Neige. Die Einfrierung der Schweizer Guthaben in Amerika und die Schwarze Liste der Alliierten mit 1500 Schweizer Unternehmen hatten einige Firmen in den Ruin getrieben, wodurch die Arbeitslosigkeit gestiegen war. Safehaven – der alliierte Anspruch auf erbenlose Guthaben, Naziraubgut, Gold und deutsches Eigentum – brachte die Schweizer Wirtschaft in Gefahr. William Rappard von der Universität Genf, ein in Amerika ausgebildeter Professor der Ökonomie, schärfte Stucki bei den Vorbereitungsgesprächen ein, in Sachen Bankgeheimnis unbedingt standhaft zu bleiben.[1]

Das sei wohl selbstverständlich, brummte Stucki. Sturheit war seine Maxime.

Stucki sollte nach teilweise selbstverfaßten Anweisungen das Ende der alliierten Kontrollen aushandeln, die Schweizer Wirtschaft schützen und verhindern, daß der Schweiz irgendwelche Kriegslasten aufgebürdet wurden. Das Bankgeheimnis mußte verteidigt werden. Die erbenlosen Guthaben, das Naziraubgut und das Gold durften nicht herausgegeben und sämtliche Forderungen, die deutschen Guthaben aufzulösen, mußten kategorisch abgelehnt werden.[2] Die Schweiz, instruierte man Stucki, werde niemals die alliierten Ansprüche auf deutsche Guthaben anerkennen. »Eine Konfiskation des Eigentums von Leuten, die der Schweiz vertrauten, werden wir nicht hinnehmen«, sagten ihm die Traditionalisten. Souveränität und Neutralität der Schweiz dürften nicht angetastet werden.[3] Er müsse sich sogar weigern, zwischen deutschem Eigentum und Beutegut zu unterscheiden, das von verbrecherischen Nazis gestohlen und von ihren Schweizer Komplizen versteckt worden sei. Es gebe, so versicherten ihm die juristischen Berater der Regierung, »keine rechtliche Grundlage für die alliierten Forderungen«[4], und insbesondere habe das Finanzministerium Beweise vorgelegt, daß die Schweiz sich am Krieg nicht bereichert habe.[5] So hatte man statistisches Material zusammengetragen, um nachzuweisen, daß die Schweiz während des Krieges mehr aus Deutschland importiert als in das Nachbarland exportiert hatte.[6] Niemand in Bern hatte allerdings erwähnt, daß die Schweiz im Gegensatz zu ihren Nachbarn keineswegs ärmer geworden war. Diese Tatsache interessierte Stucki jedoch nicht. In der Vorfreude auf eine heftige Debatte verwarf er brüsk die Vorstellung, man könnte den Alliierten eine Entschädigung auf freiwilliger Basis anbieten. Nur als letztes Mittel wollte er die ihm von der Regierung erteilte Vollmacht ins Spiel bringen, als Geste des guten Willens zwischen 200 und 250 Millionen Franken für den Wiederaufbau Europas anzubieten. Doch dies nur, und darauf beharrte er, nach einem selbstinszenierten dramatischen Scheitern der Verhandlungen.[7]

Bis zum letzten Moment hatte Stucki dem Druck der Bankiervereinigung widerstanden, einen der ihren in die Delegation aufzunehmen. »Ich habe mich persönlich dagegen gewehrt, dass der Delegation ein Bankenvertreter zugeteilt werde. Die Begründung liegt darin, dass die Bankiervereinigung zur Zeit in den USA keinen 100%igen guten Ruf geniesst«, erklärte Stucki gegenüber Schwab, »ferner dass ihre Mission in den USA vom Jahre 1944 kein ausgesprochen gutes Resultat davongetragen hat.« Stucki sicherte sich die Unterstützung der Regierung für diese Haltung zu und weigerte sich, vor seiner Abreise eine Delegation der Bankiervereinigung zu empfangen. Diese Bürde sollten andere übernehmen. Schwab bestärkte ihn in seiner Haltung und drückte seine Überraschung aus, »dass die Bankiers, von denen nie irgendeine Anzeige gekommen ist, die zur Auffindung getarnten deutschen Vermögens dienlich gewesen wäre, nun behaupten, ›wichtige Mitteilungen‹ über die deutschen Guthaben erstatten zu können«. Generaldirektor Alfred Hirs dämpfte Stuckis Streitlust: »Wir werden stets Nachbarn von Deutschland bleiben und sollten uns deshalb nicht zu sehr zu einem Instrument der Alliierten machen.«

Seiner Ansicht nach sollten Vertreter der Bankiervereinigung die Delegation begleiten. Stucki wies Hirs scharf zurecht: »Die Öffnung der Schrankfächer muss bis zum Beginn der Verhandlungen forciert werden. Es geht nicht an, dass wir den Alliierten erklären, von den 2200 Safes hätten bisher nur 400 geöffnet werden können.«[8] Doch in den Stunden vor seiner Abreise wurde Stucki daran erinnert, wie wenig Macht er tatsächlich hatte. Eberhardt Reinhardt, Chef der Finanzverwaltung und später ein hochrangiger Bankier der Schweizerischen Kreditanstalt, reiste ebenfalls nach Washington.[9] Der Bankier hatte wenig Grund, sich vor Stuckis Ehrgeiz zu fürchten. Kurz vor dem Abflug nach Washington hatte sich ein seit vielen Jahren in der Schweiz lebender Deutscher an Stucki gewandt: »Damals sagte der Deutsche: Wenn die Schweiz unsere Vermögen rettet«, berichtete Stucki, »dann soll sie zum mindesten 25 % erhalten. Heute tönt es natürlich anders.«[10]

Die elf Schweizer Delegierten unter der Leitung Stuckis flogen in Zürich ab. Sie verließen ein Land, das einen unverändert wohlhabenden Eindruck machte. Die Landschaft war vom Krieg unberührt, und die Läden verkauften Lebensmittel und Luxusgüter, die jenseits der Grenze noch nicht wieder zu haben waren. Während des Krieges hatte die Schweiz den übermächtigen Forderungen beider Seiten geschickt widerstanden, und nun hatte Stuckis Delegation nicht die Absicht, irgendwelchen Drohungen nachzugeben und ihre profitträchtigen Interessen zu opfern. Jedenfalls nicht, ohne vorher einen zähen Kampf zu liefern.[11]

In Amerika begrüßte die *Washington Post* den Diplomaten Stucki mit dem Spitznamen »Al Capone«. Randolph Paul, der amerikanische Verhandlungsführer und frühere Stellvertetende Finanzminister, zeigte sich höflicher. Als Steueranwalt hatte Paul keinerlei Erfahrung mit der Aushandlung zwischenstaatlicher Abkommen, doch er gab sich mit der unwissentlich falschen Vorabinformation des Außenministeriums zufrieden, Stucki sei »stark proamerikanisch und probritisch« eingestellt.[12] In der Provinz der Staates New York geboren, war der kleine, humorlose Paul bekannt als einer der berühmtesten Anwälte Amerikas für Steuerrecht; er erholte sich beim Holzhacken auf seinem kleinen Grundstück in Maryland. Berüchtigt war er für die Eigenart, beträchtliche Steuernachlässe für reiche Klienten herauszuschinden und anschließend den Kongreß aufzufordern, das Schlupfloch, das er soeben entdeckt hatte, wieder zu stopfen.

Stucki war darum bemüht, Pauls instinktives Mißtrauen zu überwinden. Er gab bei ihrem ersten Treffen im US-Außenministerium zu, es habe kritische Stimmen gegenüber der Schweiz gegeben wegen des »Verbrechens«, nicht im Krieg gekämpft zu haben. Voller Geringschätzung für die böswilligen Behauptungen, die Schweiz »hege Sympathien für die Deutschen«, sprach sich Stucki dafür aus, daß die Alliierten die Schweiz als die »älteste und freiheitsliebendste Demokratie« der Welt anerkennen sollten. In zunehmender Gefühlswallung bekannte der Schweizer sein »Bedauern«, daß die Alliierten einem »kleinen und wirtschaftlich hilflosen Land« mißtrauten, das sich weder dem Nazismus noch einem Diktat der Nazis unterworfen habe, das Eigentum von Einwohnern besetzter Länder auszuhändigen. Das Gesetz sei heilig, bekundete Stucki, und ebenso wie die Schweiz sich den Nazis widersetzt habe, um fremdes Eigentum zu schützen, sei sie verpflichtet, auch den Alliierten trotz ihrer guter Absichten zu widerstehen. »Die Schweiz ist eine Hüterin des Rechts und der Moral«, schloß er. Die Schweiz werde sich in keiner Weise den Gesetzen und Forderungen eines fremden Landes verpflichten, weder Nazideutschlands noch der USA. Das wirtschaftliche Überleben der Schweiz hänge davon ab, daß sie jene schütze, die Vertrauen in sie setzten und ihr Eigentum im Land investierten.[13]

»Ich danke Ihnen«, antwortete Paul. Amerika konnte ohne größere Anstrengungen die Schweizer Wirtschaft ersticken, und seine beiden Kollegen, Seymour Rubin und Orvis Schmidt, warteten nur darauf, daß endlich wirksame Drohungen ausgesprochen wurden, um die Herausgabe der Nazibeute und der erbenlosen Guthaben zu erzwingen. Eine Note des US-Finanzministers und Nachfolger Morgenthaus Fred Vinson an Paul bestärkte sie in ihrer Entschlossenheit. »Unserer Ansicht nach«, schrieb Vinson, »werden sie (die Schweizer; A.d.Ü.), wie scharf auch immer wir verhandeln, ohne Sanktionsdrohungen unsererseits im Grunde an einen Bluff glauben und sich dementsprechend verhalten.«[14] Paul und die beiden Kreuzritter wurden jedoch durch das US-Außenministerium gebremst, das sich nicht einmal für die Androhung von Sanktionen begeistern konnte und vielsagend schwieg,[15] aber auch von den Verhandlungsführern der Franzosen und der Briten.

Paul Charguéraud, der temperamentvolle französische Delegierte, empfand wenig Sympathie für die Schweizer und insbesondere für Stucki, der als Freund Pétains und der Vichy-Regierung für die nazifreundlichen Kreise in der Schweiz stand. Die Solidarität der Schweizer mit den Deutschen war nach Meinung des Franzosen ungebrochen, und das wurde durch die Tatsache noch bestätigt, daß sie Beutegut der Nazis aus Frankreich versteckten, dessen Spur man in die Schweiz verfolgt hatte. Außerdem waren sie im Begriff, Teile dieser Vermögen nach Südamerika zu transferieren.[16] Der französische Diplomat wußte, daß Stucki jene Franzosen verachtete, die nicht kollaboriert oder mutig in der Résistance gekämpft hatten. Dennoch sollte Charguérauds Engagement für die französischen Interessen eher von Paul hintertrieben werden. Er verriet zuweilen seine Abneigung gegen Frankreich in bissigen Kommentaren.

Nicht so offensichtlich war Pauls Widerwille gegen den Briten Francis McCombe, einen subalternen Beamten aus dem Ministerium für Wirtschaftskriegführung, mit dessen Benennung die Briten ihr Desinteresse bekundeten. McCombe war ein leidenschaftlicher Tennisspieler und hatte Erfahrungen mit der Leitung von Wohltätigkeitsorganisationen: Seine Benennung anstelle einer bekannten Persönlichkeit war ein offener Affront der britischen Regierung gegenüber den Kreuzrittern. Zu Rubins Verärgerung betonte McCombe in den vorbereitenden Treffen, die Briten hätten vorrangig Interesse an einer Ausweitung des Welthandels, weshalb die noch bestehenden Restriktionen für die Schweiz bis Ende Juni aufgehoben werden müßten. Die Labour-Regierung, so McCombe weiter, habe »auf höchster Ebene« beschlossen, jegliche Sanktionen gegen die Schweiz abzulehnen. Sanktionen seien »keine geeignete Waffe«, hatte die britische Botschaft zuvor dem US-Außenministerium mitgeteilt. Dessen aufgebrachte Vertreter wollten daraufhin den britischen Botschafter Lord Halifax einbestellen, um »ihm richtig die Leviten zu lesen«.[17] Ihre Wut war gedämpft und dann praktisch ignoriert worden. Rubin standen dennoch die Haare zu Berge. Man hatte die Schweizer einzig und allein durch die Einfrierung ihrer Auslandsguthaben, die Schwarzen Listen und die Sanktionsdrohungen nach Washington holen können, und nun schlugen die Briten ohne mit der Wimper zu zucken vor, diese Waffen nicht mehr zu gebrauchen. Ein Telegramm aus der Botschaft in Bern klärte den politischen Hintergrund für McCombes neuen Standpunkt. Die Schweiz hatte soeben beschlossen, daß die Briten Schweizer Franken mit Pfund anstatt mit Gold bezahlen konnten, was eine wichtige Konzession für ein bankrottes Land war. McCombes einziges Interesse war, wie Rubin erkannte, die Verhandlungen zügig mit dem Versprechen der Schweiz zu beenden, den Briten Reparationszahlungen aus deutschen Guthaben zu leisten.[18]

Die Hinweise auf Differenzen zwischen den Alliierten trugen natürlich dazu bei, Stucki zu beruhigen, doch Pauls Eröffnungsrede ließ die Spannung im Saal ansteigen. Wie auch immer die Prinzipien der Neutralität auszulegen seien, meinte der Amerikaner, sie könnten nicht benutzt werden, »um den Aggressor oder seinen Besitz zu schützen«. Amerika fordere »unnachgiebig«, daß die deutschen Guthaben zum »Ausgleich der Schäden« verwendet werden sollten, die Deutschland verursacht habe. Die deutschen Guthaben in der Schweiz seien deutsches und nicht schweizerisches Eigentum, und die Frage sei einzig, ob die Schweizer behilflich seien, sie aufzuspüren und herauszugeben. »Die Alliierten«, fuhr Paul fort, »zahlen Millionen für Lebensmittellieferungen, um die Deutschen am Leben zu erhalten. Das ist ein wirkliches Opfer. Es gibt keinen Grund, warum deutsche Guthaben in der Schweiz nicht für die Bezahlung von Lebensmitteln verwendet werden sollten.«[19]

»Wir schlagen eine gemeinsame Kommission vor«, meinte Paul

weiter, »um die Verkäufe durchzusetzen und die Schweizer Banken und Tresore nach gestohlenem Eigentum und Gold zu durchsuchen.« Paul forderte nichts weniger als einen direkten Eingriff in die sakrosankten inneren Angelegenheiten der Schweiz. »Bis zur Umsetzung dieser Maßnahmen«, schloß Paul, »werden die Sanktionen aufrechterhalten und, falls nötig, neue beschlossen.«[20]

Während Stucki die Warnung Pauls noch verdaute, langweilte McCombe die Mitglieder der Delegationen mit Schmeicheleien über die »Bewunderung und Dankbarkeit« der Briten für das Rote Kreuz und Erinnerungen an die »vielen Freunde der Briten in der Schweiz«. Charguéraud beschränkte sich in seinen Begrüßungsworten darauf, ebenfalls für die Schweizer Hilfe während des Krieges seinen Dank abzustatten. Stucki griff das Stichwort auf. »Die Schweiz«, antwortete er, »anerkennt in vollem Umfang eine große moralische Verpflichtung gegenüber den unschuldigen Opfern dieses Krieges; sie bestreitet außerdem nicht, daß sie den Alliierten für ihre siegreichen Anstrengungen unermeßlichen Dank schuldet.« Er verwies auf die schon durchgeführten humanitären Maßnahmen und versprach, die Schweiz werde noch mehr Geld dafür ausgeben, »obwohl hier keine rechtliche, sondern nur eine moralische Verpflichtung vorliegt«.[21] Die Festung hißte die Flagge und zeigte damit Verteidigungsbereitschaft. Die Stimmung war umgeschlagen.

Am 22. März begannen die formellen Verhandlungen in der strengen und nüchternen Atmosphäre von Raum 1009 im US-Außenministerium. Den wartenden Reportern erklärte Paul, er sei »ausgesprochen beeindruckt von der kooperativen Haltung« Stukkis und seiner Bereitschaft, »die Dinge voranzutreiben«.[22] Kaum waren die Türen geschlossen, kam es zum ersten Schlagabtausch wegen des Schicksals der deutschen Guthaben.

Die »enormen Verluste« der Schweiz während des Krieges, sagte Stucki, beliefen sich auf 4 Milliarden Franken, darunter von Schweizer Bürgern erlittene Kriegsschäden in Höhe von 501 Millionen Franken. Man beanspruche aufgrund dieser gewaltigen Summe alle deutschen Guthaben in der Schweiz im Wert von 1 Milliarde Franken, darunter »den Inhalt von Tresorschließfächern« mit einem geschätzten Wert von 76,6 Millionen Franken.[23]

Paul war überzeugt, daß die Schweizer logen, und entgegnete

knapp: »Die Behauptungen der Schweiz sind kaum haltbar und von zweifelhaftem Wert.« McCombe pflichtete ihm bei: »Diese Vorschläge sind nicht angemessen und unannehmbar.« Stuckis Darstellung entsprach bis ins Detail hinein nicht der Wahrheit. Die 2663 bisher geöffneten Tresore hatten 84 Millionen Franken in bar enthalten, und die Ermittler hatten zudem wertvollen Schmuck und bislang noch nicht geschätzte Gemälde gefunden.[24] Obwohl Paul und McCombe noch nicht wissen konnten, daß Stuckis Behauptungen nicht der Wahrheit entsprachen, gaben beide dem Schweizer Diplomaten einen passenden Spitznamen: »Sticky« (klebrig, sentimental).

Unbeirrt wiederholte Stucki sein Lamento: »Ich möchte unsere große Enttäuschung über die Haltung der Alliierten nicht verbergen. Die übermächtig starken Alliierten haben verschiedene Möglichkeiten, uns das Leben schwer zu machen, und am Ende werden wir gezwungen sein, allen Forderungen nachzugeben. Doch vergessen Sie nicht Roosevelts Weihnachtsbotschaft im Jahre 1943: »Die Lehre, wonach die Starken die Schwachen beherrschen sollen, ist die Lehre unserer Feinde – und wir lehnen sie ab.«

»Die Forderungen der Schweiz«, antwortete Paul steif und vom sentimentalen Hinweis auf den großen Präsidenten unbeeindruckt, »müssen deutlich heruntergeschraubt werden.« Die Schweiz, so gestand er zu, habe das Recht auf die Rückzahlung gewisser Schulden, doch werde man nicht zulassen, daß sie vom Krieg profitiere. Paul wußte sehr wohl, daß eine solche Übereinkunft schwierig sein würde, und griff die Gelegenheit beim Schopfe, zwei heikle Punkte der Schweizer anzugehen: Gold und Beutegut. »Von dem Gold, das die Deutschen in die Schweiz lieferten«, eröffnete er Stucki, »war ein Teil im Wert von mindestens 200 Millionen Dollar gestohlen, und wir glauben, daß die tatsächliche Summe noch viel höher ist.«[25]

Amerikanische und französische Ermittler hatten anhand der unvollständigen Akten der Reichsbank keine genaue Statistik über die wirklichen Reserven der Bank und ihres Raubguts erstellen können, doch die Schlußfolgerung, daß die Schweizer in diesem Punkt nicht die Wahrheit sagten, lag nahe.

In Berlin hatte der amerikanische Obergefreite William Dunkel von der Financial Intelligence Branch (einer auf Finanzfragen spezialisierten Geheimdienstabteilung der US-Militärregierung) einige Hauptbücher der Reichsbank aufgestöbert. Mit Hilfe von Albert Thoms, dem ehemaligen Leiter der Edelmetallabteilung der Reichsbank, spürte Dunkel dem Schicksal des belgischen Goldes nach. Aus den Hauptbüchern waren manche Seiten herausgetrennt worden, doch Dunkel fand bald heraus, daß man das Gold, welches die Reichsbank in vierundzwanzig Lieferungen erhalten hatte, innerhalb von achtzehn Monaten umgeschmolzen hatte. Als diese mühselige Arbeit 1944 beendet war und alle Barren den Datumsstempel 1937 trugen, sollten sie nach Eintragungen in den Büchern in die Schweiz gebracht werden. Dunkel konnte jedoch nicht herausfinden, wieviel Gold genau in Österreich und der Tschechoslowakei geraubt worden war[26] und wieviel Gold sich bei Kriegsende noch in Deutschland befand – in den Stahlkammern der Reichsbank und in Verstecken. Die Briten schätzten den Wert des Goldes auf 252 Millionen Dollar,[27] die Amerikaner auf 293 Millionen Dollar.[28] Doch bei der Vorbereitung für die Washingtoner Konferenz gelangen den Alliierten glaubwürdige Berechnungen. Man schätzte, daß die deutschen Goldreserven bei Ausbruch des Krieges höchstens 160 Millionen Dollar wert waren (wahrscheinlich eher 120 Millionen), und vermutete, daß die Reichsbank während des Krieges gestohlenes Gold im Wert zwischen 579 und 661 Millionen erhalten hatte: aus Belgien 223 Millionen, aus Holland 161 Millionen, aus Italien 84 Millionen, aus der Tschechoslowakei 50 Millionen, aus Österreich 46 Millionen, aus Rußland 23 Millionen, aus Polen 12 Millionen, aus Luxemburg 5 Millionen und aus Danzig 4 Millionen. Hinzu kamen »große Beträge« aus Privatsafes und aus den Balkanstaaten einschließlich Jugoslawiens.

Den Akten der Reichsbank zufolge war Gold im Wert zwischen 398 und 410 Millionen Dollar in die Schweiz geliefert worden. Davon waren 138 Millionen von Bern aus nach Spanien und Portugal weitergeleitet worden. Der vorsichtigsten und damit der »für die Schweiz günstigsten« Schätzung zufolge hatte die Berner Nationalbank Gold im Wert von »im Minimum« 185 Millionen, wahrscheinlich eher 296 Millionen Dollar angenommen.[29]

Zu dem an die Schweiz verkauften Raubgold gehörte das belgische Gold im Wert von 123 und das holländische Gold im Wert von 100 Millionen Dollar. Einen Teil davon brachten die Schweizer in die Türkei, nach Spanien und nach Portugal. Von den 3859 Goldbarren, die von Bern aus in Lissabon ankamen, hatten 318 immer noch die holländische Originalverpackung. In Madrid waren sogar 1180 holländische und 673 belgische Goldbarren angekommen.[30] Die Portugiesen, so berichtete ein britischer Ermittler, waren »sichtlich besorgt«, weil das gestohlene Gold in den Stahlkammern lag, »als ob die Bank die Mona Lisa an sich genommen hätte, ohne sie zu retuschieren«. Die portugiesische Regierung behauptete standhaft, man habe das Gold in gutem Glauben von der Schweiz in Empfang genommen, und verweigerte die Rückgabe. Im Gegensatz dazu übergab die spanische Regierung im Dezember 1945 über 1 Tonne Gold an die amerikanische Regierung, das sofort nach Frankfurt geflogen wurde. Die restlichen 73 Tonnen behielten die Spanier.[31]

Die Nachforschungen der Alliierten waren in drei Punkten unvollständig. Erstens wurden alle Goldlieferungen der Reichsbank nach Liechtenstein ignoriert.[32] Zweitens vermutete man, die Reichsbank habe holländisches Gold im Wert von 100 Millionen Dollar (588 Millionen Franken) an die Schweiz geliefert. In Wirklichkeit waren es 161 Millionen Dollar, doch die holländische Regierung kannte die Fakten nicht, und die Schweizer verschwiegen, daß eindeutig holländisches Gold in Bern angekommen war.[33] Drittens waren die französischen Nachforschungen unzulänglich. Die französischen Ermittler werteten zunächst einige Akten zum Schicksal des belgischen Goldes nicht aus und ignorierten dann die deutschen Aufzeichnungen über die Einschmelzung der holländischen Barren.[34]

Stucki ahnte diese Versäumnisse und die unterschiedlichen Beweggründe der drei alliierten Verhandlungspartner. Die Briten hatten kein Interesse am Gold und beunruhigten ihn kaum. Die Franzosen hatten die Belgier für den Verlust ihres Goldes entschädigt und waren offensichtlich in streitlustiger Stimmung. Die Amerikaner hingegen führten einen wütenden Feldzug für Gerechtigkeit, und ihre Argumente konnte er nicht einfach zurückweisen.

Ein Grund für den Zorn der Amerikaner war Rappards gebrochenes Versprechen gegenüber Currie vom 8. März 1945, das gestohlene Gold zurückzugeben, insbesondere die 110 Tonnen belgischen Goldes, die die Schweiz 1943 angenommen hatte, nachdem die Schweden die Lieferung nicht akzeptiert hatten. Das amerikanische Finanzministerium war über diese Unaufrichtigkeit verärgert und wollte im Dezember Experten nach Bern schicken, um die Bücher der Nationalbank zu überprüfen und die Stahlkammern zu inspizieren.[35] Die Briten bestürzte dieses Vorhaben. W. A. Brandt hatte John Winant, den amerikanischen Botschafter in London, gewarnt, es wäre »ein großer Fehler«, den Schweizern in dieser Phase auf den Leib zu rücken. Sie würden es Ausländern niemals gestatten, in ihren Geheimangelegenheiten herumzustöbern. Das Überraschungsmoment, so Brandt weiter, sei in künftigen Verhandlungen eine »wichtige Waffe«, um das »unanfechtbare Argument«[36] der Schweizer zu entkräften, sie hätten das Gold in gutem Glauben angenommen und die Sache als normalen Geschäftsvorgang behandelt, bevor die Alliierten mit ihrer Erklärung zum Beutegold an sie herangetreten waren. Winant veranlaßte das Washingtoner Finanzministerium, dem beizupflichten. Drei Monate später warteten Paul und Rubin immer noch ungeduldig auf ihre Chance, die Finten und Ausflüchte der Schweiz öffentlich anzuprangern.

Die Schweizer Beamten kamen unterschiedlich gut informiert in Washington an. Stucki glaubte den Behauptungen nicht, die Nationalbank habe wissentlich gestohlenes Gold angenommen. Rappard vermutete, daß gestohlenes Gold von der Nationalbank angenommen worden sei. Er war jedoch bereit, entsprechende Unterstellungen der Alliierten entschieden zurückzuweisen. Daß die Deutschen das gestohlene Gold umgeschmolzen und damit die Unrechtmäßigkeit ihres Besitzes eingestanden hatten, war eine Schlußfolgerung, die er nicht zog. Alfred Hirs kannte die Wahrheit, nicht zuletzt aufgrund eines ausführlichen Gesprächs, das er kurz zuvor mit Maurice Frere, dem Direktor der belgischen Zentralbank,[37] geführt hatte. Er stellte sich jedoch als nicht vortragender technischer Experte mit bloßer Beraterfunktion dar. Hirs war unnachgiebig: Seine Bank traf keine Schuld, und ihre Direktoren dachten nicht im Traum daran, Fehler einzugestehen. Kurz vor Beginn der Sitzung zur Goldfrage nahm Paul in einer Ecke des Konferenzraums Stucki beiseite. »Seien Sie vorsichtig«, riet ihm der amerikanische Anwalt, »wir können beweisen, daß die Schweiz wußte, daß das Gold gestohlen war.« Stucki zuckte die Schultern.

Stucki eröffnete seine Ausführungen mit einem Zugeständnis: »Wir räumen ein, daß Gold im Wert von 7 Millionen Franken verdächtig war.« Die Barren waren nach den Verhandlungen mit Emil Puhl und kurz vor dem deutschen Zusammenbruch eingetroffen.[38] Doch Stucki wies Pauls Behauptung vehement zurück, die Schweiz habe wissentlich Beutegold im Wert von über 200 Millionen Dollar angenommen. Das Gold im Wert von 376 Millionen Dollar (1638 Millionen Franken), das die Schweizer während des Krieges von der Reichsbank angenommen hatten, sei nicht gestohlen gewesen. »Diese Statistiken sind falsch«, spottete Paul verächtlich und äußerte den Verdacht, die Schweizer Aufzeichnungen seien gefälscht und die Reserven der Reichsbank falsch geschätzt worden.[39]

Stucki tat diesen Einwand mit einer Handbewegung ab und blickte wütend zu Charguéraud hinüber. Dessen wunder Punkt war Frankreichs Rolle im Krieg. Die Schweiz, erklärte Stucki, glaube nicht, daß die Deutschen das belgische Gold geraubt hätten. Vielmehr habe Frankreich es »gestohlen«.[40] »Wir werden nicht akzeptieren«, sagte Stucki verärgert, »daß die Schweiz oder die Schweizerische Nationalbank eine rechtliche oder moralische Verpflichtung haben könnten, einen Teil dieses Goldes zurückzugeben.« Charguéraud geriet angesichts der phantastischen Unterstellung Stuckis prompt in Rage und rief: »Die Schweizer Nationalbank hatte offensichtlich nicht einmal die elementarsten Vorsichtsmaßnahmen getroffen, bevor sie das von den Finanzbehörden des Dritten Reichs offerierte Gold angenommen hat.«[41]

Alle Augen richteten sich nun auf Hirs. Ihm war es sichtlich unangenehm, im Mittelpunkt des Interesses zu stehen. »Ich bin nicht hier, um die Nationalbank zu verteidigen«, murmelte er. »Allerdings hatten wir nie mit gestohlenem Gold zu tun.«

Hier übernahm der französische Finanzattaché in Bern Marcel Vaidie die Befragung. »Nun, wieviel Gold hat die Schweiz erhalten, und wie haben Sie dessen Herkunft zu klären versucht?« fragte er Hirs.

»Mir liegen keine Beweise vor, daß wir geraubtes Gold angenommen hätten, und wir sind im Besitz zahlreicher Erklärungen, wonach das von uns angenommene Gold nicht geraubt war.«

»Erklärungen von wem?« fragte Vaidie.

»Von Polen, Norwegen, Jugoslawien und Dänemark.«

Sichtlich unbeeindruckt wiederholte Vaidie die Geschichte des belgischen Goldes.

»Das wußten wir nicht«, sagte Hirs.

»Wir haben alle deutschen Akten gesichtet und sind zu dem Schluß gekommen, daß die Schweiz gestohlenes Gold im Wert von mindestens 200 Millionen Dollar aus Deutschland erhalten hat. Wir wollen Näheres über die Schweizer Geschäfte mit Deutschland wissen.«

Hirs war jetzt in die Klemme geraten. Widerstrebend legte er die Maske des zurückhaltenden Experten ab und trug die Statistik des Schweizer Goldhandels vor. »Ich gebe zu, daß mich die alliierte Warnung von 1943 nicht besonders beeindruckt hat.« Nach der Erklärung vom Februar 1944, in der Morgenthau die neutralen Staaten gewarnt hatte, Gold von Deutschland anzunehmen, fuhr er fort, hatte man Puhl befragt, der »uns versicherte, Deutschland liefere kein geraubtes Gold, es handle sich vielmehr um geheime Reserven«.[42] Hirs stellte sich als aufrichtigen, aber leichtgläubigen Makler dar, der Puhls Angaben geglaubt hatte, »die versteckten Goldreserven« der Reichsbank seien 2 Milliarden Schweizer Franken wert. Doch mit seiner arroganten Schlußbemerkung bewies er einen erstaunlichen Mangel an Geschick. Das belgische Gold, so spekulierte Hirs, könne durchaus in Amerika oder Frankreich gelagert sein. Die Stimmung wurde schlagartig gereizt. Das Treffen war gescheitert. Die alliierten Verhandlungsführer waren aufgebracht, doch in der Schweizer Botschaft dachte an diesem Abend niemand über die Auswirkungen von Hirs' leichtfertiger Bemerkung nach. Vielmehr spiegelte sich in der Unterhaltung wider, daß die Schweizer ein Ressentiment gegen die vielen Juden in der amerikanischen Delegation entwickelt hatten. Rubin, Oscar Fletcher, der Goldexperte des US-Außenministeriums, Walter Surrey und Warren Silver, ebenfalls aus dem State Department – sie alle waren Juden. »Warum muß ich mit einem Judenbengel verhandeln?« erregte sich Stucki über Rubin.[43] Auch Hirs hatte sich über die »jüdische Mehrheit« in der Delegation ausgelassen.[44] Der Rücktritt Morgenthaus, so hatten sie geglaubt, »würde die jüdische Lobby allmählich lahmlegen« und »die Aggressionen« dämpfen.[45] Doch die erwarteten Veränderungen, nämlich bessere Beziehungen zu den Amerikanern, hatten sich nicht eingestellt. Stucki wußte, daß es politisch unklug sein würde, ihre gemeinsame Abneigung gegen die amerikanischen Delegationsmitglieder auch nur anzudeuten; deshalb sollte Hirs am nächsten Morgen gezielt die Franzosen angreifen.

Hirs begann mit den schon bekannten langatmigen Bekundungen der Schweizer Aufrichtigkeit und Neutralität und listete auf, welche Dienste man den Alliierten bereits erwiesen hatte. Als er auf seine persönlichen Beziehungen zu den Nazis zu sprechen kam, knisterte es im Saal vor Spannung. »Wir haben Puhl immer als Bankier betrachtet, dessen Integrität außer Zweifel stand«, erklärte Hirs. »Wir hielten ihn nie für einen Dieb oder gar für einen Nazi im gewöhnlichen Sinne. Er lachte uns aus, weil wir die Feindpropaganda vom geraubten Gold glaubten, und gab uns die absolute Garantie, daß keiner der in die Schweiz geschickten Barren Raubgold war.«

Nun ging Hirs zum Angriff über. Er beschuldigte die Franzosen, sie erwarteten von anderen, daß sie die Folgelasten ihrer Kollaboration mit den Nazis tragen sollten, und machte Frankreich für den Verlust des belgischen Goldes verantwortlich. Insbesondere klagte er de Boisanger an, den Direktor der französischen Nationalbank. »Er ist ein bekannter Kollaborateur«, meinte Hirs süffisant und spielte auf de Boisangers häufige Besuche während des Krieges in der Schweiz an, »dessen Warnungen im Jahre 1943 nur ein paar allgemeine und vage Andeutungen waren«, die zu Recht als »Täuschungsmanöver der Deutschen« abgetan wurden.[46] Den Blick auf Vaidie gerichtet, schloß Hirs kühl: »Nach allen unseren Prüfungen während des Krieges und in jüngster Zeit hat die Bank ein reines Gewissen. Die Schuld liegt bei Frankreich und dessen Nachlässigkeit.«

Vaidie war um so erzürnter, weil er sich das ausgerechnet im Beisein Stuckis anhören mußte, dieses leidenschaftlichen Verehrers von Marschall Pétain. Stucki hatte von diesem Idealtyp eines Kollaborateurs noch gegen Ende des Krieges ein signiertes Foto angenommen. Nun stand es in einem Silberrahmen auf seinem Piano zu Hause in Bern. Welche Heuchelei! Vaidie explodierte nur deshalb nicht vor Zorn, weil er ein Geheimnis kannte. Puhl war von James Mann verhört worden, und die Ergebnisse waren den Schweizern noch nicht bekannt. Außerdem wußten sie nichts über die Entdekkung von Puhls Briefen an den Reichsbankdirektor Walther Funk, die er während der Verhandlungen im März 1945 geschrieben hatte. Aus beiden ging deutlich hervor, wie beflissen die Schweiz mit den Nazis zusammengearbeitet hatte.

»Sehen Sie sich doch nur Puhls Briefe an Funk an«, rief Vaidie. »Dann sehen Sie, wie Sie mit den Deutschen kollaboriert haben.« Albert Robbins, ein britischer Anwalt, beruhigte den Franzosen und zog das Verhörprotokoll aus der Tasche. Er hielt Rappard und Hirs eine Seite vor die Nase und las laut Puhls Geständnis vor, daß Weber und Hirs – laut Puhl der »zweite Mann nach Weber« – darüber informiert worden seien, daß Deutschland auch geraubtes Gold in die Lieferungen an die Schweiz aufnehmen werde. »Sie haben nicht in gutem Glauben gehandelt«, sagte Robbins barsch. »Puhl hat Sie gewarnt, daß ein Teil des Goldes geraubt war. Sie waren nicht vorsichtig genug.« Er hielt kurz inne, um die Wirkung seiner Worte zu steigern. »Hier sitzt der Mann, den Sie immer wieder als ehrlich bezeichnet haben.«

Hirs, sichtlich durcheinander, wischte Rappards Forderung nach Vertagung beiseite: »Puhl war ein anständiger und ehrlicher Mann. Was er jetzt auch sagen mag, man sollte ihm nicht mehr glauben. Puhl zu glauben heißt, der Schweiz nicht zu glauben.«[47] Hirs sah sich einer Reihe von erstarrten und ungläubigen Gesichtern gegenüber. Der Bankier, an harte Auseinandersetzungen jenseits der Mauern seiner Berner Zitadelle nicht gewöhnt, wußte genau, wessen sie ihn anklagten: Hirs und seine Regierung hatten ihr feierliches Abkommen mit Currie gebrochen und den Nazi Puhl begünstigt.

»Wollen Sie sich 500 Millionen Schweizer Franken holen«, platzte Hirs los, »und meine Bank ruinieren?« Dieser überraschende und rätselhafte Ausbruch schuf eine eisige Atmosphäre. Hirs schien sogar den Tränen nahe. Die acht alliierten Vertreter starrten über den Tisch. Bis dahin hatte noch keiner unterstellt, die Schweiz solle geraubtes Gold im Wert von 500 Millionen Franken zurückgeben. Im Gegensatz zu dem aufgebrachten Hirs waren seine Schweizer Kollegen peinlich berührt. Robbins brach das Schweigen. »Die Sorge um ihre Bank«, erklärte er Hirs mit einstudierter Feierlichkeit, »muß gegen das Leiden vieler Nationen unter der größten Tyrannei der Geschichte aufgewogen werden.«

»Wir brauchen kein weiteres Treffen«, unterbrach ihn Rappard. »Bitte nennen Sie uns andere Beispiele für geraubtes Gold.«

»Mich werden Sie nicht mehr brauchen«, murmelte Hirs mit wässrigen Augen. Niedergeschlagen und gedemütigt schlurfte der Bankier aus dem Saal.[48]

In dieser Nacht tobte Stucki vor Wut durch die ganze Botschaft. Selbst Paul Jolles, ein Nachwuchsdiplomat, der Stuckis unkontrollierte Ausbrüche gut kannte, fand deren Gewalt beängstigend. »Sie haben gelogen«, schrie Stucki Hirs an. Der Bankier kauerte sich zusammen: »Ich habe gelogen. Ich tat es, um Sie zu schützen.«

Am folgenden Morgen, dem 29. März, kam Stucki Paul »arg mitgenommen« vor. Noch in der Nacht hatten sie ein Memorandum der Alliierten erhalten, in dem die von der Schweiz angenommenen Lieferungen geraubten Goldes aufgelistet wurden. »Wieviel Gold wollen Sie eigentlich haben?« fragte Stucki. »Nennen Sie uns einfach den Ihrer Meinung nach angemessenen Betrag.«

»Welche Annahmen auch immer wir zugrunde legen«, antwortete Paul, »von dem durch die Deutschen an Schweizer Institutionen gelieferten Gold war ein Teil im Wert von mindestens 200 Millionen Dollar geraubt. Und das ist noch die niedrigste Schätzung.«

In der Nacht darauf erhielt Stucki ein weiteres Memorandum von Paul. Hübsch verpackt in höfliche Bemerkungen zum einzigartigen Charakter der Schweiz sprach Paul die Drohung aus, falls es zu keiner Vereinbarung komme werde, würden die Alliierten die Schweizer Wirtschaft in den Ruin treiben und das Schweizer Fehlverhalten weltweit öffentlich anprangern. »Diese arrogante Haltung können wir nicht hinnehmen«, donnerte Stucki gegenüber seinem Beraterstab. Jolles erkannte die Gefahren und blieb stumm. Kein Amerikaner war mehr bereit, mit den Schweizern zu sprechen. »Wenn wir bedroht werden, verhandle ich nicht«, erregte sich Stucki und übersah dabei, daß die Amerikaner die Gespräche erst fortsetzen wollten, nachdem die Schweizer nachgegeben hatten. Diskret hatte er seinen Rechtsexperten aufgetragen, sich bei Sullivan und Cromwell, der Rechtsanwaltskanzlei der Brüder Dulles, Rat zu holen. Ihm war klar, daß die Amerikaner den Gedanken einer Schweizer Rechtsautonomie ablehnten und daß er Hilfe brauchte. Die Brüder Dulles waren bewährte Freunde der Deutschen und Schweizer, ihr Rat würde zwar wertvoll sein, doch wie auch immer er lauten mochte, er konnte Stucki nicht aus der Klemme helfen. Der Zeitpunkt war gekommen, beschloß er, das Scheitern der Verhandlungen in Szene zu setzen.

Später meinten einige Beobachter, Stucki habe die Krise heraufbeschworen, um die Rückkehr nach Bern zu rechtfertigen, wo er seine eigenen Anweisungen schreiben wollte. Andere behaupteten hingegen, daß er neue Anweisungen von seiner Regierung einholen wollte. Ein Mischung aus beidem war wohl zutreffend. Stucki kehrte am 30. März in die Schweiz zurück, mit einem scharfzüngigen Memorandum Pauls im Gepäck, in dem den Schweizern Habgier vorgeworfen wurde. Der Krisenfall war eingetreten.

Weil die Zeitungen zensiert wurden, wußten nur wenige Schweizer, daß die drei Alliierten im Namen von achtzehn Nationen verhandelten, die das Verhalten der Schweiz einhellig mißbilligten. Für die Uneingeweihten führte Stucki einen Kampf für die Souveränität der Schweiz und für die Unantastbarkeit des Privateigentums – um welchen Preis auch immer. Nur Insider erkannten, daß der Stillstand der Verhandlungen nicht allein auf den Streit über das Schicksal deutschen Eigentums, sondern auch auf die Vorwürfe wegen des Nazigolds zurückzuführen war. Doch selbst Petitpierre, überlegte Marcel Vaidie später, war sich vermutlich nicht über alle Tatsachen im klaren.»Die Schweizer Delegation«, urteilte er,»unterrichtete Bern nicht umfassend über die Verhandlungen.«[49] Die Angloamerikaner seien nur von Stuckis eigenartigem Auftreten irritiert gewesen.

»Wir sind isoliert«, sagte Stucki mürrisch zu seinen Kollegen.

»Meinen Sie wirklich, ein reicher Mann sei jemals isoliert?« antwortete Hans Schaffner, ein Wirtschaftsexperte der Regierung in Bern. Ihm war rätselhaft, warum Stucki Angst vor den Amerikanern hatte. »Die Nationalbank war naiv, hat jedoch in gutem Glauben gehandelt. Die Alliierten waren nicht gerade freundlich. Sie verstehen nicht, wie schwierig es für uns war. Ihr Verhalten ist eine Zumutung, sie sind verdrossen, weil wir mit heiler Haut davongekommen sind, und wollen unsere Tapferkeit nicht anerkennen.«[50] Stucki kehrte am 11. April nach Washington zurück. Er war wild entschlossen, einen Schlußstrich unter die Vergangenheit zu ziehen.

Er wußte nicht, daß er bei den Bernern ein nagendes Gefühl der Unzufriedenheit hinterlassen hatte.

Kurz nach Stuckis Ankunft in Washington kam ein Telegramm von Petitpierre. Stucki wurde eine drastische Beschränkung seiner Befugnisse und Vollmachten mitgeteilt. Seine Aufgaben sollten auf sechs Ressorts verteilt werden. Die Schweizer, das wußte Stucki, hegten eine tiefe Abneigung gegen jeden, der eine zu starke Machtposition beanspruchte. Doch was am meisten gegen ihn sprach, war sein Mißtrauen gegenüber den Bankiers. Alfred Zehnder, der den Großteil von Stuckis Aufgaben übernahm, war wie Petitpierre den Forderungen der Schweizer Bankiers gewogen und weniger erpicht darauf, nach eigenem Gutdünken vorzugehen.[51] Die persönliche Demütigung war Stucki jedoch nicht anzumerken, als er die Verhandlungen wiederaufnahm.

Während der Unterbrechung hatten die Briten Paul und Rubin gemahnt, die der Schweiz auferlegten Beschränkungen müßten innerhalb von sechs Wochen aufgehoben werden, und sie damit taktisch verunsichert. Das US-Außenministerium bekräftigte durch beharrliches Schweigen sein Desinteresse an den Verhandlungen. Jetzt machten sich auch einige Beamte des Finanzministeriums zunehmend Sorgen. Paul hatte mit den Schachzügen der Diplomatie keine Erfahrung und war nicht auf den Gedanken gekommen, vom FBI die Schweizer Telefone abhören zu lassen, um Einblick in die Strategie des Verhandlungsgegners zu gewinnen. Stucki hingegen war überzeugt, daß seine Räume verwanzt seien. Als Rechtsanwälte waren Paul und Rubin einzig darauf aus, ihren Fall mit Argumenten zu gewinnen. Erfolg hieß für sie, einen Konsens zu erzielen. Daß es bei dieser Art von Konsens einen Unterschied machte, ob Individuen oder Regierungen ihn aushandelten, ging über ihren Horizont. Die beiden Amerikaner waren von der Unaufrichtigkeit der Schweizer überzeugt und glaubten, die Aufdeckung der reinen Wahrheit würde auch der Gerechtigkeit zum Siege verhelfen. Unter Druck geraten, versuchten sie, die Verhandlungen so schnell wie möglich abzuschließen.

Zu Beginn des ersten Treffens nahm Stucki abermals seine gewohnt sture Haltung an. »Der Schweizerischen Nationalbank kann im Zusammenhang mit ihren Goldankäufen rein rechtlich keine Schuld angelastet werden«, erklärte Stucki Paul. Die Schweiz habe unwissentlich geraubtes Gold angenommen, und jede Rückgabe solchen Goldes werde »allein durch das Schweizer Bundesgericht beschlossen«. Paul schob Stucki einen Stoß Papiere hinüber. »Dasselbe Gold, das die Schweiz von Deutschland annahm, wiesen die Schweden als verdächtig zurück«, sagte Paul ruhig. Stucki verstummte sichtlich verblüfft. Am Abend schrieb Rappard einen vierseitigen Fragebogen für die Alliierten, in dem sie den Weg des gestohlenen Goldes detailliert nachweisen sollten. Die unzähligen Einzelinformationen, die er verlangte, sollten den Alliierten offensichtlich einen Dämpfer versetzen und Verwirrung in die Debatte bringen. Innerhalb von vierundzwanzig Stunden hatte Stucki die klaren und vernichtenden Antworten auf dem Tisch. Seine Hoffnungen auf mehr Bewegungsspielraum brachen in sich zusammen.

Kurz nachdem er am 13. April seinen Sitz im Konferenzsaal eingenommen hatte, machte er ein beachtliches Zugeständnis. Die Schweiz, sagte er, habe Puhl fälschlicherweise als »anständigen und ehrlichen Mann« eingeschätzt. Doch selbst dieses Geständnis offenbarte geheuchelte Naivität. Warum, fragte Stucki, betrieben die Deutschen soviel Aufwand, um die Herkunft des belgischen Goldes zu verbergen?[52] Paul bemühte sich gar nicht erst, diese rhetorische Frage zu beantworten. Er witterte Blut. Akademische Fragen seien hier nicht von Belang, verkündete er Stucki: »Es ist unbedingt nötig, rasch die Schlüsse zu ziehen.«[53] Stucki, der Realist, machte ein Angebot. Etwaige Konzessionen – zum Beispiel die Übergabe eines Teils der deutschen Guthaben und »eines Teils des Goldes«, das man nach dem Februar 1943 von den Deutschen erworben habe – würden von einem Ende der diskriminierenden Maßnahmen gegen die Schweiz abhängen.[54] Paul nickte. Der Durchbruch war in Sicht. Doch dann verschwand er wieder. Die Schweiz, sagte Stucki, anerkenne »keine rechtliche oder moralische Verpflichtung für die Rückgabe des Goldes, sie habe dies niemals zuvor getan und sie werde nun auch nicht anerkennen, daß das belgische Gold von den Deutschen geraubt wurde«.

Paul fürchtete einen neuen Stillstand und die Zersplitterung der alliierten Delegation; deshalb setzte er die Forderung auf nur 130 Millionen Dollar Entschädigung für das nachweislich belgische Gold an. »Das ist viel mehr, als wir erwartet haben«, sagte Stucki mit verblüffender Aufrichtigkeit. Sein Gegenangebot, 25 Millionen Dollar, verband er mit der Weigerung, irgendwelche Fragen über den Transfer des Goldes durch die Schweiz während des Krieges zu beantworten. »Nur das Schweizer Recht und die Schweizer Gerichte haben juristischen Zugriff auf das Gold«, murmelte Stucki und erhob sich. »Es hat keinen Sinn, diese Sache weiter zu erörtern.« Die moderate Haltung und die Aufrichtigkeit der Alliierten waren fruchtlos geblieben. Die Nachricht vom Verhandlungsstillstand sickerte an amerikanische Zeitungen durch. »Ein halber Laib ist besser als gar kein Brot«, kabelte London an McCombe, »und Sie werden befugt, jeglicher Konzession zuzustimmen, zu der die Amerikaner und Franzosen bereit sind, um ein Scheitern zu verhindern.«[55]

An jenem Abend bekam Rubin zum erstenmal die wachsende Kritik gewisser Kreise in Washington an den Kreuzrittern zu spüren: »Eiferer in amerikanischen Behörden wütend über den Geist der Konzilianz.« Beamte des US-Außenministeriums diskutierten über die Rachsucht der Kreuzritter. Insbesondere spekulierte man über die Beweggründe von Leuten wie Sam Klaus, die sich jetzt darüber empörten, daß die amerikanischen Verhandlungsführer die Schweizer nicht zur Räson gebracht hätten. Einflußreiche Stimmen in Washington ließen verlauten, Amerika treibe es ein klein wenig zu weit. Rubins Beklemmung schwand jedoch schlagartig, als er am 30. April das neueste Angebot der Schweiz auf den Tisch bekam. Stucki nannte es eine »außerordentlich großzügige... freiwillige Zahlung«. Der »gute Glaube« der Nationalbank in der Frage des belgischen Goldes stehe »außer Zweifel«, betonte Stucki, und die Schweiz anerkenne nur eine Zahlungsverpflichtung für Gold im Wert von 150 Millionen Franken (34 Millionen Dollar), weil die Herkunft dieses Goldes nachweisbar und es noch im Besitz der Schweiz sei. Paul, von Rubin gedrängt, alles auf eine Karte zu setzen, lehnte rundweg ab. Stucki erkannte die Anspannung und die Spaltungstendenzen auf der anderen Seite nicht. Ohne Unterstützung aus Bern und in der eigenen Delegation isoliert, sah er keine andere Möglichkeit mehr, als nachzugeben und eine weitere Geste des guten Willens zu machen.

Am folgenden Tag, dem 1. Mai, lösten sich die hehren Schweizer Grundsätze zur Unantastbarkeit des Privateigentums und die Bekundungen der Gutgläubigkeit in Luft auf. Stucki bot an, alle deutschen Guthaben in der Schweiz zu verkaufen und den Erlös mit den Alliierten gleichmäßig zu teilen. Paul fand dieses Angebot interessant. Nach seinen Instruktionen vom Außenministerium erwarteten die USA »einen großen Anteil« der deutschen Guthaben, besonders der Nazibeute, sowie sämtliche Töchterbetriebe der I. G. Farben in den USA.[56] Paul nickte nur, als sich Stucki dem Thema Gold zuwandte. Sein neues Angebot belief sich auf 210 Millionen Franken (50 Millionen Dollar). Paul wartete weiterhin schweigend ab. Auch McCombe und Charguéraud kamen überein abzuwarten. Sie gingen ganz richtig davon aus, daß es zu Spannungen in der Schweizer Botschaft kommen mußte. Am 2. Mai bot Stucki persönlich »250 Millionen Franken« (58,14 Millionen Dollar) an. »Bei meiner Ehre, das ist unser letztes Angebot.«

»Wir können (Beutegold; A.d.Ü.) im Wert von 88 Millionen ganz gut nachweisen«, entgegnete Paul. »Einigen wir uns auf 75 Millionen Dollar.«

»Nein«, sagte Stucki. Er hatte sein Limit erreicht.

Die Alliierten waren gespalten. Charguéraud lehnte jeden Kompromiß ab, während McCombe das Angebot annehmen wollte.

»Wie wäre es mit 70 Millionen Dollar?« fragte Paul bei seinem nächsten Zusammentreffen mit Stucki.

»Nein«, antwortete Stucki, »58 Millionen oder gar nichts. Und wir wollen eine Bearbeitungsgebühr von zwei Prozent.«

Paul saß mit offenem Mund da. Die Gier der Schweizer war unglaublich. »Das ist Beutelschneiderei! Kommt nicht in Frage!« Stucki gab nach, aber nur in puncto Einzugsgebühr.

Die Verhandlungen kamen ins Stocken. Paul Ruegger, der Schweizer Botschafter in London, rief am 3. Mai um halb vier im Außenministerium an und bat Sir Orme Sargent, einen hochrangigen Beamten des britischen Außenministeriums, »ein vollständiges Scheitern der Verhandlungen zu verhindern«, denn dies wäre »bedauerlich«. Offenbar um herauszukitzeln, ob die Alliierten gespalten waren, fügte Ruegger hinzu: »Wir brauchen eine Aussöhnung nicht zuletzt deshalb, weil Stucki einen zu eigensinnigen Charakter hat, um die anstehenden Schwierigkeiten zu meistern.« Der etwas überraschte Sargent blieb unverbindlich.[57]

McCombe berichtete aus Washington, daß die Schweizer ihr

Gold »wild um sich schlagend« verteidigten.[58] Stucki deutete den alliierten Diplomaten gegenüber an, daß in seiner Delegation ein heftiger Streit entbrannt sei. Jegliche Entschädigung für die Alliierten, so der um seinen Ruf kämpfende Hirs, sei ein Eingeständnis, daß er entweder die Lieferung geraubten Goldes durch die Deutschen stillschweigend toleriert oder deren Versicherungen ungeprüft akzeptiert habe. Wie immer man die Sache auch deute, eine Entschädigungszahlung deute auf eine Komplizenschaft der Schweizer mit der Reichsbank hin.

Am 6. Mai bestellte Petitpierre in Bern den amerikanischen Botschafter zu sich ein. Jegliche Entschädigungszahlung für das Gold, erklärte Petitpierre, würde die Schweiz »schwer belasten«. Wer durch das verwüstete Europa gereist war, hätte dafür kaum Verständnis aufgebracht, doch es schien, als ob der Außenminister tatsächlich glaubte, sein Appell könne Mitgefühl erregen.

Charguéraud hatte sich schon damit abgefunden, daß die Schweiz Druck ausüben konnte. Er hatte Order aus Paris, das Schweizer Angebot nicht anzunehmen, sondern den Druck zu verstärken. Er äußerte die Befürchtung, daß die Schweiz mit ihren »Beziehungen« Ärger machen und »einflußreiche Kreise in Amerika mobilisieren« könne. Beleg dafür seien die wohlwollenden Artikel über die Schweiz im *Wall Street Journal*.[59] Irgendwo in New York und Washington setzten die amerikanischen Freunde der Schweiz ihre Hebel in Bewegung. Manche verdächtigten die Brüder Dulles.

Charguéraud wußte nicht, daß Paul und Rubin noch am selben Tag und bevor der Bericht über Petitpierres Appell in Washington eingetroffen war, im Haus des Senators Harley Kilgore empfangen wurden. Kilgore hatte sich in aufsehenerregenden Senats-Hearings dafür stark gemacht, mögliche neue Gefährdungen des Weltfriedens durch Deutschland im Keim zu ersticken. Paul und Rubin wußten, daß sie für ein Abkommen, wie immer es aussehen mochte, die Unterstützung dieses Politikers benötigten. Im geräumigen Wohnzimmer des Senators erkärte Paul, wie die Ermittler herausgefunden hatten, daß belgisches Gold im Wert von 223 Millionen Doller in die Schweiz transportiert worden war. Davon waren 88 Millionen Dollar noch immer im Besitz der Schweiz; der Rest war in andere Länder transferiert worden. »Wie immer man auch rechnet«, sagte Paul, »die Schweiz schlägt vor, ein Drittel der Beute zu behalten.«

»Da helfen nur weitere Sanktionen«, meinte Kilgore.

»Die Briten machen nicht mit«, erklärte Rubin. »Nicht über den 30. Juni hinaus. Der Druck zur Lockerung der Kontrollen wächst ständig.«

Kilgore nickte. »Ich bekomme eine Menge einschlägige Briefe.« Er fügte hinzu: »Wir haben unser Bestes getan. Ich habe ohnehin nicht geglaubt, daß wir mehr von den Schweizern kriegen.«

Paul lieferte sich zwei weitere Tage lang Gefechte mit Stucki. Am Nachmittag des 8. Mai beriet sich Paul mit Rubin, Fred Vinson, einem angesehenen Wirtschaftskrieger, und William Clayton, dem stellvertretenden Außenminister und ehemals größten amerikanischen Baumwollmakler. »Das war Stuckis letztes Angebot«, seufzte Paul. Pokerspiele um den Ruf ganzer Nationen waren nicht gerade sein täglich Brot. Paul wollte vor allem ein Ergebnis erzielen. »Wir laufen Gefahr, alles zu verlieren«, sagte er Clayton. Die Sanktionen, das wußten alle, erwiesen sich als immer weniger wirksam.

»Es ist eine Menge Geld«, sagte Clayton.

»Wahrscheinlich können wir nicht mehr herausholen«, seufzte Paul.

»Wenn wir nein sagen, stehen wir am Ende womöglich mit leeren Händen da«, fügte Rubin hinzu.

Vom US-Außenministerium kam die Mitteilung, die Ablehnung von Stuckis Angebot würde auf internationaler Ebene zu der Gegenbeschuldigung führen, Amerika drangsaliere »eine kleine Demokratie«. Die Franzosen, schlug Paul vor, sollten zur Annahme »gedrängt« werden. »Einverstanden«, sagte Clayton.

Charguéraud hatte nicht die Absicht anzunehmen. In einem mit »Dringlich« gestempelten Telegramm berichtete er nach Paris, das US-Außenministerium bestehe darauf, daß man »rasch zu einer notwendigen Entscheidung gelangen« und das Angebot annehmen solle. Charguéraud empfahl, die »Verhandlungen zu unterbrechen«. Sein Rat wurde umgehend verworfen.[60] Die kleine Schweiz hatte ein beeindruckendes Ergebnis herausgeschlagen und mußte nur 58,14 Millionen Dollar zurückzahlen, ein Fünftel der 296 Millionen Dollar, die das von ihr angenomme Beutegold wert war. Der größte

Teil des Geldes ging an Frankreich, das mit seinem Anteil wiederum Belgien entschädigte. Charguéraud kochte vor Wut. Er war davon überzeugt, daß Stucki ein eiskalter Lügner war, der neben vielem anderem absichtlich die Schweizer Lieferung von vierundsiebzig Tonnen Gold an Spanien vertuscht hatte.[61]

Stucki zeigte keinerlei Genugtuung, als er von der Annahme des Handels durch die Alliierten erfuhr – obwohl nun die Schwarzen Listen aufgehoben und die Schweizer Guthaben in Amerika freigegeben wurden. Vielmehr bestand er am 21. Mai darauf, die Bekanntgabe des Abkommens zu vertagen, solange noch über eine Liste von Einwänden und Definitionsfragen verhandelt werde. Unter dem Druck von Bankiers und Industriellen erhielt Stucki die Order, keinerlei weitere Zahlungsverpflichtungen über die 250 Millionen Franken hinaus anzuerkennen. Den alliierten Zugriff auf einen Teil des deutschen Eigentums, der Nazibeute und der erbenlosen Guthaben zu gewähren, hieß, die Zitadelle Schweiz preiszugeben. Stucki spürte, daß das Engagement der alliierten Verhandlungsführer allmählich nachließ. Er machte sich unverzüglich daran, ihre schwindende Wachsamkeit auszunutzen. Wörter sind die Waffen von Anwälten und Diplomaten, und Stucki setzte hier die Aufnahme, dort die Streichung scheinbar harmloser Wörter in den Vertragstext durch. Paul, Rubin und McCombe schöpften keinen Verdacht und stimmten unvorsichtigerweise zu.

In der Frage der deutschen Guthaben verpflichtete Stucki die Schweiz auf den Verkauf von »Eigentum jeglicher Art ... welches in Deutschland wohnenden Deutschen gehört oder von ihnen kontrolliert wird« sowie des »Eigentums aller Deutschen, die nach Deutschland repatriiert werden sollen«. Das Abkommen galt für deutsche Staatsbürger, die in Deutschland lebten. Paul stimmte der Formulierung »in Deutschland wohnende Deutsche« zu, weil er glaubte, die Schweizer Banken würden dadurch verpflichtet, alle deutschen Guthaben zu beschlagnahmen und zu verkaufen und den Erlös zu gleichen Teilen der Regierung in Bern und den Alliierten als Entschädigung auszuzahlen. Nur Stucki sah die Schlupflöcher, die er in den Text eingebaut hatte. In Wahrheit hatten die Alliierten auf alle Machtmittel zur Durchsetzung des Abkommens verzichtet. Ausschließlich die Schweizer hatten das Recht, deutsches Eigentum zu ermitteln, zu beschlagnahmen und zu verkaufen, und da eine Weigerung, das Abkommen umzusetzen, keine Sanktionen nach sich zog, hatte Stucki durchgesetzt, daß die Schweiz rein rechtlich betrachtet zu gar nichts verpflichtet war.

Von manchen Beobachtern wurde den beiden Verhandlungsführern später Naivität vorgeworfen, sie selbst jedoch redeten sich ein, sie hätten herausgeholt, was herauszuholen war. »Wir haben uns auf die Annahme verlassen, es sei im Interesse der Schweiz selbst, das Abkommen zu erfüllen, selbst wenn sie das nicht hundertprozentig tun würde«, erinnerte sich Rubin später.[62] Doch Paul und Rubin hatten es so eilig gehabt, das Abkommen unter Dach und Fach zu bringen, daß sie sich auch nicht darum gekümmert hatten, eine Unterscheidung zwischen Deutschen und deutschen Juden aufzunehmen, ein vertracktes Problem, das den Überlebenden des Holocaust noch sehr viel Kummer bereiten sollte. Rubin hielt die Unterscheidung für überflüssig. Die Schweizer hatten ihm in der Diskussion versichert, die Juden würden keinen Schaden davontragen, nicht zuletzt deshalb, weil man Stucki erklärt habe, das alliierte Gesetz Nr. 5 zur Beschlagnahmung aller deutschen Guthaben in den neutralen Ländern gelte »ausdrücklich nicht für jüdisches Eigentum«.[63] Rubin war überzeugt, daß man »informell« mit Stucki »übereingekommen« sei, das jüdische Eigentum vom Zwangsverkauf auszuschließen, und deshalb beharrte er nicht auf einer besonderen Vertragsklausel.[64] Stucki und seine Anwälte waren hocherfreut. Allein der Text zählte, das wußten sie, und wegen der Auslassung war das Abkommen in diesem Punkt eindeutig: die Verfolgten und ihre Verfolger, Juden und Nazis, würden auch weiterhin gleich behandelt werden.

Zur Verwendung der erbenlosen Guthaben war Rubin weniger optimistisch. Vier Tage vor der formellen Unterzeichnung des Abkommens bestand er darauf, daß die Schweizer sie in ihrem Land sicherstellen und dann an die Juden verteilen sollten. Stucki weigerte sich. »Ich kann die Regierung nicht darauf verpflichten, die Gesetze zum Bankgeheimnis zu brechen«, meinte er. Das Schweizer Parlament würde ein entsprechendes Abkommen nie ratifizieren. Allerdings sei ihm klar, daß das US-Außenministerium »unter dem Druck jüdischer Organisationen« darauf beharren werde, daß er eine öffentliche Erklärung über die erbenlosen Guthaben unterzeichne. Die Forderung »betreffend herrenlose Erbschaften war von den Alliierten zum erstenmal in einem an mich gerichteten Schreiben des amerikanischen Delegationschefs vom 20. Mai 1946, also lediglich 5 Tage vor dem endgültigen Abschluss des Abkommens, beiläufig erwähnt worden«, berichtet Stucki an Zehnder vom Politischen Departement in Bern. »Dieses Schreiben enthielt u. a. auch den für uns unannehmbaren Anspruch der Alliierten auf das in der Schweiz liegende Reichseigentum.« Er habe diese Forderung jedoch nicht kurzerhand ablehnen können und sei zudem unter Zeitdruck gewesen. »Ich entschloss mich daher, die Formulierung, bei der sich die schweizerische Regierung zu nichts weiterem als einer wohlwollenden Prüfung der Frage verpflichtet, anzunehmen.«[65]

Unter dem Druck, die Verhandlungen rasch zu beenden, einigten sich Stucki und Paul auf eine Formulierung. Stucki werde »der Schweizer Regierung empfehlen«, zur Verteilung des erbenlosen Eigentums »ein Verfahren auszuarbeiten«, sowie einen Begleitbrief unterzeichnen, der später als Washingtoner Abkommen bezeichnet wurde. Die Worte schienen beeindruckend: »Meine Regierung wird wohlwollend die Frage prüfen, auf welche Weise sie den drei alliierten Regierungen für humanitäre Aufgaben und den Wiederaufbau den Erlös von in der Schweiz gefundenen Guthaben zur Verfügung stellen kann, die den ohne Erben gestorbenen Opfern jüngster Gewalttaten der ehemaligen deutschen Regierung gehörten.«

Für Rubin erschien dies als zwar nicht perfekte, aber brauchbare Lösung. Stucki persönlich wollte Antragstellern dabei helfen, ihr in der Schweiz ausfindig gemachtes Eigentum wieder zu bekommen und die erbenlosen Guthaben den Überlebenden aushändigen. Obwohl diese Zusicherung nicht einlösbar war, überlegte Rubin, würden die Schweizer nicht als Leute dastehen wollen, die sich an den Opfern des Holocaust bereicherten. Weder Rubin noch Stucki zogen in Betracht, daß in dem Brief die Nationalität der Juden, deren Ersparnisse in der Schweiz deponiert wurden, nicht erwähnt wurde. »Ob jedoch der Anwendungsbereich auch auf Opfer nicht-deutscher Nationalität (also Juden; A.d.Ü.) ausgedehnt werden soll«, stellte Stucki fest, »ist eine Frage der Interpretation.«[66] Es schien also keinen Grund zur Sorge zu geben. Tatsächlich waren die fünf von dem Schweizer Minister unterzeichneten Noten allesamt bloße Versprechungen. Als Nebenprodukt der Verhandlungen hatte das

US-Außenministerium sie zwar gebilligt, doch keiner hatte sie McCombe oder Charguéraud vorgelegt. Womöglich waren sie darüber verärgert, allerdings beschwerte sich bei Rubin keiner der beiden. In Wahrheit scherten sich weder die britische noch die französische Regierung um die Juden. Sie waren an Reparationszahlungen für ihre eigenen Länder interessiert und verstanden beide nicht, daß die Schicksale der deutschen Guthaben, des Beuteguts und der erbenlosen Guthaben miteinander verwoben waren und allesamt vom guten Willen der Schweizer abhingen.

Rubin hatte diesen Zusammenhang begriffen. Während der letzten Verhandlungstage rang er Stucki den versprochenen Beitrag zum europäischen Wiederaufbau ab. In dem Abkommen verpflichtete sich die Schweiz, der gemäß Artikel 8 des Pariser Abkommens von 1945 gegründeten Internationalen Flüchtlingsorganisation 12,5 Millionen Dollar (50 Millionen Franken) zu überweisen. Das Geld sollte »der Rehabilitation und Neuansiedlung nicht repatriierbarer Opfer des deutschen Handelns« zugute kommen. Stucki beharrte darauf, daß die Zahlung in einem lockeren Versprechen erwähnt wurde, das den »Wunsch« der Schweiz zum Ausdruck brachte, »ihren Anteil an der Befriedung und am Wiederaufbau Europas zu leisten«.

Für die Kreuzritter war die Zahlungsverpflichtung der Schweiz über 12,5 Millionen Dollar ein glänzender Erfolg, dem die Alliierten nach dem Pariser Abkommen mit dem gleichen Betrag aus dem Verkauf deutscher Vermögenswerte in den neutralen Staaten entsprechen mußten. Zusammen mit den erbenlosen Guthaben und weiteren Beträgen aus Schweden und Portugal war nun endlich Geld da, um die Leiden der Juden in den europäischen Lagern für displaced persons zu lindern.[67]

Das Abkommen wurde am 25. Mai 1946 formell unterzeichnet. Champagner floß nicht, denn ein Schatten des Mißtrauens lag über den Delegationen. Die Schweden hatte man noch mit einem Abendessen verabschiedet, doch nun waren Paul und Rubin einzig darauf aus, die Formalitäten hinter sich zu bringen. »Mit den Schweizern war es immer eine verdrießliche Sache«, erinnerte sich Rubin, »und das Gold machte es noch schlimmer.«[68] In aller Eile unterzeichnete man die formellen Dokumente, dann nickte man sich kurz zu und murmelte Abschiedsgrüße. Das Abkommen, so fürchteten Paul und Rubin, könnte durchaus neue Probleme heraufbeschwören. Diese Vorahnung sollte sich nach Stuckis Heimkehr bald bestätigen.

Die Schweizer hatten die Washingtoner Verhandlungen von ihrer Warte aus verfolgt, und dadurch wurde die Wahrheit verzerrt und die Position der Alliierten falsch interpretiert. Nahezu einmütig kanzelten die Schweizer Zeitungen und Politiker den heimgekehrten Stucki ab, weil er eine Demütigung der Schweiz zugelassen habe. Die Leitartikler verglichen die Alliierten, und vor allem die USA, mit Hitler, und der Vergleich fiel zu dessen Gunsten aus. Die Nazis, höhnten Stuckis Kritiker, wären wenigstens höflich gewesen und hätten die Neutralität und Souveränität der Schweiz anerkannt. Die redliche Schweiz, so erscholl es im Chor, sei das Opfer von Gangstern geworden, die von Juden aufgehetzt worden wären. Stucki erkannte seine prekäre Lage und stieß ins gleiche Horn. Er lamentierte öffentlich über sein persönliches Unglück. Die Schweiz habe nicht die Macht gehabt, den ungerechtfertigten Forderungen nach einem Schuldeingeständnis als Preis für die Aufhebung der Wirtschaftssanktionen zu widerstehen. Er habe unter »unnachgiebigem Druck« ein Abkommen unterzeichnet, dessen Bestimmungen von den Alliierten diktiert worden wären.

Die Bürokraten erkannten ihre Chance: Im allgemeinen Wehgeschrei würde das peinliche Eingeständnis kaum bemerkt werden, daß die Schweiz in unlauterer Absicht geraubtes Gold angenommen hatte. Unverzüglich wurde eine zweckdienliche Version der Geschichte zusammengeklittert. »Die Alliierten«, spottete Bundesrat Ernst Nobs in Bern, »haben das Recht, ihre eigenen Kriege zu führen, aber wir geben das gestohlene belgische Gold nicht zurück. Wir leisten nur einen großzügigen Beitrag zum Wiederaufbau Europas.« Nobs und einige Schweizer Minister ließen Zeitungen und leichtgläubige Politiker wissen, die belgische Regierung prozessiere vor amerikanischen Gerichten gegen die französische Regierung wegen Entschädigungszahlungen. »Eine Lüge der Schweizer«, empörte sich Marcel Vaidie, »genau wie sie fälschlich behauptet haben, sie hätten Reichsmark von den Deutschen akzeptiert und nicht Gold.«[69] Die Schweizer, tobte Vaidie, wollten »Frankreich die ganze Verantwortung für den Erwerb von deutschem Beutegold zuschieben«.[70]

Obwohl man in der Öffentlichkeit die französischen Kollaborateure dafür verantwortlich machte, daß die Deutschen in den Besitz des Beutegolds gekommen waren, mußten sich Ernst Weber, der Präsident der Nationalbank, und Hirs hinter verschlossenen Türen den Vorwurf anhören, sie seien »von Puhl völlig eingenommen« gewesen und hätten Stucki über das belgische Gold nicht richtig informiert. Die eigentliche Sünde war jedoch nicht die Tatsache selbst, sondern die öffentliche Blamage. Beide Bankiers wurden zum Rücktritt gezwungen.[71] Stucki war entschlossen, sich einem solchen Schicksal zu entziehen, obwohl es bei der Ratifizierung des Abkommens im Parlament am 27. Juni 1946 mit 29 zu 142 Stimmen ungewöhnlich viel Opposition gab.

Petitpierre belohnte Stucki mit der Verantwortung für die Umsetzung des Abkommens. Nun wurde er auf der einen Seite von zornigen Bankiers und Industriellen wütend angegriffen, auf der anderen von den USA und von jüdischen Organisationen. Der Giftbecher wurde bereits bei einer Diskussion in Paris für ihn gemischt.

KAPITEL 10
Die versteckten Millionen

Am 13. Mai 1946, einen Tag, nachdem Walter Stucki seine Unterschrift unter das Washingtoner Abkommen gesetzt hatte, reiste der 35jährige Eli Ginzberg als Vertreter des US-Außenministeriums auf der *Queen Mary* zu einer Konferenz nach England, auf der über die Verteilung der 20 Millionen Dollar und der erbenlosen Vermögen an die Flüchtlinge entschieden werden sollte. Als Leiter des Logistischen Büros des Sanitätsstabs der US-Armee hatte Ginzberg die Berichte über die Vernichtungslager gelesen und beeinflußt von Moses Abramowitz die Verpflichtung übernommen, sich »um die Opfer des Holocaust zu kümmern«. Seine Reise nach London war die Erfüllung dieses Versprechens.

Ginzbergs Ernennung war alles andere als glatt verlaufen. Das US-Außenministerium hatte sich anfänglich vehement widersetzt. Abgesehen von dem latenten Antisemitismus im US-Außenministerium betrachtete man dort die Flüchtlingsfrage als eine »Verlustkarte«. Darüber hinaus war bekannt, daß das britische Außenministerium überhaupt nichts von einer Konferenz zu dem Thema hielt, und auch die Franzosen legten in dieser Hinsicht nicht gerade einen großen Enthusiasmus an den Tag. Unter dem massiven Druck der Kreuzritter im Finanzministerium und im Weißen Haus lenkte das US-Außenministerium schließlich ein. »Wir mußten das US-Außenministerium gehörig unter Druck setzen«, bemerkte Ginzberg kurz nach seiner Ernennung Freunden gegenüber.[1] Trotz dieser Schwierigkeiten enthielt der Ernennungsbrief des Stellvertretenden Staatssekretärs John Hildring eine nachdrückliche Empfehlung: »Diese Regierung empfindet eine besondere moralische Verantwortung gegenüber den unschuldigen Opfern der nazistischen Aggression.«[2] Kaum jemand jedoch erwartete konkrete Ergebnisse. Obwohl Artikel 8 des Pariser Abkommens die Bildung eines Intergouvernementalen Flüchtlingskomitees vorsah, wußte Ginzberg schon vor seiner Ankunft in London, daß der Versuch der Briten, »durch die Aufnahme einer Vielzahl von sachfremden Themen... die Verhandlungen zu verzögern«, Ausdruck ihres »tiefen Widerwillens« gegenüber dem Gegenstand der Konferenz war.[3] Fünf Monate waren seit der Unterzeichnung des Pariser Reparationsabkommens vergangen. Obwohl sich die Situation der jüdischen Flüchtlinge in der Zwischenzeit verschlechtert hatte, unternahm die französische Regierung bislang keine Schritte für die Einberufung einer Konferenz der fünf Unterzeichnerstaaten. Bereits Ginzbergs erstes Treffen mit den Briten zeigte ihm, wie wenig den Alliierten an der Sache gelegen war. Er suchte den Rat Sam Burgers von der US-Botschaft. Burger schlug ihm vor, sich mit seinem »guten Freund Hector McNeil« zu treffen. McNeil im britischen Außenministerium bereitete sich gerade auf einen Besuch in Washington vor. »Es geht um die großen Preise«, sagte Burger zu Ginzberg, als sie spät abends zu McNeils Haus im Norden Londons unterwegs waren. »Die Briten brauchen uns.«

»Ich werde ihm einen Handel anbieten«, lachte Ginzberg, der an diesem Tag mit dem Zionistenführer David Ben Gurion zusammengetroffen war. »Keiner der Alliierten«, hatte Ben Gurion dem Amerikaner geklagt, »will uns helfen.« Doch im Gegensatz zu anderen Diplomaten war Ginzberg entschlossen, seinem Volk zu helfen.

Während McNeil sich eine von Ginzbergs Chesterfield-Zigaretten schmecken ließ, erläuterte er dem Amerikaner seine Ziele: »Wir legen keinen Wert darauf, das Palästina-Problem weiter zu komplizieren.« Den jüdischen Flüchtlingen Geld zu geben, damit sie nach Palästina einwandern konnten, würde den Briten nur zusätzliche Probleme bereiten. Noch nicht einmal auf Ginzbergs Forderung, 600 jüdische Kinder nach Palästina emigrieren zu lassen, wollten die Briten eingehen. Ginzberg erklärte McNeil in seiner leutseligen New Yorker Art: »Meine Regierung legt Wert darauf, diese Sache zu regeln. Helfen Sie mir, dann helfe ich Ihnen bei Ihrem Auftrag in Washington. Ich schreibe an Hildring und empfehle Sie wärmstens.« McNeil fiel auf Ginzbergs Bluff herein. »Das klingt sehr gut«, erwiderte er und wies darauf hin, daß womöglich 250 Kinder pro Monat ins Land gelassen werden könnten. »Sie haben sich außerordentlich bemüht, unsere Position zu verstehen. Wir werden die Konferenz unterstützen.«[4] Seine einzige Bedingung war, daß die relevante Stelle des Abkommenstextes – daß die Gelder »der Wiedereingliederung und Umsiedlung von heimatvertriebenen Opfern deutscher Aktionen zugute« kommen sollen – unverändert bleiben mußte und Organisationen weder von palästinensischen noch von jüdischen Siedlern in dem Text erwähnt werden durften. Von seinem Erfolg beflügelt, suchte Ginzberg auch noch die Delegierten der Tschechoslowakei, Jugoslawiens und Frankreichs auf. Bei einem exklusiven Abendessen vertraute der tschechische Delegierte Kilvana Ginzberg an: »Ich tue genau das, was der Jugoslawe sagt.« Bei einem weiteren »teuren« Dinner setzte der jugoslawische Delegierte Bartos Ginzberg seine Haltung auseinander: »So lange kein Geld an Titos Gegner fließt, werden wir Sie unterstützen.« Blieben noch die Franzosen übrig, von denen Ginzberg jedoch keinen großen Widerstand erwartete. »Wir geben ihnen einfach einen ordentlichen Batzen Geld.« Ginzberg eilte von einem Diplomaten zum anderen und unterstrich immer wieder »das große Interesse« der US-Regierung an dieser Angelegenheit. Bis zum 7. Juni hatte er den Entwurf eines Abkommens fertiggestellt, über das am 11. Juni bei der Konferenz in Paris offiziell verhandelt werden sollte. Das Geld, war man übereingekommen, sollte nicht zur Entschädigung, sondern für die »Rehabilitation und Umsiedlung« verwendet werden.

Ginzberg war jetzt überzeugt, er könne Philippe Pérrier als Vorsitzenden der Konferenz »lenken«. Er gratulierte sich selbst zu seinem Erfolg und machte sich auf den Weg nach Frankreich.[5]

Douglas Mackillop, ein Beamter im Finanzministerium, sollte die britischen Interessen vertreten. Er war stark irritiert von den jüdischen Protesten. Jüdische Gruppen hatten bei offiziellen Stellen in London ihrer »tiefen Enttäuschung« darüber Ausdruck verliehen, daß im ursprünglichen Text des Pariser Abkommens mit keinem Wort auf ihr besonderes Los eingegangen wurde. Genauso wenig, klagten sie, enthalte der Text eine explizite Zusage, das jüdische Volk für die ihnen von den Nazis geraubten Besitztümer im Wert von mehreren Milliarden Dollar zu entschädigen. Auch auf das Recht der Juden auf eine unabhängige Verwaltung der ihnen zustehenden Mittel sei nicht eingegangen worden. Zu Mackillops erheblicher Verärgerung hatten die Juden mit Eingaben und Protestversammlungen die Politiker zu der Anerkennung gedrängt, daß »der Großteil der ›erbenlosen‹ Vermögenswerte von Naziopfern in neutralen Ländern jüdisches Eigentum« sei und ihnen zustehe.[6] Nun war zu allem Überfluß auch noch der amerikanische Eiferer Ginzberg eingetroffen. »Der Delegierte der Vereinigten Staaten«, bemerkte Mackillop gegenüber seinen Kollegen, »soll ein sehr umtriebiger junger Jude sein, der nach allem, was man weiß, erpicht darauf ist, alle jüdischen Nutznießern zugesprochenen Gelder durch die Jewish Agency for Palestina und das American Joint Distribution Committee verteilen zu lassen.« Diesen Organisationen die Verwaltung der Fonds zu übertragen, warnte er, sei »angesichts ihrer Rolle im Zusammenhang mit der illegalen Einwanderung nach Palästina höchst unwillkommen«.[7] Am schlimmsten aber sei, daß Ginzberg versuche, die österreichischen und deutschen Juden bevorzugt zu behandeln und in seinem Entwurf zwischen jüdischen und nichtjüdischen Opfern unterscheide.

Mackillops Vorschlag, eine Ginzberg ablehnend gegenüberstehende jüdische Gruppierung ausfindig zu machen und vor den britischen Wagen zu spannen, bereitete Waley Kopfschmerzen.[8] Am Vorabend von Mackillops Abreise nach Paris schärfte Waley ihm nochmals ein, nicht zu vergessen, wie leidenschaftlich die Amerikaner für die Idee eintraten, das Geld für die Ansiedlung der Juden, und zwar vor allem in Palästina, zu verwenden. Vergebens. Mackillop ignorierte Waleys Versuche, ihn zu beeinflussen, und setzte alsbald per Schiff nach Frankreich über.[9]

Mackillop war kaum in Paris angekommen, als Ginzberg auch schon bei ihm vorstellig wurde. Der Schotte vernahm die ihm von Ginzberg vorgetragenen Neuigkeiten mit wenig Begeisterung. Die Delegierten Frankreichs, der Tschechoslowakei und Jugoslawiens, triumphierte Ginzberg, unterstützten seinen Plan, wie im übrigen auch Hector McNeil, der britische Außenminister. »McNeil hat mich nicht davon unterrichtet, daß er Ihren Plan unterstützt«, erwiderte Mackillop kühl und hielt Ginzberg ein Blatt Papier hin. »Das hier ist mein Vorschlag. Er unterscheidet sich ein wenig von Ihrem.« Ginzberg reagierte ganz offensichtlich verärgert. »Was halten Sie davon, unsere Differenzen heute abend unter vier Augen beizulegen?« schlug Mackillop versöhnlich vor.

Bei dem abendlichen Treffen wurde Ginzberg die festgelegte Position des britischen Außenministeriums erläutert. Erstens, erklärte Mackillop, dürfe das Abkommen an keiner Stelle Juden als Nutznießer erwähnen. Zweitens könne keine Rede davon sein, daß das Abkommen die Ansiedlung von Juden in Palästina fördere, und drittens könne das britische Außenministerium nicht akzeptieren, die Gelder durch jüdische Organisationen verteilen zu lassen. Statt dessen, erklärte Mackillop, sollte »das Geld durch die Regierungen« verteilt werden.[10]

Erregt und wütend versuchte Ginzberg zu bluffen. »Meine Anweisungen aus Washington lauten, mich offiziell von der Konferenz zurückzuziehen, wenn ein Versuch unternommen werden sollte, die Verteilung der Mittel auf irgendeine Weise hinauszuzögern«, erklärte er. Das Ultimatum verfehlte seine Wirkung nicht. Mackillop folgte Ginzbergs weiteren Ausführungen höflich und aufmerksam. »Die Verteilung der Mittel an Regierungen zu übertragen, bedeutet eine erhebliche Verzögerung der gebotenen Hilfe. Zudem haben die Schweizer sich bereits einverstanden erklärt, das Geld explizit für diese Empfänger zur Verfügung zu stellen.« Mackillop schlug einen zaghaften Kompromiß vor: Im offiziellen Text des Abkommens sollte keine Rede davon sein, daß das American Joint Distribution Committee und die Jewish Agency for Palestina 90 Prozent der Gelder verteilen würden. Statt dessen schlug er vor, in den Durchführungsanweisungen an das Intergouvernementale Flüchtlingskomitee die beiden Organisationen mit der Verteilung der Mittel zu beauftragen. Allerdings dürften die Gelder erst nach der Annahme eines offiziellen Siedlungsprogramms freigegeben werden. Obwohl Mackillop jeden expliziten Hinweis auf Palästina vermeiden wollte, hielt er eine Klausel für akzeptabel, nach der mit dem Geld Juden dabei geholfen werden sollte, eine »neue und dauerhafte Heimat« zu finden. »Abgemacht«, sagte Ginzberg zufrieden.

In seinem Bericht nach London brüstete sich Mackillop, er habe Ginzbergs Plan teilweise sabotiert. Das hielt ihn aber nicht davon ab, die Großzügigkeit des Amerikaners anzunehmen. Kurz vor der Unterzeichnung des Abkommens am 14. Juni kaufte Ginzberg in der Verpflegungsstelle der US-Botschaft eine Schachtel mit Schokoriegeln. »Die sind für Ihre acht Kinder«, sagte Ginzberg und reichte Mackillop die Schachtel. »Aber Sie dürfen sie erst annehmen, nachdem Sie das Abkommen unterzeichnet haben. Sonst käme noch jemand auf die Idee, darin einen Bestechungsversuch zu sehen.« Mackillop nahm das Geschenk an. Später am selben Tag hatte er jedoch ein Erfolgserlebnis, als es ihm mit dem Hinweis, das Vorhaben sei »lästig«, gelang, ein Hilfsprojekt für ungarische Juden auf die lange Bank zu schieben. Die Schweizer, erklärte der Brite nach seiner Rückkehr in London, verdienten »unser Mitgefühl« angesichts der Probleme, die ihnen noch bevorstünden. Ginzberg kehrte mit der Gewißheit nach New York zurück, etwas für die Überlebenden des Holocaust getan zu haben. Jetzt mußten nur noch die neutralen Staaten zur Herausgabe der Gelder gebracht werden.

Mit dem Pariser Abkommen wurde der französische Konferenzvorsitzende Philippe Pérrier von den fünf Regierungen der Alliierten damit beauftragt, die ausstehenden 20 Millionen Dollar und erbenlosen Vermögen einzutreiben. Von der Annahme ausgehend, daß alle diese Vermögen jüdischen Ursprungs seien, hatte man sich darauf verständigt, 95 Prozent der Mittel für die Rehabilitation und Umsiedlung jüdischer Flüchtlinge zu verwenden. Am 20. August schickte Pérrier einen Brief an die Regierung in Bern, in dem er die Schweiz, wie alle anderen Neutralen, aufforderte »alles zu unternehmen, um Identifikation, Einzug und Verteilung dieser in einer vom Standpunkt des Internationalen Rechts und des moralischen Empfindens aus betrachteten einmaligen Situation entstandenen Vermögen zu erleichtern«.[11] Die Schweiz möge sich, bat Pérrier, der Sache mit »Umsicht und Energie« widmen.

Einen Franzosen mit dieser Aufgabe zu betrauen, bewies unter den gegebenen Umständen wenig politisches Feingefühl. Seit der Unterzeichnung des Washingtoner Schuldenabkommens hatte sich Bern immer wieder abfällig über die Franzosen geäußert und ihnen vorgeworfen, sie hätten sich das belgische Gold angeeignet, das die Schweiz zurückgeben sollte. Voller Empörung über die Schweizer Vorwürfe hatte Henri Hoppenot, der französische Botschafter in Bern, Paris gedrängt, ein Dossier zu veröffentlichen, das die Unhaltbarkeit dieser Unterstellungen bewies. »Die Feigheit, die das Finanzministerium derzeit an den Tag legt«, schrieb er in einem verschlüsselten Telegramm nach Paris, »schadet unserem Ansehen und führt unweigerlich dazu, daß niemand unsere Arbeit ernst nimmt.«[12] Das Schweigen der französischen Regierung hing, wie Hoppenot nur zu gut wußte, mit den anhaltenden Kreditverhandlungen mit den Eidgenossen zusammen. Bis 1949 gewährte die Schweiz ihren europäischen Nachbarn Kredite in Höhe von 790 Millionen Franken, von denen mit 340 Millionen Franken der Löwenanteil nach Frankreich floß.[13] Hoppenots Beschwerde über »den Wunsch der Finanzverwaltung, die Schweizer Nationalbank nur mit Samthandschuhen anzufassen«, stieß in Paris auf taube Ohren.

Die Briten, überzeugt, daß »die Atmosphäre nicht sonderlich günstig sei«, hielten sich in der Frage der erbenlosen Vermögen bewußt zurück.[14] Derweil schickten die Amerikaner Irwin Mason mit dem Auftrag, die baldige Freigabe der erbenlosen Vermögen zu erreichen, nach Bern. »Moralischer Druck«, wurde ihm mitgeteilt, sei die einzige ihm zur Verfügung stehende Waffe.

Wie wenig sich die Schweizer von moralischen Argumenten dazu bewegen ließen, erbenlose Vermögen freizugeben, hatte allerdings bereits Max Gottschalk als außenpolitischer Berater des American Jewish Committee bei seinem Aufenthalt in der Schweiz im Mai 1946 feststellen müssen. Bei einem Treffen mit dem Vizepräsidenten des Schweizerischen Israelitischen Gemeindebunds (SIG), Armand Braunschvig, vermerkte Gottschalk erstaunt, wie unsicher die jüdischen Gemeindeführer auftraten. Eingeschüchtert vom Antisemitismus in der Schweiz und beschämt von seinem eigenen Versäumnis, nicht entschlossener gegen die Ausweisung ausländischer Juden protestiert zu haben, hatte Braunschvig 1945 von anderen Juden und Schweizer Banken in Umlauf gebrachte Gerüchte wiederholt, denen zufolge die Menge der in der Schweiz liegenden erbenlosen Vermögen unerheblich sei. Erst ein Jahr später, als immer mehr Meldungen über nachrichtenlose Vermögenswerte auftauchten, revidierte Braunschvig seine Einschätzung. So hatte beispielsweise ein Schweizer Schuhfabrikant berichtet, daß er seit dem Krieg von seinen jüdischen Geschäftspartnern, die seines Wissens insgesamt 75 Bankkonten in der Schweiz geführt hatten, nichts mehr gehört habe. Ein anderer Eidgenosse hatte zu Protokoll gegeben, daß der Besitzer von Vermögenswerten in Höhe von zwei

Millionen Franken verschwunden sei und sein Vermögen seitdem von einer Bank verwaltet werde.[15] Inzwischen wurde die Höhe der erbenlosen Vermögen in der Schweiz auf 38 Millionen Franken geschätzt. Als Gottschalk sich erkundigte, ob nach Schweizer Recht ein Transfer dieser Gelder an die überlebenden Angehörigen möglich sei, erhielt er zunächst eine positive Antwort. Sobald ein Schweizer Gericht, so wurde ihm beschieden, eine Person für tot erklärt habe, könne es die Herausgabe seines Vermögens an noch lebende Angehörige autorisieren. Aber im Mai 1946 hörte er dann, daß nach Schweizer Recht die erbenlosen Vermögen automatisch an das Herkunftsland des Einzahlers fallen würden.[16]

Irwin Mason informierte Eli Ginzberg von dieser überraschenden Wendung. Nach Artikel 22 eines Schweizer Gesetzes aus dem Jahre 1891, berichtete Mason, kontrollierte der Bundesrat nicht die »schlußendliche Verwendung von in der Schweiz liegenden Guthaben von Ausländern, die ohne Erben gestorben sind«. Gleichzeitig verhinderte das Schweizer Bankgeheimnis, daß eine ausländische Regierung diese erbenlosen Guthaben für sich einfordern konnte. Die einzige Lösung bestand nach Masons Ansicht darin, die anderen Länder dazu zu bringen, auf ihre Ansprüche zu verzichten und statt von erbenlosen Vermögen von »herrenlosen Geldern« zu sprechen. Ginzbergs Empfehlung verriet eine gewisse Naivität: falls die anderen Regierungen nicht kooperieren wollten, sollten die Schweizer eben ihre Gesetze ändern.[17]

Die Rechtsexperten in Washington hatten an Ginzbergs Vorschlag jedoch nichts auszusetzen. Unter dem Druck der jüdischen Lobby hatte der Kongreß erst vor kurzem den Trading with the Enemy Act dahingehend geändert, daß nun europäische Juden Vermögenswerte in den USA, die vom Alien Property Custodian als Feindvermögen beschlagnahmt worden waren, zurückfordern konnten. Mit etwas gutem Willen, glaubte man im US-Außenministerium, sollten auch die Schweizer eine zufriedenstellende gesetzliche Regelung treffen können. Zumal wenn man bedachte, daß Stucki schriftlich zugesagt hatte, die Frage wohlwollend zu prüfen. Am 10. Juli forderte das US-Außenministerium Stucki in einem Brief zu geeigneten Maßnahmen auf. Zu diesem Zeitpunkt hatte das Politische Departement eine Reihe von Protestnoten aus dem US-Außenministerium erhalten, in denen die Amerikaner sich darüber beschwerten, daß ehemaligen deutschen Staatsangehörigen der Zugriff auf ihre durch die Verrechnungsstelle blockierten Guthaben bei Schweizer Banken, Versicherungen und Treuhandgesellschaften verwehrt wurde. In diesem Brief forderte das US-Außenministerium eine Erklärung dafür, warum die Verrechnungsstelle nach wie vor von Antragstellern amtliche Dokumente über den Verlust der deutschen Staatsbürgerschaft oder den Nachweis dafür verlangten, daß der betreffende Angehörige in einem KZ umgekommen war. Solche Dokumente, protestierte das US-Außenministerium, existierten nicht. Unter Hinweis auf die »völlig einmalige Situation« wurde Stucki aufgefordert, »die dringende und unmittelbare Notwendigkeit« anzuerkennen, Verfahren zum Transfer der erbenlosen Vermögen an die Überlebenden auszuarbeiten.[18]

Ungeachtet der Schwierigkeiten, die sich seit seiner Rückkehr aus Washington ergeben hatten, stellte Stucki die Verpflichtung der Schweiz gegenüber den Juden nicht in Frage.

Stucki regte an, daß der Bundesrat ein neues Gesetz zur Zertifizierung und Herausgabe der erbenlosen Vermögen einbrachte. Zu der Zeit lag Stucki ein dreizehnseitiges Memorandum des britischen Anwalts Franz-Josef Bienenfeld vor, der den Jüdischen Weltkongreß vertrat. Bienenfeld schlug vor, einen Teil der erbenlosen Vermögen sofort zur Unterstützung der 9500 in der Schweiz lebenden jüdischen Flüchtlinge zu verwenden und gleichzeitig ein Gesetz zu erlassen, das die Schweizer Banken von ihrer Verantwortung gegenüber späteren Ansprüchen auf die Herausgabe dieser erbenlosen Vermögen freisprach.[19]

Auch Franz Kappeler, ein hoher Beamter im Politischen Departement, erkannte trotz der sich abzeichnenden Hindernisse und dem Problem widerstreitender Ansprüche die Notwendigkeit einer schnellen Lösung. Einerseits verlangten die Alliierten von den Neutralen einen Beitrag von 20 Millionen Dollar und die Herausgabe der erbenlosen Vermögen an die Juden. Andererseits hatten die polnische und die tschechische Regierung Anfang des Jahres von der Schweiz die Herausgabe von in der Schweiz deponierten Vermögen ihrer Bürger verlangt, die während des Krieges umgekommen waren. Das eigentliche Problem war nach Kappelers Ansicht, daß die Banken die erbenlosen Vermögen ermitteln mußten, jedoch kaum eindeutig klären konnten, ob ein Kontoinhaber tatsächlich tot war, weil viele ausländische Kontoinhaber die Anweisung erteilt hatten, sie nicht zu kontaktieren. Jede Nachforschung der Banken, ob ein Klient den Krieg überlebt hatte, schrieb Kappeler, könnte diese Leute gefährden. Eine mögliche Lösung, schlug er vor, bestand darin, einen Teil der erbenlosen Vermögen zur Befriedigung der Ansprüche später wieder auftauchender Kontoinhaber zurückzuhalten. Da seiner Ansicht nach die meisten Erben der anderen Guthaben früher oder später ihre Ansprüche geltend machen würden, äußerte er sich zuversichtlich, die Anzahl der erbenlosen Vermögen bald ermitteln zu können. Dagegen ließ sich nicht viel einwenden. Da es keine gesetzlichen Vorgaben für den Umgang mit den erbenlosen Vermögen gab, mußten bei der Suche nach einer zufriedenstellenden Lösung alle Eventualitäten berücksichtigt werden. Doch in seinen abschließenden Gedanken verriet der während des Krieges prodeutsch eingestellte Kappeler dann doch eine gewisse Verachtung für den alliierten Plan: »Nur weil ein Einleger Jude war, kann man nicht davon ausgehen, daß er sein Erbe für die Repatriierung von Flüchtlingen zur Verfügung zu stellen wünschte.« Dennoch schlug er am 29. Juli die Einberufung einer Konferenz der betroffenen Banken, Anwälte, Notare, Treuhänder und ihrer Verbandsorganisationen zur Ausarbeitung eines entsprechenden Gesetzes vor.[20]

Vier Tage später, am 3. August, forderte das Politische Departement alle Schweizer Banken, Anwälte, Notare und Treuhänder zu einer Schätzung der von ihnen verwalteten erbenlosen Vermögen auf. Natürlich wisse man, daß damit viel Arbeit verbunden sei, schrieb das Departement, doch es sei unerläßlich, die »in Washington übernommenen Verpflichtungen« zu übernehmen und »die politische Bedeutung, die die Alliierten dieser Sache beimessen, anzuerkennen«.[21]

Empört von der Aufforderung der Regierung, gegen das Bankgeheimnis zu verstoßen, reagierte die Schweizerische Bankiervereinigung mit einer Mischung aus gekünstelter Unschuld und schroffer Ablehnung. Nach einem Hinweis auf ihre »Überraschung« über Stuckis Zusagen in der Frage erbenloser Vermögen listete die Bankiervereinigung kurz und bündig die juristischen Voraussetzungen zum Nachweis eines erbenlosen Vermögens auf, namentlich die Vorlage einer offiziellen Sterbeurkunde des Einzahlers und den Nachweis, daß es keine weiteren Erben gab. Das Politische Departement lehnte die Bedingungen der Bankiervereinigung als »zu restriktiv« ab. Auf mehr Zustimmung stieß der Gegenvorschlag der Vereinigung, in dem sie Bern aufforderte, die Alliierten zu fragen, was sie denn zu tun gedächten, um in ihren Ländern erbenlose Vermögen zu ermitteln. »Uns scheint, daß von den neutralen Staaten keine anderen Maßnahmen gefordert werden können, als die Signatarstaaten der Reparationskonferenz ergreifen werden.«

Am Rand des französischen Dokuments bemerkte ein Beamter des Politischen Departements: »Juste.« (Richtig.) Er hatte die Haltung der Schweiz verstanden. Sie war entschlossen, das Abkommen nur in dem Maße umzusetzen, wie dies auch die Alliierten zu tun bereit waren. Die Verantwortung für das Schicksal der erbenlosen Vermögen auf die Alliierten abzuwälzen, mußte für die Eidgenossen von Vorteil sein.[22]

Am 11. September 1946 erhielt der französische Botschafter die Antwort der Schweizer Regierung auf die Anfrage der Alliierten nach der Höhe der erbenlosen Vermögen in der Schweiz. Die Regierung, schrieb Petitpierre, habe die Aufforderung der Alliierten »wohlwollend« geprüft und werde wegen der damit zusammenhängenden juristischen Fragen die Bundesbehörden konsultieren. In der Zwischenzeit treibe man die Nachforschungen voran, um die »ungefähre Zahl und den Umfang der fraglichen Vermögen« zu ermitteln.[23]

Stucki beauftragte seinen Assistenten Guy de Rham, Banken, Versicherungen und die Berufsorganisationen der Schweizer Anwälte um sachdienliche Auskunft zu bitten. Von den Banken und Versicherungsgesellschaften erhoffte man sich Schätzungen über die Höhe der von ihnen gehaltenen erbenlosen Vermögen, obwohl die Anwälte unverzüglich erklärten, auf keinen Fall ihre Schweigepflicht gegenüber ihren Klienten zu brechen. Als auch die Notare aus demselben Grund jegliche Kooperation verweigerten, wurde de Rham mißtrauisch. Schwab und Stucki waren Gerüchte zu Ohren gekommen, daß nicht nur Banken und Unternehmen, sondern auch Einzelpersonen – Anwälte, Geschäftspartner, Notare und Buchprüfer – treuhänderisch verwaltete Gelder von vermißten Juden auf eigene oder auf speziell eingerichtete Konten transferiert hatten. De

Rham fürchtete, daß die Schweizer Regierung durch ihre Untätigkeit noch mehr Personen dazu ermutigen könnte, sich aus diesen ruhenden Konten zu bedienen. Die Frage nach dem Umgang mit den erbenlosen Vermögen war jetzt auch zu einer Frage der Haltung der Schweizer gegenüber Juden und Deutschen geworden.

Am 1. November 1946 schlug der angesehene Zürcher Anwalt Robert Meyer dem Politischen Departement vor, die von ihm auf 40 bis 50 Millionen Franken geschätzten erbenlosen Guthaben zur Ansiedlung von 5000 jüdischen Flüchtlingen in der Schweiz zu verwenden. Die Beachtung, die Meyers Vorschlag fand, erregte den Unmut des Departements für Polizei und Justiz unter Heinrich Rothmund, der darauf erpicht war, daß alle ausländischen Juden das Land wieder verlassen mußten. Das Justizdepartement teilte de Rham mit, Meyer sei das Sprachrohr des Jüdischen Weltkongresses, und tat seine Schätzung der erbenlosen Vermögen als viel zu hoch ab. »Sein Wunsch, 5000 bis 6000 Juden in der Schweiz anzusiedeln, ist mehr von politischen als von humanitären Motiven begründet«, teilte das Justizministerium de Rham mit und warnte vor Zwistigkeiten zwischen jüdischen Gruppen um die Kontrolle über die erbenlosen Vermögen.[24] Rothmunds Departement unterbreitete de Rham einen Alternativplan. Um öffentliche Mittel einzusparen, sollten die fraglichen Gelder dazu verwendet werden, die Versorgung der Flüchtlinge in den Notlagern bis zu ihrer Abreise zu verbessern. Wie schon im Krieg, so sollten sich die Juden in der Schweiz wieder einmal selbst finanzieren. Weil »diese Gelder den gleichen Menschengruppen gehört haben, denen sie nun allenfalls zugute kommen sollten«, führte das Justizdepartement aus, sei damit zumindest der finanzielle Aspekt des Problems gelöst.[25]

Das Abkommen war vier Monate zuvor unterzeichnet worden, und die Kreuzritter im US-Außenministerium und im US-Finanzministerium forderten unter dem Druck jüdischer Gruppen, die die Schweizer Obstruktionspolitik anprangerten, immer heftiger, endlich Maßnahmen zu ergreifen. Geheimdienstberichten aus Europa zufolge erfreuten sich die 72 000 in der Schweiz residierenden Deutschen im Gegensatz zu den jüdischen Flüchtlingen der uneingeschränkten Gastfreundschaft der Eidgenossen. Trotz amerikanischer Forderungen nach der Auslieferung von 24 000 naziverdächtigen Deutschen waren bislang nur 3000 belastete Deutsche –

vor allem Politiker und Geheimdienstleute – zur Rückkehr nach Deutschland veranlaßt worden. Es war offensichtlich, daß die Schweiz nur solche Personen abschob, die nach ihren eigenen Kriterien als unerwünscht galten. Das dringliche Interesse der Alliierten an deutschen Finanzexperten und Industriellen dagegen wurde geflissentlich ignoriert.[26]

Nach der Aufhebung der Sanktionen der Alliierten hatte Justiz- und Polizeiminister Eduard von Steiger stillschweigend die Einreisevorschriften für Deutsche gelockert, was besonders den ehemaligen Nazis in Deutschland zugute kam, die von den Alliierten mit einem Ausreiseverbot belegt worden waren. Gegen Schmiergeldzahlungen von bis zu 200 000 Franken stellten Schweizer Beamte befristete Aufenthaltsgenehmigungen und Ersatzpässe für ehemalige Nazis aus, damit diese sich via Schweiz dem Zugriff der Alliierten entziehen konnten.[27] Zu den beliebtesten Fluchtrouten gehörte der reguläre KLM-Flug nach Argentinien und Brasilien, der praktischerweise über Büros des Swissair gebucht werden konnte. »Die Schweizer Regierung«, vermerkte der stellvertretende amerikanische Militärattaché in Bern, Thomas Caruth, »zog einen beträchtlichen Profit daraus, [sich der Deutschen zu entledigen und] ohne daß allzu viele Fragen gestellt worden wären.«[28]

Die Deutschen in der Schweiz lebten inzwischen so angenehm, daß das Land im britischen Unterhaus als Zufluchtstätte für ehemalige Nazis verurteilt wurde.[29] In den eleganten Hotels und Villen in Lugano führten ehemalige deutsche Diplomaten, Waffenhändler und SS-Offiziere, die völlig ungeniert in ihren teuren Wagen durch die Stadt fuhren, ein Leben in Saus und Braus. Davos war im Krieg die Schaltzentrale der deutschen Spionage gewesen. Auch dort lebten zahllose nach der Niederlage aus Deutschland geflüchtete Exnazis. Sie konnten sich in dem Kurort mit ihren auf Nummernkonten und in Schließfächern liegenden Vermögen ein luxuriöses Leben leisten und fanden bald wieder Anschluß an die »antisemitische Bewegung«.[30] Keiner von ihnen zeigte nach außen auch nur ein Anzeichen der Reue. Statt dessen sprachen sie davon, sich für das erlittene Unrecht an den Amerikanern zu rächen.[31] Zu ihren vielen im dunkeln liegenden Einkommensquellen zählten auch fünfzehn Tonnen Gold, zum Großteil in Münzen, die aus einem von Ribbentrops Außenministerium kontrollierten Bunker in Berlin verschwunden waren, sowie weitere drei Tonnen des Edelmetalls, die über den Bodensee in die Schweiz geschmuggelt worden waren.[32] Keiner dieser Kriegsverbrecher wurde, im Gegensatz zu den ausländischen Juden, von der Schweizer Polizei verfolgt oder mußte eine Untersuchung jener Beamten der Verrechnungsstelle über sich ergehen lassen, die verhinderten, daß die Juden an ihre Vermögen herankamen. Angesichts solcher Berichte schickten im September sogar die britische und die französische Regierung Protestnoten an Bern, in denen sie das Versäumnis der Schweiz anmahnten, die von ihr eingegangenen Zusagen zu erfüllen.[33] Wie schon zuvor, ignorierte Bern auch diese Kritik an seiner Haltung, was noch dadurch verstärkt wurde, daß inzwischen auch die Deutschen zunehmenden Einfluß auf die Haltung der Schweizer zum Reparationsabkommen erlangten.

Am 13. September saß Stucki dem ersten Treffen der mit der Umsetzung des Reparationsabbkommens beauftragten Aufsichtskommission vor. Seine zwei wichtigsten Gegenspieler am Tisch waren Robert Dunant von der Schweizerischen Bankiervereinigung und Heinrich Homberger vom »Vorort«, dem Verband der Schweizer Industrie. Dunant, der Sohn eines prominenten Schweizer Diplomaten, war fest entschlossen, den Transfer von 50 Prozent der deutschen Vermögenswerte, der Beutegüter und der erbenlosen Vermögen an die Alliierten und Juden zu verhindern. Nachdem er bereits im März Petitpierre vor den gefährlichen Folgen des Currie-Abkommens gewarnt hatte, hatte er seitdem die Minister immer wieder mit den Einwänden der Bankiervereinigung bestürmt und die Meinung des Bundesrats attackiert, »dass es dem Rechtsgefühl entsprochen hätte und vom Schweizervolk verstanden worden wäre, wenn die den Deutschen in Deutschland gehörenden schweizerischen Vermögenswerte angesichts der herrschenden Umstände völlig unangetastet geblieben wären«.

Mit Grabesmiene verlieh der Bankenvertreter seiner tiefen Besorgnis als Schweizer Patriot über die Paraphierung des Currie-Abkommens Ausdruck. Dunant fürchtete ganz besonders die Einrichtung einer gemischten Kommission aus Schweizern und Vertretern der Alliierten: »Man muss sich vergegenwärtigen, dass die drei Vertreter (der Alliierten; A.d.Ü.) Staaten angehören werden, mit denen die Schweiz in Industrie, Handel und Kreditwesen im internationalen Wettbewerb steht und die daher nicht zaudern werden, die ihnen in ihrer Eigenschaft als Kommissionsmitglieder zukommenden Auskünfte zugunsten ihres eigenen Landes zu verwerten... Wenn man weiss, in welchem Ausmass die Diskretion gerade im internationalen Geschäftsverkehr eine unabdingbare Voraussetzung für eine erspriessliche Tätigkeit darstellt, so müssen die genannten Bestimmungen nicht nur aus grundsätzlichen politischen Überlegungen, sondern vor allem auch aus Rücksicht auf das Gedeihen unserer Volkswirtschaft mit ernster Sorge erfüllen.«[34] Stucki interpretierte das richtig als die Kriegserklärung der Schweizerischen Bankiervereinigung gegen das Abkommen und als Aufforderung, das Abkommen und die Zusage, es zu erfüllen, neu zu verhandeln.

Heinrich Homberger war der Vertreter des Vororts, des Verbands der Schweizer Industrie und der mächtigsten nationalen Interessenorganisation. Hombergers Einfluß war beachtlich. Dem Vorort-Sprecher stand im Gebäude des Departements für Volkswirtschaft ein Büro zur Verfügung, um ihm den Zugang zu wichtigen Beamten und Ministern zu erleichtern.

In seiner Einleitung nahm Stucki keine Rücksicht auf die Empfindlichkeiten seiner Gegenspieler und bewies damit, daß er nicht so leicht zu manipulieren war: »Die Durchführung des Abkommens stösst auf Widerstände. Wir erhalten Berichte, nach denen einige Finanzgruppen Probleme bei der Einfrierung privater deutscher Vermögen verursachen.« Dunant und Homberger wußten, daß die Wahrheit weitaus schlimmer war, als Stucki und Schwab sich jemals hätten träumen lassen. Schweizer Unternehmen, die beim Zusammenbruch des Reiches als Scheinkäufer deutscher Unternehmen aufgetreten waren, weigerten sich jetzt, die Vermögenswerte an die Deutschen zurückzugeben – zum Teil, um ihre deutschen Partner zu schützen, zum Teil aus Gründen des eigenen Profits.[35] »Es hat sich ferner erwiesen«, kommentierte Max Ott die Habgier seiner Landsleute, »dass Schweizer von diesen Verhältnissen profitieren wollen. Nachdem keine schriftlichen Abmachungen über ein Optionsrecht bestehen, lehnen sie dasselbe ab und versuchen, die bestehenden Vorteile (z.B. niedrig angesetzter Aktienpreis; A.d.Ü.) für sich in Anspruch zu nehmen. Sie beharren darauf, dass die seinerzeit durchgeführte Verschweizerungsaktion (deutscher Unternehmen; A.d.Ü.) einen effektiven Verkauf darstelle.«[36]

Homberger und Dunant ihrerseits wußten nicht, daß die aufgrund der von Schwab erhobenen Anschuldigungen alarmierte Verrechnungsstelle die Telefone zahlreicher Verdächtiger angezapft hatte. Schwabs Motive waren ehrenvoll. Angesichts der Vielzahl von Gerüchten und unbelegten Berichten, die bei ihm eingingen, bestand seine einzige Chance, deutsche Kriegsbeute und getarnte Vermögen aufzuspüren, darin, die Telefone von Personen anzuzapfen, von denen man wußte, daß sie mit Deutschen eng zusammengearbeitet hatten. Die Spannung zwischen Schwab und Ott auf der einen und Homberger und Dunant auf der anderen Seite stieg immer mehr an. Stucki erkannte, daß er die Seiten wechseln mußte, wenn er die Befürchtungen der Bankiers zerstreuen und zugleich vermeiden wollte, selbst in die Isolation gedrängt zu werden. Also fing er an, sich mit einem Anflug von Kritik darüber auszulassen, wie die Durchführung des Abkommens aufgeschoben werden konnte. Er regte an, mit den Alliierten eine Diskussion über den zur Berechnung des Wertes der deutschen Vermögen notwendigen Wechselkurs zu beginnen. »Wir haben in Washington gekämpft wie die Löwen«, sagte er Homberger und Dunant. »Daher können wir es nicht verantworten, insbesondere der schweizerischen öffentlichen Meinung gegenüber, dass der Kurs erst nachträglich fixiert wird. Diese Entschädigung darf kein Bluff sein, sondern sie ist für uns wesentlich.«

»Die Alliierten haben natürlich ein grosses Interesse daran, dass so rasch wie möglich mit der Liquidation begonnen wird, denn die ersten 50 Millionen werden ihnen gemäss Abkommen als Vorschuss für die Opfer des Nationalsozialismus zur Verfügung gestellt. Solange die Liquidation nicht begonnen hat, gelangen sie nicht in den Besitz dieses Betrages. Wir haben also ein Druckmittel, auf das wir nicht verzichten sollten.«

Homberger zeigte sich erfreut von Stuckis Ausführungen. Mit einem hintersinnigen Lächeln, das von allen Anwesenden verstanden wurde, erklärte er: »Ich bin glücklich über diesen Antrag. Ich habe mich gefragt, ob das Abkommen in seiner Unvollkommenheit überhaupt ratifikationsfähig ist. Für mich ist die Kursfrage (Festlegung des Wechselkurses; A.d.Ü.) Schicksalsfrage.«³⁷ Sein Lächeln sollte jedoch nicht darüber hinwegtäuschen, daß er mit Stucki noch nicht zufrieden war. »Ich bin daher der Ansicht, dass die privaten Rechte schlechthin zu schützen sind, unter Ausschluss des Missbrauchs«, forderte Homberger. Sie sollten also nicht mit den Alliierten geteilt werden, sondern ausschließlich der Befriedigung der Ansprüche des Schweizer Staates gegenüber Deutschland vorbehalten sein. Beim zweiten Treffen der Gruppe neun Tage später präsentierte der Vorort-Sprecher eine neue Forderung. Die in der Schweiz liegenden deutschen Vermögenswerte sollten auch zur Kompensation privater deutscher Schulden gegenüber Schweizer Staatsbürgern verwendet werden.

Stucki protestierte: »Wir müssen uns davon befreien, dass die Liquidation als Raub dargestellt wird. Wir leisten dafür eine Entschädigung. Wir nehmen das Geld nicht weg für den Staatssäckel. Die Alliierten müssen es für den Wiederaufbau etc. verwenden, und auch wir müssen unseren Anteil für die Nazi-Opfer bereitstellen und nicht für den Fiskus. Wenn wir das machen, was Herr Homberger vorschlägt, wird es mit den Alliierten Krach geben.« Homberger zeigte sich ungerührt: »Die vom Vorsitzenden vorgebrachten Argumente sind politischer Natur und vergänglich.«³⁸

Stucki widersprach. »Bei der Annahme des Standpunktes von Herrn Homberger könnten die Alliierten sich auf das Kontrollratsgesetz Nr. 5 berufen und die Ablieferung dieser Werte verlangen. In diesem Falle würde der Deutsche in Deutschland überhaupt nichts erhalten. Wir würden dadurch den Anschein erwecken, vertragsbrüchig zu sein, die deutschen Interessen zu vertreten, und gar nichts anderes erreichen, als den Alliierten einen Hasen in die Küche zu jagen.«³⁹ Hombergers stillschweigende, aber deutlich spürbare Skepsis entging auch Stucki nicht. Die Schweizer Industrie ließ sich von Argumenten oder Drohungen der Alliierten nicht beeindrucken.

Gegen Ende des zweiten Treffens erkundigte sich Dunant danach, wie mit den erbenlosen Vermögen verfahren werden sollte. Stuckis Antwort war ganz in seinem Sinne. Was damit geschehe, erklärte der Bundesrat, werde von den um diesen Tisch herum versammelten Leuten bestimmt. Mit keinem Wort sprach er von der Verpflichtung der Schweizer Finanzgemeinde, die Ergebnisse ihrer Nachforschungen nach solchen Vermögen vorzulegen. Ein Thema, über das, wie sich zeigen sollte, auch in den folgenden zwei Jahre nicht offiziell diskutiert wurde.

Stuckis gleichgültige Haltung in dieser Angelegenheit war alles andere als ein Zufall. Die Zeitungen waren voll mit Berichten über einen heftigen Streit zwischen den Westmächten und der Sowjetunion hinsichtlich der wirtschaftlichen Zukunft Deutschlands, und erstmals wurde über eine dauerhafte Teilung Deutschlands diskutiert. In dem sich daraus entwickelnden Kampf um das Schicksal Europas war die Schweiz, wie Stucki wußte, zu unbedeutend, um noch allzu viel Aufmerksamkeit von seiten der Alliierten auf sich zu ziehen.

Den milden Protest des britischen Außenministeriums vom September hatte Stucki mit einer Gegenfrage beantwortet, die darauf ausgelegt war, den Briten jegliches weitere Interesse an der Sache zu verleiden.[40] London, hatte Stucki geschrieben, möge der Schweiz doch bitte alle verfügbaren Informationen über erbenlose Vermögen in der Schweiz zur Verfügung stellen und erklären, wie die britische Regierung erbenlose Vermögen in Großbritannien ausfindig zu machen gedenke.[41] Gerry Villiers war perplex. In dem Abkommen von Paris war nirgendwo die Rede von einer Verantwortung der Alliierten, und naturgemäß hatte die britische Regierung auch keinen Gedanken daran verschwendet, bei britischen Banken nach solchen Vermögen zu suchen, abgesehen davon, daß sie das für undurchführbar hielt.

Weil es in Großbritannien kein Bankgeheimnis gab, wurden Anfragen von jüdischen Überlebenden, die über keine genauen Angaben verfügten, unter den Banken routinemäßig ausgetauscht. Falls ein Name auf ein Konto paßte, gab die betreffende Bank sofort die Existenz des Kontos bekannt. Der Antragsteller mußte dann nur noch seine Erbberechtigung nachweisen. Villiers wußte, daß die Schweizer »nur fischten«. Natürlich konnten die Briten den Schweizern keine Ratschläge geben, wie sie nach den Guthaben forschen könnten.[42] Die beste Lösung, meinte Villiers, sei es, den Amerikanern, denen ja so viel an der Sache lag, »den Ball zurückzuwerfen«. »Ich bin gespannt, was dabei herauskommen wird.«[43] Bereits sechs Monate zuvor hatte die Schweizer Regierung zugesichert, sie werde Vorschläge zur Ermittlung erbenloser Vermögen vorlegen. Doch als Selous von Bern aus anfragte, ob er sich formell nach dem Stand der Dinge erkundigen solle, hatte man sich in London schon darauf geeinigt, die Schweizer Anfrage zu ignorieren und sich nicht zu äußern.[44]

Paris reagierte auf eine gleichlautende Anfrage Berns mit einer undurchsichtigen Antwort. Da das in Deutschland gefundene, nichtmonetäre Gold den Juden ausgehändigt worden sei, ließ die französische Regierung verlauten, sehe sie keine Notwendigkeit für legislative Maßnahmen, die darauf abzielten, in Frankreich liegende Vermögenswerte zu identifizieren und an die Opfer des Nationalsozialismus zu übergeben.[45] Mit dieser ausweichenden Antwort suchte Paris zu verbergen, daß die französische Armee sich im Gegensatz zu den amerikanischen und britischen Streitkräften weigerte, alles Gold und alle Wertgegenstände, die von Juden beschlagnahmt worden waren und deren Eigentümer unbekannt waren, an die zuständigen Behörden der Alliierten zu überstellen.[46] Zu den angeblich zum Zwecke der Aufstellung eines Inventars nach Paris geschafften Wertgegenständen gehörten 2500 Kilogramm Gold, Gemälde und Kisten voller Edelsteine ungarischer Juden, die von den Franzosen im österreichischen Tirol entdeckt worden waren. Was damit nach ihrer Ankunft in Frankreich geschah, blieb ungeklärt.[47]

Der Brief, den die Schweizer an das US-Außenministerium schickten, war ein Musterbeispiel für eine diplomatische Verschleppungstaktik: »Es wäre den Schweizer Behörden sehr hilfreich, die Grundlage für die Behauptung der Regierungen der Alliierten zu erfahren, daß eine erhebliche Zahl der Opfer der nationalsozialistischen Verfolgung ohne Erben starben und ihre Vermögen in die Schweiz transferiert hatten.«[48] Am Schluß der kurzen, sehr höflichen Note fand sich noch ein Hinweis auf die von der polnischen Regierung geltend gemachten Ansprüche auf die erbenlosen Vermögen polnischer Bürger. In ihrer Verlegenheit, eine Antwort auf die zentrale Frage des Briefes zu finden, schenkten die Mitarbeiter des US-Außenministeriums weder der Referenz auf Polen Beachtung, noch dachten sie über eine Änderung der amerikanischen Bankengesetze nach, um die Suche nach erbenlosen Vermögen in US-Banken zu erleichtern. Dazu bestand auch gar kein Grund. Zum einen gab es in den USA kein Bankgeheimnis, nach dem es verboten war, die Existenz eines Kontos offenzulegen.

Zum anderen wurde jedes Konto, das zehn oder mehr Jahre ruhte, automatisch öffentlich bekanntgegeben. Für das zusehends unter Druck geratende US-Außenministerium verlor dieser Kleinkrieg um vergleichsweise unbedeutende Geldbeträge und hehre Prinzipien aus Kriegszeiten angesichts der sich abzeichnenden Auseinandersetzung um das Schicksal Europas immer mehr an Bedeutung. Der Leiter der Westeuropaabteilung im US-Außenministerium, Paul Culbertson, hatte ebenso wenig für das Safehaven-Programm übrig wie die Briten. Angesichts des heraufziehenden Kalten Kriegs waren die Differenzen mit den Schweizern eine unwillkommene Irritation. Die Zukunft Westeuropas hing davon ab, alle Kräfte gegen den neuen Feind zu vereinen. Die Jagd auf nationalsozialistische Kriegsverbrecher und Kriegsbeute komplizierte die ohnehin schwierige Aufgabe, eine gemeinsame Strategie gegen die Bedrohung aus dem Osten zu entwickeln. Die Safehaven-Kreuzritter waren mit ihrem Anliegen zu einem Störfaktor geworden. Amerika, teilte Culbertson im Oktober William Clayton mit, werde von den Schweizern als der »große, böse Wolf« gesehen, nicht zuletzt, weil allzu viele Leute im US-Außenministerium und im Finanzministerium die Schweizer wie »eine Bande von Gaunern« behandelten. Culbertson war erpicht darauf, diese »schwärende Wunde« zu schließen und bis auf einen alle Safehaven-Beauftragten aus der Schweiz abzuziehen. Statt dessen, schlug Culbertson vor, solle man den Schweizern erlauben, das Safehaven-Projekt selbst durchzuführen.[49] Clayton stimmte zu.

Ohne Rubin darüber zu informieren, schickte Culbertson Benjamin Kittridge aus dem US-Außenministerium nach Zürich, wo er sich mit Albert Nussbaumer in Verbindung setzen sollte. Kittridge berichtete dem Schweizer Bankier und Botschafter Petitpierres, sein Ministerium habe »die Nase voll von den Nachkriegsanimositäten« und wolle zu normalen Beziehungen mit der Schweiz zurückkehren. Die Probleme, gestand Kittridge, gingen auf »bestimmte Personen in der amerikanischen Delegation in Bern zurück«, um die er sich jedoch kümmern werde. Nussbaumer kontaktierte sofort Petitpierre und legte ihm nahe, auf das »unzweifelhaft« proschweizerische US-Außenministerium zuzugehen, das »mit dem Finanzministerium nicht übereinstimmt«.[50] Das veranlaßte Petitpierre zu dem Schluß, daß das Safehaven-Projekt so gut wie tot war. Mit zu diesem Urteil trug sicherlich auch bei, daß die Safehaven-Beauftragten in Bern noch keinen entschlossenen Versuch unternommen hatten, die zahlreichen Kanäle zu verstopfen, in denen die Kriegsbeute verschwand, während es gleichzeitig immer schwieriger wurde, deutsche Vermögen zu enteignen.[51]

Der Rückzug des US-Außenministeriums schwächte auch die Position Max Schwabs und Max Otts bei ihrer Suche nach der Kriegsbeute der Deutschen und dem jüdischen Geld in der Schweiz. Bislang hatten sie in der Auseinandersetzung mit den feindlich gesinnten Schweizer Bankiers und Industriellen auf die Rückendeckung des Politischen Departements bauen können. Trotz seiner, wenn auch wenig planvollen, so doch aufrichtigen Absichten war es Schwab nicht gelungen, das undurchdringliche Netz der zahllosen Beziehungen zwischen deutschen und schweizerischen Unternehmen zu entflechten oder die Mauer des Bankgeheimnisses zu überwinden, um etwas über den Verbleib der deutschen und der erbenlosen Vermögen in Erfahrung zu bringen.

Schwabs Versäumnis, deutsche Vermögenswerte für die Alliierten ausfindig zu machen, blieb den Geheimdiensten der Alliierten, die von Deutschland aus den Briefverkehr mit der Schweiz überwachten, nicht verborgen. Aus häufig verschlüsselten Briefen an Schweizer Banken ging eindeutig hervor, daß Deutsche illegal in die Schweiz reisten, um dort ihre angeblich nicht existenten Konten zu verwalten oder Mittel aus blockierten Konten zur gegenseitigen Umschuldung zu verwenden. Aus anderen abgefangenen Nachrichten wußte man, daß Deutsche mit Hilfe chinesischer oder südamerikanischer Geschäftsleute, die mit dem Geld der Deutschen Schweizer Produkte kauften, ihre Vermögen aus der Schweiz herausholten.[52] In der Schweiz war es nach dem Krieg weder dem britischen MI6 noch dem US-Geheimdienst noch einmal gelungen, in Schweizer Banken, Großunternehmen, die Verrechnungsstelle oder gar in Stuckis Behörde einzudringen.[53] Die einzigen Nachrichten, die in Washington und London eintrafen, bezogen sich auf so belanglose Dinge wie die Zunahme der Zahl nach Deutschland verschickter Nahrungsmittelpakete, die Aktivitäten einer suspekten christlichen Hilfsorganisation und den Aufenthaltsort verdächtiger Deutscher in der Schweiz. Auch Schwab und seine Mitarbeiter, die von Selous als »unkooperativ« bezeichnet wurden, gaben keine relevanten Informationen heraus.[54] Wann immer amerikanische oder britische Diplomaten Hinweise auf nicht enttarnte deutsche Vermögen vorlegten, erwiderte Schwab lediglich: »Darüber sind wir bereits informiert.«[55]

Während Schwab den Safehaven-Beauftragten wissentlich die Unwahrheit sagte, versuchte er hinter den Kulissen, die Angaben der Alliierten bei den Banken zu überprüfen. In einem exemplarischen Fall erkundigte er sich bei einer Bank nach einem bestimmten deutschen Konto. Das Konto, beschied die Bank, habe am 16. Februar 1945, dem Tag, an dem die Konten gesperrt worden waren, nicht existiert. Erst nach hartnäckigem Nachfassen gestand die Bank ein, daß in den Tagen vor der Verhängung der Sperre das Konto auf den Namen einer in China lebenden Engländerin überschrieben worden war und der ursprüngliche deutsche Inhaber mit von der Frau unterzeichneten Blankoschecks jederzeit Geld abheben konnte. »Dies ist«, gab Schwab zu, »ein typischer Fall einer Tarnung.« Doch obwohl die Bank dafür gesetzlich belangt und eine Geldstrafe gegen sie hätte verhängt werden können, wurde nichts dergleichen unternommen. Auch als die Bank sich weigerte, den Namen des deutschen Kunden bekanntzugeben, blieb das ohne Folgen. Die Schweizer Staatsanwaltschaft weigerte sich schlichtweg, das von den Banken und ihren Kunden als ungerecht und absurd abgelehnte Gesetz anzuwenden. »Die Verrechnungsstelle hat schon verschiedene Strafanträge gemacht«, sagte Ott zu Stucki. »Sie stiess aber auf wenig Verständnis bei den Gerichten.«

»Wenn die Gerichte ihre Aufgabe nicht richtig machen, ist das ihre Sache«, versetzte Stucki. »Das darf uns aber nicht an der Einreichung von Strafanträgen hindern.«[56] Ott war davon sichtlich wenig beeindruckt. Seiner Ansicht nach »waren durch den Sperrebeschluss [...] die deutschen Vermögenswerte blockiert worden und [sind] damit auch den Deutschen erhalten geblieben«.[57]

Diese mit harten Bandagen ausgetragene Auseinandersetzung blieb den Diplomaten der Alliierten in Bern verborgen. Sie sahen nur, wie Stucki Vorgehensweisen öffentlich im nationalen Interesse verteidigte, obwohl er sie insgeheim verdammte.

Mit der Absicht, die Alliierten zu verunglimpfen, berief Stucki im Januar 1947 eine Pressekonferenz ein, auf der er erklärte, von eintausend von den Alliierten gemeldeten Fällen getarnter deutscher Vermögen seien der Schweizer Regierung lediglich sechs nicht bekannt gewesen. Im Gegensatz zu Schweden, wo Rubin ohne größere Schwierigkeiten ausgehandelt hatte, daß 74 Prozent der deutschen Vermögen (77 von 104 Millionen Dollar) liquidiert und der Erlös an die Alliierten und damit an die Flüchtlinge ausgehändigt werden sollten, zweifelte die Schweiz hartnäckig den Umfang der deutschen Vermögenswerte im Land an. Die Alliierten schätzten den Wert der deutschen Vermögen in der Schweiz auf eine Milliarde Dollar, doch die Verrechnungsstelle sprach von gerade einmal 120 Millionen Dollar.[58] Unter dem Einfluß der Banken und der Industrie suchte das Politische Departement nach immer neuen Vorwänden, die Umsetzung des Abkommens zu unterlaufen, während man, als Beweis der schweizerischen Zuverlässigkeit, den Deutschen mit größter Fairneß begegnete. »Die internationale Gemeinschaft darf nicht den Eindruck gewinnen, als würden die deutschen Eigentümer keine gerechte Entschädigung erhalten.«[59]

Die Schweizer Banken und Industriellen sahen ihr Land im Belagerungszustand. »Es geht jetzt um Geld und Betriebe«, sagte Ernst Speiser, Direktor des Maschinenbaukonzerns Brown Boveri, zu Stucki und Homberger, »um die Expansion von amerikanischen Trusts, um Patente und sogar um Personen, nämlich um Spezialisten auf bestimmten Gebieten, deren Ausweisung die Amerikaner durchsetzen möchten.« Speiser fügte erbittert hinzu: »Es wird in jenen Artikeln unter anderem behauptet, die Schweiz wolle das Abkommen von Washington sabotieren.«

Diese angebliche Verdrehung der Wahrheit veranlaßte Stucki zu der Bemerkung: »Wir werden eben Nerven behalten müssen.« Die eigentliche Schuld liege, sagte Stucki mit allgemeiner Zustimmung, bei den amerikanischen Safehaven-Leuten, die den Schweizer *New York Times*-Korrespondenten Michael Hoffman mit böswilligen Gerüchten fütterten. Schwab teilte Speisers Meinung. Er attestierte Reagan, Conover und Mann eine schweizfeindliche Haltung und warf ihnen vor, einzig und allein darauf hinzuarbeiten, den US-Konzernen deutsches Kapital in die Hände zu spielen. Aber nicht alles, was er sagte, war ohne realen Hintergrund. Das Safehaven-Team in Bern arbeitete angeblich isoliert und ohne Rückendeckung aus Washington.

»Bald wird der Moment kommen, wo wir gegen die Herren

Reagan und Konsorten in anderer Weise vorgehen können«, verkündete Stucki. »Wie ich bereits angedeutet habe, steht wenig hinter Reagan. Wir sind deshalb nicht hilflos.«[60] Hombergers Prophezeiung, die alliierten Angriffe gegen die Schweiz würden nachlassen, hatte sich als korrekt erwiesen. Einerseits schwächte das die Position der Verrechnungsstelle, andererseits bestätigte es Stuckis Zweifel an der Aufrichtigkeit der Banken.

Im Frühjahr 1947 wurde Stucki von der Nachricht aufgeschreckt, daß die Kantonalbank, eine der größten Banken des Landes, zehn Jahre zuvor insgeheim die Zinszahlungen auf ausländische Konten eingestellt hatte. In der Annahme, man habe es mit einem Einzelfall zu tun, wandte er sich an Dunant, den Sprecher der Schweizerischen Bankiervereinigung: »Ich bin der Auffassung, dass wir nicht nur berechtigt, sondern verpflichtet sind, diese Bereicherungen der Bank nicht auf sich beruhen zu lassen.« Dunant, irritiert von Stuckis Moralismus und erpicht darauf, möglichst wenig über die Affäre herauszulassen, spielte die Angelegenheit herunter: »Die Statistik der Verrechnungsstelle bezieht sich auf 27 Kantonalbanken. Die Sparbüchlein der Deutschen in Deutschland sind indessen bei wenigen grossen Kantonalbanken konzentriert. (…) Ich möchte schliesslich noch auf das wirtschaftliche Interesse hinweisen. Es handelt sich bei der Nachzahlung um einen Betrag von ca. 1 Million Franken.«[61] Die Verrechnungsstelle, erklärte er, übertreibe das Problem, das mit auf Bestrebungen zurückgehe, ab 1937 den Zufluß von »heißem Geld« in die Schweiz zu kontrollieren. Die Implikationen von Dunants teilweisem Schuldeingeständnis waren dennoch beträchtlich. Die 27 beteiligten Banken hielten nach Angaben der Verrechnungsstelle nachrichtenlose Einlagen in Höhe von sechs Millionen Franken, die aller Wahrscheinlichkeit nach nichtdeutschen Juden gehörten. Angesichts der Unzahl von Banken in der Schweiz konnte sich die Gesamtsumme der nachrichtenlosen Vermögen leicht auf mehrere hundert Millionen Franken summieren.

Stucki mißtraute den Angaben Dunants und verlangte, die Klärung des Vorfalls einem Gericht zu übertragen. Dunant lehnte das entschieden ab. Ein solches Vorgehen könne erhebliche Nachteile für die Banken nach sich ziehen, warnte er Stucki. Die beiden einigten sich auf einen Kompromiß: die Verrechnungsstelle sollte eine neue Untersuchung durchführen. Als ein paar Wochen später die Untersuchungsergebnisse vorlagen, entstand ein noch erschreckenderes Bild: Nachdem Schweizer Banken festgestellt hatten, daß ein ruhendes Konto einem deutschen oder einem ausländischen Juden gehörte, hatten sie in der Annahme, daß der Kontoinhaber wahrscheinlich im Krieg umgekommen war und sich nicht mehr beschweren konnte, die über die Jahre hinweg gezahlten Zinsen nachträglich wieder abgezogen. Egal, welchen Maßstab man anlegte, was die Banken getan hatten, war schlichtweg Diebstahl. Stucki war entsetzt über das schamlose Verhalten der Banken.[62]

Dunant sah sich in die Enge getrieben. In einem Treffen mit Stucki versuchte er das Vorgehen der Banken zu rechtfertigen: »Diese Massnahme richtete sich gegen alle im Auslande wohnenden Personen und nicht nur gegen die Deutschen in Deutschland. Eine Ausnahme wurde nur gegenüber den Schweizern im Ausland stipuliert.« Was Dunant weiter vorbrachte, bewies nur, wie weit er sich von der Realität entfernt hatte: »Die Schweizer Banken informierten die ausländische Kundschaft. Diese kannte somit die Situation und hat dagegen nicht protestiert.« Die Vorstellung, daß ein deutscher oder polnischer Jude, in ständiger Furcht vor den Häschern der Gestapo lebend, einen Brief über die Einstellung der Zinszahlung seiner Schweizer Bank erhalten und dagegen Einspruch eingelegt hätte, war so absurd, daß niemand sie für realistisch halten konnte, ausgenommen offenbar Dunant und die Schweizer Banken. Unausgesprochen blieb, daß so gut wie alle ausländischen Kontoinhaber aus Gründen der Risikovermeidung ihre Banken angewiesen hatten, sich nicht mit ihnen in Verbindung zu setzen. Falls die Banken also überhaupt Briefe an ihre Kunden geschickt hatten, dann nur an deren Postfächer in der Bank selbst! Stuckis tiefverwurzeltes Mißtrauen gegenüber den Banken wurde nur noch verstärkt, je länger Dunant ihr Verhalten zu rechtfertigen suchte.

»Es muss offenbar ein Missverständnis vorliegen«, unterbrach Schwab Dunant. »Ich war beim Abschluss des Gentlemen Agreements noch bei der Nationalbank. Der Zweck dieser Abmachung war, das sogenannte ›hot money‹ von der Schweiz abzuhalten. Die Meinung war aber nie die, dass auch die Spargelder erfasst werden sollten. Die kleinen Banken haben diese Guthaben weiter verzinst.

Besonders krass sind jene Fälle, wo die Verzinsung nachträglich storniert worden ist.«

»Wir sind eine Art Konkursverwaltung«, betonte Stucki, »und haben die Interessen der deutschen Gläubiger zu vertreten.« Dunant war erstaunt. Die von ihm repräsentierten Banken hatten die Guthaben aller ausländischer Konten enteignet, und jetzt verlangte Stucki mit dem engen, juristischen Geist eines Bürokraten, daß Unterschiede gemacht wurden. »Ich könnte mich nicht damit einverstanden erklären, einzig für die deutschen Gläubiger eine Ausnahme zu schaffen«, rief Dunant aus.[63] Ein von der Schweizerischen Bankiervereinigung angefertigter schriftlicher Bericht steigerte die Verwirrung noch. Die meisten Zinszahlungen, erklärte Dunant dazu, wurden erst nach der Unterzeichnung des Washingtoner Abkommens im Mai 1946 eingestellt. Damit führte er seine früher abgegebene Erklärung, der Zinsstop habe der Abwehr »heißer Gelder« gedient, selbst ad absurdum. Drei Wochen später strafte eine von der Verrechnungsstelle durchgeführte Untersuchung Dunant Lügen. Eine Übersicht über alle Bankkonten hatte stark variierende Zinszahlungen ergeben. Nur 16,5 Prozent aller Sparguthaben, ermittelten Stuckis Mitarbeiter, wurden vorschriftsgemäß geführt. Dagegen wurden 35,2 Prozent aller ausländischen und 39,8 Prozent aller deutschen Konten »mangelhaft« verwaltet. Diese Unterschiede belegten, daß die Schweizer Banken ausländische Anleger aus reinen Profitgründen ausbeuteten.[64]

»Bei denjenigen Banken, die in diesem Zusammenhang skrupellos gehandelt haben«, stellte Stucki gegenüber Homberger fest, als der Bericht erörtert wurde, »liegt ungerechtfertigte Bereicherung vor. Mich wundert nur, dass sich die Bankiervereinigung für eine Minderheit von Banken restlos einsetzt.« Das ging an Dunants Adresse, doch er war bei dieser Sitzung nicht anwesend. Schwab hieb in dieselbe Kerbe: »An der Konferenz vom 1. Oktober empörte sich die Delegation der schweizerischen Banken darüber, dass dieser Hase von der Verrechnungsstelle aufgejagt worden ist. Man stellte sich auf den Boden, dass die Banken vollständig korrekt gehandelt hätten.« Auch Ott verlieh nun seiner Empörung Ausdruck: »Die Banken scheinen offenbar geglaubt zu haben, dass es sich um eine theoretische Diskussion handle.«

Nur Homberger verteidigte die Banken. »Den meisten Deutschen lag nur an der Sicherheit des Kapitals und nicht am Zins. Die von den Bankbeamten mündlich erteilte Auskunft (der Anleger bekomme keine Zinsen; A.d.Ü.) kann praktisch kaum nachgewiesen werden. Sollen nun diese Zinsen wirklich eingetrieben werden und wir die Banken zur Gutschrifterteilung zwingen?« Stucki blieb hart: »Wir müssen nach Gesetz diese deutschen Interessen wahren, und ich erachte es als unsere Pflicht, diese Frage zu entscheiden. Man kann die Sache ganz einfach vor Gericht bringen.« Homberger sah sich zwar selbst als den entschiedensten Vertreter der deutschen Interessen, aber er behielt auch die Interessen der Banken im Auge. »Was veranlasst uns überhaupt«, erklärte Homberger, »diese Frage jetzt schon aufzuwerfen?« Als Sprecher der Gesamtheit der Schweizer Industrie konnte kein Regierungsbeamter, auch nicht Stucki, eine von Homberger vorgeschlagene Lösung ignorieren. Stucki lenkte ein. In einer Gefühlsaufwallung protestierte Schwab verzweifelt: »Ich erhalte fast jede Woche Besucher, die sich über das Abkommen entrüsten. Ich erkläre ihnen jedesmal, dass wir als Treuhänder die Interessen der Deutschen weitgehend wahren. Ich verstehe es deshalb nicht, weshalb wir im vorliegenden Falle die Zinszahlung nicht verlangen sollten, nur weil es einigen Banken nicht paßt.«[65] Natürlich kannte Schwab die Antwort auf seine Frage. Die Banken erfreuten sich der Protektion der Mächtigen im Lande. Das Unbehagen, das er angesichts seiner begrenzten Machtmittel verspürte, wurde überdeckt durch gemeinsame Ziele, die Dunant, Homberger und die meisten Vertreter der Regierung teilten: Sie wollten die Interessen der Schweiz verteidigen, die Deutschen beruhigen, die Alliierten in die Schranken verweisen und die Juden ignorieren.

KAPITEL 11
Schweizer Perfidie

Walter Stucki war überzeugt, daß die Schweiz von einer jüdischen Verschwörung bedroht wurde. Obwohl sich das Verhältnis der Schweiz zu den Alliierten verbessert hatte, war Stucki von dem Glauben besessen, daß die wirtschaftliche Entwicklung seines Landes von bösartigen Drohungen und von in der britischen und amerikanischen Presse publizierter Kritik behindert werde. Die Verschwörer, glaubte Stucki, waren Mitglieder des »Komitees gegen den Dritten Weltkrieg«, und der Vorsitzende des Komitees war Lord Vansittart, das Sprachrohr der Juden.

Tatsächlich hatte Vansittart, ein prominenter britischer Staatsbeamter, die Kampagne gegen die Appeasementpolitik und Hitler vor dem Krieg geleitet und war in den Nachkriegsjahren als leidenschaftlicher Antikommunist aufgetreten. Vansittart war jedoch kein Jude, er hatte keine Abneigung gegen die Schweiz, und er hatte nichts mit dem Komitee zu tun. Stuckis litt, wie viele seiner Landsleute, an einer Art Verfolgungswahn. »Das Komitee besteht zu 80 Prozent aus Juden«, erzählte er Homberger und den Bankiers. »Die treibende Kraft ist ein französischer Jude.« Hirsch, als Franzose ausgewiesen, hatte Einreiseverbot in die Schweiz.[1] »Wir müssen uns gegen den Dollar-Imperialismus verteidigen«, stimmte der Industrielle Speiser ernst zu. Speiser äußerte ungeniert die Verschwörungstheorien der Nazis, in denen Juden, Amerikaner und Kommunisten miteinander in Verbindung gebracht wurden, und fügte hinzu: »Das Verhalten der Amerikaner bedeutet Obstruktion.« Schamloser Antisemitismus und Sympathien für die Nazis waren Haltungen, die inzwischen in der Verrechnungsstelle gang und gäbe geworden waren. Max Ott offenbarte in einer Diskussion über das Schicksal der I. G. Farben, daß »ein ehemaliger Angestellter der IG

Farben, ein gewisser galizischer Jude namens Roth von den Amerikanern die Zusicherung erhalten [hat], 25% vom Wert der IG Chemie zu erhalten, wenn er ihnen (den Amerikanern; A.d.Ü.) bei der Aufdeckung der deutschen Beherrschung behilflich sei«.[2]

Die Vorurteile in der Verrechnungsstelle wurden durch die Ernennung von Franz Kappeler als leitendem Beamten im Februar 1947 noch gestärkt. Im Krieg war Kappeler als Diplomat der Schweiz in Berlin gewesen. Er war freiwillig einer nazifreundlichen Organisation beigetreten und prahlte häufig mit seinen Sympathien für die Deutschen.[3] Ausdruck fanden diese gemeinsamen Vorurteile in der Behandlung des nachrichtenlosen Vermögens der Juden durch die Verrechnungsstelle.

Ordentlich aufgestapelt lagen in zahlreichen Lagerhäusern in der Schweiz düstere Berge von nicht abgeholtem Gepäck und Kisten. Sie waren von besorgten Juden aus ganz Europa ihren geplanten Reisen vor und während des Kriegs vorausgeschickt worden. Die Flüchtlinge hatten ihren Besitz für den Fall einer Abholung sorgsam etikettiert. Viele Kisten enthielten zweifellos versteckte Wertgegenstände, um den Lebensunterhalt im Exil zu finanzieren. Zwei Jahre nach dem Krieg war das Schicksal der Juden längst entschieden. Beamte des American Joint Distribution Committee (AJDC) beanspruchten in Gesprächen mit Max Ott und Beamten des Ministeriums, dem von Steiger vorstand, jene Habe als erbenloses Vermögen, um es für die Überlebenden zu verwenden. Die Antwort war negativ. Die Schweizer Gesetze zur Geheimhaltungspflicht, sagte man den Beamten des AJDC, hinderten jeden außer den Besitzern daran, einen Blick auf die Etiketten zu werfen. Keiner unautorisierten Person könne erlaubt werden, die Habe eines Verwandten zu suchen, und das Eigentum könne auch nicht zum allgemeinen Gebrauch der jüdischen Flüchtlinge herausgegeben werden. Da die Anspruchsberechtigten tot seien, so erklärte man dem AJDC, werde das Gepäck versteigert, um die ausstehenden Lagerkosten zu begleichen.[4]

Die demoralisierten Juden litten in den Notlagern im zweiten Winter nach der Befreiung aus den Konzentrationslagern. Allmählich schwanden ihre Hoffnungen. Mitfühlende Banken gaben dem AJDC ungesicherte Kredite, in der Erwartung, daß die von der Schweiz und Washington versprochenen 20 Millionen Dollar einträfen, doch dieses Geld wurde verbraucht, während Stucki Ausflüchte machte und es entgegen der getroffenen Vereinbarungen zurückwies, die ersten 12,5 Millionen Dollar vorab auszuzahlen. Ohne diese Mittel konnten die Aufgaben des AJDC jedoch nicht bewältigt werden. Am 28. März 1947 bat Edward Warburg, der Vorsitzende des AJDC, Dean Acheson, den stellvertretenden amerikanischen Außenminister, um Hilfe: »Wir haben die Grenzen unserer Mittel erreicht.« Man bat Acheson, die Schweiz zu nötigen, wenigstens fünf Millionen Dollar auszuzahlen, um die »Demoralisierung dieser Opfer und die Verschlechterung ihres Gesundheitszustandes« in den Lagern zu verhindern.[5]

Acheson protestierte am 16. April 1947 bei der Schweiz wegen des Zahlungsverzugs der 12,5 Millionen Dollar und forderte eine umgehende Zahlung von mindestens fünf Millionen Dollar »in voller Anerkennung der dringenden Bedürfnisse jener Opfer«.[6] Unverzüglich wurde Heinrich Homberger für die schweizerische Antwort konsultiert. Homberger warf einen Blick auf das Durcheinander bei den Alliierten und drängte das Politische Departement, die Forderungen der Alliierten zu ignorieren. »Ich neige dazu, dass wir die Angelegenheit von uns aus nicht beschleunigen sollten«, teilte er Stucki mit. Er empfahl also, auf Zeit zu spielen. Diese Taktik gefiel Stucki, aber er erkannte, daß die schweizerischen Bankiers und Industriellen das Washingtoner Abkommen unterlaufen wollten und fürchtete die Konsequenzen. »Ich halte es für politisch ausgeschlossen, dass der Bundesrat einen so weitgehenden Beschluss (vom Abkommen zurückzutreten; A.d.Ü.) fassen könnte«, erwiderte er Homberger. »Dafür sind wir nicht stark genug. Bei Androhung des Rücktritts vom Abkommen würde zweifellos eine heftige internationale Pressekampagne gegen die Schweiz eröffnet, die uns sehr unerwünscht käme.« Der Vertreter der Industrie manipulierte geduldig die Marionette und war sich der realen Verteilung der Macht vollauf bewußt. Schließlich war dieser hochmütige Beamte davon überzeugt, er könne im Alleingang eine meisterhafte neue Politik schaffen. »Wir müssen immer daran denken«, meinte er zu Homberger, »ein Alibi für uns herzustellen.«[7]

Stucki ergriff die Gelegenheit beim Schopfe. Er nahm eine feierliche Haltung ein und drückte gegenüber dem Briten Gerald Selous seine »tiefe Sympathie« für die Flüchtlinge aus und bekräftigte seinen Eifer, den Opfern des Nazismus zu helfen. Abschließend bedauerte er dann, daß vorerst nichts für sie getan werden könnte. Stuckis Ausflüchte waren sorgfältig von Berner Beamten geplant worden. Die jüdischen Flüchtlinge, so hatte Petitpierres Ministerium beschlossen, könnten mit einem raffinierten Winkelzug dazu benutzt werden, um den eigenen Anspruch der Schweiz auf deutsche Vermögenswerte sicherzustellen.[8]

Stucki wirkte keineswegs zynisch, als er dem Engländer das Schweizer Dilemma darlegte. Bevor ein Verkauf deutschen Vermögens zwecks einer Geldsammlung für die Reparationen beginnen konnte, teilte er Selous mit, müsse ein Wechselkurs für den Schweizer Franken und die Reichsmark festgelegt werden. Sonst, fuhr er fort, könnten die deutschen Eigentümer unter Umständen keine angemessene Entschädigung für ihren konfiszierten Besitz erhalten. In der Zwischenzeit, bedauerte Stucki, »kann nichts geschehen«.

Das britische Außenministerium reagierte auf diese »Bombe«[9] mit der Selbsttäuschung, daß Stucki persönlich für die Schweizer Ausweichmanöver verantwortlich zu machen sei. »Ich habe mich gefragt«, kommentierte Villiers, »ob sich die politischen Behörden der Schweiz der Schwierigkeiten bewußt sind, in die wir geraten sind. Monsieur Stucki ist bekanntermaßen ein sturer Mann und hat vielleicht die ganze Angelegenheit für sich behalten.«[10]

James Mann war noch im Safehaven-Team der US-Botschaft tätig und die übliche Zielscheibe für Stuckis Beschwerden wie etwa, er sei »hinderlich« und verantwortlich für die »endlosen Kindereien«. Mann begriff sehr genau, daß Stucki einfach nur der Strohmann einer Verschwörergruppe war. »Die Schweizer«, erklärte Mann, »müssen besiegt werden. Wir werden sie niederwerfen.«[11] Mann hatte begierig auf eine Einladung amerikanischer und kanadischer Delegierter der Inter-Allied Reparations Agency (IARA) in Brüssel geantwortet, um zu erörtern, wie man der Schweiz das Geld abringen könnte. Zu Stuckis Erleichterung lähmten die sich verschlechternden Beziehungen zwischen dem Westen und der Sowjetunion diese Initiative. »Wir konnten uns auf die Unterstützung der britischen und französischen Regierung verlassen«, lächelte Stucki, »um diese Maßnahme zu blockieren.«[12]

Bis zu diesem Zeitpunkt waren erst 2,6 Millionen Dollar (11,5 Millionen Schweizer Franken) durch die Verrechnungsstelle mit dem Verkauf von Häusern, Kraftfahrzeugen, Maschinen und einer Forellenzucht aufgebracht worden. Dennoch waren die deutschen Vermögen in der Schweiz nach Schätzungen der Alliierten eine Milliarde Dollar wert. Im britischen Außenministerium wurde eine Konferenz abgehalten, um »Vorschläge« in Betracht zu ziehen, »mit denen die Schweizer unter Druck gesetzt« werden sollten. Man überlegte, ob nicht die US-Regierung darum ersucht werden sollte, die schweizerischen Vermögen wieder einzufrieren und Schweizer Geschäftsleuten Visa zu verweigern. Britische Diplomaten wurden in Bern mit Leichtigkeit von ihren Gastgebern verführt. Sie priesen die »bewundernswerte Arbeit« der Verrechnungsstelle trotz der langsam tröpfelnden Meldungen von den Banken und des widerwilligen Personals, das mit einem »nutzlosen Job« beschäftigt sei. Unter dem Einfluß dieser Diplomaten dachte Villiers jetzt darüber nach, daß jede Maßnahme »wahrscheinlich die gegenwärtige Haltung der Schweizer verhärtet«.[13] Die Gegenvorschläge des amerikanischen Außenministeriums, die Schweiz solle entweder das Eigentum, wie im Abkommen vorgesehen, zu einem festzulegenden Wechselkurs verkaufen oder umgehend 250 Millionen Schweizer Franken überweisen und das deutsche Eigentum zu einem beliebigen Zeitpunkt verkaufen, wurden gleichermaßen verworfen: »Wir betrachten die amerikanischen Vorschläge als insgesamt undurchführbar.«[14]

Dank der Briten hatten die Schweizer ihr Ziel erreicht. Sie konnten die Verkäufe deutschen Eigentums für Reparationen verzögern, bis Deutschlands Schicksal entschieden sein würde. Die Verrechnungsstelle intensivierte in der Zwischenzeit die Demütigung der deutschen Juden, um den Druck auf die Alliierten zu erhöhen. Max Ott, dessen Erlasse unverkennbar diskriminierend waren, bestand darauf, daß alle Deutschen auf die gleiche Weise behandelt werden müßten. Er ordnete an, die Vermögen der deutschen Juden gemeinsam mit anderem deutschen Besitz zu verkaufen. Stucki bemerkte, »dass wir den Dienst in der Wehrmacht nicht als Wohnen in Deutschland betrachten werden«.[15]

Doch gleichzeitig verschärfte er die Vorschriften, die verhinderten, daß nach Deutschland zurückgekehrte deutsche Juden an ihr

Geld und ihren Besitz herankonnten. Schamlos billigte Stucki die Neuinterpretation des von ihm in Washington unterzeichneten Briefes, der die Schweiz verpflichtete, jüdischen Flüchtlingen zu helfen. Stucki bestand darauf, daß keine Unterscheidung zum Vorteil der Juden bei der Beschlagnahmung und dem Verkauf deutschen Vermögens beabsichtigt sei. Stucki äußerte die Ansicht, daß sich »der betreffende Brief zum mindesten auf die Vermögenswerte verstorbener deutscher Staatsangehöriger bezieht«[16], und teilte dies den Kollegen in der Verrechnungsstelle mit. Damit waren zwangsläufig auch die verstorbenen deutschen Juden gemeint. In Washington entsetzte sich Rubin: »Den alliierten Unterhändlern kam es nie in den Sinn, die in Deutschland Verfolgten zu benachteiligen. Die Schweizer erweisen sich als schwierig.«[17]

Stucki wurde am 26. März 1947 ein Musterbeispiel präsentiert. Maria Wilcke, eine deutsche Jüdin, die das Konzentrationslager überlebt hatte, war in der Schweiz eingetroffen und stellte fest, daß ihre Bank sich weigerte, ihre Ersparnisse auszuzahlen. Man drohte, das Geld für Reparationen zu enteignen. Stucki antwortete dem amerikanischen Außenministerium auf die Bitte um Hilfe: »Ich muß zugeben, daß es widerlich wäre, wenn Frau Wilckes schweizerisches Vermögen angesichts ihrer in Deutschland erlittenen Qualen zu Geld gemacht würde.« Stuckis Bekenntnis half Frau Wilcke allerdings nicht.

In einer Rechtfertigung des Elends, das die Diskriminierung in der Schweiz verursachte, wies Stucki auf die Behandlung der Juden durch die Alliierten in Deutschland hin. Die Militärregierung der amerikanischen Zone hatte per Erlaß[18] festgelegt, daß das Eigentum der 100 000 Juden, die ursprünglich bis 1933 in diesem Teil Deutschlands gelebt hatten, den Überlebenden oder den Erben zurückgegeben werden sollte. Aber trotz des Drucks der Amerikaner hatten sich Großbritannien und Frankreich geweigert, ähnliche Gesetze in ihren Zonen zu erlassen. Die Briten, die eine Zone kontrollierten, in der bis 1933 über 100 000 Juden gelebt hatten, zogen ihre frühere Unterstützung für die Juden zurück. Teilnahmslos weigerte sich die Militärregierung, eine Verordnung zu erlassen, die es Juden erlaubte, gegenüber Deutschen Schadensersatzansprüche geltend zu machen, die erbenlosen Vermögen zur Unterstützung der Überlebenden einzusetzen oder den Juden zu erlauben, ihr persönliches Eigentum zurückzufordern. Das britische Vorgehen verursachte beim American Jewish Committee (AJC) »tiefes Bedauern«. Jedoch war es den britischen Juden nicht gelungen, die Labour-Regierung davon zu überzeugen, daß es unmoralisch sei, die Überlebenden Not leiden zu lassen. Denn die überlebenden Juden seien häufig wegen der Einkerkerung in den Konzentrationslagern erkrankt, und gleichzeitig genossen die Peiniger in Ruhe die Beute ihrer Verbrechen. Die britische Regierung blieb bei ihrer Politik: Die Juden sollten nicht einmal ihr eigenes Geld bekommen, weil es vielleicht zur Finanzierung ihrer Interessen in Palästina verwendet werden könnte.

Die Bemühungen des AJC in Paris stellten sich gleichermaßen als »ergebnislos« heraus.[19] Die Franzosen weigerten sich, den Überlebenden und Erben der 45 000 Juden zu helfen, welche ursprünglich in der französischen Besatzungszone gelebt hatten. Statt dessen erlitten die Opfer der Nazis Diskriminierungen. Mit offizieller französischer Förderung richteten die deutschen Behörden »Öffentliche Fonds« ein, um erbenloses jüdisches Vermögen zusammenzutragen und das Geld zum Nutzen der Deutschen in der Region einzubehalten. Beschlagnahmtes jüdisches Eigentum sollte im Besitz ehemaliger Nazis bleiben, selbst wenn der ursprüngliche Besitzer es zurückverlangte. In die Heimat zurückkehrende Juden waren durch Geldmangel, fehlende Dokumente und Hilfe benachteiligt. Die Nazis, die sie auf die Straßen getrieben hatten, verweigerten ihnen jetzt die Rückkehr in ihre Häuser, und das geschah mit der Billigung der französischen Regierung.

Proteste wurden von den Franzosen mit der Begründung zurückgewiesen, es stelle »einen Akt der Diskriminierung dar«, den Juden beizustehen.[20] Das französische Amt für Reparationen schloß seine Pforten im März 1951. Bis dahin waren lediglich 2762 Fälle untersucht worden. Übrig blieben 98 675 unbearbeitete und nicht entschiedene Anträge.[21]

Die Alliierten hatten Frankreich auf der Pariser Konferenz beauftragt, auf die Schweiz Druck auszuüben, um an die Reparationen für die jüdischen Flüchtlingsorganisationen heranzukommen. Deshalb zog Stucki befriedigt die Schlußfolgerung, daß die Schweiz der britischen und französischen Politik folgte und die deutschen sowie die eigenen Interessen denen der Juden vorziehen konnte. Stucki hatte die Rechnung jedoch ohne die Kreuzritter gemacht.

Das amerikanische Außenministerium protestierte unter dem Druck jüdischer Gruppen im August 1947 erneut bei Petitpierre und forderte eine vorab zu leistende Zahlung von mindestens 20 Millionen Schweizer Franken für die Flüchtlinge. Washington erwartete vom britischen Außenministerium und von den Franzosen Unterstützung für diese Forderung. Diese Erwartungen wurden im britischen Außenministerium als »schlimmer Fehler« verurteilt, weil der Protest der Schweiz »eine Möglichkeit« gebe, dem »wichtigen Streitpunkt auszuweichen«. Sie können den »Wechselkurs« als Ausflucht benutzen und eine »nette Geste hinsichtlich jüdischer Flüchtlinge« machen.[22] In Wirklichkeit wollte das britische Außenministerium jedoch verhindern, daß dem American Joint Distribution Committee Hilfsgelder für eine heimliche Einwanderung von Juden nach Palästina zuflossen.

In Bern ließ Selous, der gegenüber den Schweizern stets verständnisvoll eingestellt war, Stucki absichtlich mit dem Eindruck zurück, daß die Briten nicht besonders scharf auf eine Zahlung der 20 Millionen Schweizer Franken waren.[23] Stucki begriff, daß die Briten seine offizielle Rechtfertigung dafür, die Erlöse aus dem Verkauf deutschen Vermögens nicht ausgehändigt zu haben, gelten ließen. »Es ist nicht unser Fehler«, stellte Stucki fest, »wenn wir mit der Liquidation noch nicht beginnen konnten.«[24]

Stucki wollte keine Gelegenheit auslassen, um die festgelegte Position der Briten und Franzosen hervorzuheben und seine Talente als internationaler Makler zur Schau zu stellen. Bei einem der regelmäßigen Treffen mit Homberger verlieh er seiner schroffen Mißbilligung darüber Ausdruck, daß auf die Schweiz Druck ausgeübt wurde, die 50 Millionen Schweizer Franken vorab herauszugeben. »Für mich ist es klar, dass an der Quelle dieser breit und tief angelegten Offensive jüdische Organisationen stehen, die versuchen, Washington, Paris und einzelne kleinere Alliierte gegen die Schweiz aufzuhetzen.« Stucki verwendete unbewußt das Vokabular, das auch die Nazis gebraucht hatten. Auch Goebbels hatte Phrasen über die jüdischen Provokationen gedroschen und von »aufzuhetzen« geeifert. »Hinter dem Vorstoss der jüdischen Organisationen stehen materielle Interessen«, fuhr Stucki fort. »Das

Abkommen sieht bekanntlich vor, dass die ersten 50 Millionen (Schweizer Franken) den Alliierten für die Opfer der deutschen Aggression zur Verfügung zu stellen sind.« Das »Internationale Komitee für Flüchtlingshilfe« werde »neun Zehntel dieses Betrages den Juden zur Verfügung stellen«. Stucki spekulierte über die »drei Vorteile« einer sofortigen Zahlung des Geldes: »1. Dadurch würde der ›Hunger‹ dieser Organisationen gestillt. 2. Es wäre ein Beweis dafür, dass wir das Abkommen loyal durchführen und zur Liquidation gelangen wollen.« Stucki wollte die Streitigkeiten zwischen den Alliierten ausnutzen und schloß süffisant: »3. Die drei Alliierten haben möglicherweise nicht alle das gleiche Interesse an der Auszahlung der 50 Millionen.« Er warf Homberger einen Blick zu und schloß vergnüglich: »In London könnte man vielleicht die Auffassung vertreten, dass es die Situation der Engländer in Palästina nicht erleichtern dürfte, wenn dieses Geld in jüdische Hände gelangt.«

Homberger war für Stuckis Ton empfänglich, besonders an seiner Kritik der jüdischen »Organisationen«, und stürzte sich auf die Besetzung Deutschlands durch die Alliierten: »Wenn man Gelegenheit hat, mit alliierten Stellen in Deutschland in Verbindung zu treten, dann muss man immer wieder mit Entsetzen feststellen, was für ein verhängnisvoller, jeder Vernunft entbehrender Weg dort beschritten wird.« Auf diese Weise hielt ein Mann seine Zuhörer in Spannung, der sich der jüngsten Vergangenheit mit Nostalgie entsann und dessen Beitrag zu Europas Wiederaufbau in dem Vorschlag bestand: »Wir können warten!« Der Lobbyist der Industriellen wollte den Flüchtlingen keineswegs 50 Millionen Schweizer Franken überlassen, und er stand den Juden gleichgültig gegenüber. »Die Hetze von organisierten Zentralen aus hat nichts zu bedeuten«, sagte Homberger zu Stucki. »Man muss sich fragen, was diesen Druck auslöste. Sind wir vielleicht den Alliierten schon zu weit entgegengekommen, dass sie nun glauben, auf uns herumtrampeln zu können.«[25] Zu dieser Frage herrschte Einstimmigkeit. Die Notlage der Juden war unwichtig, und die Zahlung der 50 Millionen Schweizer Franken konnten die Alliierten nur gemeinsam durchsetzen.

Ende August war Stucki zuversichtlich, daß die Kritik der Alliierten zum Verstummen gebracht worden war und die 50 Millionen

Schweizer Franken zu einem »amüsanten Streitpunkt« geworden waren. Gerald Selous, der Brite, dem Stucki vertraute, hatte bestätigt, daß es der britischen Regierung nicht eilte, die Geldmittel den jüdischen Organisationen auszuzahlen. Weiterhin sehe man keine Probleme, falls die Schweiz ihre Zusage nicht erfüllen sollte, denn die Briten wollten verhindern, daß den Juden Geld für das Chartern von Schiffen zur Verfügung stehe, um Flüchtlinge nach Palästina zu transportieren.[26] Wenn das Politische Departement seine engen Beziehungen mit den Alliierten vollkommen wiederherstellen wollte, brauche man nur die amerikanische Regierung überzeugen, daß der Streit wegen dem Washingtoner Abkommen beigelegt werden sollte. Die hartnäckige Schweiz triumphierte, doch mit der Entscheidung Wjatscheslaw Molotows, das Gipfeltreffen der vier Alliierten am 2. Juli 1947 in Paris zu verlassen und nach Moskau zurückzukehren, zogen neue Probleme herauf.

Molotows Entscheidung erschütterte den Leitgedanken einer friedlichen Regelung für das Europa der Nachkriegszeit. Zwei Jahre politischen Gezänks und ideologischer Intrigen zur künftigen Gestalt und Rolle Deutschlands hatten die Wirtschaft des Kontinents lahmgelegt. In Paris drängten sich die drei alliierten Außenminister und eine Armee von Beamten, um über den Ausgang eines gefährlichen Nervenkriegs nachzudenken. Unmittelbare Hilfe kam für sie von US-Außenminister George Marshall. Er hatte einen detaillierten Plan ausgearbeitet, nach dem Milliarden von Dollar nach Europa gepumpt werden sollten, um eine bevorstehende Katastrophe aufzuhalten. Zur Freude Petitpierres lud das amerikanische Außenministerium die Schweiz ein, an den Erörterungen zur Umsetzung des Marshallplans teilzunehmen. Die Schweiz, strahlten die Beamten im Politischen Departement, sei wieder in die Gemeinschaft der Völker Europas aufgenommen worden.

»Der beabsichtigte Grossangriff der Alliierten konnte abgeschlagen werden«, prahlte Stucki, »und die Franzosen stehen auf unserem Standpunkt. Sicher ist, dass die Aktien der Schweiz eher im Steigen begriffen sind. Nach dem Scheitern der Dreierkonferenz hat die Angelegenheit Deutschland einen anderen Aspekt erhalten.« Zufrieden bemerkte Stucki: »Was den Vorschuss von 50 Millionen Franken betrifft, ist bis heute noch kein Gesuch eingetroffen.«[27] Eine Anfrage der Amerikaner nach Informationen über von österreichischen und ungarischen Kriegsverbrechern versteckte Beute in der Schweiz wurde von Ott verhöhnt. Kriegsverbrecher gebe es keine mehr, und den Alliierten fehle die Macht, den Schweizern ihren Willen aufzuzwingen, gluckste Ott.[28] Bezeichnenderweise zog die Verrechnungsstelle nicht dieselbe Schlußfolgerung zu den erbenlosen Vermögenswerten. Stucki fühlte sich wohl immer noch an das Abkommen gebunden.

Im Januar 1947 hatte die *Finanz-Revue*, eine Zeitung für den schweizerischen Finanzsektor, einen Kommentar veröffentlicht, in dem die Notwendigkeit – im Interesse des guten Rufes der Schweiz – betont wurde, die erbenlosen Vermögen zu verteilen. Das Blatt vertrat die Ansicht,»es würde auf der anderen Seite wohl nicht verstanden werden können, wenn diese Konten weiterhin bei schweizerischen Banken geführt würden, ohne dass diese selbst wissen, wer über diese Konti verfügungsberechtigt ist.«[29] Ollvier Long war im Politischen Departement tätig und teilte diese Einschätzung. Er erarbeitete einen Gesetzesentwurf. Von Banken, Versicherungsgesellschaften und anderen Unternehmen sollte gefordert werden, das Politische Departement über alle Vermögenswerte von Bankkunden zu informieren,»die seit dem 9. März 1945 nachrichtenlos sind«. Die Unterlassung wurde mit Bußgeld oder Gefängnis bedroht.

Gerüchte über den Gesetzesentwurf erregten den Zorn der Bankiers. Alberto Caflisch, der Sekretär der Schweizerischen Bankiervereinigung, rief die Behörde Stuckis an und verkündete, er sei »sehr verärgert« über die Vorbereitungen zu einer Zählung aller Vermögenswerte. Die Bankiers waren definitiv nicht bereit, die nachrichtenlosen jüdischen Guthaben offenzulegen. Sehr viel wichtiger war jedoch, daß riesige Guthaben von Nazis und von Deutschen bei den Banken lagen. Dabei handelte es sich wahrscheinlich um Beute, die Juden und anderen Personen gestohlen worden war und die jetzt auf Konten ohne Bewegungen lag. Entweder war der Bankkunde im Krieg umgekommen oder er konnte, was durchaus denkbar schien, unter den gegenwärtigen Umständen Deutschland nicht auf sicherem Weg verlassen und in die Schweiz einreisen. Es war sehr wichtig, den Mangel an Umsicht der Regierung auszunutzen. Denn man mußte die Interessen der Deutschen wahren, was ein Hauptanliegen der Banken war. Caflisch schlug vor, die Banken sollten eine freiwillige Zählung durchführen, die der Regierung vertraulich mitgeteilt werden solle. So könne man das Gesetz vermeiden.[30] Caflischs Angebot wurde Ende Mai akzeptiert, allerdings mit einer Drohung. Sollten die Banken mit der Zählung scheitern, teilte de Rham mit, dann sei die Regierung verpflichtet, das Gesetz, welches eine Zählung vorsehe, zu ratifizieren. Damit könnten die »in Washington eingegangenen Verpflichtungen eingehalten« werden. Acht Wochen später schlug Caflisch aus der dramatischen Veränderung des Klimas nach dem Abbruch der alliierten Gespräche in Paris Kapital und wandte sich an die Regierung, um zu erreichen, daß die Erhebung gestoppt wurde. Bei einem Treffen mit Vertretern des Politischen Departements am 21. August bot Caflisch unaufgefordert an, daß die Bankiervereinigung eine Zählung vornehmen sollte – dies jedoch »ohne Garantien«. Deutlich teilte der Bankier de Rham mit: »Wir sind sicher, das Ergebnis wird keine seriöse Grundlage für irgendwelche Diskussionen sein.«[31] Adolf Jann, der einschüchternde Verwaltungsdirektor der Schweizerischen Bankgesellschaft und Sekretär der Bankiervereingung zur Zeit des Kriegs, war anwesend, um Caflisch zu unterstützen. Jann stimmte zu: »Wenn der Betrag hoch ist, wird der Appetit der Alliierten wachsen, wenn er niedrig ist, werden sie die Ergebnisse der Erhebung anzweifeln.« Die Zahl der umgekommenen Bankkunden, die ohne Erben gestorben seien, entgegnete Jann mit bemerkenswerter Autorität, »liegt zwischen drei und fünf Prozent«. De Rham wurde deutlich gemacht, daß die vorgeschlagene Erhebung wenig Ergebnisse erbringen würde und daß die Bankiers künftig nicht mehr kooperieren wollten. »Seit dem Abschluß des Washingtoner Abkommens«, führte Caflisch aus, »hat sich vieles verändert. Amerika ist nicht länger stark, und es gibt keine Gründe, nur wegen dummer Fragen in die Knie zu gehen. Ganz im Gegenteil. Es ist praktisch, von den Umständen zu profitieren und denen ziemlich deutlich zu sagen, daß diese Frage neu überdacht werden muß.« De Rham hatte nicht genug Rückgrat, um Caflisch zu widersprechen, insbesondere, weil dieser zuvor mit Konsequenzen gedroht hatte, wenn »solch eine dumme Maßnahme« angeordnet werden sollte. De Rham stimmte sehr schnell zu, daß sich die Behörden mit jeder Antwort zufrieden geben würden und daß es keine Aufregung geben sollte, wenn der bei der Erhebung ermittelte Betrag niedrig sein sollte.

Alle Bedenken, die de Rham und seine Amtskollegen über die schweizerische Verpflichtung, die erbenlosen Vermögen zu ermitteln, noch hegten, wurden durch den Eingang eines Schreibens aus Paris zerstreut. In einer Antwort auf einen Brief der Schweiz, der nach dem Betrag der von der französischen Regierung aufgefundenen erbenlosen Vermögenswerte anfragte, schrieb Paris, bei einer Erhebung bei den Banken des Staates seien »keine erbenlosen Vermögen« gefunden worden. Wenn man bedenkt, daß 83 000 französische Juden ermordet worden waren und die Franzosen Hauptkunden bei den Schweizer Banken gewesen waren, dann war diese Aussage unglaubwürdig. Die Behauptung der französischen Regierung signalisierte dem Politischen Departement auch das Desinteresse der Alliierten an dem Thema. »Ich bestätige«, schrieb Walter Hohl vom Justizministerium an Stucki, »daß es betreffend der erbenlosen Vermögen nicht notwendig ist, irgendwelche weiteren Aktivitäten in die Wege zu leiten, wenn die Alliierten die Angelegenheit zur Sprache bringen.«[32] Die Bankiers stimmten natürlich zu. Die Bankiervereinigung schrieb – eher in der Form eines Befehls als der einer Meinungsäußerung an das Politische Departement –, die Schweiz solle keine weiteren Maßnahmen ergreifen. Zu diesem Zeitpunkt hatte die Vereinigung eine frühere Schätzung revidiert, nach der der Gesamtbetrag an erbenlosen Vermögen, die von den Mitgliedern gehalten wurden, 208 000 Schweizer Franken sei.[33] Die Vereinigung teilte der Regierung mit, die Mitgliedsbanken hätten erbenlose Vermögen im Wert von 482 000 Schweizer Franken aufgefunden.[34] Um weitere Diskussionen zu vermeiden, teilte die Vereinigung der Regierung mit, daß sämtliche zukünftigen Anfragen auf die Gegenfrage treffen sollten, was denn jene anderen Regierungen täten, um erbenlose Vermögenswerte in ihren eigenen Ländern aufzufinden. Für die Bankiers und das Politische Departement war damit die ganze Sache erledigt.[35]

Der Schweizerische Israelitische Gemeindebund (SIG) war bestürzt, daß nur zwei Jahre nach der Enthüllung der Schrecken des Holocaust die Alliierten und die Schweizer Regierung offensichtlich kein Interesse hatten, den Überlebenden zu helfen. Der SIG richtete einen ausführlichen Appell an das Politische Departement. Man erinnerte die Beamten an den noch nie dagewesenen Mord an Millionen unschuldiger Menschen und warnte davor, daß die erbenlosen Vermögen verschwänden – von jenen einbehalten, denen sie anvertraut worden waren. Der Gemeindebund fügte hinzu, daß die Geldeinlagen unter schweizerischen Unternehmen verstreut seien, welche die Gelder als Gefälligkeit für Ausländer aufbewahren würden. Nur ein Gesetz könne die Wahrheit aufdecken.[36] Der SIG bat um ein Treffen mit Petitpierre. Im Politischen Departement verspürte man jedoch keine Lust, sich mit den Juden zu treffen. Die Alliierten, sagte man dem Minister, »scheinen nicht sehr interessiert an dieser Frage zu sein«. Auch ein amerikanischer Diplomat hatte dem Departement mitgeteilt: »Dieses Problem ist in Amerika von geringem Interesse.« Das Departement reagierte mit Untätigkeit. Den Schweizer Juden wurde mitgeteilt, daß Petitpierre unabkömmlich sei. Als nächster Schritt wurde geprüft, ob Washington die Nichteinhaltung des Abkommens tolerieren würde, und das Vorgehen wurde sorgfältig mit dem Departement abgestimmt.

Die *New York Times,* angeregt von einer Indiskretion Petitpierres, veröffentlichte am 14. September einen Bericht aus Bern. In dem Dokument wurde festgestellt, daß Schweizer Beamte nicht mehr an die Umsetzung des Abkommens glaubten. Angeblich hatten sie ihr Ziel, die deutsche Finanzkraft in der Schweiz zu zerschlagen, »praktisch aufgegeben«.[37] Stucki säte weiterhin Zwietracht zwischen den Alliierten und ließ gegenüber einem Journalisten durchblicken, Washington habe das schweizerische Angebot von elf Millionen Dollar für die Flüchtlinge abgelehnt. Das entsprach nicht den Tatsachen. Die Schweiz hatte kein Angebot gemacht, sondern wartete passiv auf eine Aufforderung der Alliierten. Stucki beobachtete mit Freude den größer werdenden Aufruhr, als die Fehlinformation an Glaubwürdigkeit gewann. Jüdische Gruppen griffen die amerikanische Regierung wegen der Zurückweisung eines Angebots an und zweifelten an dem Dementi der US-Regierung.[38] Amerikanische Diplomaten in Bern teilten Washington ihre Zweifel am Wahrheitsgehalt dieser Geschichte mit. Das US-Außenministerium bezichtigte die Briten der Perfidie und bestellte Lord Inverchapel, den britischen Botschafter, zu einer Unterredung ein. Die Schweizer, sagte man ihm, müßten sich an den von ihnen unterzeichneten Vertrag halten, und die Briten dürften nicht »die humanitären Prinzipien« ignorieren, auf die sie sich verpflichtet hätten. Inverchapel verließ das Ministerium kommentarlos. Er »bevorzugte [es], schlafende Hunde nicht zu wecken«.[39] Die Reaktion des britischen Außenministeriums auf die ungerechtfertigte Rüge war gehässig. »Die Amerikaner«, kommentierte Neal Goodchild, »waren selbstverständlich nicht in der Lage, ohne uns zu handeln, und deshalb ist nichts passiert.«[40] Schamlos beschrieb Goodchild, wie Großbritannien, aus Angst, »die Verhandlungsposition« gegenüber der Schweiz »zu schwächen«, nur dann bereit sei, einen Vorschlag der Amerikaner in Betracht zu ziehen, wenn dieser »wirtschaftliche Vorteile für die Regierung Ihrer Majestät« biete. Priorität hatten die wirtschaftlichen Beziehungen Großbritanniens mit der Schweiz, trotz der Verpflichtungen im Washingtoner Abkommen, Geld für Flüchtlinge bereitzustellen: »Wir sind diesem Plan leider verpflichtet, und wir können ihn nur durch technische Einwände behindern, wie etwa solche, die bislang die Freigabe der 50 Millionen Schweizer Franken verzögert haben.«[41] Petitpierre beutete die britischen Sympathien auf perfekte Weise aus.

Die Kreuzritter waren seit Mai 1946 allmählich zu der Überzeugung gelangt, es habe die Schweizer in ihrem Widerstand bestärkt, daß Paul mit dem Versuch gescheitert war, bei Nichteinhaltung des Washingtoner Abkommens Sanktionen vorzusehen. Insbesondere war Rubin verärgert über die Schweizer Ablehnung eines »informellen Übereinkommens«, nach dem jüdisches Eigentum von dem obligatorischen Verkauf ausgenommen sein sollte. Schweizer Diplomaten behaupteten, es habe keine solchen Gespräche gegeben.[42] Rubin und seine Kollegen waren verzweifelt. Am 25. November 1947 trafen sie sich zu einer Besprechung im US-Außenministerium. Sie bedauerten, daß ihre einzige Möglichkeit, die Kooperation der Schweiz zu gewährleisten, der diplomatische Protest war.[43] In dieser mißlichen Situation war ein Mann die letzte Hoffnung der Kreuzritter: Nat King, ein 40jähriger, texanischer Rechtsanwalt und ehemaliger Ingenieur, wurde als Safehaven-Beauftragter nach Bern geschickt. King war während des Krieges in Argentinien und in London als Beamter für Safehaven eingesetzt worden. Rubin instruierte King in der Hoffnung, daß der tatkräftige Rechtsanwalt die Schweizer erfolgreich beunruhigen könnte. Doch King erwies sich nicht als beharrlicher Streiter. »Ein großer, stotternder Bursche«, dachte Rubin, »ohne jegliches persönliches Engagement.« Als Ergebnis seines Gastspiels in der Schweiz verfaßte King später ein Buch über Schweizer Restaurants. In Bern teilte James Mann King mit, seine Nachforschungen zum Umgang der Schweizer Banken mit gestohlenen Wertpapieren hätten Max Otts Täuschungsmanöver aufgedeckt. Zwei Jahre lang hatte Ott Mann versichert, daß die Alliierten sich auf die eidesstattlichen Erklärungen der Banken verlassen könnten, mit denen die rechtmäßigen Eigentümer der Aktien bestimmt worden seien. Wiederholt hatte Ott Mann versichert, daß »man sich kein besseres Kontrollsystem hätte ausdenken können«. Unter der Androhung einer Anklage wegen Wirtschaftsspionage hatte die Schweiz Bürgern der Alliierten verboten, Nachforschungen anzustellen. Dabei weigerte sich die Schweiz rundweg, eigene Untersuchungen durchzuführen. Ott rechtfertigte sich damit, daß die Informationen der Alliierten ausnahmslos falsch seien. In einem vertraulichen, internen Bericht hatte Stucki aber enthüllt: »Die Verrechnungsstelle musste leider feststellen, dass auch die Verletzung von Sperre- und Anmeldevorschriften nicht als eigentliche Delikte betrachtet werden. Es ist verständlich, dass der eine oder andere Schweizer, der für einen deutschen Freund Werte verwaltet, in einen Gewissenskonflikt kommt, ob er diese Werte anmelden soll oder nicht und daher seiner Verpflichtung nicht nachkommt oder erst verspätet.«[44]

Mann halfen einige mitfühlende Schweizer Rechtsanwälte. Im März 1947 erhielt er Beweise, die Ted Hoch vom Schweizerischen Bankverein als einen »Hehler für die systematische Fälschung von eidesstattlichen Erklärungen« auswiesen. Der Bankverein, teilte ein Schweizer Rechtsanwalt vertraulich mit, sei »berüchtigt für solche Praktiken«. Schweizerische Lügen, sagte Mann zu King, »klangen immer so überzeugend«. Aber gegen Hoch vorzugehen, schimpfte Mann, sei sinnlos. Die Schweizer weigerten sich nicht nur, die Untersuchung aus der Zeit des Kriegs wiederaufzunehmen. Vielmehr hatte sich Hoch, mittels eines Diplomaten der amerikanischen Botschaft, der gegen Safehaven war, ein Visum verschafft und war nach New York abgereist. »Das ist doch eine Farce«, lachte King.

»Glauben Sie, die Schweizer Beamten wissen, was hier vorgeht?« King war eindeutig von dem Gedanken verwirrt, eine Regierung könne die Unredlichkeit billigen.[45]

Ott zog dennoch die belastenden Beweise in Betracht, die Mann zu Transaktionen der Schweizerischen Bankgesellschaft mit Aktien der Münchner Rückversicherungs-Gesellschaft AG gefunden hatte. Die Bank hatte illegale Aktiengeschäfte systematisch vertuscht. Ott hatte Mann sogar mitgeteilt, die Verrechnungsstelle habe ihre eigene Untersuchung abgeschlossen. Das belastete Paul Jaberg, den Präsidenten, und Rudolf Ernst, den Ehrenpräsidenten der Bank. Es sei, teilte er Homberger und Dunant mit, »ein wenig gefährlich«, die Resultate der Verrechnungsstelle zu verbergen, da die Amerikaner die Wahrheit schließlich doch herausfinden würden. Homberger verwarf diesen Ratschlag: »Wir haben keinen Grund, diese Bedenken weiterzugeben.«[46] Dunant von der Bankiervereinigung stimmte zu. Ott habe die Bankiers in einer »nachteiligen Weise« charakterisiert, klagte Dunant. Der Finanzier räumte ein, niemand könne leugnen, daß die Bankiers das Gesetz auf ungeschickte Weise gebrochen hätten. Dennoch würden die Amerikaner diese Fälle und das Washingtoner Abkommen dazu benützen, ihre wirtschaftlichen Interessen zu fördern.[47]

Mann konfrontierte Adolf Jann, den Bankier mit engen Verbindungen zu den Versicherungsgesellschaften, mit der Verschwörung. Der Schweizer äußerte sich wegen der Enthüllung »überrascht« und »überaus in Verlegenheit gebracht«, was Mann befremdlich erschien. Die Tarnaktion, meinte Jann, habe man nur unternommen, weil der deutsche Beamte, der die Aktien offerierte, behauptet habe, man werde ihn bei seiner Rückkehr umbringen, wenn er das Geschäft nicht zustande bringe. Jann präsentierte keinerlei Beweise für diese abenteuerliche Begründung. Auch leitete Ott, als er das Dossier von Mann erhielt, keine weitere Untersuchung in die Wege.[48] Otts Desinteresse paßte ins Gesamtbild. Walter Ostrow hatte Klage erhoben, weil drei amerikanische Militärangehörige angeblich gestohlene holländische Wertpapiere durch die Banken verkauft hatten.[49] Die Ermittlungen der Verrechnungsstelle bei der Schweizerischen Kreditanstalt und dem Bankhaus Julius Bär waren erwartungsgemäß gescheitert. Der Grund für die Untätigkeit war nicht nur die Abneigung gegen die Aufgabe selbst. Vielmehr hatten Beamte der Verrechnungsstelle sehr viel mehr schwere Fälle von Fälschungen mit dem Ziel, ausländische Wertpapiere zu stehlen, ans Tageslicht gebracht. Eine Ermittlung belastete die beiden Brüder Petitpierre – der eine war Bankier, der andere, Alexander, ein Spekulant.

Die Ermittlungen der Verrechnungsstelle bei den Petitpierres waren nach Anfragen Manns und Ostrows eingeleitet worden. Im August 1948 hatten die Ermittler eine Liste von Korruptionsfällen zusammengestellt, welche am 8. August 1948 von den sieben Ministern des Schweizer Bundesrats eingehend erörtert werden sollte. Dennoch waren die Amerikaner mit der Antwort der Verrechnungsstelle nicht zufrieden. Entgegen allen Gepflogenheiten kündigte die Zeitung *Der Bund* an, die Ratsversammlung werde eine Aussage machen über »eine sehr ernste und sensible Affäre, in der es um Gold, Wertgegenstände und eidesstattliche Erklärungen« gehe.

Diese kurze Aussage schockierte Eberhard Reinhardt, den Direktor der Schweizerischen Kreditanstalt und Mitglied der Washingtoner Verhandlungsgruppe. Reinhardt wußte, daß neben Alexander Petitpierre höhere Regierungsbeamte und Geschäftsleute in Genf, Lausanne und im Wallis in die Beschaffung und den Verkauf der gefälschten eidesstattlichen Erklärungen im und nach dem Krieg verwickelt waren. An diesem Morgen ging Reinhardts erster Telefonanruf aus seinem Ferienort in den Bergen an den Verteidigungsminister, der ein persönlicher Freund und einer jener sieben Minister war, die etwas später an diesem Tag zusammentreffen sollten. Reinhardt bat, die Affäre mit der größten Diskretion zu behandeln. Er drängte den Freund, unter allen Umständen jedwede sensationelle Enthüllung zu verhindern. Reinhardt sagte dem Minister, daß Publizität in dieser bedauerlichen Angelegenheit den Schweizer Banken und dem gesamten Land »immensen« und »irreparablen Schaden« zufügen werde. Dem Ausland werde dies als Bestätigung aller in den vergangenen Jahren an die Schweizer Banken gerichteten Anschuldigungen der »Korruption« erscheinen: »Außenseiter werden nicht erkennen, daß dies ein einmaliger Fehler von einzelnen Personen ist, die ihre Verantwortlichkeit vergaßen.« Statt »Alibis zu finden«, fürchtete Reinhardt, »würden wir unter ständigem Verdacht stehen, gerade wie bei dem Raubgold…

Jeder wird denken, daß die ganze Schweiz verrottet ist.« Am folgenden Tag pflichtete Albert Nussbaumer, der getreue Direktor der Schweizerischen Bankgesellschaft, Reinhardts Bitte bei. Dies geschah in einem Telefongespräch mit Franz Kappeler in der Verrechnungsstelle. Der Bankier, der erwartete, daß man seine Nachricht an Petitpierre weiterleitete, wiederholte, die »Bankiers waren sehr besorgt über das Gerücht« einer Erörterung im Bundesrat und über den Entwurf eines Kommuniqués, welches nicht nur die Namen der Verdächtigten nannte, sondern auch die beteiligten Banken. Nussbaumer war gut informiert. Das geheime Kommuniqué erwähnte unter anderen auch Alexander Petitpierre. »Haben Sie«, fragte Nussbaumer und sprach die Angst der Bankiers vor Amerika aus, »die Auswirkungen auf die schweizerischen Finanzinteressen im Ausland bedacht?« Das Kommuniqué solle zurückgehalten werden, drängte Nussbaumer. Und Petitpierre sollte zustimmen, mit Bernhard Sarasin zusammenzutreffen, dem Präsidenten der Bankiervereinigung. Persönliche Gespräche mit Politikern, dessen waren sich die Bankiers bewußt, sicherten ihren Einfluß.

Als Sarasin und Petitpierre sich trafen, hatte eine weitere Untersuchung der Verrechnungsstelle bereits aufgedeckt, daß auch im Kanton Freiburg mit falschen eidesstattlichen Erklärungen für Wertpapiere und Aufenthaltsgenehmigungen gehandelt worden war. Max Schwab empfahl Petitpierre, die neue Enthüllung zu vertuschen. Petitpierre lehnte den Vorschlag zwei Tage später, am 26. August, ab. Die Amerikaner, entgegnete der Außenminister, seien bereits in Kenntnis gesetzt worden. Das war, wie Petitpierre wußte, nicht wahr. Er hatte aber nicht die Absicht, belastende Dokumente zurückzulassen. Petitpierre gab sich trotzdem aufmerksam gegenüber Reinhardts Wunsch nach Geheimhaltung und las wohlwollend eine schriftliche Eingabe der Bankiervereinigung, in der die gefälschten eidesstattlichen Erklärungen als Akte der Notwehr gegen das illegale Einfrieren schweizerischen Vermögens in den USA gerechtfertigt wurden. Der Minister entschied, daß keine weiteren Aktivitäten erforderlich waren.[50] Mit offenkundiger Erleichterung versicherten Caflisch und Dunant den Besitzern gestohlener Aktien, jeder künftige Versuch, die geraubten Aktien wiederzubeschaffen, setze eine Klage nach altem Schweizer Recht vor einem Zivilgericht voraus, weil »am 31. Dezember 1947 die Gültigkeitsdauer der vom Bundesrat erlassenen ausserordentlichen Gesetzgebung über die sogenannten Kriegsbeutegüter abgelaufen ist«.[51] Die beiden Männer verbargen natürlich den Skandal im Jahresbericht der Bankiervereinigung: »Unsere Erfahrung«, informierten sie die Mitglieder, »hat unsere frühere Meinung bestätigt, daß die Existenz gestohlener Aktienzertifikate in der Schweiz stark übertrieben wurde.«

Nat King hatte nur zwei Besprechungen mit Ott und den beiden anderen Repräsentanten der Alliierten hinter sich gebracht. Doch dann begriff er die institutionalisierte Maskerade der Verrechnungsstelle und der Joint Commission, der Gemischten Kommission, die gemäß dem Washingtoner Abkommen eingerichtet worden war, um deutsches Vermögen zu verkaufen. Rein rechtlich gesehen konnten sich die Naziopfer nur auf die Schweiz verlassen, wenn diese nach »Prinzipien der Moral und Fairness« handelte, sie zeigte jedoch »keine Absicht, viel zu tun«.[52] Die »Farce«, berichtete King nach Washington, »ist unerträglich, und je früher sie beendet wird, desto besser«.[53] Die Schuld für diesen Zustand trage jedoch nicht allein die Schweiz, welche die Verrechnungsstelle »lediglich als unfähiges, beratendes Gremium« betrachte, »die allen auf die Nerven gehe«. Vielmehr liege auch Schuld bei dem »französischen Mitglied der Kommission mit seiner unterwürfigen Haltung« und dem »selbstgefälligen britischen Mitglied«.[54]

Die Haltung, die King in Rage versetzte, wird in den Berichten der Diplomaten deutlich. Hugh Legg, der britische Repräsentant, schilderte London die Verrechnungsstelle als ausreichend und ihre Regelungen als hinlänglich »flexibel« für jeden Fall und alle Ansprüche, die aufgrund der Fakten zu entscheiden seien. Zugleich unterstützte der Vertreter Frankreichs unkritisch die schweizerische Politik.[55] Die Briten wurden ihrerseits von den Amerikanern provoziert. Villiers war ein Jahr zuvor von der Stärke der Alliierten überzeugt gewesen: »Die Schweizer sind nervös, und Stucki weiß, daß er in der Klemme steckt.«[56] Aber nur ein Jahr später attackierte der britische Beamte heftig die »amerikanische Absicht ... das Washingtoner Abkommen zu zerschlagen«. Die Besessenheit des Justizministerium wegen der I. G. Farben, brüllte Villiers, sei »der Haken an der Sache«. Amerika fror zu selben Zeit deutsche Vermögenswerte in den USA einschließlich der Beteiligungen der I.G. Farben ein, die in der Schweiz registriert waren und allein einen Wert von über 100 Millionen Dollar hatten.[57] Die Schweizer Regierung, die heimlich deutsche Beteiligungen schützte, rächte sich mit der Weigerung, die versprochenen 50 Millionen Schweizer Franken an die Flüchtlinge zu transferieren, und wies es zurück, den Juden bei der Ermittlung ihrer Geldeinlagen in der Schweiz oder der erbenlosen Vermögenswerte zu helfen. Villiers schloß daraus, daß dies typisch für die »Ignoranz und die krasse Dummheit ist, die die Amerikaner stets in der Safehaven-Sache gezeigt haben«.[58]

Petitpierre war mit dem »langsamen Tempo der Unternehmung« zufrieden. Aus diesem Grund war sein Interesse an dem Washingtoner Abkommen »seit langem einer ruhigen Abneigung gewichen«. Petitpierres Politik bestand darin, praktisch nichts zu unternehmen. Er wartete nur noch darauf, daß die Alliierten sich der Meinung der Schweizer anschlossen.[59] Homberger spottete über die Forderung der Alliierten nach 50 Millionen Schweizer Franken und brummte: »Wir haben keine Anlass, so zu tun, als ob wir das Geld zum Fenster hinauswerfen könnten. Bekanntlich haben wir den Alliierten schon 250 Millionen Franken ausgehändigt. [...] Ich möchte keine Wette darüber abschliessen, ob es so sicher ist, dass das Abkommen von Washington durchgeführt werden kann.«[60] Das Abwarten und Nichtstun paßte auch den Industriellen und den Bankiers. Die Buchhalter der Verrechnungsstelle verringerten in der Zwischenzeit die Schätzung der zugänglichen deutschen Vermögenswerte von 581 Millionen auf 371 Millionen Schweizer Franken – weit entfernt von der Schätzung der US-Regierung, die sich auf vier Milliarden Schweizer Franken belief.[61] »Ich bin mit diesen Zahlen nicht unzufrieden«, bemerkte Dunant mit wohlüberlegtem Zynismus. »Sie beweisen die Schwachheit der früheren Pressekampagnen gegenüber der Schweiz.«[62] Die Furcht vor den Kreuzrittern schien nur noch eine verschwommene Erinnerung.

Seymour Rubin war am Vorabend seines Ausscheidens aus dem US-Außenministerium sehr betrübt über seine einstige Leichtgläubigkeit gegenüber den Versprechen der Schweizer. Anders als der stets skeptische Sam Klaus hatte Rubin einigen Kollegen vertraut. Klaus dagegen kämpfte auf eigene Faust gegen das Pentagon, um die Einbürgerung belasteter deutscher Wissenschaftler, die häufig Schuld an Kriegsverbrechen trugen, in Amerika zu verhindern. Das US-Außenministerium hatte offiziell akzeptiert, daß in dem Washingtoner Abkommen nichts über etwaige Ansprüche von deutschen Nazigegnern und nichtjüdischen Verfolgten niedergelegt wurde.[63]

Rubin, einer der letzten Kreuzritter in der US- Regierung, hatte enge gesellschaftliche Beziehungen mit den schweizerischen Diplomaten in Washington entwickelt. Er war jedoch trotz Tennispartien und Dinnerpartys nicht in der Lage, ihr Endspiel besser zu verstehen. Seine Schweizer Gastgeber hatten sorgfältig die im Ministerium schwindende Unterstützung für Rubins Sache taxiert. Sie hatten in den Berichten nach Bern, als Thorps Schreiben an Stucki am 24. März 1948 eintraf, ihre Regierung in der Verfolgung ihrer Eigeninteressen bestärkt.

General Lucius Clay, der Militärgouverneur der amerikanischen Zone in Deutschland, hatte am 5. März das Pentagon telegrafisch gewarnt, daß ein Krieg mit der Sowjetunion »mit dramatischer Plötzlichkeit ausbrechen kann«.[64] Sechs Tage nach Thorps Einladung an Stucki verhängte die Rote Armee die Blockade von Berlin und isolierte den westlichen Teil der Stadt. Der Kalte Krieg hatte begonnen. Thorp war von der Anspannung in Berlin erfüllt und sah keinerlei Vorteil mehr darin, die Schweiz weiterhin unter Druck zu setzen. Er dachte darüber nach, das Washingtoner Abkommen neu zu verhandeln, doch davon wollten die Briten nichts wissen. Das US-Außenministerium beklagte sich über das britische Außenministerium. Es »verschwendet Zeit [und wird] die Alliierten dadurch lächerlich machen, daß es seine Unterschrift für unverbindlich erklärt... Wir haben dem State Department in der Vergangenheit wider bessere Einsicht zu oft nachgegeben«.[65] London machte Thorp einen Strich durch die Rechnung. Doch er hielt an dem vereinbarten Manuskript fest, als Stucki eintraf. »Wir machen uns Sorgen wegen der schleppenden Umsetzung«, sagte Thorp.

»Wir weisen es zurück, von der Geschichte als Diebe gebrandmarkt zu werden«, entgegnete Stucki dreist. »Die Deutschen müssen eine gerechte Entschädigung für ihr Eigentum erhalten.« Das Problem, meinte Stucki, liege bei dem Wechselkurs zwischen dem

Schweizer Franken und der deutschen Mark. »Ist das das einzige Problem?« fragte Rubin erschöpft.

»Ja«, entgegnete Stucki. »Wir sind an einer zügigen Lösung interessiert. Schließlich werden wir 50% der Einnahmen erhalten.« Die Schweizer gaben sich ungerührt von der Neuigkeit, daß der Kongreß ein Gesetz verabschiedet hatte, um dem Verkauf jüdischen Vermögens in der Schweiz vorzubeugen. Dieses Gesetz verbot der US-Regierung, jedwedes Eigentum in der Schweiz, das Verfolgten gehörte, als Reparationen anzunehmen. Das, lächelte Stucki, schmecke nach einer Einmischung in die Souveränität der Schweiz.[66] Rubin warf einen deprimierten Blick auf Thorp. Doch er entdeckte kein Anzeichen einer Gefühlsregung. Für ihn hatten die Männer nur unverhohlenes Desinteresse. Rubin zog sich kurz darauf aus dem Ministerium zurück und trat in eine private Anwaltskanzlei ein.[67] Stucki kehrte nach Bern zurück, um seine Kollegen zu beruhigen, daß Thorp ein ganz anderer Mann sei als die Kreuzritter.[68]

Stuckis Freude war von kurzer Dauer. Der Widerstand der Schweizer hatte die Alliierten im vergangenen Jahr gespalten. Neue Beweise für das Doppelspiel der Schweizer behoben die Meinungsverschiedenheiten zwischen den Alliierten schnell wieder. Diese Beweise wurden zusammengetragen, als Beamte der drei Alliierten einen neuen Versuch unternahmen, das Washingtoner Abkommen in eine endgültige Form zu bringen. Die Schweizer, das erkannten die Beamten jetzt, hielten die Alliierten zum Narren.

Die Entwirrung der Beziehungen der Schweiz zu Deutschland hatte aufgedeckt, daß die Schweizer Kollaboration während des Kriegs einträglicher gewesen war als ursprünglich angenommen. Die Behauptung der Schweizer, sie hätten in die Schweiz mehr importiert als nach Deutschland exportiert, hatte die Wahrheit verschleiert.[69] Die sorgfältige Prüfung einer raffinierten Buchführung hatte gezeigt, daß die Schweiz zusätzliche Gewinne durch die Annahme von Raubgold erzielt hatte. Das Gold diente als Bezahlung für Finanzdienstleistungen sowie für Schweizer Franken, die als Zahlungsmittel für Importe aus anderen Ländern benutzt wurden. Geschickte Buchführung hatte ebenso die schweizerischen Importe deutscher Kohle als Bezahlung für deutsche Vorkriegsschulden getarnt.[70] Wurden diese Beträge jenen Gewinnen zu Kriegszeiten hinzugezählt, dann beanspruchte die Schweiz mittlerweile 50% des deutschen Besitzes in der Schweiz, dessen Verkauf sie immer noch verweigerte. Damit konnten die Schweizer Kredite an die Deutschen in Höhe von einer Milliarde Franken gedeckt werden. Diese Kredite hatten den Deutschen geholfen, den Krieg gegen die Alliierten zu führen. Trotz der schrecklichen wirtschaftlichen Misere in Europa blieb der Beitrag der Schweiz zum Wiederaufbau des Kontinents weiterhin bei Null.

Die Alliierten legten am 5. Mai 1948 in Bern wegen der »unhaltbaren Position« Protest ein. Sie beklagten sich, daß die deutschen Vermögenswerte in der Schweiz »keinen Beitrag zu einer gemeinsamen Anstrengung für den Wiederaufbau Europas leisten«. Unter Berücksichtigung der »Dringlichkeit der Umstände, [die] gar nicht überbetont werden können«, ersuchte man die Schweiz um eine sofortige Zahlung von 100 Millionen Schweizer Franken für die Alliierten, von 20 Millionen Franken für die Flüchtlinge und um eine Zusage für Verhandlungen, damit die Umsetzung des Washingtoner Abkommens geregelt werden könnte.[71]

Alfred Escher, der Schweizer Geschäftsträger in London, wurde in das Außenministerium bestellt, um die Haltung der Schweiz zu erläutern. Zu diesem Zeitpunkt war Großbritanniens Wirtschaft in einer schweren Krise; erstmals wurde eine Abwertung des Pfunds erörtert. Außerdem sollte nach neuen Berechnungen Großbritannien 40% der Einnahmen aus dem Verkauf deutschen Vermögens in der Schweiz erhalten. Das Interesse der Regierung in London war also gestiegen. Die USA sollten 15 Prozent und Frankreich 20 Prozent erhalten.[72] Großbritanniens mißliche Lage motivierte Escher, die harte Haltung der Schweiz unverfroren zu rechtfertigen. Escher verlas eine Liste von Gründen, warum die Schweiz dem Abkommen keine Folge leisten konnte: die Alliierten antworteten nur langsam auf die diplomatischen Noten der Schweiz; die Vereinbarung eines Wechselkurses sei nicht zustande gekommen; die Schweizer seien Treuhänder für deutsche Vermögen und hätten das Abkommen »unter Zwang« akzeptiert. Escher fügte hinzu, die Kritik der Alliierten an der Schweiz sei »wenig hilfreich«.

»So eine ungeheuerliche Heuchelei ist uns noch nicht untergekommen«, notierte der Beamte im britischen Außenministerium zu Eschers Darlegungen.[73]

Der Versuch der Alliierten, Kapital aus den deutschen Vermögen herauszuziehen, sollte katastrophal enden. Neal Goodchild hatte vorhergesagt, daß die Schweizer »nicht länger warten wollen, und wir alle Vorteile der kooperativen Haltung, die sie in den letzten drei Monaten gezeigt haben, einbüßen werden«.[74] Stucki hatte erfolgreich Keile zwischen die Alliierten getrieben. »Er war so trickreich, arrogant und eigensinnig wie immer«, stöhnte Goodchild, »und er machte sich durch und durch unbeliebt.« Gerry Villiers hatte das Verhalten der Schweizer als »abscheulich« verurteilt und vor seiner Aufgabe resigniert: »Es würde die Angelegenheiten kein bißchen voran bringen, in Bern Protest einzulegen ... aber ich halte es trotzdem für richtig, den Schweizern offen ins Gesicht zu sagen, was wir von ihnen halten.«[75]

In Bern befolgten Petitpierre und von Steiger mit Freuden den Ratschlag der Anwälte, daß die Regierung weiterhin die in Washington übernommenen Verpflichtungen ignorieren könne. Das Interesse der Alliierten sei offensichtlich von Feinden der Schweiz wieder geweckt worden. »Für mich besteht kein Zweifel, dass der Vorstoss der Alliierten nicht von selber kommt«, bemerkte Stucki, »sondern dass dahinter die ungeduldige Agence interalliée des réparations steht, von der die Fäden zum berüchtigten ›Komitee zur Verhütung eines dritten Weltkrieges‹ d. h. zu jüdischen Organisationen laufen.«[76]

Unter der Aufsicht Stuckis war die Diskriminierung der Juden durch die Verrechnungsstelle unbarmherzig geworden. Max Ott teilte Nat Kings Stellvertreter mit, es »würde unüberwindbare, verwaltungstechnische Schwierigkeiten verursachen« und »einen sehr gefährlichen Präzedenzfall schaffen«, wenn man den Überlebenden der Konzentrationslager Zugang zu ihren Ersparnissen ermöglichte.[77] Mit stoischer Miene fügte Ott hinzu: »Wir wissen, daß alle Deutschen Opfer der Nazis waren.«[78] Stuckis Beamte in der Verrechnungsstelle hatten den Holocaust verdrängt. Im Gegensatz zu der Entscheidung am 17. Dezember 1945 hatte es praktisch keine Ausnahmen des Einfrierens von Vermögen gegeben, nicht zuletzt, weil sich die Verrechnungsstelle »nicht auf dubiose ausländische Dokumente verlassen wollte«.[79]

Ein Opfer dieser Politik war Jörg Heyd, ein deutsch-jüdischer Ingenieur, der 1933 in die Schweiz geflohen war. Heyd reiste 1939 in Frankreich ein und wurde nach der Niederlage der Franzosen von den Deutschen verhaftet. Nach Kriegsende wurde ihm aber die Wiedereinreise in die Schweiz nicht mehr gestattet. Der Zugang zu seinem beträchtlichen Guthaben auf seinem American-Express-Bankkonto wurde Heyd ebenfalls verweigert. Auch Otto von Mendelssohn-Bartholdy, ein Enkel des deutsch-jüdischen Komponisten Felix Mendelssohn-Bartholdy und Überlebender eines Konzentrationslagers, wurde der Zugriff auf seine Ersparnisse bei Schweizer Banken verweigert, insbesondere auf Aktien im Wert von einer Million Schweizer Franken, die von den Deutschen beschlagnahmt und bei der Schweizerischen Bankgesellschaft in Basel deponiert worden waren. Die Rechtfertigung der Verrechnungsstelle war, daß Bartholdy am 16. Februar 1945, als die Einfrieraktion begann, in einem Konzentrationslager in Deutschland inhaftiert gewesen war. Er sei daher »ein deutscher Einwohner in Deutschland«. Mit dem Beweis seiner individuellen Staatenlosigkeit hatte Mendelssohn-Bartholdy um die Hilfe von Hans Frölicher gebeten, des Beamten beim DIV, der sich um deutsche Interessen kümmern sollte. Nach Frölichers Ansicht war Mendelssohn-Bartholdy aber Jude und kein Deutscher und wurde deshalb von ihm an die Verrechnungsstelle verwiesen. Dort wurde ihm von Ott, der nicht bereit war, einen Blick auf die tätowierte Nummer auf Mendelssohn-Bartholdys Arm zu werfen, mitgeteilt: »Die Schweizer Regierung als neutraler Staat hält es für außerordentlich schwierig, zwischen Verfolgten und anderen Einwohnern Deutschlands zu unterscheiden.«[80]

Unter Ausschluß der Öffentlichkeit gab Ott zu, daß sein wahrer Beweggrund für die Diskriminierung von Juden die Sabotage der durch die Alliierten eingefrorenen deutschen Vermögenswerte gewesen sei.[81] Homberger betonte abermals: »Wir können ruhig abwarten.«[82] Er hatte erkannt, daß der Kalte Krieg die Aufmerksamkeit der Alliierten von der Schweiz ablenken würde. Nicht nur Juden, sondern gegen die Nazis eingestellte Personen sollten als Schachfiguren der Schweiz eingesetzt werden, um ehemaligen Nazis zu helfen. Mitgliedern des deutschen Widerstandes, die als Spione für die Alliierten gearbeitet hatten, wurde auf Anordnung Otts nicht gestattet, ihr während des Kriegs von den Alliierten auf schweizerischen Banken hinterlegtes Geld abzuheben.[83] »Ich lehne Ausnahmen ab«, stellte Ott fest. Armin Däniker, Legationsrat im

Politischen Departement, unterstützte Ott nachdrücklich. Dänikers Bruder Heinrich, ein hochrangiger Vertreter der Bankiervereinigung, bemerkte: »Das würde unsere Position hinsichtlich des Abkommens schwächen.« Auch Ernst Speiser unterstützte, in einer groben Ausdrucksweise, den Beamten: »Ich warne Sie eindringlich, irgendwelche Ausnahmen zu gestatten. Wir dürfen das unter keinen Umständen zulassen.«[84]

Die Situation in Palästina hatte Großbritanniens Politik gegenüber den jüdischen Flüchtlingen verändert. Die Diplomaten der Alliierten überzeugten Stucki, daß die Schweiz verpflichtet sei, an die Flüchtlinge 20 Millionen Schweizer Franken zu zahlen. Stuckis Zugeständnis versetzte Heinrich Homberger in Wut. Er war überzeugt, daß die Schaffung eines neuen deutschen Staates unausweichlich war. »Ich finde es schade für diese guten Schweizer Franken«, teilte er Stucki mit.

»Wenn wir das Abkommen nicht durchführen können, so sind die 20 Millionen ein Verlust für die Schweiz«, stimmte Dunant zu.

Verärgert von dieser ignoranten Haltung brauste Stucki auf: »Ich muss mit aller Schärfe diese Auffassung bekämpfen, dass, wenn es um die Ehre der Schweiz geht, wir die Frage der 20 Millionen Franken mit der unglücklichen Zertifizierung (Nachweis der Eigentumsansprüche; A.d.Ü.) verbinden.« Dann räumte Stucki ein, seit 1946 habe sich sehr viel verändert. Er beklagte die Unzuverlässigkeit der Briten, und meinte, man könne sie an ihre vertraulichen Bitten erinnern, das Geld den Juden nicht auszuzahlen. »Man konnte nicht wissen, dass die Briten das Mandat über Palästina niederlegen würden«,[85] stellte er fest.

Widerwillig schrieb Stucki am 1. Juli 1948 eine handschriftliche Notiz mit dem Versprechen, die Schweiz werde schließlich, »angesichts der finanziellen Schwierigkeiten der Internationalen Flüchtlingsorganisation (IRO) und aus Mitgefühl für die Naziopfer«, 20 Millionen Schweizer Franken vorschießen. Vier Wochen später, gerade, als das Geld bei der IRO hinterlegt worden war, erschütterte ein Erdbeben die Fundamente des Safehaven-Kreuzzugs.[86]

In einem Ausschußzimmer des Kongresses der USA bekannte Elizabeth Bentley, eine gebildete Absolventin des New England Vassar, am 31. Juli 1948, daß sie als Kurierin zwischen sowjetischen Geheimdienstoffizieren und höheren amerikanischen Regierungsbeamten hin und her gependelt war. Die Welt wurde erschüttert von der Berlinblockade und der akuten Kriegsgefahr. In dieser brisanten Situation entlarvte das Geständnis der Agentin die Amerikaner als Verräter, destabilisierte Amerika und verschaffte den schweizerischen Bankiers eine Atempause. Elizabeth Bentley beschuldigte Laughlin Currie und Harry Dexter White der Mitgliedschaft in einem kommunistischen Spionagering. Diese Männer hätten Anweisungen von Moskau erhalten, die westdeutsche Wirtschaft unter anderem mit Hilfe des Safehaven-Plans zu sabotieren. Für jene amerikanischen Beamten, die sich Safehaven schon lange widersetzt hatten, war Bentleys Aussage nicht nur glaubhaft, sondern erklärte und rechtfertigte auch deren feindselige Haltung gegen das Projekt in willkommener Weise. Dennoch leugneten Currie und White vehement die Anschuldigungen, und die Beweise waren zweifelhaft. In der Schweiz verstärkte sich der Widerstand. Die Schweizer kamen zu dem Ergebnis, daß hinter Currie und dem Einfrieren der Vermögen eine kommunistische Verschwörung steckte. Die Währungsreform in Westdeutschland und die Arbeit an einer neuen Verfassung waren Vorboten der Teilung Deutschlands, die 1949 vollzogen wurde. Abba Schwartz, eine unbeschwerte Führungskraft des AJDC, begriff sofort, wie starr die Haltung der Schweizer unter diesen Umständen geworden war.

Schwartz hatte 1945 zwei mit Eheringen und Zahngold gefüllte Blechdosen in der Nähe eines befreiten deutschen Konzentrationslagers gefunden. Mit einer Sondererlaubnis hatte er das Gold in der Schweiz gegen Bargeld getauscht, um den Überlebenden zu helfen.[87] Seitdem hatte Schwartz unaufhörlich versucht, die Schweizer dazu zu bewegen, die erbenlosen Vermögen freizugeben. Im Juli 1948 jedoch wurden die Verhandlungen über die versprochene Zählung zur Identifizierung der erbenlosen Vermögenswerte zunächst lustlos geführt und kamen dann ganz zum Erliegen. »Die Schweizer Regierung«, schrieb Jean Brunschvig aus Genf, »ist entschlossen, keine Gesetzgebung bezüglich jüdischen erbenlosen Eigentums in die Wege zu leiten, bevor nicht eine der alliierten Nationen dasselbe getan hat.«[88]

Rubin aß sechs Monate später mit ehemaligen Kollegen des US-Außenministeriums zu Mittag. Zu seinem »Erstaunen« hörte er, daß die Probleme der deutschen Juden und der erbenlosen Vermögen noch ungelöst waren. »Das entspricht in keiner Weise den getroffenen Vereinbarungen und den Zielen des Washingtoner Abkommens«, teilte er Schwartz mit und erklärte sich bereit, mit der Schweizer Regierung im Namen des AJDC zu verhandeln. Rubin traf im April 1949 in Bern ein. Er war sich der Tatsache bewußt, daß die Verhandlungsposition der Alliierten und der Juden »hoffnungslos« war. Stucki litt an der »diplomatischen Krankheit« und hatte sich von den Gesprächen zurückgezogen. Die britischen und französischen Delegationen hatten Nat King mitgeteilt, daß ihre Regierungen es ablehnten, den jüdischen Flüchtlingen weitere Geldmittel zukommen zu lassen. Sie wollten die Schweizer nicht länger unter Druck setzen.[89] Das Desinteresse der Alliierten hatte die Schweizer in ihrer Gier und Skrupellosigkeit bestärkt. Die schweizerische Regierung ignorierte die Ansprüche der Juden auf ihr eigenes Geld, obwohl sie gerade 47 Millionen Dollar den Deutschen wieder zur Verfügung gestellt hatte.

Washington hatte zugestimmt, als Entschädigung für die versehentliche Bombardierung Schaffhausens 69 Millionen Dollar zu zahlen, um sich die Schweiz als Verbündete im Kalten Krieg zu sichern. Die Schweiz hatte zusätzlich Zinsen verlangt, die auf das Geld für den Ersatz des Schadens zu bezahlen waren. Das beschädigte Eigentum, argumentierte die Schweiz, habe seit dem Bombenangriff kein Geld eingebracht. Diese buchhalterische Forderung wurde zurückgewiesen. Frankreich bekam von der Schweiz ebenfalls eine Rechnung über 164 950 Schweizer Franken und 75 Rappen präsentiert. Diesen Betrag hatte man für Verletzungen der Schweizer Grenze und der Neutralität, für das Streufeuer aus Maschinengewehren, das die Schweiz getroffen hatte, sowie für die von französischen Piloten erzwungenen Landungen auf Schweizer Flughäfen berechnet. Die Forderung der Schweiz nach zusätzlichen fünf Prozent Zinsen wurde abgewiesen, die französische Regierung bezahlte jedoch 150 000 Schweizer Franken. »Ich überlasse es Ihrer Phantasie«, schrieb der Finanzminister an den Minister der Verteidigung, »unter welchem Rechnungsposten Sie diese Kosten verbuchen.«[90]

In seinen Diskussionen mit Max Ott hörte Rubin von dieser Buchhaltermentalität, den befremdlichen Sentiments gegenüber dem Dritten Reich und einer weiteren dreisten Initiative zur Benachteiligung der Juden. Ott hatte vorgeschlagen, jeden Juden, der von einem Konzentrationslager aus durch Deutschland zu den Auffanglagern in anderen Länder gereist war, als »Einwohner Deutschlands« zu kategorisieren, um mehr Eigentum deutscher Juden für Reparationen beschlagnahmen zu können.[91] Rubin schloß in einem Brief nach New York am 6. Juni 1949: »Die Verhandlungen befinden sich im fortschreitenden Zusammenbruch.«[92] Dennoch sollte diese Schweizer Initiative durch die Alliierten unterbunden werden.

Die Initiative wurde Max »Moose« Isenbergh übertragen, einem jungen, in Harvard, Colombia und Yale ausgebildeten Rechtsanwalt, der vor kurzem von dem AJDC als Berater für Aktionen in Europa angestellt worden war. Isenbergh hatte kurz zuvor Verhandlungen geführt mit dem Ziel, jüdisches Eigentum in Österreich wiederzubekommen. Die Ergebnisse waren ausgesprochen deprimierend gewesen. Aus Angst, Wählerstimmen zu verlieren, hatten österreichische Politiker sich geweigert, loyalen Nazis den Befehl zu erteilen, jüdisches Eigentum, das vom NS-Regime verteilt worden war, zurückzugeben. Nur die Androhung von Sanktionen von seiten der USA hatte die österreichische Regierung gezwungen, 17 Millionen Dollar als Entschädigung anzubieten. »Kleingeld«, schimpfte Isenbergh. Er war überzeugt davon, daß die erbenlosen Vermögen in Österreich zwischen 50 Millionen und 70 Millonen Dollar wert wären. Er war sich aber auch bewußt, daß die US-Regierung mit anderen Problemen beschäftigt war. Der Kreuzzug hing völlig von den jüdischen Lobbyisten in Europa ab.

Isenbergh bat Petitpierre, sich mit einer Delegation zu treffen, die die vier wichtigsten jüdischen Organisationen repräsentierte, um das Schicksal der erbenlosen Vermögenswerte und das weitere Vorgehen zu erörtern. Statt dessen wurde die Delegation, auf den Vorschlag des Ministers, an Eduard von Steiger, den Justizminister, verwiesen. Isenbergh konnte das Resultat nicht voraussahnen.

KAPITEL 12

Die polnische Verschwörung

Eduard von Steiger, der Justiz- und Polizeiminister, war ein begabter Schauspieler und schlauer Überlebenskünstler. Während des Krieges hatte der Sohn einer alteingesessenen Schweizer Patrizierfamilie bei der antijüdischen Politik Regie geführt und seinen loyalen Polizeichef Heinrich Rothmund im Rampenlicht agieren lassen; nach dem Krieg hatte er sich dann vornehm in den Hintergrund zurückgezogen. Als der ultrakonservative Jurist hörte, daß ihn eine Delegation von Juden in seinem Büro aufsuchen werde, bat er unverzüglich seinen Rechtsberater Emil Alexander, als Sprecher zu fungieren. Natürlich wollte er die Delegation persönlich begrüßen, ansonsten plante er jedoch zu schweigen und das Schauspiel als Zuschauer zu genießen.

Nichtsahnend betraten Max Isenbergh, Seymour Rubin, und Dr. F. Bienenfeld am 8. Juli 1949 als Vertreter des Jüdischen Weltkongresses von Steigers Büro, und dieser erklärte höflich: »Das Politische Departement hat uns gebeten, ein Gutachten über die herrenlosen Vermögen zu erstellen, weil sie komplexe juristische Probleme aufwerfen.« Dann deutete er mit einer Kopfbewegung auf Jakob Burckhardt und bemerkte, dieser Herr werde als Petitpierres Repräsentant dem Politischen Departement über die Unterredung berichten.

»Gut«, antwortete Isenbergh, und ließ sich in einen Sessel sinken. Die Schweizer, so dachte er, kannten sich mit der Geschichte der herrenlosen Vermögen gut aus, hatten die Summen, um die es ging, berechnet und waren bereit, sie an die Juden zu transferieren. Isenbergh traute den Schweizern immer noch, trotz der von den Bankiers erzwungenen Geheimhaltung.[1] Nachdem die Bankiervereinigung beim Politischen Departement Ende 1947 eine Schätzung eingereicht hatte, nach der ihre Mitglieder herrenlose Vermögen im Wert von 482 000 Schweizer Franken identifiziert hatten, waren Guy de Rham und andere kleinere Beamte des Politischen Departements von Anwälten des Schweizerischen Israelitischen Gemeindebundes (SIG) aufgesucht worden. De Rham war instruiert, die Erhebung der Bankiervereinigung geheimzuhalten, also hatte er den detaillierten Darlegungen der jüdischen Anwälte gelauscht und höflich versichert, daß das Departement noch mit »Definitionsproblemen« zu kämpfen habe und weitere Ergebnisse abwarten wolle. Zu seiner Erleichterung war alles glatt gegangen, und die getäuschte Delegation war zufrieden wieder abgezogen. Walter Hohl, ein Beamter des Justizministeriums, hatte sich selbst zu dem Erfolg gratuliert und dann seine Kollegen informiert: »Die Summe der Werte, die auf dieses Konto gehen, erscheint so gering, dass eine formelle Erhebung nicht gerechtfertigt ist.«[2] Isenbergh hatte keine Ahnung von dieser Entscheidung und bat von Steiger mit unangebrachtem Optimismus: »Wir wünschen nur, daß Sie die Zusagen einhalten, die Sie 1946 in Washington gemacht haben.«

Von Steiger schwieg. Unterlagen der Regierung bestätigten, daß sich die Alliierten seit 1946 nicht mehr für die herrenlosen Vermögen interessiert hatten, und dieses Desinteresse hatte die Schweizer Bankiers ermutigt, das Problem als nicht existent zu betrachten. Von Steiger zog es jedoch vor, Alexander den Stillstand in neutralen juristischen Begriffen begründen zu lassen. »Wir dürfen nicht annehmen, daß alle umsatzlosen Konten herrenlos sind«, erklärte Alexander der Delegation. »Es kann Erben geben, die von der Existenz der Guthaben nichts wissen.« Kontoinhaber, die sich seit dem 5. Mai 1945 nicht gemeldet hätten, müßten ihre Ansprüche anmelden, sagte der Rechtsberater.

»Aber wenn sie alle tot sind, dann können sie keine Ansprüche anmelden«, sagte Isenbergh. Er wollte das Gespräch wieder auf den Boden der Tatsachen bringen. »Jawohl«, stimmte Alexander zu, wobei er die Logik von Isenberghs Satz kaum zur Kenntnis nahm. »Die Verrechnungsstelle wird nicht nur nach unseren Gesetzen recherchieren. Wir müssen mit den herrenlosen Vermögenswerten nach dem Erbrecht der Heimatländer der Verstorbenen verfahren.«

»Wir lehnen das entschieden ab«, entgegnete Bienenfeld. Der Gedanke, daß die Ersparnisse der Juden wieder nach Deutschland transferiert würden, war wirklich erschreckend. »Die Juden brachten ihren Besitz in die Schweiz, weil sie nicht wollten, daß er ihren eigenen Regierungen in die Hände fällt. Die Schweiz hat damals den Eindruck erweckt, daß sie dieses Anliegen unterstützen würde.«

»Wir werden das berücksichtigen«, nickte Alexander, »aber es muß alles nach den in unserem Parlament verabschiedeten Gesetzen geregelt werden.«

Beunruhigt über die Konzentration auf juristische Fragen, führte Bienenfeld moralische Argumente ins Feld. »Diese Regierungen verfolgten oft genau die Menschen, durch deren Ermordung die Vermögen herrenlos geworden sind. Diese Regierungen haben also keinen moralischen Anspruch auf den Besitz der Verstorbenen.« Als Rubin und Isenbergh zustimmend nickten, ließ sich Bienenfeld zu einer lächerlichen Bemerkung hinreißen, in der Hoffnung, dadurch Unterstützung zu gewinnen: »Wenn irgendein Land Anspruch auf die Vermögenswerte erheben könnte, dann die Schweiz, und die Schweiz ist offensichtlich nicht gewillt, sich zu bereichern, indem sie sich den Besitz unrechtmäßig aneignet.« Er interpretierte das Murmeln seiner Zuhörer als Zustimmung und machte sich daran, die rechtlichen Möglichkeiten darzulegen, mit denen die Schweiz die historisch beispiellose Situation meistern könnte.

Bienenfeld durfte seinen Monolog ohne Unterbrechung beenden. Dann fügte Rubin hinzu: »Sie könnten sich der Gesetze von 1945 bedienen, um die Banken zu einem Bruch des Bankgeheimnisses und zur Identifikation der deutschen und japanischen Guthaben zu zwingen. Auf diese Weise würden sich die herrenlosen Vermögen aufspüren lassen.«

»Nein!« erwiderte von Steiger. »Diese Erlasse wurden im Dezember vom Parlament aufgehoben.« Die knappe Feststellung war seine einzige Intervention.

»Aber der Präzedenzfall war geschaffen«, sagte Rubin. »Sie könnten neue Gesetze erlassen.« Andere europäische Länder – Griechenland, Italien und Holland – hätten vorbildliche Gesetze verabschiedet, sagte Rubin, ohne zu erwähnen, daß Großbritannien und Frankreich zu seiner Enttäuschung trotz diskreter Aufforderung des US-Außenministeriums keineswegs solche Maßnahmen getroffen hatten.[3] In einer Sache waren sich beide Seiten einig: Die

Schweizer Gesetze zum Bankgeheimnis würden ergänzt werden müssen. Die Begegnung war zu Ende. Alle stimmten zu, die Diskussion in naher Zukunft fortsetzen zu wollen.

Draußen auf der Straße tauschten sich die amerikanischen Delegierten über die freundliche Atmosphäre aus. Im Bericht an Abba Schwartz würde es heißen, daß die Schweiz »ernsthaft nach einer Rechtsgrundlage sucht, um die herrenlosen Vermögen loszuwerden«, es jedoch vermeiden wolle, internationales Recht zu brechen und einige Länder zu brüskieren. Rubin war der einzige, der ernsthaft zur Vorsicht mahnte. Die Schweiz, warnte er, werde auch weiterhin nichts unternehmen, so lange andere Länder keine ähnlichen Gesetze verabschiedet hätten.[4]

Zwei Stunden nach dem Gespräch in von Steigers Büro traf Max Isenbergh in Zürich ein. Bei einem Spaziergang durch das Stadtzentrum traf er zufällig Adolf Jann, den schwergewichtigen Bankier mit der dröhnenden Stimme. In den letzten Monaten hatte der onkelhafte Hedonist Isenbergh ein freundschaftliches Verhältnis zu dem früheren Sekretär der Bankiervereinigung entwickelt. Während er die letzten Strahlen der Abendsonne genoß, erzählte Isenbergh von der Konferenz in Bern am Nachmittag. Jann lauschte ihm nachdenklich und offensichtlich beunruhigt. Dann blieb er einen Moment schweigend stehen. »Sie kriegen Ihr Geld nicht«, zischte er dann ungewöhnlich leise. Verwirrt wartete Isenbergh auf eine Erklärung. »Sie kriegen Ihr Geld nicht«, wiederholte Jann und überlegte, ob er mehr sagen sollte. Janns unvermittelte Enthüllung war nicht durch Großmut oder Mitleid gegenüber den verfolgten Juden motiviert, die ihr Vertrauen in die Schweizer Banken gesetzt hatten. Die ungewöhnliche Indiskretion war vielmehr durch seinen Zorn über die jüngste Machenschaft Petitpierres verursacht, den er mit allen Schweizer Bankiers teilte. Die Regierung hatte einen unverzeihlichen Fehler begangen: Sie hatte sich vor zwei Wochen in die Angelegenheiten der Banken eingemischt. Durch den Verrat des Staatsgeheimnisses an Isenbergh hoffte Jann, den Minister in Verlegenheit zu bringen und das sakrosankte Bankgeheimnis zu retten. Er warf Isenbergh einen langen Blick zu und fuhr fort: Als Mitglied im Polenausschuß der Bankiervereinigung sei er über ein Abkommen zwischen der Schweiz und Polen informiert worden. »In diesem Abkommen«, sagte der Bankier langsam und deutlich, »gibt es eine geheime Klausel, nach der die herrenlosen Vermögenswerte der polnischen Juden an die polnische Regierung transferiert werden.«

Isenbergh stand wie erstarrt. »Haben von Steiger und die anderen Beamten, die ich gerade in Bern getroffen habe, davon gewußt?« fragte er.

»Ich bin spät dran«, sagte der Bankier. »Auf Wiedersehen, Herr Isenbergh.«

Rubin war am Boden zerstört, als er Isenberghs Neuigkeit erfuhr. »Dies ist ein schwerer Schlag für unsere Sache«, berichtete er nach New York. »Von Steiger ist entweder ein Gauner oder nicht informiert.«[5] Ihr Vertrauen war mißbraucht worden, und sie hatten sich mit ihrer Naivität blamiert. Schwer belastet von dem Geheimnis, überlegte die kleine Gruppe verzweifelt, was sie unternehmen sollte. Wenn sie es öffentlich machten, fürchteten sie, könnte das die Schweiz so brüskieren, daß alles verloren wäre.

Eduard von Steiger hatte selbstverständlich Bescheid gewußt. Bei der morgendlichen Konferenz des Bundesrats hatte Petitpierre den Ministern das Abkommen mit Polen vorgelegt und auch die geheime Klausel über die herrenlosen Vermögen erwähnt. Von Steiger und seine Kollegen hatten dem Ergebnis der in den vorhergegangenen Monaten geführten Geheimverhandlungen zugestimmt, weil sie aus dem kriegsverwüsteten Europa Gewinn schlagen wollten und den chronischen Mangel an Kohle in der Schweiz beheben wollten.

In den Jahren 1945 und 1946 herrschte ein ungeheurer Brennstoffmangel in Europa. Da die deutsche Kohleförderung noch immer schwer angeschlagen war und die Straßen und Schienenstränge in Europa noch nicht repariert waren, war die Schweiz logistisch auf die Großzügigkeit der Alliierten angewiesen. Unterdessen stellte die Schweizer Industrie, die ihre deutschen Märkte verloren hatte, in rauhen Mengen Produkte her, die sich ihre verarmten Nachbarn nicht leisten konnten. Zur Lösung dieses doppelten Problems, begann Max Troendle, der dynamische Handelsminister der Schweiz, einen außergewöhnlichen Streifzug durch ganz Europa. In einer Zeit, als jede Reise mit Schwierigkeiten verbunden war, fuhr er kreuz und quer durch den Kontinent, immer auf der Suche nach Märkten für die Schweizer Industrie und nach Kohle für die

Schweiz. Am 2. Februar 1946 begann er mit Verhandlungen in Polen, einem der am schlimmsten ausgeplünderten Länder Europas, das jedoch über gewaltige Kohlebergwerke verfügte. Bei diesen ersten Gesprächen erwähnten die kommunistischen Vertreter Polens, daß von den wohlhabenden unter den zwei Millionen ermordeten Juden ihres Landes vermutlich viele ihr Geld in der Schweiz angelegt oder in Lebensversicherungen investiert hätten. Dieses Geld, betonten die Polen, gehöre ihrem Land. Troendle hatte wenig Grund, ihnen zu widersprechen, und gab nur zu bedenken, daß die Schweizer Regierung das Geld der Juden nicht einfach beschlagnahmen könne. Andererseits, sagte er nachdenklich, hätten die polnischen Kommunisten Vermögenswerte schweizerischer Staatsbürger konfisziert, und seine Landsleute seien sehr betrübt über diese Verluste.[6]

Am 8. Juni 1946 skizzierte Troendle den Ministern im Bundesrat die Einzelheiten des Geschäfts. »Die Polen haben Anspruch auf die bei schweizerischen Banken und Versicherungen deponierten Vermögenswerte erhoben«, schrieb er, »und man könnte die Schweizer Schuldner (Banken und Versicherungen; A.d.Ü.) im Rahmen eines Kompensationsgeschäfts verpflichten, das Geld, wie wenn der Tod der Anleger zu vermuten ist, an die polnische Regierung auszuhändigen. Allerdings müßten die Polen versprechen, das Geld an alle Einleger oder ihre Erben auszubezahlen, die Anspruch darauf erheben.«

Obwohl Troendles Vorschlag den Ministern gefiel, hatte sich die Regierung damals, nur siebzehn Tage nach der Unterzeichnung des Washingtoner Abkommens, noch verpflichtet gefühlt, Stuckis Vereinbarungen einzuhalten. Troendles Empfehlung wurde zusammen mit einem Brief der polnischen Regierung vom 4. April, in dem diese formell um den Transfer der herrenlosen Vermögen ersuchte, vorerst zu den Akten gelegt. Sechs Monate später hatte sich die Haltung der Schweiz nicht geändert. Als der polnische Botschafter in einem Gespräch mit Franz Kappeler am 24. Januar 1947 erneut die Rückgabe der herrenlosen Vermögen forderte, wurde er abschlägig beschieden. Polen, sagte er, könne keine »Spezialbehandlung« erwarten, und er riet dem Botschafter, sich an die Bankiervereinigung um Hilfe zu wenden, deren negative Reaktion jedoch bereits feststand.

Zwei Jahre später, im April 1949, kam das Thema wieder zur Sprache. Troendle verhandelte in Warschau über ein neues Handelsabkommen zum Verkauf schweizerischer Produkte gegen Kohle. Wiederum fragten die Polen nach den herrenlosen Vermögen. »Viele Polen, die umkamen«, sagten die polnischen Verhandlungspartner, »hatten Geld in der Schweiz deponiert.« Trotz des Kalten Krieges und der Blockade von Berlin durch die Rote Armee war der Anreiz für die Schweizer, die Kommunisten zufriedenzustellen, gewachsen. Für die besonders profitgierigen Schweizer war es unwichtig, daß Westeuropa abermals für die Demokratie kämpfte. Die führenden Politiker in der Schweiz waren fest davon überzeugt, daß die Schweiz sich durch ihre Neutralität vor den Nazis geschützt hatte und daß diese Neutralität das Land auch vor den Kommunisten schützen würde. Die Moral, spotteten gewisse Schweizer Industrielle und Politiker, werde von Ausländern als Waffe eingesetzt, um sich in die inneren Angelegenheiten der Schweiz einzumischen. Sie drängten auf eine Annahme von Troendles jüngstem Verhandlungsergebnis. Die Situation, sagte Troendle, spreche inzwischen dafür, die Polen zufriedenzustellen. Die Alliierten hätten das Interesse an den herrenlosen Vermögen verloren, und den schwachen jüdischen Protest könne man ignorieren. Schweizer Staatsbürger forderten immer noch Entschädigung, und Polen habe Profit und Kohle zu bieten. Alles spreche dafür, den Polen entgegenzukommen und den Schweizer Bürgern zu ihrem Recht zu verhelfen. »Zu gegebener Zeit«, schlugen das Finanzdepartement und das Politische Departement der Regierung vor, »sollten wir prüfen, ob die polnischen herrenlosen Vermögen gegen eine polnische Entschädigung für den verstaatlichten schweizerischen Besitz gesetzt werden können.«[7] Das einzige noch ungelöste Problem war die Berechnung des Gesamtumfangs der herrenlosen polnischen Vermögen.

Im Lauf der Verhandlungen hatte der mit Troendle nach Polen gereiste Vorsitzende des Schweizerischen Bankvereins, Rudolph Speich, den Polen mitgeteilt, daß die Banken »mindestens zwei Millionen Schweizer Franken« an polnischen herrenlosen Vermögen hätten. Die von Speich genannte Summe – ein wichtiger Eckwert bei den Verhandlungen – war das Ergebnis einer von der Bankiervereinigung und den Versicherungsgesellschaften vorgenommenen Erhebung.[8] Speich erzählte Troendle, daß sich die Bankiers unter der Bedingung, daß die Klausel über die herrenlosen Vermögen geheim bliebe, widerstrebend bereit erklärt hätten, die Höhe der Summe zu nennen.[9] Diese Forderung, entschied Petitpierre, könne nicht zurückgewiesen werden. Bei der Unterzeichnung des Abkommens am 25. Juni 1949 übernahm die Schweizer Regierung in einer Geheimklausel die Verpflichtung, daß die schweizerischen Banken am 1. Juli 1954 die Vermögen aller polnischen Staatsbürger freigeben würden, deren Konten in den fünf Jahren seit Kriegsende nachrichtenlos geblieben waren. Als Gegenleistung für die Überweisung dieser Gelder auf das von Polen bei der Schweizer Nationalbank eigens eröffnete Konto N (Nationalisierungskompensation), erklärte sich Polen bereit, an Schweizer Staatsbürger einen noch zu benennenden Betrag als Entschädigung für den Verlust ihres Eigentums zu bezahlen. Vereinfacht ausgedrückt wurden also Schweizer Staatsbürger für den Verlust ihres Eigentums aus den von Schweizer Banken und Versicherungsgesellschaften gehaltenen herrenlosen Vermögen polnischer Juden entschädigt, obwohl man klugerweise für ein Feigenblatt sorgte: eben das Versprechen der polnischen Regierung, alle Polen zu entschädigen, die künftig Ansprüche stellen sollten. Da man den Polen die Namen der Kontoinhaber nicht mitteilte, konnte diese Bestimmung nur den Sinn haben, dem Abkommen wenigstens den Anschein der Legalität zu verleihen.

Schmutzige Geschäfte bereiteten Adolf Jann keine schlaflosen Nächte, aber zum Unglück der Regierung glaubte er nicht, daß die Bankiervereinigung einer Verletzung des Bankgeheimnisses zur Identifikation der polnischen herrenlosen Vermögen jemals zugestimmt hatte. Die Regierung und Speich, schäumte er, hätten die Haltung der Bankiers absichtlich falsch interpretiert, um das Handelsabkommen unter Dach und Fach zu bringen. Der Bankier erzählte Isenbergh von der Geheimklausel in der Hoffnung, vielleicht die Ratifikation des Abkommens durch das Parlament verhindern zu können. Bis dahin sollten die Banken der Regierung die Zusammenarbeit verweigern. Petitpierres Beamte hatten keine Ahnung, daß das Geheimnis den Juden bekannt war. Schon bald mußten sie sich die Köpfe darüber zerbrechen, wie sie den Widerstand der Bankiers überwinden und den Umfang der herrenlosen polnischen Vermögen feststellen könnten. »Es gibt Komplikationen«, mußte Alfred Zehnder, der dienstälteste Beamte des Politischen Departements, gegenüber Stucki einräumen. Um nicht das ganze Abkommen zu gefährden, wurde Stucki angewiesen, die Wahrheit zu vertuschen. Den Polen sollte mitgeteilt werden, »dass die Frage der Sicherstellung herrenloser polnischer Guthaben in der Schweiz und ihrer Übereignung an Polen bald geprüft und sodann zum Gegenstand von Verhandlungen gemacht werden« würden. Ein bißchen Zuckerbrot war alles, was man ihnen anbieten wollte.[10]

Stucki war nicht ganz wohl bei dem Transfer des jüdischen Geldes nach Polen. Er war sich des Betrugs bewußt und kannte die Absicht der Regierung, ähnliche Abkommen mit anderen kommunistischen Ländern zu schließen. Da das Unternehmen jedoch nach Schweizer Recht zulässig war, erhob er keinen Widerspruch.[11] Auch von Steiger hatte Bauchschmerzen wegen des Täuschungsmanövers. Dabei ging es dem Minister natürlich weder um die Juden noch um den Tatbestand des Betrugs, sondern er war alarmiert über die ablehnende Haltung einiger Mitarbeiter seines Departements und insbesondere seines Rechtsberaters Emil Alexander. Dieser hatte seinem Protokoll des Gesprächs mit der jüdischen Delegation an Petitpierre eine Notiz beigelegt, in der er darauf hinwies, daß er zum Zeitpunkt der Unterredung nichts von dem Betrug gewußt hatte. Dies entsprach vermutlich nicht der Wahrheit. Doch legte er auch die Kopie einer Notiz bei, die er vor dem Treffen verfaßt hatte, und in der er eine spezielle Behandlung der polnischen Vermögen und jeglichen Transfer dieser Gelder an einen ausländischen Staat ablehnte, bevor die Schweizer Regierung die Banken und andere Institutionen angewiesen haben würde, eine ordentliche Erhebung über die vor Kriegsende getätigten ausländischen Einlagen durchzuführen. Alexander hatte Petitpierre außerdem schriftlich geraten, einen Treuhänder zu ernennen, der alle unbeanspruchten Gelder an ein Komitee übergeben sollte, das sie für humanitäre Zwecke verwenden sollte.[12]

Alexanders Unbehagen wurde auch von Felix Schnyder, einem Beamten in Petitpierres eigenem Departement, geteilt. Der Anspruch jüdischer Gruppen auf die herrenlosen Vermögen sei berechtigt, erklärte Schnyder zur selben Zeit, als Alexander bei Petitpierre protestierte, und zwar nicht zuletzt aufgrund der Verpflichtung, die Stucki in Washington eingegangen sei, und weil die polnischen Kommunisten nach dem Krieg erneut zu Judenverfolgungen angestachelt und viele Juden zur Flucht gezwungen hätten. »Eine Lösung aus dem Handgelenk, wie sie bei Wirtschaftsverhandlungen leicht getroffen werden kann«, schrieb Schnyder, »riskiert wesentlichen Gesichtspunkten der schweizerischen Gesetzgebung nicht zu entsprechen und uns bei der Durchführung ähnliche Schwierigkeiten zu machen wie das Washingtoner Abkommen.« Auch lasse Troendle, warnte Schnyder, die reale Möglichkeit außer acht, daß Juden, die noch immer in Polen lebten, aus Angst keinen Kontakt mit ihrer Schweizer Bank aufnähmen und eines Tages feststellen müßten, daß ihr Geld als herrenlos beschlagnahmt worden war.[13]

Der von Natur aus vorsichtige Eduard von Steiger war beunruhigt über die ungewöhnliche Opposition gegen ein simples Handelsabkommen. Ob richtig oder falsch, Alexanders Alibi war in von Steigers Augen jedenfalls ziemlich wasserdicht, und Felix Schnyders Einwände wiesen eine bedenkliche Ähnlichkeit mit den Klagen Janns und anderer Bankiers auf. Acht Wochen nach der Unterredung mit Isenbergh und Rubin kam der Justizminister zu dem Schluß, daß es politisch klug wäre, sich ebenfalls von der Geheimdiplomatie zu distanzieren und sich ein offizielles Alibi zu schaffen.

Die Methode war simpel: In einem Brief an Petitpierre wiederholte von Steiger die gesicherten Tatsachen. Zuerst informierte er seinen Kollegen, er habe mit den Vertretern jüdischer Gruppen deren Ansprüche auf die herrenlosen Vermögen diskutiert. Dann umriß er die Konsequenzen des Geheimabkommens mit Polen, das den Juden nicht enthüllt worden war: Die Beträge sollten »den schweizerischen, durch polnische Nationalisierungsmassnahmen betroffenen Anspruchsberechtigten ... zugute« kommen.[14] Von Steiger bat Petitpierre um eine Bestätigung dieser Fakten und um eine Erklärung.

Mit der Antwort am 4. August bekam der Minister auch das gewünschte Alibi. Petitpierre schrieb, daß er die Verantwortung für den »vertraulichen und daher nicht veröffentlichten Briefwechsel« über die Entschädigung übernehme und erklärte, daß ähnliche Abkommen vielleicht auch mit anderen Regierungen abgeschlossen würden.[15]

Drei Wochen später erwies sich von Steigers Vorsichtsmaßnahme als berechtigt. In einem kurzen Brief an von Steiger vom 26. August 1949 griff Max Isenbergh das Abkommen mit Polen an. »Es ist unvereinbar mit den Grundsätzen der Gerechtigkeit«, schrieb er mit Bezug auf den Transfer der herrenlosen Vermögen, ohne jedoch ausdrücklich sein Wissen um die Geheimklausel zu erwähnen.[16] Für von Steiger waren die Juden ein rotes Tuch. Einen früheren Brief Bienenfelds, in dem es hieß, die Schweiz dürfe den Massenmord an den Juden nicht vergessen und den Mördern nicht erlauben, von ihrem Verbrechen zu profitieren, hatte der Minister wegen der Naivität des Rechtsanwalts verspottet. Die Implikationen von Bienenfelds Spekulation am Schluß des Briefes – »Es besteht kein Zweifel darüber, dass die Schweiz niemals wünschen wird, dadurch Vorteile für sich selbst zu erlangen, dass sie die Aktiven für ihre eigenen Zwecke an sich zieht ...« – hatte der Minister kaum registriert.[17] Nun jedoch wurde durch Isenberghs Brief deutlich, was hinter Bienenfelds Vermutung steckte. Diese Juden! dachte der Minister. Nach einiger Überlegung bestätigte er lediglich den Empfang von Isenberghs Brief und reichte die Korrespondenz zusammen mit einer Notiz an Petitpierre weiter, daß sich künftig der Außenminister mit »diesem American Jewish Committee« befassen solle.[18]

Das Geheimnis war aufgedeckt, und Petitpierres Beamte wußten, daß sie nun als Lügner dastanden. »Diese Regelung ... entspricht nicht den Darlegungen, die Herr Bundesrat von Steiger der jüdischen Abordnung in bezug auf die schweizerische Rechtsauffassung machte«, räumte Franz Kappeler ein. Doch nicht einmal dieses Eingeständnis hinderte ihn daran zu empfehlen, daß man zwar den Abschluß des Abkommens mit Polen zugeben müsse, weil man keine andere Wahl habe, die Details aber weiterhin geheimhalten solle.[19] Sein Rat wurde beherzigt, doch als Vorsichtsmaßnahme für den Fall, daß unangenehme Fragen gestellt würden, informierte das Politische Departement bestimmte Botschafter der Schweiz über den Hintergrund des Abkommens.

In einem Schreiben an den Schweizer Botschafter in Paris wiederholte das Politische Departement, daß die Alliierten dem Problem der herrenlosen Vermögen »nicht mehr grosse Bedeutung« beigemessen hätten und ihren Plan, »auf umfangreiche Vermögen in der Schweiz zugreifen zu können, aufgegeben« hätten. Trotz des Widerstands der Bankiers habe die Regierung, mit Rücksicht darauf, daß »die polnische Regierung auf die Regelung dieses Problems grössten Wert legte«, ein Geheimabkommen unterzeichnet. »Wir möchten es unsererseits tunlichst vermeiden«, gab man dem Botschafter zu verstehen, »uns mit den interessierten internationalen jüdischen Kreisen in eine direkte Korrespondenz einzulassen.« Trotzdem wurde er instruiert, Isenbergh privat zu kontaktieren und ihn zu besänftigen.[20] Sechs Tage später hob das Departement seine Instruktionen in einem dringlichen Telegramm wieder auf. Isenbergh, hieß es nun, dürfe nicht kontaktiert und die Existenz der Geheimklausel nicht bestätigt werden. Max Oetterli, der für internationale Angelegenheiten verantwortliche, aggressive neue Sekretär der Bankiervereinigung, hatte bei der Schweizer Regierung eine radikale Kursänderung durchgesetzt.

Alarmiert durch Jann und andere Bankiers, hatte Oetterli in Bern Krach geschlagen. Jede Andeutung, daß herrenlose Vermögen transferiert werden könnten, warnte der Sekretär, könne zu einem gefährlichen Präzedenzfall führen. Um die Regierung zu einer Änderung ihrer Politik zu bewegen, hatte Oetterli mit Troendle telefoniert, als sich der Minister gerade in Wien befand. Das Abkommen, forderte Oetterli, müsse geheim bleiben. Die Macht der Bankiers hatte sich darin gezeigt, daß Troendle sofort in Bern angerufen und die Erfüllung von Oetterlis Forderung verlangt hatte. Zu diesem Zeitpunkt war das Geheimabkommen erst einer Handvoll Politiker und ihren Mitarbeitern, einigen führenden Bankiers und Industriellen und den Juden bekannt. Das Parlament war nicht informiert, und Petitpierre plante, nachdem er die Anweisungen an die Botschafter wieder aufgehoben hatte, die Abgeordneten auch weiterhin uneingeweiht zu lassen.[21] »Abmachungen mit Polen«, wurde dem Schweizer Botschafter in Paris in einem Telegramm wörtlich mitgeteilt, »werden in Botschaft an Räte (Parlamentsmitglieder; A.d.Ü.) nicht erwähnt.«[22] Im Einklang mit dieser Strategie wurde vor allem die Bedeutung der polnischen Kohle betont, als am 7. Oktober das Abkommen mit Polen offiziell im Parlament erörtert wurde. Die Geheimklausel über die herrenlosen Vermögen blieb unerwähnt.[23]

An diesem Tag appellierte Rubin in Washington an das US-Außenministerium, »dieser tragischen Pervertierung der Prinzipien der Menschlichkeit« Einhalt zu gebieten.[24] Die antijüdische Politik der Schweiz wurde, wie Rubin wußte, von Frankreich und Großbritannien unterstützt. Die durch eine Wirtschaftskrise und die demütigende Entwertung des Pfundes an den Bettelstab gebrachten Briten ließen sich sogar dazu hinreißen, von den unbeanspruchten Vermögenswerten, die die alliierten Armeen 1945 in Italien gefunden hatten und die wahrscheinlich ermordeten Juden gehörten, einen Anteil zu verlangen. Sie stimmten dem amerikanischen Plan, die Wertsachen entweder an die italienischen Behörden zu übergeben oder sie zugunsten von Wohltätigkeitsorganisationen zu versteigern, nur unter der Bedingung zu, daß alle aufgefundenen Pfundnoten an das britische Schatzamt übergeben würden.[25] Hilflos beschwerte sich Rubin über die »gewissenlose Haltung« der Briten in dieser Angelegenheit, wußte jedoch auch keinen anderen Rat, als weitere Gespräche zu führen.[26]

In Bern triumphierte Stucki, daß die Uneinigkeit der Alliierten der Schweiz zum Vorteil gereiche. »Den Briten«, sagte er zu Petitpierre, »paßt die amerikanische Dominanz nicht.« Er prahlte mit seinen Fähigkeiten und freute sich diebisch darüber, wie er einen britischen Diplomaten gedemütigt hatte, als dieser der Schweiz »den Bruch von Abkommen« und ihrer Regierung »Unvernunft« vorgeworfen hatte. »Nachdem ich auf diese Vorhalte energisch reagierte, fand er am Schluss für uns sogar Worte der Anerkennung«, berichtete er seinem Vorgesetzten. »Die in Washington angetroffene Verhandlungsatmosphäre lässt sich mit jener von 1946 etwa vergleichen wie ein strahlender Junitag mit einem düsteren Dezembertag. Von der ›Troublemakergarde‹ von 1946 kam uns keiner mehr zu Gesicht.«[27]

Arrogant verweigerte er die Auszahlung der verbliebenen 30 Millionen Schweizer Franken, die die Schweiz 1946 für die jüdischen Flüchtlinge zugesagt hatte, und stellte eine Bezahlung nur dann in Aussicht, wenn die Amerikaner bei der Umsetzung des Abkommens die Bedingungen der Schweiz erfüllten.[28] »Die Schweiz«, verkündete Stucki, »hat alles getan, um die Verhandlungen mit den Alliierten zu beschleunigen und zu fördern, und es trifft sie an der eingetretenen Verzögerung auch nicht ein Bruchteil einer Schuld.« Weitere Zahlungen würden nur dazu führen, daß das Interesse der Alliierten an einer endgültigen Regelung erlahme.[29] Auch Max Ott wollte seinen Spaß haben. »Wir betrachten das Washingtoner Abkommen als ein wirtschaftliches, nicht als ein politisches Abkommen«, erklärte Ott vor einer Delegation des American Jewish Congress. »Alle Maßnahmen, die geeignet sind, den Juden zu helfen, machen eine formelle Ergänzung des Abkommens erforderlich, die von allen Parteien verabschiedet und vom schweizerischen Parlament ratifiziert werden muß.« Da dieses Szenario völlig unwahrscheinlich war, präsentierte Ott auch gleich die schweizerische Lösung. Der Besitz der deutschen Juden, auch derjenigen, die den Konzentrationslagern entronnen seien, sagte er ohne eine Spur von Schuldbewußtsein, werde verkauft und dazu verwendet werden, die Schulden des NS-Regimes bei der Schweiz zu decken.[30] Diese Ansichten zu hören, während so viele Opfer des Holocaust noch litten, machte Otts Zuhörer schaudern. Eine solche Gesinnung war nicht durch Appelle zu erschüttern. »Moose« Isenbergh entschied sich deshalb für eine kämpferische Strategie.

Fünf Tage später wurden die Schweizer Politiker irregeführt; Isenbergh nahm zu schweizerischen Regierungsbeamten, die er für freundlich gesinnt hielt, Kontakt auf und bat sie um eine Erklärung. Petitpierres Plan war gescheitert, Isenbergh dadurch zu neutralisieren, daß er ihn ermutigte, den Fall durch den SIG vertreten zu lassen. Die Vertreter des Schweizerischen Israelitischen Gemeindebundes hätten Petitpierres Beamte leicht manipulieren können. Am 15. Oktober um 10 Uhr morgens wurde Isenbergh von Felix Schnyder und Denise Robert vom Politischen Departement empfangen.[31] Isenbergh wußte nicht, daß Schnyder das Geheimabkommen kritisiert hatte, vermutete jedoch, daß dem Beamten bei der Sache nicht wohl gewesen war.

»Sie hatten zugesichert«, eröffnete er das Gespräch, »daß die herrenlosen Vermögen für humanitäre Maßnahmen zugunsten der Überlebenden eingesetzt würden.« Er hatte seinen Zorn hinuntergeschluckt, forderte die Beamten jedoch heraus, den Betrug zu rechtfertigen. »Von Steiger hat uns gegenüber ausdrücklich betont, daß die Herausgabe der herrenlosen Vermögen neue Gesetze erforderlich mache.«

»Aber Polen wird das Geld vielleicht für den Wiederaufbau verwenden«, konterte Schnyder unbewegt. »Schließlich hat das Land im Krieg schwere Schäden erlitten.«

»Das für die Opfer der Verfolgung bestimmte Geld für den allgemeinen Wiederaufbau zu verwenden, ist eine Beleidigung für unser Verständnis von öffentlicher Moral«, antwortete Isenbergh.

»Aber Sie wissen doch gar nicht, wieviel von den herrenlosen Vermögen Juden gehörten«, sagte Schnyder noch immer mit professioneller Emotionslosigkeit.

»Aber Sie können das feststellen«, entgegnete Isenbergh. »Um Ihr Abkommen mit Polen zu erfüllen, müssen Sie genau das herausfinden.« Es war dem New Yorker Rechtsanwalt ein Vergnügen, die Verteidigung der Schweizer zu durchbrechen und ihre Widersprüche aufzudecken. Anklagend fuhr er fort: »Die Schweiz ist das einzige Land in Europa, das die herrenlosen Vermögen auf diese Weise verwendet. Die Eigner schickten ihr Geld in Ihr Land, um es außer Reichweite der polnischen Regierung zu bringen. Sie bauten auf die Verläßlichkeit der Schweizer Banken. Ihr Verhalten verletzt die bewundernswerten Standards, für die das Schweizer Bankwesen berühmt ist. Und es wird Ihren ansonsten üblichen Maßstäben von öffentlicher Moral in keiner Weise gerecht.« Schnyder entging der ironische Ton in Isenberghs Stimme. Statt dessen klagte der Beamte unter Verleugnung seiner persönlichen Meinung über die Schwierigkeiten der Schweiz mit Polen. »Wir wurden von den Polen zum Abschluß des Abkommens gedrängt«, seufzte er und legte eine Hilflosigkeit an den Tag, wie sie die Alliierten bei ihren Schweizer Verhandlungspartnern noch nie erlebt hatten.

»Es ist eine grausame Ironie des Schicksals, daß die Polen, die die Juden verfolgten, nun das jüdische Geld erhalten sollen«, spottete Isenbergh, der die Schlichtheit und die Doppelzüngigkeit des schweizerischen Charakters durchschaute.

Schnyder sah sich gezwungen, sein eigenes Angebot zu machen. Wenn die Geheimklausel an die Öffentlichkeit komme, flüsterte er beschwörend, habe die Schweiz keine andere Wahl, als alle herrenlosen Vermögen auf dieselbe Art zu behandeln: »Sie hätten dann die moralische Befriedigung, aber nichts weiter.« Wenn Isenbergh jedoch dichthalte, könnten die verbliebenen herrenlosen Vermögen, wie das Komitee es wünsche, für die Wiederansiedlung heimatloser Juden benutzt werden.

»Ich arbeite an einem Plan über die herrenlosen Vermögen, der genau Ihren Wünschen entspricht. Er wird in wenigen Monaten fertig sein.« Nur Stillschweigen könne den Erfolg garantieren, versicherte der Beamte. Im diesem Moment schwieg Isenbergh tatsächlich. Wenn Schnyders Angebot ernst gemeint war, dann hatte es Vorteile. Es war jedoch wenig verlockend, der Schweiz bei der Schadensbegrenzung zu helfen, insbesondere da Schnyders Plan sich als Wortgeklingel entpuppen konnte. Und selbst wenn Schnyder aufrichtig war – ein einziger Beamter konnte die Politik der Schweiz nicht verändern. »Am Ende kommt doch alles heraus«, seufzte Isenbergh. »Und alle anderen Regierungen wollen das gleiche Geschäft machen.« Inzwischen war er überzeugt, daß nur öffentlicher Druck und eine negative Abstimmung im Schweizer Parlament die Ratifikation noch verhindern könnten. Dies bedeutete, daß die Geheimklausel an die Öffentlichkeit gebracht werden mußte. »Öffentlichkeit wird nur schaden«, warnte Schnyder, als sich Isenbergh nach 90 Minuten verabschiedete.[32] Schnyders Bericht an Petitpierre sollte sich als zutreffend erweisen. Seine Warnung, hatte er eingeräumt, werde keinen Erfolg haben. Isenbergh werde die Existenz der Geheimklausel an die Öffentlichkeit bringen.[33] Petitpierre erkannte die Gefahr und unternahm eine letzte – für ihn sehr unangenehme – Anstrengung zur Schadensbegrenzung. Der Minister erklärte sich bereit, Georg Brunschvig und Paul Guggenheim, die Vertreter der Schweizer Juden, zu empfangen. Im Juli hatte Brunschvig es ängstlich abgelehnt, an dem Treffen mit von Steiger teilzunehmen, und er hatte sich in der Folge gegen jeden öffentlichen Protest gewandt, um keine antisemitischen Emotionen zu wecken. Doch selbst Brunschvig war über die Doppelzüngigkeit seiner Landsleute empört, insbesondere über die Bitte des Politischen Departements, er möge »die Angelegenheit diskret behandeln«. Hinter der Geduld, mit der Petitpierre den empörten Vorhaltungen seiner Besucher lauschte, verbarg sich Verachtung, die jedoch vor allem von Steiger galt. Der Justizminister, schrieb Petitpierre in einem Memorandum, habe idiotischerweise »am selben Tag, an dem er dem Abkommen (mit Polen) zustimmte«, den Juden versprochen, daß die herrenlosen Vermögen für humanitäre Zwecke verwendet würden. Von Steiger war eindeutig unvorsichtig gewesen, und obendrein stand er dem Abkommen inzwischen kritisch gegenüber, was Petitpierres Ärger noch vergrößerte.[34] Und nun reagierten auch noch seine zwei jüdischen Besucher unangenehm unbeeindruckt auf seine Schmeicheleien. Petitpierre konnte nicht verstehen, warum er denselben Kampf zweimal kämpfen mußte. Die Haltung gegenüber der Schweiz in Washington war, wie Paul Keller, der vertrauenswürdige neue Präsident der Schweizerischen Nationalbank, berichtet hatte, von »Wertschätzung und Verständnis« geprägt. Nach Gesprächen mit amerikanischen Bankiers und Wirtschaftswissenschaftlern hatte Keller, ein ehemaliger Ökonomieprofessor, geschrieben, die »Malaise« sei nun Geschichte und die Gegner der Schweiz seien »im großen ganzen verschwunden«. Willard Thorp, der Unterstaatssekretär für wirtschaftliche Angelegenheiten, hatte Keller mitgeteilt, daß »die Vereinigten Staaten im Grunde glücklich darüber [seien], die Schweiz mitten in Europa gesund zu wissen«.[35] Dennoch mischten sich die Juden noch immer ein und stifteten Unruhe, dachte Petitpierre wütend. Die alte Feindschaft des Ministers war wieder geweckt. Er wartete, bis seine Besucher ihren Protest vorgebracht hatten, dann komplimentierte er sie höflich hinaus. Isenbergh hatte sich, uneingeschüchtert von den Drohungen und wütend über die Höflichkeiten, daran gemacht eine Handvoll potentiell freundlich gesinnter Parlamentarier anzusprechen, die bislang alle keine Ahnung von der Geheimklausel gehabt hatten. Alle sahen voraus, daß Petitpierre sein Abkommen rechtfertigen würde. Er würde sich auf das Gesetz von 1891 berufen und zu Recht betonen, daß herrenlose Vermögen nach den Gesetzen der Schweiz den Ländern gehörten, deren Staatsbürgerschaft der letzte Eigentümer gehabt oder in denen er seinen letzten Wohnsitz gehabt hatte. »Aber das würde ja bedeuten, daß die deutsche Regierung auf die herrenlosen Vermögen Anspruch hätte, die ihre Vorgängerin ermorden ließ«, sagte Isenbergh entsetzt. Selbst der moralische Skandal, daß die Mörder von ihren Verbrechen profitieren sollten, reichte nicht aus, um die Parlamentarier zu einer Kritik an Petitpierre zu bewegen. Nur Druck vom US-Außenministerium konnte helfen. Rubin hoffte, seine früheren Kollegen für seine Sache gewinnen zu können.

Als erstes suchte Rubin am 6. Dezember 1949 den für die Beziehungen mit der Schweiz verantwortlichen Beamten Theodore

Achilles im US-Außenministerium auf. In anderen Teilen des Gebäudes waren die Beamten noch immer ganz außer sich darüber, daß die Sowjetunion vor zehn Wochen eine Atombombe gezündet hatte. Das Kräftegleichgewicht hatte sich zuungunsten Washingtons verschoben, und die Beamten im US-Außenministerium waren durch die permanente Krise stark gefordert, die durch die weitverbreitete kommunistische Agitation in Europa und durch den endgültigen Sieg der Kommunisten in China ausgelöst worden war. Obendrein wurde der Druck noch erhöht, weil der demagogische Senator Joseph McCarthy Beamte des Ministeriums als »kommunistisch« denunzierte. Angesichts dieses Schlamassels konnte Rubins Beschwerde über die Schweiz Achilles kaum beeindrucken. Aber Rubin war hartnäckig. »Das offensichtliche Doppelspiel gefährdet auch alle anderen herrenlosen Vermögen in der Schweiz.« Achilles reagierte ablehnend. »Das Ministerium wird seine Diplomaten nicht mehr anweisen, zu protestieren.« Er warnte vor öffentlichen Protesten der jüdischen Organisationen in den USA, die die »Schweiz noch widerspenstiger machen« würden, und riet Rubin, sich nur auf die jüdischen Gruppen in der Schweiz zu verlassen.[36]

Auf den frostigen Empfang im US-Außenministerium folgte ein weiterer schwerer Schlag. Rubin hatte bisher vertrauliche Memoranden und sogar diplomatische Botschaften europäischer Regierungen über jüdische Angelegenheiten einsehen dürfen, nun jedoch wurde ihm der Zugang verweigert. Die jüdischen Gruppen waren Opfer der McCarthy-Hysterie und versteckter Intrigen geworden und plötzlich nicht mehr willkommen. In Bern beschloß Isenbergh, die Politik des selbstverhängten Schweigens zu beenden. Seiner alten Verbündeten beraubt, wandte er sich an Michael Hoffman, den Schweizer Korrespondenten der *New York Times*. Der Anruf bei dem Journalisten schien die letzte Möglichkeit, internationale Proteste auszulösen. Hoffmans Artikel erschien am 7. Dezember. Er deckte die Existenz der Geheimklausel auf und berichtete, daß sich der Wert der herrenlosen Vermögen von zwei Millionen polnischen Juden anscheinend nur auf 500 000 Dollar belaufe. Innerhalb weniger Tage erhoben die jüdischen Gruppen in New York wütenden Protest. Neben Angriffen auf die Schweiz, auf Polen und auf das US-Außenministerium stand die Spekulation, daß herrenlose Vermögen im Wert von zwischen 5 und 50 Millionen Dollar in der Schweiz deponiert seien. Dementis aus Bern, daß die Schätzungen »absurd hoch« seien – Schweizer Bankiers versuchten den Ministern bereits eine Summe von nur 150 000 Dollar (600 000 Schweizer Franken) einzureden – verstärkten die Empörung noch.[37]

Empört über den Betrug, appellierte James Rice, ein beim American Jewish Distribution Committee (AJDC) beschäftigter Anwalt an den Unterstaatssekretär Willard Thorp, das Thema herrenlose Vermögen zur Sprache zu bringen. Thorp zeigte wenig Lust dazu. Er hatte im Sommer bei den katastrophalen Verhandlungen mit Stucki zur Klärung der Differenzen über das Abkommen die amerikanische Delegation geleitet. Meinungsverschiedenheiten mit den anderen Alliierten hatten den Unterstaatssekretär verwirrt. In Neal Goodchilds Augen war Thorps Verhalten bei den Verhandlungen »extrem schwach« gewesen. Er hatte keinen Vergleich mit dem »durchsetzungsfähigen und intelligenten« französischen Delegationsleiter de Panafieu ausgehalten, und Stucki war ihm deutlich überlegen.[38] In der Folge versuchte Thorp verletzt und verwirrt, seinen Ruf durch Nichtstun zu retten. Jeder Gedanke an eine Einmischung der Juden war ihm ein Greuel. »Die Situation ist sehr heikel«, warnte er. Die jüdischen Organisationen sollten davon absehen, die Schweiz öffentlich und privat zu kritisieren, da dies die Verhandlungen der Alliierten über die Reparationen stören würde. Es sei nicht mehr wichtig, die herrenlosen Vermögen ausfindig zu machen, und eine Brüskierung der Schweiz könne die Auszahlung ihrer letzten Rate an die IRO in Höhe von 17,5 Millionen Dollar gefährden. »Das US-Außenministerium wird das Abkommen mit Polen nicht kritisieren«, erklärte Thorp. »Es ist vielleicht unmoralisch, aber es ist nicht gesetzwidrig.«

»Aber Sie haben doch die Berner Gesandtschaft angewiesen zu protestieren«, entgegnete Rice unter Verwendung einer Information, die Isenbergh beschafft hatte. »Die Anweisung wurde überhastet versandt und war unklug«, knurrte Thorp. »Die Gesandtschaft hat bereits geantwortet, daß sie keine Maßnahmen ergreifen wird. Die Anweisung wurde zurückgezogen.«[39]

Rubin war entsetzt. Ohne die Unterstützung des US-Außenministeriums waren die jüdischen Organisationen praktisch machtlos. Erregt telefonierte Rubin mit Beamten des US-Außenministeriums, die vielleicht einsehen würden, daß im Namen der Gerechtigkeit und aus Respekt vor den Verpflichtungen der USA trotz der Komplikationen weitere Astrengungen notwendig waren. In New York vermuteten Jerome Jacobson und andere Mitglieder des AJDC, daß Rubins Loyalität zu seiner alten Behörde ihn vielleicht für die Unredlichkeit des US-Außenministeriums blind gemacht habe. Thorps Warnungen bezüglich »heiklen« Verhandlungen zwischen den Alliierten und der Schweiz wirkten verdächtig, weil die amerikanischen Diplomaten absichtlich keine Instruktionen aus Washington erhalten hatten. Nur ein paar hochrangige Regierungsbeamte wußten, daß Washington die Verhandlungen mit der Schweiz inzwischen für sinnlos hielt und sie beenden wollte. »Die Briten«, schrieb Jacobson über den Stillstand, »hatten offensichtlich Recht mit ihrer Behauptung, das US-Außenministerium verschleppe die Verhandlungen. Das alles ist eine wirklich traurige Angelegenheit.«[40]

Trotzdem wurde Isenbergh aus Furcht, die amerikanischen Juden könnten für ein Scheitern der Reparationsverhandlungen verantwortlich gemacht werden, angewiesen, »die Schweizer (Juden) zu ermutigen« bei der Organisation des Protests »die Initiative zu übernehmen«, sich jedoch »nicht zu einem direkten Konflikt mit den Schweizern hinreißen lassen«. In New York hatte man den festen Vorsatz, »die Finger von dem Spiel zu lassen«. Isenberghs Treffen mit Brunschvig verlief aufregender als gewöhnlich. Überzeugt, daß sein Telefon abgehört wurde, und voller Angst vor der Schweizer Polizei hatte sich Brunschvig bei seinen öffentlichen Erklärungen in den vergangenen Monaten einer ausgesprochen vorsichtigen und sehr höflichen Sprache bedient.[41] Nun wies er Isenberghs Ansinnen zurück, öffentlich Druck auf Schweizer Politiker auszuüben. »Es besteht keine realistische Hoffnung, das Abkommen zu verhindern«, klagte er. Dennoch erklärte er sich dank Isenberghs Hartnäckigkeit widerstrebend bereit, privat mit den Juden wohlgesinnten Politikern zu sprechen. Sie alle würden letztlich schweigen. Isenberghs letzte Hoffnung war Jacques Salmanovitz, der jüdische Besitzer der Societé Générale de Surveillance (SGS), einer Notariats- und Treuhandgesellschaft mit Sitz in Genf und Kontakten zu den Balkanländern. Seit den zwanziger Jahren hatte sich Salmonowitz diskret des Goldes, der Juwelen und des Bargelds seiner Kunden angenommen und die Vermögenswerte – unter einer Nummer oder im Namen der SGS – auf Bankkonten und in Schließfächern deponiert. Während des Krieges war Salmonowitz vom OSS als »unser großer Freund« gepriesen worden, weil er Informationen lieferte, darunter nicht zuletzt eine Liste jüdischer Klienten, die dem Notar insgesamt 8,4 Millionen Schweizer Franken und etwa 90 000 Dollar anvertraut hatten.[42] Auch Salmonowitz war jedoch zu Rubins Überraschung nicht bereit, sich an einem öffentlichen Protest zu beteiligen. Die Juden in der Schweiz fürchteten den Antisemitismus und hatten kein persönliches Interesse, die Schweizer Finanzwelt wegen der herrenlosen Vermögen in Verlegenheit zu bringen. Salmonowitz' persönliches Motiv war Isenbergh unbekannt. Viele Juden aus Balkanstaaten, deren Geld Salmonowitz treuhänderisch verwaltete, hatten es noch nicht zurückverlangt. Wie alle anderen herrenlosen Vermögen wurden auch diese Gelder und Wertgegenstände nicht angemeldet.[43]

Als ihnen die Schweizer Juden ihre Unterstützung verweigerten, wandten sich Isenbergh und der aus New York eingetroffene Rice an John Vincent, den neuen amerikanischen Gesandten in Bern. Vincent wollte die dreisten Lügen, die man ihm in Bern aufgetischt hatte, nicht hinnehmen. Er brannte darauf, gegen die Geheimklausel zu protestieren. Er fühlte sich, wie er seinen Gästen anvertraute, nicht durch die alte Furcht behindert, daß Kritik den Starrsinn der Schweizer nur verstärke. Ihm fehle lediglich die eifrige Unterstützung seitens seiner westlichen Alliierten. Die Briten waren noch immer über die Proklamation des Staates Israel pikiert, und die ambivalente Haltung der Franzosen war erst kürzlich lauwarmem Interesse gewichen.[44] »Ich werde mein Bestes tun«, versprach Vincent seinen Besuchern, »um die Alliierten zu einer Teilnahme an dem Protest zu bewegen.«[45]

Dem französischen Außenministerium war die Sache peinlich. In den vergangenen zwei Jahren hatten die französischen Diplomaten in Bern trotz ihrer Verpflichtungen geschwiegen. Seit der Gründung des Staates Israel hatte man am Quai d'Orsay jedoch versucht, sich mit der jüdischen Lobby zu versöhnen, und nun war man bereit, Vincents Initiative mitzutragen. In der Protestnote, die der französische Botschafter Henri Hoppenot am 20. Dezember 1949 persönlich überreichte, wurde die Schweiz gefragt, welche Maßnahmen sie ergriffen habe, um die herrenlosen Vermögen zu identifizieren, und ob das Abkommen mit Polen eine Geheimklausel über die herrenlosen Vermögen enthalte. Zu Hoppenots Vergnügen bestätigte Alfred Zehnder, der Schweizer Regierungsbeamte, der den Brief »nicht ohne eine gewisse Verlegenheit« entgegennahm, daß Schweizer Bürger von den herrenlosen Vermögen profitieren würden, verteidigte die Haltung seines Landes jedoch mit dem Argument, daß der Gesamtwert der herrenlosen Vermögen »500000 Dollar nicht überschreite«.[46]

Zwei Tage später wurde die amerikanische Note überreicht. Sie war deutlicher formuliert als die französische: »Wenn das Abkommen«, schrieb Vincent, »tatsächlich eine solche Bestimmung enthält, dann dürfte diese nicht mit den Erklärungen übereinstimmen, die die Schweizer Behörden zuvor über die Verwendung der in der Schweiz entdeckten herrenlosen Vermögen gemacht haben.«[47]

Petitpierre war wegen der Protestnoten nicht beunruhigt. Zwei Jahre waren vergangen, seit die Alliierten die herrenlosen Vermögen zuletzt erwähnt hatten, und er hatte kaum Zweifel, daß die Wiederaufnahme der Frage durch jüdische Gruppen veranlaßt worden war. Der Pariser Protest enthielt eine einfallsreiche Erklärung für das zweijährige Schweigen der Franzosen. »Wir haben keine Maßnahmen bezüglich der herrenlosen Vermögen ergriffen«, hatte man im Quai d'Orsay provokativ formuliert, »weil sich einerseits keine herrenlosen Vermögen auf unserem Territorium befinden und weil andererseits das Pariser Abkommen vom 14. Juni 1946 nur für neutrale Staaten gilt.« Im Gegensatz zu der Schweiz hatte sich Frankreich nach Darstellung des Außenministeriums keinen fremden Besitz angeeignet. »Frankreich hat für die Opfer Deutschlands viel getan; es hat alles in Deutschland aufgefundene Gold herausgegeben und sich geweigert, die deutschen Vermögenswerte anzunehmen, die in den neutralen Staaten gefunden wurden.« Petitpierre war nicht beeindruckt. Der Rand des französischen Schreibens ist mit dicken Ausrufungszeichen versehen.[48] Das Interesse der Alliierten würde nicht lange vorhalten, davon war Petitpierre fest überzeugt. Selbst die Aussicht auf die parlamentarische Debatte und die Abstimmung über das Abkommen bereiteten ihm wenig Bauchschmerzen. Andere Minister im Bundesrat waren in der Sitzung vor der Debatte mit ihm einig, daß man »die Vorschriften ruhig ein bißchen dehnen« könne, wenn auch nur »unter außergewöhnlichen Umständen«.[49] Statt die Wahrheit zu sagen, würde er Ausflüchte machen und sich ansonsten auf den gewohnten Gehorsam der Abgeordneten verlassen.

Plangemäß bestritt Petitpierre noch am selben Morgen im Parlament, daß es »einen geheimen Brief« gegeben hatte. Er verschwieg, daß er in jüngster Zeit selbst versucht hatte, die Klausel geheimzuhalten, und erklärte den beiden Abgeordneten, die nach den herrenlosen Vermögen fragten, daß die Klausel lediglich »vertraulich« sei und ihre Geheimhaltung auf einem unglücklichen »Irrtum eines untergeordneten Beamten« beruht habe.[50] Innerhalb von zwei Stunden war das Abkommen trotz scharfer Kritik wegen der schweizerischen Beziehungen zu den Kommunisten mit 98 zu 18 Stimmen ratifiziert. Ein Aspekt von Petitpierres Geheimnis war noch immer unbekannt. Die Verbindung zwischen den herrenlosen Vermögen und der Entschädigung für die in Polen enteigneten Schweizer Staatsbürger blieb im dunkeln.

Stunden später übergab der britische Gesandte eine ähnliche Protestnote wie Vincent. Die Kreuzritter waren den Alliierten jedoch nicht dankbar. Unter Mißachtung des schwindenden Interesses in Washington bezeichnete Rubin die »unfreundliche Haltung« der Briten und Franzosen »als große Ermutigung für die Selbstsucht der Schweiz«. Das Abkommen mit Polen, fürchtete er, werde ein Präzedenzfall für ähnliche Abkommen mit anderen Ländern werden. Isenbergh teilte diese Ansicht. Die Aussicht, irgendwelches Geld von der Schweiz zu bekommen, sei, »keineswegs gut. Und doch müssen wir es versuchen.«[51] Beide machten den verhängnisvollen Fehler, die sture Haltung der Schweizer Regierung falsch einzuschätzen.

Thomas Tull, ein britischer Diplomat, der das Vertrauen von Alfred Zehnder genoß, erfuhr am 29. Dezember die ungeschminkte Wahrheit. Am Morgen dieses Tages hatte die *New York Times* berichtet, daß sich der Wert der polnischen herrenlosen Vermögen laut Zehnder, höchstens auf 500 000 Schweizer Franken belaufe. Tull kam es merkwürdig vor, wegen einer so geringen Summe eine Geheimklausel in ein internationales Abkommen aufzunehmen. Nachdem er es sich in Zehnders Büro bequem gemacht hatte, wurde dem Diplomaten vom Direktor des Politischen Departements ein tolles Szenario geschildert. Der Brite berichtete nach London, Zehnder habe erklärt: »Die polnischen herrenlosen Vermögen haben größtenteils Mitgliedern der früheren herrschenden Klasse Polens gehört, die, soviel wir wissen, von der kommunistischen Regierung Polens und nicht von den Nazis liquidiert worden sind.« Und die Schweiz könne den jüdischen Organisationen natürlich nicht allein aus religiösen oder rassischen Gründen Geld übergeben.

Kurz darauf traf Tulls Bericht in London ein, und das britische Außenministerium telegrafierte den Text an das US-Außenministerium. Rubin durfte die vertrauliche Botschaft lesen. »Dieser Punkt über die Juden«, sagte er fassungslos, »ist besonders niederträchtig.« Zehnder schien an Antisemitismus zu leiden.[52] Beim Weiterlesen stieß Rubin auf einen unerwartet entlarvenden Abschnitt. Nach der Ratifizierung des Abkommens durch das Parlament, hatte Zehnder Tull mitgeteilt, werde die Schweizer Regierung in der Lage sein, die Banken zur Anmeldung der betroffenen herrenlosen Vermögen zu zwingen. Falls die Vermögen wider Erwarten doch Opfern des NS-Regimes gehörten, sei dann immer noch genug Zeit, die Sache mit der polnischen Regierung zu klären.[53] Dieses Eingeständnis widersprach, wie Rubin sofort begriff, allen Argumenten, die die Schweiz in den letzten vier Jahren bezüglich des Bankgeheimnisses vorgebracht hatte. Die moralische Verkommenheit, die sich Tull unwissentlich offenbart hatte, stank zum Himmel. Und dies alles war mit Zehnders händeringendem und tief empfundenem Mitgefühl garniert. Zehnder, berichtete der britische Diplomat, habe sich bei dem Abkommen mit Polen »unbehaglich« gefühlt, genau wie Petitpierre, der »sehr besorgt« gewesen sei, weil es vielleicht einen Bruch des von Stucki 1946 ausgehandelten »Gentlemen-Agreements« darstellen könnte. Die Heuchelei war widerwärtig. In der Öffentlichkeit hatten Petitpierres Beamte stets genau das Gegenteil behauptet, um die kommunistische Regierung Polens zu beruhigen.

In einer Presseerklärung Anfang 1950 bezeichnete das Politische Departement den Briefwechsel von 1946 als »nicht bindend« und die »rührseligen Argumente«, mit denen die Juden Anspruch auf die herrenlosen Vermögen erhöben, als »nicht überzeugend«. Polen, erklärte Petitpierre, »kann genauso argumentieren (wie die Juden; A.d.Ü.), da es nach der deutschen Invasion Geld für den Wiederaufbau benötigt und unter der Okkupation durch die Nazis gelitten hat«. Zur Bestätigung von Troendles Zusagen in Warschau dementierte das Departement die von Zehnder preisgegebenen Informationen. Der Wert der polnischen herrenlosen Vermögen belaufe sich auf maximal 2 Millionen Schweizer Franken. Jede höhere Schätzung sei »absolut phantastisch«, da die Zahl der herrenlosen Vermögen »sehr klein« sei.[54] Rubin hatte den Eindruck, daß die Banken ihre Geheimnisse offensichtlich schützten. Außenseitern war nicht bekannt, daß Oetterli bei Petitpierres Beamten heftig antichambrierte.

Anfang 1950 erfuhren die Bankiers, daß die Regierung über ein Handelsabkommen mit der Tschechoslowakei verhandelte. Die schlimmsten Alpträume der Bankiervereinigung schienen wahr zu werden. Die Organisation hegte den Verdacht, daß auch dieses Abkommen eine Klausel über die herrenlosen Vermögen enthalten würde, und warnte die Regierung, sich nicht in ihre Angelegenheiten einzumischen oder die Anonymität ihrer Kunden zu gefährden.[55] In der Erwartung, daß ausländische Regierungen Antworten auf Fragen fordern würden, die so lange nicht angesprochen worden waren, verabredete man, daß eine Delegation von Bankiers am 10. Januar 1950 eine Unterredung mit Rudolf Bindschedler, einem Anwalt des Politischen Departements, führen würde.

Die Unterredungen zwischen Bankiers und Regierungsbeamten verliefen fast immer sehr höflich. Trotz ihres verfassungsmäßigen Ranges verstanden sich die Beamten in ihrem Land mehr als Diener, und weniger als Regierende. Die Bankiers, das wußte Bindschedler, waren Widerspruch nicht gewöhnt. Trotzdem versuchte er diesmal, eine gewisse Würde zu wahren. »Bevor wir die nötigen rechtlichen Maßnahmen treffen können«, verkündete der Jurist in bezug auf das Abkommen mit Polen, »brauchen wir eine Erhebung, um den Umfang der herrenlosen Vermögen in Erfahrung zu bringen.« Max Oetterli, der neben Adolf Jann Platz genommen hatte, wollte sogleich auf diesen Angriff reagieren, überließ es dann jedoch Heinrich Däniker, einem Direktor jener Kantonalbank, die kurzerhand auf Guthaben von Ausländern keine Zinsen mehr gezahlt hatte, dem Beamten das Leid der Bankiers zu klagen. Abgesehen von den zahlreichen bereits bekannten Problemen, sagte Däniker, sei zu befürchten, daß eine Erhebung »unrealistische Erwartungen bezüglich der Höhe der Summe« wecken würde. Vor allem aber müßten die Bankiers die vorgeschlagene Beteiligung der Verrechnungsstelle zurückweisen. »Keine Sorge«, versprach Bindschedler, »die Verrechnungsstelle wird nicht beteiligt sein. Die Erhebung wird von einem Vertrauensmann durchgeführt, den wir in einer internen Diskussion bestimmen.« Nach dieser Versicherung entspannte sich die Atmosphäre. Jede Erhebung würde zu den Bedingungen der Bankiers durchgeführt werden.[56]

Vom Erfolg der Bankiers ermutigt, widersetzten sich auch die Versicherungsgesellschaften einer Erhebung. Die Summen, um die es gehe, wurde Bindschedler mitgeteilt, seien sehr gering. Bei einer begrenzten Umfrage von Schweizer Versicherungsgesellschaften hätten sich nur acht möglicherweise erbenlose Versicherungspolicen im Gesamtwert von 29 000 Schweizer Franken gefunden. Jede weitere Untersuchung berge jedoch das ernsthafte Risiko des Betrugs oder könne noch schlimmere Folgen haben. »Die Gesellschaften haben sich in früheren Jahren gegen die Expropriationsmethoden ausländischer Stellen mit Erfolg gewehrt«, erklärte der Versicherungsverband, mit der Ausflucht, seine Klienten schützen zu müssen, »und können grundsätzlich, schon um ihres Rufes willen, zu keiner Massnahme Hand bieten, welche direkt oder indirekt auf eine Zwangsenteignung hinauslaufen könnte. Die Erfahrung lehrt, dass aus derartigen Unternehmen meist nur ein schwerer Schaden – moralischer oder materieller Natur – für die Schweiz übrig bleibt.«[57] Daß sich Hunderte deutscher Juden beschwert hatten, weil man ihre Policen den Nazis übergeben oder ihnen nach dem Krieg die Auszahlung in wertlosen Reichsmark angeboten hatte, obwohl sie ihre Prämien stets in Dollar bezahlt hatten, blieb aus Eigennutz unerwähnt. Niemand in der Schweiz würde sich für die ausländischen Opfer solcher Betrügereien einsetzen. Doch die Kritiker der Schweiz gaben keine Ruhe. Politische Gruppen verurteilten, daß Petitpierre trotz des stalinistischen Terrorregimes in Moskau Konzessionen an die Kommunisten gemacht hatte, und verlangten weitere Informationen über das Abkommen mit Polen.

Widerwillig trat der Minister am 14. März erneut vor das Parlament und gab eine ausführliche Erklärung zur Handelspolitik der

Regierung mit dem kommunistischen Europa. Natürlich hatte er nicht die Absicht, ein volles Geständnis abzulegen. Statt dessen vollzog er mit einer Mischung aus juristischen Winkelzügen und dreisten Behauptungen eine bemerkenswerte Kehrtwendung: Er gab endlich die Existenz einer Geheimklausel zu und gestand ein, daß die Geheimhaltung »eine falsche Entscheidung« gewesen sei, erklärte jedoch, daß »Geheimdiplomatie zweifellos notwendig« sei. Dagegen zeigte er gegenüber den Alliierten und den Juden keinerlei Reue. Seine Landsleute, davon war er überzeugt, verabscheuten jede Art von Zugeständnissen in dieser Richtung. Das Problem der Juden war für alle Schweizer Kritiker unerheblich. Bei diesem Thema wechselte der Minister den Ton und gab sich völlig sorglos. »Die in Washington abgegebene Erklärung«, sagte er, »enthält nur ein Versprechen, nämlich die Frage (der herrenlosen Vermögen; A.d.Ü.) zu untersuchen, und deutet keine Lösung an.« Stuckis Versprechen, die Angelegenheit »wohlwollend zu prüfen« verpflichte die Schweiz nur in bezug auf die herrenlosen Vermögen der deutschen Juden; über Juden anderer Nationalität stehe im Washingtoner Abkommen kein Wort. Da Polen das Washingtoner Abkommen nicht unterzeichnet und die Schweiz beim Pariser Abkommen über die herrenlosen Vermögen nicht zu den Vertragspartnern gehört habe, gebe es völkerrechtlich keinen Grund, warum die Schweiz nicht das Recht haben sollte, die herrenlosen Vermögen an Polen zu transferieren. Niemand widersprach dieser Interpretation der Fakten, die den Interessen der Schweiz so sehr entgegenkam. Damit, sagte Petitpierre, sei die Sache für ihn erledigt. Außerdem seien die Summen, um die es gehe, irrelevant. Nach Auskunft der Schweizer Banken, belaufe sich die Summe der herrenlosen Vermögen wahrscheinlich auf weniger als die geschätzten zwei Millionen Dollar. Keiner der Abgeordneten stellte diese Zahl in Frage, obwohl Petitpierre wußte, daß die Banken keine Erhebung durchgeführt hatten.[58]

Unfreiwillig und ohne es auszusprechen, hatte Petitpierre jedoch eine Konzession gemacht. Im Bewußtsein, daß sich die Schweiz einen weiteren Streit mit Regierungen anderer Staaten nicht leisten konnte, hatte er im Februar eine ähnliche Geheimklausel in dem Handelsabkommen mit der Tschechoslowakei stillschweigend gestrichen. So konnte er auf Fragen der israelischen und der amerikanischen Regierung und jüdischer Organisationen in der Schweiz wahrheitsgemäß antworten, daß die Schweiz der Prager Regierung keine herrenlosen Vermögen angeboten habe.[59] Da sich die Fragen nicht auf eine geheime Absprache mit Ungarn bezogen, behielt er für sich, daß die Schweiz am 19. Juli 1950 ein Abkommen mit der kommunistischen Regierung in Budapest unterzeichnen sollte, nach dem die herrenlosen Vermögen der ungarischen Juden gegen eine Entschädigung enteigneter Schweizer Staatsbürger an Ungarn transferiert werden sollten. Die einzige Verfeinerung, die man vorgenommen hatte, war die Bestimmung, daß man den Ungarn die Beweislast für die Existenz der ungarischen herrenlosen Vermögen in der Schweiz aufgebürdet hatte. Diese Klausel wurde nicht veröffentlicht. Um jedoch künftige Vorwürfe wegen »geheimer Geschäfte« zu vermeiden, hatte Troendle in einem Schreiben an die Ungarn festgestellt, daß »die Übereinkunft über die herrenlosen Vermögen nicht als geheim zu betrachten ist«. Sie sei lediglich »vertraulich« und solle nicht publiziert werden. Beide Seiten verstanden genau, daß Troendles Brief ein Alibi schaffen sollte, das er bei Bedarf zu nutzen gedachte.[60]

»Beschönigend« nannten die Funktionäre des Jüdischen Weltkongresses in New York Petitpierres Erklärung über Polen, obwohl sie nichts über die hektischen Nachverhandlungen mit den Tschechen und Ungarn wußten.[61] Rubin war der Verzweiflung nahe und zweifelte daran, »den außerordentlich hartnäckigen Mann auf der anderen Seite jemals besiegen zu können«. Selbst Dean Acheson, der amtierende Außenminister, befürchtete, ohne die Wahrheit zu kennen, daß Petitpierre vielleicht auch mit Ungarn ein Abkommen über herrenlose Vermögen geschlossen haben könnte. Die 600 000 durch die Nazis ermordeten ungarischen Juden hatten angeblich, »beträchtliche Vermögen in der Schweiz gehabt«. Doch Acheson verlor das Interesse an der Sache, als am 25. Juni 175 000 kommunistische Soldaten in Südkorea einmarschierten.[62]

Die Unterstützung der Alliierten für die jüdischen Organisationen schien schwächer denn je. Die französische Regierung hatte zwar protestiert, daß sich die Schweiz mit ihrer Geheimdiplomatie eines »schweren Bruchs der diplomatischen Etikette schuldig gemacht habe«, engagierte sich jedoch nicht weiter.[63] Im britischen

Außenministerium war Neal Goodchild »mehr als zufrieden, eine so heikle Angelegenheit« den Amerikanern überlassen zu können.[64] Ihm genügte es, daß die Regierungen der Schweiz und Schwedens britischen Diplomaten privat versichert hatten, daß »solche Vermögen noch nicht aufgetaucht sind«. »Ich fürchte«, schloß Goodchild, »daß es kein Geld geben wird, ganz egal, wie sie unsere Fragen beantworten.« Und er fügte hinzu, ohne seinen Sarkasmus zu bemerken: »Wir haben nichts erreicht, aber wir haben getan was wir konnten.«[65] In Wirklichkeit hatte Goodchild die Diskussion über das Thema in Großbritannien erfolgreich unterdrückt. Als er von der *Jewish Chronicle* um Informationen gebeten wurde, weil die Schweizer Regierung nicht auf ihre Anfragen reagierte, hielt Goodchild den Herausgeber der Zeitschrift, John Shaftesley, für »verläßlich« genug, ihn privat zu informieren. Goodchild hatte die Absicht, »ihn ruhigzustellen und ihm zu zeigen, daß wir etwas tun«. Nach dem Gespräch konnte er sich gratulieren. Er hatte Shaftesley überredet, »das Thema fallen zu lassen«. Andere Juden ließen sich jedoch nicht beschwatzen.[66]

KAPITEL 13

Neue Hoffnung

Im März 1950 bat die israelische Regierung höflich das US-Außenministerium und das britische Außenministerium um die Erlaubnis, als neuer jüdischer Staat in der Frage des Verbleibs der erbenlosen Vermögen an die Schweiz heranzutreten. Diese Initiative unterstützten alle jüdischen Organisationen sowie die International Refugee Organisation (IRO), denen die Gelder ausbezahlt werden sollten. Dean Acheson begrüßte spontan das Vorhaben.[1] Den Briten hingegen gefiel die Neuigkeit nicht. Die Initiative »muß man im Auge behalten«, klagte ein britischer Beamter, der Israels »Durst nach Devisen« mißtraute. Im britischen Außenministerium wurde die Irritation darüber, daß Israel sich auf ein Abkommen berief, das es nicht unterzeichnet hatte, noch gesteigert durch die Anmaßung Israels, es habe das Recht, für die Juden der Welt zu sprechen, obwohl seit 1947 lediglich 117 000 Juden dorthin ausgewandert waren, gegenüber 80 000 Juden, die sich in Großbritannien niedergelassen hatten.[2] In Anbetracht der britischen Politik in den vergangenen Jahren hätten besonnenere Menschen die inneren Widersprüche dieser Klagen erkannt, doch Großbritannien war ausschließlich darauf bedacht, einen Teil der 200 Millionen Pfund, die nach dem Krieg zur Unterstützung von Deutschland ausgegeben worden waren, zurückzubekommen und jede Verringerung seines Anteils an den Reparationen zu verhindern.[3] Diese Geldgier und die Überzeugung der Briten, daß die Schweiz früher oder später zahlen würde, hatte Goodchild veranlaßt, das US-Außenministerium davon abzuhalten, die Verhandlungen mit der Schweiz mit der Begründung abzubrechen, das Washingtoner Abkommen habe sich als »nicht umsetzbar« erwiesen.[4] Ein Preis für diese Beharrlichkeit waren zu Goodchilds Mißfallen die gelegentlichen Erinnerungen an die erbenlosen Vermögen durch das US-Außenministerium. Die Amerikaner, nörgelte Goodchild, wollen in dieser »belanglosen Angelegenheit Öl ins Feuer gießen«.[5] Widerwillig räumte er jedoch ein, wenn Großbritannien an den Reparationen beteiligt werden wollte, gebe es keine andere Möglichkeit, als der amerikanischen Führung zu folgen, und zwar trotz des »dürftigen Arguments«.[6]

Schweizerischen Beamten mißfiel die Vorstellung, mit den Juden auf gleicher Stufe zu verhandeln. Vor nur wenigen Jahren hatten dieselben Beamten, die den offiziellen Brief vom israelischen Außenministerium in Tel Aviv erhielten, inständige Bitten von denselben Leuten, das Land betreten zu dürfen, abgelehnt oder sie der Gestapo jenseits der Grenze in die Arme getrieben. Es fiel nicht leicht, die Verwandlung von Ghettoinsassen zu Diplomaten zu akzeptieren, denen mit Achtung begegnet werden mußte. Besonders schwer fiel das Paul Ritter, dem ersten Schweizer Gesandten in Tel Aviv. Ritter war Ende Dezember 1949 ins israelische Außenministerium berufen worden und hatte einen »wütenden« Protest gegen das Abkommen mit Polen entgegengenommen. Ritter hatte 1944 Carl Lutz' Hilfe für ungarische Juden heftig kritisiert. In seinem Bericht an Petitpierre konnte es sich Ritter nicht verkneifen, darauf hinzuweisen, daß der Chef der Abteilung für Westeuropa im israelischen Außenministerium, Herr Avner, ehemals »Hirsch« geheißen habe.[7]

Da Israel weder das Washingtoner noch das Pariser Abkommen unterzeichnet hatte, hatte jeder Protest von Tel Aviv eingeschränkte Gültigkeit. Die Schweiz konnte jedoch der israelischen Regierung nicht das Recht streitig machen, ihre Staatsbürger bei dem Versuch zu unterstützen, Vermögen von Angehörigen in der Schweiz ausfindig zu machen. Im Außenministerium hatten sich stapelweise Briefe angesammelt. Ermordete Väter, Brüder und Onkel wurden darin genannt, die in Osteuropa gelebt hatten und vor dem Krieg regelmäßig in die Schweiz gefahren waren, um ihr Geld dort anzulegen. Verarmt und von Europa isoliert, verließen sich die Überlebenden auf Außenminister Moshe Sharett, der die schweizerische Regierung um ihren Beistand bitten sollte.

Im Juli 1950 traf sich Gershon Meron, der israelische Stellvertreter in Bern und ehemalige Bankier, mit Alfred Zehnder, um zu erkunden, welche Hilfe die Juden erwarten konnten. Meron urteilte ganz richtig, daß die Schweizer Juristen noch innerhalb des einen

Schlupflochs gleich neue Schlupflöcher schaffen würden, und wählte ein behutsames Verhalten, das den Schweizer Beamten überraschte.[8] Zu Zehnders großer Freude sah Meron von einer Kritik an dem Abkommen mit Polen ab und gab von sich aus zu, daß der Großteil der israelischen Forderungen Gelder betreffe, die Freunden und Geschäftsfreunden in der Schweiz und nicht den Banken anvertraut worden seien. Merons Eingeständnis war ebenso vielversprechend wie seine unerwartete Annahme, jede Schätzung der polnischen erbenlosen Vermögen durch Schweizer Banken werde den Fakten entsprechen. Der Israeli wußte nicht, daß die Banken ihre Schätzung von zwei Millionen Schweizer Franken nach und nach reduziert hatten auf »weniger als eine Million Franken« im April 1950. Jetzt wollten sie die präzisierte Zahl von 598 000 Schweizer Franken »aufdecken«, weil ihnen daran lag, die Regierung davon zu überzeugen, daß eine offizielle Erhebung nicht nötig sei.[9] Merons einzige Bitte bestand zu Zehnders Freude darin, daß die Schweiz einem öffentlichen Appell zustimmen sollte, die erbenlosen Vermögen ausfindig zu machen. Da Merons Plan keine Gefahr darstellte, wurde Ritter angewiesen, mit Anzeigen in israelischen Zeitungen Antragsteller aufzufordern, ihre Informationen an das israelische Justizministerium zu schicken.[10]

In Washington war die Angelegenheit in die Zuständigkeit von Roswell McClelland übergegangen. Er war im US-Außenministerium für die Schweiz zuständig und war Stellvertreter des War Refugee Board in Bern im Jahr 1945 gewesen. Jetzt las er noch einmal die alten Akten des Ministeriums durch: Sie erinnerten an die Enttäuschung über die Hinhaltetaktik der Schweiz und die Kommentare der Schweizer Zeitungen, in denen Stucki als Verräter angeprangert wurde. McClelland stand kurz davor, sich seinen Vorgängern anzuschließen und die ganze Affäre auf sich beruhen zu lassen, als er sah, daß der Schutz deutscher Interessen durch die Schweiz eine neue Dimension angenommen hatte. Wie McClelland ganz richtig erkannte, beeinflußte die Regierung der neugegründeten Bundesrepublik Deutschland heimlich die Haltung der Schweiz zu den deutschen und erbenlosen Vermögen im Land. Grund für die deutsche Intrige war die unzweifelhafte Gefahr, daß über eine Milliarde Dollar an deutschen Vermögen nach dem Abkommen beschlagnahmt werden könnte. Heimlich warnten deutsche Diplomaten nicht nur die Regierung der Schweiz, sondern auch die Regierungen Portugals und Spaniens, daß eine Beschlagnahmung deutscher Vermögen für Reparationszahlungen als unfreundlicher Akt aufgefaßt und angefochten werden würde. Selbst die Rückgabe von Besitz, der als Beutegut identifiziert worden war, wurde von Bonn untersagt.

Stucki litt unter den schwierigen Beziehungen zur Bundesrepublik und akzeptierte die überraschenden Forderungen Bonns. Auf dem Spiel stand nicht nur der eigene Besitz der Schweiz in Deutschland im Wert von fünf bis sechs Milliarden Schweizer Franken, sondern auch ihr Anteil von 50 Prozent am deutschen Vermögen in der Schweiz, der für die Tilgung von Kriegskrediten an die Nazis vorgesehen war. McClelland konnte nicht beurteilen, ob die Schweiz in ihrer neuen Zwangslage Opfer oder möglicherweise nur eine Marionette Bonns war. Im Gegensatz zu seinen Zweifeln reagierte das britische Außenministerium mit schwarzem Humor: eine »peinliche« Zwangslage, bemerkte ein Beamter.[11] Neal Goodchild hatte ein unerwartetes Geständnis von Victor Umbricht, dem Ersten Sekretär in der Botschaft der Schweiz, erhalten: Umbricht schäumte vor Wut über Deutschlands diplomatischen Druck und zählte die Ereignisse seit 1946 auf. Er enthüllte, daß Stucki, nachdem er in Washington das optimale Ergebnis ausgehandelt hatte, jeden nur erdenklichen Grund vorgebracht oder erfunden hatte, die deutschen Vermögen nicht zu liquidieren.[12] Nunmehr seien die Schweizer betrübt über die Undankbarkeit der Deutschen. »Es ist bereits seit einiger Zeit offenkundig gewesen«, resümierte Goodchild, »daß die Schweiz von zwei entgegengesetzten Wünschen zerrissen wird: Auf der einen Seite steht die politische Angst vor Deutschland, auf der anderen die angeborene Geldgier. Die Schweizer werden angestachelt von dem Wissen, daß einzig das Abkommen ihnen eine geringe Hoffnung bietet, zumindest einen Teil dieses Milliardenkredits zu retten. Die Schweizer sind hinreichend dickköpfig, es fertigzubringen, diesen beiden (nicht gerade bewundernswerten) Zielen gleichzeitig zu dienen, und dabei scheinheilig zu glauben, daß ihnen dieses Unterfangen hohen moralischen (und finanziellen) Nutzen einbringen werde.«[13] Die »Deutschlandexperten«, die ehemaligen Nazifreunde, der Schweiz hatten den Sieg davongetragen.

Max Schwab war in eine mißliche Lage geraten. Sein Geheimnis war aufgedeckt worden. Er wurde von Bankiers und Anwälten angegriffen, weil er wie die »Gestapo« Telefonleitungen angezapft hatte. Jetzt beklagte er sich, die Verrechnungsstelle sei von unredlichen Bankiers und Anwälten hintergangen worden, die niemals gerichtlich belangt worden seien, obwohl sie nachweislich Dokumente gefälscht und gelogen hätten. Stucki räumte die Unaufrichtigkeit ein, hatte sich aber mit den neuen Realitäten in Bern abgefunden.[14] »Gangsterbande« nannten die Freunde der Deutschen in Zürich und Bern die Amerikaner. Die ehemaligen Nazisympathisanten prahlten großspurig mit der Wiederauferstehung eines deutschen Staates. Die Schweizer beschwerten sich auch darüber, daß die Amerikaner Westdeutschland mit Wohltaten überhäuften und von den neutralen Staaten immer nur Geld forderten.[15] Stucki griff schließlich wieder zu seiner Standardausrede: »Wir sind auch nicht die Verteidiger der Deutschen, sondern kämpfen für eine saubere Rechtslösung. Darin besteht die Stärke unseres Standpunktes.«[16]

Rubin deckte etwas noch Schlimmeres auf. Die Deutschen, mutmaßte er, zählten darauf, daß die Alliierten es dulden würden, wenn sie sich ihrer moralischen und gesetzlichen Verpflichtungen entzögen.[17] Die Freilassung schwerer NS-Kriegsverbrecher durch die amerikanische Regierung, darunter auch bekannte und belastete Industrielle und Bankiers, und die Umwandlung von Todesstrafen für Massenmörder als gezielte Geste, um die Unterstützung der Deutschen im Kalten Krieg zu gewinnen, hatten ein Wiederaufleben der vertrauten Unverfrorenheit der Deutschen zur Folge. Nachdem die USA endlich Korea in ihren Händen hätten, seien die Amerikaner um einiges freundlicher geworden, spöttelte ein deutscher Industrieller, als er trotz seiner Verurteilung wegen Greueltaten vorzeitig aus der Haft entlassen wurde.[18] Die Deutschen, denen es dank des Marshallplans zunehmend besser ging, hatten offenbar die Absicht, die Gewinne einzustecken, ihre Auslandsguthaben zurückzuholen und keinerlei Gegenleistung zu erbringen. Auf der Liste mit Forderungen aus Bonn standen auch die erbenlosen Vermögen deutscher Juden in der Schweiz, eine Bitte, der Petitpierre wohlwollend gegenüberstand.[19]

Die Rückzahlung der Vermögen von Naziopfern an Deutschland

und die Haltung der Schweiz bei der Rückgabe erbenloser Vermögen an osteuropäische Länder bereitete Stucki zunehmend Kummer. Seine Unterschrift stand auf der Urkunde, die in Washington unterzeichnet worden war, und Petitpierres selbstsüchtige Doppelzüngigkeit bezüglich der schweizerischen Verpflichtung beleidigte seine Ehre. »Ob jedoch der Anwendungsbereich auch auf Opfer nicht-deutscher Nationalität ausgedehnt werden soll, ist eine Frage der Interpretation«, sagte Stucki zu Zehnder, »und da während der Washingtoner Verhandlungen nichts Näheres darüber bestimmt wurde, möchte ich diese Entscheidung Ihnen überlassen, damit sie unter bester Berücksichtigung der gegenwärtigen Interessen gefällt werden kann.«[20] Stuckis Rückzug fiel zusammen mit der Feststellung der Verrechnungsstelle, daß wenigstens 16,5 Millionen Schweizer Franken der eingefrorenen Guthaben in der Schweiz erbenlos waren.[21] Auf Grund der Begrenztheit dieser Erhebung erkannte Stucki, daß die wiederholten Versicherungen von den Banken und Petitpierre, es gehe nur um »geringfügige« Beträge, mit Sicherheit falsch waren. Doch dann lehnte der Kongreß in Washington ein Gesetz ab, nach dem die in Amerika entdeckten erbenlosen Vermögen den Flüchtlingsorganisationen hätten übertragen werden sollen. Jetzt brauchten die geheimen Treuhänder endlich nicht mehr befürchten, daß ihr unrechtmäßiges Erbe aufgedeckt werden könnte.

Das Gesetz Nr. 603, eingebracht von Senator Taft, sollte den Transfer erbenloser Vermögen an jüdische Organisationen regeln. Der Senat hatte es zwar verabschiedet, das Repräsentantenhaus hatte es jedoch abgelehnt.[22] Diese Blockade, der Vorbote einer lautstarken deutschfreundlichen Lobby im Kongreß, brachte Max Oetterli von der Bankiervereinigung zu der Überzeugung, daß Regierungen und Einzelpersonen einfach übergangen werden konnten. Seine Erleichterung war nur von kurzer Dauer. Zu seiner Verwirrung kam nun eine ernstzunehmende Kampfansage aus der Schweiz selbst.

Am 14. März 1950 fragte der liberale Politiker Werner Schmid nach, ob die Regierung beabsichtige, ungarische erbenlose Vermögen an die Regierung in Budapest zu übertragen. Um nicht die Wahrheit sagen zu müssen, antwortete Petitpierre auf Schmids Frage mit dem Versprechen, ihn später darüber zu informieren.[23] Schmids

Anfrage konnte peinliche Geständnisse nach sich ziehen, und außerdem wurde Max Schwab ständig von Oetterli unter Druck gesetzt. Deshalb entschloß er sich, die Frage anders darzustellen und das Problem der erbenlosen Vermögen, also die Ansprüche Überlebender auf geheime Konten, mit der anhaltenden Sperre deutscher Guthaben zu vermischen. »Weder während der Verhandlungen im Jahre 1946 in Washington noch während der Verhandlungen im Jahre 1949 wurde von alliierter Seite das Begehren gestellt, dass Opfer der Naziverfolgungen besonders behandelt werden sollten«, schrieb Schwab als Reaktion auf die Anfrage Werner Schmids. »Wenn die Amerikaner diesen Personen besonders entgegenkommen, so trifft dies nicht unbedingt zu bei den Engländern und Franzosen.« Schwab schloß sich jetzt der Position der Regierung und der Banken an und stellte die Glaubwürdigkeit aller jüdischen Forderungen in Frage. Dann stellte er fest, »dass 90% sämtlicher Privatpersonen sich als verfolgt betrachten«, und fügte erklärend hinzu: »Es wäre unmöglich für die Verrechnungsstelle oder für irgendeine andere Stelle zu überprüfen, ob in der Tat im Einzelfall jemand als von den Nazis verfolgt betrachtet werden könnte.«[24]

Schwabs Zuversicht wurde jedoch rasch erschüttert durch die unerwartete Reaktion auf den öffentlichen Appell der Schweizer Regierung in Israel, in dem zu weiteren Anträgen von Juden aus der neuen weltweiten Diaspora aufgerufen wurde. Die Lektüre unzähliger Briefe löste in Bern eher Zynismus aus als Sympathie, aber die Schweizer begannen auch wieder zu zittern.

Die Überlebenden erzählten erschütternde Geschichten über ihre Flucht und über die Ermordung ihrer Angehörigen, und sie baten um Hilfe bei der Suche nach einem unbekannten Nummernkonto, das der Vater oder Onkel in der Schweiz eröffnet hatte. Aus New York schrieb Lydia Wohlin aus Bialystok und schilderte, wie ihre Familie in Polen ermordet worden war. Sie hatte sich im Nachkriegseuropa mühsam durchgeschlagen. Eines Tages begegnete sie einem alten polnischen Freund, der sich erinnerte, daß ihr Vater in der Schweiz ein Konto gehabt hatte. »Wären Sie bitte so nett, die Bank ausfindig zu machen?« bat Wohlin. »Ich weiß, daß das sehr schwer ist.« Ähnlich hatte Hanna Milkowska aus London von einem Freund ihres toten Mannes gehört, es gebe ein Konto, obwohl auch sie keine näheren Einzelheiten kannte.

Diamant Schimschon lebte völlig verarmt in einem Kibbuz in der Nähe von Haifa. Er kannte den genauen Namen der schweizerischen Gesellschaft, der sein Vater im Jahr 1939 sein Geld anvertraut hatte. Schimschon schrieb an den Bundespräsidenten der Schweiz und berichtete, wie seine ganze Familie später nach Auschwitz deportiert worden sei. Er habe als einziger überlebt, seine Angehörigen seien alle umgekommen. Er berichtet weiter, daß sein Vater 1939 eine Summe Geldes in »einer schweizerischen Bank deponiert« hat. »Dieses Geld sollte zu der Bildung seiner Kinder dienen.« »Während der Jahre nach dem Kriege«, schrieb er dem Bundespräsidenten, »wurde mein ganzes Lebensziel, meine Studien in Medizin, die ich schon in Polen angefangen habe, fortzusetzen, jedoch war es bis heute nicht erfüllbar wegen materiellen Hindernissen.« Schimschon bittet, ihm bei der Auffindung des Geldes zu helfen, »da ich mein Lebensziel weiter im Studium der Medizin sehe«. Der Brief schließt mit den Worten: »Jedoch hoffe ich, dass Ihre Exzelenz den menschlichen Sinn meiner Bitte erfassen werden und meine Tragödie so viel wie nur möglich erleichtern werden, indem Sie meine Strebung unterstützen werden.«[25] Die Antwort des Beamten Emmanuel Diez aus dem Politischen Departement lautete: »Auf Grund der bestehenden Vorschriften haben wir keine Möglichkeit, nach dem von Ihrem Vater hinterlegten Vermögen nachzuforschen. Wir geben es Ihnen indessen anheim, sich an die Schweizerische Bankiervereinigung zu wenden, die vielleicht in der Lage ist, Ihnen behilflich zu sein.«[26] Dieser Brief wurde mit gleichem Wortlaut an Hunderte von Antragstellern geschickt.

Seymour Rubin hatte als Stellvertreter der Antragsteller oft genug die übliche Antwort der Bankiervereinigung auf Anfragen gehört: »Es stellt sich eine Reihe von gesetzlichen und praktischen Problemen.« Die »Probleme«, die Rubin als »völlig unerfüllbare Anforderungen« verurteilte, waren die Vorlage des beglaubigten Totenscheins des Anlegers, der Nachweis des Erbanspruchs und die »unerläßliche« Bedingung, genaue Angaben zu dem Bankkonto machen zu können.[27] »Der Nachweis für den Tod in der Gaskammer ist überaus schwierig«, klagte Rubin. »Wir wissen lediglich, daß der Verstorbene zum letztenmal gesehen wurde, als er ein Konzentrationslager betrat, und daß er danach nicht wieder aufgetaucht ist.« Die Anforderung, »genaue Angaben zu der Bank, bei der fragliche Konten bestehen sollen«, zu machen, konnte von den Antragstellern meist nicht erfüllt werden. Die Juden hatten sich gerade deshalb entschlossen, ihr Geld in der Schweiz anzulegen, weil die Anonymität garantiert war. Vermutlich hatten sie die genauen Angaben ihres Geheimkontos auch ihrer Familie nicht mitgeteilt. Rubin hatte den Fall von Isaak Goldwasser übernommen, dessen Erben die Bankiervereinigung um Hilfe gebeten hatten. Die erste Antwort der Bankiervereinigung klang vielversprechend. Rubin war überzeugt, das Konto sei gefunden worden. Doch plötzlich wurde ihnen mitgeteilt, die Vorschriften des Bankgeheimnisses würden keinerlei Auskünfte zulassen.[28] Rubin hegte den Verdacht, eine Bank (Mitglied der Bankiervereinigung) wolle die Existenz von Goldwassers Konto verheimlichen, doch die knappe Behauptung der Vereinigung, sie wisse von nichts und bedaure die Unmöglichkeit, »die geringste Spur« eines Kontos zu finden, ließ sich nicht widerlegen. Einem Außenstehenden war es nicht möglich, einen Betrug nachzuweisen.

Erwin Haymann, ein Anwalt aus Genf, wurde mit demselben Hinweis abgewiesen. Die Witwe eines italienischen Juden, der von den Deutschen ermordet worden war, hatte Haymann beauftragt, eine Million Schweizer Franken sicherzustellen, die auf ein Konto der Schweizerischen Kreditanstalt in Genf eingezahlt worden waren. Die Bank weigerte sich mit dem Hinweis auf das Bankgeheimnis, der Witwe bei der Durchsetzung ihrer Ansprüche behilflich zu sein. In seiner Verzweiflung wandte sich der Anwalt an die Bankiervereinigung, doch die Bankiers, protestierte Haymann, »tun absolut nichts, um den Erben zu helfen«.[29]

Sogar Erben mit authentischen Dokumenten waren nicht gern gesehen. Lydia Regineks Ehemann Hans war kurz nach seiner Ankunft in Auschwitz am 14. Juli 1941 ermordet worden. Seltsamerweise erhielt die Witwe einen Tag später ein Telegramm des Lagerkommandanten, in dem ihr der Tod ihres Gatten mitgeteilt wurde. Noch vor Ende des Krieges hatte Lydia Reginek von damaligen polnischen Gerichten einen offiziellen Totenschein erhalten. Außerdem konnte sie einen Gerichtsbeschluß vorlegen, in dem sie zur Erbin des Vermögens ihres Mannes in der Schweiz erklärt wurde. Doch als sie in der Schweiz versuchte, ihr Vermögen in Besitz zu nehmen, wurde ihr mitgeteilt, die Behörden würden die

Gültigkeit der polnischen Dokumente nicht anerkennen. Die neue polnische Regierung, erläuterte die Bank, habe alle Amtshandlungen während der deutschen Besetzung für ungültig erklärt. Die Weigerung der Bank wurde von einem schweizerischen Gericht bestätigt.[30] Die Banken rechtfertigten ihre Zurückhaltung mit Lügengeschichten. Allzu häufig, behauptete die Bankiervereinigung, habe sie auf eine mitleiderregende Geschichte eines Antragstellers reagiert und das Geld herausgegeben, nachdem sie festgestellt hatte, daß ein Konto auf den Namen des Überlebenden existierte. Doch nachdem der erste Antragsteller wieder gegangen sei, habe die Bank das nächste Familienmitglied begrüßen dürfen, das sogar einen noch besser begründeten Anspruch angemeldet habe.[31]

Inmitten all der Verwirrung, der Emotionen und gegenseitigen Beschuldigungen hatte Gershon Meron nach wochenlanger Suche in den Dutzenden Anträgen zwei gut dokumentierte Fälle entdeckt, mit denen er den Bankiers die Maske der Scheinheiligkeit abreißen wollte. Hirschel Bragowski und Julius Spira waren in Vernichtungslagern vergast worden, und ihre Angehörigen wußten, daß sie bei Schweizer Banken Geld angelegt hatten. Da die Anfragen der Angehörigen auf taube Ohren gestoßen waren, bat Meron Zehnder um Unterstützung.[32] Merons Anfragen wurden an die Bankiervereinigung weitergeleitet. Als Antwort zitierte die Vereinigung erneut ihre Verpflichtung zur Verschwiegenheit und die unerläßlichen Anforderungen genauer Angaben zu den Konten sowie der gesetzlichen Nachweise, daß Bragowski und Spira gestorben seien und den Antragstellern ihre Vermögen zugesprochen worden seien. Danach, erklärte die Vereinigung, sei sie gerne bereit, »das Gesuch einer erneuten Prüfung zu unterziehen«. Pflichtgetreu leitete Zehnder die Neuigkeit an Meron weiter. Im Gegensatz zu den vorigen Antragstellern war der Israeli jedoch in einer Position, von der aus er die List der Schweizer abwehren konnte. Meron drohte Zehnder, er solle kooperieren oder eine gesetzliche Regelung werde unvermeidlich. Eine so undiplomatische Sprache war Zehnder nicht gewohnt. Den Einfluß seines Gegners würdigend, warnte Zehnder die Bankiervereinigung, daß der Israeli Meron Sondergesetze fordern könnte, falls er keine zufriedenstellende Antwort erhalte. Er hielt es vermutlich nicht für ausgeschlossen, daß der Staat Israel solche Forderungen unterstützen könnte. Zehnder schrieb der Bankiervereinigung: »Wir befürchten, dass eine allzu formalistische Haltung die israelische Regierung nur dazu bewegen könnte, von der Schweiz mit Nachdruck den Erlass von besonderen Vorschriften auf dem Gebiet der erblosen Vermögenswerte zu verlangen. Mit Ihnen wissen wir uns einig darin, dass ein solches Vorgehen wenn möglich vermieden werden sollte. Dieses Ziel kann indessen nur dann erreicht werden, wenn den israelischen Behörden im Rahmen des Zulässigen entgegengekommen wird.«[33]

Zehnders nüchterner Appell an die Vernunft wurde von Max Oetterli gelesen. Fest überzeugt, er habe alles unter Kontrolle und eine besondere gesetzliche Regelung sei noch fern, neigte er eher zu einem Gegenschlag. Im Gegensatz zu Robert Dunant, der allmählich gegenüber den Juden einlenkte, war Oetterli ein scharfer Gegner der Juden. Zehnders Brief veranlaßte Oetterli, das Politische Departement wegen dessen Anregung, die Vereinigung solle ein Rundschreiben an ihre Mitglieder schicken, scharf abzukanzeln. »Die Versendung eines Zirkulars an die Mitgliedsbanken kommt nicht in Frage«, schnauzte er am Telefon Maurice Jaccard an, einen von Zehnders Untergebenen. »Die ständigen Demarchen der israelischen Behörden sind ganz einfach zu wenig begründet.« Jaccard versuchte, mit dem aufgebrachten Oetterli zu diskutieren, und erläuterte: »Wir können die Bankiervereinigung nicht daran hindern, uns eine solche Erwiderung zuzustellen, doch es ist zu bedenken, daß die israelische Regierung sich mit einer solchen ›Lösung‹ nicht zufriedengeben wird. Sie wird wahrscheinlich ihre Anstrengungen verdoppeln und vielleicht sogar in aller Form den Erlass von besonderen Vorschriften verlangen.« Oetterli blieb hart. In einer Notiz an Zehnder berichtete Jaccard: »Herr Oetterli war ziemlich gereizt und äußerte sich mit abfälligen Worten über die ›jüdische Reklamiererei‹.«[34]

Am Tag darauf telefonierte Oetterli mit Rudolf Bindschedler, dem dienstältesten Beamten des Politischen Departementes. Bindschedler war betroffen angesichts der Beschwerdebriefe von jüdischen Überlebenden, in denen die Schweiz um Hilfe gebeten wurde. Nun hörte er einen Sprecher der Bankiers an, der dem Departement gut zuredete: »Widersteht den Israeliten und fallt nicht einfach um, wenn aus Tel Aviv Forderungen gestellt werden.« Oetterli verurteilte das Washingtoner Abkommen und den »berühmten Briefwechsel« und warnte, daß die Bankiers keinerlei Veränderung des geltenden Rechtes dulden würden. Bindschedler wollte Oetterli besänftigen: »Das Problem ist nicht einfach mit dem geltenden Recht zu lösen, das in einer Zeit geschaffen wurde, wo es gar keine ›erblosen Vermögen‹ gab. Die israelischen Behörden stützen ihre Begehren gar nicht auf das Washingtoner Abkommen.« Dann äußerte Bindschedler eine unvermutete Warnung: Wenn die Bankiervereinigung weiterhin keinerlei Hilfsbereitschaft zeige, seien möglicherweise neue Gesetze nötig. Taub für diese Warnung beendete Oetterli trotzig das Gespräch. Als er seinen getippten Bericht über den Wortwechsel durchlas, schrieb Bindschedler mit einem Stift an den Rand: »Wirft bezeichnendes Licht auf Bankiervereinigung und Oetterli.«[35]

Einen ganzen Monat lang dachten die höchsten schweizerischen Bankiers über die Haltung des Politischen Departements nach. In Anbetracht der Sympathien von Petitpierre, auf die sie sich verlassen konnten, meinten die Bankiers, sie könnten Bindschedlers Warnungen ignorieren; doch ein kleines Zugeständnis gegenüber dem Departement bezüglich der Haltung Israels und der Juden konnte sich vielleicht lohnen. Meron hatte ganz konkret um Auskünfte über die Konten von Spira und Bragowski gebeten, und das machte den Bankiers Sorgen. Die beste Reaktion war nach Ansicht der Vereinigung, der israelischen Regierung unlautere Motive zu unterstellen. »Wie Ihnen gewiss bekannt ist, besteht im Staate Israel eine Anmelde- und Ablieferungspflicht für ausländische Devisen, d. h. die Regierung übernimmt (die erworbenen oder geerbten Devisen der israelischen Staatsbürger; A.d.Ü.) gegen entsprechende Entschädigung in israelischen Pfund«, schrieb die Vereinigung an das Politische Departement: »Diese Umtauschoperation ist aber für die Betroffenen höchst uninteressant und mit empfindlichen Verlusten verbunden, weil der Kurs des israelischen Pfundes auf den freien Weltmärkten unseres Wissens nur ungefähr ein Drittel des offiziellen Kurses beträgt.« Die neue Anweisung für Schweizer Banken, die Anfragen von Kunden aus dem Staat Israel erhielten, lautete jetzt, keine Briefe mehr nach Israel zu schicken. Hinterhältig fügte die Vereinigung hinzu, wenn schweizerische Banken irgendwelche Gelder nach Israel überwiesen, so würden sie de facto konfisziert. »Wir hegen daher ernstliche Zweifel«, schrieb die Vereinigung, »ob das Ihnen vom israelischen Aussenministerium vorgetragene Begehren dem freien Willen der genannten Erben wirklich entspricht.« Mit dieser Formulierung hatten die Bankiers zugestanden, daß berechtigte Ansprüche tatsächlich existierten. Diese Feinheit entging Zehnder jedoch. Er notierte neben diese Unterstellungen der Bankiervereinigung am Rand: »Richtig«.[36]

Oetterli war sich nicht sicher, ob andere Mitarbeiter des Departements begriffen hatten, daß die Bankiervereinigung gegen eine Gesetzesänderung zur Lockerung des Bankgeheimnisses entschlossenen Widerstand leisten würde. Folglich machte er sich daran, die Beamten zu drangsalieren. »Mit etwas verächtlichen Worten«, kommentierte Jaccard, »äußerte er sich« über die Ziele des Staates Israel. Oetterli ließ seinem Antisemitismus freien Lauf. Er behauptete, die Beamten des Departements würden sich weigern zu begreifen, daß die Bezeichnung »erbenlose Vermögen« unsinnig sei. Allzu viele angebliche Erben würden sich an das Departement wenden. Oetterli war aufgebracht, weil die Banken keine entschiedene Unterstützung bekamen. Auch der Genfer Anwalt Erwin Haymann hatte Nachforschungen bezüglich eines Kontos von Max Reiser angestellt. Die Recherche nach dem verschollenen Vermögen dieses ermordeten polnischen Juden war an den wohlbekannten ›Hindernissen‹ gescheitert. »Sie rieten mir«, schrieb er auf Französisch an das Politische Departement, »die Bankiervereinigung um Informationen zu bitten ... derselbe Rat wie in vorigen Fällen. Ich habe diesen Rat gewissenhaft befolgt, doch ich erhalte von der Bankiervereinigung nie eine Auskunft und manchmal nicht einmal eine Antwort.« Höflich warnte er das Politische Departement: »Mir erscheint es unbedingt erforderlich, im Interesse sowohl der Schweiz als auch der Abschließung dieser Angelegenheit, daß hier eine Lösung gefunden wird.« Das Departement antwortete nicht auf den Brief.[37] Im Herbst 1951 wurde Oetterli von neuem heftig provoziert.

Philipp Schmid, ein Mitglied des Schweizer Parlaments, kritisierte die Regierung, weil sie es seiner Ansicht nach versäumt hatte, die erbenlosen Vermögen den Naziopfern zu übergeben. Außerdem hatten Beamte des Politischen Departements Georg Brunschvig unverbindlich versichert, daß sie gesetzliche Regelungen erwägen würden, um Banken und andere Geldinstitute zu zwingen, sämtliche ruhenden Konten anzugeben. Oetterli versetzten sogar diese vagen Bemerkungen in helle Empörung. Er brüllte Maurice Jaccard an, das Departement solle dem Bankier alle schriftlichen Antworten auf Schmids Anklage zeigen, bevor sie veröffentlicht wurden. Jaccard war bestürzt über diese anmaßende Forderung. Die Regierung sollte nach Oetterlis Wünschen lediglich als Interessenvertretung der Banken dienen. Jaccard nahm sich im stillen vor, diese Forderung nicht zu erfüllen.[38] Der Beamte hatte jedoch festgestellt, daß Alexander und Bindschedler über das schändliche Verhalten der Banken ähnlich dachten wie er. Um ihr Gesetzesvorhaben voranzutreiben, verschickten sie Fragebögen an die Botschaften der Schweiz in Washington und Westeuropa, in denen um Auskunft gebeten wurde, wie die Regierung des jeweiligen Gastlandes mit den erbenlosen Vermögen umgehe. Die Schweiz würde, das war ihnen vollkommen klar, nur auf Druck von außen reagieren.[39]

Dies hatte Oetterli ebenfalls erkannt. In ihrem Jahresbericht beklagte sich die Bankiervereinigung auffällig über die ausländischen Regierungen, die »Druck« auf die Banken ausübten, und tadelte damit indirekt das Versäumnis des Politischen Departements, sie in Schutz zu nehmen. Anschließend ging die Bankiervereinigung in die Offensive, da sie fürchtete, die Regierung könnte sich dem ausländischen Druck beugen und das Gesetz ändern. Unter der Schlagzeile »Deutsche Vermögen in der Schweiz« veröffentlichte der Schweizerische Bankverein ein Bulletin, in dem es hieß: Die Anklage sei erhoben worden, die Schweiz lasse es zu, daß ihr Territorium von Naziorganisationen dazu genutzt werde, um geraubtes Gut zu verstecken. Eine offizielle Erhebung deutscher Vermögen in der Schweiz habe aber gezeigt, daß diese Verdächtigungen völlig unbegründet seien und daß der Gesamtwert der deutschen Vermögen in der Schweiz weit unter der Summe liege, die unverantwortliche Quellen angegeben hätten.[40] In einer anderen Publikation warnte die Bankiervereinigung vor einer »Sondergesetzgebung, die auf Druck von ausländischen Organisationen eingeführt« werde, was eine »schwerwiegende Schädigung und Veränderung unseres Rechtssystems« darstellen würde.[41]

Oetterlis hektische Aktivitäten waren durchaus begründet. Sieben Jahre nach dem Krieg konnten die Banken, Versicherungsgesellschaften und andere Treuhänder leichter die Summen in ruhenden und nicht beanspruchten Konten abschätzen. Auf dem Spiel stand ein hoher, unverhoffter Gewinn. Da die Steuersätze in ganz Europa in die Höhe schnellten, waren geheime Konten in der Schweiz immer attraktiver für Reiche geworden. Der Schutz von deutschen Guthaben und Beutegut der Nazis sowie die Verteidigung des Bankgeheimnisses wirkten wie ein Magnet für potentielle Kunden, die eine sichere Zuflucht für unversteuertes Einkommen suchten. Jede Bedrohung des Bankgeheimnisses, erkannte Oetterli, gefährdete auch die Einkünfte der Mitglieder der Bankiervereinigung. Die Geheimhaltung der Konten war entscheidend für die Gewinne der Banken, und jede Aufdeckung ihrer illegalen Tätigkeit mußte mit allen Mitteln verhindert werden. Die Geschichte eines Skandals, der in den vergangenen Monaten um ein Haar an die Öffentlichkeit gedrungen wäre, verhieß nichts Gutes, falls Oetterlis Taktik scheiterte.

Gerüchte über die erfolgreiche Verhinderung einer Erhebung durch die Bankiers waren zu Dr. Lüthy gedrungen, einem Beamten der Regierung. Der Anlaß war die offizielle Ermittlung zu den gefälschten eidesstattlichen Erklärungen, die gemeinsam mit gestohlenen Wertpapieren während des Krieges vorgelegt worden waren. Entsetzt über den Erfolg der Bankiers, schrieb Lüthy an von Steiger und bat ihn, über die Lage nachzudenken. Die Bankiervereinigung – »ein Staat im Staat« nach Lüthy – habe bewußt zu illegalen Maßnahmen gegenüber den Behörden gegriffen; und die Bankiers hätten erfolgreich das öffentliche Vertrauen mißbraucht, um einer Bestrafung zu entgehen. Lüthy wollte die Schuldigen verhaften lassen. Zu den Schuldigen zählte er Henri Grandjean, einen Direktor der Schweizerischen Kreditanstalt, der unter Angabe falscher Daten gestohlene französische Wertpapiere erworben hatte. Nach Lüthy hatte Grandjean als Mitglied des französischen Ausschusses der Bankiervereinigung seine Stellung mißbraucht. »Seine Gewinne waren enorm«, klagte Lüthy. Doch am Ende seines achtzehnseitigen Briefes dachte er noch einmal über seine anfängliche Forderung nach Aufdeckung und Bestrafung nach. »Diese Tatsachen«, schloß er, »sind der Öffentlichkeit nicht bekannt. Zum Glück!«[42]

Ende des Jahres 1950 zwangen jedoch Enthüllungen von Kommunisten und Sozialdemokraten über weitere Fälschungen und Unredlichkeiten Petitpierre dazu, sich vor dem Parlament über das Verhalten der Bankiervereinigung zu äussern. Inzwischen war Petitpierres Loyalität gegenüber den Bankiers, auch denjenigen, die von gefälschten eidesstattlichen Versicherungen profitiert hatten, so gross, dass er ein vertrauliches Angebot eines Direktors der Volksbank über Aktien, die einem Tip zufolge steigen sollten, kommentarlos zur Kenntnis nahm. Im Auftrag der Banken hatte der Minister nun die Aufgabe, das Parlament in die Irre zu führen.[43] In einer einstündigen Rede betonte Petitpierre den Glaubenssatz, dass die Regierung sich nicht in die inneren Angelegenheiten der Banken einmischen dürfe. Er gestand zwar einige bekannte Fehler ein, nahm aber gleichzeitig die Bankiervereinigung vor den Forderungen nach staatlicher Kontrolle in Schutz. Seine gesetzliche Regelung garantierte die weitere Vertuschung. Die Verantwortlichkeit für künftige Untersuchungen und alle Nachforschungen, verkündete er, solle auf die Kantone aufgeteilt werden. In einem vertraulichen Brief rechtfertigte Petitpierre sein Manöver mit der Erklärung, dass die Verfolgung des schuldhaften Handelns einzelner »schweren aussenpolitischen Bedenken« untergeordnet werden müsse. »Ein Prozess vor einem kantonalen Gericht würde viel weniger Aufsehen erregen als ein solcher vor [dem] Bundesstrafgericht.«[44] Die Opfer dieser Politik konnten bei Petitpierre nicht auf Sympathie hoffen. Vorsorglich wurde das Justizministerium im Januar 1952 angewiesen, ein Gesetz auszuarbeiten, das den Banken vorschrieb, nicht beanspruchte Einlagen anzugeben, doch das war eine reine Formalität. Petitpierres Behörde gab auch der Verrechnungsstelle die politischen Leitlinien vor. Doch in seltenen Fällen, wie dem der Familie Mendelssohn-Bartholdy, liessen sich Antragsteller nicht einfach abwimmeln.

Im Jahr 1952 war Otto Mendelssohn-Bartholdy, der Enkel des Berliner Komponisten, gestorben. Sein Sohn Hugo lebte in der Schweiz und drängte Hans Frölicher, den Direktor der Deutschen Interessenvertretung (DIV) im Politischen Departement, seinen Versuch zu unterstützen, die Wertpapiere der Familie von der Bodenkreditbank im Wert von einer Million Schweizer Franken zurückzubekommen. Dieses Vermögen war im Krieg von den Nazis beschlagnahmt worden. Ein unglücklicher Umstand hatte die Familie bereits um eine beträchtliche Summe gebracht. Im Jahr 1948 hatte die Bodenkreditbank ihre Aktionäre um zusätzliche Geldmittel gebeten. Wer nicht zahlte, verlor einen bedeutenden Anteil seines Kapitals. Die Verrechnungsstelle hatte sich jedoch geweigert, einen Teil von Mendelssohn-Bartholdys Geld freizugeben, um das geforderte Einlagekapital aufzubringen. Hugo Mendelssohn-Bartholdy hatte nach vielen Mühen von der neuen kommunistischen Regierung in Ostberlin eine Bestätigung erhalten, daß seine Familie staatenlos war. Doch das Dokument wurde von der Verrechnungsstelle mit der Begründung abgelehnt, es könne das vom Deutschen Reich nach dem Reichsbürgergesetz ausgestellte Dokument nicht ersetzen. In ähnlicher Weise wies die Verrechnungsstelle ein Dokument zurück, das die Reichsbank des Dritten Reichs ausgestellt hatte und mit dem belegt werden konnte, daß die Aktien staatenloser Personen enteignet worden waren. Die Verrechnungsstelle gab an, aus der Erklärung der Reichsbank gehe nicht hervor, ob es sich bei der staatenlosen Person um Otto oder Hugo Mendelssohn-Bartholdy handle. »Mir scheint, dass die Verrechnungsstelle Vorwände sucht, um die Freigabe zu hintertreiben«, schrieb Mendelssohn-Bartholdy an Frölicher.

Anfangs hatte die Verrechnungsstelle Otto Mendelssohn-Bartholdy sein Geld verwehrt, weil seine Inhaftierung in einem deutschen Konzentrationslager als Beweis gelte, daß er »Deutscher in Deutschland« sei. Hugo saß zunächst ebenfalls in der Falle. Zwischen 1940 und 1946 hatte er in Österreich gelebt, das aus der Sicht der Verrechnungsstelle ein Teil des Deutschen Reiches gewesen war, weil es mit Sicherheit die Definition der Nazis übernommen hatte und nicht die der Alliierten. Somit war er ebenfalls »Deutscher in Deutschland«. Zufällig entdeckte Mendelssohn-Bartholdy im Jahr 1951, daß die Verrechnungsstelle drei Jahre zuvor endlich die alliierte Version der Geschichte anerkannt hatte, nach der Österreich von den Nazis militärisch besetzt worden war. Mendelssohn-Bartholdy wurde am Ende sein Vermögen zugesprochen. Er hätte sogar sein gesamtes Vermögen retten können, wenn die Beamten der Verrechnungsstelle oder Frölicher es für nötig erachtet hätten, ihm dies früher mitzuteilen.[45]

Frölichers besonderes Interesse galt den Vermögen arischer Deutscher. In der verlassenen deutschen Botschaft war 1946 eine alte Violine gefunden worden. Frölicher hatte sich jahrelang immer wieder bemüht, den Eigentümer zu finden: Paul Sachs. Frölicher folgte der Spur des Eigentümers mit der Unterstützung ehemaliger Botschaftsmitarbeiter und deutscher Diplomaten quer durch Europa. Sie führte in ein Kloster in Florenz, in ein Hotel in Mailand und endete im Haus der Baronesse Münchhausen. Frölicher fand heraus, daß Sachs ein Jude war. Er war entweder 1944 an einem Herzanfall gestorben oder bei der Deportation in ein Todeslager ums Leben gekommen. Hätte Frölicher zu Beginn gewußt, daß die Violine einem staatenlosen Juden gehörte und keinem Deutschen, dann hätte er nicht nach dem Eigentümer gesucht.[46] Doch inzwischen hatte seine Beschäftigung einen rein akademischen Charakter angenommen. Deutsche Diplomaten und Bankiers hatten mit der Schweizer Regierung im Schlepptau die Rahmenbedingungen für die endgültige Formulierung des Washingtoner Schuldenabkommens geschaffen. Die Deutschen und Schweizer waren mit den Bestimmungen zufrieden, was unweigerlich den Protest anderer, auch der Juden, zur Folge haben mußte.

Als Vermittler zwischen den drei Seiten hatte man sich auf Hermann Abs geeinigt, den bekanntesten deutschen Bankier und geschäftsführenden Direktor der Deutschen Bank. Abs war 1945 wegen des Verdachts auf Kriegsverbrechen verhaftet worden. Ihm wurde zur Last gelegt, er habe ausländische Unternehmen ausgeplündert und als Direktor die Investition der I. G. Farben in eine Fabrik in Auschwitz in Zusammenarbeit mit der SS gutgeheißen. Da britische Beamte Abs jedoch vor den Kreuzrittern des US-Finanzministeriums in Schutz genommen hatten, konnte er sich als Architekt des Wirtschaftswunders in Westdeutschland betätigen.[47]

Zwölf Monate lang reiste Abs, ein vollendeter Diplomat, zwischen den europäischen Hauptstädten hin und her und handelte eine Vereinbarung aus. Er vertrat die deutschen Interessen gegenüber der Schweiz, die sich immer noch weigerte, ihre Forderungen an Deutschland zu senken. Gleichzeitig versuchte er das Mißtrauen der Amerikaner gegenüber Stucki abzubauen. Das US-Außenministerium wollte den Tagungsort nach Washington verlegen, mit der Begründung, sie befänden sich in Bern in einer ungünstigen Ausgangsposition, weil Stucki »die Macht des Einflusses jener Schweizer« spüre, »die eng mit Deutschland verbunden« seien.

»Die Schweizer«, kommentierte Robert Swann, ein britischer Diplomat in Bern, »sind anscheinend viel eher bereit, mit den Deutschen zusammenzuarbeiten als mit uns.«[48] Der Versuch scheiterte jedoch. Nach Stuckis Ansicht ähnelte das Ergebnis der Verhandlungen eher einer Kapitulation als einem Konsens. Er weigerte sich hartnäckig, die versprochenen 30 Millionen Schweizer Franken oder wenigstens 17 Millionen Schweizer Franken für die Flüchtlinge zu zahlen, solange das Abkommen nicht einvernehmlich geschlossen war. Auf diese Weise schützte er weiterhin die deutschen Guthaben, doch er war mit dem Gang der Dinge nicht zufrieden.[49]

»Wir haben ... auf die groteske Situation, die entstanden ist, aufmerksam gemacht«, wetterte Stucki. Er war empört über Bonns Strategie: Die Bundesregierung untersagte es der Schweiz, die deutschen Guthaben in der Schweiz für Reparationen an die Alliierten oder für die Deckung der Schweizer Kriegskredite für Deutschland zu verwenden. Deutsche Vermögenswerte sollten auch nicht als Entschädigung für die 58 Millionen Dollar dienen, die den Alliierten für das geraubte Gold gezahlt worden waren. Stucki wollte unbedingt erreichen, daß die Deutschen ihre Schulden bei der Schweiz zu tilgen begannen.[50] Als ohnmächtige Zuschauer lasen die Alliierten die bittere Wahrheit über das vergangene Jahrzehnt in der einflußreichen Schweizer Zeitung *Der Bund:* Die Schweiz sei nach der Unterzeichnung des Washingtoner Abkommens für eine gerechte Wahrung der deutschen Interessen eingetreten. Und die Schweizer hätten stets die deutschen Interessen geschützt, was nicht immer leicht gewesen sei.[51]

Der Schutz für Deutschlands geraubtes Gold war gewiß mit einigen Gefahren verbunden gewesen. Im Laufe des Jahres 1947 hatten die Ermittler in Deutschland entdeckt, daß holländisches Gold im Wert von 161 Millionen Dollar (und nicht nur 100 Millionen Dollar) in die Schweiz gebracht worden war.

Obwohl in dem Abkommen eine endgültige, gesetzliche Regelung getroffen wurde, hatte Rubin an den Schweizer Botschafter Charles Bruggmann eher verlegen als wütend appelliert, die Schweiz solle doch nicht aus dem Chaos in Holland nach dem Krieg Profit schlagen. »Aus moralischen Gründen, Herr Botschafter«, hatte Rubin gedrängt. »Sie können sich gewiß anhand der dokumentierten Beweise überzeugen, daß das Anliegen der Holländer rechtmäßig ist.«[52] Rubin war sehr höflich. Die Dokumente deuteten darauf hin, daß Beamte der Schweizerischen Nationalbank die holländischen Prägungen auf den Barren gesehen haben mußten. Bestätigt wurde dies durch die Lieferung der Reichsbank von 722 holländischen Goldbarren nach Schweden. In der Eile waren 217 dieser Barren in der holländischen Originalverpackung verschickt worden, zusammen mit Unterlagen, die über ihre Geschichte und ihren wahren Besitzer Auskunft gaben.[53] Rubin hatte allen Grund zu der Annahme, daß die Herkunft anderer deutscher Lieferungen in die Schweiz in ähnlicher Weise erkennbar war, nicht zuletzt, weil andere nicht umgeschmolzene Barren aus Holland von Bern aus nach Portugal weitergeleitet worden waren. Während der Verhandlungen um das Washingtoner Abkommen hatte Hirs dieses Wissen verheimlicht. Doch Bruggmann zeigte sich unbeeindruckt. Die holländische Regierung hatte auch Petitpierre offiziell aufgefordert, über Neuverhandlungen nachzudenken. Bern spottete aber über diesen Vorschlag, indem es die alten Ausreden wiederholte: Die Schweiz habe bereits nach dem Abkommen von 1946 ohne jegliche gesetzliche Verpflichtung eine beträchtliche Summe bezahlt. Die Regierung fügte hinzu, lediglich ein vernachlässigbarer Anteil des Goldes aus Deutschland habe ein holländisches Ursprungszeichen gehabt.[54]

Die Schweizer konnten beobachten, daß sich das US-Außenministerium bei der Rückforderung geraubten Goldes aus Portugal und Schweden ebenfalls als ohnmächtig erwies: Lissabon bot an, neun Tonnen geraubtes Gold zurückzugeben, obwohl es 32 Tonnen erhalten hatte[55], und Stockholm gab lediglich 7 Tonnen geraubtes Gold zurück und bot später 301 Barren an als Ausgleich für weitere 722 geraubte Goldbarren (16 Tonnen). Folglich erkannte die Schweizer Regierung, daß keine Sanktionen zu befürchten waren, wenn sie die deutsche Kriegsbeute weiterhin schützte. Zu dieser Beute gehörten auch Säcke mit Goldmünzen im Wert von 1,5 Millionen Dollar, die im Mai 1945 im Safe der deutschen Botschaft entdeckt worden waren. Obwohl sie eindeutig gestohlen waren, erklärte das Politische Departement sie zu deutschem »Staatseigentum«. Doch trotz all ihrer Bemühungen sprachen weder Abs noch irgendein anderer Westdeutscher Stucki jemals ihren Dank für seinen Einsatz aus.[56]

»Heute müssen wir die Alliierten darauf hinweisen, dass gerechterweise die deutsche Regierung bei der Durchführung des Abkommens von Washington auch ein bescheidenes Opfer übernehmen sollte«, sagte Stucki zu Homberger. Gelassen und selbstgerecht beruhigte der Industrielle den Beamten: »Die Massnahmen, die wir unter dem Druck des Krieges getroffen haben, müssen vor der Geschichte auch nach hundert Jahren noch standhalten können und mit unserem Charakter als Neutraler und Rechtsstaat vereinbar sein. Das Washingtoner Abkommen hat uns hier in eine gefährliche Nähe des Unrechts geführt... Man sagt gelegentlich, wir hätten uns 1946 durch schwarze Listen und andere Drohungen, die im Grunde genommen nie ausgeführt worden wären, einschüchtern lassen. Es ist heute nicht mehr möglich zu beurteilen, ob dies zutraf. Wir dürfen uns aber jetzt durch ähnliche Drohungen um so weniger einschüchtern lassen.«[57] Stucki war nicht leicht zu besänftigen. Die Erfüllung des Washingtoner Abkommens sollte der Schluß und Höhepunkt seiner Karriere im Staatsdienst werden, doch Meldungen von allen Seiten gefährdeten diesen Ehrgeiz: Schweizer Nationalisten forderten, das gesamte Geld zur Rückzahlung der Kriegskredite an Deutschland zu verwenden, und schweizerische Industrielle, die mit ihrer Geldgier bei der Kollaboration mit den Deutschen ein Vermögen verdient hatten, brachten bei Petitpierre anmaßende Beschwerden voller Lügen gegen Stucki vor. Gleichzeitig rieten deutsche Industrielle und Bankiers der Schweiz, überhaupt keine Entschädigung zu zahlen. »Wir wissen auch, dass Anwälte und Vermögensverwalter ihren deutschen Kunden mitteilen, sie sollen sich stillehalten, sie dürften damit rechnen, das Abkommen von Washington werde nicht durchgeführt«, teilte Ott Stucki mit.[58] Reumütig beklagte Ott die Undankbarkeit aller Beteiligten. Weder die Deutschen noch die Schweizer erkannten, wie die Mitarbeiter der Verrechnungsstelle das Einfrieren und die Verzögerungstaktik zum Schutz deutscher Interessen genutzt hatten. Statt dessen wurden sie angegriffen, weil sie sich an das Gesetz gehalten hatten.[59] Stucki sann über ein mögliches Ende nach und stimmte zu. Er handle zwar nicht im Auftrag der »Bahnhofstrasse in Zürich«, schmeichelte er sich selbst, doch »das amerikanische Misstrauen mit Bezug auf die schweizerische Bereitschaft zur Durchführung des Abkommens war, was einige Mitglieder dieser Kommission betrifft, nicht ganz unberechtigt«.[60]

Dankbar, überhaupt etwas zu erhalten, gaben die Alliierten ihre ursprüngliche Forderung von 250 Millionen Schweizer Franken auf und akzeptierten das »letzte« Angebot der Schweiz in Höhe von 121,5 Millionen, abzüglich eines Nachlasses von 10 Prozent für die Bezahlung in Bargeld. Jetzt sollten weniger als 20 Millionen Schweizer Franken an die International Refugee Organisation (IRO) gezahlt werden.[61] Homberger bejubelte die Regelung als einen Sieg der Schweiz: »Die Angelegenheit konnte mit einem Triumph des Rechts beendet werden«, sagte er zu Stucki. »Wir brauchen uns nicht zu schämen, dass das Washingtoner Abkommen unterschrieben worden ist, haben wir doch dabei gerettet, was wir retten konnten. In der Durchführung haben wir dann eine Haltung eingenommen, die uns von den Deutschen hoch angerechnet wird.«[62] André François-Poncet, der französische Hochkommissar in Deutschland, pflichtete dem bei. Die Vereinbarung, schrieb er nach Paris, werde der Schweiz die »Dankbarkeit« der Deutschen sichern, »deren Beiname als ›Land der Zufluchtshäfen‹ folglich, wie schon zuvor, wohl verdient ist«.[63]

Max Ott wollte die Verläßlichkeit der Schweiz unter Beweis stellen und reiste kurz nach Unterzeichnung des Abkommens nach Bonn, um über das Los der Guthaben deutscher Juden zu sprechen. Da er sich selbst in ein günstiges Licht rücken wollte, erfreute er den deutschen Beamten Benninghaus mit einer beschönigenden Version der Geschichte. Ott prahlte mit dem Kampf der Verrechnungsstelle zur Verteidigung der deutschen Interessen gegen die Alliierten und erläuterte stolz seine Taktik. Während die Alliierten, wie er betonte, sich lediglich der Juden annahmen, wurde »schweizerischerseits ... der Einwand entgegengehalten, dass nicht nur Juden in Deutschland verfolgt wurden, sondern dass es andere krasse Fälle von Verfolgungen gab«. Dann fügte er rasch hinzu, seine Mitarbeiter hätten auch Nazigegner energisch verteidigt. Es überrascht nicht, daß Ott seine eigene Weigerung, Nazigegnern zu helfen (in einem Gespräch mit Bankiers und Industriellen am 13. Januar 1948) inzwischen wohl vergessen hatte. Schließlich schrieben, wie Ott ganz richtig meinte, die Sieger die Geschichte.[64] Zum Dank bekam Ott später einen Posten bei der I.G. Chemie in der Schweiz, deren Interessen er verteidigt hatte.

Am 7. April 1953 deponierte die Schweizer Regierung 101,5 Millionen Schweizer Franken auf einem Sonderkonto bei der Schweizerischen Nationalbank, das für die Botschaften der drei Alliierten eröffnet worden war.[65] In London ärgerten sich die Beamten des britischen Außenministeriums, daß die Amerikaner, die durch den Verkauf deutscher Vermögenswerte in den USA 34 Millionen Dollar erhalten hatten, »an dem Reparationsprogramm gut profitiert hatten und die ganze Sache nunmehr leid sind«. Verglichen damit bekamen die Europäer sehr wenig. Das britische Außenministerium ordnete an, es müsse mit allen Mitteln versucht werden, Abzüge von Geldern, die an die IRO gehen sollten, möglichst gering zu halten. »Da der Anspruch Großbritanniens höher ist als der anderer Länder, werden wir mehr als alle anderen bei solchen Abzügen verlieren.« Nach ihren Berechnungen könnte Großbritannien im Höchstfall 34,5 Millionen Schweizer Franken erhalten, vermutlich würden aber nur 22,5 Millionen zusammenkommen.[66] Frankreich sollte nur halb so viel bekommen. Beide Länder beschlossen, sich der amerikanischen Forderung zu widersetzen, daß 17 Millionen Schweizer Franken an die IRO übergeben werden sollten, ein Beschluß, der die fortwährende Feindseligkeit gegenüber den jüdischen Ansprüchen während der gesamten Verhandlungen widerspiegelt.

In dieser Frage erlitten Großbritannien und Frankreich eine schnelle Niederlage. Unter dem Druck jüdischer Organisationen verlangte das US-Außenministerium, daß das Abkommen erfüllt wurde. Eine Summe von 12,8 Millionen Schweizer Franken sollte auf das Konto der IRO überwiesen werden, von denen das American Joint Distribution Committee und die Jewish Agency je ca. 6 Millionen Franken erhalten sollten. Rubin bewertete diesen Erfolg um so höher, weil einige Beamte des US-Außenministeriums bis vor kurzem vorgeschlagen hatten, die Verhandlungen mit der Schweiz »völlig aufzugeben«. Rubins Freude, daß seine Hartnäckigkeit den Juden geholfen hatte, wurde durch eine Pressemitteilung des Jüdischen Weltkongresses (WJC) gedämpft, in der dieser das Verdienst für die Regelung beanspruchte. »Wie üblich erfindet der WJC in London Pressemitteilungen«, beklagte sich

Eugene Hevesi. »Eine der empörenden Aktionen, die der Jüdische Weltkongreß ständig unternimmt«, stimmte ein Kollege zu.[67] Doch schlimmer als die internen Querelen war das Versäumnis der Kreuzritter, die Schweizer Banken und Versicherungsgesellschaften dazu zu zwingen, die erbenlosen Vermögen ausfindig zu machen. Banken und Versicherungen hatten erfolgreich jeden Einblick in ihre geheimen Unterlagen verhindert. Sie kontrollierten immer noch die erbenlosen Vermögen und die nicht näher bestimmbaren Bankeinlagen.

Am 24. Januar 1952 hatte Max Oetterli Gift und Galle gespuckt. Entgegen seiner Aufforderung hatte Maurice Jaccard im Politischen Departement ihm keinerlei Informationen gegeben, wie Petitpierres Antwort auf die Anfrage Philipp Schmids zu den erbenlosen Vermögen vor neun Wochen im Parlament ausfallen würde. Schmid hatte der Bankiervereinigung vorgeworfen, daß sie offenbar beabsichtige, das Geld zu behalten. Da Petitpierre nicht gewillt war, einen Betrug zu unterstützen, hatte er am 22. Januar angekündigt, daß die Regierung die obligatorische Meldung erbenloser Vermögen anordnen werde. Oetterli zeigte sich erstaunt darüber, daß die Regierung diesen Schritt unternommen hatte, ohne sich zuerst mit der Bankiervereinigung zu beraten. Der Bankier ließ sich nicht beruhigen. »Ich möchte in dieser Sache von Herrn Minister Zehnder empfangen werden«, verlangte Oetterli und verwies auf den ranghöchsten Beamten, der den Forderungen der Bankiers freundlich gesinnt war. Jaccard entgegnete, daß Herr Alexander im Justizministerium verantwortlich für die Gesetzgebung sei. Oetterlis Beziehungen zu diesen Beamten waren nicht so vertraulich.[68]

Bei der Durchsicht der Stellungnahmen der Bankiervereinigung aus den vergangenen Jahren fielen Emil Alexander, dem Leiter der Rechtsabteilung, verdächtige Veränderungen auf. Im Jahr 1947 hatte die Vereinigung gemeldet, daß sich die identifizierbaren erbenlosen Vermögen auf 208 000 Schweizer Franken beliefen. Zwei Jahre später in Warschau wurde versichert, die polnischen Vermögen betrügen zwei Millionen Schweizer Franken. Später war diese Summe auf 600 000 Franken und dann auf »unter 500 000 Franken« gesunken. Das Departement hatte vorgeschlagen, eine Sonderverordnung zu erlassen, mit der die Banken gezwungen werden sollten, den wahren Betrag anzugeben, doch die Banken hatten erfolgreich die Ansicht vertreten, eine solche Erhebung sei nicht dringlich und jede Änderung der Gesetze werde der Schweiz schaden. Im Jahr 1952 waren im Zuge einer unvollständigen Übersicht der Bankiervereinigung bei 21 Mitgliedsbanken erbenlose Vermögen in Höhe von bis zu 36 580 Schweizer Franken identifiziert worden; die Gesamtsumme wurde auf 825 000 Franken geschätzt. Die Versicherungsgesellschaften sprachen von 29 000 Schweizer Franken. Alexander war mit diesen Angaben sehr unzufrieden.

Rubin schätzte nach Gesprächen mit freundlich gesinnten schweizerischen Bankiers die erbenlosen Vermögen auf einen Wert von wenigstens 14 Millionen Schweizer Franken.[69] Alexander und Rubin stimmten in einem Punkt überein: Trotz aller Ungereimtheiten gab es mit Sicherheit erbenlose Vermögen in Schweizer Banken. Diese Einschätzung hatte der britischen und der französischen Regierung überhaupt nicht gefallen.

Um Großbritannien einen höheren Anteil zu sichern, hatte Neal Goodchild versucht, die erbenlosen Vermögen aus den Verhandlungen herauszuhalten. Bei einem Besuch in Bern hatte Goodchild sich überzeugen lassen, daß die erbenlosen Vermögen und die Gelder, die den Verfolgten gehörten, so gering seien, daß es nicht lohne, über sie lange zu reden. Ohne große Probleme überzeugte er das französische und das amerikanische Außenministerium von dieser Sichtweise.[70] Avery Paterson erklärte Rubin, das Thema sei »zur Zeit überaus schwierig zu klären«. Es gebe dringlichere Aufgaben.[71] Rubin hatte lediglich das US-Außenministerium dazu bewegen können, sich die Unterstützung der Briten und Franzosen zu sichern, als es darum ging zu verhindern, daß die Schweiz, die auch die Vermögen der Verfolgten als deutsche Vermögen betrachtete, diese Vermögen für Reparationen verwendete.[72] Auch die Bemühungen der Deutschen während der Verhandlungen über das endgültige Abkommen, in den Besitz der erbenlosen Vermögen deutscher Juden zu gelangen, waren vereitelt worden – ein Sieg, zu dem die Schweizer Banken auf dubiose Weise beigetragen hatten.[73] Doch in den Monaten vor der endgültigen Regelung war es jüdischen Organisationen nicht gelungen, Deutschland daran zu hindern, die anderen erbenlosen Vermögen von Naziopfern in anderen Staaten an sich zu nehmen.

In der französischen Besatzungszone hatte die Militärregierung den Deutschen gestattet, die erbenlosen Vermögen zu behalten, den Juden jeglichen Nutzen zu verwehren, und die Regierung hatte sogar festgesetzt, daß alle übrigen Gelder trotz der Notlage mittelloser Juden in Deutschland zum Wohle Frankreichs verwendet werden sollten. »Unglücklicherweise«, kommentierte ein schuldbewußter Beamter im französischen Außenministerium, »gestattet das geltende Gesetz in der französischen Zone, daß Vermögen, die in der Mehrzahl jüdischen Ursprungs sind, zum Nutzen von Gruppen von Menschen eingesetzt werden, die größtenteils keine Juden sind.«[74] Mit dem Wunsch, das Ansehen Frankreichs zu heben, hatte der französische Außenminister Robert Schuman die deutsche Regierung gebeten, sich freundlicher gegenüber den Juden und Israel zu verhalten, und den Wiederaufbau von Synagogen in Frankreich vorgeschlagen. Berichte des französischen Botschafters in Bonn bestätigten, daß es in Deutschland immer noch eine antisemitische Geisteshaltung gab. Frankreichs mangelndes Interesse an den rechtlichen Problemen werde bei der Suche nach juristischen Begründungen ausgenutzt, um keine Reparationszahlungen an Israel leisten zu müssen. Dies solle mit der Begründung vermieden werden, daß die Regierung in Tel Aviv nicht für die Toten sprechen könne, weil diese bei ihrer Ermordung keine israelischen Staatsbürger gewesen seien.[75] »Obwohl es nicht verwunderlich ist, daß ausgerechnet die Deutschen eine so unmoralische und unwürdige Doppelzüngigkeit vorbrachten«, schrieb Eli Rock von der Jewish Restitution Successor Organization in einer Denkschrift an Roswell McClelland im US-Außenministerium, »so entzieht sich die Bereitschaft der Franzosen, dieses Vorhaben zu unterstützen, jeglichem Verständnis.«[76] Er klagte weiter, die Komplizenschaft der Franzosen mit den Deutschen in der gegenwärtigen internationalen Krise würde nicht nur die Position der Alliierten unterminieren, sondern stelle einen nicht hinzunehmenden »Akt der Unmoral und Ungerechtigkeit« dar, mit dem alle Ideale und Gründe für die Vernichtung des Nazismus verraten werden würden.

McClelland hatte auf Rocks Brief nicht reagiert, doch eine Anfrage durch Israel am 10. April 1951 nach der Klärung der Frage der erbenlosen Vermögen erforderte eine persönliche Antwort des Außenministers. McClelland formulierte die Antwort und war bestrebt, jeden Protest zu entschärfen: »Die amerikanische Delegation hat die Anweisung, eine Lösung für diese Frage nach den Richtlinien des Vorschlags zu suchen, den die Regierung Israels am 15. Juni 1950 vorgelegt hat.« McClelland fügte hinzu, daß die Gespräche in Bern zwar fortgesetzt würden, der Ausgang jedoch ungewiß sei.[77] Seine Zurückhaltung war weise. Die Unterhändler des US-Außenministeriums in Bern waren angewiesen worden, die Schweiz mit dieser Angelegenheit nicht zu provozieren. Die Schweiz jedoch hatte die veränderte Haltung der Alliierten richtig eingeschätzt. Seit die Schweiz den Protest der Alliierten gegen das Abkommen mit Polen zurückgewiesen hatte, bemerkte Jaccard, dürfte »das Interesse der Amerikaner, Briten und Franzosen... nicht sehr gross sein«.[78] Diese Prognose bestätigte sich bei einem vorbereitenden Treffen im April 1951 in Bern. Kein Diplomat der drei Alliierten hatte ein Memorandum angefochten, das die Schweizer Regierung ihnen vorgelegt hatte. Darin wurde berichtet, eine Erhebung durch die Bankiervereinigung und die Lebensversicherungsgesellschaften habe »keine (keine!) Vermögen erbenloser deutscher Opfer der Nazis aufgedeckt«.[79] Ob die Einbeziehung des Wortes »deutsch« hier angemessen war, wurde nicht erörtert, und das Schicksal der nichtdeutschen erbenlosen Vermögen blieb weiterhin ungeklärt. Die Instruktionen zu den erbenlosen Vermögen für Sir Patrick Scrivener, den britischen Delegierten, lauteten: »Das Memorandum... der Schweizer Delegation deutet darauf hin, daß die Angelegenheit jetzt fallengelassen werden kann.« Am 20. April 1951 stimmten alle drei Alliierten in einer Urkunde zu, das Thema fallenzulassen. Das Dokument wurde von allen Vertretern der Alliierten und von Stucki unterzeichnet. Offiziell wiesen die drei Alliierten darauf hin, daß die neue Übereinkunft erbenlose Vermögen nicht erwähne, weil die Schweizer Regierung festgestellt habe, daß es keine solchen Vermögen gebe.[80] Falls solche Gelder künftig gefunden werden sollten, hieß es weiter, werde die Schweizer Regierung diese Vermögen »für die Hilfe für Opfer des Nationalsozialismus verwenden«.[81] In einem Brief bestätigte Stucki, »dass die schweizerische Regierung im Verlauf der Besprechungen mit den drei Regierungen über die Behandlung der erbenlosen Vermögenswerte in der Schweiz erklärt hat, dass keine derartigen Vermögenswerte vorliegen«; er versprach jedoch ebenfalls für den Fall, daß welche gefunden würden, sie »für die Hilfe an die Opfer des Nationalsozialismus und für deren Rehabilitierung zu verwenden«.[82]

Die Bankiervereinigung hatte gesiegt. Immerhin war Petitpierre bereit gewesen, eine Lüge gegenüber allen drei Alliierten zu wiederholen. Um die Nutzlosigkeit einer Fortsetzung der Kampagne zu unterstreichen, übergab die Vereinigung dem American Jewish Committee eine Aufstellung ruhender Konten bei ihren Mitgliedern. Die Bankiervereinigung kam zu dem Schluß, solche Konten würden »praktisch nicht existieren«. In einer abschließenden Spitze verurteilte die Bankiervereinigung die meisten Antragsteller, die vorgaben, eine Erbschaft bei Schweizer Banken zu besitzen, und unterstellte, diese würden sich nur auf ihre Einbildung stützen.[83] Die Kreuzritter hatten eine weitere Niederlage erlitten.

KAPITEL 14

Hüter des Feuers

Die erbenlosen Vermögen bereiteteten Rudolf Bindschedler von Zeit zu Zeit Gewissensbisse. Der juristische Berater des Politischen Departementes verachtete Max Oetterli und mißtraute den Banken. Beunruhigende Gerüchte kamen ihm zu Ohren, und auch gewisse Berichte bereiteten ihm Sorgen. Im April 1953 stieß er auf einen Vorgang, der in den Akten des Departements als »aufschlussreich« bezeichnet wurde.[1]

Es handelte sich um den Fall des Deutschen Otto Trachsel, der fast vierzig Jahre zuvor in einem abgelegenen Schweizer Alpendorf ein Sparkonto eröffnet hatte. Trachsel verstarb, und im Jahre 1943 fand der Sohn zufällig das Sparbuch des Vaters. 1953 forderte er seine Erbschaft bei der Bank ein. Die antwortete, man habe 1935, nachdem man zwanzig Jahre lang nichts von seinem Vater gehört hatte, das Konto geschlossen und das Geld ins Eigentum der Bank überführt. Ohne sich auch nur zu entschuldigen gab die Bank zu, ihrer Auffassung nach sei sie auch nicht gesetzlich verpflichtet, ihm das Geld auszuhändigen. Obwohl die Bank sich schlicht bereichert hatte, wie Bindschedler in stummer Beunruhigung entdeckte, war die Bank im Recht. Sie hatte 1935 in einem kaum gelesenen Lokalblatt eine Liste mit siebenundsiebzig Namen von Bankkunden veröffentlicht, deren ruhende Konten man schließen werde, falls innerhalb von zehn Jahren kein Lebenszeichen eingehen sollte. In der Zwischenzeit hatte die Bank nichts unternommen, um Trachsel oder einen der anderen Kontoinhaber zu benachrichtigen. Sobald die Frist um war, schlug die Bank das ganze Geld ihren eigenen Reserven zu, und – nach Schweizer Gesetz rechtens – sie vernichtete alle Aufzeichnungen. Trachsels Brief mit stichhaltigen Belegen für die Existenz des väterlichen Guthabens konnte die Bank nicht einfach abtun, doch in ihrer Antwort bewies sie nach Meinung Bindschedlers wenig Entgegenkommen. Man bot dem Sohn die 3430,65 Franken an, die sich 1935 auf dem Konto befunden hatten, jedoch ohne Zinsen auf das Kapital. Besorgt stellte der Anwalt fest, daß die Schweizerische Bankenkommission ihrer Aufgabe nicht nachgekommen war, arglose Bankkunden zu schützen. Darüber hinaus gab das Verhalten der Bank Anlaß zu Zweifeln an Oetterlis unablässig wiederholter Behauptung, das Bankgeheimnis sei unabdingbar, um die Interessen der Kunden zu schützen. Es sei ein Fall, schrieb Bindschedler an Oetterli, »welcher den Wunsch nach behördlichen Massnahmen rechtfertigt«.[2] Oetterli hatte wie immer nur Spott für den Fall. In seinen Augen stand Bindschedler für eine kleine, von Israel beeinflußte Minderheit. Die Berichte der Schweizer Diplomaten aus Tel Aviv seien schuld an der Nervosität des Politischen Departements. »Mit dem Problem der sogenannten erblosen Vermögen beschäftigt sich die Phantasie der Israelis ausserordentlich intensiv«, schrieb Karl Seifert, der Schweizer Botschafter in Tel Aviv. »Die schwierigen Aufbauprobleme, der Mangel an Devisen, die daraus resultierende Notwendigkeit, neue Kredite oder Einnahmequellen zu erschliessen, und nicht zuletzt das mit der ganzen Frage verbundene emotionelle Motiv bieten genügend Handhabe zu demagogischen Auslegungen.«[3] Seifert warnte, die Beziehungen zu Israel könnten Schaden leiden. Diese Voraussage paßte Oetterli glänzend ins Konzept.

Oetterlis Sturheit trieb die Kreuzritter allmählich zur Verzweiflung. »Unsere Chancen, allein auf der Grundlage des Fünfmächteabkommens etwas aus der Schweiz herauszuholen, sind ziemlich gering«, klagte Jerome Jacobson. Acht Jahre nach dem Krieg war die Angelegenheit offenbar hoffnungslos verfahren. Auf der einen Seite weigerte sich die Schweizer Regierung, Stuckis Zusagen einzulösen, und lehnte Diskussionen mit jüdischen Organisationen ab. Auf der anderen Seite ließ das US-Außenministerium die Bitten unbeachtet, auf die Schweizer Druck auszuüben.[4] Ohne Verbündete hielten Rubin und andere Kreuzritter einsame Wacht. Ihnen klang immer die unbeantwortbare rhetorische Frage der Schweizer in den Ohren: »Was tun die Vereinigten Staaten wegen der erblosen Vermögen in den amerikanischen Banken?«[5] Der Kongreß, klagte Rubin, diskutiere nur Gesetzesentwürfe, welche die ganze Arbeit der US-Behörden und Hilfsorganisationen seit 1944 zunichte machen würden. Er erkannte jedoch nicht, daß sich das Blatt langsam wendete.

Das Protokoll der heftigen Auseinandersetzung, die sich am 17. November 1952 zwischen Oetterli und den beiden Leitern der Schweizer Jüdischen Gemeinde im Büro von Markus Feldmann, dem neuen Justizminister, abgespielt hatte, war in einen wachsenden Berg regierungsamtlicher Akten eingeheftet worden. Oetterli hatte gedroht, er werde das Ministerium auffordern, die am 22. Januar begonnenen Arbeiten an einem Gesetzesentwurf zu den erbenlosen Vermögen einzustellen. Er hatte damit allerdings keinen Erfolg. Emil Alexander, der juristische Berater des Ministeriums, blieb seiner Verpflichtung Georg Brunschvig gegenüber treu und hielt auch weiterhin an einem Gesetzesentwurf fest, der Banken und andere Finanzinstitutionen zwingen würde, sämtliche ruhenden Konten und Einlagen zu melden. Seine Untergebenen arbeiteten bereits an Textentwürfen. Alexander gewann den Eindruck, daß mit Ausnahme der Bankiers, die handfeste Interessen zu verteidigen hatten, alle Beteiligten die ungeklärte Situation als belastend und schädlich empfanden.[6] Oetterlis Widerstand freilich behinderte Alexander. Im vergangenen Jahr hatte sich immerhin eine gewisse Rechtfertigung für den Widerstand der Bankiers ergeben. Die ungarische Regierung erhob Anspruch auf die erbenlosen Vermögen ihrer Staatsbürger und reichte eine Liste mit Namen angeblich Verstorbener bei den Schweizer Banken ein, die nun deren Vermögen aushändigen sollten. Die Banken fanden jedoch heraus, daß einige Personen auf der Liste ohne Wissen der Kommunisten im Westen lebten. Dem ungarischen Regime auch nur zu antworten, hätte die in Ungarn lebenden Angehörigen dieser Kunden möglicherweise in Gefahr gebracht. Keine Auskünfte zu erteilen war deshalb die einzig sichere Politik.[7] Doch sogar Stucki hatte Petitpierre gegenüber gesagt: »Es dürfte in der Tat Fälle geben, wo keine Erben vorhanden sind.«[8] Schließlich hatte die Verrechnungsstelle herausgefunden, daß 16,5 Millionen Franken an eingefrorenen deutschen Guthaben erbenlos waren.[9] Feldmann war bestrebt, sich von Steigers Politik zu distanzieren. Er neigte eher der Meinung der Kritiker zu, die annahmen, daß die Bankiers ausschließlich das Ziel verfolgten, das Geld zu behalten.

Überdies beeinflußten gewisse Entwicklungen in Westdeutschland Feldmanns Haltung. Die Regierung Adenauer hatte gleich zu Beginn ihrer Amtszeit ohne moralische Bedenken jede Verantwortung für die Verbrechen des Dritten Reiches zurückgewiesen und die Vorstellung als abwegig abgetan, die neue Republik solle für die Schulden des Vorgängerregimes in irgendeiner Weise aufkommen.[10] Der neue Kanzler hatte die internationale Öffentlichkeit vor den Kopf gestoßen und sich mit engen Beratern umgeben, deren einstige Treue zum Nationalsozialismus außer Zweifel stand, jedoch stillschweigend übergangen wurde. Um sich die Unterstützung der ehemaligen Nazis nach 1949 zu sichern, hatte Adenauer die Pensionsansprüche ehemaliger SS-Offiziere trotz ihrer mörderischen Taten anerkannt und sich zugleich geweigert, notleidenden Juden zu helfen. Ein höflicher Protest der Alliierten, Deutschland habe »keine Maßnahmen getroffen, um die Opfer der Naziverbrechen in nennenswertem Umfang zu entschädigen«, wurde von Adenauer rundweg zurückgewiesen. Die meisten Deutschen, sagte er vor dem Bundestag, hätten den Nazis widerstanden. Das Land besitze nur begrenzte Mittel und könne sich Entschädigungszahlungen nicht leisten.[11] Auf amerikanischen Druck hin gab Adenauer zumindest vor der Öffentlichkeit ein wenig nach. Im Jahre 1953 erklärte sich die westdeutsche Regierung nach emotional bewegten Verhandlungen endlich dazu bereit, Entschädigungszahlungen an Israel zu leisten. Markus Feldmann war sich über die unvermeidlichen Folgen im klaren. Das werde zweifellos erneut die Frage nach den erbenlosen Vermögen in der Schweiz auf den Tisch bringen, teilte er Alexander mit.[12] Andere, besonders Oetterli und Homberger, blieben unbeeindruckt.

Mit wachsender Zuversicht begannen deutsche Industrielle, darunter auch ehemalige Nazis, den Kanzler zu drängen, sich vor allem in Amerika für die Freigabe ihrer eingefrorenen Guthaben einzusetzen, die sich auf schätzungsweise 500 Millionen Dollar beliefen. Adenauer richtete im Februar 1954 einen zeitlich gut abgestimmten Appell an Präsident Eisenhower, das deutsche Eigentum freizugeben. Im amerikanischen Senat wurde damals gerade ein Unterausschuß des Justizausschusses eingerichtet, der unter Leitung von Senator Dirksen den »Trading with the Enemy Act« (Gesetz über den Handel mit dem Feind; A.d.Ü.) überprüfen sollte.

Everett Dirksen aus Illinois und Senator William Langer aus North Dakota, beides Bundesstaaten mit großen »deutschen« Bevölkerungsanteilen, hatten sich schon die Unterstützung von Außenminister John Foster Dulles gesichert, der die Rückgabe des deutschen Eigentums guthieß. Dulles unterstützte im Kampf gegen den Kommunismus eine rasche Wiederaufrüstung Westdeutschlands und erklärte unter Mißachtung bestehender internationaler Abkommen, die Vereinigten Staaten respektierten selbst in Kriegszeiten das Privateigentum. Es sei falsch gewesen, deutsches (und also auch Schweizer) Eigentum zu beschlagnahmen. Dirksen und Langer gingen noch weiter. Sie kritisierten in ihrem Bericht das von achtzehn Nationen unterzeichnete Pariser Abkommen und verurteilten die Beschlagnahmung deutschen Eigentums als unmoralische und unamerikanische, von Harry Dexter White ausgeheckte kommunistische Verschwörung. Allgemein wurde erwartet, daß ihr Gesetzesentwurf zur Rückgabe des deutschen Eigentums von Kongreß und Senat gebilligt würde. (Eisenhower legte im August 1954 sein Veto dagegen ein.)

In Bern war Markus Feldmann in der Frage der erbenlosen Vermögen hin- und hergerissen zwischen den Entwicklungen im Ausland und den Drohungen der Bankiers. Die westdeutsche Wiederaufrüstung hatte den Appetit der Schweizer Munitionsfabrikanten geweckt, das lukrative Rüstungsgeschäft mit Deutschland wiederaufzunehmen, während die Banken als sicherer Hafen für Investoren, die einen neuen Krieg fürchteten, glänzende Geschäfte machten. Für den umtriebigen Minister waren die Juden und ihr Geld ein schnell in Vergessenheit geratendes Ärgernis, das leider nicht ganz unter den Teppich gekehrt werden konnte. Vierzehn Monate nach der Konfrontation in seinem Büro, am 12. Februar 1954, berief Feldmann widerwillig ein Treffen ein, um den Gesetzentwurf seines Departements zu erörtern, in dem eine Meldepflicht für erbenlose Guthaben vorgesehen war. Um einen wüsten Schlagabtausch zu verhindern, hatte Feldmann Richter Plinio Bolla von der Bankiervereinigung und Professor Paul Guggenheim von der jüdischen Gemeinde gebeten, die jeweiligen Positionen schriftlich niederzulegen.

Bolla war, wie zu erwarten, kompromißlos. Er wiederholte das Glaubensbekenntnis der Bankiers, nach dem die bestehende

Rechtsgrundlage ausreichte, und sprach die Warnung aus, zusätzliche Gesetze würden das Bankgeheimnis und die Schweizer Verfassung untergraben und Beschlagnahmungen legalisieren. Bolla bestritt, daß es erbenlose Vermögen in nennenswertem Umfang gebe, und sollten entsprechende Fälle vorkommen, würden sie wie die der polnischen Juden gemäß internationalem Recht behandelt. In der üblichen verschlüsselten Ausdrucksweise ließ Bolla durchblicken, die Schweiz sei Opfer ausländischer und jüdischer Interessen, und drängte die Regierung, auf keinen Fall wie sechs Jahre zuvor in Washington einer politischen Erpressung nachzugeben.[13]

Was Guggenheim zu sagen hatte, war ebenso vorhersehbar. Die Schweiz, schrieb er, bliebe »isolationistisch und ohne Verständnis« für die Einzigartigkeit des Holocaust und treibe »business-as-usual«, während die Banken zugleich große Geldsummen versteckt hielten. Deren Verhalten seit 1945 und das Abkommen mit Polen stimmten kaum zuversichtlich: »Wir können auch die Auffassung der Gutachter Bolla und Niederer nicht teilen, dass die von ihnen befürwortete Passivität der Gesetzgebung den bewährten Grundsätzen des Schutzes des Privateigentums und der ›Unantastbarkeit des ausländischen Privatvermögens‹ förderlich sei. Dem Schutz des Privateigentums ist durch die angeregte Gesetzgebung zweifellos besser gedient.« Die einzige Lösung, schloß Guggenheim, sei ein von unabhängigen Ermittlern zu erstellendes Verzeichnis nachrichtenloser Konten und vermißter Personen.[14] Zwischen jeder Zeile von Bollas Replik war Verachtung zu spüren. Es gebe überhaupt kein Problem, erklärte der Richter. Das Bankgeheimnis dürfe auf keinen Fall angetastet werden, und eine unabhängige Untersuchung komme nicht in Frage, da Einigkeit über meldepflichtige Tatbestände nicht zu erzielen sei und unredliche Banken oder Treuhänder die Vorschriften ohnehin jederzeit umgehen könnten. Potentielle Erben hätten ihre Ansprüche schon längst geltend gemacht, und die Beträge an nachrichtenlosen Vermögen seien so »geringfügig«, daß keine Bank diese nichtbeanspruchten Einlagen je behalten würde. »Warum«, fragte Bolla mit der sattsam bekannten Rhetorik, »sollten die Schweizer gezwungen werden, ihre Prinzipien aufzuweichen, und nicht die amerikanischen Banken?«

Angesichts dieser verhärteten Haltungen blieben Feldmann nur wenige Möglichkeiten. Da ein Kompromiß nicht in Sicht war, konnte er entweder die Banken zur Offenlegung der erbenlosen Vermögen zwingen oder einen Rückzieher machen. Die Einladung Feldmanns zu einem persönlichen Gespräch mit Bolla und Guggenheim in seinem Büro war ein Signal für den Rückzug. Im Gegensatz zur Einladung vom November 1952, als das Ministerium erklärt hatte, es werde zu einem Gesetz kommen, schlug Feldmann diesmal vor zu erörtern, »ob bezüglich der bei den schweizerischen Banken liegenden erblosen Vermögen eine Regelung des Problems ohne Eingreifen des Gesetzgebers möglich wäre«.[15] Doch noch in den Tagen vor dem Treffen machte Feldmann einen weiteren Rückzieher. Unter dem Einfluß der Bankiers teilte der Minister Brunschvig mit, seiner Bitte um eine Gesetzesänderung könne wegen »gewisser Vorbereitungsarbeiten« noch nicht entsprochen werden. Dennoch stehe er für die Leitung eines weiteren Gesprächs zur Verfügung.[16]

Fünf Bankiers und zwei Vertreter des Schweizerischen Israelitischen Gemeindebundes, Paul Guggenheim und Georg Brunschvig, trafen in Feldmanns Büro zusammen. Brunschvig waren solche Konfrontationen stets unangenehm, aber er hatte mit wachsendem Zorn auch mehr Mut gefaßt. In den vergangenen Monaten hatte er anonyme Denunziationsschreiben erhalten, in denen behauptet wurde, die Bankiers hätten sich die vor 1939 angelegten Gelder von Juden, die sich seither nicht mehr gemeldet hatten, angeeignet. »Albert Lehner von American Express in Zürich«, hatte ein Informant jüngst geschrieben, »hat sich soeben eine riesige Wohnung und einen komfortablen Wagen vom Guthaben eines umgekommenen Wiener Juden gekauft.«[17] Anderen Gerüchten zufolge gab es seltsame Umtriebe in den Stahlkammern der Banken. Mehr als fünfzehn Jahre lang unberührte Tresorschließfächer würden zwecks »Inventur« geöffnet. Alle gehörten Ausländern, zumeist Juden. Rätselhafterweise würde deren Inhalt – Juwelen, Bargeld, Gemälde und Gold – »aus administrativen Gründen« anderswo in der Bank zwischengelagert und verschwinde anschließend spurlos. Bankangestellte munkelten später etwas von einer »plötzlichen großen Erbschaft« von einem entfernten Verwandten, doch sei die Wahrheit bekannt. In der ganzen Schweiz erzählte man sich Geschichten über einen großangelegten Diebstahl des Eigentums ermordeter Juden in den Banken. Nicht alle waren ohne Erben verstorben. Zweifellos waren in vielen Fällen Erben vorhanden, doch wußten sie nichts von der Existenz der Schließfächer oder erhielten von den Banken keinen Zugang. Doch die Flut dieser Hinweise, schloß Brunschvig, würde die Bankiers nicht überzeugen. Und er fürchtete ihren Haß auf die Juden.

Jakob Diggelmann, der Generaldirektor der Bank Leu, der es für nötig befunden hatte, die enge Zusammenarbeit seiner Bank mit den Nazis zu bestreiten, eröffnete das Gespräch mit einem schamlosen Angriff auf Guggenheim: »Sollte trotz unserer Warnungen ein Erlass ausgearbeitet werden, so müsste dieser dem Referendum (Volksabstimmung; A.d.Ü.) unterstellt werden.« Alle verstanden. Diggelmann wollte das Bankgeheimnis schützen, indem er den Antisemitismus schürte und vorgab, es gehe um die Souveränität der Schweiz. Guggenheim ließ sich nicht so leicht einschüchtern wie Brunschvig: »Wir sprechen in dieser Sache eine andere Sprache als die Banken.... Ueber sechs Millionen Juden sind umgekommen. In vielen Fällen werden weder die Vermögenseigentümer noch ihre Verwandten mehr vorhanden sein. Diesen ungewöhnlichen Umständen kann man doch nicht ohne besondere Massnahmen gerecht werden.«

»Wir sprechen in der Tat zwei verschiedene Sprachen«, stieß Diggelmann brüsk hervor und übersah geflissentlich die Beweggründe für das Treffen. Für Diggelmann und andere Bankiers war der Holocaust in jedem Sinne bedeutungslos. Nur das Eigeninteresse zählte: »Ich habe den Eindruck, dass wir, solange gesetzgeberische Eingriffe in das gegenwärtige Recht verlangt werden, nicht einig werden können. Banken und Versicherungen wollen die ihnen anvertrauten Werte hüten und sie den wirklich daran Berechtigten zuhalten.«

»Die Erklärungen der Banken vermögen uns nicht zu beruhigen«, wiederholte Guggenheim unbeeindruckt. »Bei meinen Nachforschungen nach in der Schweiz befindlichen Vermögen von Verschollenen habe ich von den Banken nicht immer sachdienliche Antwort bekommen, und manche meiner Kollegen beklagen sich darüber.«[18]

Eine Übereinkunft war nicht möglich, und Feldmann mochte keinen Kompromiß aushandeln. »Der Widerstand der Bankiervereinigung gegen jegliche rechtliche Schritte scheint unüberwindbar«, erklärte er Petitpierre, nachdem er auf Verlangen der Banken hin eine neuerliche Anfrage Israels zu den erbenlosen Vermögen abgewiesen hatte. Als Bindschedler Feldmanns neue harte Linie zur Kenntnis nahm, notierte er: »Vorhersehbar, wenn die Polizeidivision damit zu tun hat!«[19]

Max Troendle, der Handelsminister, unterstützte die harte Position Feldmanns. Im September 1954 jedoch machte er seinem Ärger darüber Luft, daß die erbenlosen Gelder nach fünf Jahren immer noch nicht auf dem »Clearingkonto N« für die Polen eingegangen waren.[20] Seine dringende Anfrage beim Politischen Departement wurde mit der Ermahnung zurückgewiesen, »die Sache den Banken zu überlassen«. Troendle protestierte nicht. Selbst das Politische Departement hatte Angst davor, die Banken um einen Tätigkeitsbericht zu bitten. »Möglicherweise haben die Banken diese Angelegenheit vergessen«, fragte sich Bindschedler. »Es wäre somit Aufgabe der Bankiervereinigung, die Banken daran zu erinnern, wobei eine öffentliche Diskussion vermieden werden sollte.«[21] Selbst Bindschedler schien vergessen zu haben, daß es um einen internationalen, von der Regierung unterzeichneten Vertrag ging, doch ihm war klar, daß keiner besonders erpicht darauf war, die Macht der Banken herauszufordern.

Feldmann verschleppte die Dinge noch über ein weiteres Jahr. Ein Brief Guggenheims mit dem Vorschlag, einen Treuhänder für alle erbenlosen Guthaben zu benennen, lag sechs Monate lang unbeantwortet auf dem Schreibtisch des Ministers, bevor er die Bankiervereinigung um eine Stellungnahme bat. Ebenfalls auf Feldmanns Schreibtisch lag ein Brief Stuckis zum Fall Chaim Dunajewski, eines russischen Juden, der 1930 von Hamburg aus 1,2 Millionen Franken bei drei Schweizer Banken angelegt hatte, um das Geld vor den Kommunisten in Sicherheit zu bringen. Die Konten wurden 1945 als deutsche Guthaben eingefroren, und die Verrechnungsstelle stellte 1955 fest, Dunajewski sei kein Deutscher und nach seiner Rückkehr nach Rußland wahrscheinlich von den Kommunisten ermordet worden. Die Verrechnungsstelle gab nun das Geld frei und lieferte Stucki damit den Anlaß, sich schriftlich an Feldmann zu wenden. Es bestehe »die Möglichkeit, ja die Wahrscheinlichkeit«, bemängelte er, »dass nach Ablauf der Verjährung solche Vermögen von den Banken ganz einfach behändigt werden könnten«. Stucki bat den Minister, die Verrechnungsstelle solle sicherstellen, daß die Gelder als erbenloses Vermögen deklariert würden.[22] Feldmann wies das Ersuchen ab und gestattete den Banken, so lange zu warten, bis ein möglicher Erbe auftauchte. Auch solle das Geld nicht an einen Treuhänder übergeben werden. Schließlich solle nichts verlautbart oder auch nur gesagt werden, was potentielle Antragsteller aufmerksam machen könnte. Stucki erhielt Weisung, die Verschwörung des Schweigens fortzusetzen.

Feldmann paßte die schleppende Behandlung der erbenlosen Vermögen gut ins Konzept. Die jüdische Frage war wieder einmal beunruhigend aktuell geworden. Im Zuge historischer Recherchen zum Nationalsozialismus hatte man 1954 in Berlin Dokumente gefunden, in denen auf Rothmunds Forderung Bezug genommen wurde, ein »J« in die Pässe deutscher Juden zu stempeln, damit die Schweizer Polizei Personen leichter identifizieren konnte, die nicht einreisen durften. Der Schweizerische Israelitische Gemeindebund veröffentlichte die Dokumente in der Schweiz und versetzte damit vielen Eidgenossen einen Schock. Stillschweigend wurden alle in Feldmanns Ministerium gelagerten Personenakten der zwangsweise in das besetzte Europa und in die Hände der Gestapo zurückgeschickten Flüchtlinge vernichtet. Die Spuren der Geschichte zu verwischen war kein Problem für Feldmann, doch die unablässigen Fragen aus Tel Aviv störten ihn, und als dann plötzlich auch noch Samuel Tolkowsky, der israelische Botschafter, am 28. März 1955 in Feldmanns Büro vorstellig wurde, bekam es der Minister mit der Angst zu tun. Sieben Jahre nach der Proklamation des Staates war Israel nicht mehr bloß eine wüstendurchzogene Zufluchtsstätte für die aus den osteuropäischen Ghettos entkommenen Juden. Unterstützt von den Amerikanern hatten sich die Juden wirtschaftlich, politisch und militärisch gegen den Ring arabischer Nachbarstaaten behauptet. Tolkowsky verkörperte dieses streitbare Selbstvertrauen seiner Landsleute, und nun stand er im Büro des Ministers. Feldmann gab nach wie ein Stück Teig, als Tolkowsky unter Anspielung auf die jüngsten Enthüllungen zu Rothmund das Justizministerium und die Polizei des Mordes an Tausenden von Juden bezichtigte. Gegenwärtig, so der Botschafter, habe die Schweiz auf Fälle von Ungerechtigkeit im Zusammenhang mit den erbenlosen Vermögen keine bessere Antwort als »wir prüfen die Sache« oder »wir bearbeiten den Fall«. Doch es gebe keine konkreten Resultate, und die wollte Tolkowsky jetzt sehen.

»Die Angelegenheit muss meines Erachtens nun mit aller Energie einer Lösung zugeführt werden«, erklärte Feldmann seinen Beamten, als der unwillkommene Besucher gegangen war. »Diese dilatorische Behandlung der Sache durch die Schweizerische Bankiervereinigung bringt nicht nur den Bundesrat, sondern namentlich auch das Justiz- und Polizeidepartement in eine mehr als peinliche Situation.« Feldmann wollte keinen weiteren Ärger in der Schweiz und mit den Fürsprechern Israels in Washington und gab konkrete Anweisungen: »Ich vertrete daher die Auffassung, dass es dringend an der Zeit ist, gegenüber der Schweizerischen Bankiervereinigung energisch ›Druck aufzusetzen‹ und von ihr zu verlangen, dass sie auf unterbreitete Vorschläge wenigstens reagiert.«[23] Manche Beobachter hätten vielleicht meinen können, daß die Banken nun wirklich unter Druck geraten wären. »Jede Verzögerung«, schrieb Feldmann an Oetterli, »ruft möglicherweise Zweifel an den Absichten der Schweiz hervor und bringt sie gegenüber Israel in eine prekäre Lage.«[24]

Die Bankiers blieben unbeeindruckt. Das Bankgeheimnis war zu einer Waffe im Krieg gegen den Kommunismus erhoben worden. In Bankierskreisen war es inzwischen üblich, die eigenen Interessen mit einem Schwall verharmlosender Phrasen zu verteidigen und auf die »erheblich übertriebene Bedeutung« der »angeblich ›herrenlosen‹ Vermögen« hinzuweisen. Die Juden wurden nicht erwähnt.[25]

Oetterli verfolgte die Strategie, das Problem herunterzuspielen. Nach gründlicher Suche, erklärte er Feldmann, könne die Summe der von Polen eingerichteten erbenlosen Guthaben auf 22 300 Franken beziffert werden. »Der Briefwechsel«, schrieb Oetterli, »der soviel Staub aufgewirbelt hat, entbehrt somit eines realen Hintergrundes und erinnert an die amerikanischen Vermutungen über die bei uns liegenden Nazireichtümer.« Der an den Verhandlungen von 1949 beteiligte Bankier Rudolph Speich hatte ursprünglich geschätzt, daß die zwei Millionen toten polnischen Juden mindestens zwei Millionen Franken in der Schweiz angelegt hatten. Angesichts dieser Zahl befürchtete Oetterli, die kommunistische Regierung Polens werde nicht gerade erfreut sein, wenn er erklärte, nur ein Hundertstel der Summe gefunden zu haben. Zehnder hatte den Bankiers eingeschärft, »dass keine triftigen Gründe vorliegen, die es uns erlauben würden, die im Briefwechsel verankerten Abmachungen mit Polen zu torpedieren. Vielmehr soll unsere Unterschrift honoriert werden.« Für Oetterli bestand die einzig mögliche Taktik daher im Verzögern, Vertuschen und Täuschen.[26] »Wir haben (die Polen) mit der Auskunft vertröstet, dass die Erhebungen noch nicht abgeschlossen seien«, teilte er Zehnder mit.[27] Die Bankiers diktierten die Politik der Regierung.

Einzelne Minister und Beamte der Schweizer Regierung waren von der Unverfrorenheit der Bankiers verblüfft. Zu jenen, die dazu kein Blatt vor den Mund nahmen, gehörte Stucki. Er faßte Mitte 1955 die »Möglichkeit, ja die Wahrscheinlichkeit« ins Auge, »dass nach Ablauf der Verjährung solche Vermögen ganz einfach behändigt werden könnten.«[28] Da Feldmann jedoch die Versicherungen der Banken geschluckt hatte, bei den erbenlosen Vermögen handle es sich um »kleine Beträge«, waren die Chancen für ein Gesetz, das die Wahrheit an den Tag gebracht hätte, wiederum geringer geworden. [29] In den folgenden Monaten konnten sich die Bankiers entspannt zurücklehnen.

Ein zufälliges Treffen und eine flüchtige Bemerkung Max Oetterlis im Mai 1956 veranlaßten Feldmann erneut, seine Haltung zu überdenken. In einem Gespräch mit einem Beamten des Justizministeriums erwähnte Oetterli, die Bankiers seien bereit, genauere Informationen beizubringen. Oetterli hatte sich keineswegs grundlegend gewandelt. Vielmehr hatte er sich mit einem peinlichen, als »geheim« eingestuften Bericht der Verrechnungsstelle auseinanderzusetzen. Man wisse, hieß es dort, von in der Schweiz befindlichen erbenlosen Guthaben von Deutschen im Wert von mindestens 10 Millionen Franken. Noch mehr beunruhigte Oetterli, daß die Verrechnungsstelle im einzelnen nachwies, wie wenig sie in der Lage war, jährlich Dutzenden von deutschen Anfragestellern weiterzuhelfen, die ebenso wie die Verrechnungsstelle selbst von den Banken abgeblockt wurden.[30] Feldmann konnte diese Enthüllung nicht ignorieren und hatte die Bankiervereinigung auf informellem Wege zu einer korrekten Bestandsaufnahme der herrenlosen Vermögen gedrängt. Dankbar dafür, daß Oetterli nicht schroff ablehnte, forderte er die Banken dringend auf, dem Ersuchen nachzukommen. Andernfalls könne eine gesetzliche Regelung nicht länger aufgeschoben werden.[31]

Oetterli und Diggelmann wußten genau, wie sie sich den Minister gefügig machen konnten. Gegen Ende eines Treffens am 4. Juni 1956 hatten sie Feldmann so weit, daß er genau das sagte, was die Banken wollten. Es werde kein Gesetz geben, kündigte der Minister an, wenn die Erhebungen der Bankiers »ein genügendes Bild von der Sachlage vermitteln und nur wenige und in ihrem Gesamtwert unbedeutende Vermögen fraglicher Art festgestellt werden sollten«. Die Grenze, bis zu der er keinen Handlungsbedarf sah, legte er auf 4 bis 5 Millionen Franken fest. Die Bankiers verließen die Sitzung zuversichtlich, daß die Regierung sich auf ihre Erhebung verlassen und kein Gesetz einbringen werde, wenn sie die erbenlosen Guthaben auf weniger als 4 Millionen Franken taxierten.[32]

In ihrem Basler Hauptsitz stellten Oetterli und die Anwälte der Bankiervereinigung den Fragebogen für die Mitglieder zusammen. Zwei Wörter nur, die sie sorgfältig in ihren langen Brief einwebten, machten den ganzen Zweck des Fragebogens zunichte. Die Bankiers wurden gefragt, ob sie »wussten« oder »vermuteten«, daß Kunden ihrer Bank von den Nazis ermordet worden seien. Damit gaben sie den Bankiers die Freiheit zu entscheiden, ob sie unbestreitbare Fakten »wussten« oder bloß wegen fehlender Nachrichten »vermuteten«, daß ein Kunde tot sei – eine Unterscheidung, die mit einer ganz bestimmten Absicht verbunden war.

Drei Monate später legte Oetterli Feldmann die Ergebnisse vor. Drei Banken erklärten, sie »wüssten«, daß bestimmte Kunden tot seien. Deren Vermögenswerte beliefen sich auf 36 580 Schweizer Franken. Einundzwanzig Banken »vermuteten«, daß Kunden tot seien. Deren Guthaben summierten sich auf 825 832 Franken. Erleichtert präsentierte Oetterli seine Schlußfolgerungen: »Das Ergebnis unserer Enquête zeigt, dass dem Problem der angeblich ›herrenlosen‹ Güter in der Schweiz bei weitem nicht die Bedeutung zukommt, die ihm die Gegenseite immer wieder beizumessen versucht.« Da der Betrag unter 4 Millionen Franken liege, forderte Oetterli Feldmann auf, »zu bestätigen«, daß die Regierung von dem Gesetzesvorschlag »absehen« werde.[33]

Der Minister war nicht völlig überzeugt. Zuviele authentische Beschwerden beunruhigten sein Beamtengemüt. Vor allem ein

Brief von Dr. Lothar Dessauer, einem Schweizer Treuhänder, stürzte ihn in Verwirrung. Eine polnische Klientin, die nach Grossbritannien geflohen war, erklärte Dessauer, habe 1956 an ihre Schweizer Bank geschrieben und ihre dort angelegten Ersparnisse verlangt. Die Bank hatte geantwortet, »dass der Saldo ihres Kontos an die polnische Regierung ausbezahlt worden sei«. Da bisher noch kein Geld an Polen gezahlt worden sei, schrieb Dessauer, stehe er vor einem Rätsel. Das unlautere Verhalten der Bank war offensichtlich, auch wenn es später vom Departement als »Missverständnis« abgetan wurde.[34] Um in Zukunft Beschwerden zu vermeiden und die Kritiker zum Schweigen zu bringen, schlug Feldmann seinen Beamten eine Lösung vor. Man könnte dem SIG eine »gewisse Summe« anbieten, die den Naziopfern zugute kommen sollte. Feldmann erntete mit seiner ›Lösung‹ jedoch nur Heiterkeit. Die Juden mit einem Pauschalbetrag abzuspeisen, ohne jegliche Verantwortung einzugestehen, wurde einmütig als »abwegig« empfunden. Entweder es gab in der Sache eine Ungerechtigkeit und ein Gesetz mußte her, oder die Vorwürfe entbehrten jeder Grundlage.[35] Es könnte »leicht den Anschein erwecken, als ob der Bund ein ›Schweigegeld‹ dafür entrichte«, notierte ein Beamter, »dass die Banken ihnen nicht gehörende Vermögenswerte dauernd behalten können«. Hans Streuli, der Finanzminister, pflichtete dem bei: Es wäre »paradox, wenn der Bund noch dafür bezahlen müsste, dass Private sich an anvertrautem Gut bereichern können«.[36] In der Hoffnung, sich weiter bedeckt halten zu können, machte Feldmann einen Rückzieher. Bindschedler brachte die Stimmung auf den Punkt. Das Justizministerium, bemängelte er, »hat einfach vor den Banken kapituliert«.[37] Oetterli, das wußte der Anwalt, hatte gute Verbindungen zu Politikern und beträchtlichen Einfluß. Tatsächlich suchte Oetterli kurz danach Petitpierre auf, der nach dem Treffen zustimmend notierte, der Bankier gehe davon aus, »dass eine gesetzliche Regelung nicht am Platz wäre«.[38]

Die polnische Regierung ließ sich weniger leicht abwimmeln. Im Jahre 1958 bahnte die Schweiz neue Handelsabkommen mit Polen an, und die einstige Taktik, alle Nachfragen Warschaus zur Summe der erbenlosen Guthaben höflich ins Leere laufen zu lassen, war nicht mehr so einfach durchzuhalten. Die letzte Umfrage der Bankiervereinigung hatte ergeben, daß die erbenlosen Bankguthaben aus Polen sich nur auf 17 550 Franken beliefen, und die Versicherungsunternehmen meldeten nur 849 Franken.[39] Diese Angaben, bemerkte das Politische Departement nicht ohne Süffisanz, würden für die Polen eine »Enttäuschung« sein. Die Bankiervereinigung könne kaum behaupten, »dass seit 1949 die überwältigende Mehrzahl polnischer Kontoinhaber wieder Lebenszeichen von sich gegeben hat«, erklärte man Robert Kohli, dem neuen Chef des Politischen Departements. Doch genau dies wollten die Bankiers die Regierung glauben machen. In den Wirren des polnischen Aufstands von 1956 waren viele Regimegegner in den Westen geflohen, und Oetterli zufolge hatten einige daraufhin ihre Banken zum ersten Mal seit zwanzig Jahren kontaktiert. Ob diese Behauptung glaubwürdig war, konnte Kohli nicht beurteilen. Um Peinlichkeiten zu vermeiden, hatten die Beamten des Departements ursprünglich von den Bankiers verlangt, den Polen zu erklären, warum es sich um derart kleine Beträge handelte, doch Kohli plädierte für Stillschweigen. »Herr Generalsekretär Kohli will Notifizierung an Polen aufschieben«, wies man die Schweizer Botschaft in Warschau an.[40] Kohli dachte über die Sache nach und entschied 1958, falls die Wahrheit an den Tag kommen sollte, müßten die Schweizer Delegierten den Polen die Schuld für ihre hohen Erwartungen geben: »Polnischerseits verlauteten damals (in 1949) gänzlich übertriebene Ziffern bezüglich der in der Schweiz in Sicherheit gebrachten Werte.«[41] Nach Weisung von Petitpierre sollte auch Israel auf derart überhebliche Weise abgespeist werden.

Der israelische Gesandte bot der Schweizer Regierung hin und wieder die Unterstützung seines Landes an und sorgte damit für Verärgerung im Politischen Departement, wo ohnehin Aufregung über die israelischen Spekulationen herrschte, die erbenlosen Vermögen könnten 500 Millionen Dollar wert sein. Die jüngste Anfrage des Botschafters, der sich durch die militärischen Erfolge der Israelis in der Suezkrise bestärkt sah, klang eindringlicher als je zuvor. Petitpierre reagierte gemäß dem Schweizer Paradox: je größer die Bedrohung, desto sturer.

Petitpierre glaubte immer noch den Versicherungen der Banken, die fragliche Summe sei nicht höher als 1 Million Franken. »Es besteht somit keinerlei völkerrechtliche Verpflichtung, Massnahmen bestimmter Art zu treffen, insbesondere aber auch nicht, bei der Lösung der Frage den Staat Israel in irgendeiner Weise zu berücksichtigen oder gar ihm ein Mitspracherecht einzuräumen«, verkündete Petitpierre. »Zudem ist völlig ungewiss, wie gross der Gesamtbetrag dieser Vermögen sein wird.«[42] In der Antwort auf die Anfrage des Botschafters, ob eine offizielle Erhebung der erbenlosen Vermögen zu erwarten sei, wurde auf Petitpierres Initiative hin jede Einmischung einer ausländischen Regierung zurückgewiesen: »Die Schweizerische Eidgenossenschaft hat sich nicht verpflichtet, in dieser Angelegenheit bestimmte Schritte zu unternehmen.«[43]

Zu viele Schweizer spürten inzwischen jedoch eine gewisse Beklommenheit wegen des Verhaltens der Banken. Vierzehn Jahre nach dem Krieg war der Zorn über die Nazizeit nicht verflogen, sondern stärker geworden. Allmählich kamen unbestreitbare Fakten und darauf beruhende häßliche Enthüllungen ans Licht. In Westdeutschland versuchten die Gerichte zum ersten Mal, mehr als eine Handvoll Kriegsverbrecher aufzuspüren. Ihr erster wichtiger Erfolg im Jahre 1956 – der Ulmer Prozeß gegen ehemalige SS-Offiziere in Auschwitz – löste im ganzen Land einen Schock aus, der auch in der Schweiz bemerkt wurde. Die unwiderlegbaren Beweise, die Deutsche in der Anklage gegen Deutsche wegen ihrer Verbrechen an den Juden vorlegten, warfen ein neues Licht auf die NS-Zeit. Im Jahr davor noch hatte der deutsche Außenminister Heinrich von Brentano seine »tiefe Enttäuschung« über die Weigerung der amerikanischen Regierung zum Ausdruck gebracht, deutsches Eigentum zurückzugeben, die »ungerechtes und unmenschliches Leiden« hervorrufe – und damit auch Sympathien in der Schweiz gefunden. Doch betrachtete man die nackten Zahlen der Statistik im Licht des Ulmer Prozesses, so spiegelte sich in ihnen eine eigensüchtige und mitleidlose Haltung wider. Die Wahrheit über den Holocaust wurde nach und nach bekannt, und die Schweizer hörten zum erstenmal von den Greueln. Harald Huber, ein prominenter Schweizer Anwalt und sozialdemokratisches Parlamentsmitglied, verspürte ein zunehmendes Unbehagen angesichts der Möglichkeit, die Schweizer Banken könnten das von Auschwitz-Opfern angelegte Geld für sich behalten.

Huber trieb weder besondere Sympathie für die Juden noch eine Abneigung gegen die Banken um, doch im März 1959 wandte er sich an Friedrich Wahlen, den neuen, populären Justiz- und Polizeiminister, und berichtete ihm von einem seltsamen Gespräch. »Ein Bankfachmann, Glied einer alt eingesessenen Schweizerfamilie«, schrieb Huber, »teilt mir mit, dass er selbst aus seiner Tätigkeit in Grossbanken weiss, dass Hunderte von Millionen, die Verschollenen gehörten, heute noch bei den Banken liegen.« Der Brief schlug ein wie eine Bombe. Huber war, das wußte Wahlen, weder verrückt noch sensationslüstern. Im Gegenteil, er war ein angesehener Politiker und Anwalt, der später Präsident des Schweizer Bundesgerichts wurde. Huber hatte mit seiner Schätzung, es gehe um »Hunderte von Millionen« Franken, als erster Schweizer eine Summe ins Gespräch gebracht, die nicht »klein« war, und seine Quelle – die nur an Wahrheit und Gerechtigkeit interessiert schien – konnte nicht als unglaubwürdig abgetan werden. Noch schwerer jedoch wog, daß Huber den Banken mutwillige Täuschung vorwarf.

Hubers Informant behauptete, daß Bankangestellte viele der von ermordeten Juden eingerichteten Konten mit den »Hunderten von Millionen« Franken geschlossen hätten. Dabei kannten sie durchaus die näheren Umstände und wußten insbesondere, daß kein Außenstehender im einzelnen über das Konto informiert war. Die Gelder seien, so Hubers Informant, ohne Nachweis eigens dafür gegründeten Unternehmen zugeleitet worden. »Die Banken«, schrieb Huber, »haben natürlich ein Interesse daran, mit diesen gegenüber den Berechtigten nicht zu verzinsenden Kapitalien möglichst lange im eigenen Interesse zu arbeiten, sogar wenn sie nicht daran denken, sich die Gelder direkt anzueignen.« Der Bankier enthüllte außerdem, daß skrupellose Angestellte – wenn auch in Übereinstimmung mit geltendem Recht – die Einlagen ruhender Konten auf andere, nicht überwachte Konten übertrugen, von wo das Geld dann verschwinden konnte. Diebstähle, fügte Huber hinzu, seien nicht ungewöhnlich: »Dem erwähnten Fachmann sind auch solche Fälle bekannt.« Huber erwähnte nicht, daß er selbst einen Treuhänder im Verdacht hatte, der Geld von zwei Juden verwaltet hatte, die seit dem Krieg nicht wieder aufgetaucht waren. Die Unschuldsbeteuerungen des Treuhänders erschienen ihm zwar nicht glaubwürdig, doch wie üblich fehlte es Huber an stichhaltigen Beweisen.

Huber hoffte, daß der neue Minister eher geneigt sein würde, auf die schwerwiegenden Anschuldigungen einzugehen, als Markus Feldmann: »Ich nehme an, dass diese Mitteilung, die sich mit meinen eigenen Vermutungen deckt, auch Sie interessieren wird.« In der für Anwälte charakteristischen Sprache, die dennoch Aufregung über eine gelungene Entlarvung durchscheinen läßt, schloß Huber: »Es ist klar, dass die Banken im Bestreben, das Bedürfnis nach einer Sonderregelung zu verneinen, die vorhandenen Anlagen möglichst bagatellisieren möchten. Umgekehrt beweist die mir gemachte Mitteilung die Bedeutung und Dringlichkeit der geplanten Sonderregelung.«[44]

Vier Jahre zuvor hatte Huber die Regierung aufgefordert, die Banken per Gesetz zu zwingen, die erbenlosen Guthaben offenzulegen, doch die Regierung, die »Mißverständnisse« und »unliebsame Diskussionen« vermeiden wollte und befürchtete, Konflikte und internationale Spekulationen über »unermessliche Summen« in der Schweiz auszulösen, hatte die Antwort aus Unsicherheit hinausgezögert.[45] Das von den Banken geforderte Stillschweigen zu bewahren war jedoch schwierig geworden. Nicht allein Israel übte zusehends Druck von außen auf die Schweiz aus, auch die Veröffentlichung eines Buches des Schweizer Historikers Carl Ludwig im Jahre 1957 – das nach Rothmunds Bloßstellung 1954 in Auftrag gegeben worden war und die Behandlung der Juden durch die Schweiz während des Krieges beschrieb – hatte bei manchen Gewissensbisse verursacht. Daraufhin hatte ein nicht genannter Autor im Auftrag der Regierung die Tätigkeit von Carl Lutz, des Schweizer Vizekonsuls in Budapest im Jahre 1944, ins Rampenlicht gerückt und in ihm einen tapferen Schweizer Patrioten verherrlicht, der Tausende von Juden gerettet hatte. Lutz war selbst von der plötzlichen Begeisterung für seine Taten überrascht. In den letzten dreizehn Jahren hatte man ihn nicht nur ignoriert, sondern auch kritisiert, weil die Rettung von Juden kein neutrales Verhalten gewesen sei. Über Nacht wurde er aus der Vergessenheit geholt und als Held vorgeführt, um dem, so Feldmann, »masochistischen Suhlen in der eigenen Schuld« ein Ende zu setzen.[46] Feldmanns ärgerliche Ironie war von einem vertraulichen Bericht Rothmunds beeinflußt worden. Ohne eine Spur von Reue rechtfertigte der pensionierte Polizeichef darin seine Strategie während des Krieges.

Die Verantwortung für die Schweizer Politik gegenüber den Juden, schrieb Rothmund, müsse von den Schweizer Juden getragen werden. Um ihre Angst vor einem durch die drohende Flut ausländischer Juden geweckten Antisemitismus zu beschwichtigen, sei er auf ihr Verlangen hin gezwungen gewesen, die Restriktionen einzuführen.[47] Das Schicksal der jüdischen Flüchtlinge müsse von den Juden selbst verantwortet werden. Dieses Argument gefiel Feldmann und anderen Schweizern, die ohnehin vermuteten, daß hinter den Recherchen in Berliner Archiven bösartiger Vergeltungswille steckte. Keine kluge Taktik, schmunzelte Feldmann, weil die führenden Persönlichkeiten der Schweizer Juden gewiß nicht gegen Rothmunds Politik protestiert hatten. Die Aufmerksamkeit auf Lutz zu lenken war geschickt gewesen, doch Huber ließ sich nicht so einfach beschwichtigen. Die erbenlosen Vermögen, davon war er überzeugt, beliefen sich auf »weit mehr« als eine Million Franken, und so erklärte er Wahlen gegenüber: »Wir müssen diese Ungewißheit beenden und der Gefahr vorbeugen, daß das Geld in den Händen von Leuten bleibt, die kein Anrecht darauf haben.«

Die bestehende Gesetzeslage, erklärte Huber dem Minister, sei ausgesprochen mangelhaft. Entweder wußte ein ratloser Fondsverwalter nicht, ob sein Klient und dessen Erben am Leben waren, oder unehrliche Treuhänder wurden auch noch dazu ermutigt, stillschweigend darauf zu hoffen, daß der Eigentümer tot sei und seine Erben die Guthaben vor Ende der Verjährung des Anspruchs und damit dem Verfall des Erbes nicht finden würden. Huber schlug vor, eine gesetzliche Meldepflicht für alle nachrichtenlosen Konten und einfachere Verfahren für Erben einzuführen, die den Tod eines Angehörigen und ihre Ansprüche nachweisen wollten. Alle unbeanspruchten oder erbenlosen Vermögen sollten in einen dafür eingerichteten Fonds fließen.

Von einem prominenten Regierungsvertreter kam unerwartete Unterstützung für das neue Gesetz. Walter Stucki, der die Verrechnungsstelle auflöste und ihre Mitarbeiter auf andere Departements verteilte, war erpicht darauf, jenen Mann in Schwierigkeiten zu stürzen, der seine Karriere dreizehn Jahre zuvor so rücksichtslos beendet hatte. Am 22. Mai 1959, acht Wochen nach Hubers Brief an das Justizministerium, wurde Stucki selbst dort vorstellig. Der alte

Kämpfer wies zunächst auf den »streng geheimen« Charakter seiner Äußerungen hin und beschimpfte dann die Schweizer Anwälte, sie würden sich als Vertreter von Juden, die ihr Geld suchten, »in schamloser Weise« bereichern. Dann wartete er mit einer überraschenden Enthüllung auf. In den vergangenen Jahren, brummte Stucki, sei es immer möglich gewesen festzustellen, ob die Eigentümer nichtbeanspruchter Guthaben Juden seien. Die Banken, so seine Entdeckung, hatten bei der Kontoeröffnung auch die Religion ihres neuen Kunden in den Unterlagen vermerkt. Und vor allem hatten die Beamten der Verrechnungsstelle bei der Prüfung der Dokumente entdeckt, daß die Eigentümer nicht beanspruchter deutscher Guthaben »in sehr zahlreichen Fällen« als jüdisch eingetragen waren. Allein schon diese Enthüllung war für die Banken ausgesprochen schädlich. Stucki fand allmählich Gefallen am Thema und redete sich die ganze Last von der Seele. Er schilderte seine Gespräche mit zwei Bankiers aus der Westschweiz, die ihm unabhängig voneinander offenbart hatten, daß in ihren Banken »mehrere hundert Millionen Schweizer Franken« deponiert seien, die Franzosen gehörten, »über deren Verbleib heute nichts mehr bekannt« sei. Stucki, der die Wirkung dieser Enthüllung genau kannte, setzte nach: »Es wirft dies ein eigentümliches Streiflicht auf die Behauptungen der Schweizerischen Bankiervereinigung, dass die Gesamthöhe der sogenannten erblosen Guthaben kaum eine Million Franken erreicht.«[48]

Im Protokoll des Treffens unerwähnt blieb der gemeinsame Verdacht der beiden Beamten, die meisten Privatleute, denen ausländische Juden ihr Geld anvertraut hatten, darunter Anwälte und Notare, hätten sich schon längst und in aller Stille das fremde Vermögen angeeignet, ohne eine Spur dieses Betrugs zu hinterlassen. Selbst die Banken, die auf die Einlagen keine Zinsen zahlten, aber regelmäßig Gebühren abzogen, konnten, rechtlich gedeckt, schon einmal damit beginnen, Dokumente zu vernichten. Nach Schweizer Recht waren die Finanzinstitutionen nicht verpflichtet, die Unterlagen für nachrichtenlose Konten mehr als zehn Jahre über den letzten »Vorgang« hinaus aufzubewahren, vorausgesetzt, sie hatten ihre Absicht, das Konto zu schließen, bekanntgegeben. Da die ausländischen Kunden, um Diskretion zu wahren, als Adresse fast immer ein Postfach in der Bank angaben, hatten die Erben keine

Möglichkeit, zu erkennen, daß die rechtlich gedeckte Vernichtung aller Belege für das Konto eingeleitet wurde. Die andere, illegale Strategie, die Stucki und die Regierungsjuristen erörterten, bestand darin, daß Bankangestellte ruhende Konten ohne Spuren zu hinterlassen auf den eigenen Namen überschrieben. Während man noch außerhalb des Protokolls über dieses düstere Szenario debattierte, wurden in ganz Deutschland zahlreiche jüdische Friedhöfe geschändet. Wahlen – der nicht glaubte, daß mehr als eine Million Franken gefunden würden – sah sich durch den internationalen Aufschrei über die Grabschändungen im Jahr 1959 veranlaßt, seine Beamten zu fragen: »Wann kann eine endgültige Fassung des Gesetzentwurfs vorgelegt werden?« Die Banken hatten offenbar endlich Grund zur Furcht vor einem Gesetz, das sie verpflichtete, die unberührten Millionen nachzuweisen. Ihr Gegenangriff erfolgte schon nach wenigen Tagen.

Die Bankiervereinigung war immer noch davon überzeugt, das Ausland habe kein ernsthaftes Interesse an der Sache, und schickte Wahlen eine Liste von »Vorbehalten« gegen ein mögliches Gesetz. In der Einlassung der Bankiers steckten unabsichtlich einige peinliche Kehrtwenden. Die sogenannten erbenlosen Guthaben, erklärte man dem Minister, seien gar nicht »erbenlos«, sondern gehörten lebenden Personen. Doch fehlte eine Erklärung, warum diese »nicht-erbenlosen Guthaben« den »lebenden Personen« nicht übergeben wurden. Weiterhin gab die Bankiervereinigung ihren Widerstand gegen das Abkommen mit Polen auf und erklärte, man habe »die wenigen« vorhandenen erbenlosen Guthaben – höchstens eine Million Franken – deshalb nicht herausgegeben, weil das Geld dem Herkunftsland des Anlegers gehöre. Drittens sprach sich die Bankiervereinigung mit eigentümlicher Logik dagegen aus, die erbenlosen Guthaben einer Hilfsorganisation zu übergeben. Dies würde die »Grundsätze des Vertrauens« verletzen, unter denen sie ursprünglich deponiert wurden, auf eine Beschlagnahmung hinauslaufen und das weltweite Vertrauen in die Schweizer Treuhänder erschüttern. Das Vertrauen in die Schweizer Banken zu gefährden, indem man ein besonderes Gesetz für derart winzige, unerhebliche Geldsummen erlasse, sei selbstzerstörerisch.[49] Der Minister schien nicht geneigt, dieser Argumentation zu folgen.

Rubin, der sich über den Durchbruch mächtig freute, flog am

2. November 1959 nach Zürich, um mit Eberhard Reinhardt zu sprechen, einem Direktor der Schweizerischen Kreditanstalt und Mitglied der Schweizer Delegation bei den Washingtoner Verhandlungen von 1946. Die Wut der Bankiervereinigung und das Zugeständnis der Schweizer Regierung bestätigten nach Rubins Auffassung, daß es versteckte erbenlose Vermögen gab. »Die Proteste der Bankiervereinigung machen einen unerfreulichen Eindruck«, meinte Rubin zu Reinhardt. In der Hoffnung, daß bei »gutem Willen auf beiden Seiten« ein Abkommen erzielt und das Geld freigegeben werden könne, versuchte er Reinhardt davon zu überzeugen, daß es »Mittel und Wege« gebe, »eine Umfrage durchzuführen, die das Schweizer Bankgeheimnis oder die Rechte der Anleger nicht verletzen« würden.[50] Wie immer nickte der Bankier höflich, bekundete ebenfalls, daß man eine Lösung finden könne, und wünschte dem Besucher Lebewohl. Er hatte keineswegs die Absicht, den Juden zu helfen. Rubin wußte nicht, daß der Druck der Bankiervereinigung auf Wahlen langsam Wirkung zeigte. Anfang 1960 schließlich war Hubers Initiative im Sande verlaufen.

Im Juni 1960 kam Petitpierre zu der Überzeugung, im Ausland gebe es tatsächlich wenig Interesse an der zur Debatte stehenden »geringen Summe«, weil Israel und Polen keine Anfragen mehr an die Schweiz richteten. Bindschedler hatte bemerkt, wie erpicht der Minister darauf war, eine Ausrede zu erfinden und das Problem unter den Tisch fallen zu lassen. Er hatte Petitpierre ermahnt, man könne nicht von der Entscheidung abgehen, ein Gesetz zu erlassen. Petitpierre schob diesen Rat lässig beiseite.[51] Der Minister ließ sich auch nicht durch eine Note der amerikanischen Botschaft aus der Ruhe bringen. Die Amerikaner gemahnten die Schweizer Regierung an ihre 1952 gegebene Zusage, man wolle die Verwendung herrenloser Vermögen »wohlwollend prüfen«, und fragten Petitpierre, wie er dieses Geld in der Schweiz ausfindig machen und freigeben wolle.[52] Petitpierres Beamte gingen zu Recht davon aus, daß der Brief auf Betreiben der jüdischen Lobby verfaßt worden war, und sie ließen sich von Stucki beruhigen, der sich die Stellungnahmen von 1952 ins Gedächtnis rief. »Ganz abgesehen davon, dass dieser Punkt damals von keiner der beiden Seiten eigentlich ernstgenommen worden ist«, erklärte Stucki in erneuter völliger Umkehr seiner Position, »– die Amerikaner erklärten zynisch, sie seien der amerikanischen Juden wegen gezwungen, so etwas vorlegen zu können – haben wir m.E. keinen Grund, den Alliierten nun nach Jahr und Tag noch mühevoll etwas in den Rachen zu jagen.«[53] Stuckis Unredlichkeit – er hatte 1952 behauptet, es gebe keine erbenlosen Vermögen, obwohl er wußte, daß das Gegenteil der Fall war – war längst vergessen. Petitpierre hatte schließlich die gleiche Sünde begangen. »Im Jahre 1952 hat es keinen Briefwechsel gegeben«, antwortete das Politische Departement Washington knapp und unzutreffend und fügte hinzu: »Der Minister hielt es nicht für nötig, das Ergebnis... der gegenwärtig laufenden Arbeiten vorauszusagen.«[54] Ein paar Tage später schlug Petitpierres Laune plötzlich um.

Ein Besuch des israelischen Botschafters Joseph Linton fiel mit der internationalen Aufregung um die Meldung zusammen, daß israelische Geheimdienstoffiziere Adolf Eichmann aus Argentinien entführt hatten. Die Koinzidenz der Ereignisse war kein Zufall. Wie erwartet spürte der Diplomat, daß Petitpierre gegenüber den leidenschaftlichen Gefühlen und den Anschuldigungen nicht immun war, die die Gefangennahme des früheren SS-Obersturmbannführers und Mitarchitekten des Holocaust weltweit auslöste. Kritik aus dem eigenen Land war der Minister nicht gewohnt, und daher beunruhigte ihn offensichtlich die aggressive Stimmung, die Israel gegen sein Land entfachte. Im Gegensatz zu den vorangegangenen acht Besuchen israelischer Diplomaten war der Lintons mit der Drohung verbunden, das mächtige Israel werde verstimmt sein, falls die kleine Schweiz das Problem der erbenlosen Vermögen erneut ignoriere. Petitpierre mußte herunter von seinem hohen Roß.

»Unter diesen Umständen wäre es allein schon aus aussenpolitischen Gründen nicht zu verantworten, ... heute das Problem der erblosen Vermögen als gegenstandslos abzuschreiben«, bekundete Petitpierre vor dem Parlament, als er im Oktober 1960 eilends das ursprünglich 1952 entworfene Gesetz einbrachte. »Insbesondere zeigt das lebhafte Interesse, das auch das Ausland in der jüngsten Zeit dem Schicksal der erblosen Vermögen gewidmet hat, dass von der Schweiz eine materielle Lösung erwartet wird.«[55] Die Stimmung hatte sich gewandelt. Schon eine bloße Bemerkung Anthony Manns, eines Journalisten des Londoner *Sunday Telegraph,* gegenüber Ludwig von Moos, dem neuen Justizminister, erregte

Petitpierres ohnehin gespannte Aufmerksamkeit. Mann hatte erwähnt, daß er für einen Artikel über die erbenlosen Vermögen Hilfe seitens der israelischen Botschaft erwarte. »Ich bitte Sie, dafür zu sorgen, dass nun die Angelegenheit möglichst bald zu Ende geführt werden kann«, wies von Moos seine Beamten an und reagierte damit auf das heftige Drängen Petitpierres, umgehend einen Gesetzesentwurf zu veröffentlichen.[56]

Max Oetterli gefiel diese Entwicklung gar nicht. Er war ohnehin schon aufgebracht, weil Petitpierre am 1. Juli aus dem Amt ausschied.

Sein Nachfolger wurde der weniger wohlwollende Friedrich Wahlen. Um den Bankiers sogar noch am letzten Tag im Amt zu helfen, drängte Petitpierre den Justizminister zu Zugeständnissen.[57] Von Moos hatte während des Krieges eine katholische Zeitschrift herausgegeben und auch antisemitische Artikel veröffentlicht. Er hatte nichts gegen Petitpierres Ansinnen und Oetterlis unmißverständliche Sprache. Der Vertreter der Bankiers teilte von Moos' Beamten mit, der Direktor der Bank von Israel habe »Übertreibungen der von israelischer Seite betriebenen Publizität« in ganz Europa verbreitet und sei auch persönlich verantwortlich für den »Entwurf« des Bundesbeschlusses.[58] Oetterli spielte seine letzte Karte: Er schürte den Antisemitismus und beschwor ein gespenstisches Bild von den Juden und Israel herauf, welche die souveräne, neutrale Schweiz zu gängeln versuchten. Georg Brunschvig versetzte diese Strategie in Angst und Schrecken. Naiverweise gestand er von Moos' Beamten seine Besorgnis ein und versicherte den Amtsnachfolgern Rothmunds, seine Organisation »habe bewusst immer schweizerische Interessen vertreten. So habe er sich denn auch immer in diesem Zusammenhang von der israelischen Botschaft zu distanzieren bemüht, wie auch von andern ausländischen Einflüssen, da diese innerschweizerischen Interessen nicht durchwegs in gleicher Richtung liefen wie gewisse ausländische Tendenzen.« Die Beamten lauschten mit Vergnügen Brunschvigs Klagen über Nahum Goldmann, den Präsidenten des Jüdischen Weltkongresses. Sein Vorgehen »erwecke nun typisch den Eindruck, als ob er in dieser Sache das treibende Element sei, da er gerade den günstigen Zeitpunkt für eine Audienz ausgesucht hat, in dem die ganzen Fragen in der Presse besprochen werden«.[59]

Und sie genossen die wütenden Proteste amerikanischer Juden, weil ein Großteil der erbenlosen Vermögen nach Israel gehen sollte – das Geld müsse vielmehr gerecht unter den jüdischen Flüchtlingen in Amerika verteilt werden.[60] Das war jedoch nur eine vergnügliche Ablenkung von den Schwierigkeiten, die kommen sollten.

Friedrich Wahlen, im Jahre 1961 Bundespräsident der Schweiz und frei von antisemitischen Anwandlungen, empfing im September in seinem Berner Amtssitz eine große Delegation der Banken. Albert Matter, ein Direktor der Basler Kantonalbank, erklärte, er habe »Bedenken gegen eine Zuwendung des Fonds an jüdische Kreise, insbesondere an Israel. Dies würde den Absichten und Gepflogenheiten der Banken widersprechen.« Sollten die herrenlosen Guthaben verteilt werden, so der Bankier, dann wäre der ideale Empfänger die Winkelried-Stiftung, die sich um in Not geratene Familien Schweizer Soldaten kümmerte. Die dann zu erwartende Schlagzeile »Holocaust-Opfer finanzieren Schweizer Soldaten« hätte vielleicht Wahlens derbem Humor entsprochen, doch seine Antwort war zurückhaltend. Er gab zu bedenken, »dass die ... vorgeschlagene intern-schweizerische Verwendung des Fonds bestimmt bei den Vertretern der jüdischen Verbände, insbesondere der Jewish Agency, auf Ablehnung stossen würde. Gewisse legitime Interessen an diesem Fonds dürften bei diesen Kreisen nicht verneint werden.« Oetterli war natürlich anderer Auffassung. Blind vor Wut, konnte er die Konsequenzen seiner neuen Forderung gar nicht abschätzen. Falls die Regierung darauf beharren sollte, daß die Banken die herrenlosen Guthaben auszahlten, verlangte er, dann müßte die Regierung für Entschädigungszahlungen bürgen, falls später doch ein Anspruchsberechtigter auftauchen sollte. Wahlen lächelte. Wenn die Summe der erbenlosen Vermögen so klein war, wie die Banken immer behaupteten, überlegte er, dann war das Risiko denkbar gering.[61]

Weil das Gesetz jetzt nicht mehr zu verhindern war, kam auch die Wahrheit ans Licht. »Tatsächlich muss es sich aber um viele Hunderte von Millionen handeln, was ich aus den Anfragen schliessen kann, die nur in meinem eigenen Büro eingegangen sind«, erklärte Lothar Dessauer, ein auf die Vertretung jüdischer Ansprüche spezialisierter Schweizer Anwalt gegenüber dem Justizministerium.[62] Auch Rolf Frei, Anwalt und Direktor eines großen Treuhandunternehmens (Treuhand AG), wies mit einer ähnlich schwerwiegenden Klage auf die Unehrlichkeit der Bankiers hin. »Es ist... mit Sicherheit anzunehmen«, schrieb er, »dass sehr viele solcher Fälle bestehen, die bereits bankmässig liquidiert sind.«[63] Die Anspruchberechtigten wurden einfach um ihr Geld betrogen.

Die Versicherungen, die eine Untersuchung befürchteten, gaben zum erstenmal zu, daß ihre Mitglieder die »Ausnahmegesetze« der Nazis befolgt und der deutschen Regierung Policen von Juden ausbezahlt hatten. Selbst überlebende Juden, gab der Verband der Versicherungen zu, waren ihres Geldes beraubt worden, doch eine Entschuldigung oder Kompensation war nicht zu erwarten.[64]

Und dennoch ließ man nun einen Markstein hinter sich. Die Regierung ging von ihrer sechzehn Jahre lang aufrechterhaltenen Behauptung ab, es gehe um winzige Beträge, und war endlich bereit zuzugeben, daß die fraglichen erbenlosen Vermögen immer noch eine beträchtliche Summe darstellen könnten. Da außerdem nicht alle Banken Mitglied der Bankiervereinigung seien, befänden sich gewiß noch mehr nicht beanspruchte Einlagen auf Nummernkonten und in Tresorschließfächern. Außerdem sei zweifellos einiges Geld gestohlen worden. Doch als sich von Moos am 4. Mai 1962 im Parlament erhob, um den Gesetzesentwurf einzubringen, hatten ihn Oetterli und die Versicherungsunternehmen schon Monate vorher dazu gebracht, Schlupflöcher in das Gesetz einzubauen und ihm die Wirkung zu nehmen.

Es »wird in diesem Zusammenhang da und dort von ›Wiedergutmachung‹ gesprochen. Auch dieser Ausdruck ist irreführend«, erklärte der Justizminister dem Parlament und bestritt insbesondere, daß das Land eine moralische Verpflichtung gegenüber den Juden habe. »Die Schweiz hat weder gegenüber den Opfern der nationalsozialistischen Verfolgung noch gegenüber jüdischen oder anderen Organisationen und schon gar nicht gegenüber dem Staat Israel etwas ›wiedergutzumachen‹. Diese Feststellung muss mit aller Deutlichkeit ausgesprochen werden.« Um sich dem Vorwurf zu entziehen, er sei eine Marionette der Juden, stimmte Harald Huber dem Minister zu: »Tatsächlich hat die Schweiz nichts gutzumachen, und den Staaten stehen keine Ansprüche zu.« Nachdem er damit seinen guten Ruf wiederhergestellt hatte, fügte er hinzu: »In bezug auf den Umfang dieser Anlagen wurde bei der Rundfrage von 1956 an die Banken bemerkt, dass sich ein Erlass erübrigen würde, sofern nur geringfügige Werte zum Vorschein kämen. Das bedeutete geradezu eine Einladung an die Banken, möglichst wenig zu melden.« Niemand erhob Einspruch. Die Unzulänglichkeit des neuen Gesetzes war beabsichtigt und lag offen zutage.

Das neue Gesetz hob die Verpflichtung der Banken zur Geheimhaltung hinsichtlich der erbenlosen Vermögen auf. Banken, Versicherungsunternehmen und Anwälte mußten eine Inventarliste der nicht beanspruchten Gelder und Wertsachen aufstellen: »In der Schweiz befindliche Vermögenswerte irgendwelcher Art, deren letztbekannte Eigentümer ausländische Staatsangehörige oder Staatenlose sind, von denen seit dem 9. Mai 1945 zuverlässige Nachrichten fehlen und von denen man weiss oder vermutet, dass sie Opfer rassischer, religiöser oder politischer Verfolgung wurden, sind innert sechs Monaten nach Inkrafttreten dieses Beschlusses einer vom Bundesrat zu bestimmenden Stelle (Meldestelle) unter Angabe aller seit dem Verschwinden oder der nachrichtenlosen Abwesenheit des Eigentümers eingetretenen Veränderungen anzumelden.« Die Höchststrafe für die Nichtmeldung oder für falsche oder unvollständige Angaben waren »bis zu 10 000 Franken oder Haft«.

Diese rechtliche Verpflichtung wirkte auf den ersten Blick als absolut verbindlich, doch die Regierung hatte das Gesetz auf Druck der Banken und Versicherungsunternehmen abgeschwächt. Es stand nun in deren eigenem Ermessen zu entscheiden, ob man »wußte« oder »annehmen konnte«, daß ein Kunde ermordet worden war. Um sich der Verpflichtung zur Freigabe von Geldern zu entziehen, mußte sich ein Bankier nur sagen: »Der Kunde könnte am Leben sein, vielleicht in einem kommunistischen Land.« Um dieses offensichtliche Schlupfloch zu stopfen, hatte man die Regierung gedrängt, den Tod des Kunden anzunehmen, wenn seit dem 8. Mai 1945 keine Nachricht von ihm eingegangen war. Oetterli hatte sich mit Erfolg gegen diese Bestimmung gewehrt.[65]

Hundertsechsundsechzig Mitglieder beider Häuser des Parlaments stimmten am 20. Dezember 1962 für das Gesetz. Es gab keine Gegenstimme. Ihren Widerstand zu bekunden sei überflüssig, meinten die Kritiker. Huber glaubte, das neue Gesetz werde »die fraglichen Vermögenswerte in der Schweiz so gut wie möglich offenlegen«. Er vertraute auf Hans Weber, den Beamten im Justizministerium, der mit der Leitung der Ermittlungen auf neuer rechtlicher Grundlage beauftragt wurde. Die Gegner des Gesetzes hingegen vertrauten auf Webers Loyalität.

KAPITEL 15

Meister des Verwirrspiels

Hans Weber, ein mürrischer Bürokrat im Justiz- und Polizeidepartement, war seiner Aufgabe in jeder Hinsicht gewachsen. Als Direktor der »Meldestelle für Vermögen verschwundener Ausländer« war es Webers Pflicht, Juden beizustehen, die nach ihrem Erbe suchten; nach dem neuen Gesetz verfügten er und sein zwölfköpfiger Stab über beachtliche Befugnisse: Sie konnten von der Finanzwelt Auskünfte verlangen, Banktresore und Schließfächer öffnen lassen und die Herausgabe von Geldern und Wertgegenständen anordnen.

Wie Weber wußte, konnte man den Juden auf zweierlei Art helfen. Achtzehn Jahre nach dem Krieg hatten die Banken, Versicherungsgesellschaften und Anwälte reichlich Gelegenheit gehabt, die erbenlosen Vermögen und andere herrenlose Einlagen in einem Labyrinth unauffindbarer Konten zu verbergen. Entweder er suchte selbst tatkräftig nach ruhenden Konten, indem er hartnäckig die Banken drangsalierte, Auskünfte zu erteilen, oder er verließ sich auf die Eigeninitiative der Banken, die Existenz eines ruhenden Kontos anzugeben, und legte das Gesetz einschränkend aus. Zur Zufriedenheit der Bankiervereinigung entschloß sich Weber für ein behutsames Vorgehen. Seinen Kollegen erklärte er: »Nach dem Willen des Gesetzgebers kann es nicht Sache der Meldestelle sein, ausserhalb des ihr genau bezeichneten Aufgabenkreises nach Berechtigten von Vermögen zu forschen, die der Meldepflicht nicht unterstehen.«[1] Schon nach wenigen Wochen sah er sich in seinen Vorurteilen bestärkt.

In Eilbotschaften von den Schweizer Konsulaten in Tel Aviv und New York war die Rede von Tausenden Juden, die ihre Gebäude belagerten und Meldeformulare verlangten. Zeitungsberichte in der ganzen Welt, in denen das neue Gesetz veröffentlicht worden war, hatten Juden angespornt, eilig Ansprüche auf ihr verlorenes Erbe anzumelden. Hans Gasser, der in der Regel sehr sachliche Konsul in New York, berichtete im Mai, »etwa zehntausend« Juden hätten sich an das Konsulat gewandt.[2] Weber war entsetzt. Seine ursprüngliche Erwartung, nur wenige würden sich die Mühe machen, einen Antrag zu stellen, war enttäuscht worden. Von Panik erfaßte Juden beschworen alptraumhafte Bilder herauf, und seiner Überzeugung nach hatten sie keine Ahnung von den strengen gesetzlichen Richtlinien, denen er bei seiner Aufgabe unterworfen war.[3] Nach einer Beratung mit seinen Vorgesetzten verfolgte Weber die Strategie, die Zahl derjenigen, die überhaupt einen Antrag stellen konnten, massiv zu begrenzen.

Gassers Bericht vom Mai 1963 aus New York hatte auch die Bitte enthalten, Meldeformulare zu schicken. Weber zögerte die Sendung bis März 1964 hinaus. Dann schickte er in einem sorgfältig versiegelten Umschlag lediglich zehn Formulare nach New York – auf dem Seeweg. Um die Angelegenheit zusätzlich zu komplizieren, waren die Formblätter auf Deutsch, Französisch und Italienisch gedruckt. In dem Päckchen, das gemächlich über den Atlantik schaukelte, lag eine Notiz Webers, in der er seine Kollegen in New York drängte, die Formulare »sparsam zu verwenden«.[4] Ungeduldige Juden hatten sich inzwischen eine Alternative einfallen lassen. Schurkische Anwälte betrieben einen blühenden Handel mit improvisierten Formularen zu je zwei Dollar. Zusätzlich boten sie ihre Dienste als Vermittler zu Webers Behörde an. Das entstandene Chaos und die Erbitterung der Antragsteller ließen Weber jedoch kalt.

Die zehn Antragsformulare trafen im April 1964 in New York ein. Bestürzt schickte Gasser ein Telegramm, in dem er um weitere tausend Formulare bat und forderte, »diese Sendung sei per Luftpost aufzugeben«. Weber war nicht bereit, sich dem Druck zu beugen, und schickte 200 Formulare mit der Anweisung, sie sollten lediglich »mit Zurückhaltung« an Leute ausgegeben werden, die zuvor die Glaubwürdigkeit ihres Anspruchs nachweisen sollten.[5] Die Erklärung für diese Linie gab Emmanuel Diez zu Protokoll, ein Beamter des Politischen Departements, der Weber beaufsichtigte. Die Diplomaten in Amerika, kommentierte Diez, gingen von »falschen Voraussetzungen aus. Wir wollen gar kein Anmeldeverfahren der Berechtigten.«[6]

Konsulatsbeamte erkannten, daß ihre Vorgesetzten in Bern sich kein Bild von dem Tumult machten, und boten ihren Rat an. Das Konsulat in New York, berichtete Hans Lacher, sei seit einigen Jahren »unter sehr starkem Druck« von Hunderten von Menschen, die Anspruch auf ihr verschwundenes Vermögen erhoben. »Ich befürchte freilich, dass es mir bisher nicht gelungen ist, die zuständige schweizerische Stelle von der zahlenmässigen Stärke dieser Gruppe zu überzeugen«, bekannte er. Das Bild der Schweiz werde auch nicht besser durch den Mangel an Personal, um den Ansturm zu bewältigen, noch durch die verspätete Sendung weiterer 500 Formulare.[7] Um die Realität in Manhattan den Kollegen in Bern vor Augen zu führen, berichtete Lacher weiter, die Juden würden ihre Forderungen in einer »zähen und aggressiven Art« vorbringen, und die Erfahrungen des Generalkonsulats würden zeigen, daß »auch schon der geringste Anschein einer restriktiven Haltung vermieden werden muss«. Lachers Bitte, Ruhe und Realitätssinn einkehren zu lassen, wurde von Weber ignoriert. Der Konsul hatte eindeutig weniger Verständnis für die Linie der Schweiz als das US-Außenministerium; letzteres ließ sich überreden, keine Auskünfte an die Antragsteller zu erteilen.

Weber hatte in Israel dieselbe Taktik angewandt. Einhundert Formulare waren nach Tel Aviv geschickt worden, der Spott der israelischen Zeitung und eine Kampagne gegen die Schweiz waren die Folge. »Darauf haben wir gerade noch gewartet!« klagte ein Berner Beamter.[8] Doch das Politische Departement lehnte jedes Hilfsangebot anderer Länder ab. Der Vorgang sei eine innere Angelegenheit der Schweiz, erklärten Beamte. Ihr Motiv war nicht nur die Verteidigung der Souveränität der Schweiz. Sie glaubten, nur wenige Antragsteller hätten berechtigte Ansprüche. Beamte derselben Departements, die vor 20 Jahren Gestapobeamte und NSDAP-Funktionäre, die ihre Beute in der Schweiz anlegten, willkommen geheißen hatten, unterstellten jetzt allen Juden Unredlichkeit. Durch ein Hinauszögern des Vorgangs, meinten sie, würden diese zweifelhaften Antragsteller entmutigt werden, Meldeformulare einzureichen.

Webers Haltung wurde von den größeren Banken zuerst nicht

richtig eingeschätzt. Der Schweizerische Bankverein bat um 200 Formulare und erhöhte dann seine Bitte auf 4650 Formblätter, mit der Erklärung, »dass angestellte Erhebungen ... eine sehr hohe Anzahl von Vermögenswerten ergeben haben, die vermutlich in Frage kommen werden«. Der Vertreter der Schweizerischen Bankgesellschaft erwähnte ebenfalls die hohe Zahl ruhender Konten und forderte 3240 Formblätter an.[9] Insgesamt gab Webers Behörde 7112 Formulare an Banken und andere Geldinstitute aus. Doch bis zum Ende des Jahres hatten die Institute Webers Linie verstanden. Von jeder Angst vor Sanktionen befreit, schränkten die Banken ihre Suche nach jüdisch klingenden Familiennamen ein und ließen die Verwendung von Pseudonymen oder besonderer Nummernkonten außer acht. Die Ergebnisse waren geradezu spektakulär: Der Bankverein, der immerhin 4650 Formulare angefordert hatte, gab lediglich 77 Konten an, während die Bankgesellschaft 251 Konten meldete; sie hatte 3240 Formulare angefordert.[10] Anfang 1964 waren Weber lediglich 1048 ruhende Konten gemeldet worden, die entweder Ausländern oder Staatenlosen gehörten. Die Gesamtsumme betrug 9 469 882 Schweizer Franken. Berücksichtigt man, daß die Banken Ende der vierziger Jahre und danach erklärt hatten, die erbenlosen Vermögen seien entweder »belanglos« oder beliefen sich auf »höchstens eine Million Schweizer Franken«, dann hätte diese neue Meldung Webers Mißtrauen wecken müssen. Er hätte auch fragen können, wie viele Mitglieder der Bankiervereinigung geantwortet hatten. Er hätte überrascht sein können über die Entdeckung, daß von 500 Banken lediglich 26 auf den Fragebogen geantwortet hatten. Vor allem aber hätte Weber sich den sehr detaillierten elfseitigen Protest durchlesen können, den Eric Mehnert-Frey, ein pensionierter stellvertretender Direktor der Verrechnungsstelle, beim Justiz- und Polizeidepartement eingereicht hatte. Während seiner über zwanzigjährigen Tätigkeit war Mehnert-Frey Augenzeuge der Unredlichkeit der Banken gewesen. In all den Jahren hatte er gesehen, wie die Banken illegal jüdische Einlagen ins Ausland geschafft oder sie in Scheinfirmen getarnt hatten, die von Webers Zuständigkeitsbereich ausgenommen waren.

Falls diesen Hinweisen nicht nachgegangen wurde, schrieb der Experte, sei das Gesetz völlig wirkungslos.[11] Zu Mehnert-Freys Enttäuschung ignorierten Weber und die Minister der Regierung seinen Brief und beglückwünschten sich statt dessen selbst. Im Gegensatz zu den Behauptungen der jüdischen Organisationen, »Hunderte Millionen Dollar« lägen herrenlos im Land, hatte die Erhebung der Banken lediglich 2,5 Millionen Dollar ergeben.

Als diese Taktik offensichtlich wurde, gab es einigen Wirbel in den jüdischen Organisationen. Die jüdischen Organisationen in der Schweiz gingen zwar davon aus, daß alle Banken sich strikt an das Gesetz gehalten hätten. Die Juden in New York und Israel bezweifelten jedoch, daß alle Treuhänder und Banken wahrheitsgemäß gemeldet und das Gesetz befolgt hatten.[12]

Dieser Kritik gegenüber blieb Weber völlig passiv. Weder stellte er die Antworten der Banken in Frage, noch versuchte er, selbst zu ermitteln, ob es weitere nicht deklarierte Einlagen gab. Keine Bank wurde aufgefordert, irgendwelche Unterlagen vorzulegen, und keiner einzigen wurde je mit einer Untersuchung gedroht.

Trotz Webers Trägheit waren über 7000 Anträge in seiner Behörde eingegangen. Alle wurden in ein Verzeichnis aufgenommen und mit den offengelegten Konten der Banken verglichen. Wenn zwei übereinstimmten, überlegte Weber, ob er nach dem Gesetz verpflichtet war, den Antragsteller zu informieren. Der Beamte interpretierte seine Aufgabe dahingehend, daß er nach Ausflüchten suchte, um die Existenz des Kontos zu verschweigen. Keine Liste rechtmäßiger Eigentümer sollte veröffentlicht werden, und über die Bestätigung hinaus, daß der Antrag eingegangen war, wurden keine Anfragen beantwortet.[13] Die Opfer dieses Vorgehens waren in der Regel machtlos.

Frau Ortar-Zabludowsky stellte am 7. April 1964 von Jerusalem aus einen Antrag. Sieben Monate nach Erhalt ihres Briefes, in dem sie um Auskunft über das Vermögen ihres Angehörigen L. Kronstein gebeten hatte, antwortete Weber, er sei zu beschäftigt, um zu prüfen, ob das Vermögen gemeldet worden sei. Im Jahr 1966 schickte Weber ihr einen kurzen Formbrief mit der Mitteilung, es sei keine Registrierung gefunden worden.[14] Ortar-Zabludowskys Anfragen waren einfach abgeblockt worden.

Anna Hoerhager aus Wien beschwerte sich, daß die Schweizerische Kreditanstalt wissentlich das Konto ihrer Mutter, das 1914 eröffnet worden war, der Gestapo übergeben hatte. »Es handelt sich ja um kein grosses Vermögen«, schrieb Hoerhager, »sondern die Handlungsweise dieser Bank muss angeprangert werden, denn diese Bank hat, wie ja aus meinen beiden Schreiben ersichtlich ist, das Restguthaben meiner verstorbenen Mutter im Jahr 1939 widerrechtlich an Nazi-Deutschland ausgeliefert ohne jede rechtliche Grundlage!... Es muss festgestellt werden, wer dies ohne Unterschrift des Kontoinhabers veranlasst hat!« Frau Hoerhager konnte sich einen Prozeß gegen die Bank finanziell nicht leisten. Und ihr Appell an die Regierung um Nachforschungen, weshalb eine Bank das Gesetz brechen konnte, stieß auf taube Ohren. Das Politische Departement teilte ihr lediglich mit, sie möge sich an ein Schweizer Gericht wenden. Webers Behörde bot ihr keine Hilfe an.[15]

Die Erben von Friede Lindemann, einer deutschen Jüdin, wandten sich an Weber wegen ihres Nachlasses in der Schweiz. Sie wußten nicht, daß die Schaffhausener Filiale der Bankgesellschaft Lindemanns Konto bereits identifiziert und Webers Behörde 14 000 Schweizer Franken gemeldet hatte. Der vorgelegte Totenschein bestätigte, daß Lindemann im Januar 1941 in der Nähe von Danzig eines natürlichen Todes gestorben war. Weber sprach aber den Erben den Anspruch auf Hilfeleistungen von seiner Behörde ab, um nach ihrem Erbe zu suchen. Nach seiner Auslegung galt das Gesetz von 1962 lediglich für die »Opfer« der Nazis, die »einen gewaltsamen Tod gefunden haben«, Frau Lindemann aber war eines natürlichen Todes gestorben. In Wahrheit stand in dem Gesetz nichts von einem »gewaltsamen Tod«. Weber wollte nicht erörtern, unter welchen Bedingungen Frau Lindemann als Jüdin im Dritten Reich gelebt hatte oder ob die angegebene Todesursache den Tatsachen entsprach. Seinem Vertrauen zu den Deutschen stand seine Geringschätzung für jene Juden gegenüber, die in den Ghettos oder durch Bomben, an Hunger, Krankheit oder mangelnder ärztlicher Versorgung gestorben waren. Diese Juden, stimmte er mit seinen Kollegen überein, waren keine »Opfer«, weil sie nicht durch Einwirkung von Gewalt zu Tode gekommen waren. Lindemanns Erben und wenigstens 223 weiteren Antragstellern wurde es nach Webers Entscheidung verwehrt, seine Behörde bei der Suche nach ihrem Geld in Anspruch zu nehmen. Der Bankgesellschaft wurde gestattet, Frau Lindemanns Vermögen zu behalten, und der Familie, die von dem ganzen Vorgang nicht das geringste ahnte, wurde mitgeteilt, man könne ihr nicht weiterhelfen. Die Angehörigen mußten sogar die Kosten der Ermittlungen tragen.[16]

Die Erben von Chaim Dunajewski, einem Juden aus Rußland, behandelte Weber ganz ähnlich. In den dreißiger Jahren hatte Dunajewski 1,2 Millionen Schweizer Franken auf drei Banken angelegt: bei der Schweizerischen Bankgesellschaft, der Schweizerischen Volksbank und der Züricher Kantonalbank. Da seine Angehörigen wußten, daß Dunajewski tot war, hatten sie in den fünfziger Jahren Nachforschungen angestellt, doch im Jahr 1955 hatte Markus Feldmann angeordnet, das Geld solle im Gewahrsam der Banken bleiben und kein Versuch solle unternommen werden, die Erben zu finden. In dem Antrag der Überlebenden – die drei Kinder eines Vetters – wurde Weber mitgeteilt, daß Dunajewski im Jahr 1948 in Moskau gestorben war. Aus Angst vor den sowjetischen Behörden hatte der Russe es nicht gewagt, Kontakt zu den Banken oder zu seiner Familie aufzunehmen. Webers Behörde hatte von drei schweizerischen Banken Auskünfte über Dunajewskis Konten erhalten. Sie wußte definitiv, daß der Russe tot war und daß die Erben echt waren. Doch Weber weigerte sich, der Familie Auskunft zu erteilen. Nach dem Gesetz von 1962, teilte er mit, sei er lediglich befugt, den Erben von Verfolgten zu helfen, deren Tod durch die Gewalttaten der Nazis verursacht worden sei, und nicht den Opfern der sowjetischen Verfolgung oder denen, die eines natürlichen Todes gestorben seien. Die Banken hielten sich an Webers Kriterien und weigerten sich, Dunajewskis Vermögen zu überweisen.

Weber war geneigt, die Banken zu unterstützen und die Übergabe irgendwelcher Gelder abzulehnen, die man für erbenlose Vermögen hätte halten können und die an Flüchtlingsorganisationen hätten übergeben werden sollen. Das zeigte sich auch bei der Anfrage nach den Ersparnissen von Bertha Jacobsohn. Die deutsche Jüdin war vermutlich in einem Konzentrationslager ermordet worden, und es gab keine Erben. Eine Bank hatte Webers Behörde das ruhende Konto gemeldet, nach schweizerischem Recht hätte Jacobsohns Geld dem deutschen Staat zurückgegeben werden müssen, und diese Lösung hatte Stucki befürwortet. Weber hingegen war anderer Meinung. Da es sich um ein erbenloses Vermögen handle, entschied er, sei er nicht befugt, über die Verwendung des Geldes zu bestimmen.

Wie stets bevorzugte er die Banken auch gegenüber den Flüchtlingshilfswerken. Er beschloß, die Bank solle das Geld behalten.[17]

Webers Bündnis mit den Banken wurde Ende 1964 endlich von Hanusch Weigl, einem Anwalt in Tel Aviv, der sich auf solche Anträge spezialisiert hatte, der Kampf angesagt. Irritiert über Webers Verhalten in mehreren aufeinanderfolgenden Fällen, wandte Weigl sich um Hilfe an Golda Meir, die damalige Außenministerin Israels. Anlaß war der Fall Ernestine Steinhardt, die während des Holocaust unter unbekannten Umständen verschollen war.

In den Jahren vor 1962 hatte Weigl im Namen der Angehörigen von Steinhardt sämtliche größeren Banken, auch den Schweizerischen Bankverein (SBV), angeschrieben und um Auskunft über die Existenz eines Kontos gebeten. Die förmliche Antwort des SBV enthielt keinerlei Hinweise. Die Bank berief sich auf das Recht ihrer Kunden auf Verschwiegenheit und rechtfertigte ihre mangelnde Hilfsbereitschaft mit dem Hinweis, Weigl habe es versäumt, unanfechtbare Dokumente vorzulegen, die den rechtmäßigen Erbanspruch seiner Klienten nachwiesen. Ohne die Wahrheit zu kennen, hatte Weigl im Jahr 1963 einen Routineantrag bei Webers Behörde eingereicht. Webers Antwort war unbefriedigend, und Weigl war überzeugt, daß das beharrliche Stillschweigen verdächtig war. Golda Meir protestierte auf sein Bitten hin offiziell und bat das Politische Departement, in diesem Fall zu intervenieren.

Die Regierungsbeamten stellten rasch die Tatsachen fest und baten um eine Erklärung, ohne allerdings Weigl über die Fakten zu informieren. Das Problem, erwiderte die Bank, sei ganz einfach: Ernestine Steinhardt habe ein Konto, aber es gebe keine Erben. Weber pflichtete der Argumentation der Bank bei. Weigls Mandanten hätten nicht nachgewiesen, daß sie die rechtmäßigen Erben seien, und andererseits falle Weigls Antrag nicht unter die Bestimmungen des Meldebeschlusses von 1962, weil das Konto nicht mehr als ruhend gelte. Der »Kundenkontakt«, so Weber, sei der erste Brief, den Weigl vor dem Gesetz von 1962 geschickt hatte! Selbst die Beamten im Politischen Departement waren sprachlos angesichts dieser verdrehten Logik. Das neue Gesetz, protestierte das Departement, habe zum Ziel gehabt, die Anträge für solche Konten zu erleichtern. Doch die Bankiers blieben unnachgiebig. Ohne den Nachweis des Todes und den Nachweis des Erbanspruchs der Antragsteller sollte Weigl nicht einmal mitgeteilt werden, daß ein Konto existierte. Weber kritisierte sogar Weigls Verhalten und warf ihm »abwegige emotionelle und rechthaberische Argumente« vor. »Auch unsachliche Einwände und unangebrachte Drohungen von Ansprechern (Antragstellern; A.d.Ü.) bzw. ihren Stellvertretern« würden die Meldestelle nicht davon abhalten, sich »streng an die vom Gesetz vorgezeichnete Richtung zu halten«. Trotz der Proteste, es sei falsch, von Weigl zu verlangen, die Rechtmäßigkeit des Antrags nachzuweisen, setzte sich zur Befriedigung der Bank und Webers die Haltung der Bankiers durch. Das Geld wurde nicht freigegeben.[18]

Nach dem ersten Jahr von Webers Tätigkeit waren israelische Diplomaten unruhig geworden. Sie teilten den Beamten im Politischen Departement ihre Befürchtung mit, daß viele Banken ruhende Konten nicht gemeldet haben könnten. Ihre Befürchtung wurde von Edgar Mottier, dem Leiter der Rechtsabteilung, entkräftet. Er hatte »Mühe zu glauben, dass es wirklich Leute geben könne, die angesichts der tragischen Umstände ihr Gewissen durch die Nichtanmeldung der von ihnen verwahrten Vermögen belasten könnten«. Mottiers sentimentale Einlassung kam Weber zu Ohren, und er widersprach. Viele Guthaben, gab Weber von sich aus zu, seien nicht angegeben worden, doch die Schuldigen seien in anderen Institutionen zu suchen. Nicht die großen Banken, sondern »viele Private und Kleinbanken seien ihrer Meldepflicht nicht nachgekommen«. Weber teilte später Georg Brunschvig, dem Führer der jüdischen Gemeinde in der Schweiz, mit: »In zahlreichen Korrespondenzen und Gesprächen mit Gesuchstellern haben wir festgestellt, dass es gewissenlose Leute, nicht selten Juden, gibt, die ihren Glaubensgenossen die Vermögen vorenthalten.« Mit seiner Anklage, Juden würden Juden bestehlen, machte Weber sich wohl kaum beliebt bei denjenigen, die ihr Erbe haben wollten, noch gewann er das Vertrauen derer, die ein nicht näher bestimmtes Vermächtnis suchten. Doch das kümmerte Weber wenig.[19] Er hatte keinerlei Absicht, diese Behauptung zu belegen, obwohl er nur eine Wirtschaftsprüfung der Banken und der anderen Institute hätte anordnen müssen.

Im Jahr 1966, drei Jahre nach Gründung der Meldestelle, waren dort noch 824 nicht beanspruchte ruhende Konten verzeichnet.

Weder die Anleger noch deren Erben hatte man gefunden. Zu den jüngsten Opfern zählten die deutschen erbenlosen Vermögen, die auf 16,5 Millionen Schweizer Franken veranschlagt wurden und über die schon Stucki berichtet hatte. Im Jahr 1963 schlug Stucki vor, daß diese erbenlosen Vermögen unter das neue Gesetz fallen sollten. Weber hatte kühl reagiert und sich auf die Suche nach einer Ausrede begeben, um jeden Vorwurf der Unterschlagung abzuwehren. Seine Rettung war eine kleine Mitteilung, die die Verrechnungsstelle 1958 im *Bundesblatt*, dem Amtsblatt der schweizerischen Regierung, veröffentlicht hatte. In der Mitteilung wurden alle zuvor eingefrorenen Konten aufgeführt, die nun genutzt werden konnten. Dazu zählten auch die 16,5 Millionen Franken, die zur Freude der Banken von allen übersehen worden waren. Juristisch betrachtet mußten nur noch die Erben gefunden werden. Anstelle wohltätiger Einrichtungen sollten jedoch die Banken das Geld erben. Als letzte Hausaufgabe mußte sich Weber nur noch der 824 nicht beanspruchten Konten entledigen. Diese Plackerei delegierte er dankbar an Heinz Häberlin, einen pensionierten Anwalt, der zum öffentlichen Treuhänder ernannt und beauftragt wurde, nach den Erben zu suchen.

Häberlins Aufgabe wurde erleichtert durch den unilateralen Entschluß von Ludwig von Moos, dem Justizminister, auf jede Suche zu verzichten, wenn das Guthaben weniger als 500 Franken betrug. Vier Jahre später erhöhte Moos die Grenze auf 1000 Franken. Diese 325 Einlagen im Wert von etwa 111 000 Franken sollten an einen Fonds übergeben werden, der als »Fonds erblose Vermögen« bezeichnet wurde. Die Aufgabe des Anwalts wurde durch Webers Beschluß, Osteuropa von der Suche auszunehmen, zusätzlich vereinfacht.

Trotz des einsetzenden politischen Tauwetters zwischen Ost und West kamen Weber und Häberlin überein, wegen des Risikos, Osteuropäer in Gefahr zu bringen, lediglich im Westen nach Eigentümern und Erben zu suchen. Stolz bestätigte Weber, er habe sich sogar geweigert, Briefe nach Osteuropa zu schicken. Wenigstens 100 Antragsformulare, in denen um Auskunft gebeten wurde, waren aus Osteuropa eingetroffen, doch Weber hielt diese Gesuche geheim, sogar vor Beamten des Politischen Departements.[20] Die Gewinne dieser Selbstverleugnung strichen die Banken ein. Trotz dieser Beschränkung stimmten die Angaben von 15 Kontoinhabern, deren Gelder bereits mit der Begründung, sie würden in kommunistischen Ländern leben, abgeschrieben worden waren, mit gemeldeten ruhenden Konten überein. Eine Familie in Ungarn teilte Häberlins diskretem Gesandten mit, sie würde es vorziehen, wenn ihr Geld im Westen bleibe. Häberlin leitete die neue Adresse an die Banken weiter, doch diese beriefen sich auf das Bankgeheimnis und weigerten sich, mit den Kunden Kontakt aufzunehmen. Sie nutzten die Gelegenheit, um ihre Behauptung zu bekräftigen, die Summe der »sogenannten erblosen Vermögen« sei weit geringer als angenommen.[21]

Bis 1969 hatte Häberlin erfolgreich 132 Erben (19 Prozent der Konten) in Amerika und Israel aufgespürt, denen insgesamt 1,6 Millionen Schweizer Franken zustanden. Doch 4,8 Millionen Franken, beinahe die Hälfte des Geldes, das nach dem Gesetz von 1962 gemeldet worden war, wurden nicht verteilt, weil sie aus einem osteuropäischen Ursprungsland stammten.[22] Da man zu ihren Eigentümern noch keinen Kontakt aufgenommen hatte und es im Zuge des Einmarsches der sowjetischen Truppen in der Tschechoslowakei zu Unruhen in den kommunistischen Ländern gekommen war, wollte Weber das Geld für erblos erklären und in einen Fonds für wohltätige Zwecke einzahlen lassen. Ohne einen juristisch Bevollmächtigten sollte das Geld rechtswirksam konfisziert werden. Justizminister von Moos gefiel das nicht, er schlug vor, das Geld bei einem Verwalter zu lassen. Weber brauste auf. Er warnte, es werde zu Protesten kommen, insbesondere von den Bankiers.[23] Seine Lösung bestand darin, das ganze Geld in den »Fonds erblose Vermögen« zu leiten und eine offizielle Erklärung zu vermeiden, daß immer noch Juden vermißt würden; mit geradezu untypischer Tatkraft setzte er seinen Vorschlag durch.

Webers Nachfolger Egdar Mottier, der pensionierte Leiter der Rechtsabteilung, billigte dessen Trick nicht. Doch im Jahr 1972 überstimmte Kurt Furgler, der neu ernannte Justizminister, seine Beamten und den Vorgänger. Nachdem er eine Änderung des Gesetzes (Bundesratsbeschluss von 1962) ausgehandelt hatte, ordnete er an, daß das ganze osteuropäische Geld an den »Fonds erblose Vermögen« übergeben werden sollte.[24] Diese Lösung wurde von dem öffentlichen Treuhänder Häberlin begrüßt, der nach sechs

Jahren gern wieder in den Ruhestand zurückkehren und sich der undankbaren Aufgabe entledigen wollte. Das Geld auf 200 Konten sollte in den »Fonds erblose Vermögen« eingezahlt werden. Ein neuer Fall gefährdete Furglers Lösung. Eine Treuhandgesellschaft hatte im Kanton Basel ähnliche Nachforschungen angestellt und berichtete, daß ihre Beamten Erben von Konten ausfindig gemacht hätten, die im Westen lebten, obwohl sie zuvor von Häberlin als unauffindbar in Osteuropa deklariert worden waren. Ferner hatte die Gesellschaft weitere lebende Erben in Osteuropa aufgespürt. Justizminister Furgler zeigte sich wenig beeindruckt. Die Suche sollte aufgegeben werden, beschloß er und setzte sich über das Gesetz und über die moralische Seite dieser Angelegenheit hinweg. Die endgültige Entscheidung wurde von Häberlin mit »grösster Erleichterung und Dankbarkeit« begrüßt.[25] Furgler wies seine Mitarbeiter an, ihm das Problem so rasch wie möglich vom Hals zu schaffen, weil er Häberlins Erleichterung teilen wollte.

Bis 1972 waren die ursprünglich von den Banken gemeldeten 9,9 Millionen Schweizer Franken auf 10,8 Millionen angewachsen. Genau die Hälfte davon, 5,4 Millionen Schweizer Franken, wurde für erbenlos erklärt und den Banken und anderen Instituten wieder zu ihrem eigenen Nutzen überlassen. Die Akten jener 1048 Konten, die von osteuropäischen Juden eröffnet worden waren, wurden fein säuberlich in den Archiven gestapelt. Jede Akte deckte unzureichende Nachforschungen auf, ob die Besitzer oder ihre Erben am Leben waren, und in jeder Akte wurden künftigen Antragstellern alle Möglichkeiten verwehrt, das Geld ausfindig zu machen.[26]

Von der verbleibenden Hälfte des Geldes erhielten Erben und Antragsteller 1,4 Millionen Franken. Das übrige nicht beanspruchte Geld betrug nach Abzug der Kosten 2,4 Millionen Franken, die für tatsächlich erbenlos erklärt und wohltätigen Einrichtungen zur Verfügung gestellt wurden. Im Jahr 1946 hatte Stucki sich verpflichtet, sämtliche erbenlosen Vermögen an jüdische Hilfsorganisationen zu spenden. Zwanzig Jahre später beabsichtigte die Regierung, dieses Versprechen zu brechen und die gesamte Summe einer schweizerischen Einrichtung zu spenden. Nach Protesten wurden zwei wohltätige Einrichtungen ausgewählt. Ein Drittel wurde der Schweizerischen Zentralstelle für Flüchtlingshilfe übergeben (nicht an das Rote Kreuz wegen dessen Versäumnisses, den

Juden zu helfen), und der Rest von 1,5 Millionen Franken dem Schweizerischen Israelitischen Gemeindebund. Von den gemeldeten ruhenden Konten waren also lediglich noch 789 000 Franken übrig. Dieses Geld erfuhr eine Sonderbehandlung, um die geheimen Verträge mit Polen und Ungarn zu erfüllen.[27]

Im Mai 1949, noch vor Unterzeichnung der Vereinbarung mit Polen, wollten Schweizer Beamte die erbenlosen Vermögen polnischer Juden als Entschädigung für den Verlust von Sachwerten von Schweizern durch die Enteignungen in Polen verwenden.[28] Ein Jahr später hatte Petitpierre nach internationalen Protesten und einer Diskussion in der Schweiz theoretisch von dieser Idee Abstand genommen, doch das Prinzip blieb unverändert. Nach einem Überblick wurde die Gesamtsumme der polnischen erbenlosen Vermögen von der schweizerischen Finanzwelt auf 541 000 Franken veranschlagt. Fünf Jahre später revidierten die Banken ihre Zahl auf lediglich 23 000 Franken. Weitere drei Jahre später, 1958, war die Summe auf 17 549 Franken gefallen plus 849 Franken aus Versicherungspolicen. Bis 1963 war die Strategie gescheitert, die hinter der ursprünglichen Vereinbarung gestanden hatte. Die Lieferungen polnischer Kohle fielen geringer aus als angenommen, und lediglich die Hälfte der 53,5 Millionen Franken als Entschädigung für Schweizer Bürger war gezahlt worden. Durch Verhandlungen wurde die Panne behoben. Es wurden genügend polnische Gelder auf das ›Clearingkonto N‹ bei der Nationalbank eingezahlt, um alle Ansprüche von Schweizern zufriedenzustellen. Die Polen forderten nunmehr, daß die erbenlosen Vermögen auf das Konto überwiesen wurden.

Im Jahr 1965 kamen Schweizer Minister überein, daß polnische und ungarische erbenlose Vermögen nicht in den »Fonds erbloser Vermögen« fließen sollten. Webers Behörde mißachtete diese Richtlinie und zahlte sämtliche Einlagen unter 1000 Franken in den Fonds ein. Damit gestattete sie den Banken, das Geld zu behalten. Zehn Jahre vergingen. Sporadisch fragte die polnische Regierung wegen der erbenlosen Vermögen nach und erhielt ausweichende Antworten. Weil das Abkommen den Schweizern peinlich war, hatten sie, die stets ihr leidenschaftliches Festhalten am Gesetz und gesetzlichen Verpflichtungen predigten, kurzerhand beschlossen, die zu überweisende Summe drastisch zu senken und ferner die

Bestimmungen zu ändern: Sie weigerten sich, die Anleger zu nennen, um peinlichen Anschuldigungen vorzubeugen. Das Ergebnis war für die polnische Regierung unerfreulich. Trotz der ursprünglichen Vereinbarung war sie nicht in der Lage, ihre gesetzliche Verpflichtung zu erfüllen und das Geld an die Überlebenden oder ihre Erben weiterzuleiten. Genau das hatte die Schweizer Regierung beabsichtigt. Am 6. August 1975 wurden 463 954 Franken auf das ›Clearingkonto N‹, das polnische Regierungskonto bei der Nationalbank, überwiesen, und die schweizerische Regierung hoffte, damit sei das Thema vom Tisch.

Die Regelung der Zahlung an Ungarn nach den Bestimmungen des Abkommens vom 19. Juli 1950 gestaltete sich schwieriger. 1939 lebten 600 000 Juden in Ungarn, und die Regierung in Budapest war überzeugt, daß Tausende reiche Juden Hunderte Millionen Franken bei Schweizer Banken angelegt hatten. In dem »vertraulichen« Abkommen, das erfolgreich geheimgehalten wurde, hatte die Schweiz eingewilligt, der ungarischen Regierung bei der Suche nach den Vermögen jeder beliebigen Person, die von den Budapester Behörden genannt wurde, behilflich zu sein. Kurz nach der Unterzeichnung des Abkommens legte die ungarische Regierung Namen der Personen vor, die vermutlich Konten hatten und ohne Erben gestorben waren. Ein Name erwies sich als richtig, doch der Anleger war in Wahrheit am Leben und in den Westen ausgereist. Andere Namen und Angaben zu den Einlagen waren zutreffend, doch das Politische Departement sträubte sich auf Anweisung der Banken hin, irgendwelche Daten zu bestätigen. Webers eigene Liste mit 30 ruhenden ungarischen Konten wurde nicht einmal an das Politische Departement weitergegeben. Das Geld, hatte Weber beschlossen, sollte in den »Fonds erblose Vermögen« fließen, selbst wenn man die Erben hätte identifizieren können.[29] Die Diskussionen kurz danach wurden von den politischen Umwälzungen in Europa und Ungarn jäh gestoppt.

Die Gespräche wurden 1963 wiederaufgenommen. Die Ungarn drängten in Erwartung eines hohen Gewinns die Schweizer zur Übergabe der erbenlosen Vermögen, um die Rückzahlung von Ungarns Schulden an die Schweiz damit zu finanzieren. Gleichzeitig forderten die Ungarn auch die Namen der Kontoinhaber, damit sie die Erben aufspüren könnten. Dieser Wunsch löste einen heftigen

Streit unter den rivalisierenden Departements für Handel, Politik und Justiz in der Schweiz aus. Der Entschluß fiel zugunsten der Banken aus. An die ungarische Regierung sollten keine Namen weitergegeben werden.

Die ungarischen Unterhändler waren verblüfft. Die Schweiz weigerte sich nicht nur, die rechtmäßigen Besitzer des Geldes aufzuspüren, sondern sie deckte auch jene Nazis und Kollaborateure, die möglicherweise von Ungarn gestohlenes oder erpreßtes Geld in die Schweiz geschafft hatten. Alles in allem sei die politische Linie der Schweiz ein bewußtes Unrecht, durch das sich gewissenlose Leute bereicherten. Von dieser Möglichkeit ungerührt, entgegnete Diez, die Schweiz lasse sich ihre politische Linie nicht von Ungarn diktieren. Sie hätten sich schon gegen viel mächtigere Gegner verteidigt, sagte der Anwalt dem ungarischen Botschafter. Die Ansprüche und Forderungen, auf denen die Ungarn bestehen würden, seien so übertrieben und umfassend, daß es sich nicht lohne, über sie auch nur zu reden. Die Ungarn völlig zu übergehen war jedoch unmöglich. Unter dem Druck der schweizerischen Exporteure mußte die Regierung die Ungarn zufriedenstellen, die ihrerseits drohen konnten, die Entschädigung für Schweizer Eigentümer von Sachwerten hänge von der Überweisung der erbenlosen Vermögen ab. Das Politische Departement schlug als Lösung vor, Ungarn einen Pauschalbetrag anzubieten, ohne irgendwelche Verpflichtungen einzugehen oder die Inhaber der Konten zu identifizieren. Ziel sei, erklärte der findige Anwalt Emmanuel Diez, einen Präzedenzfall zu vermeiden, der es Israel erlauben würde, etwaige Ansprüche anzumelden.[30] Um juristische Komplikationen in der Schweiz zu vermeiden, sollten die nicht beanspruchten ungarischen Vermögen von den Banken einbehalten werden. Das, so entschied der Beamte, sei ein juristisch gangbarer Weg, um zu vermeiden, daß das Parlament über den Deal informiert werden mußte, und so könne auch die ungarische Forderung nach den Namen der ursprünglichen Anleger zurückgewiesen werden.

Die Ungarn waren nicht mehr verblüfft, sondern wütend. Die schweizerische Lösung, sagten ihre Unterhändler, sei »völlig ungenügend«. Der Vorschlag wende die Beilegung zugunsten der Schweiz und sei mit einer unrechtmäßigen Bereicherung verbunden.

Die Meldestelle hatte 1964 errechnet, wie viele Vermögen Ungarn gehörten. Im ersten Bericht vom 7. Dezember hieß es, 53 Anlegern würden 460 500 Schweizer Franken gehören, und es gebe neun nicht geöffnete Schließfächer.[31] Ein Jahr später hatte sich zwar die gemeldete Summe nicht geändert, doch die Schließfächer wurden nicht mehr erwähnt. Im Jahr 1971 berichtete die Behörde, die Summe der erbenlosen ungarischen Vermögen sei auf »die Hälfte des Betrages« – 217 000 Franken – gesunken, weil die Erben aufgespürt worden seien. Das könnte durchaus den Tatsachen entsprechen, wahrscheinlicher aber ist, daß die Behörde den Banken gestattet hatte, das Geld zu behalten; bis auf zwei Ausnahmen war dies bei allen von der ungarischen Regierung vorgelegten Fällen geschehen. »Das ist ein dünnes Ergebnis«, gestand Diez ein, nachdem er den Ungarn lediglich in zwei Fällen Auskunft erteilt hatte. »Alles hat seine Grenzen.«[32] In Ungarn machte man sich keine Illusionen über die Haltung der Schweizer. Während die Schweiz immer noch dem Fehler nachtrauerte, dem amerikanischen Druck in Washington 1946 nachgegeben zu haben, wurden die legitimen Ansprüche osteuropäischer Länder, nach den Worten einiger Zyniker in Budapest, von Bern »heroisch abgewehrt«, um eine Selbstbereicherung durch die nicht beanspruchten Vermögen zu ermöglichen.

Diese Kritik paßte auf die Schweiz. Angesichts ähnlicher Forderungen nach erbenlosen Vermögen aus anderen osteuropäischen Ländern und aus Israel waren Schweizer Politiker und Bankiers ängstlich bemüht, gegenüber solchen Forderungen unnachgiebig zu erscheinen. Jede Regelung mit Ungarn, bei der nach außen sichtbar erbenlose Vermögen übertragen wurden, hätte dieses Bild gefährdet. Emmanuel Diez schlug als Lösung einen regelrechten Betrug vor: Nachdem man sich geeinigt hatte, daß Ungarn ohne weitere Erklärung 325 000 Franken aus dem »Fonds erblose Vermögen« erhalten sollte, schlug Diez vor, diese Zahlung geheimzuhalten. Die Summe sollte einfach von der Entschädigung abgezogen werden, die Ungarn der Schweiz für den enteigneten Besitz von Schweizer Bürgern zahlen sollte. In den veröffentlichten Dokumenten sollte nichts darauf hindeuten, daß Ungarn irgendwelche erbenlosen Vermögen erhalten hatte. Gegenüber dem schweizerischen Parlament mußte keine Erklärung abgegeben werden, noch war die parlamentarische Zustimmung für die Entnahme des Geldes aus dem Fonds nötig. Um den bitteren Trank ein wenig zu versüßen, wurden im Jahr 1973 von den ungarischen Schulden klammheimlich 400 000 Franken abgezogen. Die Schweizer Regierung hatte die jüdischen erbenlosen Vermögen für ihre eigene Ziele verwendet, und in den folgenden 23 Jahren, die Verschwörer waren längst gestorben, hatte es den Anschein, als könne die Nation endgültig den Deckmantel des Vergessens über ihre Kollaboration und ihren Betrug breiten.

KAPITEL 16
Der Deal

Edgar Bronfman verabscheut Treulosigkeit. Als Milliardär ist der gepflegte Erbe der kanadischen Brennerei Seagram an Unterwürfigkeit und Gehorsam von anderen gewohnt. Doch als Geschäftsmann ist Bronfman es gewohnt, daß hart verhandelt wird. Georg Krayer, der Vorsitzende der Schweizer Bankiervereinigung, schätzte bei einem Treffen mit dem Präsidenten des Jüdischen Weltkongresses im September 1995 den neuen Streiter falsch ein, was sich als Pech für die Schweiz erweisen sollte. Krayer war überzeugt, daß Bronfman als professioneller Geschäftsmann das Angebot, eine Pauschalsumme zu zahlen, um die Beschwerden der Juden endgültig beizulegen, als attraktives Geschäft betrachten würde. Der Bankier kam nicht auf den Gedanken, daß ein Geschäftsmann moralische Bedenken haben könnte.

Nach seiner Wahl zum Präsidenten im Jahr 1981 hatte Edgar Bronfman, damals 68 Jahre alt, nach und nach seinen extravaganten Lebensstil aufgegeben. Zuvor war er häufig in Boulevardblättern mit schönen Frauen an seiner Seite abgelichtet worden. Neben der Leitung der weltweit größten Spirituosenfabrik hatte sich Bronfman zu einer angesehenen Persönlichkeit im Weltjudentum entwickelt. In seinem Büro im Seagram Building im Zentrum von Manhattan residierte er umgeben von Skulpturen von Rodin und Gemälden von Miró. Von dort aus hatte Bronfman den siechen Jüdischen Weltkongreß vor dem Bankrott bewahrt, den Kongreß, der 1936 von Nachum Goldmann zum Kampf gegen den Nationalsozialismus mitbegründet worden war. 1991 hatte Bronfman den Erfolg seiner ersten Kampagne ausgekostet. Mit Tatkraft, Begeisterung und Geschick hatten die drei leitenden Angestellten des Jüdischen Weltkongresses (WJC) in New York allgemeine Aufmerksamkeit erregt. Ihnen war der Nachweis gelungen, daß Kurt Waldheim, der österreichische Bundespräsident und angesehene ehemalige Generalsekretär der Vereinten Nationen, gelogen hatte und mit NS-Kriegsverbrechen in Verbindung gebracht werden konnte. Vier Jahre später landete Bronfman mit seinem Privatjet in Bern zusammen mit zwei Personen aus dem erfolgreichen Waldheim-Team, um die Angelegenheit der erbenlosen Vermögen und der ruhenden Konten neu aufzurollen.

Der Generalsekretär des WJC Israel Singer, ein orthodoxer Jude und Absolvent eines Rabbinerseminars, war ein erfahrener Stratege mit einem guten historischen Wissen und zwanzigjähriger Erfahrung bei Verhandlungen mit ausländischen Regierungen im Namen der Juden. Bei der Logistik verließ sich Bronfman auf Singer, der bekannt war für sein lebhaftes Temperament. Wortführer war Elan Steinberg, der Direktor, der die aggressive Tatkraft seines Alter ego teilte. Er hatte stets den Mut zu deutlichen Worten auch in Situationen, in denen andere vielleicht verlegen geschwiegen hätten. Steinberg sollte sich als gewiefter Propagandist erweisen. In Anbetracht des Wirbels, den diese beiden Männer machten, entstand die Illusion einer gewaltigen Organisation, doch in Wahrheit waren die beiden der ganze Stab des Jüdischen Weltkongresses, und die Schweizer Bankiers hatten dies sehr wohl erkannt.

Bronfman war auf Anregung von Rolf Bloch, dem Präsidenten des Schweizerischen Israelitischen Gemeindebundes, nach Bern geflogen. In den vergangenen vier Monaten hatte Bloch einen bedeutenden Stimmungsumschwung in der Schweiz festgestellt. Wegen des Zusammenbruchs des Kommunismus und angesichts der Rückgabe beschlagnahmter Vermögen an Juden in der ehemaligen DDR sah sich Bundespräsident Kaspar Villiger ermuntert, den 50. Jahrestag des Endes des Zweiten Weltkrieges zum Anlaß für einen emotionalen Appell zu nehmen. In einer neuen Studie enthüllte der Schweizer Historiker Jacques Picard Fakten über die Behandlung der Juden durch die Schweiz während des Krieges. Er stützte sich dabei auf kürzlich veröffentlichte Archivquellen und konnte zeigen, daß der Antisemitismus der Schweizer Regierung während des Krieges weit schlimmer gewesen war, als bisher bekannt geworden war. In seiner Rede im Parlament ermahnte Villiger seine Landsleute, daß die Schweiz sich für ihr Verhalten gegenüber den Flüchtlingen während des Krieges bei der jüdischen Gemeinde entschuldigen müsse. Er erklärte feierlich, die Schweizer könnten lediglich stumm das Haupt neigen vor denjenigen, die sie in Leid und Gefangenschaft geführt, ja sogar in den Tod geschickt hätten. Und sie müßten das Haupt neigen vor den Angehörigen und Nachkommen.

Bloch hatte Bronfman berichtet, daß die Gespräche mit der Bankiervereinigung, die er im März begonnen hatte, wesentliche Fortschritte gemacht hätten. »Die Bankiers sind offen für eine neue Sensibilität«, sagte der Repräsentant der kleinen jüdischen Gemeinde in der Schweiz. »Sie sind sich über die neue Stimmung in der Schweiz im klaren. Es herrscht eine Verärgerung darüber, daß die Schweiz ausländische Regierungen über ihr Verhältnis zu den Nazis getäuscht hatte und daß die Banken über ihren Umgang mit jüdischem Besitz die Unwahrheit gesagt hatten.« Die Bankiervereinigung hatte mit Bloch vereinbart, daß ihre Mitglieder gebeten werden sollten, eine Schlußbilanz über die erbenlosen Vermögen und die nicht beanspruchten Konten vorzulegen. Nach sechs Monaten vorbereitender Gespräche hatte Bloch ein Treffen mit Bronfman vereinbart, das, da waren sich alle einig, streng vertraulich bleiben sollte.

Georg Krayer, der Vorsitzende der Bankiervereinigung, erwartete die drei Amerikaner am 12. September in einem privaten Raum in dem Klub La Grande Société in der Nähe des Bundeshauses. Bei dem Vorsitzenden standen Julius Bär, ein freundlicher jüdischer Bankier, der seine Kindheit während des Krieges in Amerika verbracht hatte, und zwei Funktionäre der Vereinigung: Jean-Paul Chapuis, der Generalsekretär, und Heinrich Schneider, sein Stellvertreter, der für Interna zuständig war. Im Hintergrund standen mehrere Anwälte und Hanspeter Häni, der vor kurzem zum Ombudsmann der Bankiervereinigung ernannt worden war, um Juden auf der Suche nach ruhenden Konten bei Schweizer Banken zu helfen. Häni hatte offen gezweifelt, daß noch »viel für die Erben des Holocausts« zu finden sei. Seine Gegenwart war ein Warnsignal, daß der Bankiervereinigung immer noch nicht zu trauen war.

Alle Anwesenden waren beeindruckt, als Bronfman mit seiner hohen, imposanten Gestalt, seinen Status offen herausstellend, den

Raum betrat. Als Präsident sowohl des WJC als auch der World Jewish Restitution hatte Bronfman von Yitzhak Rabin, dem israelischen Ministerpräsidenten, die Befugnis erhalten, in der Schweiz für das Weltjudentum zu sprechen.

Schon bei der Begrüßung war Bronfman irritiert. Er und seine beiden Begleiter standen in einem kleinen Raum ohne Tische und Stühle, die Stimmung war frostig, ein merklicher Gegensatz zu der Wärme, auf die sie bei den früheren Treffen am selben Tag mit dem Bundespräsidenten der Schweiz und dem Vorsitzenden des Bankenausschusses gestoßen waren. »Sie haben versprochen, in gutem Glauben und verschwiegen die Gespräche zu führen«, hatte Kaspar Villiger Bronfman mitgeteilt, »bis Sie beide eine gerechte Lösung finden.« Doch die Atmosphäre bei den Bankiers war feindselig. Krayer verkündete Bronfman wichtigtuerisch, auf eine von der Bankiervereinigung durchgeführte Umfrage hin seien ruhende Konten mit einem Gesamtwert in Höhe von 38 Millionen Schweizer Franken gemeldet worden. Krayer und die Bankiervereinigung hielten dieses Geld und den auszuhandelnden Deal für die Lösung des historischen Problems. Bronfman, so urteilten sie, werde in den Deal einwilligen, den angebotenen Lunch zu sich nehmen und für immer abreisen.

»Würden Sie es als eine endgültige Regelung annehmen?« bat Krayer. Bronfman und Singer waren geschockt. »Mir gefällt diese ›Nimm-es-oder-laß-es-Haltung‹ nicht«, erwiderte Bronfman. »Ich bin nicht hergekommen, um über Geld zu sprechen. Ich bin hier, um über einen Prozeß zu sprechen.« Krayer machte einen Rückzug. Die Spannung stieg.

Zum Lunch setzte sich die Gruppe zu Tisch, der Optimismus der Juden kehrte zurück. Zwei historische Hindernisse waren aus dem Weg geräumt worden. Vor kurzem waren auf Druck von Washington die schweizerischen Gesetze zum Bankgeheimnis gelockert worden, um das Waschen von Drogengeldern zu verhindern; und während Krayer in der Vergangenheit erklärt hatte, er habe »keine Kenntnis« von ruhenden Konten, gestand er nunmehr von sich aus den Besuchern gegenüber ein, daß die Banken sich nicht korrekt verhalten hatten. Da die Umfrage unter den 440 Mitgliedern der Vereinigung die Existenz von ruhenden Konten aufgedeckt hatte, linderte der Bankier die anfängliche Kränkung mit dem Versprechen: »Wir werden das Geld gewiß zurückgeben, jeden Rappen, der den Juden gehört.«

Bronfman hatte keinen Grund, an den Worten des Bankiers zu zweifeln. »Wir sind nicht hier, um über Summen zu sprechen«, wiederholte er, »wir erörtern lediglich die Vorgehensweise.« Krayer nickte. Bis zum Ende der Mahlzeit war eine Vereinbarung getroffen worden. Die Vereinigung sollte eine umfassende Umfrage unter ihren Mitgliedern nach allen ruhenden Konten durchführen, und in der Zwischenzeit – Bronfman betonte, dies sei äußerst wichtig – sollte absolute Geheimhaltung herrschen. Man war sich einig, daß ein öffentliches Bekanntwerden erster Ergebnisse auf die Ermittlung einer definitiven Summe hindeuten würde, und daß dies endlose Gespräche zwischen beiden Seiten erforderlich machen würde, um eine Übereinkunft zu erzielen. »Das wird einer der seltenen Fälle sein, bei dem wir uns an einen Pakt des Stillschweigens halten«, dachte Steinberg, als sie ins Hotel fuhren. Erfreut über das Treffen, flogen Bronfman und seine beiden Mitarbeiter nach Belgien, um einer Sitzung des Europäischen Parlaments über Wiedergutmachung beizuwohnen. Die Geheimnisse der Schweizer Banken, so hatte es den Anschein, sollten endgültig gelüftet werden.

In den folgenden zehn Wochen kehrte Israel Singer dreimal nach Bern zurück, um mit Krayer über den Fortgang der Ermittlungen zu sprechen. Als er in einer Suite des Hotels Schweizerhof saß, änderte sich seine Stimmung. Die Bankiers, sagte er Bronfman am Telefon, arbeiteten verdächtig langsam. Insbesondere Heinrich Schneider, der Sekretär der Bankiervereinigung, der zuständig war für interne Angelegenheiten, sei feindselig. Schneider war engstirnig und ausländerfeindlich, was seinen Verstand behinderte. Wie bei Max Oetterli war Schneiders Auffassungsvermögen auf die Schweizer Politik und durch seine Vorurteile beschränkt. Sein Entschluß, sich mit Singer in Bern zu treffen, und nicht in den eigenen Gebäuden der Vereinigung, könnte man sagen, spiegelte seinen Abscheu wider, Juden in die Zentrale der Vereinigung einzulassen. Auch wenn Singer gegen solche Kränkungen immun geworden war, kam ihm doch bei seiner Rückkehr nach New York im Dezember der Verdacht, daß die Schweizer Bankiers die Absicht haben könnten, ihre Verpflichtungen nicht zu erfüllen. Eine Schwelle war überschritten. Ein Telefonanruf brachte Krayers Strategie zum Scheitern. Bronfman suchte die Allianz mit einem unvermuteten Bündnispartner: Senator Alfonse D'Amato.

D'Amato war 1980 in den Senat der USA gewählt worden. Bronfman war sein Leben lang Beitragszahler der Demokraten und hegte auch persönlich wenig Sympathie für den 59jährigen Republikaner, der vor kurzem Anhörungen im Senat veranstaltet hatte, um Präsident Clintons Verwicklung in die illegalen Finanzgeschäfte im Zuge der Landerschließung im Whitewater-Gebiet in Arkansas zu enthüllen. Doch es sprach für D'Amato, daß er sich selbst hochgearbeitet hatte. Er war ein unabhängiger Mann, der sich immer wieder für die kleinen Leute engagiert hatte. D'Amato war der ideale Mann, um die Schweizer Banken herauszufordern, weil er überdies Vorsitzender des Bankenausschusses des Senats war. Über frühere Meinungsverschiedenheiten sahen die beiden kantigen Männer hinweg, als sie sich zusammen mit Singer am 7. Dezember 1995 zum Lunch im Speisesaal des Senats trafen. Bronfman umriß kurz seine Befürchtung bezüglich der Bankiers und seinen Kummer wegen der Handvoll überlebender jüdischer Opfer. »Wir möchten, daß Sie wissen, was zur Zeit vor sich geht«, sagte Bronfman. »Dies ist ein Informationstreffen.« Sein erster Gedanke war Rache, falls er von derselben Brut betrogen würde, die bereits Sam Klaus und Seymour Rubin übers Ohr gehauen hatte. »Die legen Sie rein«, sagte D'Amato. Bronfman schwankte noch.

Bronfman zu unterstützen konnte D'Amato politisch von Nutzen sein, und auch der Repräsentant der weltweit größten jüdischen Gemeinde war sich dieser Tatsache durchaus bewußt, aber der Senator war auch ehrlich empört über die vereinte Unehrlichkeit. »Wir werden öffentliche Anhörungen veranstalten«, sagte er zu Bronfman und besiegelte damit einen Pakt, dessen Folgen sich Georg Krayer nie hätte träumen lassen. Auf dem Weg zum Besprechungsraum sagte D'Amato zu Gregg Rickman, seinem eifrigen 33jährigen juristischen Berater: »Das klingt nach einer großen Sache. Packen wir's an.«

Verglichen mit anderen Politikern genießen die einhundert Senatoren Amerikas außergewöhnliche Macht, hohes Ansehen und verfügen über beträchtliche Mittel. In all den Jahren haben ihre Opfer je nach Verletzbarkeit unterschiedliche Geschicke durchgemacht. Die Bankiers der Schweiz, darin waren sich D'Amato und

Bronfman einig, waren besonders verwundbar. Verglichen mit den amerikanischen Banken sind die schweizerischen Geldinstitute winzig, ihr wirtschaftlicher Erfolg hängt in hohem Maße von ihren Geschäftsaktivitäten in den Vereinigten Staaten ab. Ein Entzug der Erlaubnis, in Amerika Geschäfte zu machen, würde sie empfindlich treffen. Die Einleitung des langwierigen Verfahrens eines Lizenzentzuges war Sache des Bankenausschusses unter Vorsitz D'Amaatos. Dessen Ankündigung einer »Anhörung«, eine verharmlosende Bezeichnung für ein öffentliches Verfahren, würde die Schweizer Banken zweifellos in Schrecken versetzen. Um solche Anhörungen vorzubereiten, benötigte D'Amato Beweise und Zeugen, um der amerikanischen Öffentlichkeit die Stichhaltigkeit von Bronfmans Klage zu beweisen. Doch vorerst wurde D'Amato ermahnt, stillzuhalten, bis sich Bronfmans Verdacht bestätigt hatte. Unter keinen Umständen, wiederholte Bronfman, wollte der WJC die in Bern getroffene Vereinbarung brechen.

Im Januar 1996 hielt der WJC seine Jahresversammlung in Jerusalem ab. Sorgsam wich Bronfman Fragen zu den erbenlosen Vermögen aus. »Wir haben uns mit den Schweizer Bankiers getroffen«, erklärte Bronfman, »aber ich möchte keinen weiteren Kommentar abgeben.« Während Bronfman alle Fragen abblockte, schwenkte die Bankiervereinigung in Basel auf eine andere Linie um. Angespornt von Heinrich Schneider, war Krayer zu der Überzeugung gelangt, um die Öffentlichkeit in der Schweiz und das zunehmende Interesse der Parlamentarier zufriedenzustellen, sei es im Interesse der Staatsraison, die Ergebnisse der ursprünglichen Umfrage bei der turnusmäßigen halbjährlichen Pressekonferenz am 7. Februar bekanntzugeben. Die Nachricht dieser Entscheidung, die von örtlichen Journalisten aufgeschnappt worden war, erreichte Singer in New York am 6. Februar.

Aufgeregt rief Singer bei Schneider an. »Was tun Sie da?« schrie er. »Wenn Sie die Vereinbarung, die Gespräche geheimzuhalten, brechen sollten, werden wir uns gegen Sie stellen. Und zwar unmißverständlich.« Bis zum Einbruch der Dunkelheit in Europa hatte kein Mitarbeiter der Bankiervereinigung es für nötig gehalten, Singer zu besänftigen. Schneider hielt die Juden für ohnmächtig und nahm ihre Drohungen nicht ernst. Auch wenn Bronfman reich sei, so unterscheide er sich nicht von den unzähligen anderen Reichen, die regelmäßig die Schweizer Banken aufsuchten. Die Juden seien ebenso unbedeutend wie vor 50 Jahren. Am nächsten Morgen gab Krayer offiziell die Aufstellung der Vereinigung bekannt. 775 Konten waren entdeckt worden, die seit 1945 ruhten. Der Gesamtwert des erbenlosen Vermögens betrug 38 Millionen Schweizer Franken, aber nicht alle Konten waren von Juden eröffnet worden. Krayer erweckte bei seinen Zuhörern genau den Eindruck, den Bronfman und Singer befürchtet hatten. Über diese Summe hinaus, hatte die Bankiervereinigung erklärt, liege kein Geld in Schweizer Banken, das Juden gehöre.

Bronfman, Singer und Steinberg schäumten vor Wut. In fünfzig Jahren hatte sich das Verhaltensmuster der Schweizer Bankiers nicht geändert, und auch die Selbsttäuschung der Bankiervereinigung über die Macht der Juden war gleich geblieben. Am nächsten Morgen, dem 8. Februar, flog Singer nach Washington, um Gregg Rickman kurz einzuweisen.

Rickman arbeitete hinter Akten versteckt in einer Ecke von D'Amatos Diensträumen. Als Experte für den Nahen Osten und jüdische Angelegenheiten wußte Rickman natürlich wie die meisten Juden über den Holocaust Bescheid, hörte aber zum erstenmal von der Schweiz, von Safehaven und von erbenlosen Vermögen. Nach dem Lunch mit Bronfman zwei Monate zuvor hatte er unablässig auf eine Erklärung für ein Problem gewartet, das niemand sonst in Washington erkannte. Am Ende von Singers kurzer Einführung waren sich die beiden einig: »Es könnten Hinweise in den Archiven zu finden sein.«

Weil D'Amato für diese Sache gewonnen worden war, antworteten die Regierungsbehörden nun rasch auf die Anfragen eines Senators, was ein nicht zu unterschätzender Vorteil war. Das Staatsarchiv, in dem die Unterlagen aller Regierungsabteilungen und -behörden aufbewahrt wurden, half dem Politiker bereitwillig, auch wenn er die Ermittler selbst stellen mußte. Der WJC beschaffte Rickman zwei Ermittler: Willi Korte und Miriam Kleiman. »Es wird nur ein paar Tage dauern«, versicherte man ihnen.

Elf Ministerien und Behörden waren seit 1944 in die Angelegenheit verwickelt gewesen. Nicht nur das Außen-, das Finanz-, das Justiz- und das Verteidigungsministerium waren mit den Aktivitäten der Schweiz in Berührung gekommen, sondern auch Nachrichtendienste und humanitäre Vereinigungen. Ihre gesammelten Unterlagen von 1940 bis 1962 waren in Büros über die ganze Hauptstadt verstreut und bedeckten Millionen von betippten Seiten. Nur wenige Regierungsdokumente waren korrekt katalogisiert, einige waren seit 1972 zugänglich gemacht worden, viele jedoch unter Verschluß geblieben. Selbst zwanzig gut instruierte Ermittler hätten mindestens ein Jahr benötigt, um die Akten zu sichten. Doch schon nach den ersten Wochen brachten Glück und Fleiß eine kostbare Information zu Tage, und sie bestätigte die Berechtigung von Bronfmans Klage.

Ein Geheimdienstbericht aus der Schweiz vom Juli 1945 erwähnte, daß Jacques Salmanovitz, der Eigentümer der Société Générale de Surveillance (SGS), ein Notariat und eine Treuhandgesellschaft in Genf mit Kontakten zu den Balkanstaaten, eine Liste mit 182 jüdischen Kunden besaß. Sie hatten diesem Treuhänder 8,4 Millionen Schweizer Franken und etwa 90 000 Dollar anvertraut, bevor sie aus den Balkanstaaten in die Schweiz gekommen waren. In dem Bericht wurde festgehalten, daß die Juden ihren Besitz noch nicht zurückgefordert hätten. Rickman und D'Amato waren begeistert. Hier war der historische Nachweis, daß schweizerische Geldinstitute nicht beanspruchte erbenlose Vermögenswerte zurückgehalten hatten. Immer noch im unklaren über den Hintergrund, die Komplexität und das Ausmaß der Frage legte D'Amato den Bericht zur Veröffentlichung im Congressional Record, in den Protokollen des Kongresses, am 27. März vor. Dramatisch klagte der Senator die Bankiervereinigung der Vertuschung an und forderte sie auf, zu erklären, weshalb in ihrer letzten Übersicht diese 8,4 Millionen Franken nicht erwähnt wurden, nach heutigem Wert 20 Millionen Dollar.

Georg Krayer war besorgt. Die Bankiervereinigung wußte nichts von dem Salmonowitz-Konto – die SGS war keine Bank –, doch wenn derart vertrauliche Informationen in den amerikanischen Archiven steckten, dann waren noch weitere peinliche Enthüllungen zu befürchten. Aus New York und Washington kamen weitere aufsehenerregende Berichte über öffentliche Anschuldigungen D'Amatos und Steinbergs gegen Schweizer Bankiers, die Krayer nicht gerade beruhigten, und schließlich kam die Meldung, daß am 23. April das erste Hearing im Senat stattfinden sollte.

Im Zuge der Vorbereitungen des Hearings hatte Rickman an Mark Cohen geschrieben – einen Anwalt der Kanzlei Wilmer, Cutler und Pickering, die die Bankiervereinigung vertrat – und ihn gefragt, ob diese einen Zeugen benennen werde. Die Bankiervereinigung hatte die Dienste der Kanzlei in Anspruch genommen, als sie sich nach einer internen Auseinandersetzung von ihrem Lobbyisten Bob Royer getrennt hatte. Die Entscheidung wirkte im nachhinein nicht allzu klug. Während Royer ausgesprochen gute Beziehungen zu D'Amato und seinen Mitarbeitern pflegte, waren Cohen und sein Vorgesetzter Roger Whitten Außenseiter in diesem Konflikt, die keinerlei Verbindungen zu D'Amatos Büro besaßen und die emotionalen und strategischen Hintergründe des neuen Kreuzzugs nicht kannten. Ohne näher zu fragen oder genauer über die politischen und historischen Zusammenhänge Bescheid zu wissen, nahmen sie ihrem Klienten die Unschuldsbeteuerungen ab und bewerteten auch die Drohungen D'Amatos durch die Brille der Bankiervereinigung. Eine erste Fehlentscheidung war es, Julius Bär, den jüdischen Bankier, der 1995 an dem Treffen in Bern teilgenommen hatte, zum Vertreter der Bankiervereinigung in D'Amatos Hearings zu benennen.

Im Vorfeld der Hearings und ihres Auftritts einigten sich D'Amato und Bronfman auf ein Grundprinzip. Da die meisten potentiell Anspruchsberechtigten tot waren, wollten sie auf keinen Fall als Goldgräber erscheinen. Bronfman wollte seinen sorgfältig erwogenen Gang an die Öffentlichkeit nicht als finanzielle, sondern als moralische Sache verstanden wissen. D'Amato übernahm diese Position und sprach von einer notwendigen »Bestandsaufnahme«. Elan Steinbergs Bemerkung, man schlage nun das »letzte Kapitel des Holocaust« auf, heizte die Emotionen an.

Am 23. April um 10.05 Uhr stellte D'Amato in einem überfüllten Ausschußraum unweit des Kapitols Frau Greta Beer vor, eine fünfundsiebzigjährige Dame mit einnehmenden Zügen. Sie war in Rumänien aufgewachsen und lebte seit langem im New Yorker Stadtteil Queens, wo sie als Touristenführerin gearbeitet hatte. Der Senator erklärte gleich zu Beginn den Schweizer Banken den Krieg. Greta Beer, stellte D'Amato fest, sei Leidtragende einer »systematischen Mißhandlung von Menschen ... angefangen bei der Unterdrückung durch die Nazis« und später fortgesetzt durch die

Schweizer Banken. Der fortgesetzte »Vertrauensbruch« der Schweizer Banken, die ihre »Ausweichmanöver und Ausreden über fünfzig Jahre lang« durchgehalten hätten, bedeute, daß »den Greta Beers ihr gutes Recht verweigert wurde«. Mit emotionalen Worten erhob der Senator seine Anklage und warf den Banken »gezielte Verschleierung« und »Gefühllosigkeit« vor. Einundfünfzig Jahre nachdem Sam Klaus eine Meile vom Kapitol entfernt den Plan für das Safehaven-Projekt entworfen hatte, wurde der Schweiz der Prozeß gemacht.

Greta Beers Geschichte war, wie beabsichtigt, herzzerreißend. Ihr Vater, Siefried Deligdisch, ein rumänischer Textilfabrikant mit über 1000 Beschäftigten, hatte der Familie kurz vor seinem Tod im Jahre 1940 offenbart, daß er ein Schweizer Bankkonto für seine Frau und die beiden Kinder eingerichtet hatte. Den Namen der Bank oder die Kontonummer nannte er jedoch nicht. Nachdem sie den Krieg heil überstanden hatte, emigrierte Frau Beer in die Vereinigten Staaten. Als das Gesetz zur Meldung erbenloser Guthaben 1962 in Kraft trat, reiste sie gemeinsam mit ihrer Mutter in die Schweiz, um sich bei Banken in Bern, Zürich und Lausanne nach dem Geld ihres Vaters zu erkundigen. Man wisse nichts von dem Konto, hieß es allenthalben. »Meine Mutter hatte kein leichtes Leben«, sagte Beer mit vor Aufregung zitternder Stimme, »und mein eigenes Leben wäre ganz anders verlaufen, wenn wir das Geld wieder bekommen hätten. Ich bin verbittert, weil ich beraubt wurde.« Im Ausschußzimmer war es still, als die alte Frau die letzten Worte zitierte, die sie aus dem Munde ihres Vaters gehört hatte: »Keine Angst. Für euch ist vorgesorgt. Das Geld ist sicher in der Schweiz angelegt.«

Das Bild, das sich hier von der Schweiz abzeichnete, war vernichtend, und Edgar Bronfman, der kurz darauf Stellung nahm, erläuterte den moralischen Sinn der Veranstaltung: »Was wir hier gemeinsam erreichen wollen, ist nichts weniger als Gerechtigkeit. Wir sind hier, um am letzten Kapitel der bitteren Erbschaft des Zweiten Weltkriegs und des Holocaust mitzuschreiben.« Er bezichtigte die Schweizer Banken, es »immer wieder an Rechtschaffenheit mangeln« zu lassen und »aus der Asche der größten Unmenschlichkeit, die Menschen begangen haben, Profit zu schlagen«, und er beschuldigte die Schweiz, während der Nazizeit ihre

Neutralität gebrochen und damit »den Tod erschreckend vieler Amerikaner« mitverschuldet zu haben. Nun sei die Zeit reif für eine »genaue Bestandsaufnahme«.

»Wir können uns nicht bequem zurücklehnen«, erklärte D'Amato, nachdem ihm Bronfman für die Hearings gedankt hatte, »solange anonyme Einzelne vom Tod der sechs Millionen profitieren.«

Die Schweizer hatten den Direktor einer Privatbank und Vorstandsmitglied der Bankiervereinigung Julius Bär als Sprecher benannt und schienen damit Taktgefühl zu beweisen. Bär ist Jude. Die sorgfältig ausgearbeitete Stellungnahme des redlichen und mitfühlenden Bär vor dem Senatsausschuß klang überzeugend. »Die Schweizerische Bankiervereinigung« erklärte er, »schmerzen die jüngsten Anschuldigungen in der Presse, sie sei den Interessen der Holocaust-Opfer gegenüber gleichgültig.« Diese Verteidigungslinie war zwar altbekannt, doch Bär wußte, daß die Geschichte neu geschrieben wurde. Um den vorhergesehenen Konflikt zu entschärfen, wartete er mit einer Geste und einem Lösungsvorschlag auf. Als Geste lud er Greta Beer zu einem Besuch in die Schweiz ein, um dort noch einmal nach dem Konto zu suchen. Zur Klärung der offenen Fragen schlug er vor, eine unabhängige Prüfungskommission einzurichten, deren Mitglieder von der Bankiervereinigung und vom Jüdischen Weltkongreß zu benennen seien. Die Mitglieder sollten gemeinsam ihren Vorsitzenden wählen. Die Kommission würde dann Betriebsprüfer damit beauftragen, die Bankkonten zu durchforsten und nach verbleibenden nachrichtenlosen Konten zu suchen.

In den Wochen zuvor hatten Bär, Singer und andere »die zerbrochenen Eierschalen aufgelesen und wieder zusammengesetzt«. Bär erinnerte die Bankiers an den Fall Waldheim und entwickelte den Vorschlag, eine internationale Kommission aus sechs angesehenen Persönlichkeiten zu gründen – drei Juden und drei Schweizern –, die eine Betriebsprüfung der Schweizer Banken überwachen sollten. Die Banken, versicherte Krayer, würden den Betriebsprüfern »uneingeschränkten Zugang gewähren zu allen Unterlagen in Bankinstituten, die nachrichtenlose Konten und andere Einlagen sowie Wertpapiere betreffen, welche vor, während und nach dem Krieg deponiert wurden«. Kaspar Villiger hatte sich bereit erklärt, einen Entwurf zur Änderung der Gesetze zum Bankgeheimnis einzubringen, um den Weg für eine Untersuchung freizumachen. Schließlich brauchte man nur noch einen untadeligen Kommissionsvorsitzenden. Mit diesem Schritt hoffte Bär die Lage zu entspannen. Er fürchtete jedoch zu Recht D'Amatos Abneigung gegen diesen Lösungsvorschlag. »Ich denke, es ist ein Problem«, erklärte der jeder Kommission gegenüber mißtrauische Senator dem Bankier. Dennoch war Bär am Schluß des Hearings erleichtert. Er war überzeugt, daß mit gutem Willen Bronfmans Forderung nach einer umfassenden Erhebung erfüllt werden konnte.

Doch der Bankier unterlag einer Selbsttäuschung. Sein Auftritt hatte trotz seiner Offenheit keinen guten Eindruck hinterlassen, und noch bevor er in die Mittagssonne hinausging, war Bronfmans Limousine die Pennsylvania Avenue Richtung Weißes Haus hinuntergerauscht. Bronfman traute keinem Schweizer Bankier, und so suchte er Verbündete. In einem halbstündigen Gespräch mit Hilary Clinton bemühte sich Bronfman um Unterstützung für seine Kampagne gegen die Schweiz. Zudem wollte er sich vergewissern, daß die Teilnahme des Republikaners Alfonse D'Amatos kein Hindernis darstellte. »Ich werde mit D'Amato zusammenarbeiten«, versicherte der Präsident, und um sein Engagement zu beweisen, bestimmte er Stuart Eizenstat, den amerikanischen Sonderbeauftragten für die Eigentumsrückgabe in Mittel- und Osteuropa, umfassende Ermittlungen in den Archiven aller beteiligten Behörden anzustellen, die Beweismaterial gegen die Schweiz liefern sollten.

Die Berichte aus Washington verwirrten und empörten die Bankiers und Politiker in Bern und Zürich. Man hatte die Schweiz offenbar auf Betreiben der Juden ins Fadenkreuz genommen. Die alte Verschwörung war wieder im Gange, Beweis dafür war die Ernennung von Madeleine Kunin, einer jüdischen Demokratin, zur neuen amerikanischen Botschafterin. Das ohnehin schon von Rezession und Arbeitslosigkeit gebeutelte Land, so flüsterten die Schweizer, werde von den Amerikanern belagert, die die Schweiz als Finanzplatz demontieren wollten. Das war zweifellos D'Amatos und Bronfmans härteste Sanktion, und die älteren Schweizer wußten, daß sie die beiden aus guten Gründen fürchten mußten. Nicht wegen einer Verschwörung, sondern weil sie so viele historische Tatsachen ans Licht bringen konnten und weil zudem der Politiker und der Unternehmer zu unabhängig und mächtig waren, um sich mit Schweizer Ausflüchten abspeisen zu lassen.

Die Mitarbeiter Bronfmans und D'Amatos stimmten sich regelmäßig ab und kamen überein, den Gegner mit unablässigem Druck und wohldosierten Angriffen niederzuringen. In D'Amatos Büro drängte Gregg Rickman die beiden Rechercheure, sie sollten im amerikanischen Nationalarchiv »mehr Material auftreiben, mit dem wir sie treffen können«. Rickman erhielt die Genehmigung zur Einsicht in vertrauliche Unterlagen und verschwand hinter den hermetisch abgeriegelten Türen der amerikanischen Geheimarchive, um nach belastenden Dokumenten zu suchen. Enttäuscht mußte er feststellen, daß nichts zu finden war, was im entferntesten mit dem Salmonowitz-Bericht vergleichbar war. Doch es fand sich Ersatz. Die Rechercheure kopierten Geheimdienst-, Safehaven- und Diplomatenberichte über die Schweiz, von denen viele schon seit fünfzehn Jahre freigegeben und von Historikern ausgewertet worden waren. In diesen Berichten wurde die Schweiz einhellig der Heimtücke bezichtigt.

Elan Steinberg störte sich nicht an derlei Einzelheiten. Die Washingtoner Hearings hatten den Journalisten Appetit auf Informationen über die Verbrechen der Schweiz gemacht. Viele riefen beim WJC an und verlangten mehr Informationen. Steinberg kam der Bitte gerne nach und vermittelte das eindrucksvolle Bild einer Armee von Rechercheuren, die in Washington unerhörte Geheimnisse der Schweizer Kollaboration mit dem Dritten Reich ausgruben. Mehrfach bat er Besucher in sein Büro, wo sie einen Blick auf »geheim« gestempelte Dokumente voller Authentizität werfen durften.

Bei den europäischen Zeitungen hatte man zwar offenkundig keine Ahnung von den geschichtlichen Hintergründen, war jedoch eifrig bereit zu schlucken, daß alle in den Archiven ausgegrabenen Behauptungen neu seien und der Wahrheit entsprächen. Im Mai und Juni 1996 kam es daher zu einer Reihe immer größer aufgemachter »Enthüllungen« über die Schweizer Verbindungen zu den »Odessa-Akten«, über die »Geheimnisse von Safehaven«, Hitlers »Schweizer Geheimkonto«, Görings geraubte Kunstwerke und den Verrat der Schweizer an den Juden. Durch immer neue peinliche Enthüllungen Angst zu erzeugen und bedenkenlos Anschuldigungen in die Welt zu setzen, die schockierten und für Unruhe sorgten, das waren Steinbergs Waffen. Die Berichte des OSS, die häufig auf Gerüchten und ungesicherten Quellen beruhten und von den Historikern jahrelang als bloßes Gemunkel abgetan worden waren, erschienen plötzlich uneingeschränkt glaubwürdig und fanden breite öffentliche Aufmerksamkeit. Die europäischen Zeitungsleser freuten sich über die Bedrängnis der Schweizer, doch zur Enttäuschung Rickmans und des WJC hatte dieses Interesse in Amerika keinen Widerhall.

Der WJC brauchte ein emotional besetztes Thema, das den Holocaust und die Schweiz miteinander verknüpfte. In Dokumenten aus Washington wurden das Raubgold und das Washingtoner Abkommen erwähnt, von denen Singer und Steinberg keine Ahnung hatten. Sie wußten allerdings, daß es im Katalog der Schrecken nur wenige Bilder gab, die aufwühlender waren als das Herausbrechen der Goldfüllungen aus den verzerrten Mündern toter Juden, die man aus den Gaskammern der Vernichtungslager gezogen hatte. Bei den Nürnberger Prozessen war nachgewiesen worden, daß die SS ganze Säcke mit Zahngold an die Berliner Reichsbank geliefert hatte. Unter der Aufsicht von Emil Puhl wurden die Füllungen eingeschmolzen, und später tauchten sie als nicht gekennzeichnete Goldbarren wieder auf. Alles sprach dafür, daß diese Barren an die Berner Nationalbank geliefert worden waren – zusammen mit anderen aus dem Gold der Eheringe, die den Fingern der Leichen abgezogen wurden.

Weder Steinberg noch Singer verstanden die schwierigen Zusammenhänge der Washingtoner Verhandlungen von 1946, doch beide griffen eifrig die Klage des amerikanischen Verhandlungsführers über den Verrat der Briten auf. Da die europäische Presse an der Geschichte mehr Interesse zeigte als die amerikanischen Zeitungen, gelangten sie zu dem Schluß, in London vorgebrachte Anschuldigungen könnten womöglich Schockwellen bis hinüber auf die andere Seite des Atlantik auslösen.

Dies sollte Greville Janner bewerkstelligen, ein Vizepräsident des WJC und, wichtiger noch, Labour-Abgeordneter im Unterhaus, in dem internationales Aufsehen leicht zu erregen ist. Zwar ging es mit der politischen Karriere Janners, einem gemäßigten Fürsprecher der jüdischen Sache, nur schleppend voran, doch hielt man ihm seine tatkräftige Unterstützung des heftig umstrittenen War Crimes Act zugute, durch den 1991 endlich die Anklageerhebung gegen in Großbritannien lebende mutmaßliche Nazi-Kriegsverbrecher möglich wurde. Janner wußte nichts vom Washingtoner Abkommen, doch dies hinderte ihn nicht daran, im Juli 1996 seine vielfach gedruckten und ausgestrahlten Anschuldigungen vorzubringen.

Janner behauptete, kürzlich in Washington freigegebene Regierungsdokumente offenbarten eine geheime, 1946 geschlossene Vereinbarung zwischen den Alliierten und der Schweiz, die es den Schweizern erlaubt habe, nur einen Bruchteil des geraubten Goldes zurückzugeben. Im einzelnen beschuldigte er die britische Regierung und den Auslandsgeheimdienst MI6, den Überlebenden des Holocaust viele Millionen Pfund vorzuenthalten, eben den Wert jenes Goldes, das den Opfern gestohlen worden war.

Malcolm Rifkind, Außenminister und selbst Jude, war verständlicherweise ein wenig düpiert und wandte sich an seine Beamten um Rat. Zu seinem Pech stand ihm nur mäßig qualifiziertes Personal zur Verfügung. Niemand machte sich in den regierungsamtlichen Dokumentationen der Verträge oder auch nur in allgemein zugänglichen Textsammlungen kundig, und Rifkind erklärte umgehend, die Regierung besitze keinerlei Informationen zu dieser Sache – eine befremdliche Äußerung angesichts der Tatsache, daß der Text des Washingtoner Abkommens im Jahr 1946 als regierungsamtliches Dokument veröffentlicht worden war. »Wir können die Behauptungen nicht bestätigen, nach denen die britischen Geheimdienste von Dokumenten Kenntnis haben, in denen Schweizer Banken des Besitzes von Raubvermögen beschuldigt werden«, sagte Rifkind. »Keiner der Geheimdienste verfügt über diesbezügliche Informationen.« Rifkind versprach, eine gründliche Untersuchung in die Wege zu leiten, und verlieh damit Janners Anschuldigungen unbedingte Glaubwürdigkeit. Zur Freude des Jüdischen Weltkongresses hatte es etwas genützt, auf den Busch zu klopfen. Der Hase war aufgeschreckt.

Die Ermittler in Washington versorgten Janner mit einer weiteren saftigen Anschuldigung. In einem Bericht von 1945 aus Lissabon hieß es, Tizians Gemälde »Salome«, das einem Juden gestohlen worden war, sei nach England geschmuggelt und im Tresorraum der Westminster Bank eingelagert worden. In Rundfunk- und Fernsehinterviews, die in ganz Großbritannien und anderen Ländern ausgestrahlt wurden, verlangte der Labour-Politiker die sofortige Suche und Herausgabe des Gemäldes. Der Jüdische Weltkongreß hatte über Nacht ein enormes Publikum gewonnen. Die Schweiz stehe vor einem »15-Milliarden-Pfund-Skandal« wegen der Nazi-Beutekunst, hieß es in den Schlagzeilen, und die angesehensten Londoner Zeitungen füllten die Seiten mit Sensationsberichten über Depots in der Schweiz, die Deutsche aus geraubtem jüdischem Eigentum im Wert von 15,5 bis 65,3 Milliarden angelegt hätten.[1] Janner bezeichnete die Schweiz geschickt als »Aladins Höhle voller Nazibeute« und stützte Berichte über einen kriminellen Pakt der Schweiz mit Hitler. Steinberg war begeistert. Der Damm gab langsam nach. Noch ein Stoß und die amerikanischen Medien würden vielleicht in die Kampagne einsteigen. Keiner hätte sich jedoch vorstellen können, daß ein schlampiger Historiker des britischen Außenministeriums die »aufsehenerregende Summe« nennen sollte, die *Newsweek* und *Time* auf den Plan rief. Diese Enthüllung sollte den Schweizern in den Ohren dröhnen.

Die Beamten des britischen Außenministeriums waren der Sache inzwischen gründlich nachgegangen und hatten erkannt, daß Janners Vertuschungsvorwürfe fauler Zauber waren. Einundneunzig regierungsamtliche Akten, allesamt schon zwanzig Jahre zuvor freigegeben und in den britischen Archiven der Öffentlichkeit zugänglich, belegten die Wahrheit. Ungewöhnlich hastig und bemüht, ein Image der Offenheit herzustellen, bereitete das britische Außenministerium einen Bericht vor, der die Briten von jeder Beteiligung an der unterstellten Verschwörung freisprechen sollte. Nach eiliger Recherche in den Archiven versuchte der Historiker des britischen Außenministeriums, den die feindselige Stimmung gegen die Schweiz nicht unberührt gelassen hatte, die Enttäuschung der Alliierten bei den Washingtoner Verhandlungen von 1946 zu erklären und zu rechtfertigen. Zum Glück für die neuen Kreuzritter in Amerika mißverstand der Historiker die damaligen Debatten über das Gold, besonders Alfred Hirs' sarkastische Bemerkung, die Alliierten würden seine Bank ruinieren, falls sie 500 Millionen Dollar verlangten.

Der dreiundzwanzigseitige Bericht mit dem Titel »Nazigold: Informationen aus britischen Archiven« wurde am 10. September 1996 veröffentlicht. Die *Times* lobte ihn als »akkuraten und gut zusammengestellten historischen Überblick«, doch war er eine im Grunde harmlose Dokumentation, die allerdings eine »Bombe« enthielt. Der Historiker stellte zunächst zutreffend fest, die Alliierten hätten »keine klare Vorstellung« über die genaue Menge des »in Schweizer Banken zurückgehaltenen« Raubgoldes gehabt, und berichtete dann, die Amerikaner hätten dessen Wert auf 200 Millionen Dollar geschätzt. Er fügte hinzu: »Herrn Hirs entschlüpfte während des Treffens des Goldausschusses die Summe von 500 Millionen Dollar.« Hier wurden Dollars mit Schweizer Franken verwechselt, und die angebliche Schätzung Hirs' zum Wert des Raubgolds vervierfachte sich. Tatsächlich zeigte eine auch nur oberflächliche Lektüre des amerikanischen Gesprächsprotokolls, daß Hirs die Behauptung zurückwies, irgendwelches Raubgold lagere in seiner Berner Bank. Er wollte nur auf die enorme Höhe der alliierten Forderung hinweisen.

Verständlicherweise stützten sich die Medien auf die Darstellung des britischen Außenministeriums. Wenn im Jahre 1946 noch 500 Millionen Dollar an Nazigold in der Schweiz lagerten und nur 58 Millionen davon gemäß dem Abkommen zurückgezahlt worden waren, dann, so wurde gerechnet, habe die Schweiz einen Gewinn von 450 Millionen Dollar gemacht. Inzwischen wäre dieser Goldschatz nicht inflationsbereinigt 2,5 Milliarden Pfund (knapp 7 Milliarden Mark) wert. Die *Financial Times* vermutete, er könne »immer noch in den Schweizer Banken lagern«.[2] Die Story machte den Weg über den Atlantik und erschien auf der Titelseite der *Washington Post*. Das Blatt berichtete, daß die Schweiz »immer noch 90% des Goldes zurückhält – mit einem Wert von 6 Milliarden Dollar – bis hin zu den Goldfüllungen der Holocaust-Opfer, die zu Goldbarren umgeschmolzen wurden«. Die britische Regierung, behauptete die *Washington Post,* habe »die Schweizer beschuldigt, einen geraubten Goldschatz im Wert von mehreren Milliarden Dollar nicht herausgeben zu wollen«. Und im Handumdrehen waren die Briten und Amerikaner auch noch mitschuldig. Fünf Tonnen »Nazigold«, hieß es, lagerten immer noch in den Stahlkammern der Bank von England und zwei Tonnen in der amerikanischen Zentralbank, und auch sie seien möglicherweise aus Zahngold hergestellt.

So aufsehenerregend und dienlich diese Darstellung der Dinge auch sein mochte, sie war vollkommen falsch. Doch der Jüdische Weltkongreß hatte endlich die Aufmerksamkeit der Massenmedien gewonnen. »Das ist der größte Raub in der Geschichte der Menschheit«, sagte Steinberg, als Rifkind die Möglichkeit erwog, daß jenes Gold in den britischen Stahlkammern, wie Janner forderte, an die Familien der Holocaust-Opfer verteilt werden könnte.[3]

Das Ansehen der Schweiz erreichte einen Tiefpunkt. Außenminister Flavio Cotti, an rasche Entscheidungen nicht gewöhnt, gab zu, daß die Sache »dem Image der Schweiz ernstlich schadet« und ging sogar so weit zu erklären, das Abkommen könne neu verhandelt werden, falls »neue Fakten auftauchen«. In einem verzweifelten Versuch zur Schadensbegrenzung sagte er am 16. September 1996 auf einer überfüllten Pressekonferenz: »Die Schweiz hatte nie die Absicht, Gold von den Nazis anzunehmen und es für sich zu behalten.« Die Gesamteinnahmen des Landes aus dem Goldhandel, gab die Nationalbank bekannt, hätten nur 20 Millionen Franken betragen. Das einzige Ereignis an jenem Tag, das den wachsenden Aufruhr dämpfte, war die Debatte des Schweizer Parlaments zur Änderung der Gesetze zum Bankgeheimnis.

Georg Krayer und die anderen Vorstandsmitglieder der Bankiervereinigung waren entsetzt. Statt den Gang der Dinge zu kontrollieren, taumelte die Regierung hin und her. »Diese Angelegenheit«, schrieben die Bankiers an die Regierung, »sollte nicht ständig in die politische Arena geworfen werden allein aufgrund von tragischen Fällen, Unterstellungen und zum Teil höchst zweifelhaften Dokumenten.« Sie forderten »mehr Zeit, um zu klären, was tatsächlich untersucht werden muß«. Eine Statistik plagte die Bankiervereinigung besonders. Während man der im Februar 1996 veröffentlichten Umfrage zufolge nur 38 Millionen Franken auf den nachrichtenlosen Konten gefunden hatte, die außerdem nicht alle Holocaust-Opfern gehörten, verkündete Steinberg den Journalisten, daß die Schweizer zwischen 7 und 20 Milliarden Dollar an jüdischen Vermögenswerten versteckt hielten. Robert Studer, Präsident der Schweizerischen Bankgesellschaft, unterschätzte die Emotionen, die hier im Spiel waren, und tat die Behauptungen sarkastisch ab: »Die Beträge, um die es wirklich geht, sind ›Petitessen‹«, spottete er taktlos und lief in D'Amatos Falle.

»Die Schweiz profitiert in schamloser Weise vom Holocaust«, lautete D'Amatos prägnante Parole. »Wie kann man Vertrauen in die Schweizer Behörden setzen, wenn sie immer nur unter Druck der öffentlichen Meinung handeln?« D'Amato feuerte seine Mitarbeiter an, die Diskussion in der Öffentlichkeit zu halten, und genoß ausgiebig den Kampf mit einem unterlegenen Gegner. Der Sprecher der Schweiz konnte nur beklagen, der Senator nutze die schwierige Lage seines Landes aus, um Wählerstimmen zu gewinnen. Die amerikanische Spielart der Demokratie war den Schweizern fremd, und es sollte noch schlimmer für sie kommen. Anfang Oktober konnte Gregg Rickman sechs neue Opfer und zusätzliche Beschwerdegründe präsentieren, mit denen die Kampagne des Senators weiter angeheizt wurde.

Am 16. Oktober betrat ein strahlender D'Amato den überfüllten Konferenzsaal des New Yorker Bundesgerichts, um die zweite Runde der Hearings zu eröffnen. Sechs Zeugen, alle Opfer des Holocaust und der Schweizer Banken, warteten schon, um der Weltöffentlichkeit von ihrem Leiden und ihren Demütigungen zu berichten. D'Amato hatte in seiner Mappe ein von Rickman vorbereitetes Papier, das als Knüller des Tages dienen sollte.

Einleitend verkündete der Senator, um was es diesmal gehen sollte: »Wir sind sehr besorgt darüber, daß Schweizer Bürger und Unternehmen offenkundig vom Holocaust profitierten, während die Interessen der Überlebenden völlig mißachtet wurden... Wir wollen wissen, wo die Hunderte von Millionen Dollar an Vermögenswerten hingeflossen sind, die Nazis in Schweizer Banken deponiert haben... Es ist an der Zeit, Gerechtigkeit zu üben. Es ist an der Zeit, die Wahrheit zu offenbaren.« Im Hintergrund krümmten sich Roger Witten und Mark Cohen, die Lobbyisten der Bankiervereinigung. Die Schweizer Journalisten kritzelten wütend vor sich hin – sie wußten genau, wie ihre Leser reagieren würden. Die Zeugen nickten. Der Senator sprach ihnen aus dem Herzen.

Estelle Sapir, eine kleine Frau mit zerfurchtem Gesicht, die den Holocaust überlebt hatte, sagte als erstes Opfer aus. Sie beschrieb die Suche nach dem Konto ihres Vaters, bei der sie die Schweizer Bankangestellten »grob und arrogant« behandelt hätten. Dabei sah sie D'Amato an. »Ja«, bestätigte der Senator diesen Hinweis. »Angesichts des Alters der Menschen, die bis heute zu Opfern gemacht werden, kommt es mir so vor, als ob sie das Problem auf die lange Bank schieben wollen, bis es keine Erinnerungen von Überlebenden mehr gibt.« Nach einer Pause für die Kamera fügte er hinzu: »Die Schweiz wählt die altbekannte Verzögerungstaktik.«

Der Senator bereitete nun mit einigen sorgfältigen Erklärungen die Enthüllung des Tages vor. Rickmans Knüller waren die geheimen Abkommen der Schweiz mit Polen und Ungarn zur Verwendung der erbenlosen Guthaben. »Stellen Sie sich einmal vor«, sagte D'Amato mit seinem Brooklyner Akzent, »daß man den polnischen Juden ihre Vermögen weggenommen und den Schweizern ausbezahlt hat. Einfach unglaublich... Diese Vermögen hat man den Opfern des Holocaust gestohlen.« Am Ende des neunzigminütigen Hearings hatte sich der Senator genügend Sendezeit und Zeitungsspalten gesichert. »Diese Menschen sind Opfer eines Betrugs«, erklärte er den versammelten Journalisten, »der bis heute andauert.« Inmitten der Kamerateams wiederholte der Politiker seine prägnante Botschaft. In Bern war es sieben Uhr abends – zu spät, um Flavio Cotti aufzutreiben und um eine Stellungnahme zu bitten.

Am nächsten Tag war der Schweizer Außenminister sichtlich verärgert. D'Amatos Unterstellung, erklärte er auf Nachfrage, sei »völlig haltlos«. D'Amato kannte seine Fakten und schickte einen Brief nach Bern. »Die Schweizer Regierung«, schrieb er, »war in der Tat an einer Verschwörung mit der kommunistischen Regierung Polens beteiligt. Ein derart unlauteres und betrügerisches Verhalten von welcher Regierung auch immer ist empörend, wenn man sich den Hintergrund, nämlich eines der traurigsten Kapitel der menschlichen Geschichte, vor Augen hält. Besonders bedauerlich ist es angesichts des Rufs der Schweiz, Neutralität und Mitgefühl zu verbinden.« Erneut wies Cotti die Bezichtigungen als »völlig haltlos« zurück. Wutentbrannt erklärte er vor dem Parlament: »Was über die Schweiz behauptet wurde, besonders in den ausländischen Medien... war erschütternd und am Rande des Tolerierbaren.« Die Anschuldigungen gegen die Schweizer, gestand er, »haben unsere Selbstachtung und unser Gefühl für den eigenen moralischen Wert tief untergraben«.

Ein paar Stunden später führte man Cottis Beamten, die von dem Schweizer Historiker Peter Hug unterstützt wurden, zu den Dokumenten des Geheimabkommens mit Polen, die fein säuberlich in den offen zugänglichen Regalen des Nationalarchives aufgereiht waren. »Geld von Juden«, gab der Sprecher des Außenministeriums einfältigerweise zu, »wurde zur Entschädigung Schweizer Bürger verwendet.« Daraufhin fertigte in Washington der Schweizer Botschaftssprecher die ihn belagernden Journalisten mit der Bemerkung ab, der Berner Sprecher sei »falsch zitiert« worden. Ereignisse, Enthüllungen und Geständnisse überstürzten sich jetzt, zu schnell für die an gemächliche Schritte gewöhnten Beamten. Ein Telefonanruf in Bern klärte die Widersprüche. Die Schweiz, gab man in der Botschaft in Washington zu, »erkaufte sich den guten Willen des polnischen Regimes«, doch »das Abkommen wurde nicht umgesetzt«. Zwischen alle Fronten geraten, versuchten die Schweizer das Abkommen nun anders zu erklären. Die Schweizer Bürger seien nicht von der eigenen, sondern von der polnischen Regierung entschädigt worden. In Bern gab die Regierung die Einsetzung einer Task Force unter Leitung von Peter Hug bekannt, die die Abkommen der Schweiz mit den osteuropäischen Ländern untersuchen sollte.

Ende Oktober 1996 waren fünf verschiedene Untersuchungen, in denen die Schweizer Vergangenheit unter die Lupe genommen werden sollte, entweder schon in Gange oder zumindest in Vorbereitung. Zusätzlich sollte eine Historikerkommission eingesetzt werden, die alle Schweizer Archive nach Material über die Nazizeit und die Folgejahre durchforsten sollte. Dafür wurden fünf Jahre Arbeit veranschlagt.

Die dritte Untersuchung führte Hanspeter Häni, der Ombudsmann der Bankiervereinigung. Häni nahm wie schon Weber im Jahre 1963 für 300 Franken Gebühr Anfrageunterlagen entgegen, die er zur Beantwortung an die Banken weiterleitete. Nach acht Monaten gab er bekannt, daß trotz 2229 Anträgen und 1055 Ermittlungsvorgängen kein einziges nachrichtenloses Konto gemeldet worden sei. Doch angesichts wachsenden Drucks verkündete er überraschend, man habe doch elf solcher Konten mit insgesamt 1,6 Millionen Franken entdeckt. Allerdings ließen sich nur fünf mit Naziopfern in Verbindung bringen, deren Gesamteinlagen sich auf

11 000 Franken beliefen. »Eine grausame Farce, welche die Schweizer Bankenwelt immer noch auf Kosten der Holocaust-Überlebenden spielt«, höhnte der Jüdische Weltkongreß. »Er ist Schweizer«, stichelte D'Amato, »wie kann man nur erwarten, daß er unvoreingenommen sein könnte?« Häni hatte mehr an Schutzgebühren von jüdischen Anfragestellern eingenommen, als die wenigen Guthaben wert waren, die er bei den Nachforschungen entdeckt hatte.

Die vierte vorgeschlagene Untersuchung unter Leitung von Paul Volcker war immer drauf und dran zu scheitern. Obwohl in der Gesetzesänderung, mit der die Banken zur Offenlegung ihrer Geheimnisse gezwungen werden sollten, im einzelnen nun auch das »Schicksal der Vermögenswerte« genannt wurde, »die infolge der nationalsozialistischen Herrschaft in die Schweiz gelangten«, hatten sich die Vertreter der Banken und der Juden immer noch nicht auf das genaue Vorgehen geeinigt. Die Banken hatten 1962 eine gründliche Untersuchung so geschickt verhindert, daß nun, fünfunddreißig Jahre später, jeder Versuch, dies zu wiederholen, mit aller Wachsamkeit verfolgt werden mußte. »Ich wäre enttäuscht, wenn wir die Differenzen nicht ausräumen könnten«, wehrte sich Volcker gegen Anwürfe D'Amatos, der an Volckers Objektivität zweifelte.

Die fünfte Untersuchung leitete Thomas Borer, ein neununddreißig Jahre alter, ehrgeiziger und selbstsicherer Anwalt für Internationales Recht, der als Nummer vier im Außenministerium galt. Als ehemaliger Berater für Rechtsangelegenheiten in Washington war es die Aufgabe Borers, mit seiner Arbeitsgruppe die Untersuchung zum Schicksal der »Guthaben von Naziopfern« in der Schweiz zu überwachen. Auch Borer, ein traditionsverbundener Schweizer, vertrat keine ungewöhnliche Position. D'Amato, klagte er, »drängt in unfairer Weise auf eine Verurteilung« der Schweiz.

Zur Verärgerung der Eidgenossen verspritzte D'Amato noch mehr Gift. Die Schweizer, erklärte er Reportern, »sind in den unbestreitbaren Taten ihrer Vorfahren gefangen und verteidigen sich mit neuen Ausflüchten, Halbwahrheiten und Verzerrungen. Sie verschlimmern ihre damaligen fürchterlichen Taten noch, indem sie anderen haltlose Unterstellungen vorwerfen.« Um mit den Verzögerungen endlich Schluß zu machen, schlug er vor, die Schweizer

Regierung solle, wie die südafrikanische, eine »Wahrheitskommission« einrichten. Die über jeden Rassismus angeblich erhabenen Schweizer empfanden dies als den größten Hohn. »Die Schweiz mit Südafrika zu vergleichen ist absurd«, sagte der hellhaarige Borer. »Seine Vorwürfe, wir wollten die Untersuchungen verzögern«, brummte Cotti, »oder wir seien als Schweizer nicht glaubwürdig, sind verletzend und völlig inakzeptabel.«

Die Schweizer Unschuldsbeteuerungen gaben der anderen Seite Anlaß zu einem raffiniert ausgeklügelten Angriff. Umtriebige Anwälte in New York und Washington organisierten zwei sogenannte »Class actions« gegen die Schweizerische Bankgesellschaft, die Schweizerische Kreditanstalt und den Schweizerischen Bankverein, bei denen sie Schäden in Höhe von 20 Milliarden Dollar veranschlagten. »Class actions«, im europäischen Recht unbekannte Sammelklagen, werden von großen Personengruppen als Rammböcke gegen die amerikanischen Großunternehmen eingesetzt, um hohe Schadenersatzforderungen durchzusetzen. In den Klagen hieß es, die Banken hätten sich geweigert, von Juden angelegtes Geld zurückzugeben. Weiterhin müsse ein großer Teil ihres von den Nazis gestohlenen Besitzes, der nun in Schweizer Banken liege, an die Überlebenden verteilt werden. Das Beweismaterial für die beiden Klagen war keineswegs beeindruckend, der verursachte Ärger jedoch war gewaltig. Sollte der Richter bloß eine der beiden Kollektivklagen zulassen, würden die Banken in einen langwierigen Prozeß verwickelt werden, in dem sie ihre Beziehungen mit den Nazis während des Krieges verteidigen müßten. Noch mehr Angst bereitete den Banken der Umstand, daß Martin Mendelsohn für seine Klage als leitenden Anwalt Michael Hausfeld gewinnen konnte. Hausfeld hatte soeben in einem Vergleich mit Texaco wegen eines Diskriminierungsfalles 178 Millionen Dollar erstritten und damit noch einmal bewiesen, daß er der führende amerikanische Anwalt für Sammelklagen war. Die Schweizerische Bankiervereinigung begriff nun endlich, wie ernst die Drohung war. Um die Öffentlichkeitswirksamkeit der Kampagne noch zu steigern, stellte eine der Anwaltsfirmen ein weiteres Opfer vor, das die Unlauterkeit der Schweizer beweisen sollte.

Gizella Weisshaus schilderte, was ihr im Sommer 1944 widerfahren war. Sie war mit vierzehn Jahren zusammen mit ihren Eltern und sechs jüngeren Brüdern und Schwestern im rumänischen Sighet verhaftet worden. Die Familie wurde gezwungen, im Haus zu bleiben, den Vater hielt man am Bahnhof fest, von wo aus er nach Auschwitz deportiert werden sollte. Er zahlte seinem Bewacher ein üppiges Bestechungsgeld und durfte kurz nach Hause zurück, um sich von der Familie zu verabschieden. Inmitten eines eiligen und angespannten Wortwechsels flüsterte Gizella Weisshaus' Vater, er habe im Haus ein wenig Geld versteckt und einen größeren Betrag bei einer Schweizer Bank deponiert. Dann kehrte er zum Bahnhof zurück und wurde nie mehr gesehen. Kurz danach wurde die ganze Familie nach Auschwitz transportiert. Auf der Rampe des Lagers befahl ein SS-Offizier mit einer Daumenbewegung der Mutter und den sechs jüngeren Kindern, in die eine Richtung zu gehen, während er Gizella trotz der Schreie ihrer Mutter einer anderen Gruppe zuwies. Den Gefangenen war nicht klar, daß hier über Leben und Tod entschieden wurde: Gizella Weisshaus überlebte, die Mutter und die sechs Geschwister wurden Stunden später vergast. Bis Kriegsende wurden mehr als fünfzig ihrer Verwandten ermordet. Dem Lager entronnen, kehrte Gizella Weisshaus nach Hause zurück, wo sie, wie ihr Vater ihr anvertraut hatte, 1500 Dollar in Scheinen und ein wenig Gold unter dem Dach versteckt fand. Kurz darauf heiratete sie und wanderte nach Amerika aus.

Die sechundsechzigjährige orthodoxe Jüdin saß im Herbst 1996 in ihrer Wohnung, den Blick auf ein Foto gerichtet, das sie als Kind zusammen mit dem Vater zeigt, und sprach voll Zorn über ihre drei erfolglosen Besuche in der Schweiz auf der Suche nach dem Bankkonto des Vaters: »Das hat mich ganz verrückt gemacht. Sie spielen nur auf Zeit und warten, daß alle sterben. Ich muß meinen Eltern Gerechtigkeit widerfahren lassen.« Durch die öffentliche Aufmerksamkeit, die beide Fälle erregten, wurden über dreitausend weitere potentielle Anspruchsberechtigte veranlaßt, sich der Klage (im US-Recht mögliche Massenklage; A.d.Ü.) anzuschließen. »Dieses öffentliche Aufsehen macht uns schwer zu schaffen«, stöhnte ein Sprecher des Politischen Departements in Bern. »Wir schälen die Zwiebel, Schicht für Schicht«, freute sich Stuart Eizenstat.

Um die feindselige Öffentlichkeit zu besänftigen und die gemachten Fehler zu korrigieren, veranstaltete Carlo Jagmetti, der vierundsechzigjährige Schweizer Botschafter in Washington, auf Weisung der Regierung in Bern eine Pressekonferenz. Jagmetti, ein schwergewichtiger Mann kurz vor dem Ruhestand, hätte gewiß lieber in einem Café in den Bergen bei einem Glas kalten Weißweines gesessen oder an einem Strand in Florida gelegen, als sich in diese unheilvolle Auseinandersetzung einmischen zu müssen. Weder er noch seine Vorgesetzten in Bern hatten vor seiner Bestallung erwartet, daß der Sohn einer alteingesessenen Züricher Familie eines Tages aus der Anonymität würde heraustreten müssen, an die er als Vertreter eines unbedeutenden Landes in Washington gewöhnt war. Tatsächlich war Jagmetti so wütend gewesen, daß Clinton vier Monate verstreichen ließ, bis er ihn zum Akkreditierungsbesuch empfing, daß er hinterher Schweizer Journalisten gegenüber höhnte, der Präsident »lacht in unpassenden Augenblicken«. Er fragte die Journalisten: »Wer führt dieses Land in Wirklichkeit?«

Diese Geringschätzung mischte sich mit dem von den meisten seiner Altersgenossen empfundenen Zorn über die verleumderischen Ausfälle gegen die Würde seiner Nation. Jagmetti und seine Leute kamen daher ins Schwimmen, als sie ihre Vorgänger blindwütig verteidigten und feststellen mußten, daß ihrer Loyalität von der Regierung in Bern nur mit weiteren konfusen Aktionen gedankt wurde. In Bern wies man die Anschuldigungen der Juden in New York zunächst zurück, unmittelbar darauf machte man jedoch eine Kehrtwendung und bestätigte die Vorwürfe. D'Amatos Behauptungen wurden zunächst lächerlich gemacht und dann bestätigt. Wer, fragte sich Jagmetti, hatte zu Hause eigentlich die Zügel in der Hand und warum weigerte sich D'Amato, ihn zu treffen? Der Senator war widerwärtig. Respektlos und sensationsheischend. Jagmetti unterdrückte jedoch seine Wut, als er nach sorgfältigen Vorbesprechungen am 30. Oktober mißmutig vor fünfzig Journalisten und ein Dutzend Fernsehteams in der Empfangshalle der Botschaft trat.

Christoph Bubb, der juristische Berater der Botschaft, stand etwas abseits vom Schweizer Gesandten. Er war heute klüger als zwei Wochen zuvor, doch damals hatte er ebenfalls in der Empfangshalle die Behauptung scharf zurückgewiesen, Schweizer Banken könnten jüdische Vermögenswerte einbehalten haben. Außerdem hatte er D'Amatos Hinweis auf das Geheimabkommen der Schweiz mit

Polen lächerlich gemacht. Und dennoch war der Anwalt verdutzt. Seine Erziehung und Ausbildung hatten ihn auch nicht ansatzweise auf einen derartigen Tumult um sein Land vorbereitet. Der Kampf gegen die unablässigen Verschleißangriffe war eine schwere psychische Belastungsprobe für ihn. Die Sprache und die Emotionen, die ihm entgegenschlugen, waren die des Krieges und nicht der Diplomatie – eines Krieges um das Überleben der Schweiz. Jagmetti teilte diese Sorge. Beide Männer betrachteten den »Krieg« als einen Konflikt um Geld, und nicht um Wahrheit oder Gerechtigkeit. Die Amerikaner, so glaubten sie, wollten ein Geschäft machen, doch mit solchen Leuten über Geld zu verhandeln war unmöglich.

Der Botschafter hatte Weisung erhalten, die Situation durch Bekundungen und Versicherungen zu beruhigen. Jagmetti blinzelte nervös angesichts der ungewohnt vielen Menschen in seinem Heiligtum und begann mit einem Versprechen: Die volle Wahrheit werde »sobald wie möglich« offengelegt. Solange die Arbeit der Historikerkommission nicht abgeschlossen sei, und sollte sie auch fünf Jahre dauern, »müssen wir die Falle voreiliger Schlüsse aufgrund angeblicher Enthüllungen vermeiden«. Der Botschafter zwang sich, seinen Ärger hinunterzuschlucken, als er auf die Anschuldigung des Gegners einging, fünf Jahre seien »zu lang«. D'Amato führe eine »Schmierenkomödie« auf, konterte Jagmetti. Außerdem würden die Historiker »bald Ergebnisse« erzielen. Der Name des Senators, ein rotes Tuch für den Botschafter, veranlaßte ihn zu einem weiteren Angriff gegen »Fehldarstellungen«, doch entsprechend der Berner Weisung, versöhnlich aufzutreten, räumte er ein: »In der Schweiz wird gegenwärtig sehr viel Gewissenserforschung betrieben. Es gibt grundsätzliche Auseinandersetzungen. Die Meinungen sind polarisiert.« Als die Fragen feindseliger wurden, rückte der Botschafter mit einem Zugeständnis heraus: »Natürlich haben die Banken psychologische Fehler gemacht. Vom menschlichen Standpunkt aus betrachtet sind einige schwere Fehler gemacht worden.«

Zwar konnte Jagmetti keinen zynischen Journalisten für sich gewinnen, doch war es ihm im letzten Moment gelungen, ein menschliches Antlitz zu zeigen. Seine tiefsitzenden Vorurteile konnte er jedoch nicht auf Dauer verbergen. Der rundliche Botschafter, überzeugt, in einen Krieg um sein Land verwickelt zu sein, beging nun seinen eigenen »psychologischen Fehler«. Zu Greta Beer, auf Einladung des Bankiers Julius Bär in die Schweiz geflogen, um ihr Konto zu suchen, bemerkte der Botschafter: »Man hat ihr Konto gefunden, aber entdeckt, daß ihre Onkel schon längst alles abgehoben hatten. Deshalb war dies ein recht problematischer Fall. Wäre das Geld dagewesen, hätte sie es sofort bekommen.« Diese Aussage entsprach nicht der Wahrheit. Hans Bär hatte die Unterlagen für ein Konto ihres Onkels gefunden, das leer war, jedoch keine Spur des Kontos, das Beers Vater eröffnet hatte. Jagmettis Fehler offenbarte seine Voreingenommenheit: Seiner Meinung nach hatte ein Jude einen anderen Juden bestohlen.

In Bern hielt der fest im Sessel sitzende Chef der »Task Force« Thomas Borer den »Fehler« des Botschafters für trivial und war wütend über den vom Senator und dem Jüdischen Weltkongreß geweckten Aufruhr. Bei einem Treffen mit Paul Volcker hatte Borer jedoch die eigenen Vorurteile zum Ausdruck gebracht. Um seine Überzeugung zu begründen, warum man nur wenige nachrichtenlose Konten von Juden auf Schweizer Banken finden würde, hatte Borer erklärt: »Reiche Juden sind nicht nach Auschwitz gekommen. Sie haben sich klugerweise freigekauft.« Volcker hatte seine Überraschung angesichts dieses Arguments verborgen. Kein Wunder, daß es so schwierig war, die aus Juden und Schweizern bestehende Kommission zur Einigung über die Verfahrensweise zu bewegen und mit der Arbeit zu beginnen.

Vorurteile, Wut und Mißtrauen trieben die Konfliktparteien noch weiter auseinander. D'Amato und der Jüdische Weltkongreß fütterten die Journalisten gezielt mit weiteren heißen Dokumenten, um den Gegner zu zermürben. Anfang Dezember erhielt ein Vertreter des Simon Wiesenthal Centers in Buenos Aires Unterlagen zu den Goldlieferungen aus Bern während des Krieges. Kriegsbeute der Nazis im Wert von einer Milliarde Pfund, vermutete Elan Steinberg, war nach Argentinien gebracht worden. Rickman in Washington veröffentlichte vor kurzem entdeckte Berichte des US-Außenministeriums, nach denen Goebbels und Göring Diplomatentaschen voller Raubgut in die Schweiz geschickt hatten. Von dort sollten sie nach Argentinien weitergeleitet worden sein. Andere Geheimdienstberichte wiesen darauf hin, daß Schweizer Beamte Nazis zur Flucht über die Schweiz nach Südamerika verholfen hätten. In der

Mitte des Netzes saß die Schweiz, die die Nazis schützte und den Juden Schaden zufügte.

Thomas Borer mußte die neuesten Schlagzeilen zur Kenntnis nehmen. Auch die Beweise wollte er nicht vom Tisch wischen. Im Gegensatz zu Jagmetti war er weder vom Naturell her gegen die Amerikaner, noch unterschätzte er, wieviel Einfluß ein Senator, eine Lobbygruppe und die ihnen gewogenen Medien zusammengenommen ausübten. Während er den Strom neuer Unterlagen aus den Archiven abwertete – »Einzeldokumente, aus dem Zusammenhang gerissen und ohne Rücksicht auf die historischen Umstände zu veröffentlichen, ist Sensationshascherei« –, erkannte er zugleich, daß ein Dialog notwendig war, selbst wenn D'Amato wenig geneigt schien, ihn in gegenseitigem Respekt zu führen. Anstatt die Hinweise aus Argentinien rundweg abzutun – er spielte Jagmettis brüske Reaktion herunter, es handle sich um ein »bloßes Gerücht« –, war er um Versöhnung bemüht: »Es kann nicht ausgeschlossen werden, daß eine Diplomatentasche gelegentlich mißbraucht wurde.« Nach einer Reihe von Treffen mit den Schweizer Botschaftern in Israel und den USA, mit den Gesandten in den meisten europäischen Ländern und mit den führenden Schweizer Bankiers schlug er eine neue Strategie vor, die der Welt beweisen sollte, daß die Schweiz kein Geld gestohlen hatte. Endlich sollte eine Lösung gesucht werden. Der geeignete Ort und die Rechtfertigung für den Beginn der Kampagne in der Öffentlichkeit war nach Borers Ansicht das von James Leach für den 11. Dezember anberaumte Hearing. Leach war Vorsitzender des Bankenausschusses im Washingtoner Repräsentantenhaus. Borer wollte als Zeuge aussagen und im Verlauf seines Besuchs mit den wichtigsten Kontrahenten sprechen.

Die Reise des Schweizer Diplomaten verlief nicht so angenehm wie erhofft. Kurz vor der Abreise hatte er den 145-seitigen Bericht der Historikerkommission über die Geheimabkommen der Schweiz mit Polen und Ungarn erhalten. Ärgerlicherweise waren die Mitglieder der Kommission zu dem Schluß gekommen, daß »eine Reihe schwerer rechtlicher und administrativer Unregelmäßigkeiten von den Banken und hohen Schweizer Regierungsbeamten und Politikern zu verantworten ist«. Der Bericht, entschied Borer, würde nicht wie versprochen während seines Besuchs in Washington veröffentlicht werden. Verbesserungen waren nötig, gewiß eine Terminverschiebung, und die Veröffentlichung sollte von einem anderen Ereignis in den Hintergrund gedrängt werden.

Damit schaffte er sich dieses Ärgernis vorerst vom Hals. In Washington wollte der ehrgeizige Beamte bei einer Reihe von Gesprächen Brücken bauen. Das wichtigste dieser Treffen war das Mittagessen mit Edgar Bronfman im Seagram-Haus in Kanada. Zur beiderseitigen Freude wurde die Begegnung laut Steinberg als »freundlich, konstruktiv und ermutigend« bewertet. Auch D'Amato meinte lächelnd, sein Treffen mit Borer sei »okay« gewesen. Von seiten des Jüdischen Weltkongresses kam der Vorschlag, die Schweiz könne als Geste des guten Willens eine Stiftung einrichten. »Wir brauchen eine Interimsstiftung für die Überlebenden«, sagte Bronfman. »Bisher sind wir langsamer vorangekommen als eine Schnecke. Nicht ein Franken hat die Hände gewechselt.« Obwohl kein Betrag genannt wurde, zeigte Borer Verständigungsbereitschaft. »Die Krise könnte vorbei sein«, scherzte Steinberg, als Borer nach Süden flog. Um 9.40 Uhr hatte er einen Termin im Rayborn House in Washington. Für ihn und seine Begleiter stand nun ähnlich viel auf dem Spiel. Seit den Hearings im April 1996 hatte das Ansehen der Schweiz massiven Schaden erlitten. Jeder Versuch, sich zu wehren oder den Schaden zu begrenzen, war aussichtslos oder kontraproduktiv gewesen. Borer hoffte, sein Engagement werde zur Besänftigung der Gemüter und zum Aufbau von Vertrauen beitragen. Die einleitenden Bemerkungen der Politiker auf dem Podium waren jedoch nicht gerade ermutigend.

»Für Leute, welche diese Hearings als ärgerlich und lästig empfinden«, mahnte der Kongreßabgeordnete Barney Frank aus Massachusetts, »gibt es eine einfache Möglichkeit, sie zu beenden: Tut das Richtige.« Die Schweizer Beamten waren beunruhigt, amerikanische Politiker so leidenschaftlich über den »größten moralischen Schandfleck in der Geschichte der Menschheit« sprechen zu hören, doch die Warnung des Abgeordneten Spencer Bachus aus Alabama war deutlich genug: »Die Glaubwürdigkeit, die Wahrheitstreue und die Rechtschaffenheit der gesamten Schweizer Bankenwelt stehen in dieser Sache auf dem Spiel, und die Beweislast liegt ganz allein bei den Banken.« Die Banken ihrerseits schätzten die nachrichtenlosen Konten auf 30 Millionen Dollar, die Überlebenden sprächen von »bis zu 20 Milliarden Dollar«, und dies, so Bachus, sei »eine zu große Kluft, als daß hier ein bloßer Irrtum vorliegen könnte«.

Borers Körper – er wurde von den umstehenden Journalisten Schwarzenegger getauft – verkrampfte sich, als der nächste Abgeordnete, Paul Kanjorski aus Pennsylvania, verkündete: »Niemand darf aus Blutgeld Gewinn schlagen – nicht heute, nicht vor fünfzig Jahren und auch nicht in fünfzehn Jahren. Nie mehr.«

Der Abgeordnete überhäufte nicht nur D'Amato mit Lob wegen seines entschlossenen Handelns und seiner unerbittlichen Kritik an der Schweiz, er dachte auch laut über »Sanktionen« nach. Die anderen Abgeordneten schienen dies gutzuheißen und spendeten ebenfalls Beifall. Doch als Borer sich setzte, um als erster Schweizer Beamter vor dem amerikanischen Kongreß seine Aussage zu machen, verließ D'Amato den Raum. Der Senator hörte die einleitenden Sätze Borers nicht mehr: »Unsere Regierung und unser Parlament haben wiederholt unterstrichen, daß nur die Wahrheit und nichts als die Wahrheit sie in ihrem Streben nach Gerechtigkeit zufriedenstellen werden.« D'Amato entging auch Borers Versicherung, die Schweiz sei sich »zutiefst der Schmerzen, des Mißtrauens und der Verwirrung im Zusammenhang mit diesem Problem bewußt... Wir haben keine Angst vor der Wahrheit.«

Augenwischerei ist den amerikanischen Politikern wohlvertraut, und die Schuppen fielen Borer von den Augen, als der neben ihm sitzende Bronfman in seiner Erwiderung von der »Abwehrhaltung« der Schweiz sprach. All die Bekundungen, man sei guten Willens und werde Fortschritte machen, mußten eingelöst werden. »In ein paar Monaten treffen wir uns hier zu einem neuen Hearing«, warnte Frank, »daran besteht kein Zweifel.«

»Wir betrachten dies als moralische Forderung«, sagte Borer später. »Kein Franken sollte in der Schweiz bleiben.«

Vierundzwanzig Stunden später war der Nachglanz von Borers Auftritt verblaßt. Er hatte mit seiner Bemerkung die meisten Beobachter beeindruckt, vor dem Hearing habe er das Holocaust-Museum besucht, »um in der Umgebung einer so bedeutenden Gedenkstätte darüber nachzudenken, ob ich und die Schweiz genug tun«. Die Wahrheit sah anders aus. Den Museumsangestellten zufolge kam Borer mit einem Fernsehteam an. Es filmte Borer beim Betreten des Museums, das er kaum 15 Minuten später wieder verließ. Der Besuch war nichts anderes gewesen als ein Fototermin. Borers Versuch, den Ruf der Schweizer zu retten, war kontraproduktiv. Weder D'Amato noch Bronfman sahen einen Vorteil darin, ihre Aktivitäten zu reduzieren. Ungeachtet des ganzen Wortgetöses versuchten bereits Rechtsanwälte beider Seiten einen Vergleich auszuhandeln, um zu verhindern, daß der Massenklage stattgegeben wurde und es zum Prozeß kam. Die Möglichkeit eines Deals – nach Borers Ansicht der wahre Grund für die Kampagne – hing von der Geldsumme und von der damit verbundenen Erklärung für die Zahlung ab. Zu beiden Fragen wollte jedoch kein Fortschritt gelingen. Der Deal geriet in immer weitere Ferne, nicht zuletzt wegen schwerwiegender Differenzen in der Schweiz.

Obwohl er zu professionell war, um dies zuzugeben, wurde Borers Verhandlungsposition durch Streitigkeiten zwischen den sieben Ministern des Bundesrats und durch die weiterhin feindselige Haltung der Banken geschwächt.

Die Bankiervereinigung hatte, ganz gemäß ihrer Tradition, die Regierung gedrängt, den Juden keinerlei Zugeständnisse anzubieten. Die Volcker-Kommission einzurichten war eine Konzession zuviel, und es gab Versuche, deren Richtlinien zu verändern. Wie alle seine Vorgänger seit 1946 war Borer zu schwach, um die Bankiervereinigung herausfordern zu können, und dies vor allem, weil die Politiker ins Stolpern gerieten. Die sieben Minister versuchten unwillkürlich, ihr Land zu beschützen, begegneten jedoch der Kampagne in Amerika nur stümperhaft und waren nicht in der Lage, sich auf eine politische Strategie zu einigen und eine klare Direktive zur Bewältigung der Krise zu geben. Geeint in der starrsinnigen Überzeugung, die Schweiz sei das Opfer einer Verschwörung, waren sie unfähig, die Krise wirklich zu begreifen. Was sie alle im Grunde dachten, brachte der Wirtschaftsminister und amtierende Bundespräsident Jean-Pascal Delamuraz zum Ausdruck.

Für Delamuraz ging es bei der im Februar 1996 ausgelösten Krise nicht um Gerechtigkeit, sondern um Geld. Die Schweiz werde von den Juden unter Druck gesetzt, einen Deal zu machen. Wie Jagmetti und so viele andere Partei- und Altersgenossen glaubte auch Delamuraz, jeder Mensch sei käuflich und Geld löse alle

Probleme. Der Bundespräsident jedoch war mehr als mißtrauisch wegen der großen Kluft zwischen den von der Bankiervereinigung angebotenen 32 Millionen Franken und den 7 Milliarden, die vom Jüdischen Weltkongreß genannt wurden. Das Staatsoberhaupt konnte sich nicht vorstellen, daß seine Äußerungen nicht als aufrichtig und vernünftig empfunden werden könnten. Die Haltung der Regierung in der Kontroverse faßte er in einem Interview mit einer Schweizer Zeitung zusammen, das er am Vorabend seiner Ablösung im rotierenden Präsidentschaftsamt gab. Ein Bericht von Carlo Jagmetti (dessen nichtgenehmigte Veröffentlichung im Januar Anlaß für seinen Rücktritt werden sollte), in dem es hieß, die Schweiz müsse gegen Gruppen in Amerika, »denen nicht zu trauen ist«, einen »Krieg führen«, hatte Delamuraz in Rage versetzt. Die in dem Bericht wiedergegebene Forderung der Juden, einen mit 250 Millionen Dollar ausgestatteten Entschädigungsfonds einzurichten, sei »nichts anderes als Wucher und Erpressung«. Der von den Juden angebotene »Deal« sei erpresserisch und passe gut zu der amerikanischen Kampagne, die in erster Linie dem internationalen Finanzplatz Schweiz schaden sollte. Die Empörung, mit der die Gedanken des Präsidenten in Amerika aufgenommen wurden, veranlaßte seine sechs Kabinettskollegen, ihm beizupflichten. Delamuraz' Antisemitismus war nichts Ungewöhnliches und wurde von seinen Kollegen nicht einmal registriert. Vielmehr teilten viele seinen Widerwillen. Die Regierung, erklärte Arnold Koller, der neue Präsident, habe nicht vor, sich für Delamuraz' Äußerungen zu entschuldigen. Leserbriefe an Schweizer Zeitungen waren voll des Lobs über einen Präsidenten, weil er der Wut der »im Stillen leidenden« Schweizer endlich Ausdruck verliehen habe. Auf den Straßen waren offene Klagen gegen die Juden zu hören. Delamuraz, von der Mehrheit seiner Landsleute unterstützt, äußerte eine oberflächliche Entschuldigung, um die US-Regierung zufriedenzustellen, dementierte seine Äußerungen jedoch nicht.

Anfang Januar 1997 hatte Borer schließlich ein genaueres Bild von der Gefahr, in der die Schweiz schwebte. Abraham Burg der Vorsitzende der Jewish Agency und Mitglied der Volcker-Kommission, hatte mit einem weltweiten Boykott der Schweizer Banken und dem Abzug der Einlagen gedroht. Der Schweizer Präsident, klagte Burg, sei in eine »Konspiration verwickelt mit dem Ziel, die

Verhandlungen zwischen uns zum Scheitern zu bringen, damit die Schweizer nicht die Verantwortung für ihre Handlungen... während des Krieges übernehmen müssen«. In New York und in zwei weiteren US-Bundesstaaten wurde diskutiert, ob man damit beginnen solle, den Schweizer Banken die Geschäftslizenzen zu entziehen. Borer telefonierte mal mit New York, mal mit Washington, um die neuerliche Krise zu entschärfen. Die Zeit, sagte man ihm, werde knapp. Fünf Jahre auf den Bericht der Historikerkommission zu warten und mehr als ein Jahr auf den Volcker-Bericht bedeute, den Interessen D'Amatos und Bronfmans in die Hände zu spielen. Die einzige Lösung sei ein großzügiger Entschädigungsfonds. Borer ging von Minister zu Minister und wurde jedesmal mit eisigem Blick empfangen. Die Schweizer Politiker waren nicht bereit, Geld anzubieten, weil das als Schuldeingeständnis der Schweiz gedeutet werden würde, und schon gar nicht, bevor die Untersuchungen abgeschlossen waren. Die in New York und Washington geäußerten Ansichten hatten die Schweizer in ihrer Sturheit nur noch bestärkt. Am selben Tag, an dem Delamuraz erklärte, er müsse sich nicht entschuldigen, weil seine Äußerungen lediglich »mißverstanden« worden seien, wurde Borer die Befugnis erteilt, einen begrenzten Deal anzubieten.

Borer meinte es zwar gut, doch seine Ankündigung vom 8. Januar 1997, die Regierung hoffe, die Schweizer Banken würden einen Holocaust-Gedenkfonds mit den Geldern der nachrichtenlosen Konten einrichten, war ein Schuß in den Ofen. »Sie versuchen uns mit Geld zu ködern, das ihnen nicht gehört«, höhnte Abraham Burg. Borer war düpiert und suchte nach einer neuen Idee. Am nächsten Morgen hörte er die Meldung, ein Sicherheitsmann der Schweizerischen Bankgesellschaft habe während eines Routinegangs neben dem Reißwolf der Bank drei große Behälter mit alten Büchern und Papieren bemerkt. Er blätterte sie durch und stellte fest, daß die mit Füllfederhalter geschriebenen Dokumente sich auf Eigentumstransfers in der Zeit des NS-Regimes bezogen. Ganz offensichtlich sollte historisches Material, dessen Vernichtung nach Schweizer Gesetz verboten war, durch den Reißwolf gelassen werden. Die Bollwerke der Schweiz brachen nun rasch zusammen. Robert Studer, der Präsident der Bankgesellschaft, hatte die Anschuldigung als »Märchen« abgetan, die Banken hätten ganze Vermögen an den Opfern des Holocaust verdient. Seine Bank gab nach der Prüfung durch einen Historiker zu, man habe Tausende weiterer Dokumente vernichtet, ohne sie in anderer Form aufzuzeichnen. Und damit nicht genug: Man kündigte auch dem Wachmann, weil er die Aktenvernichtung an die Öffentlichkeit gebracht und damit die Geheimhaltungsvorschriften der Bank gebrochen hatte. Borers mühselige Arbeit war mit einem Schlag zunichte gemacht, und über D'Amatos und Steinbergs beißende Kommentare zu diesem Vorfall wurde getreulich in der Schweiz berichtet.

Unter den Berner Ministern und Beamten herrschte heillose Verwirrung. Aufgebracht suchte Delamuraz um Rat nach, wie der Zusammenbruch aufzuhalten sei, und man veranlaßte ihn, sich abermals für das »Mißverständnis« zu entschuldigen. Die Schweizer Bankiers wurden dringend ersucht, ihre fünfzig Jahre währende Obstruktionspolitik zu beenden. Ein Deal war lebensnotwendig geworden.

Rainer Gut, dem Direktor der Schweizerischen Kreditanstalt, fiel die Aufgabe zu, Kooperationsbereitschaft zu signalisieren. Nur eine Geste, das wußte er, konnte die Spannung senken und den internationalen Ruf der Schweizer Banken retten. Am 22. Januar erzielte Gut mit seinen beiden wichtigsten Konkurrenten einen Durchbruch und konnte eine Lösung anbieten. Ein »gut ausgestatteter« Entschädigungsfonds solle eingerichtet werden, um Opfern des Holocaust und deren Familien zu helfen. Einen Betrag nannte er nicht. Frühere Spekulationen, es gehe um 100 Millionen Franken, lagen zu niedrig. Selbst die dreifache Summe würde von D'Amato als zu gering und zu spät abgetan werden. Die Erwartungen der Gegner der Schweiz stiegen täglich. Eine Milliarde Dollar, so wurde ernsthaft vorgeschlagen, wäre der mindeste Betrag, um die Kampagne zu stoppen. Selbst als tags darauf angekündigt wurde, die Schweizer Regierung und alle führenden Finanzinstitute wollten bei der Umsetzung von Guts Vorhaben zusammenarbeiten, wurden keine konkreten Zahlen genannt.

Die Schweiz, so schien es, hatte nicht ganz verstanden. Der Konflikt konnte nur durch einen Deal gelöst werden. Aus Sicht der Juden mußte sich die Schweiz zu ihrem Verhalten während des Krieges bekennen. Für die Schweizer ging es darum, ihre Peiniger abzuschütteln, um sich wieder dem Tagesgeschäft widmen zu können. Daß die Schweiz ums Überleben kämpfte, während sie sich mit ihrer Vergangenheit und der Kritik der Weltöffentlichkeit auseinandersetzen mußte, war für die USA belanglos. Man meinte, man müsse nur abwarten, bis die Schweiz nachgeben und eine demütigende Entschuldigung sowie eine enorme Entschädigungszahlung anbieten würde. Für die Schweiz sollten die Kosten der Reue wahrhaft erschreckend sein.

Schluß

Anfang Februar 1997 begann die Schweiz nachzugeben. Vermutlich hatte der alljährliche Weltwirtschaftsgipfel in Davos zu diesem Sinneswandel beigtragen. Der ehemalige Zufluchtsort für Nazis in den Alpen war ein angemessener Ort für die Herrschenden der Schweiz, um sich mit den Folgen der Politik ihrer Nation während des Krieges auseinanderzusetzen. Im Gegensatz zu früheren Jahren begrüßten die Gäste ihre Gastgeber nicht so herzlich wie gewohnt. Die geladenen Politiker, Regierungsbeamte und jüdischen Führer, und zwar nicht nur aus den Vereinigten Staaten und Israel, eröffneten den Schweizer Ministern und Bankiers, daß ihr hartnäckiger Widerstand nicht hingenommen werden könne. Bei kalten Buffets und diskreten Abendessen sahen sich die einst unzugänglichen Schweizer wiederholt mit der Kritik und den Ratschlägen ihrer Gäste konfrontiert. Leise Andeutungen seitens der Gastgeber, die Juden ließen sich kaufen oder könnten gar ignoriert werden, wurden von Leuten im Keim erstickt, die von den Schweizern als ihre Freunde betrachtet wurden. Die Schweizer waren gekränkt und blieben entschieden bei der Überzeugung, sie seien Opfer einer internationalen Verschwörung oder gar Erpressung. Doch jetzt wurden die Schweizer Minister und Bankiers mit dem moralischen Gewissen ihrer Kritiker konfrontiert. Für die als Neutralität verteidigte moralische Indifferenz der Kriegsgeneration drohten nunmehr in der neuen Ära der globalen Finanzmärkte unangenehme Folgen. Die Mächtigen in der Schweiz hatten sich bislang stets gelassen und gefühllos gegenüber den Ereignissen jenseits ihrer Grenzen gezeigt. Nun standen sie alleine auf verlorenem Posten.

Von Edgar Bronfman und Israel Singer gedrängt, hat der

schweizerische Außenminister Flavio Cotti eingesehen, daß die von der Schweiz bevorzugte Lösung selbstzerstörerisch war: Er hätte am liebsten einen Aufschub erwirkt, bis alle Untersuchungen abgeschlossen waren. Die Schweiz stand unter enormem Druck. Amerikanische Politiker, auch der Gouverneur des Staates New York, sprachen ungeduldig davon, die Lizenzen der Schweizer Banken vor amerikanischen Gerichten anzufechten. Die Banken wiederum berichteten zum erstenmal seit langem von Verlusten und waren abhängiger denn je von Gewinnen im Ausland.

Nachdem sich die US-Regierung der Zustimmung der britischen und französischen Regierung versichert hatte, hatte Präsident Clinton angekündigt, die endgültige Verteilung des 1945 beschlagnahmten Raubgoldes in Höhe von 42 Millionen Pfund (circa 109 Millionen DM) so lange einzufrieren, bis jüdische Behauptungen, einige Barren seien aus jüdischem Schmuck und Zahngold gegossen worden, angemessen berücksichtigt worden seien. Weitere peinliche Enthüllungen über den schändlichen Handel der Schweiz mit geraubtem Gold mit der Reichsbank wurden in einem Bericht amerikanischer Historiker angekündigt, der unter der Leitung von Stuart Eizenstat anhand bislang geheimer Regierungsdokumente verfaßt wurde. In der Schweiz selbst nagte die Wirtschaftsprüfung der Banken unter Leitung von Paul Volcker am Selbstvertrauen der Bankiers. Volcker hatte prognostiziert, daß trotz der Beteuerungen der Unschuld seitens der Banken zuvor nicht gemeldete Konten entdeckt würden. Die frustrierten Schweizer Politiker überdachten alle drohenden Gefahren, die ihnen durch die Kampagne von Bronfman und D'Amato drohten, und nahmen eine Einladung an, über eine einvernehmliche Lösung zu verhandeln.

Der erste Schritt war die Billigung von Rainer Guts humanitärem Fonds für die Opfer des Holocaust durch die schweizerische Regierung. Der zweite Schritt war Cottis Einverständnis zu einem Gespräch auf höchster Ebene. Am 14. Februar empfing Edgar Bronfman alle Beteiligten im Hauptgebäude des jüdischen Weltkongresses in Manhattan. Senator D'Amato, Paul Volcker, Stuart Eizenstat und Thomas Borer setzten sich mit Vertretern der israelischen Regierung zusammen, um sich auf einen Fahrplan zu einigen, der die Juden zufriedenstellte. Auf wundersame Weise hatten sich die erhitzten Gemüter abgekühlt. Der Zorn, den D'Amatos heftige

Attacken hervorgerufen hatte, verrauchte zusehends, weil jetzt Kooperation an die Stelle der Konfrontation trat.

Durch Spenden von anderen schweizerischen Organisationen waren inzwischen für einen potentiellen Fonds für Holocaust-Opfer 110 Millionen Dollar zusammengekommen. Die Frage war, auf welche Weise die Schweizer Regierung einen angemessenen Betrag beisteuern würde, um das Ziel des WJC von 250 Millionen Dollar zu erreichen. Nach 90 Minuten einigte man sich gegenüber der Schweizer Regierung auf das Zugeständnis, zwei für den Sommer angekündigte Berichte abzuwarten: ein Bericht der Kommission unter Volcker und einer von Historikern, die nach Konten der Schweizerischen Nationalbank während des Krieges forschten. Die Auffassung wurde von allen geteilt, diese Berichte würden es Cotti und seinen Kollegen erleichtern, den wachsenden Widerstand ihrer Landsleute zu überwinden. »Es war ein tiefgreifendes Ereignis«, sagte Eizenstat am Ende des Treffens. »Die Zahlungen werden vermutlich schon im Sommer beginnen können«, lächelte Bronfman und machte den verarmten Überlebenden des Holocaust Hoffnung. Doch er wies nochmals darauf hin, daß die ganze Kampagne nicht des Geldes wegen initiiert worden sei. Ganz im Sinne von Sam Klaus, dem Kreuzritter von Safehaven vor 53 Jahren, versuchte Bronfman, die erregten Gemüter zu besänftigen: »Das ist eine Frage der Wahrheit. Das ist eine Frage des Anstands.«

Aber selbst Bronfmann hatte nicht erwartet, daß Bundespräsident Arnold Koller am 5. März erklären würde, Bern werde nicht länger auf den Abschluß der Berichte warten. Unter dem Druck der drei großen Banken, die angesichts der anhaltend feindseligen Stimmung in den USA in immer größere Besorgnis gerieten, verkündete Koller die Gründung der »Schweizerischen Stiftung für Solidarität«. Das voraussichtliche Stiftungskapital in Höhe von sieben Milliarden Franken stammt aus der Bewirtschaftung der Goldbestände der Nationalbank. Daraus sollen, sagte Koller, jährlich rund 350 Millionen Franken für die Opfer »schwerer Armut, Katastrophen, Folter und Völkermord«, darunter auch für Holocaust-Opfer, zur Verfügung gestellt werden. Der Bundespräsident bat darum, die Stiftung als Zeichen der Dankbarkeit des Landes dafür zu betrachten, von »zwei Weltkriegen verschont geblieben« zu sein. Die eigentlichen Beweggründe für den überraschenden

Schritt waren – natürlich – andere. Schweizer Regierung und Finanzkreise hofften, mit dem großzügigen Angebot ihre Kritiker mundtot zu machen. War das erreicht, mußte Bern sich noch der Zustimmung des skeptischen eidgenössischen Wahlvolks zu einem Referendum versichern und die Kläger der zwei in den USA anhängigen Sammelklagen zum Rückzug bewegen. Sowenig der Erfolg der beiden Klagen vorherbestimmt war, so sicher war, daß im Laufe der Ermittlungen neue, für Bern peinliche Details ans Tageslicht gezerrt würden. Dennoch, die Schweiz hatte kapituliert, die Kreuzritter hatten gesiegt.

Erfüllt von heiligem Zorn hatten einst Sam Klaus und seine Mitstreiter einen heldenhaften, aber am Ende vergeblichen Kampf gefochten, um die Regierungen der Alliierten dazu zu zwingen, ihre Versprechen während des Krieges einzuhalten, den endgültigen Verlust von Millionen hinzunehmen und Gerechtigkeit einzufordern bei denjenigen, die von den Greueln profitieren wollten. Es gehört zum Vermächtnis der westlichen Zivilisation, daß die Erben von Klaus' Mission selbst ein halbes Jahrhundert später genügend Stärke aufbrachten, um die dickköpfigen Schweizer mit friedlichen Mitteln davon zu überzeugen, daß es wider Moral und Menschlichkeit war, sich an Blutgeld zu bereichern.

Postskriptum

Als der Wachmann Christoph Meili, der die heimliche Vernichtung historischer Dokumente in der Schweizerischen Bankgesellschaft enthüllt hatte, am 6. Mai 1997 deprimiert in Washington eintraf, fiel ein Schatten über die allgemeine Euphorie. Nachdem der Achtundzwanzigjährige und seine Familie über einhundert anonyme Drohungen gegen ihre Sicherheit und ihr Leben erhalten hatten, war Meili aus der Schweiz geflohen und wollte sich nun in Amerika niederlassen. Einer seiner Verfolger, Robert Studer, Präsident der Schweizerischen Bankgesellschaft mit einem Jahresgehalt von fünf Millionen Dollar, hatte den Verdacht geäußert, Meili habe sich weder von seinem christlichen Glauben noch von seinen Emotionen nach dem Film »Schindlers Liste« leiten lassen, wie er behauptete, sondern von ganz anderen Motiven. Mit der Andeutung, eine internationale jüdische Verschwörung gegen die Schweiz könnte Meili bezahlt haben, damit er die Bank in Schwierigkeiten bringe, hatte Studer zum Gegenangriff geblasen. Die vorgebliche Reue, die der Banker in den vergangenen Monaten gezeigt hatte, war nun trotzigem Widerstand gewichen. Das Bankgeheimnis, behauptete er, stehe über dem Gesetz.

Als ein Feuer in Pennsylvania auf rätselhafte Weise 6000 Kisten Archivdokumente aus Schweizer Banken zerstörte, berief Alfonse D'Amato noch am selben Tag in Washington eine Sondersitzung des Bankenausschusses des Senats ein. Er mußte nun seine Position neu überdenken.

In den Wochen zuvor hatte Thomas Borer sich intensiv um Edgar Bronfman und Israel Singer bemüht. Er hatte ihnen eingeredet, ihr Deal gerate in Gefahr, weil seine Landsleute auf die Kritik aus Amerika mit wachsender Feindseligkeit reagierten. Schweigen, drängte Borer, sei entscheidend, damit die gemeinsame Sache gelinge. Den beiden Vertretern des Jüdischen Weltkongresses war zwar klar, daß ihre aufgebrachten Anhänger Sanktionen gegen Schweizer Anlagen in den USA in Höhe von 86 Milliarden Dollar forderten, doch ließen sie sich von Borer überreden und gaben seine Bitte an D'Amato weiter. Der Senator zeigte sich geneigt, einen zeitweiligen Waffenstillstand zu schließen, konnte aber Meilis Notlage nicht ignorieren, vor allem nicht, weil Borers persönliches Versprechen, Meili zu schützen, sich nun als wertlos erwies. Die Winkelzüge der Schweizer Politiker waren Menschen wie D'Amato ein Greuel. Einerseits pries der neununddreißigjährige Diplomat die wenigen Schweizer in den höchsten Tönen, die während des Krieges eine Handvoll jüdischer Flüchtlinge versteckt hatten, andererseits attackierte er nun einen Schweizer Zeitgenossen, der aktuelle verbrecherische Machenschaften aufdeckte. Moral und Courage, erklärte D'Amato, darum würde es hier gehen.

Im Sitzungsraum des Ausschusses blickte D'Amato auf Meili und bemerkte in scharfem Tonfall, es sei »eine Schande« und »eine Tragödie«, daß er aus der Schweiz habe fliehen müssen. Meilis moralische Beweggründe seien von seinen Landsleuten verunglimpft, er selbst verfolgt worden. Studer, fügte der Senator hinzu, sollte »sich schämen«, denn während Meili, »ein guter, anständiger Mann«, wie ein Verbrecher entlassen wurde, habe man den verantwortlichen Bankhistoriker, der die illegale Vernichtung sechzig Jahre alter Dokumente veranlaßte, ohne Untersuchung oder Bestrafung auf seinem Posten belassen und mit der Entschuldigung gerechtfertigt, es habe sich um »einen unglückseligen Fehler« gehandelt. D'Amato hob die Augenbrauen: »Dafür machen wir die Schweizer Regierung verantwortlich ... Jetzt wird die Gerechtigkeit selbst zum Opfer.«

Meili rutschte auf seinem Stuhl hin und her. Seit man ihn in der Schweiz einen Verräter genannt hatte, der als Agent ausländischer Juden arbeite, konnte man ihm ansehen, wie sehr ihn dieser Vorwurf getroffen hatte. In einem der vielen Drohbriefe, die er erhielt, hieß es: »Wir machen dich fertig. Wir rotten den ganzen Meili-Clan aus.« Arbeitslos und mit zwei kleinen Kindern über 6000 Kilometer von seiner Heimat entfernt, war seine Verzweiflung förmlich zu spüren. Am Ende des Hearings fragte der Senator Meili, ob er noch ein paar abschließende Worte sagen wolle. Dieser schaute zu D'Amato auf, ließ all seinen Stolz fahren und offenbarte seine Hoffnungslosigkeit in unsicherem Englisch: »Bitte schützen Sie mich in den USA und in der Schweiz«, bat er. »Ich glaube, ich werde in der Schweiz große Probleme bekommen. Ich habe eine Frau, zwei kleine Kinder und keine Zukunft. Ich muß sehen, wie es in den nächsten Tagen mit mir weitergeht. Bitte schützen Sie mich. Das ist alles.« Der Senator, ein zigarrenrauchender, pokerspielender Junggeselle, nie um eine spitze Bemerkung verlegen, war von diesem unerwarteten Gefühlsausbruch getroffen. Gefühle anderer konnten ihn sonst kaum rühren. Hier aber saß vor ihm ein Verlierer, ein Opfer schweizerischer Vorurteile, der ähnlich litt, wie die Juden vor sechzig Jahren gelitten hatten. Er war nun entschlossen, hier Abhilfe zu schaffen.

Zwei Wochen später fand in einem nahegelegenen Tagungsraum eine ungewöhnliche Sitzung des Senats-Unterausschusses für Einwanderung statt. D'Amato und Meili saßen zusammen, um ein Sondergesetz zu initiieren, das dem Schweizer ständiges Wohn- und Arbeitsrecht in den Vereinigten Staaten sichern sollte. Angesichts des »großen Dienstes«, den Meili »dem jüdischen Volk, seinem Lande und der zivilisierten Welt« geleistet habe, versprach der Vorsitzende des Unterausschusses, den Gesetzentwurf »für einen tapferen Mann« durch den Kongreß zu bringen.

Der Fall Meili wurde in der Schweiz widerwillig zur Kenntnis genommen. Kaum jemand hinterfragte Studers Behauptung, die zerstörten Akten hätten mit dem Holocaust nichts zu tun. Jeder wußte, daß in der Schweiz die Wünsche der Banken oberstes Gebot waren. »Eine groteske Vorstellung«, kommentierte Außenminister Flavio Cotti den »ärgerlichen« Umgang mit Meili in Amerika. Das war eine klare Warnung an andere, insbesondere pensionierte Bankbeamte, die möglicherweise im stillen Kämmerlein mit dem Gedanken spielten, Volcker oder anderen Ermittlern zu helfen. Es war auch ein klarer Hinweis für Thomas Borer. Gedrängt von den Finanzinstituten und anderen Gruppen, ging er nun von Schadensbegrenzungsmanövern dazu über, auf das Verhalten anderer Staaten in der Kriegs- und Nachkriegszeit hinzuweisen. Nach und nach stellte sich nämlich heraus, daß unter den kriegführenden und den neutralen Staaten Europas nicht allein die Schweiz aus Krieg und

Holocaust Gewinn gezogen hatte. Überlebende oder Erben, deren Klagen man solange ignoriert hatte, fanden plötzlich interessierte Zuhörer. Die neuen Angriffe richteten sich gegen Regierungen und Unternehmen in Italien, Frankreich, Großbritannien, den Vereinigten Staaten, Deutschland und in allen neutralen Staaten. Auch gegen die ehemals kommunistischen Regime in Osteuropa und Rußland wurden Klagen laut.

In Italien beschuldigte man die Assicurazioni Generali, eine führende Versicherungsgesellschaft mit Sitz in Triest, Tausende Lebensversicherungspolicen nicht auszuzahlen, die sie vor dem Krieg an osteuropäische Juden verkauft hatte. Nach dem Kriege hatte sie die Erben der Ermordeten, die um Auszahlung nachsuchten, in ähnlicher Weise zurückgewiesen wie die Schweizer Banken. Assicurazioni Generali hatte ebenfalls die Vorlage von Totenscheinen für in Auschwitz vergaste polnische Juden gefordert oder die Haftung mit der Begründung abgelehnt, ihr Vermögen in Osteuropa sei von den neuen kommunistischen Regimes enteignet worden. Diese Ausflüchte widersprachen eindeutig den gedruckten Zusicherungen der Versicherungsgesellschaft an ihre Kunden aus der Vorkriegszeit, ihr Vermögen sei durch Anlagen in Westeuropa und in den Vereinigten Staaten gesichert. Wie die Schweiz wollte Assicurazioni Generali offenbar aus dem Elend und der Hilflosigkeit der Holocaust-Opfer Profit schlagen.

In Frankreich förderten Recherchen von Journalisten zutage, daß Politiker und Regierungen der Vergangenheit lange Zeit vom Holocaust profitiert hatten. Große Kunstsammlungen von unschätzbarem Wert, die die Nazis bei Juden beschlagnahmt hatten, waren von der französischen Regierung nach 1945 nicht an die Eigentümer – die Erben oder jüdische Überlebende – zurückgegeben worden. Statt dessen hatte man sie auf verschiedene Museen verteilt oder bewahrte sie nach wie vor in geheimen Depots auf. Auch Hunderte von Wohnungen in Paris und anderswo, deren jüdische Eigentümer in Auschwitz umgekommen waren, hatte die französische Regierung zurückgehalten und für lächerliche Beträge an Politiker, hohe Beamte und deren Familien vermietet. Als man früheren Untersuchungen nachging, zeigte sich, daß Regierungsbeamte den jüdischen Überlebenden Informationen bewußt vorenthalten hatten.

Was Deutschland betraf, so stellte sich bei Recherchen in deutschen und amerikanischen Archiven heraus, daß die Allianz Versicherungsgesellschaft in der Nazizeit die Gebäude und Anlagen der Konzentrationslager, darunter auch Auschwitz, versichert hatte. Angestellte der Gesellschaft hatten die Lager regelmäßig besucht und als gute Versicherungssache bewertet. »Dank ständiger militärischer Aufsicht«, schrieb ein Vertreter der Versicherung nach seinem Besuch in Auschwitz, »sind überall tadellose Ordnung und Sauberkeit festzustellen.« Nach dem Kriege profitierte die Allianz wie alle anderen deutschen Versicherungen davon, daß die für Lebensversicherungen fälligen Beträge von den Erben der ermordeten Juden niemals eingefordert wurden.

Andere deutsche Wissenschaftler enthüllten, daß Daimler und Volkswagen Sklavenarbeiter ausgebeutet hatten, sich nun aber weigerten, den Überlebenden Entschädigungen zu zahlen. Degussa, eine der ältesten und größten Edelmetallschmelzen Deutschlands, hatte nach 1940 Gold und andere Wertsachen, darunter Zahnfüllungen, die von ermordeten Juden stammten, erworben und eingeschmolzen.

Berichte von Recherchen in den neutralen Ländern und in Südamerika bestätigten, daß deren Kriegsgewinne wesentlich größer waren, als bisher angenommen. Allmählich waren auch Erkenntnisse über die »doppelten Opfer« in Osteuropa durchgesickert, wo alles jüdische Eigentum, vor allem das der Gemeinden, »zweimal geraubt« wurde, zuerst von den Nazis, und danach noch einmal von den Kommunisten. Aus erstmals zugänglichen russischen Archivdokumenten ging hervor, daß Sondergruppen sowjetischer Geheimdienstoffiziere im Jahre 1945 riesige Mengen von Nazi-Raubgut in Deutschland beschlagnahmt und in Spezialdepots nach Rußland verbracht hatten, wo es seitdem verblieb, obwohl immer wieder wertvolle Gemälde und andere Kunstgegenstände, die ursprünglich von den Nazis geraubt worden waren, überall in der Welt auftauchten. Das deutete darauf hin, daß inzwischen ein schwunghafter Handel mit dem gestohlenen jüdischen Besitz im Gange war. Alle diese Enthüllungen ermutigten Thomas Borer, den Ton zu wechseln, und von Reue erneut zu trotziger Selbstbehauptung überzugehen.

Selbstsicherer als je zuvor erschien Borer auf der Sitzung des

Bankenausschusses des US-Senats am 15. Mai 1997 mit der Absicht zu erklären, die Schweiz sei nicht mehr Angeklagte, sondern Opfer.

Der Ausschuß war einberufen worden, um über einen Bericht Stuart Eizenstats unter dem Titel »Schritte der USA und der Alliierten zur Auffindung und Sicherstellung des von Deutschland im Zweiten Weltkrieg geraubten oder beiseite geschafften Goldes und anderen Vermögens« zu beraten. Erarbeitet von einem Historikerteam, das sieben Monate in den Archiven von elf nationalen Institutionen recherchiert hatte, beschrieb der Bericht seine Erkenntnisse als »oft hart und wenig schmeichelhaft«. Borer betrat den überfüllten Sitzungsraum und nahm in der ersten Reihe Platz, entschlossen, den Bericht zu ignorieren und die Kritiker der Schweiz zu attackieren.

»Dieser Bericht beschreibt in allen Details den größten Raub in der Geschichte der Menschheit«, betonte D'Amato in seinen Einführungsworten. »Es handelt sich, milde gesagt, um einen Skandal.« Der Senator hielt den Bericht hoch und fuhr fort: »Meine Freunde, es ist nun vollkommen klar, daß die Schweizer Regierung ihre Verpflichtungen nach dem Vertrag [dem Washingtoner Abkommen] nicht erfüllt, daß sie Milliarden Dollar gegen Recht und Moral zurückgehalten hat.« D'Amato zitierte die Schlußfolgerung des Berichts, der von »einem der größten Eigentumsvergehen einer Regierung in der Geschichte spricht – der Beschlagnahme des Goldes von Zentralbanken im geschätzten Wert von 580 Millionen Dollar durch Nazideutschland«. Dieses sei derzeit etwa 5,6 Milliarden Dollar wert. Weiter beschreibe der Bericht, wie die Bemühungen der Alliierten fehlschlugen, dieses Gold und weitere geraubte Vermögenswerte in neutralen Staaten aufzufinden und sicherzustellen.

Der erste Zeuge des Ausschusses war Eizenstat. Er legte sein Hauptaugenmerk nicht auf die erbenlosen Konten und die Nazi-Vermögen in der Schweiz, sondern auf die Geschichte des Raubgoldes, womit er ein sehr emotionsgeladenes Thema ansprach. Der große, schlanke Politiker aus Washington äußerte sich jedoch in nüchternem Ton und nahm damit dem Drama seiner Enthüllungen ein wenig von seiner Schärfe. Eizenstat hielt eine Seite aus den Geschäftsbüchern der Reichsbank hoch und verlas die Eintragung eines deutschen Beamten, der vor 55 Jahren die Anlieferung von 29 996 Gramm Zahngold durch die SS verzeichnet hatte. »Das ist keine ungewöhnliche Eintragung«, sagte Eizenstat. »Sie kommt leider nur allzu häufig vor.«

Über Monate hatten die amerikanischen Historiker versucht, den schauerlichen Verdacht zu beweisen, daß die aus den Kiefern der vergasten Juden herausgebrochenen Goldzähne, zu neutralen Goldbarren umgeschmolzen, die Kriegführung Deutschlands finanzierten. Die Mühe hatte sich, wie Eizenstat darlegte, gelohnt. Mit seiner monotonen Stimme schilderte er, wie das Gold, das man Einzelpersonen – meist Juden aus Osteuropa – vor oder nach ihrer Ermordung raubte, auf ein Konto gelangte, das die Reichsbank unter dem Namen des SS-Hauptscharführers Bruno Melmer eröffnet hatte. Nach von den Historikern entdeckten Dokumenten der Reichsbank war das »Melmer«-Gold dann zur Schmelze in die Münzanstalt transportiert worden. Mit Zitaten aus weiteren Dokumenten der Reichsbank und den beeidigten Verhörprotokollen von Melmer, Emil Puhl und dem Chef der Wirtschaftsverwaltung der SS, Oswald Pohl, beschrieb Eizenstat, wie die erste Ladung Opfergold, darunter auch Zahngold, am 26. August 1942 bei der Reichsbank eintraf. Ein Absender war angegeben – Auschwitz. Nach einem anderen Dokument waren 1943 37 000 Gramm Feingold, das die SS geliefert hatte, zu Barren geschmolzen worden. Den Wert der ersten 43 von insgesamt 78 Goldlieferungen an die Bank schätzte man auf 1,6 Millionen Dollar. Damit schien der grausige Beweis erbracht, daß deutsche Banker das von noch lebenden und schon toten KZ-Häftlingen geraubte Gold – darunter Münzen, Eheringe und Zahnfüllungen – zu anonymen Barren umgeschmolzen hatten. Möglicherweise, vermutete Eizenstat, waren einige dieser Barren nach Bern gelangt, aber er gestand ein, man habe keinen Beweis dafür, daß die Schweiz wissentlich »Opfergold« angenommen hatte. Nach Einschätzung des Berichts waren aber auch die erwiesenen Vorwürfe gegen die Schweiz schlimm genug.

Nach diesem Bericht hielt die Schweizer Nationalbank Gold aus Deutschland im Werte von damals 276 Millionen Dollar, heute etwa 2,7 Milliarden Dollar, zurück. Eizenstat klagte die neutralen Staaten, insbesondere die Schweiz, an, sie hätten am Krieg verdienen wollen. Er kam zu dem Schluß, daß ihre Geschäfte besonders in den letzten Stadien des Konflikts, da für sie keine Invasionsgefahr mehr bestand, »die eindeutige Wirkung hatten, Deutschlands Fähigkeit zur Kriegführung zu unterstützen und zu verlängern«. Besonders die Schweiz, hieß es in dem Bericht, unterhielt »die weitestgehenden und gewichtigsten Wirtschaftsbeziehungen mit Nazideutschland«, eine Haltung, die das Papier als »höchst unverständlich« verurteilte. Aber damit nicht genug. Die Haltung der Schweizer Banker nach dem Krieg könne nur als »Gleichgültigkeit gegenüber den Ansprüchen der Opfer des Holocaust und ihrer Erben« charakterisiert werden, vor allem, weil die Schweiz hartnäckig bestritt, Raubgold zu besitzen, und jede Zusammenarbeit mit den Alliierten verweigerte.

Der Bericht kam zu dem aufsehenerregenden Schluß, daß die Reichsbank Barren, die »Opfergold« enthielten, an die Schweiz verkauft hatte. Jedoch konnte nicht nachgewiesen werden, daß die Schweizer Regierung dieses auch für die Herstellung der »Goldvreneli«-Münzen verwendete, die man nach dem Kriege traditionell Kindern schenkte. Allerdings hatte sich die Schweizer Regierung der vorsätzlichen Täuschung schuldig gemacht, indem sie die Münzen mit Ausgabedaten aus der Vorkriegszeit prägen ließ.

Nachdem er die Schweiz gegeißelt hatte, versuchte Eizenstat in seinem Bericht festzustellen, ob überlebende Juden ein Recht auf die etwa fünf Tonnen Gold im Werte von 70 Millionen Dollar hatten, die noch von der Goldkommission der drei Alliierten (Allied Tripartite Gold Commission) im Goldpool gehalten wurden.

Anhand der Bücher der Reichsbank konnte nachgewiesen werden, daß man 56 Kilogramm von der SS erworbenes »Opfergold« zu den Barren umgegossen hatte, die die amerikanischen Truppen im Bergwerk von Merkers fanden. Diese waren in den von der Goldkommission verwalteten Pool überführt worden, der an die Zentralbanken der europäischen Staaten als Münzgold verteilt werden sollte. Außerdem ging aus Dokumenten der amerikanischen Armee hervor, daß diese 6427 Goldmünzen und Goldbarren im Umfang von 10 709 Feinunzen, die zu dem »Melmer«-Konto gehört hatten und in der Alpenfestung sichergestellt worden waren, an den Goldpool überwiesen und nicht den Überlebenden ausgehändigt worden waren. Dabei waren die ursprünglichen Eigentümer dieses Goldes eindeutig Naziopfer gewesen. »Die Vereinigten Staaten entschieden damals bewußt«, schloß der Bericht, »seine Herkunft zu ignorieren«. Unter Verletzung alliierter Abkommen, nach denen die überlebenden Juden die Nutznießer sein sollten, wurde das Gold an die Zentralbanken Europas verteilt.

Die Motive für diese Entscheidung zu ergründen, war schwierig. Offenbar waren die Alliierten 1945 in endlose Debatten darüber geraten, wie man Münz- und Nichtmünzgold voneinander unterscheiden sollte. Ein erster Versuch, »Gold, das zur Zeit der Entnahme Teil der Zentralbankreserve war«, als Münzgold zu definieren, hatte sich als nicht ausreichend erwiesen, was nach dem Bericht »große Konfusion und Differenzen« auslöste.

Die Verwirrung und der Definitionsstreit waren Gegenstand eines zweiten Berichts der britischen Regierung unter dem Titel »Nazigold«, der ebenfalls im Mai 1997 erschien. Die Briten gaben zu, einige in Deutschland ausgegrabene Goldbarren, die keine Prägung einer offiziellen Schmelze trugen, nach den Standards der Bank of England umgeschmolzen zu haben. Damit war die Herkunft des Goldes nicht mehr festzustellen. Der britische Bericht stellte nüchtern fest, daß die Beamten der Alliierten, die damals mit dem Gold aus Deutschland befaßt waren, nicht die notwendige Kompetenz besaßen. Ohne jeden Beweis behauptete man jedoch auch, nur »eine relativ geringe« Menge »Opfergold« sei in den zwischen den Alliierten aufgeteilten Münzgoldpool gelangt. Dieses Eingeständnis erhärtete nur den Verdacht, daß man dieser Frage 1945 – möglicherweise absichtlich – keine Beachtung geschenkt hatte. Mancher vermutete später, das Bekenntnis des Umschmelzens sei lediglich eine Ausrede der Bürokraten, um das »Opfergold« nicht den jüdischen Überlebenden aushändigen zu müssen. Aber auch dieses begrenzte Eingeständnis hatte wesentlichen Einfluß auf das Schicksal des restlichen Nazigoldes im Werte von 70 Millionen Dollar, das die Kommission noch in Londoner und New Yorker Tresoren aufbewahrte. Es veranlaßte auch die Geschäftsführer der Bank für Internationalen Zahlungsausgleich in Basel zuzugeben, daß ihre Vorgänger in der Kriegszeit möglicherweise mit Raubgold gehandelt hatten und ihre Archive deshalb zum ersten Mal für Recherchen geöffnet werden sollten. Diese Zugeständnisse waren bedeutsame Erfolge der jüdischen Pressure Groups. Aber Eizenstats Bericht enthielt noch mehr Hinweise, die ihre Ansprüche stützten.

Im typisch amerikanischen Bemühen um Unparteilichkeit ging der Bericht auch auf die Schuld der eigenen Regierung im Zusammenhang mit dem Washingtoner Abkommen ein. Trotz langer und hitziger Debatten unter den Verfassern des Reports und Historikern, enthielt die endgültige Version eine Kritik an den Vereinigten Staaten, wegen »eines offensichtlichen Mangels an Unterstützung von höchster Stelle für eine harte Haltung der USA in den Verhandlungen mit den Neutralen« und »eines noch größeren Versäumnis, für die Erfüllung der ausgehandelten Vereinbarungen zu sorgen«. Bei seiner wenig überzeugenden Kritik an den amerikanischen Unterhändlern von 1946 und an der Entscheidung, die Sanktionen aufzuheben, bevor die Schweiz das Abkommen erfüllt hatte, stützte sich der Bericht auf die neue Erkenntnis, daß Senator Kilgore, der dem Abkommen zunächst zugestimmt hatte, persönlich bei Präsident Truman dagegen protestierte. Da die Schweiz sich während des Krieges Raubgold im Werte von 300 Millionen Dollar angeeignet habe, würden es »Gerechtigkeit, Anständigkeit und gesunder Menschenverstand verlangen«, nun das Angebot zurückzuweisen und sich nicht nur mit einem Bruchteil dieser Summe zufriedenzugeben. Die einzigen Nutznießer, klagte der Senator, seien die »Nazi-Kollaborateure«. Kilgores Behauptung und seine Forderung, die Verhandlungen abzubrechen, wurde von Dean Acheson zurückgewiesen, vor allem, weil das Abkommen bereits unterzeichnet war. In einem Brief aus dem State Department erklärte der amtierende Außenminister: »Es gibt keine stichhaltigen Beweise dafür, daß die Schweiz von Deutschland geraubtes Gold in Höhe von 300 Millionen Dollar gekauft hat.« Dementsprechend antwortete Truman Kilgore am 3. Juli 1946, die Schweiz werde zwei Drittel des »nachgewiesenen« Raubgoldes zurückgeben. Nach Eizenstats Meinung hatte Acheson nicht die Wahrheit gesagt, denn Analysen von Beamten der US-Regierung besagten bereits 1946 das Gegenteil. Dort hieß es, die Schweiz habe an die Alliierten »viel weniger zurückgegeben«. So war es in der Tat, aber Eizenstats Historiker hatten ihrerseits ignoriert, wie die Verhandlungen tatsächlich verlaufen waren. Großbritannien und Frankreich weigerten sich nämlich, die Sanktionen fortzusetzen, und es fehlte an hieb- und stichfesten Beweisen, um die trotzige Behauptung der Schweiz zu widerlegen, sie besitze kein Raubgold. Diese Hindernisse hatten die Unterhändler nicht überwinden können. Ebenso unmöglich erwies sich, von Portugal und Spanien mehr Raubgold zurückzuerhalten. (Portugal zahlte ganze vier von den 51 Millionen Dollar, die die Alliierten gefordert hatten. Spanien hielt Gold im Werte von 30 Millionen Dollar zurück).

Es waren diese »schweren Versäumnisse« der Schweiz, die laut Eizenstat dazu geführt hatten, daß man die Klagen der Überlebenden des Holocaust ignorierte. Die amerikanische Regierung hatte es nicht vermocht, die Schweiz zur Einhaltung des Abkommens zu zwingen. Der Grund dafür, so analysierte der Bericht, wurde vom Kalten Krieg diktiert. In der politischen Erklärung des Präsidenten (NSC 119) vom 9. Dezember 1951 forderten die USA die Schweiz auf, »sich enger an die gemeinsame Verteidigung Westeuropas anzuschließen«. Die Begründung für diese Aussöhnung mit der Schweiz enthielt ein internes Memorandum des State Department. Darin wird kritisiert, das Abkommen habe »unsere normalerweise guten Beziehungen zur Schweiz vergiftet« und »Schwierigkeiten in unseren Beziehungen« geschaffen..., »die in keinem Verhältnis zum Gewicht der Sache stehen«. Diesen Überlegungen wurde unter anderem die Suche nach den erbenlosen Vermögen geopfert.

Eizenstats Bericht informierte über einen erst kürzlich freigegebenen Dialog zwischen Washington und Bern aus dem Jahre 1952. In einem Telegramm wurde die Schweizer Behauptung, in der Schweiz existierten keine erbenlosen deutschen Vermögen, als »unvorstellbar« verurteilt. 45 Jahre später, so schloß Eizenstat, wurde die ganze Tragweite deutlich: »Die Schweizer«, erläuterte er, »haben überhaupt nichts unternommen, um ihrer moralischen Pflicht gerecht zu werden«. Und, so fügte er hinzu, »die in diesem Bericht vorgelegten Beweise sind unanfechtbar«.

Trotz des Inhalts dieser Anklageschrift, zog sich Eizenstat bei seinem mündlichen Vortrag des Berichts unerwartet auf die traditionelle Position des State Department zurück. Zwar legte er einen ganzen Katalog von Kritikpunkten gegen die Schweiz vor, vermied es jedoch, die Regierung ausdrücklich zu verurteilen. Im Gegenteil: er nannte Borer seinen »guten Freund« und warnte D'Amato, es sei unangebracht, »drastische Aktionen« gegen die Schweiz ins Auge zu fassen, obgleich es darum gehe, »die Aufarbeitung der traumatischsten und tragischsten Ereignisse des 20. Jahrhunderts zum

Abschluß zu bringen«. Eizenstat wußte, daß D'Amato genau das im Sinne hatte. Allerdings irrte er, was die Wirkung seines Berichts in der Schweiz betraf.

Hier wurde erneut der tiefe Riß sichtbar, der durch das Land ging. Diejenigen, die den Bericht absichtlich mißdeuteten oder rundheraus ablehnten, klagten darüber, daß man die Neutralität der Schweiz im Krieg und die damit verbundenen Gefahren nach wie vor mißverstehe. Sie beteuerten, die Nationalbank habe sich nichts zuschulden kommen lassen. Die Hartgesottenen, besonders Christoph Blocher, ein aggressiver rechtspopulistischer Politiker, erklärten, die Schweiz habe keinen Grund, um Verzeihung zu bitten. Den Bericht verunglimpfte er als »Erpressungsversuch«, der das Ziel verfolge, der Schweiz zu schaden. Blocher hatte bereits eine Kampagne eingeleitet, beim Referendum über den humanitären Fonds von 4,7 Milliarden Dollar mit »nein« zu stimmen, und die Chancen dafür schienen sich zu verbessern. Andere meinten gelangweilt, wie zu erwarten war, enthalte der Bericht nichts Neues. Mit dieser Haltung der Mehrheit im Rücken, war Borer zu der Ausschußsitzung nach Washington gekommen, um dem wachsenden Zorn seiner Landsleute über ihre Kritiker – vor allem die »angelsächsischen Medien« – Ausdruck zu verleihen.

Das Gesicht dem überfüllten Saal zugewandt, in dem auch dreißig bärtige orthodoxe Juden Platz genommen hatten, bereitete sich Borer für sein wichtigstes Publikum vor: die Fernsehzuschauer in der Schweiz, die seinen Auftritt live verfolgen konnten. Man hatte ihm geraten, den Amerikanern zu sagen, bevor sie die Neutralität der Schweiz im Kriege kritisierten, sollten sie erst einmal erklären, warum Amerika in den ersten beiden Kriegsjahren selbst neutral geblieben war. Warum man Juden Asyl verweigert und warum die amerikanische Luftwaffe es abgelehnt hatte, die Eisenbahnstrecke nach Auschwitz zu bombardieren. Unter anderen Umständen hätte Borer solche hypothetischen Fragen nicht gestellt, denn neue Enthüllungen belasteten Schweizer Finanzkreise schwer.

Aus kürzlich entdeckten Nazidokumenten der Kriegszeit ging hervor, daß die SS über ein geheimes Konto bei der Schweizerischen Kreditanstalt Raubgut von Juden, darunter auch Zahngold, gewaschen hatte. Für die Einlagerung von »Opfergold« waren Geldbeträge aus der Schweiz auf ein Konto der SS bei der Deutschen Bank in Berlin überwiesen worden. Anfang 1945 hatte die SS Alfred Kurzmeyer, einem Schweizer Direktor der Deutschen Bank, die Vollmacht über das Schweizer Konto übertragen. Er übernahm die Verantwortung über die Guthaben der SS in der Schweiz und sorgte sich nach Deutschlands Niederlage auch um das Schicksal seiner deutschen Komplizen. Weitere Beweise für diese Tätigkeit der Schweizer Banken lieferte der Kommandant von Auschwitz, Rudolf Höss, der in seinem Prozeß aussagte, das den Juden geraubte Gold sei »in die Schweiz gesendet« worden. Aus neuentdeckten Dokumenten der Schweizer Regierung geht hervor, daß diese 1946 zunächst im Widerspruch zu den Tatsachen behauptete, die Banken seien diesen Vorwürfen nachgegangen, dann aber die genannten Transfers rundweg abstritt.

Andere Dokumente der Schweizer Regierung bewiesen, daß der Direktor der Nationalbank, Alfred Hirs, und der Schweizer Botschafter in Berlin, Hans Frölicher, Schweizer Juden daran gehindert hatten, ihr in Nazideutschland und im von den Deutschen besetzten Frankreich beschlagnahmtes Vermögen zurückzuerhalten. Beide hatten es abgelehnt, das Eigentum Schweizer Juden vor der Arisierung im besetzten Europa zu schützen. Andererseits halfen beide am Ende des Krieges Deutschen, Wertsachen (von denen viele ursprünglich Juden gehört hatten) zur Aufbewahrung in die Schweiz zu schmuggeln.

Entgegen den in der Schweiz jahrelang verbreiteten Versionen hatten Schweizer Banken Guthaben ausländischer Juden nicht vor dem Zugriff der Gestapo geschützt. Nach dem Kriege hatten Schweizer Gerichte ganz unverhüllt Prozesse von Ausländern sabotiert, die versuchten, ihre geraubten Aktien und Wertpapiere zurückzuerhalten, welche führende Banken der Schweiz erworben hatten.

Als Borer nun auf D'Amatos Fragen antwortete, ließ er alle diese potentiellen Bedenken beiseite und beklagte zunächst wortreich, die Schweiz werde in den Medien »heruntergemacht«, man habe ein »Kesseltreiben« gegen sie organisiert. In seiner mit Begriffen wie »Verantwortungsbewußtsein« und »moralische Fragen« gespickten Rede klagte Borer, die Hilfe seiner Landsleute für die Opfer des Holocaust werde ignoriert; selbst die Kinder hätten kürzlich 50 000 Dollar gesammelt. »Die Schweizer, alt und jung gleichermaßen«, sprudelte es aus ihm heraus, »sind bestürzt und fragen sich, warum sie trotz dieser Bemühungen international weiterhin wie Aussätzige behandelt werden«. Borer ignorierte geflissentlich die Kritik, daß es nicht nur um das Verhalten der Schweiz während des Krieges ging, sondern vielmehr nach dem Kriege, als ihr keine Gefahr mehr drohte. Statt dessen wiederholte er seine Standardantwort an die Kritiker, erwähnte weitere Zahlungen an die Opfer und äußerte die Erwartung, die internationale Historikerkommission unter Vorsitz von Jean-François Bergier werde die Wahrheit ans Licht bringen. Natürlich überging Borer dabei die neueste Enthüllung, daß Bergier bei einer von Studers Schweizerischer Bankgesellschaft finanzierten philanthropischen Stiftung angestellt war und vor einem Zuhörerkreis in Jerusalem geäußert hatte, in der Schweiz gäbe es keinen Antisemitismus. Derartige Interessenkonflikte hätten ja Zweifel an der geradezu stalinistisch anmutenden Vorstellung hervorrufen können, Bergier werde in einigen Jahren mit Hilfe einer buntgemischten Gruppe von Historikern nach Prüfung ganzer »Tonnen von Dokumenten« der Regierung und der Finanzorgane eine abgestimmte Version der Schweizerischen Geschichte vorlegen. Ein nicht zu unterschätzender Makel an der Neutralität der Kommission war auch Harold James, ein Historiker britischer Herkunft, dessen deutsche Mutter in Berlin Martin Bormanns Sekretärin gewesen war. Für die Mitarbeit in der Kommission hatten ihn eine Professur in Princeton und sein Ruf als Experte in Bankengeschichte qualifiziert. Eine seiner wenigen Publikationen war ein Beitrag zur offiziellen Geschichte der Deutschen Bank, die 1995 herauskam. James, der den Auftrag hatte, das Kapitel über die Tätigkeit der Bank in der Hitlerzeit zu schreiben, gelang es, ihre Verwicklung in Naziverbrechen zu verschleiern und insbesondere ihren Direktor Hermann Abs, der hinter den skrupellosen Raubzügen der Bank im Ausland und der Finanzierung eines Chemiewerkes der IG Farben in Auschwitz stand und der den Wiederaufbau der Bank nach dem Kriege leitete, reinzuwaschen. James war ganz sicher ein Mann, dem die Schweizer vertrauen konnten.

Mit einem Lächeln fügte Borer am Ende seiner Aussage eine Richtigstellung hinzu. Alle Schweizer, so erklärte er D'Amato, seien gegen den Nazismus gewesen. Zufrieden mit seinem Auftritt, verließ Borer den Sitzungssaal und flog in die Schweiz zurück.

Die Anhörung hatte schwerwiegende Folgen für die winzige jüdische Gemeinde der Schweiz. Ohnehin in ständiger Furcht vor dem tiefverwurzelten Antisemitismus in einem beträchtlichen Teil der Bevölkerung, mußten die Juden der Schweiz nun erleben, daß ihre schlimmsten Befürchtungen Wirklichkeit wurden. Erneut trat offener Judenhaß zutage. Heinrich Rothmund, der Polizeichef der Kriegszeit, hatte noch vor dem Kriege die Schweizer Juden dafür gelobt, daß sie dazu beigetragen hatten, »die Judaisierung der Schweiz zu verhindern«. Folge dieser Einschüchterungspolitik war, daß bis 1942 ganze 7000 Juden Asyl in der Schweiz fanden. Unter dem Druck von außen wuchs diese Zahl bis 1945 allerdings auf 28 512 jüdische Flüchtlinge an. Statistiken beweisen, daß Juden zwar dem Dritten Reich hatten entkommen können, jedoch von der Schweizer Regierung, den Alliierten und selbst von Schweizer Juden daran gehindert wurden, in der Schweiz Zuflucht zu finden. Zwar waren 1997 unter den Schweizer Juden Kritik und Scham über die Schwäche ihres Repräsentanten der Kriegszeit, Saly Meyer, weit verbreitet, aber auch ihre derzeitigen Führer zeigten keine Neigung, entschiedener aufzutreten. Doch die Beweise für das perfide Verhalten der Schweiz traten immer deutlicher zutage.

Vor Beginn der Anhörungen der Volcker-Kommission Anfang Juni 1997 meldeten die Schweizer Banken, die in die zeitweilige Aufhebung des Bankgeheimnisses eingewilligt hatten, daß mehr als tausend neue ruhende Konten mit Guthaben von 40 Millionen Dollar aufgetaucht seien, die »Holocaustopfern gehört haben könnten«. Diese waren in der Kriegszeit von Nichtschweizern eröffnet worden und befanden sich unter insgesamt 20 000 neuentdeckten ruhenden Konten. Diese neuen Eingeständnisse waren allein dem Druck der Volcker-Anhörungen zu danken. Weitere Enthüllungen schienen vorprogrammiert, aber sie konnten zu spät kommen, um der schwindenden Zahl verarmter Überlebender des Holocaust noch zu helfen.

Druck aus Washington und New York zwang die Schweizer, ihren Zeitplan zu ändern. Diskret aber wirksam konnte Eizenstat Borer davon überzeugen, seine öffentlich und privat geäußerte Sympathie nicht als Mangel an Entschiedenheit anzusehen. Die Clinton-Administration, erklärte er Borer, sei entschlossen, der Gerechtigkeit zum Durchbruch zu verhelfen.

Alle Zweifel oder Hoffnungen auf Untätigkeit, die Borer gehabt haben mag, verflüchtigten sich, als in den Parlamenten der drei Bundesstaaten New York, New Jersey und Kalifornien Gesetzentwürfe eingebracht wurden, die darauf abzielten, die Geschäftstätigkeit der drei größten Schweizer Banken in Amerika mit Sanktionen zu belegen. Der Wirtschaftsprüfer von New York hatte die Schweizer Bankgesellschaft bereits davon ausgeschlossen, neuaufgelegte Aktien zeichnen zu dürfen, um sie für ihr Verhalten in der Sache Christoph Meili und der ruhenden Konten zu bestrafen. Zwar hatte man diesen Beschluß nach intensiver Lobbyarbeit der Banken im Dezember 1997 wieder aufgehoben, aber die Drohung, er könnte erneut in Kraft gesetzt werden, saß den Schweizer Banken tief in den Knochen. Offenbar hatten sie den Einfluß der öffentlichen Meinung in Amerika bisher unterschätzt.

Schockiert und voller Furcht vor Diskreditierung drängten Borer und die Schweizer Banken nun auf erste Auszahlungen aus dem humanitären Fonds für die verarmten Überlebenden des Holocaust in Lettland. 500 Dollar pro Person – nur halb so viel, wie man ursprünglich versprochen hatte. Das war erbärmlich wenig, aber wenigstens eine Geste, die hoffentlich andere Staaten zur Nachahmung bewegen würde.

Die Zeit war, wie immer, knapp, meinten Israel Singer und der Jüdische Weltkongreß. Die Überlebenden waren in arger Bedrängnis, aber auch der Druck auf die Schweiz und die anderen Staaten konnte vielleicht erhöht werden, wenn man die Sache auf einer besonderen internationalen Konferenz erörterte. Bisher war es kaum vorgekommen, daß Regierungen über historische Ereignisse debattiert hatten, die ein halbes Jahrhundert zurücklagen. Aber vielleicht konnte man die weitverbreitete Sympathie und Empörung von Politikern und Öffentlichkeit über diesen größten Raub der Geschichte nutzen. Eine Gelegenheit eröffnete sich am 1. Mai 1997 in London. Der überwältigende Wahlsieg der Labour Party, die sich zu einer moralisch geprägten Außenpolitik bekannte, war ein Glücksfall. Greville Janner, der Vertreter des Jüdischen Weltkongresses in London, unterhielt gute Beziehungen zum neuen Außenminister, Robin Cook. Für eine neue Regierung, die sich als

Kämpferin gegen die Sünden der Vergangenheit profilieren wollte, war Janners Vorschlag, zur Aufklärung der Geschichte des Nazigoldes eine Konferenz aller interessierten Regierungen nach London einzuberufen, eine risikolose Gelegenheit, um außenpolitisch Punkte zu sammeln.

Bei der Eröffnung der Konferenz am 2. Dezember 1997 in London waren 41 Staaten anwesend. Lancaster House, das prächtige Gebäude in der Nähe des Buckingham Palace, wo Dutzende Verhandlungen zwischen Großbritannien und seinen ehemaligen Kolonien zur Auflösung des Empire stattgefunden hatten, war für den Zweck der Konferenz bestens geeignet. Eizenstat und Beamten des Foreign Office war es durch Verhandlungen in aller Stille gelungen, zahlreiche widerwillige Regierungen zu überzeugen, daß es besser sei, an der Konferenz teilzunehmen, als wegen Ignoranz gegenüber den Interessen der Holocaustopfer geschmäht zu werden. Jede Regierung wurde aufgefordert, auf der Konferenz einen Bericht über den Raub ihres Goldes durch die Nazis vorzulegen und für die Untersuchung dieses Raubes und seiner Folgen unverzüglich ihre Archive zu öffnen. Vor der Konferenz glaubten viele, sie werde kaum über ein Seminar von Historikern hinausgehen, wo man alte Feindseligkeiten wiederaufwärmte. Am Ende des ersten Tages sollten diese Zyniker teilweise recht behalten.

Die Briten, Meister der Zeremonie, nutzten die Eröffnung dafür, die Teilnehmer in eine dem historischen Anlaß gemäße feierliche Stimmung zu versetzen. Nach der Aufforderung Robin Cooks, »denen, die die Nazis überlebt haben, die zweite Tragödie eines Lebens in Armut zu ersparen«, wurde die Konferenz jedoch mit unerwarteten Enthüllungen konfrontiert.

Cook erklärte die Eröffnung eines neuen Fonds für Holocaustopfer auf der Grundlage der verbliebenen 5,5 Tonnen Nazigold im Werte von 78 Millionen Dollar, die noch in London und New York lagen (336 Tonnen waren bereits aufgeteilt), und kündigte eine britische Spende in Höhe von einer Million Pfund an. Eizenstat sagte vier Millionen Dollar zu, die in den folgenden drei Jahren auf 25 Millionen anwachsen sollten. Cook appellierte an die Staaten, denen bei der Endverteilung, über die die Aliierte Goldkommission verhandelte, Anteile zustanden, diese in den Fonds einzubringen. Sein Ruf nach solcher Einmütigkeit war am Vorabend der Konferenz aber bereits von Frankreich torpediert worden. Unter Berufung auf eigene Hilfsmaßnahmen für französische Juden hatte es die Regierung abgelehnt, ihre 2,2 Tonnen Gold dem Fonds zu spenden. Nach Ansicht vieler war dies ein typisches Beispiel dafür, wie Frankreich bereits im vergangenen Jahrhundert mit den Interessen der Juden umgesprungen war. Zu Frankreichs Glück ließ eine unerwartete Enthüllung der in der Schweiz wirkenden internationalen Historikerkommission dieses Problem in den Hintergrund treten.

In einer Studie von 23 Seiten legte die Bergier-Gruppe den bisher umfassendsten Bericht über die Goldtransaktionen zwischen der Schweiz und den Nazis vor. Zu Borers Schrecken hatte man in den kürzlich freigegebenen Akten Beweise für weitere Unredlichkeiten der Schweiz gefunden.

Aus dieser neuen Studie der Historiker auf der Grundlage von Akten der Reichsbank ging hervor, daß Nazideutschland nach 1933 unter verschiedener Tarnung 434,2 Millionen Dollar aus einer Vielzahl von Quellen zusammenraffte, darunter auch 33,8 Millionen Dollar aus der tschechischen Staatsreserve, deren Existenz die britische Regierung 1938 bestätigt hatte. Nach September 1939 brachte die Reichsbank Gold im Werte von 475 Millionen Dollar aus den Zentralbanken der besetzten europäischen Staaten, einschließlich Italien, an sich. Bei Kriegsende wurde solches Gold im Werte von 295 Millionen Dollar in Deutschland entdeckt.

Nach dem Bericht der Historiker nahm die Schweiz 76 Prozent allen Goldes entgegen, das die Reichsbank ins Ausland transferierte. Das waren insgesamt 279 Tonnen im Werte von 389,2 Millionen Dollar. Entgegen früheren Beteuerungen aus Bern hatten drei private Schweizer Banken Gold für die Summe von 61,2 Millionen Dollar angekauft.

Davon waren 36,6 Millionen Dollar an den Schweizer Bankverein, 12 Millionen an die Bank Leu (heute Teil der Schweizerischen Kreditanstalt) und 8,5 Millionen Dollar and die Schweizerische Bankgesellschaft gegangen. Vier deutsche Banken und Edelmetallhändler – die Dresdner Bank, die Deutsche Bank, Degussa und Sponholz – kamen ebenfalls in den Genuß von Raubgold im Werte von insgesamt 14,2 Millionen Dollar. Die größte emotionale Wirkung hatte jedoch die Mitteilung der Historiker, die Akten bewiesen, daß die Nazis Privatpersonen Gold im Gesamtwert von

146 Millionen Dollar geraubt hatten. Darauf folgte eine beispiellose Entschuldigung der Schweizer Nationalbank: »Der SNB ist unverständlich, weshalb ihre Leitung damals die moralischen und politischen Folgen ihrer Strategie nicht genügend ins Kalkül zog.« Maßnahmen, den Ankauf von Raubgold oder gar Opfergold zu vermeiden, bekannte die Bank, seien »allzu halbherzig« gewesen.

Dieses Eingeständnis wurde allerdings durch die Behauptung wieder abgeschwächt, lediglich Gold im Werte von 2,5 Millionen Dollar könne eindeutig als »Opfergold« identifiziert werden, das über das »Melmer«-Konto eingegangen war. Die restlichen 143,5 Millionen waren nach den Akten bei Privatpersonen konfisziert worden, unter denen sich eindeutig auch Nichtjuden befanden. Aus einer inoffiziellen Analyse anderer Akten der Reichsbank konnte man schließen, daß das Melmer-Gold möglicherweise zum Einschmelzen an die Deutsche und die Dresdner Bank verkauft worden war, nicht in die Schweiz. In dem Bericht hieß es aber auch: »Ein Teil des Melmer-Goldes wurde von der Preußischen Münze eingeschmolzen und ins Ausland verbracht.« Die Historiker stellten ausdrücklich fest, die Schweizer Nationalbank habe – möglicherweise unwissentlich – »Opfergold« von der Reichsbank gekauft.

Auf die Möglichkeit, Opfergold könnte absichtlich mit dem von den Alliierten 1945 beschlagnahmten Münzgold vermischt worden sein, wies ein britischer Beitrag auf der Konferenz hin. Sir John Anderson, der letzte konservative Finanzminister kurz vor der Abwahl der Churchill-Regierung, schlug vor, eine solche Mischung vorzunehmen. Dagegen wandte sich Eddie Playfair. »Das wäre nichts anderes als Raub an den Opfern«, schrieb Playfair, dessen moralische Einwände akzeptiert wurden. Allerdings, so die Briten, hätten Frankreich und die Vereinigten Staaten diese moralischen Bedenken später verworfen.

Die Bank of England bestätigte in einem eigenen Dokument, die ursprüngliche Identität der Goldbarren sei bei der Prüfung und Vorbereitung des beschlagnahmten Nazigoldes für die Verwendung nach dem Kriege »verlorengegangen«. Auch die einzige Spur zur Herkunft »einer kleinen Menge« (134 Kilogramm) von in Deutschland gefundenen »Goldmünzen und Medaillen«, sei verwischt worden, als man sie zu Goldbarren umschmolz.

Die Federal Reserve von New York enthüllte in ihrem Beitrag, die Bank habe im Februar 1952 siebzehn Kisten mit verschiedenen Goldbarren, Münzen und kleineren Stücken Goldes aus Deutschland erhalten, die als »Chips« oder »Buttons« bekannt sind. Offiziell war die Herkunft des Goldes unbekannt. Es wurde zu 43 Barren gegossen. 45 Jahre später hatte es den Anschein, daß sich die Bank damals zur Rückerstattung an die Zentralbanken ungerechtfertigterweise »Opfergold« angeeignet hatte.

In dem Beitrag der Bank für Internationalen Zahlungsausgleich hieß es, man könne »nicht ausschließen«, daß sich unter einem Viertel (3,4 Tonnen) der insgesamt 13,5 Tonnen Gold, die man während des Krieges von der Deutschen Reichsbank erhielt, auch »Nichtmünzgold« befand.

Edgar Bronfman ließ nun all seine bisherige Zurückhaltung fallen und prangerte an, daß der Umfang des 1945 entdeckten »Opfergoldes« heruntergespielt werde. Gegen den Widerspruch Großbritanniens und Frankreichs forderte er die Offenlegung der Akten der Goldkommission. Er argumentierte, dies werde zeigen, daß die tatsächliche Menge des »Opfergoldes« »viele Tonnen« , möglicherweise mehr als 60 im Werte von über 700 Millionen Dollar betrage. Die Schweiz, fuhr Bronfman fort, schulde den Juden überall auf der Welt noch zwei bis drei Milliarden Dollar geraubten Vermögens, das in ihren Tresoren lagere. Das war der Eröffnungsschachzug, der zu einer schließlichen Einigung mit der Schweiz im vermuteten Umfang von etwa 800 Millionen Dollar führen sollte. Das war der Preis für die Einstellung der Massenklagen vor amerikanischen Gerichten gegen Schweizer Banken und Versicherungen.

Ein neuentdecktes Telegramm ließ den Druck auf die Schweiz weiter anwachsen. Aus einem amerikanischen Geheimdienstbericht von 1944 ging hervor, die Schweiz und Japan seien übereingekommen, Geld der Alliierten, das für die Versorgung von Kriegsgefangenen in Japan an die Schweiz überwiesen wurde, für die Tilgung japanischer Schulden bei Schweizer Firmen zu verwenden. Der Schweizer Außenminister Cotti wies diesen neuerlichen Vorwurf beleidigt zurück und behauptete weiterhin, die Schweiz habe ihre Neutralität nicht mißbraucht, sondern für »umfangreiche humanitäre Aufgaben« genutzt.

Borer wies Bronfmans Forderung als bar jeder »objektiven

Grundlage« zurück. Der Holocaustfonds im Umfang von 200 Millionen Dollar sei das Maximum, das die Schweiz beitragen könne. Er wies jeden Gedanken an eine Neuverhandlung des Washingtoner Abkommens von 1946 zurück und schloß mit der clever vorbereiteten Bemerkung: »Ebensogut könnten Sie Holländer und Indianer gemeinsam entscheiden lassen, ob für Manhattan Island ein fairer Preis in Fellen und Glasperlen bezahlt wurde!« Bei seinem Protest hatte Borer das Recht auf seiner Seite. Und bei seiner Behauptung, die Schweiz habe bei der Rückgabe geraubten Vermögens ehrenhaft gehandelt, meinte er, was er sagte.

»Fast 600 Personen« prahlte er, hätten nach dem Krieg um die Rückgabe ihres geraubten Vermögens in der Schweiz nachgesucht. Die nüchterne offizielle Statistik bestätigte die Kritik an der Schweiz, enthüllte aber auch, daß andere Staaten, darunter Frankreich und Rußland, die Rückgabe geraubten Vermögens bewußt sabotierten. Die Konferenz trug dazu bei, schwere Verfehlungen offenzulegen.

So stellte sich heraus, daß die Regierung der Tschechoslowakei den Juden auch weiterhin ihr Eigentum verweigerte. Dieses hatten ihnen Nazis, tschechische Kollaborateure und Antisemiten nach 1939 geraubt. Einiges wurde nach 1948 von den Kommunisten beschlagnahmt. Forderungen überlebender Juden nach dem Zusammenbruch des Kommunismus im Jahre 1989 wurden ignoriert oder mit der Begründung abgewiesen, sie könnten ihr Eigentumsrecht und den Fakt der Beschlagnahme nicht dokumentarisch belegen. Dabei lagen in tschechischen Regierungsarchiven Tausende Verwaltungsakten aus dem Jahre 1939, die den Raub jüdischen Eigentums bestätigen konnten. Der Zugang zu diesen Akten wurde den Juden aber nach wie vor verwehrt.

Auch israelische Banken hatten, wie sich herausstellte, abgelehnt, Listen ruhender Konten von Juden herauszugeben. Diese Konten europäischer Juden hatten die Briten während des Krieges eingefroren. Nach 1948 weigerten sich israelische Banker jedoch, Listen zu veröffentlichen, um Erben die Möglichkeit zu geben, ihre Ansprüche anzumelden. Mit dem Verweis auf das Bankgeheimnis hatte die israelische Regierung auch nach 50 Jahren die Banken noch nicht davon überzeugt, eine Politik zu akzeptieren, wie man sie der Schweiz aufgezwungen hatte.

Ebenso beschuldigte man Großbritannien, Bankeinlagen, die Bürgern von Feindstaaten gehörten und auf Anweisung der Regierung nach 1939 eingefroren wurden, veruntreut zu haben. Die Regierung wollte mit derartigem »Feindvermögen« britische Bürger entschädigen, die Außenstände in den Feindstaaten hatten. Nach 1945 kamen jedoch überlebende Juden aus solchen Ländern nach London, um ihre Guthaben oder ihr Erbe einzufordern. Zu ihrem Entsetzen mußten sie feststellen, daß sie ungeachtet ihres Martyriums weiterhin als Bürger von Feindstaaten galten, denen man ihr Vermögen verweigerte. Unter Druck stimmten Whitehall-Beamte schließlich zu, daß Juden, die beweisen konnten, daß man sie während des Krieges ihrer Freiheit beraubt hatte, das Recht erhalten sollten, ihren Besitz zurückzufordern. Einigen fiel es jedoch schwer, solche »Freiheitsberaubung« zur Zufriedenheit von Londoner Beamten nachzuweisen, die die Realität des Holocaust gar nicht begreifen wollten. Einer der bekanntesten abschlägig beschiedenen Fälle betraf den Anspruch eines Erben, dessen Mutter sich das Leben genommen hatte, um der Deportation in die Todeslager zu entgehen. Dieser Frau, so entschied der britische Beamte, habe man eindeutig nicht die Freiheit geraubt.

Die kürzliche Entdeckung von Archivmaterial in London, das offenbar bereits seit den siebziger Jahren bekannt war, löste in Israel Empörung aus. Die britische Regierung hatte eine interne Untersuchung angeordnet, aber die Veröffentlichung des entsprechenden Berichtes bis nach der Londoner Konferenz hinausgezögert, um sich Peinlichkeiten zu ersparen. Seine Schlußfolgerung – diese Politik sei gerechtfertigt, aber ihre Umsetzung gelegentlich »gefühllos« gewesen – wollte man besser für sich behalten, bis die Konferenz vorbei und vergessen war.

Kritik wurde auch gegen die kroatischen Vertreter laut, weil sie zu behaupten wagten, ihr Land hätte »die Naziinvasoren massiv bekämpft«. In Wirklichkeit hatte das kroatische Ustascha-Regime, das mit den Nazis kollaborierte, die schrecklichsten Untaten begangen. Während die Repräsentanten Kroatiens die kritischen Aussagen jüdischer Gruppen heftig zurückwiesen, lehnten die Vertreter des Vatikans, die man zur Öffnung ihrer Archive aufforderte, jeden Kommentar ab. In einem kürzlich veröffentlichten Dokument eines amerikanischen Geheimdienstes wurde angedeutet, Ustascha-

Gold sei in Rom deponiert worden, um es der Beschlagnahme zu entziehen. Als Eizenstat bei einem Besuch im Vatikan versuchte, Zugang zu den Archiven zu erhalten, wurde ihm dieser verweigert. Zweifellos war es dem Heiligen Stuhl lieber, wenn die peinlichen Beweise für seine Zusammenarbeit mit den Nazis, der Ustascha und anderen europäischen Faschisten während des Krieges nicht an die Öffentlichkeit gelangten.

Auf dieser Konferenz wurden Regierungen, die bisher Kritik, Anklagen und Ansprüche von Überlebenden des Holocaust und von internationalen jüdischen Organisationen erfolgreich abgewehrt hatten, mit Forderungen konfrontiert, die man fünfzig Jahre lang unter den Teppich gekehrt hatte. Keiner der 240 Teilnehmer wagte es, Eizenstats Mahnung offen zu widersprechen: »Wir dürfen nicht in ein neues Jahrhundert eintreten, ohne die Aufgaben des gegenwärtigen bewältigt zu haben. Es liegt in unserer kollektiven Verantwortung, daß wir am Ende dieses Jahrhunderts alles unternommen haben müssen, um Wahrheit und Gerechtigkeit zum Durchbruch zu verhelfen.«

Man kam überein, die Konferenz im Jahre 1998 in Washington erneut einzuberufen. Eine zweite Runde in einem Jahr, da in den USA Wahlen stattfinden, ließ selbst Pessimisten ein wenig hoffen.

Von den Sanktionsdrohungen aufgeschreckt, stimmten die Schweizer Banker rasch zu, Michael Hausfeld und zwei weitere amerikanische Anwälte am Sonntag, dem 14. Dezember 1997, heimlich in Zürich zu treffen. Sie fürchteten nicht nur Sanktionen, sondern auch ein Veto der New Yorker Behörden gegen die kurz zuvor angekündigte Fusion der Schweizerischen Bankgesellschaft (UBS) mit dem Schweizerischen Bankverein (SBC), aus der die größte Bank Europas hervorgehen sollte. Bei dieser Begegnung unter dem Vorsitz von Eizenstat konnten beide Seiten ihr Mißtrauen nicht verbergen. Doch beide wollten eine Einigung. Nach drei Stunden kamen sie überein, zunächst über die Struktur dieser Einigung und erst später über die Summe zu sprechen. Beim nächsten Treffen in New York im Januar 1998 willigten die Banken ein, in einen Fonds zugunsten von Holocaust-Opfern einzuzahlen, der alle Forderungen abdecken sollte. Ihre einzige Bedingung lautete, daß damit alle Gerichtsverfahren für immer erledigt sein müßten. Als man auseinanderging, war man voller Optimismus, daß eine Vereinbarung zustande kommen werde.

Bald mußte Eizenstat jedoch feststellen, daß seine Tätigkeit als ehrlicher Makler nicht nur bei den Schweizern, sondern auch bei vielen amerikanischen Aktivisten Mißtrauen erzeugt hatte, die enttäuscht waren, weil er die Sanktionsdrohung nicht unterstützte. Hevesi und andere wollten eine Regelung, die nicht nur die Geschäftsbanken, sondern auch die Schweizer Nationalbank und die Regierung unterzeichneten.

Im April 1998 wurden die Verhandlungen in Washington unter Eizenstats Vorsitz wiederaufgenommen. Die Banken boten nun eine Summe von 200 Millionen Pfund Sterling an. Die amerikanischen Anwälte forderten 1,8 Milliarden Dollar. Wie eine Bombe schlug für die Banken die Nachricht ein, daß Senator D'Amato sich gegen die Fusion von UBS und SBC aussprach. Als Vorsitzender des Bankenausschusses des Senats konnte er dieses einmalige Geschäft eigenhändig zu Fall bringen, das den Aktienwert der beiden Banken bereits um Milliarden hochgetrieben und Milliarden für die Umstrukturierung verschlungen hatte. Im Vergleich dazu waren die Forderungen der Holocaustopfer nichts als Peanuts.

Um die Blockade aufzubrechen, überzeugten die Schweizer Banken Eizenstat davon, daß sie ihr Angebot erhöhen würden, wenn D'Amato kein Veto einlege. Der Senator ließ sich zum Einlenken bewegen und genehmigte die Fusion. Kurz darauf zogen die Banken ihr Angebot zurück. D'Amato schäumte vor Wut: Diese Doppelzüngigkeit der Schweizer mußte bestraft werden. Wenn bis zum 19. Juni 1998 kein befriedigendes Angebot einging, drohte Hausfeld, werde man nicht nur die Sammelklagen rigoros weiterverfolgen, sondern auch Hevesi und alle anderen Wirtschaftsprüfer sowie die Legislative der Bundesstaaten mobilisieren.

Die Schweizer Position wurde weiter geschwächt, als die Bergier-Kommission im Mai in einem Zwischenbericht über die Schweizer Nationalbank feststellte, daß deren Behauptung, sie »handelte in gutem Glauben und war wegen der Neutralität der Schweiz verpflichtet, das von Nazideutschland angebotene Gold entgegenzunehmen« nicht zu halten sei. Nun räumte die Schweiz ein, bewußt falsche Angaben gemacht zu haben. Sie hatte Raubgold im Werte von 335 Millionen Dollar übernommen, aber lediglich 86

Millionen Dollar zurückgegeben. Nach seinem aktuellen Wert betrug der Gewinn der Bank 2,5 Milliarden Dollar. Da sie insgesamt über Goldreserven von 40 Milliarden Dollar verfügte, erwarteten die Amerikaner nun von der Nationalbank, daß sie ihr bisheriges Angebot eines Beitrages von 67 Millionen Dollar zu dem 200-Millionen-Dollar-Fonds aufstockte. Diese Hoffnung wurde jedoch enttäuscht. Als ein weiterer Bericht von Historikern des State Department zu dem Schluß kam, auf dem Melmer-Konto sei Gold im Werte von 40 Millionen Dollar verzeichnet gewesen, bestätigte dies die bereits aus Recherchen in Schweizer Archiven gewonnene Erkenntnis, daß die Schweiz wesentlich mehr Raubgut in ihrem Besitz hatte, als bisher angenommen. Hausfeld kündigte daraufhin an, die Schweizer Nationalbank in New York zu verklagen. Dies war für sie besonders prekär, weil ein Drittel ihres Goldes hier lagerte. Die allgemeine Stimmung schlug um und wandte sich erneut gegen die Schweiz.

In der letzten Juniwoche legten die Schweizer Banken, über Bergiers Enthüllungen besorgt, ein »letztes« Angebot von 600 Millionen Dollar vor. Dazu sollte noch das kommen, was Volckers Untersuchungen ans Tageslicht bringen würden. »Ein Tropfen auf den heißen Stein«, klagte ein Überlebender, empört darüber, daß die Schweizer Regierung sich weigerte, an den Verhandlungen teilzunehmen. Die Schweizer Banken, ihrerseits verärgert, daß die Amerikaner nicht auf ihr Angebot eingingen, kritisierten die jüdische Lobby, sie verfolge die Angelegenheit, um sich daran gesundzustoßen, nicht um eine Vereinbarung zu erzielen. Die diskreditierten Nachforschungen Paul Volckers, klagten die Banken, hätten bereits 200 Millionen verschlungen, aber nur zur Auszahlung von ganzen 11 Millionen Dollar an Kontoinhaber und deren Erben geführt. Mit solchen Worten und Taten erreichte die Schweiz aber genau das Gegenteil von dem, was sie beabsichtigte. »In Amerika ist man äußerst empört darüber«, erklärte Alan Hevesi, »daß die Schweizer Regierung ihrer moralischen Verantwortung nicht gerecht wird. Ich glaube, sie hat nicht genügend deutlich gemacht, daß die Schweizer hier nicht die Opfer sind.«

Nun sei es an der Zeit, kündigte Hevesi mit heftigen Vorwürfen gegen Eizenstat an, wieder Sanktionen auf die Tagesordnung zu setzen. Zwanzig Bundesstaaten und dreißig Städte von New York bis Kalifornien verpflichteten sich, Schweizer Banken und Firmen zu boykottieren. Sie wollten ihre Guthaben abziehen, Verträge über die Verwaltung von Kapitalanlagen kündigen und sich aus Rentenfonds mit schweizerischer Beteiligung zurückziehen. Eizenstat, der am 22. Juli vor dem Senat aussagte, es bestehe »keine realistische Aussicht auf eine kurzfristige umfassende Regelung«, war als Politiker diskreditiert. Hausfeld rechnete bereits öffentlich vor, daß er vor Gericht die Glaubhaftigkeit der Banken erschüttern und Forderungen in einer Gesamthöhe von 16,8 Milliarden Dollar stellen werde. Daraufhin kamen beide Seiten überein, daß Edward Korman, der Bundesrichter, der mit den Sammelklagen befaßt war, einen Vergleich aushandeln sollte. Am Ende einer Diskussion in einem New Yorker Steakhaus am 10. August 1998 einigten sich beide Seiten provisorisch über eine Regelung in Höhe von insgesamt 1,25 Milliarden Dollar, an der sich die Geschäftsbanken, die Nationalbank und Schweizer Industrieunternehmen beteiligen wollten. Zwei Tage später, als das Tauziehen um die endgültige Einigung noch in vollem Gange war, erschien D'Amato in Kormans Büro. »Der Vergleich muß jetzt zustande kommen«, erklärte er, »oder die Sanktionen beginnen am 1. September.« Überraschend wurde der aggressive Senator nun von den Schweizern als Retter vor permanenter Verfolgung begrüßt. Auf den Stufen des Gerichtsgebäudes in Brooklyn, umgeben von Überlebenden des Holocaust, darunter Estelle Sapir, und dem Schweizer Sicherheitsbeamten Christoph Meili, strahlte D'Amato an diesem Nachmittag in die Kameras und nahm die Huldigungen für den Sieg über die Schweiz entgegen. Noch drei Jahre zuvor hatten die Schweizer Banken dem Jüdischen Weltkongreß ganze 30 Millionen Dollar angeboten, um damit alle Ansprüche zu begleichen. Ihr hartnäckiger Widerstand war nun gebrochen. »Wir haben Frieden für unser Land erkauft«, seufzte ein Schweizer Unterhändler wenig überzeugend.

Nach dieser demütigenden Niederlage der Schweiz gerieten nun die Versicherungsgesellschaften und der Hauptschuldige Deutschland ins Scheinwerferlicht. Aus jüngst in der Schweiz und in Amerika erschienenen Berichten von Historikern ging hervor, daß die Deutsche Bank und die Dresdner Bank an Goldverkäufen aus dem Melmer-Bestand beteiligt waren. Ed Fagan, der New Yorker Anwalt der Überlebenden des Holocaust, reichte sofort eine Sammelklage gegen die beiden Banken ein, in der er die Rückgabe von Raubgold und anderem Vermögen in Höhe von 18 Milliarden Dollar forderte.

Für die Nachkriegsgeneration der Deutschen, insbesondere für die Direktoren der Deutschen Bank, war diese Forderung ein schwerer Schock. Gerade erst 1995 hatte die Bank mit großem Gepränge eine Darstellung ihrer 125jährigen Geschichte veröffentlicht. In grenzenloser Selbstgefälligkeit hatten die Bankiers den Historiker Harold James beauftragt, einen Bericht über die Aktivitäten der Bank im Dritten Reich zu verfassen. In dieser geschönten Version, die angeblich auf dem Zugang zu allen Akten der Bank beruhte, sind die Geschäfte mit dem Raubgold mit keiner Silbe erwähnt. Bis ins Jahr 1998 hinein war es gelungen, sie geheimzuhalten. Um der Vergeltung zu entgehen, die die Schweizer Banken getroffen hatte, erklärte die Deutsche Bank nun unverzüglich ihr »tiefes Bedauern« über ihre Sünden sowie »eine moralische und ethische Verantwortung für das finsterste Kapitel ihrer Geschichte«.

Dieses Reuebekenntnis konnte jedoch die Flut von Anklagen und Vorwürfen nicht aufhalten. Jahrelang hatten Volkswagen, Mercedes, BMW, Siemens und andere deutsche Unternehmen es kaltblütig abgelehnt, die früheren Zwangsarbeiter für ihre Leiden während des Zweiten Weltkriegs zu entschädigen. Das war nach der Schweizer Regelung nun nicht mehr möglich. Eine neue Sammelklage in New York im Auftrage ehemaliger Zwangsarbeiter und anderer Opfer gegen die deutschen Unternehmen erschütterte deren Überzeugung, daß bereits ein Schlußstrich gezogen sei.

Viele Menschen fragen sich, wie dieses Thema über fünfzig Jahre nach dem Untergang des Dritten Reiches erneut auf die Tagesordnung gelangen konnte. Die Antwort ist einfach. In den Jahren seit 1945 hat es niemals eine Schlußbilanz der Naziverbrechen gegeben. Das Desinteresse der Alliierten, der Kalte Krieg und die Rückkehr so vieler schuldig Gewordener in einflußreiche Positionen in Westdeutschland bewirkten, daß es zu keiner ehrlichen Abrechnung kam. Es ist eine Ironie der Geschichte, aber durchaus angemessen, daß die Suche nach den letzten Spuren des verschwundenen Geldes ausgerechnet in dem europäischen Land begann, das stets seine Unschuld beteuert hatte. Die Schweiz muß nun für immer mit der Schmach leben, ihre Vergangenheit in falschem Lichte dargestellt zu haben.

Dank

Der Anstoß für dieses Buch war ein Anruf im Mai 1996 von zwei Freunden, Mike Kinsella und Bob Royer. Kinsella, der Leiter des Mitarbeiterstabs von Senator D'Amato, und Royer, ein Anwalt in Washington, suchten nach Informationen zu den Schweizer Banken in den National Archives in Washington, die sie in den frühen Stadien der Kampagne des Senators verwerten konnten. Ihre Unterstützung und Großzügigkeit seither kannte keine Grenzen. Martin Mendelsohn arrangierte mit Hilfe des Simon Wiesenthal Centers eine finanzielle Unterstützung für meinen ersten Besuch und die erste Forschungsarbeit. Gregg Rickman, der juristische Berater von Senator D'Amato, übernahm zweifellos während der Kampagne des Senators die Funktion eines ruhenden Pols und war mir eine unentbehrliche Hilfe.

Mein unermüdlicher und findiger Mitarbeiter in New York Robert Fink war wie stets unschätzbar, nicht zuletzt weil er in mehreren Archiven in New York, Washington und anderen Städten war und weil er wichtige Augenzeugen aufspürte.

In der Schweiz verbrachte Mario König zehn Wochen im Staatsarchiv und entdeckte nicht nur erstaunlich neues Material, sondern lieferte treffende Interpretationen gleich mit. Ich bin ihm und anderen, die leider nicht genannt werden können, sehr dankbar. Mein Dank gebührt auch der ursprünglichen journalistischen Tätigkeit von Irene Loebell vom Schweizer Fernsehen; ich verstand mit ihrer Hilfe diese Geschichte und die Schweiz wesentlich besser.

In Paris bewältigte Jane Lizop das Chaos des französischen Staatsarchivs, das wie geschaffen dafür ist, jede solide Forschungsarbeit zu verhindern; Frau Lizop zauberte aber absolute Kostbarkeiten hervor.

Zu den vielen anderen, die mir wertvolle Hilfe zuteil werden ließen, zählen Moses Abramowitz, Edwin Adams, Morton Bach, Rolf Bloch, Herbert Cummings, Martin Doude van Trostwick, Eli Ginzberg, Max Isenbergh, Paul Jolles, Nat King, Ida Klaus, Paul Rechsteiner, Seymour Rubin, Hans Schaffner, Elan Steinberg und Israel Singer vom Jüdischen Weltkongreß, Jacob Tanner, Gian Trepp und Herbert Winter. Ich erhielt auch beträchtliche, aber hier nicht genauer zu schildernde Hilfe von zahlreichen Schweizer Bankiers und Regierungsbeamten.

Peter James stellte seine einzigartige Kunst bei der Redaktion des Manuskripts unter Beweis; David Hooper von Biddle & Co. erklärte das Buch für juristisch unangreifbar. Diana Mackay, die die Auslandslizenzen verkaufte, und Michael Shaw von Curtis Brown waren mir wie stets treue Freunde und Anhänger. Allen Genannten bin ich sehr dankbar.

Am meisten danke ich meiner Familie, die sich nie beklagt, stets fröhlich ist und nie abläßt, mich von neuem anzuspornen.

Anmerkungen

Bemerkungen zu den Quellen

Dieses Buch beruht vor allem auf Quellen aus den Nationalarchiven der Vereinigten Staaten, der Schweiz, Großbritanniens und Frankreichs, den Archiven des American Jewish Committee (AJC) und des American Jewish Distribution Committee (AJDC). Außerdem habe ich Interviews mit etwa vierzig Beteiligten geführt.

Die amerikanischen Archivquellen sind mit dem Kürzel RG gekennzeichnet; die britischen Quellen stammen aus dem Außenministerium (Foreign Office = FO), dem Finanzministerium (Treasury = T) und dem Kriegsministerium (War Office = WO); Dokumentnummern aus den Schweizer Archiven beginnen mit dem Buchstaben »E«; die übrigen stammen aus dem französischen Nationalarchiv.

Bei Zitaten aus Schweizer Dokumenten wurde die Orthographie und Interpunktion der historischen Quellen übernommen.

Kapitel 1

1. E 4110 (A) 1973/85, Bd. 1.
2. Die Zitate zu dieser Versammlung sind dem Protokoll der Sitzung vom 17. November 1952 in Bern mit Schweizer Orthographie entnommen. Zusammenfassungen des Autors wurden nach Überprüfung des Originaltextes in indirekter Rede wiedergegeben.
3. RG 591950–54 Box 1 013 254.0041/7–1150.

Kapitel 2

1. Häsler, Alfred, *Das Boot ist voll... Die Schweiz und die Flüchtlinge 1933–1945*. Zürich 1967. Zitiert nach der englischen Ausgabe: Häsler, Alfred, *The Lifeboat is Full,* Funk & Wagnalls, New York, 1969, im folgenden abgekürzt als »Häsler«. Hier Häsler, S. 77.
2. Häsler, S. 8 und 10.
3. Häsler, S. 19.
4. RG 131 Foreign Funds Control, Safehaven Report 159, 30. Oktober 1945.
5. RG 58, 1945–1949 Box 4202, 17. April 1946.
6. Häsler, S. 9.
7. Häsler, S. 110.
8. Picard, Jacques, *Die Schweiz und die Juden 1933–1945. Schweizerischer Antisemitismus, jüdische Abwehr und internationale Migrations- und Flüchtlingspolitik*. Chronos, Zürich 1994, im folgenden abgekürzt als »Picard 1«. Hier Picard 1, S. 416.
9. Picard 1, S. 67.
10. Häsler, S. 160.
11. Bower, Tom, *Blind Eye to Murder*. Little Brown, überarb. Auflage 1996, im folgenden abgekürzt als »Bower 1«. Hier Bower 1, S. 34.

Kapitel 3

1. TB/Ida Klaus.
2. RG 169, FEA, Box 991; Margaret Clarke, *The Safehaven Project,* im folgenden abgekürzt als »Clarke«. Hier Clarke, S. 25.
3. Clarke, S. 83.
4. FO 371/45 812.

5. Clarke, S. 93.
6. Clarke, S. 123.
7. Clarke, S. 124.
8. FO 371/40 579, 23. August und 28. September 1944.
9. Clarke, S. 42; FO 371/40 579, Telegramm des State Department an ausländische Gesandtschaften vom 23. August 1944.
10. FO 371/40 579; Telegramm des State Department an ausländische Gesandtschaften vom 23. August 1944.
11. TB/Cummings. Cummings schreibt, er und Klaus hätten entgegen dem Clarke-Bericht während dieser Reise die Schweiz besucht. Clarke, S. 48.
12. FO 371/49 714, 1. März 1945.
13. FO 192/199, 31. Januar 1947.
14. RG 226 Records of the OSS »Enemy Agents and the Red Cross« Box 1.
15. RG 260 OMGUS Records of Property Division, German Intelligence, Switzerland-German Assets Misc Box 654.
16. RG 59 800.515/4–1246, State Department German Safehaven Operations in Switzerland, 22. April 1946.
17. RG 131 Foreign Funds Control Safehaven, E 060 764 und 060 735, 5. März, 1941 und FO 372/45 812.
18. E 7160 (A) i 1968/54 Bd. 23 (Nr. 1–91), 6. Februar 1947.
19. RG 260 OMGUS Property Control Box 653 und RG 591 945–49, Box 4205, 6. Mai 1946.
20. Safehaven Report, Februar 1946.
21. FO 1031/89, S. 14.
22. FO 935/18.
23. Als weitere Hehler dieser besonderen Art wurden von den Briten das Bankhaus Ernst Lochmann, das Bankhaus J. von Tobel und die Bank von Ernst in Zürich ausgemacht. Die Komplizen Rueggs erhielten Geld für eidesstattliche Erklärungen, wonach deutsche Vermögenswerte in Schweden von Schweizer Unternehmen und Bürgern gekauft worden seien oder sich seit 1940 in ihrer Hand befänden. Die Bank verkaufte diese Werte als Schweizer Eigentum und führte die Einnahmen über die Enskilda-Bank und die Gotsland-Bank in Stockholm in die Schweiz zurück. [US 15.10.45 B1] Ruegg konnte andererseits auch deutsches Geld nach Schweden transferieren. Zu diesem Zweck verkaufte er Wertpapiere mit falschen eidesstattlichen Erklärungen an die schwedische Enskilda-Bank. [RG 131 Foreign Funds Control Box 382 Safehaven Report 48115, Oktober 1945, sowie Faith, Nicholas, »*Safety in Numbers*«. Hamish Hamilton 1982, im folgenden abgekürzt als »Faith«, Hier Faith, S. 118.].
24. FO 371/45 812.
25. 450 Millionen Franken Ende 1941 und 650 Millionen Franken im Juni 1942; FO 371/49 714, 1. März 1945.
26. RG 260 OMGUS Records of Property Division, German Intelligence, Switzerland-German Assets Misc Box 654.
27. US Treasury, Currie Mission File, 22. März 1945.
28. FO 371/34 875, 3. Mai 1943.
29. FO 192/198, »Swiss trade policy during the war, Zurich 1946«.
30. E7 160 (A) i 1968/54 Sitzung 9.9.1947.
31. Faith, S. 49.
32. E 2001 (E) 1968/79, Bd. 2, 21. September 1948.
33. E 7160–011 968/223 Bd. 214, 28. April 1947, Stuckis Nachforschungen zu Görings Bankeinlagen.
34. RG 131 Foreign Funds Control, Box 382, State Department, »Types of Financial Operations in Switzerland«; US Control Martin Bronfenbrenner, Memorandum von Delman, 18. November 1943; und »Switzerland, the Reich's foremost supplier of foreign exchange«, Economic Warfare (Intelligence) Series 588, 9. Dezember 1942.
35. RG 591 945–49, Box 4218, Walter Ostrow, Memorandum für die Akten, Bern, 25. Februar 1947 und 4. März 1947. US Treasury Dept re: Swiss banks and Safehaven. Den politischen Druck übte Bundesrat Stampfli aus.
36. US Treasury, re: Swiss banks and Safehaven, Mann memo, 5. März 1947.
37. RG 131 Foreign Funds Control, SHAEF Report, 7. November 1944.
38. RG 266 Records of OSS, Gespräch mit Meck, 27. Mai 1946.
39. RG 266 Records of OSS, Gespräch mit Landwehr, 27. Mai 1946.
40. RG 169, Entry 141 A, Box 1419, 5. Januar 1945.

41. Clarke, S. 131.
42. US Treasury re: Swiss banks and Safehaven, 3. Juni 1947.
43. US Treasury, »Switzerland and the Axis«, 1. Februar 1943: Akte Schmidt-Branden, 28. Mai 1945.
44. FO 371/34875, 20. April 1943.
45. FO 371/34875, 16. April 1943.
46. FO 371/34875, 16. April 1943.
47. FO 371/34875, 21. April 1943.
48. FO 371/34878, 18. Februar 1943.
49. FO 371/39844, 28. August 1944; FO 371/34875, 21. Mai 1943.
50. FO 371/34877, 18. November 1943.

Kapitel 4

1. FO 371/45749 November 1945 und FO 837/1173, 18. Juni 1949.
2. RG 59 State Department 800.512/12-0942.
3. RG 59 State Department 800.515/1-1845.
4. RG 59 State Department 800.515/11-2044.
5. RG 319 Records of the Army Staff. Reports and Messages, 1918–51 to State Department. Switzerland, 12/2/46–3/31/47 Box 1062; Hutzler of Spohnhols Bank of Berlin, Box 1016.
6. RG 131 Foreign Funds Control Box 382, FEA »Looted Art in Occupied Territories, Neutral Countries and Latin America«, 5. Mai 1945 von James Plaut.
7. FFC Report, August 1943.
8. Rings, Werner, *Raubgold aus Deutschland*. Zürich 1985, im folgenden abgekürzt als »Rings«, Hier Rings, S. 51 und S. 70.
9. Rings, S. 52.
10. Rings, S. 48.
11. Vogler, Robert, »Der Goldverkehr der Schweizerischen Nationalbank mit der Deutschen Reichsbank 1939–45«, in: *Gold, Währung und Konjunktur,* Quartalsheft Schweizerische Nationalbank 1/1985, im folgenden abgekürzt als »Vogler«.
12. FO 371/40579, Januar 1944.
13. FO 371/65002, 7. April 1947.
14. FO 371/40579, 22. Februar 1944.
15. Vogler.
16. RG 591945–49 Box 4206 Gold, Schweizer Reaktion zur Deklaration vom Februar 1944, S. 6.
17. RG 131, Foreign Funds Control Box 380, Rede des Schweizer Bundespräsidenten, Mai 1944.
18. FO 371/40579, 5. Juni 1944.
19. RG 131/1942–60, Box 51, Juli 1944.
20. FO 371/39169, 20. Juni 1944.
21. FO 371/39844, 28. August 1944.
22. RG 591945–49, Box 4206, Gold, Schweizer Reaktionen auf die Deklaration vom Februar 1944, S. 6, 23. August 1944.
23. FO 371/39169, 7. Juli 1944.
24. TB/Cummings.

Kapitel 5

1. FO Washington, 30. November 1944.
2. FO 371/39860, 18. Mai 1944.
3. RG 59 State Department to Berne embassy 800.515/8–2544.
4. RG 1311942–60 Box 51, 27. Juli 1944.
5. FO 371/40579, September 1944 von Troutbeck; FO 371/40996, 16. September 1944; Clarke, S. 46.
6. Häsler, S. 195.
7. Häsler, S. 202.
8. Gilbert, Martin, *The Holocaust. A History of the Jews of Europe During the Second World War.* Holt, Rinehart & Winston, New York 1985, im folgenden abgekürzt als »Gilbert«. Hier Gilbert, S. 701 f., 752–55.
9. Häsler, S. 286.
10. Bauer, Yehuda, *Freikauf von Juden? Verhandlungen zwischen dem nationalsozialistischen Deutschland und jüdischen Repräsentanten von 1933 bis 1945.* Jüdischer Verlag, Frankfurt/Main 1996. Zitiert nach der englischen Ausgabe: Bauer, Yehuda, *Jews for Sale?* Yale 1994, im folgenden abgekürzt als »Bauer«. Hier Bauer, S. 164.
11. *Basler Nationalzeitung*, 13. Oktober 1945; Bauer S. 164.
12. RG 266 Records of OSS, Bericht Eduard von der Heydt.
13. Allemagne, regime des biens allemands, serie P9713, Bd. III, S. 43–46.
14. Allemagne, regime des biens allemands, serie P9713, Bd. III, S. 54 f.
15. FO 371/39844, 24. August 1944.

16. FO 371/39 844, 5. August 1944.
17. RG 131 Foreign Funds Control, Box 369.
18. RG 59 State Department 800.515/9–1944.
19. Clarke, S. 15.
20. US Treasury re: Swiss Banks and Safehaven, Bericht über Dr. Ricco Bessola in Lateinamerika, 17. August 1943.
21. State Department Instruction No. 4985, based on Executive Committee on Economic Foreign Policy, 8. Dezember 1944.
22. FO 371/45 812, 16. Januar 1945.
23. FO 371/45 812, 15. Januar 1945.
24. FO 371/45 750, 27. Februar 1945.
25. RG 591 945–49, Box 3 660 800.515/1–1345, 13. Januar 1945.
26. State Department, US-Botschaft Wellington, Neuseeland, 15. Januar 1945, Rede von Dr. Walter Schmidt.
27. RG 169 Entry 141 A, Box 1419, 5. Januar 1945.
28. WO 219/1655, 15. Januar 1945.
29. RG 260 OMGUS, Property Control Box sowie RG 591 945–49, Box 4205, 6. Mai 1946.
30. Persönlicher Informant des Autors.
31. FEA/Treasury, 15. Januar 1945.
32. FDR-Bibliothek, 3. Februar 1945.
33. FO 371/45 750, 5. Februar 1945.
34. US-Treasury, White an Morgenthau, Februar 1945.
35. RG 591 945–1949, Box 4 179 800.51 513/2–1945, Bissell an Lyons, 19. Februar 1945.
36. RG 591 945–1949, Box 4206, Conduct of Swiss Banking Institutions. Befragung von Walter Schellenberg.
37. RG 591 945–1949, Box 41 804 F11, Bern, 2. März 1945.
38. Faith, S. 91.
39. Sandilands, Roger, *The Life and Political Economy of Lauchlin Currie.* Duke University Press 1990, im folgenden abgekürzt als »Sandilands«. Hier Sandilands, S. 138.
40. RG 501 945–1949, Box 3 523 740.00 112 EA/2–645, 6. Februar 1945, Huddle an das State Department.
41. Relationes bilaterales Suisse/France, Cote EU 29–8–3, Bd. 59, S. 162–169.
42. *New York Times,* 30. Juli 1945, S. 6.
43. Commission pérmanente de conciliation Franco-Suisse, Cote EU 29–8-3 s/d, Bd. 19, S. 29–33.
44. FO 371/55 574, Januar 1946.
45. E 2800 (–) 1967/61, Bd. 97. Die Quelle befindet sich auch in einer Dokumentensammlung, die Mario König dem Autor zur Verfügung gestellt hat. Sie wird im folgenden mit »König« abgekürzt. Hier König, S. 2 f.
46. 800.515/1–2645.
47. T 236/1602, 16. Februar 1945.
48. E 7160 (A) i 1968/54, 12. November 1946.
49. E 7160 (A) i 1968/54 Bd. 5, 28. Oktober 1947. König, S. 9 f.
50. Clarke, S. 143.
51. FO 371/45 750 sowie Memorandum von Dr. Philippe Rossiez, 15. Dezember 1945; RG 319, Records of the Army Staff, Reports and Messages, 1918–51 State Department, Switzerland, Box 1058.
52. FO 371/45 812, 8. März 1945. Den Nachweis der Eigentumsverhältnisse mußte der Absender der Güter erbringen.
53. T 236/1602, 8. März 1945.
54. RG 591 945–1949 Box 4206, »Violation by the Swiss of March 1945 Agreement«.
55. T 236/1602, 8. März 1945.
56. FRUS 1945 Bd. V, S. 782; Castlemur, Linus von, *Schweizerisch-alliierte Finanzbeziehungen im Übergang vom Zweiten Weltkrieg.* Chronos, Zürich 1992, im folgenden abgekürzt als »Castlemur«. Hier Castlemur, S. 24 Fn. 27.
57. Sandilands, S. 139.
58. RG 591 945–1949 Box 4234, 5. September 1947.
59. T 236/1602, 26. März 1945.
60. T 236/1602, 15. Februar 1945.
61. T 236/1602, 22. Februar 1945.
62. T 236/1602, 2. März 1945.
63. Vogler, S. 17.
64. Introduction »Elimination of German Resources for War«: Germany's Relationship with Switzerland.
65. US War Crimes Office, Safehaven Report, Aussage von Puhl, 17. November 1945.
66. Introduction »Elimination of German

Resources for War«: Germany's Relationship with Switzerland.
67. US Treasury, Currie Mission File, 22. März 1945.
68. RG 226 E183 Box 21; Schmidt an Rubin, 21. April 1945.
69. RG 1 311 942–60 Box 51 Safehaven, Februar und März 1945; FO 93 518, 12. Juni 1945.
70. FO 837/1285, 16. März 1945.
71. FO 371/49 710, 22. Februar 1945.
72. FO 371/45 750, 16. März 1945.
73. RG 260 OMGUS Property Control Box 653; RG 591 945–49 Box 4205, 6. Mai 1946.

Kapitel 6

1. US Treasury, Mann, Memo for the files, 29. Mai 1945.
2. TB/Morton Bach.
3. US Treasury, Mann, Memo for the files, 29. Mai 1945.
4. RG 1 311 942–50 Gordon to Schmidt, Box 457, 8. Mai 1945.
5. Clarke, S. 102.
6. Clarke, S. 190.
7. RG 226 Records of OSS Entry 90 Box 2, 25. Mai 1945.
8. RG 56 US Treasury, Ostrow & Martin to White, 29. Mai 1945.
9. *New York Times,* 25. November 1946.
10. Preliminary estimates of the Swiss-German Creditor-Debtor position. RG 591 945–49 Box 4206.
11. State Department Swiss-Accord, 23. Februar 1951.
12. US OMGUS Finance Branch, Currency Div., 18. Juni 1945.
13. FO 371/40 579, Mai 1944.
14. FO 371/40 579, Mai 1944.
15. FO 371/40 579, Mai 1944.
16. RG 1 311 942–60 Entry 74 Box 784, 19. Januar 1945.
17. FO 371/40 579, 5. Juni 1944.
18. FO 371/40 579, Juli 1944, Appx A to ACAO/P (44) 99 Armistice Administration Official Committee.
19. FO 371/40 579, 26. Juli 1944.
20. FO 371/40 579, 22. Juli 1944.
21. FO 371/45 750, 13. April 1945.
22. FO 371/45 750, 28. März 1945.
23. FO 1046/210, 18. Mai 1945.
24. FO 371/45 812, 2. Mai 1945.
25. FO 371/45 812, 18. Mai 1945.
26. FO 371/49 676 und FO 371/45 813, 7. August 1945.
27. FO 371/45 812.
28. RG 131 Foreign Funds Control, Schmidt to White, Juni 1945.
29. T 236/1478, 11. Juli 1945.
30. TB/Abramowitz.
31. T 236/1478, 18. Juli 1945.
32. FO 371/45 813, 7. August 1945.
33. FO 371/45 813, 31. Juli 1945.
34. FO 371/45 813, 7. August 1945.
35. RG 319, Records of the Army Staff Reports & Messages 1918–1951, Switzerland Box 1056, 24. Juli 1945.
36. Biens et intérêts Suisse en France, sept 1944–jan 1949, Cote. Z. 428–1–2.Z429–1, Bd. 32, 5. Februar 1948.
37. E 7160 (A) a 1 968 223, Bd. 36 (Direktionsprotokolle SVS, 13. März 1945). König, S. 4.
38. E 7160 (A) a 1 968 223, Bd. 36 (Direktionsprotokolle SVS, 17. April 1945).
39. E 7160 (A) a 1 968 223, Bd. 36 (Direktionsprotokolle SVS, 28. April 1945).
40. E 2800 (–) 196 761, Bd. 88 (Banques Suisse), 30. Mai 1945. König, S. 7 f.
41. E 7160 (A) a 1968/223, Bd. 36 (Direktionsprotokolle SVS). König, S. 9).
42. RG 131 Foreign Funds Control, General Corr. Box 28 218. Oktober 1945.
43. FO 935/18 und FO 1046/210, 14. und 29. August 1945.
44. FO 371/48 021, 6. Oktober 1945.
45. FO 371/45 813, 15. August 1945.
46. FO 371/45 814, 1. November 1945.
47. FO 371/49 729, 30. August 1945.
48. RG 591 945–49 800.5153/8–1945.
49. FRUS 1945 Bd. 11, S. 899 f.

Kapitel 7

1. FO 371/46 766, 15. September 1945.
2. FO 371/55 574, 19. Dezember 1945.
3. US Treasury, re: Swiss banks and Safehaven, Mann-Memorandum for the files, 3. Juni 1947.
4. *New York Times,* 24. Juni 1946, S. 35.
5. Persönlicher Informant des Autors.
6. FO 371/45 813, September 1945.
7. E 2001 (E) 1967/113, Bd. 374 (111), 6. November 1950. König, S. 142 f.
8. FO 371/50 443, 6. September 1945.

9. RG 58, 1945–49 Box 4202, 17. April 1946.
10. FO 371/45 813, 20. September 1945.
11. FO 371/45 813, 25. September 1945.
12. FO 371/45 814, 26. September 1945.
13. FO 371/45 813, 13. September 1945.
14. FO 371/45 814, 26. September 1945.
15. RG 591 945–49 Swiss Aide Memoir, April 1946 Box 4206 und RG 591 945–49 Box 3 527 740.00112 EW/9–1445.
16. FO 192/198, »Swiss trade policy during the war, Zurich 1946«.
17. US Treasury, Mann to White, 10. Oktober 1945.
18. Persönlicher Informant des Autors.
19. US Treasury, re: Swiss Banks and Safehaven, Mann memo, 5. März 1947.
20. US Treasury, Mann to White, 10. Oktober 1945.
21. RG 591 945 Box 4194, 4. Oktober 1945.
22. RG 841 942–49 Box 4194, 28. November 1945.
23. RG 591 945–49 FW 800.515/8–145, 5. Oktober 1945.
24. US Treasury, Mann to White, 13. Oktober 1945.
25. FO 371/49 710, 18. Oktober 1945.
26. E 2800 (–) 1967/61 Bd. 88 (Societé de Banque Suisse). König, S. 88 f.
27. E 7160 (A) i 1968/54 Bd. 28 (Korrespondenz AK), 19. November 1947. König, S. 33.
28. RG 131, Dept. of Justice, Records of the Office of Alien Property; Foreign Funds Control, General Correspondence 1942–60 Box 446; *New York Herald Tribune,* 29. Oktober 1945.
29. FO 371/45 814, Oktober 1945.
30. FO 371/46 767, 20. Oktober 1945.
31. FO 1031/10, 25. Januar 1946; Man beachte, daß Eisenhower zustimmte, die offizielle Publikation der Verordnung um einen Monat zu verschieben, um den Briten zu gestatten, Rubins Plan weiter zu verfolgen. FO 371/45 813, 12. Oktober 1945.
32. RRG 56 US Treasury, re: Swiss banks and Safehaven, Mann to White, 2. August 1945.
33. US Treasury, re: Swiss banks and Safehaven, 12. Dezember 1945.
34. AJDC Brief 27. Oktober 1947.
35. E 7160 (A) i 1968/54 Bd. 95 (49, 11. Verordnung zum dt. Reichsbürgergesetz), 3. August 1945. König, S. 115 f.
36. T 236/1478, 12. Oktober 1945.
37. TB/Rubin.
38. E 7160 (A) i 1968/54 Bd. 95 (49, 11. Verordnung zum dt. Reichsbürgergesetz), 6. Juli 1945. König, S. 108.
39. E 7160 (A) i 1968/54 Bericht über die Tätigkeit der Abteilung, 1946/47. König, S. 37.
40. E 2001 (E) 1968/79 Bd. 2.
41. E 2001 (E) 1968/79 Bd. 2.
42. E 7160 (A) i 1968/54, Bd. 95 (49, 11. Verordnung zum dt. Reichsbürgergesetz), 10. August 1945. König, S. 118.
43. E 7160 (A) i 1968/54, Bd. 95 (49, 11. Verordnung zum dt. Reichsbürgergesetz), 27. September 1945. König, S. 122 ff.
44. E 7160 (A) i 1968/54, Bd. 95 (49, 11. Verordnung zum dt. Reichsbürgergesetz), 29. September und 12. Oktober 1945. König, S. 125 ff.
45. E 7160 (A) i 1968/54 Bd. 95 (49, 11. Verordnung zum dt. Reichsbürgergesetz), 25. November 1945. König, S. 130.
46. E 9500.193, 1969/150, Bd. 2, 17. Dezember 1945, König. S. 131 f.

Kapitel 8

1. TB/Abramowitz.
2. T 236/1478, 24. Dezember 1945 und T 236/1479, 20. und 22. April 1947.
3. T 236/1478, 5. November 1945.
4. T 236/1478, 8. November 1945.
5. T 236/1478, 28. Dezember 1945.
6. T 236/1478, 20. September 1945.
7. FO 371/45 814, 3. November 1945.
8. T 236/1478, 10. November 1945.
9. T 236/1478, 8. November 1945.
10. T 236/1478, 25. September 1945.
11. T 236/1478, 5. November 1945.
12. T 236/1478, 27. November 1945.
13. T 236/1478, 7. November 1945.
14. RG 59 State Department Paris-Konferenz, Schlußbericht, Box 2, S. 67.
15. T 236/1478, 30. Oktober 1945.
16. T 236/1478, 29. November 1945.
17. T 236/1478, 7. Dezember 1945.

18. T 236/1478, 6. Dezember 1945.
19. T 236/1478, 13. Dezember 1945.
20. FO 371/60479, 16. Februar 1946.
21. RG 56 US Treasury, Swiss banks and Safehaven. Ostrow-Brief an White, 1. Februar 1946. Das Mittagessen fand am 23. Januar 1946 statt.
22. FO 192/198, 12 Februar 1946.
23. E 2800 (–) 1967/61, Bd. 88 (Banques Suisses), 15. Juli 1947. König. S. 91.
24. AJDC Memorandum, 18. März 1946.

Kapitel 9

1. E 2001 (E) 1968/79, Bd. 2 (DIV). König, S. 12.
2. Dies wurde 1951 von Victor Umbricht, dem Leiter der Schweizer Delegation, den Briten gegenüber zugegeben. FO 837/1304, 5. September 1951.
3. FO 192/198, 18. April 1946.
4. Castlemur, S. 41.
5. Castlemur, S. 43.
6. FO 192/198, 18. April 1946.
7. Castlemur, S. 41.
8. E 2001 (E) 1968/79, Bd. 2 (DIV). König, S. 11 f.
9. E 2001 (E) 1968/79, Bd. 2 (DIV). König, S. 12.
10. E 7160 (A) 11 968/54, 12. November 1946. König, S. 20.
11. FO 371/60479, 16. Februar 1946.
12. RG 591 945–49, Box 4206.
13. RG 260 OMGUS Property Control Box 653.
14. RG 59 800.515, 4200; Castlemur, S. 27.
15. TB/Rubin.
16. Droit International Public, pillages allemands, Cote Y–10–1, Bd. 48, S. 2.
17. RG 59 800.515.4199: Castlemur, S. 29.
18. RG 260 OMGUS Property Control Box 653. Rubin to Randolph March, 8. März 1946.
19. RG 260, OMGUS Property Control. Memorandum A, 19. März 1946, Washington Accord negotiations.
20. RG 591 945–49, Box 4206.
21. RG 260 OMGUS Property Control. Memorandum B, 21. März 1946, Washington Accord negotiations.
22. *New York Times,* 22. März 1946, S. 10.
23. FO 371/60479, 5. April 1946 und RG 591 945–49 Box 4206, 26. März 1946.
24. E 7160 (A) i 1968/54 Bericht über die Tätigkeit der Abteilung, 1946/1947. König, S. 38.
25. FO 371/60479, 29. März 1946.
26. FO 837/1173, 10. September 1948.
27. FO 371/60479, Februar 1946. Davon konnten 32 Millionen als belgisches Gold identifiziert werden.
28. RG 591 945–49, Box 4206, German Gold Movements, 5. Februar 1946. In die amerikanische Schätzung eingeschlossen waren für Schweden bestimmte 18,5 Millionen Dollar und für Rumänien bestimmte 32,5 Millionen Dollar in Gold.
29. Der amerikanische Senator D'Amato vermutete 1996, daß Gold im Wert bis zu 398 Millionen Dollar geraubt wurde.
30. FO 837/1159, 13. Februar 1947.
31. FO 371/45 749, 13. Dezember 1945.
32. State Department Memo, 12. Juni 1946.
33. FO 837/1159, 25. Januar 1947.
34. FO 192/200 Pt 3, 10. Dezember 1946.
35. FO 371/45 749, 4. Dezember 1945.
36. FO 371/45 749, 15. Dezember 1945, und US State Department, 20.12.45 B1.
37. Castlemur, S. 40.
38. FO 371/60479, Februar 1946.
39. RG 591 945–49, Box 4206, Gold Memorandum, 17. April 1946.
40. Rélations Bi-laterales Suisse/France Cote EU–29–8–3, Bd. 18.
41. RG 591 945–49, Box 4206, Gold Memorandum, 15. März 1946.
42. RG 591 945–49, Box 4206, Gold Mtg, 26. März 1946.
43. Schneeberger, E., *Wirtschaftskrieg auch im Frieden.* Bern 1984, im folgenden abgekürzt als »Schneeberger«. Hier Schneeberger, S. 185.
44. Vogler, S. 16.
45. Hug, Peter, und Perrenoud, Marc, »In der Schweiz liegende Vermögenswerte von Nazi-Opfern und Entschädigungsabkommen mit Oststaaten.« Schweizerisches Bundesarchiv, Bern 1996, im folgenden abgekürzt als »Hug«. Hier Hug, S. 15.
46. RG 591 945–49, Box 4206, Swiss Observations on Gold Memorandum, 27. März und 13. April 1946.
47. RG 591 945–49, Box 4206, Swiss Observations on Gold Memorandum, 13. April 1946.

48. RG 591945–49, Box 4206, 27. März 1946.
49. Négotiations de 1945; Guerre Economique, Cote Z424–1, 2, 4, Bd. 26, S. 129.
50. TB/Schaffner.
51. E 2800 (-) 1990/106, Bd. 16 (Handakten Petitpierre).
52. RG 591945–49, Box 4206, »Gold«, Swiss Memorandum, 13. April 1946.
53. FO 371/60479, 11. April 1945.
54. FO 371/60479.
55. FO 944/305, 24. April 1946.
56. Memorandum: German Foreign Assets, S. 6. RG 591945–49, Box 4206.
57. FO 371/60479, 3. Mai 1946.
58. FO 371/60479, 4. Mai 1946.
59. Allemagne, régime des biens allemands, série P9713, Bd. 113, S. 306 ff.
60. Allemagne, régime des biens allemands, Dezember 1945 – Mai 1946, série P9715, Bd. 113, S. 334 ff.
61. Allemagne, régime des biens allemands, Juni 1946 – Mai 1947, série P9715, Bd. 114, S. 50.
62. TB/Rubin.
63. U. S. Dept of Treasury, History of Foreign Funds Control, S. 165 und S. 182.
64. RG 591945–49, Box 4236, Rubin/Adams Memorandum of a conversation, 23. Oktober 1947.
65. E 2001 (E) 1967/113, Bd. 374 (111), 20. März 1950. König, S. 169.
66. E 2001 (E) 1967/113, Bd. 374 (111), 20. März 1950. König, S. 170.
67. 50 Millionen Kronen aus Schweden, 100 Millionen Escudos aus Portugal und 50 Millionen Schweizer Franken. 1953 waren nur 17,5 Millionen Dollar eingegangen – die vollen 12,5 Millionen aus Schweden und 5 Millionen Dollar aus der Schweiz. Das in den amerikanischen Besatzungszonen Deutschlands und Österreichs gefundene ungemünzte Gold sowie der Schmuck waren 3 Millionen Dollar wert (RG 59 State Department. Legal Advisor Records relating to Postwar issues 1939–63 Non-monetary gold, box 12).
68. TB/Rubin.
69. Négotiations de 1945; Guerre Economique, Cote Z 424–1, 2, 4, Bd. 26, S. 122–128.
70. Négotiations de 1945; Guerre Economique, Cote Z 424–1, 2, 4, Bd. 26, S. 109–132.
71. RG 260 OMGUS Property Control and External Assets 1945–50 Switzerland Box 654, Harrison to Sec. of State, 8. Oktober 1946.

Kapitel 10

1. TB/Ginzberg.
2. Ginzberg, Eli, *Report to the Secretary of State,* S. 69, im folgenden abgekürzt als »Ginzberg«.
3. Ginzberg, S. 10.
4. Ginzberg, S. 17.
5. Ginzberg, S. 19.
6. T 236/1478, 1. Mai 1946.
7. T 236/1479, Mai 1946.
8. T 236/1478, 29. Mai 1946.
9. T 236/1478, 5. Juni 1946.
10. T 236/1478, 17. Juni 1946.
11. E 2001 (E) 1967/113, Bd. 374. König, S. 172.
12. Négociations de 1945; Guerre Economique, Cote Z424–1, 2, 4, Bd. 26, S. 153.
13. Allemagne, Avoirs de l'état allemand a l'étranger, Cote 44–21–2, Bd. 1022, S. 174–177.
14. T 236/1478, 29. Mai 1946.
15. Jacques Picard, *Switzerland and the Assets of the Missing Victims of the Nazis,* Bank Bär, 1996, im folgenden abgekürzt als »Picard 2«.
16. AJC Brief, Gottschalk report, 14. Juni 1946.
17. Ginzberg, S. 79 ff., 19. Juni 1946.
18. FO 371/60479, 10. Juli 1946.
19. E 2001 (E) 1967/113, Bd. 374, 6. Mai 1946. König, S. 170.
20. E 2001 (E) 1967/113, Bd. 374, 29. Juli 1946. König, S. 171.
21. E 2001 (E) 1967/113, Bd. 374, 3. August 1946. König, S. 172.
22. E 2001 (E) 1967/113, Bd. 374, 26. August 1946. König, S. 173.
23. FO 837/1175 a, 20. Dezember 1949.
24. E 2001 (E) 1967/113, Bd. 374, 11. November 1946. König, S. 175.
25. E 4001 (C) 1, Bd. 309 (1800), 25. November 1946. König, S. 177.
26. FO 371/60481, 23. Februar 1946; FO 192/199, 31. Januar 1947; FO 371/67915 A, 11. April 1947.

27. Allemagne-Suisse Cote EU-29–8-3, Bd. 21, S. 149 ff.
28. RG 319, Records of Army Staff, Entry 85 A, Army Intelligence File, Box 2882, 4, Februar 1948.
29. RG 591 945–49 Box 4231, 17. Juli 1947.
30. Allemagne, Question Juive, Cote EU 4.8.3, Bd. 330, S. 42.
31. *Die Nation,* 23. Juli 1947.
32. RG 591 945–49 Box 4255 800.515/5–1149, 11. Mai 1949.
33. FO 371/60 479, 25. September 1946.
34. E 7160 (A) b 1968/27, Bd. 151, 22. Juni 1946. König, S. 13 f.
35. E 7160 (A) i 1968/54, Bd. 23 (Nr. 1–91) Die erwähnten Anwälte waren Dr. Carl Spahn, Ernst Lochmann, Dr. Kurt Brunner und Dr. Alphons Zuppinger. König, S. 23.
36. E 7160 (A) i 1968/54, Bd. 23, 11. Februar 1947.
37. E 7160 (A) i 1968/54, Bd. 1, 13. September 1946. König, S. 15 f.
38. E 7160 (A) i 1968/54, Bd. 1, 24. September 1946. König, S. 16.
39. E 7160 (A) i 1968/54, Bd. 1, 2. Oktober 1946. König, S. 18.
40. FO 371/60 479, 25. September 1946.
41. T 236/1478, 5. Oktober 1946.
42. FO 192/199, 3. Dezember 1946.
43. T 236/1478, 31. Oktober 1946.
44. FO 192/199, 3. Dezember 1946.
45. T 236/1478, 21. Oktober 1946.
46. T 236/1479, 13. September 1947.
47. Réparations-Restitutions Cote Y-59–2, Bd. 365, S. 88, S. 285–299 und Bd. 366, S. 28.
48. RG 591 945–49 Box 4228 800.515/4–2547, und AJDC, Abba Schwartz, 1. Mai 1947.
49. RG 591 945–49 Box 4215 A 800.515/10–946, 9. Oktober 1946.
50. E 2800 (-) 1967/61, Bd. 88 (Société de Banques Suisses), 26. November 1946. König, S. 90.
51. RG 1 311 942–60 Box 51, 2. Februar 1947, Ostrow to Washington.
52. FO 192/201 Pt. 5, 28. Oktober 1947.
53. RG 260 OMGUS Property Control and External Assets 1945–50 Switzerland Box 654.
54. FO 192/199, 3. Februar 1947.
55. RG 591 945–49 Box 4218, 23. Dezember 1946.
56. E 7160 (A) 11 968/54, 12. November 1946 und 28. Oktober 1947. König, S. 20 und S. 39 f.
57. E 7160 (A) 1968/54, Bd. 29 (Korrespondenz AK 1952–54), 13. Juni 1952. König, S. 54.
58. FO 371/93 941, 10. August 1951.
59. FO 837/1288.
60. E 7160 (A) 11 968/54, 12. November 1946. König, S. 21.
61. E 7160 (A) 11 968/54, Bd. 6, 1. Juni 1947. König, S. 70.
62. E 7160 (A) i 1968/54, Bd. 23 (Nr. 1–91), 5. September 1947. König, S. 71.
63. E 7160 (A) i 1968/54, 9. September 1947. König, S. 67 f.
64. E 7160 (A) i 1968/54, Bd. 23, Exposé Nr. 79, 24. Oktober 1947.
65. E 7160 (A) i 1968/54, Bd. 5, 28. Oktober 1947. König, S. 69.

Kapitel 11

1. E 7160 (A) i 1968/54, Bd. 23, 11. März 1947.
2. E 7160 (A) i 1968/54, Bd. 5, 16. Dezember 1947. König, S. 40.
3. RG 56 US Treasury, re: Swiss banks and Safehaven, Mann memorandum for the files, 25. Februar 1947.
4. AJDC AR 45/641 207, 27. Februar 1948.
5. RG 591 945–49, Box 4 225 800.515/3–2847.
6. FO 192/200 Pt. 3, 16. April 1947.
7. E 7160 (A) i 1968/54, Bd. 23, 25. Mai 1947. König, S. 28 ff.
8. FO 837/1287, 31. Mai 1948. Man beachte dabei folgendes: Stucki war sich auch bewußt, daß Schweden seine für die Flüchtlinge versprochenen 50 Millionen Kronen noch nicht bezahlt oder das Raubgold zurückgegeben hatte, was Desmond Morton in seiner Verurteilung »der den Schweden eigenen Unehrlichkeit« in London darlegte.
9. FO 837/1288, 25. Oktober 1947.
10. FO 837/1288, 20. Oktober 1947. Man beachte dabei, daß die Alliierten vorschlugen, der Wechselkurs solle derselbe sein, wie jener zwischen Nazideutschland und der schweizerischen Regierung zur Zeit des Kriegs – 1.73 Schweizer Franken zu 1 Reichsmark.

Am 8. Oktober machte die Schweiz das Gegenangebot von 0.43 Schweizer Franken zu 1 Reichsmark.
11. FO 837/128, 9. Dezember 1947.
12. E 7160 (A) i 1968/54, Bd. 4, Protokoll AK, 24. Juni 1947. König, No.11.
13. FO 837/1288, 25. Oktober 1947, 1. und 29. November 1947. Konferenz am 14. Oktober.
14. FO 837/128, 29. November 1947.
15. E 7160 (A) i 1968/54 Bd. 23, 27. Mai 1947. König, S. 30.
16. E 2001 (E) 1967/113, Bd. 374 (111), 20. März 1950. König, S. 170.
17. RG 5 919 455-49 Box 4236 Rubin/ Adams Memorandum of a conversation, 23. Oktober 1947.
18. Militärgesetz 59.
19. AJC, Brief Hevesi an Frankel, 17. September 1948.
20. AJC Memorandum, Eugene Hevesi to Slawson, 3. September 1947. Reparations-Restitution, Cote Y-59-2, Bd. 367, S. 119-125 und Bd. 366, S. 295. Die Russen hatten das erbenlose Eigentum den deutschen Ländern überlassen.
21. Allemagne, reparations, Cote H-15, 13 State Department 2, Bd. 1112, S. 66f.
22. FO 192/201 Pt.5, 28. August 1947.
23. FO 192/200 Pt.3, 17. Mai 1947 und FO 192/206, 9. Juni 1948.
24. E 7160 (A) i 1968/54, 25. Mai 1947. König, S. 71.
25. E 7160 (A) i 1968/54, Bd. 4, Protokoll AK, 24. Juni 1947. König, No.11.
26. E 7160 (A) i 1968/54, 26. August 1947. König, S. 72, siehe auch 22. April 1948. FO 192/201, Pt.5, 9. September 1947.
27. E 7160 (A) i 1968/54, Bd. 23, 8. Juli 1947. König, S. 32.
28. E 7160 (A) i 1968/54, Bd. 23, 8. Juli 1947. König, S. 32.
29. E 2001 (E) 1967/113, Bd. 374, 22. Januar 1947. König, S. 177.
30. E 2001 (E) 1967/113, Bd. 374, 29. Mai 1947. König, S. 178 f.
31. E 2001 (E) 1967/113, Bd. 374, 21. August 1947. König, S. 181.
32. E 2001 (E) 1967/113, Bd. 374, 30. Oktober 1947. König, S. 184.
33. Picard, S. 7.
34. Hug, S. 4.
35. E 2001 (E) 1967/113, Bd. 374, 23. Dezember 1947. König, S. 184.
36. E 4110 (A) 1973/85, Bd. 1, 1. Dezember 1947. König, S. 182 ff.
37. FO 192/201 Pt.5, 15. September 1947.
38. E 7160 (A) i 1968/54, Bd. 5, 28. Oktober 1947. König, S. 73.
39. FO 192/201 Pt.5, 27. September 1947.
40. FO 837/1288, 24. Oktober 1947.
41. FO 837/1288, 24. Oktober 1947.
42. RG 591945-49, Box 4236, Rubin/ Adams-Memorandum of a conversation, 23. Oktober 1947.
43. RG 591945-49, Box 4238, 800.515/ 11-2547, 25. November 1947.
44. E 7160 (A) i 1968/54 Bericht über die Tätigkeit der Abteilung, 1946/47. König, S. 37.
45. TB/King.
46. E 7160 (A) i 1968/54, Bd. 23 (Nr. 1-91). König, S. 59.
47. E 7160 (A) i 1968/54, Bd. 639. König, S. 59.
48. RG 59 US Treasury, re: Swiss banks and Safehaven, Mann memorandum for the files, 3. Juni 1947.
49. RG 59 US Treasury, re: Swiss banks and Safehaven, Ostrow to Schwab, 1. Oktober 1947.
50. E 2800 (-) 1967/61, Bd. 91 (Affidavits, fausses certifications). König, S. 79 f.
51. Wirtschaftsarchiv Basel, Jahresbericht SBA 1947/48, S. 55, »Kriegsbeutegüter«. König, S. 140.
52. RG 591945-49, Box 4238, King dispatch No. 1 556 7800.515/11-1947.
53. TB/King.
54. RG 591945-49, Box 4242, King to Washington, 16. Februar 1948. 800.515/2-1648 und Kings vertrauliches Memorandum 800.515/4-1949. Box 4254.
55. RG 59 Swiss Negotiations 1943-54, Box 1, Legg to King, 23. Februar 1948.
56. FO 837/1288, 5. September 1947.
57. FO 192/206, 21. April 1948.
58. FO 837/1290, 28. Oktober 1948.
59. FO 192/206, 20. Januar 1948.
60. E 7160 (A) i 1968/54, Bd. 5, 22. Februar 1948. König, S. 73.
61. FO 192/206, 20. Januar 1948.
62. E 7160 (A) i 1968/54, Bd. 5, 13. Januar 1948. König, S. 40.

63. State Department instruction 3855, 19. Mai 1947.
64. *The Papers of General Clay,* Indiana University Press 1974, Bd. 2, S. 568.
65. FO 837/1290, 10. August 1948.
66. Public Law 671; RG 591945–49, Box 4255, e. g. Congressman Cellar to Thorp, 18. Mai 1949; Senator Howard McGarth to Acheson, 10. Mai 1949. TB/Rubin.
67. RG 591945–49 800.515/3–2448, Box 4243.
68. E 7160 (A) i 1968/54, Bd. 5, 11. Mai 1948. König, S. 75 ff.
69. FO 192/198 »Swiss trade policy during the war, Zurich 1946«.
70. FO 371/93941, 10. August 1951.
71. FO 192/206, 5. Mai 1948.
72. FO 192/206, 15. April 1948.
73. FO 192/206, 18. Juni 1948.
74. FO 837/1174, 2. Februar 1949.
75. FO 837/1293, 15. Juni 1949.
76. E 7160 (A) i 1968/54, Bd. 5, 11. Mai 1948. König, S. 75 ff.
77. RG 59 Negotiations with Switzerland 1948–57, Box 12, 28. September 1949 und FO 192/206 Brief, 19. Februar 1948, 23. Mtg., item 2.
78. FO 192/206 Brief, 19. Februar 1948, 23. Mtg., item 2.
79. E 7160 (A) i 1968/54, Bd. 24, Exposé Nr. 94. König, S. 132.
80. RG 59 State Department 1945–9, 800.515/6–1349, Box 4256, 13. Juni 1949.
81. E 7160 (A) i 1968/54, Bd. 5, 22. April 1948. König, S. 41.
82. E 7160 (A) i 1968/54, Bd. 6, 23. November 1948. König, S. 42.
83. RG 59 Economic Affairs Branck, Negotiations with Switzerland, Acheson, 1943–57, Box 11, 5. November 1950; Der Fall Gunther von Haniel.
84. E 7160 (A) i 1968/54, Bd. 5, 13. Januar 1948. Man beachte, daß Ausnahmen für die Schweizer natürlich toleriert wurden. Dr. Theodor Eisenring, ein einflußreicher und reicher Politiker, den man als Großgrundbesitzer bezeichnete, überwand mühelos die Anordnungen gegen den Handel mit deutschen Vermögenswerten. Das erreichte er durch das Ignorieren von Briefen, Anträgen vor Gericht und sogar die Urteile des Gerichts. E 7160 (A) i 1968/54, Bd. 28 (Korrespondenz), 22. November 1949. König, S. 45.
85. E 7160 (A) i 1968/54, Bd. 5, 1. Juni 1948. König, S. 77.
86. FO 192/211.
87. TB/Bach.
88. AJD, Schreiben vom 7. Juli 1948, Weiss an Eli Rock.
89. Rubin, 10. Mai 1949.
90. Reparations-Restitutions, Cote Y–59–2, Bd. 362, S. 51.
91. Bundesblatt 1949, I, S. 769 ff., 13. April 1949. König, S. 133. Man beachte, daß der Schweizer Vorschlag zur Bedingung machte, daß das entscheidende Datum des Wohnsitzes in Deutschland bis Juni 1946 verlängert werden sollte, als das Washingtoner Abkommen unterzeichnet wurde, statt bis Februar 1945, als das Einfrieren der Vermögenswerte angeordnet wurde.
92. AJC memo, 6. Juni 1949, s. a. Rubin-Memorandum an Hevesi, 11. Mai 1949.

Kapitel 12

1. TB/Isenbergh.
2. E 2001 (E) 1967/113 Bd. 374, 21. Januar 1948. König, S. 186 f.
3. AJC Brief an von Steiger, 3. August 1949; AJC Brief, 21. September 1949.
4. AJC report, 11. Juli 1949, Jacobson to Schwartz.
5. AJC Rubin an Eugene, 22. Juli 1949.
6. E 2001 (E) 1967/113, Bd. 374 (Polnische Ansprüche). König, S. 190.
7. E 7110/1967/32 Polen 890.01294. Hug S. 95.
8. E 2001 (E) 1967/113, Bd. 775 (Polen), 25. April 1950. König, S. 200.
9. E 2001 (E) 1967/113 Bd. 374 (11), 18. März 1950. König, S. 206.
10. E 2001 (E) 1967/113, Bd. 374 (Polnische Ansprüche), 15. Juni 1949. König, S. 191 f.
11. E 2001 (E) 1967/113, Bd. 374 (11), 15. September 1949. König, S. 199.
12. E 2001 (E) 1967/113, Bd. 374 (Polnische Ansprüche), 14. Juni 1949. König, S. 192 f.
13. E 2001 (E) 1967/113, Bd. 374 (Polnische Ansprüche), 14. Juni 1949. König, S. 192 f.

14. E 2001 (E) 1967/113, Bd. 374 (11), 3. August 1949. König, S. 195 f.
15. E 2001 (E) 1967/113, Bd. 374 (11), 4. August 1949. König, S. 195.
16. E 2001 (E) 1967/113, Bd. 374 (11), 26. August 1949. König, S. 196.
17. E 4001 (C) 1, Bd. 309 (1800), 5. August 1949. König, S. 221 f.
18. E 4001 (C) 1, Bd. 309 (1800), 19. August 1949. König, S. 222.
19. E 2001 (E) 1967/113, Bd. 374 (11), 1. September 1949. König, S. 196 f.
20. E 2001 (E) 1967/113, Bd. 374 (11), 9. September 1949. König, S. 197 f.
21. E 2001 (E) 1967/113, Bd. 775 (Polen), 22. September 1949. König, S. 196 f.
22. E 2001 (E) 1967/113, Bd. 374 (11), 15. September 1949. König, S. 199.
23. E 2001 (E) 1967/113, Bd. 775 (Polen), 7. Oktober 1949. König, S. 201.
24. AJC, Rubin to Fisher, 7. Oktober 1949.
25. RG 591945–49 Box 4256800.5156–949.
26. AJC, Rubin an Hevesi, 17. Oktober 1949.
27. E 7160 (A) i 196854, Bd. 7, 12. April und 17. Juni 1949. König, S. 44.
28. IRO 30. September 1949, Hacking to Jimmy. Bis Mai 1949 waren von 25 Millionen zugesagten Dollar erst 18,5 Millionen an IRO ausbezahlt worden.
29. E 7160 (A) i 196854, Bd. 7, 24. Januar 1950. König, S. 79.
30. AJC Memo, Hermann Simon, 28. September 1949.
31. E 2001 (E) 1967/113, Bd. 374 (11), 15. September 1949. König, S. 199.
32. AJC, Central Zionist Archives S. 43–243.
33. E 2001 (E) 1967/113, Bd. 374 (11), 17. Oktober 1949. König, S. 202.
34. E 2001 (E) 1967/113, Bd. 374 (11), 4. November 1949 und 17. Dezember 1949. König, S. 202 f.
35. E 2008 (–) 1967/61 Bd. 88 (Nationalbank), 30. Juni 1949. König, S. 93.
36. AJDC, Rubin an Hevesi, 6. Dezember 1949.
37. *New York Times,* 7. Dezember 1949. Picard, S. 7.
38. FO 8 371 174, 2. Februar 1949.
39. AJC Brief James Rice an Max Isenbergh, 9. Dezember 1949.
40. AJDC, Jacobson memo, 14. Dezember 1949.
41. AJC, Brief James Rice an Max Isenbergh, 9. Dezember 1949.
42. Safehaven report No.4, 9. April 1945.
43. AJC, Isenbergh report, 19. Dezember 1949.
44. AJDC, Brief Rice an Jacobson, 14. Dezember 1949.
45. TB/Isenbergh.
46. Allemagne-Suisse, Avoirs de l'état, Cote 4–21–2, Bd. 1022, S. 62–66.
47. FO 837/1175 A, 29. Dezember 1949. RG 591945–49 Box 4259800.51512–2149, 23. Dezember 1949.
48. E 2001 (E) 1967/113 Bd. 374 (11), 20. Dezember 1949. König, S. 223.
49. E 13 011/394, S. 703 f.; Hug, S. 98.
50. E 2001 (E) 1970217 Bd. 209 (Herrenlose Vermögenswerte), 13. Februar 1957. König, S. 212 f.
51. AJDC AR 45/641207, 27. Dezember 1949.
52. AJDC, Rubin memo, 9. Januar 1950.
53. FO 837/1175 A, 4. Januar 1950.
54. Eidgenössisches Politisches Dept., Presseerklärung 1. Februar 1950.
55. E 2001 (E) 1967/113 Bd. 374 (111), 14. März 1950. König, S. 207.
56. E 2001 (E) 1967/113 Bd. 374 (111), 10. Januar 1950. König, S. 226 ff.
57. E 2001 (E) 1967/113 Bd. 374 (111), 25. April 1950. König, S. 231 f.
58. AJDC, AR 45/641207 Translation of Federal Council statement, 22. März 1950.
59. E 2001 (E) 1967/113 Bd. 374 (111), 28. Februar 1950. König, S. 228.
60. Hug, S. 83.
61. AJDC AR 45/641207 Robinson to Rock, 11. April 1950.
62. RG 59 Economic Affairs Branch, Negotiations with Switzerland 1943–57, Swiss Accord, Box 3, Acheson to Vincent, 10. Juni 1950.
63. RG 59 Economic Affairs Branch, Negotiations with Switzerland 1943–57, Swiss Accord, Box 3, Acheson to Vincent, 10. Juni 1950.
64. FO 837/1175 A, 28. Februar 1950.
65. FO 837/1175 A, 12. März 1950.
66. FO 837/1175 A, 6. März 1950.

Kapitel 13

1. RG 59 Box 1 013 254.0041/6–1550, 15. Juni 1950.
2. FO 837/1175 A, 25. Juni 1950.
3. FO 371/93 941, 2. August 1951.
4. State Department to British embassy, 13. November 1950.
5. FO 837/1175 A, 12. Mai 1950.
6. FO 837/1175 A, 17. Mai 1950.
7. E 2001 (E) 1967/113, Bd. 374 (ll), 30. Dezember 1949. König, S. 225.
8. E 2001 (E) 1967/113, Bd. 374 (lll), 26. April 1950. König, S. 231.
9. E 2001 (E) 1967/113, Bd. 374 (lll), 27. April 1950 und E 2001 (E) 1967/113, Bd. 374 (III), 4. Juli 1950. König, S. 231 f.
10. E 2001 (E) 1967/113, Bd. 374 (lll), 18. Juli und 24. Oktober 1950. König, S. 232 f.
11. FO 837/1298, 24. Februar 1951.
12. FO 837/1304, 5. September 1951.
13. FO 837/1303, Juli 1951.
14. E 7160 (A) i 1968/54, Bd. 28 (Korrespondenz AK), 1. Dezember 1949. König, S. 47.
15. E 7160 (A) i 1968/54, Bd. 124, 20. Juni 1950. König, S. 47.
16. E 7160 (A) i 1968/54, Bd. 124, 8. März 1951. König, S. 49.
17. AJC, Brief an McCloy, 31. Juli 1951.
18. Bower 1, S. 424.
19. RG 591 950–54 Box 1013, Vincent to Washington, 2. Mai 1950.
20. E 2001 (E) 1967/113, Bd. 374 (lll), 20. März 1950. König, S. 170.
21. Hug, S. 46.
22. HR 1849 und HR 2780 gleichlautend.
23. E 2001 (E) 1970/217, Bd. 29 (Anfragen Privater, Herrenlose Vermögenswerte), 15. Mai 1950. König, S. 232.
24. E 7160 (A) i 1958/54, Bd. 28 (Korrespondenz AK), 20. Juni 1950. König, S. 137.
25. E 2001 (E) 1970/217, Bd. 209, 6. April 1954. König, S. 162 f.
26. E 2001 (E) 1970/217, Bd. 209. König, S. 162–165.
27. RG 591 950–54 Box 1013254.0041/7–1150.
28. RG 591 950–54 Box 1016254.1141/3–2151.
29. E 2001 (E) 1967/113, Bd. 374 (lll), 6. November 1950. König, S. 142 f.
30. E 42 641 985/57, Bd. 250 (Dossier Reginek), M 15 532. Später hat die polnische Regierung die Gültigkeit der Dokumente anerkannt.
31. E 4110 (A) 1973/85, Bd. 3 (d). König, S. 167.
32. E 2001 (E) 1967/113, Bd. 374 (lll), 16. März 1951. König, S. 156 f.
33. E 2001 (E) 1967/113, Bd. 374 (lll), 2. August 1951. König, S. 158.
34. E 2001 (E) 1967/113, Bd. 374 (lll), 13. und 14. August 1951. König, S. 159.
35. Ebenda. König, S. 159.
36. E 2001 (E) 1967/113, Bd. 374 (lll), 17. September 1951. König, S. 160.
37. E 4110 (A) 1973/84, Bd. 4, 6. Oktober 1952. König, S. 161.
38. E 2001 (E) 1967/113, Bd. 374 (lll), 1. Dezember 1951. König, S. 235.
39. E 2001 (E) 1967/113, Bd. 374 (lll), 7. Dezember 1951. König, S. 235.
40. Bulletin Nr. 28, Oktober 1951.
41. AJC Report, 10. November 1952.
42. E 2800 (–) 1967/61 Bd. 91 (Affidavites, fausses certifications). König, S. 84 ff.
43. E 2800 (–) 1967/61 Bd. 88 (Banques Suisse), 7. April 1948. König, S. 92.
44. E 2800 (–) 1967/61 Bd. 91 (Affidavites, fausses certifications). König, S. 86 ff.
45. E 2001 (E) 1968/79, Bd. 2. König, S. 143–149.
46. E 2001 (E) i 1968/79, Bd. 2 (Finanzielles, Depots von Privatpersonen). König, S. 149–154.
47. Siehe dazu Bower 1, S. 1 und passim; siehe außerdem FO 1 046 274 und FO 1 046 210 zu den Befragungen von Abs durch die Briten, in denen er seine Rolle während des Krieges ableugnet.
48. FO 371/99 856, 6. Juni 1952 und FO 371/99 853, 10. März 1952.
49. Bis Mai 1949 waren von den versprochenen 25 Millionen Dollar an die IRO nur 17,5 Millionen ausbezahlt worden: 12,5 Millionen als voller Anteil von Schweden, 5 Millionen von der Schweiz und überhaupt nichts von Portugal, das sich weigerte, sich an das Abkommen zu halten.

50. E 7160 (A) i 1968/54, 11. November 1951. König, S. 54. Stuckis Äußerung »grotesk«: E 7160 (A) i 1968/54, Bd. 9, 13. März 1951. König, S. 50.
51. FO 371/99854, 26. Februar 1952, Artikel in »Der Bund«. Zu den zahlreichen Ausreden, die Bonn vorbrachte, um die Schuldenkonferenz scheitern zu lassen, zählte die Behauptung der Deutschen, wenn sie die 3300 Deutschen, die ihre Guthaben in der Schweiz verloren hätten, entschädigen müßten, dann wären sie auch verpflichtet, die 9 Millionen enteigneten deutschen Flüchtlinge aus Osteuropa zu entschädigen.
52. RG 59 State Department The Legal Advisor – Records Relating to Postwar settlement issues 1939–63, Gold Netherlands, Box 12.
53. RG 59 State Department The Legal Advisor – Records Relating to Postwar settlement issues 1939–63, Gold Netherlands, Box 12.
54. RG 59 Records re: Negotiations with Switzerland 1943–57 Box 2, 17. August 1948, C 87.
55. FO 837/1159, 25. Januar 1947.
56. State Department Swiss Accord, 23. Februar 1951; FO 837/1287, 16. August 1948.
57. E 7160 (A) i 1968/54, Bd. 9, 13. März 1951. König, S. 50.
58. E 7160 (A) i 1968/54, Bd. 28 (Korrespondenz AK), August 1951. König, S. 51 f.
59. E 7160 (A) i 1968/54, Bd. 29 (Korrespondenz AK 1952–54), 13. Juni 1952. König, S. 53.
60. E 7160 (A) i 1968/54, 11. November 1951. König, S. 54.
61. FO 371/99848, 29. Dezember 1951.
62. E 7160 (A) i 1968/54, 7. Oktober 1952. König, S. 55.
63. Allemagne, Cote 4–21–2, Bd. 1027, S. 12 ff. Nach der Vereinbarung willigte Deutschland ein, der Schweiz 121,5 Millionen Schweizer Franken zu zahlen, und die Schweiz den Alliierten 121,5 Millionen Schweizer Franken, um die Forderungen der Alliierten nach dem Washingtoner Abkommen zu decken. Keine deutschen Vermögen in der Schweiz wurden verkauft. Insgesamt erhielt die Schweiz 650 Millionen Schweizer Franken von ihren Anleihen an Deutschland, darin enthalten waren diese 121,5 Millionen Franken.
64. E 7160 (A) i 1968/54, Bd. 95, 9. Oktober 1953. König, S. 139; E 7160 (A) i 1968/54, Bd. 5. König, S. 133.
65. FO 371/105797.
66. FO 371/105776.
67. AJC, 3. April 1953.
68. E 2001 (E) 1969/121, Bd. 155 (Herrenlose Vermögen), 24. Januar 1952. König, S. 237.
69. AJC, Memo, 2. Oktober 1952.
70. RG 59 Negotiations with Switzerland 1943–57 Box 3.
71. RG 59 1950–54 Box 1013 254.0041/12–1250, 11. Januar 1951.
72. AJDC, Brief Rubin an Blaustein, 7. Juli 1950.
73. FO 371/99852, 10. Februar 1952.
74. Allemagne, Question juive Cote Z.16.4, Bd. 329, S. 170–174.
75. Allemagne, Question juive Cote Z.16.4, Bd. 329, S. 153–157.
76. RG 59 1950–51 Economic Affairs Branch Box 1046, 4. April 1951.
77. RG 59 254.0041/4–0351, 10. April 1951.
78. E 2001 (E) 1967/113, Bd. 374 (Ill), 31. Oktober 1950. König, S. 234.
79. State Department Swiss Accord file, 21. Mai 1951.
80. Allemagne Cote 4–21–2, Bd. 1025, S. 137.
81. 28. August 1952. Hug, S. 7; RG 59 1950–54 Box 1017, 254.6241/5–2451, 13. Juni 1951.
82. E 2801 1968/84, Bd. 94, 5. Mai 1952. Hug, S. 59.
83. AJC, 2. August 1951.

Kapitel 14

1. E 2001 (E) 1970/217, Bd. 209, 23. April 1953. Hug, S. 38.
2. E 4110 (A) 1972/85, Bd. 4, 29. April 1953. König, S. 296.
3. E 2001 (E) 1969/121, Bd. 155 (Herrenlose Vermögen), 28. März 1952. König, S. 238.
4. AJDC, Brief Jacobson an Leavitt, 19. Mai 1953.
5. AJC, Memo, 2. Oktober 1952.
6. E 4110 (A) 1973/85, Bd. 1 (Erbenlose

7. Vermögen in der Schweiz), 22. Januar 1952. König, S. 237.
7. E 2001 (E) 1969/121, Bd. 155 (Herrenlose Vermögen), 3. Juni und 23. Juli 1952. König, S. 239.
8. E 2801, 1968/84, Bd. 93, 9. und 10. September 1952, Hug, S. 59.
9. Hug, S. 46.
10. Allemagne, Questions financiers, Cote EU 4.15.7, Bd. 1006, S. 33.
11. Allemagne, Commission Tripartite des Dettes, Bd. 1017, S. 223.
12. E 2001 (E) 1970/217, Bd. 209, 23. April 1953. Hug, S. 38.
13. E 4110 (A) 1973/85, Bd. 1 (Erblose Vermögen). König, S. 242 ff.
14. E 4110 (A) 1973/85, Bd. 1 (Erblose Vermögen), 31. August 1953. König, S. 244 ff.
15. E 4110 (A) 1973/85, Bd. 1 (JPD Erbenlose Vermögen), 12. Februar 1954. König, S. 246.
16. AJC, Hevesi an Rubin, 1. März 1954.
17. SIG Archives, Zürich, Erblose Vermögen.
18. E 4110 (A) 1973/85, Bd. 1 (JPD Erbenlose Vermögen), 8. März 1954. König, S. 246 ff.
19. E 2001 (E) 1969/221, Bd. 155 (Herrenlose Vermögen), 14. Juli 1954. König, S. 248.
20. E 2001 (E) 1969/121, Bd. 155 (Herrenlose Vermögen), 28. September 1954. König, S. 210.
21. E 2001 (E) 1970/217, Bd. 209 (Herrenlose Vermögen), 28. März 1955. König, S. 210.
22. E 2801 1968/84, Bd. 98 (W.45), 7. Juli 1955. Hug, S. 40.
23. E 4110 (A) 1973/85, Bd. 4, 28. März 1955. König, S. 299 f.
24. E 4110 (A) 1973/85, Bd. 1, 31. März 1955. König, S. 248 f.
25. E 4110 (A) 1973/85, Bd. 1, 11. Juni 1955. König, S. 249 f.
26. E 2001 (E) 1970/217, Bd. 209 (Herrenlose Vermögenswerte), 15. September 1955. König, S. 211.
27. E 2001 (E) 1970/217, Bd. 209 (Herrenlose Vermögenswerte), 15. September 1955. König, S. 211.
28. 4110 (A) 1973/85, Bd. 1, 7. Juli 1955. König, S. 250 f.
29. E 4110 (A) 1973/85, Bd. 1, 12. September 1955. König, S. 251.
30. E 4110 (A) 1973/85, Bd. 1, 12. November 1955. König, S. 251 ff.
31. E 4110 (A) 1973/85, Bd. 1, 11. Mai 1956. König, S. 254 f.
32. E 4110 (A) 1973/85, Bd. 1, 4. Juni und 24. September 1956. König, S. 255.
33. E 4110 (A) 1973/85, Bd. 1, 26. September 1956. König, S. 256 f.
34. E 2001 (E) 1970/217, Bd. 209 (Herrenlose Vermögenswerte), 6. Juni 1956. König, S. 212.
35. E 4110 (A) 1973/85, Bd. 2 (X11), 15. April 1957. König, S. 259 ff.
36. E 6100 (B) 1973/141, Bd. 182 (987.2), 13. Mai 1957. Hug, S. 58.
37. E 2801, 1968/84, Bd. 98 (W.45), 23. Mai 1957. Hug, S. 59.
38. E 2001 (E) 1972/33, Bd. 280, 9. August 1957. Hug, S. 59.
39. E 4110 (A) 1973/85, Bd. 2 (XIII), 14. Januar 1958. König, S. 216.
40. E 2001 (E) 1970/217, Bd. 209 (Herrenlose Vermögenswerte), 18. November und 6. Dezember 1957. König, S. 213 f.
41. E 4110 (A) 1973/85, Bd. 2 (XIII), 14. Januar 1958. König, S. 214 f.
42. König, S. 268; E 4110 (A) 1973/85, Bd. 2 (XIII), 3. Dezember 1957. König, S. 263/64); E 4110 (A) 1973/85, Bd. 2 (XIV), 30. Oktober 1958. König, S. 269.
43. Jewish Agency for Israel, 16. Dezember 1958.
44. E 4110 (A) 1973/85, Bd. 2, 26. März 1959. König, S. 258 f.
45. E 4110 (A) 1973/85, Bd. 2, 17. Februar 1959. König, S. 257 f.
46. Hug, S. 60.
47. Picard 1, S. 150.
48. E 4110 (A) 1973/85, Bd. 2 (XV), 22. Mai 1959. König, S. 271 ff.
49. 11. April 1959 und März 1959, 47. Jahresbericht der Bankiervereinigung.
50. AJDC, Rubin report, 16. November 1959.
51. E 2001 (E) 1976/17, Bd. 97, 13. November 1959. Hug, S. 60.
52. 4110 (A) 1973/85, Bd. 4, 1. Juni 1960 und 6. Juli 1960. König, S. 300 f.

53. E 2801 1968/84, Bd. 98, 27. Mai 1957. Hug, S. 59.
54. Jewish Agency for Israel, Bern, 6. Juli 1960, Federal Policy Bureau to US Embassy Bern; 4110 (A) 1973/85, Bd. 4, 1. Juni 1960 und 6. Juli 1960. König, S. 300 f.
55. E 4110 (A) 1973/85, Bd. 2 (XV), 5. Oktober 1960. König, S. 276 f.
56. E 4110 (A) 1973/85, Bd. 2 (XV), 12. Februar 1961. König, S. 278.
57. Hug, S. 61.
58. E 4110 (A) 1973/85, Bd. 2 (XIX), 7. August 1961. König, S. 282.
59. E 4110 (A) 1973/85, Bd. 2 (XIX), 7. Juli 1961. König, S. 285.
60. E 4110 (A) 1973/85, Bd. 2 (XX), 30. August 1961. König, S. 268 f.
61. E 4110 (A) 1973/85, Bd. 2 (XIX), September 1961. König, S. 283.
62. E 4110 (A) 1973/85, Bd. 2 (XIX), 10. Oktober 1961. König, S. 287 f.
63. E 4110 (A) 1973/85, Bd. 3 (d), 21. November 1962. König, S. 294.
64. E 4110 (A) 1973/85, Bd. 2 (XIX), 30. August 1961. König, S. 286 f.
65. E 4110 (A) 1973/85, Bd. 3 (d). König, S. 292 f. und 295. Das Gesetz trat am 29. August 1963 in Kraft.

Kapitel 15

1. Hug, S. 77.
2. E 4110 (A) 1973/85, Bd. 4 (Vollziehungsverordnung) 7. Mai 1963. König, S. 303.
3. Hug, S. 68.
4. E 2001 (E) 1978/84, Bd. 144, 19. März 1964. Hug, S. 69.
5. E 2001 (E) 1978/84, Bd. 144, 17. April 1964. Hug, S. 69.
6. E 2001 (E) 1976/17, Bd. 97 (B.42.13). Hug, S. 68.
7. E 2001 (E) 1978/84, Bd. 144, 22. April 1964. Hug, S. 69.
8. E 2001 (E) 1978/84, Bd. 144, 30. Juli 1964. Hug, S. 70.
9. E 4111 (A) 1980/13, Bd. 159. Hug, S. 74.
10. Hug, S. 74 f.
11. E 4110 (A) 1973/85, Bd. 2.
12. AJDC, Brief Lack an Leavitt, 13. März 1964.
13. Hug, S. 64 und 80.
14. AJDC, Jewish Agency for Israel Memorandum, 1. Februar 1966; Brief von Weber, 18. November 1964.
15. E 4110 (A) 1973/85, Bd. 4, 16. Oktober 1962. König, S. 166.
16. E 4111 (A) 1980/13, Bd. 28 (A5028), 29. Juni 1964. Hug, S. 45 und S. 76.
17. Hug, S. 44.
18. E 2001 (E) 1978/84, Bd. 144 (B.42.13/4). Hug, S. 71–74.
19. E 4111 (A) 1980/13, Bd. 159. Hug, S. 74.
20. Hug, S. 123.
21. Hug, S. 86.
22. E 4111 (A) 1980/13, Bd. 157. Hug, S. 82.
23. Hug, S. 84 f.
24. E 4001 (E) 1988/20, Bd. 372 (64), 8. März 1972. Hug, S. 84.
25. E 4001 (E) 1988/20, Bd. 373 (64), 11. August 1972. Hug, S. 85.
26. Hug, S. 88.
27. Hug, S. 88.
28. Hug, S. 95.
29. Hug, S. 125.
30. Hug, S. 128.
31. Hug, S. 131.
32. Hug, S. 131.

Kapitel 16

1. *Financial Times,* 20. September 1996.
2. *Financial Times,* 12. September 1996.
3. *Financial Times,* 12. September 1996.

Postskriptum

1. Balzli, Beat, *Treuhänder des Reichs,* Zürich 1997, S. 140.
2. Balzli, S. 65, 69, 235.

Bibliographie

Balzli, Beat, *Treuhänder des Reichs*, Zürich 1997.
Bauer, Yehuda, *Jews for Sale?* Yale 1994; auf deutsch erschienen als: *Freikauf von Juden? Verhandlungen zwischen dem nationalsozialistischen Deutschland und jüdischen Repräsentanten von 1933 bis 1945*. Jüdischer Verlag, Frankfurt/Main 1996.
Bower, Tom, *Blind Eye to Murder*. Little Brown, überarb. Auflage 1996 (Bower 1)
– *The Paperclip Conspiracy*. Paladin 1988; auf deutsch erschienen als: *Verschwörung Paperclip. NS-Wissenschaftler im Dienst der Siegermächte*. List, München 1988.
Castlemur, Linus von, *Schweizerisch-alliierte Finanzbeziehungen im Übergang vom Zweiten Weltkrieg*. Chronos, Zürich 1992.
Clarke, Margaret, *The Safehaven Project*.
Faith, Nicholas, *»Safety in Numbers.«* Hamish Hamilton 1982.
Foreign & Commonwealth Office »History Notes« Nazi Gold: Information from the British Archives September 1996 & überarbeitete Ausgabe Januar 1997.
Gilbert, Martin, *The Holocaust. A History of the Jews of Europe During the Second World War*. Holt, Rinehart & Winston, New York 1985.
Häsler, Alfred, *Das Boot ist voll... Die Schweiz und die Flüchtlinge 1933–1945*. Zürich 1967.
Hug, Peter, und Perrenoud, Marc, *In der Schweiz liegende Vermögenswerte von Nazi-Opfern und Entschädigungsabkommen mit Oststaaten*. Schweizerisches Bundesarchiv, Bern 1996.
Picard, Jacques, *Die Schweiz und die Juden 1933–1945. Schweizerischer Antisemitismus, jüdische Abwehr und internationale Migrations- und Flüchtlingspolitik*. Chronos, Zürich 1994.
– *Switzerland and the Assets of the Missing Victims of the Nazis*, Bank Bär, 1996.
Rings, Werner, *Raubgold aus Deutschland*. Zürich 1985.
Sandilands, Roger, *The Life and Political Economy of Lauchlin Currie*. Duke University Press 1990.
Schneeberger, E., *Wirtschaftskrieg auch im Frieden*. Bern 1984.
Trepp, Gian, *Bankengeschäfte mit dem Feind*. Rotpunktverlag, Zürich 1993.
Vogler, Robert, »Der Goldverkehr der Schweizerischen Nationalbank mit der Deutschen Reichsbank 1939–45«, in: Gold, Währung und Konjunktur, Quartalsheft Schweizerische Nationalbank 1/1985.

Personenregister

Aaron, L. 80–81
Abramowitz, Moses 127, 157–158, 161, 194
Abs, Hermann 297, 406
Acheson, Dean 223, 278, 280, 402
Achilles, Theodore 267–268
Adenauer, Konrad 311
Alexander, Emil 14–15, 251–253, 259–260, 293, 303–304, 310–311
Allen, Dennis 78
Amman, Max 61
Angell, James 157–158, 161–162
Attlee, Clement 164

Bach, Morton 123
Bachus, Spencer 382
Bär, Julius 237, 355, 364, 380
Becher, Kurt 83–84, 112–113
Beer, Greta 362, 364, 380
Ben Gurion, David 195
Bentley, Elizabeth 247–248
Bergier, Jean-François 406, 410, 416–417
Bergson, Abraham 127
Bernstein, Bernard 46
Bienenfeld, Franz-Josef 202, 251–252, 261
Bindschedler, Rudolf 275–276, 290, 293, 308, 316, 329
Binney, Max 96
Birch, John 145
Bliss, E. 80–81, 94, 106
Bloch, Rolf 354–355
Blocher, Christoph 404
Blum, Léon 93
Boisanger, Yves de 75, 178
Bolla, Plinio 312–314
Borer, Thomas 375, 380–381, 384–385, 390, 393–395, 397–398, 403–407, 410, 413
Bormann, Martin 406
Bragowski, Hirschel 289, 291

Brandt, W. A. 123, 164, 175
Braunschvig, Armand 200
Brentano, Heinrich von 323
Bronfman, Edgar 353–360, 362–365, 382–384, 389–390, 393, 412–413
Bruggmann, Charles 236, 298
Brunschvig, Georg 15, 21, 266, 270, 292, 310, 314–315, 331, 344
Brunschvig, Jean 248
Bubb, Christoph 30, 378
Bucher, Alfred 35
Burckhardt, Jakob 251
Burg, Abraham 385–386
Burger, Sam 195

Caflisch, Alberto 130–133, 231–232, 239
Caruth, Thomas 206
Cavendish-Bentinck, William 111
Chapuis, Jean-Paul 355
Charguéraud, Paul 97, 104, 169, 171, 176, 185–188, 191
Churchill, Winston S. 87–88, 96, 411
Clay, Lucius 242
Clayton, William 187, 213
Clinton, Bill 358, 378, 407
Clinton, Hilary 365
Cohen, Mark 362, 372
Conover, Harry 145
Cook, Robin 409
Cotti, Flavio 371, 373, 376, 389–390, 395, 412
Coulson, Jack 121, 160
Culbertson, Paul 213
Cummings, Herbert 49, 79
Currie, Lauchlin 93–94, 96, 99–106, 111, 131, 151, 163, 174, 179, 248

D'Amato, Alfonse 25–30, 358–362, 364, 372, 375, 378–379, 382, 384, 387, 393–395, 398, 403–406, 416, 418
Daladier, Edouard 93

Däniker, Heinrich 275
de Rahm, Guy 204–205, 232–233, 252
Delamuraz, Jean-Pascal 384–387
Dessauer, Lothar 321, 332
Diez, Emmanuel 337, 350–351
Diggelmann, Jakob 315, 320
Dirksen, Everett 311–312
Dulles, Allen 116–117, 180, 186, 312
Dunajewski, Chaim 316, 342
Dunant, Sprecher der SBV 207–210, 217–220, 237, 239, 241, 247
Dunkel, William 172

Eden, Anthony 66–68
Egger, A. 156
Eichmann, Adolf 82–83, 117, 330
Eisenhower, Dwight 46, 97, 142, 311–312
Eizenstat, Stuart 365, 390–391, 398–404, 407–409, 415–418
Ellis-Rees, Hugh 147
Ernst, Rudolf 237
Escher, Alfred 244

Fagan, Ed 418
Feig, Bernard 163–164
Feldmann, Markus 13–14, 17–18, 20, 22, 310–315, 317–318, 320, 325, 342
Foot, Dingle 65, 68, 97, 103, 107
Francfort, Pierre 137
François-Poncet, André 301
Frank, Barney 382
Frankel, William 120
Frankfurter, David 35
Frei, Rolf 332
Frölicher, Hans 38, 152–153, 246, 295–296, 405
Funk, Walter 64, 70–71, 74, 179
Furgler, Kurt 346

Garten, Walter 149
Gasser, Hans 337
Gerber, Waldo 58
Ginzberg, Eli 194–198, 201
Goldmann, Nahum 331, 353
Goldwasser, Isaak 288
Goodchild, Neal 235, 245, 269, 279–280, 283, 304
Göring, Hermann 61, 93, 108, 366, 380
Gottschalk, Max 200
Grandjean, Henri 294
Gregory, H. S. 160, 162–163
Grüninger, Paul 42, 113
Guggenheim, Paul 16, 19, 22, 266, 312, 314–316

Guisan, Henri 53
Gustloff, Wilhelm 35
Gut, Rainer 387, 390

Häberlin, Heinz 345–346
Häni, Hanspeter 355, 374
Harrison, Leland 51, 117, 128–129, 134, 139
Hausfeld, Michael 376, 415–418
Haymann, Erwin 141, 288, 292
Henriques, E. 120, 143
Heuvel, Frederick von den 52–53
Hevesi, Eugene 303, 416–417
Heyd, Jörg 245
Heydt, Eduard von der 84
Hildring, John 195
Himmler, Heinrich 83, 93
Hirs, Alfred 70, 72, 74–76, 108, 110, 167, 175–180, 186, 193, 299, 370, 405
Hoch, Ted 62, 236
Hoerhager, Anna 340
Höss, Rudolf 405
Hofer, Andreas 61
Hoffman, Michael 216, 268
Hohl, Walter 233, 252
Holtklott, Richard 36, 236–237
Homberger, Heinrich 109, 207–210, 216–217, 219–221, 223, 228–229, 237, 241, 246–247, 300–301, 311
Hoppenot, Henri 199–200, 271
Hotz, Jean 109
Huber, Harald 323–325, 333
Hug, Peter 374

Iselin, Felix 56–57
Isenbergh, Max 250–252, 254, 261–262, 264–271, 273

Jaberg, Paul 64, 237
Jaccard, Maurice 290, 293, 303, 306
Jacobson, Jerome 270
Jagmetti, Carlo 377–380, 384–385
James, Harold 406, 419
Jann, Adolf 232, 237, 254, 258, 260, 262, 275
Jann, Adolf 254
Janner, Greville 367–369, 371, 408
Jezler, Robert 154, 156
Jolles, Paul 180

Kadgien, Friedrich 108
Kaehlitz, Gerhard 138
Kanjorski, Oaul 383

Kappeler, Franz 202–203, 222, 239, 256, 261
Kasper, Herman 116
Keller, Paul 267
Keller-Staub, Walter 56
Kessler, Karl 95–96
Kilgore, Harley 186–187, 402
King, Nat 235–236, 240, 245, 249
Kittridge, Benjamin 213
Klaus, Sam 45, 47–49, 51–52, 55, 59, 63, 68, 70, 78, 88, 111, 115–116, 123, 134, 142, 184, 241, 363, 391
Kleiman, Miriam 360
Kohli, Robert 109–110, 129, 132–133, 322
Koller, Arnold 385, 391
Korman, Edward 418
Korte, Willi 360
Krayer, Georg 353, 355–361, 364, 371
Kunin, Madeleine 365
Kurzmeyer, Alfred 405

Lacher, Hans 338
Langer, William 312
Laval, Pierre 93
Leach, James 381
Legg, Hugh 240
Lienhard, Peter 32
Lifschitz, Boris 99–100
Lindemann, Friede 341
Linton, Joseph 330
Löwinger, Heinrich 64
Lubin, Isador 46, 124–125, 127–128
Ludwig, Carl 325
Lüthy, Vorname 294
Lutz, Carl 82, 113, 281, 325

Mackillop, Douglas 196–199
Mann, James 115, 117–118, 139, 144–145, 147–149, 178, 224, 236–238, 330
Marshall, George 230
Mason, Mason 200–201
Mathius, Richard 151
Matter, Albert 17, 332
Mayer, Laura 61, 83
McClelland, Roswell 83, 282–283, 305
McCombe, Francis 169–172, 184–185, 188, 191
McNeil, Hector 195, 197
Mehnert-Frey, Eric 339
Meili, Christoph 393–395, 408, 418
Meir, Golda 343

Melmer, Bruno 399–400, 411, 418
Mendelsohn, Martin 376
Mendelssohn-Bartholdy, Otto 246, 295–296
Mendès-France, Pierre 108
Menzies, Stewart 111
Meron, Gershon 281–282, 289
Meyer, Robert 205
Meyer, Saly 407
Milkowska, Hanna 286
Molotow, Wjatscheslaw 230
Montgomery, Bernard Law 142
Moos, Ludwig von 330, 345–346
Morgenthau, Henry 46–47, 76, 78, 86, 88, 93, 106, 127, 177
Mottier, Edgar 344, 346
Musy, Jean-Murie 93

Nobs, Ernst 192
Norton, Clifford 50, 59, 65, 67, 138, 145–147
Nussbaumer, Albert 146, 213, 239

Oetterli, Max 14, 16, 18–19, 21–22, 32, 262, 275, 285, 290, 292, 294, 303, 309–311, 318–320, 331–332, 334
Ostrow, Walter 63, 95–96, 116–117, 237–238
Ott, Max 152, 208, 214–215, 219, 221–222, 225, 231, 236–237, 245–246, 249, 264, 300–301

Papen, Franz von 61
Paterson, Avery 304
Paul, Randolph 168–172, 175–176, 181–183, 185–190, 235
Pauley, Ed 125
Pearson, Drew 117
Pechy, Thoams de 112
Pérrier, Phillipe 130, 196, 199
Pétain, Henri Philippe 93, 98, 169, 178
Peterson, Avery 123
Petitpierre, Max 99, 130–133, 146, 154, 164, 181–182, 186, 193, 204, 207, 213, 224, 228, 230, 234–235, 238–239, 241, 245, 250, 254–255, 258–264, 266–267, 272–274, 276–278, 285, 291, 295, 300, 303, 307, 310, 316, 321–322, 329–330, 348
Picard, Jacques 354
Pilet-Golaz, Marcel 67, 99
Playfair, Eddie 107, 122, 137, 159–161, 411
Pohl, Oswald 399

Puhl, Emil 70–72, 74, 107–110, 133, 148, 176–179, 183, 193, 367, 399

Rabin, Yitzhak 356
Rappard, William 101–102, 104–106, 165, 174, 179–180, 183
Reagan, Daniel 115–117, 145, 217
Reginek, Lydia 288
Reinhardt, Eberhardt 123, 167, 238–239, 329
Rham, Guy de 204–205, 232–233, 252
Ribbentrop, Joachim von 61, 95
Rice, James 269, 271
Rickman, Gregg 358, 360–362, 366, 372–373
Riegner, Gerhard 34
Rifkind, Malcolm 368, 371
Ritter, Paul 281
Robbins, Albert 123, 179
Robert, Denise 264
Rock, Eli 305
Roosevelt, Franklin Delano 46, 57, 87–88, 97, 125, 157, 172
Rossy, Paul 75
Rothmund, Heinrich 35–42, 83, 205, 251, 317, 325–326, 407
Rubin, Seymour 134–137, 142–143, 145, 151, 158–161, 169–170, 175, 177, 182, 184, 186–191, 213, 216, 226, 235, 241–243, 248–249, 251, 253–254, 262–263, 267–269, 273, 275, 284, 287–288, 298, 302, 304, 309, 328–329
Ruegger, Paul 185

Sachs, Paul 297
Salmanovitz, Jacques 270, 361
Salton, Lewis 28
Sapir, Estelle 27–28, 418
Sarasin, Bernhard 164, 239
Sargent, Orme 185
Schacht, Hjalmar 61
Schäfer, Alfred 139–140
Schaffner, Hans 181
Schimschon, Diamant 287
Schmid, Philipp 292, 303
Schmid, Werner 285
Schmidt, Orvis 85–87, 93, 106, 116, 123–124, 145, 147, 169
Schmidt-Branden, Paul 64
Schmitz, Hermann 56
Schneeberger, Ernst 143
Schneider, Heinrich 355, 357, 359
Schnitzer, Adolf 156

Schnyder, Felix 259–260, 264–266
Schuman, Robert 305
Schwab, Max 131–132, 147, 149–150, 154, 156, 163, 166–167, 204, 208–209, 214–215, 218–219, 239, 284, 286
Schwartz, Abba 248–249, 254
Scrivener, Patrick 306
Seifert, Karl 309
Selous, Gerald 145, 148, 163, 211, 214, 223–224, 230
Sharett, Moshe 281
Sholes, Walter 63, 92
Sief, Israel 46
Singer, Israel 354, 357, 359–360, 364, 367, 389, 393, 408
Sonabend, Charles 33, 40, 42–43
Sonabend, Lili 33, 41, 43
Sonabend, Sabine 33
Sonabend, Simon 31–34, 40, 42–43
Speich, Rudolph 257–258, 318
Speiser, Ernst 216, 221, 247
Spira, Julius 289, 291
Stampfli, Walter 77–78
Steiger, Eduard von 41, 43, 82–83, 97, 113, 206, 222, 245, 250–253, 255, 259–261, 264, 266, 294, 310
Steinberg, Elan 354, 357, 362, 366–367, 369, 371, 382, 387
Steinhardt, Ernestine 343
Streuli, Hans 321
Stucki, Walter 98–101, 103–106, 111, 129, 131, 138–140, 143, 153, 163, 165–167, 169, 171–172, 175, 177–178, 180–183, 187–190, 192, 194, 201–204, 208–211, 214–221, 223–224, 226–231, 233–234, 236, 240, 242–243, 245, 247, 249, 256, 259–260, 263, 269, 274, 277, 282–285, 297, 300–301, 306, 309–310, 316–317, 319, 326–327, 329, 342, 345, 347
Studer, Robert 371, 386, 393–395, 406
Sullivan, William 91, 140
Swann, Robert 298

Tahm, Edgar de 124
Thoms, Albert 173
Thorp, Willard 242–243, 267, 269
Thurnherr, Walter 65–66, 68
Tolkowsky, Samule 317
Trachsel, Otto 308
Troendle, Max 255–257, 260, 278, 316

Troutbeck, Jack 80–81, 91, 122, 158–159, 161
Truman, Harry Spencer 125, 151, 164, 402
Tull, Thomas 273–274

Umbricht, Victor 283

Vaidie, Marcel 84, 148, 176–178, 181, 192
Vieli, Peter 63, 146, 163
Villiers, Gerald 135, 137, 142, 148, 211, 224, 240–241, 245
Villiger, Kaspar 354, 356, 364
Vincent, John 271–272
Vinson, Fred 169, 187
Volcker, Paul 375, 380, 390, 407, 417
Vyvyan, Michael 123

Wahlen, Friedrich 324, 326, 328–329, 331–332
Waldheim, Kurt 354, 364
Waley, David 127, 158, 161–162, 197

Wallenberg, Raoul 82
Warburg, Edward 223
Weber, Ernst 72, 74–76, 108, 147, 179, 193, 335
Weber, Hans 336–346, 348–349
Wechsler, Herbert 119
Wegelin, Alfred 16
Wehrli, Johann 95–96
Weigl, Hanusch 343–344
Weisshaus, Gizella 376
Weissmann, Friedrich 36, 142
Weizmann, Chaim 158–161
White, Harry Dexter 46, 94, 115, 117, 248, 312
Witten, Roger 372
Wiesel, Elie 25
Winant, John 175
Wohlin, Lydia 286

Zehnder, Alfred 182, 259, 272–275, 281–282, 285, 289–290, 292, 319

Briefe an Goldhagen
Eingeleitet und beantwortet
von Daniel Jonah Goldhagen

Daniel Jonah Goldhagens Buch »Hitlers willige Vollstrecker« hat eine Debatte ausgelöst, wie Deutschland sie seit Jahrzenten nicht erlebt hat. Seit zwei Jahren wird in der Presse, in Radio und Fernsehen über Goldhagens Thesen öffentlich gestritten. Vom »Goldhagen-Effekt« ist die Rede, und mittlerweile wurde die Debatte selbst zum Gegenstand der Debatte.

*256 Seiten
Broschur*

*im
Siedler
Verlag*

Ein Thema war dabei immer wieder die angebliche Diskrepanz zwischen den Reaktionen der Wissenschaft und der breiten Öffentlichkeit. Doch was denken die Leser wirklich?

»Briefe an Goldhagen«, ein Band mit Hunderten von Zuschriften, die den Autor aufgrund seines Buches erreicht haben, gibt Aufschluß. Hier kommen die Leser zu Wort – zustimmend, zornig, abwägend. Die Fülle der Leserbriefe wirft ein Licht auf die entscheidende Frage, warum das Buch Deutschland und die Deutschen so bewegt.

Helmut Schmidt
Weggefährten
Erinnerungen und Reflexionen

Dieses Buch berichtet von Helmut Schmidts »Weggefährten«, jenen Menschen, die ihn auf die eine oder andere Weise in seinem Leben begleitet haben – Musiker und Schriftsteller, Maler und Bildhauer, Schauspieler und Mäzene, Banker und Politiker. Nicht ihre Bedeutung hat die Auswahl bestimmt, sondern die Rolle, die sie in seinem Leben spielten.

576 Seiten
Abbildungen
Leinen

im
Siedler
Verlag

Manche von ihnen, wie Anwar as Sadat oder Siegfried Lenz, sind seine Freunde gewesen oder im Lauf der Jahre geworden; andere, wie Valéry Giscard d'Estaing oder Gerald Ford, standen ihm nicht nur politisch, sondern auch menschlich nahe; die dritten, wie der polnische Staatschef Edward Gierek oder Franz Josef Strauß, waren politische Gegner, und doch schätzte er sie und mochte sie sogar persönlich; bei einigen, wie Erich Honecker, blieb eine völlige Fremdheit, selbst wenn er mit ihnen immer wieder umgehen mußte. Aus der Erinnerung an diese Begleiter seines Lebens ist das persönlichste seiner Erinnerungsbücher geworden.